KB047249

세계 각국의
헌법전

김학성
박용숙

북스힐

序文

대학에서 오랫동안 인권을 강의하면서 자주 느꼈던 것은 시대별 인권을 담은 중요 권리장전의 내용을 확인하는 것이 쉽지 않다는 것이다. 프랑스 인권선언이나 Weimar 헌법을 말하면서, 그 내용에 쉽게 접근하기 어렵다면 올바른 헌법교육이 이루어졌다고 보기 어렵다. 실정법의 경우 관련 내용을 찾고 확인하며 음미해야 하는데, 조문하나 찾는데 많은 시간을 소비하는 것은 지나친 낭비가 아닐 수 없다. 자료는 있지만 신속하게 접근할 수 없다면 없는 것이나 다름없다. 본서 발간의 이유이다.

'세계 각국의 헌법전'을 발간하면서 유념한 사항은 다음과 같다.

첫째, 원칙적으로 각국의 헌법은 원어를 기초로 번역하였으나, 번역의 정확성을 기하기 위해 원문뿐만 아니라 여러 언어(영어, 독일어, 일본어)의 번역본을 참고하였다. 독일어의 경우에는, http://www.verfassungen.de/de/index.htm의 자료를 참조하였으며, 일본어의 경우에는, 中村義孝, 『フランス憲法史集成』, (法律文化社, 2003) 및 高田敏·初宿正典, 『ドイツ憲法集』 第7版, (信山社, 2016) 등을 참조하였다.

당초 본서를 구상할 당시에는 영국의 마그나 카르타의 해설로 그 포문을 열고자 했으나, 67개조의 대헌장 중 두 개의 조문 외에는 헌법적 가치가 없고, 이어지는 권리청원이나 권리장전 역시 실정법 형태를 띠고 있지 않아 대상에서 제외하기로 하였다.

둘째, 본서는 헌법전의 단순 소개에 그치고 있지 않다. 각 나라 또는 헌법별로 헌법이 만들어지게 된 배경, 개정된 이유와 주요 내용 및 특징을 설명하였다. 이런 설명이 곁들여져야 헌법전을 이해하는데 도움을 준다고 보기 때문이다. 번역은 가능한 직역을 원칙으로 했으나 우리 헌법 조문의 형식이나 표현과 충돌하는 경우 필요 최소한의 범위 내에서 과감하게 의역으로 처리했다.

셋째, 역대 대한민국 헌법은 물론 임시정부 헌법도 모두 소개하였다. 이는 필요한 관련 조문을 찾는데 소요되는 시간과 노력을 경감하기 위함이다. 또한 북한헌법도 체계적으로 소개하였는데, 1948년 북한헌법, 1972년 북한헌법, 1998년 김일성헌법, 2009년 김정일 헌법, 2016년 헌법 등이다.

넷째, 독일 헌법의 경우, 바이마르 헌법까지는 각조에서 숫자나 문자 등을 사용하여 별도로 항(項)표시를 하고 있지 않다. 즉, 숫자나 문자를 덧붙여 항을 구분 짓는 것이 아니라, 단지 단락을 나눔으로써 각 항을 구분하고 있다. 그러나 본서에서는 각 항을 숫자로 표기함으로써 문장의 가독성을 높이기 위해 노력했다. 또한 독일의 Weimar 헌법과 독일 헌법(Bonn 기본법)의 경우 바이마르 헌법은 6회, 본 기본법은 60회 개정되었다. 이에 개정된 시기와 그 내용을 소개함으로써 이해의 편의를 제공하였다. 그리고 Bonn 기본법 마지막 부분에 개정경과에 대해 일람표로 보기 쉽게 정리하였다.

다섯째, 프랑스의 경우 1789년 인권선언부터 1795년 헌법, 제1공화국, 제2공화국, 제3공화국, 제4공화국, 제5화국 헌법모두를 소개하였다. 특히, 프랑스 제2공화국 헌법의 경우 프랑스헌법에 대해 많은 연구를 한 京都大學의 曽我部真裕 교수의 도움을 받았다. 지면을 빌려 감사의 인사를 대신한다. 또한 프랑스 제4공화국 헌법 자료를 수집하던 중 연구실에서 관련 자료를 발견하게 되는데, 1949년 법제처 자료 제1집에 그 내용이 소개되어 있었다. 1946년 프랑스 헌법을 그것도 3년 만에 우리나라에 소개한 선각자의 노력에 경의를 표하고자 한다. 그리고 프랑스 제5공화국 헌법은 1958년 개정이후 지금까지 총 24번의 개정이 있었다. 이러한 개정경과에 대해서도 제5공화국 헌법 마지막 부분에 일람표로 정리해 두었다.

본 작업은 공동집필자인 박용숙 법학박사의 헌신적 노고로 완성될 수 있었음을 분명히 하고 싶다. 박용숙 박사는 7년 이상 일본에서 수학했기에 본서의 번역에 있어 해당국의 언어와 영어 그리고 독일어에서 멈추지 않고, 일본어로 다시 한번 번역의 품질을 확인할 수 있었다.

또한 좋은 책을 만들기 위해 다양한 독일자료를 구해준 독일 Bonn대학에서 공부하고 있는 아들 정민과 일본 法政大学의 오랜 친구인 赤坂正浩 교수, 그리고 박사논문을 마무리하고 있는 구자완 법학석사와 고수윤 법학석사, 정창현 법학석사에게도 감사의 마음을 전하고 싶다.

2015년은 마그나 카르타 800주년이 되는 해이다. 대헌장 800주년을 기념하고 대헌장의 정신이 국가사회의 지배적 가치로 자리 잡기를 기원하면서 본서를 출간하고자 했는데, 원래의 의도대로 되지 못했다. 대헌장은 빠지고 출간이 계획보다 2년이나 늦어졌다.

마지막으로 특별히 감사해야 분이 있다. 출판계의 어려운 사정에도 또 시장성이 없음에도 불구하고 출간을 허락해 준 북스힐 조승식 대표님께 진심으로 감사드린다.

헌법학을 공부하는 이에게, 또 인권에 관심을 가진 분에게 많은 도움을 주기를 간절히 소망한다.

2017. 8.
일본 북해도대학 법학부 101호 연구실에서
저자대표 石垣 金學成

차 례

CHAPTER 04 일본헌법

CHAPTER 05 중국헌법

국내 제2편

CHAPTER 01 대한민국헌법

CHAPTER 02 북한헌법(조선민주주의인민공화국헌법)

국외
제1편

CHAPTER
01
미국헌법

· 미국헌법 해설
· 버지니아 권리장전
· 미국의 독립선언문
· 미국연방헌법

미국헌법 해설

1. 1776년 6월 Virginia 권리장전

미국 연방헌법의 제정과 관련하여, 생략될 수 없는 권리장전의 역사는 1776년 6월 Virginia 권리장전과 1776년 7월의 미국의 독립선언이다. 북미의 영국 식민지들이 소지한 권리장전 가운데 가장 대표적인 것이 1776년 6월 Virginia 권리장전이다. Virginia 권리장전은 전문 16개조로 구성되었고, 종교와 신앙의 자유, 신체의 자유, 언론 · 출판의 자유, 저항권 등을 규정하였다. 특히 모든 인간은 태어날 때부터 평등하며, 창조주로부터 불가양의 권리들을 부여 받았는데 생명 · 자유 · 행복추구권이 이에 속한다는 Virginia 권리장전 제1조와 인민주권원리를 규정한 제2조는 세계 모든 헌법에 절대적인 영향을 주었다. Virginia 권리장전은 미국 건국의 아버지(Foundings Fathers)들 가운데 한 명인 조지 메이슨(George Mason)에 의해 기초되었다. 이후 토마스 제퍼슨(Thomas Jefferson)에 의해 기초된 1776년 7월의 미국 독립선언에 전문에 반영되어, 인민의 기본적인 권리가 천부적인 것임을 재확인하였다.

2. 1776년 7월 미국의 독립선언문

영국식민지가 처음 버지니아에 건설된 후 150년이 흐른 1763년까지는 미국과 영국의 결별에 대해 그다지 심각하게 거론되지 않았지만, 1773년 보스턴 차 사건으로 미국과 영국의 관계는 피할 수 없는 전쟁의 길로 이어졌다. 미국 독립전쟁 때에 13개 식민지대표들로 대륙회의(continental congress)가 구성되었는데, 이 대륙회의는 1787 미국 연방헌법에 의해 새로운 의회가 만들어지는 1789년까지 그 기능을 수행했다. 식민지의 불행한 사태를 논의하기 위해 1774년 9월 5일 제1차 대륙회의가 필라델피아에서 개최되었고, 1775년 5월 10일 제2차 대륙회의에서 미국의 분리 독립안이 채택되었다. 1776년 7월 2일 대륙회의는 "식민지연합(United Colonies)에 속한 각각의 주는 자유롭고 독립된 주이며 그렇게 되어야 할 권리가 있음"을 결의한 후, 이틀 뒤 「독립선언문」(Declaration of Independence)을 채택하였다.

3. 1987년 미국 연방헌법

(1) 제정과정

1781년 영국과의 독립전쟁에서 승리한 미국 각 주(州)의 대표자들은 연합규약(Articles of Confederation, 1781~1788)을 채택하였는데, 연합규약은 각 주의 대표로 구성되는 연방의회(Confederation Congress)를 설치하는 등 주 상호간의 정치적 유대관계를 강화하였고, 1787년 미국 연방헌법의 모태가 되었다. 1783년 파리조약을 체결함으로써 미국과 영국의 전쟁은 종료되었다. 1787년 9월 17일 필라델피아에서 열린 헌법제정회의(Constitutional Convention)에서의 헌법 초안을 시작으로, 13개 주의 식민지가 하나의 (연방)국가를 형성하는 미국 연방헌법이 만들어졌으며, 1788년에 13개 주 중 9개 주가 서명하여 그 효력이 발생되었다.

(2) 내용

(가) 헌법은 입법권을 연방의회(상 · 하원)에 부여하고 있으며, 입법권에는 조세 부과, 금전 차용, 주간통상(州間通商)의 규제, 군사력에 관한 규정, 전쟁 선포, 하원 의석수 및 의사규칙 결정 등이 포함된다. 하원은 탄핵소추절차를 개시하며 상원은 이에 대해 심판한다. 하원은 임기 2년으로 만 25세 이상인 자로서 7년간 미국 시민이어야 한다. 하원의원의 정수는 주 인구비례로 정한다. 상원은 임기 6년으로 만 30세 이상인 자로서 9년간 미국 시민이어야 한다. 상원의원은 주마다 2명씩 선거로 선출한다. 상원의장은 부통령이 되며, 상원의장은 투표권이 없으며 가부동수일 경우 결정권을 가진다.

(나) 헌법은 행정권을 대통령에게 부여하고 있다. 대통령은 행정부의 수반의 지위를 지니며, 군의 총사령관이고, 사면권 및 조약체결권을 지닌다. 대통령은 만35세 이상으로 14년간 미국 내에 거주하여야 한다. 선거인총수의 과반수를 득표한 자가 대통령으로 당선된다. 대통령은 조약체결권, 사면권, 군통수권을 가진다.

(다) 헌법은 사법권을 각급 법원에 부여하고 있다. 각급 법원에서 연방헌법을 해석하며 연방대법원은 주 법원과 하급 연방법원의 최종 상소법원이 된다.

(3) 특징

(가) 미국의 독립전쟁(1776~1787)은 일종의 혁명으로 보아야 한다. 미국을 영국으로부터 독립시키는 것에 그치는 것이 아니라, 그들의 모국인 영국의 왕정을 폐지하고 새로운 공화정을 만들었으며, 성문헌법을 최초로 제정하였기 때문이다. 미국 연방헌법은 비록 5개월이 채 안 되는 짧은 기간에 만들어졌지만, 실제로는 11년의 독립전쟁 속에서 경험과 시행착오를 통해 만들어진 헌법이다.

(나) 미국 연방헌법은 엄격한 권력분립에 기초하여, 입법 · 사법 · 행정의 삼권을 분리하고, 그들 권력에 우월한 힘을 발휘하지 못하게 하고 있다. 동시에 개인의 자유와 권리를 보장하면서, 국가권력과 개인의 자유 사이에 균형을 이루고 있는 것이 특징이다.

(다) 빈번한 헌법개정은 헌법보장에 중대한 위협이 될 수 있어, 헌법개정은 그 절차를 엄격하게 규율하고 있다. 즉, 헌법개정은 상 · 하 양원의 3분의 2 이상 또는 전체 주(州)의 3분의 2 이상의 찬성이 있어야 가능하며, 전체 주 4분의 3 이상의 찬성이 있거나 또는 전체 주의 대표가 모여서 의결할 경우 4분의 3 이상의 대표가 찬성하여야 개정할 수 있도록 하였다.

(라) 헌법에 기본권조항이 없다는 것이 특징이다. 오로지 권력구조에 관한 내용만 담고 있다. 헌법이 기본권조항을 두지 않은 것은 미국 헌법의 아버지들이 기본권을 너무나 당연한 인

간의 권리로 보아 이를 헌법에 둘 필요가 없다고 판단했기 때문이다. 또한 주 헌법이 기본권조항을 두고 있었고, 주들이 연방의 권한강화를 반대하는 취지로 보인다. 그러나 이러한 헌법의 태도는 많은 논란을 일으켰고, 급기야 10개의 기본권조항을 헌법제정 4년 만에 추가하게 된다.

(4) 개정과정

(가) 미국 연방헌법은 독특한 개정절차방식을 취하고 있는데, 증보형(amendment)이 그것이다. 원래의 헌법에 새로운 내용을 추가 · 변경 · 삭제하는 방법으로 헌법개정이 이루어진다.

(나) 1787년의 미국의 연방헌법은 인권규정을 두지 않았지만 1789년 제1회 연방의회는 미국헌법에 10개의 권리 장전(Bill of Rights)을 추가하는 헌법개정안을 제안했고, 각 주(州)에서 비준되어 1791년 12월 15일 채택이 확정되었다.

(다) 미국연방헌법은 모두 17회 개정되었고, 수정 제27조까지 증보되었다.

(라) 최초의 헌법개정은 1791년 10개의 기본권조항이 증보형태로 이루어졌다(수정헌법 제1조에서 제10조).

(마) 주요한 헌법개정으로는 1865년의 노예제 폐지(수정 제13조), 1870년의 흑인참정권 허용(수정 제15조), 1919년의 금주법(수정 제18조), 1920년의 여성 참정권 인정(수정 제10조), 1933년의 금주법 폐지(수정 제21조), 1951년의 대통령의 당선 횟수를 2기로 제한(수정 제22조), 1971년의 18세 이상 국민에게 선거권 부여(수정 제26조), 1992년의 의회의원의 보수변경(수정 제27조)을 들 수 있다.

버지니아 권리장전

자유로운 전체 회의에 모인 버지니아의 선량한 인민의 대표자들이 작성한 권리의 선언 ; 이와 같은 권리는 정부의 기반과 근거로서 그들과 그들의 후손들에 속하는 것이다.

제1조 모든 인간은 태어날 때부터 평등하게 자유롭고 독립적이며, 일정한 천부의 권리를 가지고 있다. 이와 같은 권리는 그들이 한 사회의 구성원이 될 때, 그 어떤 계약에 의해서도 그들의 후손에게서 이를 박탈할 수 없는 것들로서, 그것은 곧 재산의 획득과 소유, 행복과 안전의 추구 및 확보를 위한 여러 수단과 더불어 생명과 자유를 누리는 권리들이다.

제2조 모든 권력은 인민에게 귀속되며, 따라서 인민에게서 나온다. 행정관들(공무원)은 인민의 수탁자요, 봉사자이며 언제나 인민에게 복종할 의무가 있다.

제3조 정부는 인민, 국가 또는 지역사회를 위한 공동이익, 보호와 안전을 위해 제도화되었으며, 또한 그렇게 제도화되어야 한다. 정부의 여러 유형과 형태 가운데, 최대의 행복과 안전을 마련할 수 있고, 실정의 위험에 빠지지 않도록 가장 효과적으로 방비되어 있는 정부가 최선의 정부다. 그리고 만일 어떤 정부가 이런 목적에 적합하지 않거나 상기의 목적에 위배되는 것으로 드러나는 경우, 공동체의 다수는 공공이익의 실현에 최선이라고 판단되는 방법에 따라 정부를 개혁, 변경 또는 폐지할 수 있는 권리를 가지며, 이 권리는 양도할 수 없고, 파기할 수도 없다.

제4조 어느 한 사람이나 집단도 공공봉사를 위한 것이 아니면 배타적이거나 독점적인 이득이나 특권을 누릴 수 없다. 그런 이득이나 특권은 대물림할 수 없으며 행정관, 입법자, 재판관의 직책 역시 세습될 수 없다.

제5조 국가의 입법권과 행정권은 사법권으로부터 분리되고 구분되어야 한다. 앞의 두 권력(입법권과 행정권)을 행사하는 사람들은 인민의 고통을 몸소 느끼고 함께함으로써 억압을 자제하게 될 것이며, 그들은 일정 기간 뒤, 사인의 지위로 환원되어 원래의 출신 모체로 되돌아가야 하고, 그 공석은 자주, 반드시, 그리고 정기적인 선거를 통해서 채워지되, 그 선거에서 전임자들의 전부 또는 일부가 다시 선출될 수 있는가 없는가는 법률이 정하는 대로 따른다.

제6조 인민의 대표자로 의회에서 봉사할 의원들의 선거는 자유로워야 한다. 그리고 지역사회와의 항구적인 공동이익과 지역사회에 대한 애착심이 충분히 증명된 모든 사람들은 선거권을 가지고 있으며, 그들 자신의 동의나 그렇게 선출된 그들의 대표자들의 동의 없이는 과세되거나 공용을 위해 그들의 재산을 빼앗길 수 없으며, 또한 그들이 마찬가지로 공익을 위해 동의하지 않은 어떤 법률의 제약도 받지 않는다.

제7조 어떤 권한으로든 인민의 대표자들의 동의 없이 법률을 정지하거나 법률을 집행하는 모든 권력은 인민의 권리를 해치는 것이므로 행사되어서는 안 된다.

제8조 모든 극형 또는 일반 형사소송에 기소된 사람은 자기의 피소(被訴) 이유와 그 성격의 제시를 요구하고, 고발자 및 증인과 대면하고, 자신에게 유리한 증거를 요청하며, 그의 이웃에 사는 공정한 배심원에 의한 신속한 재판을 요구할 권리가 있다. 또한, 그 배심원들의 만장일치의 동의 없이는 유죄로 판명될 수 없다. 그리고 자신에게 불리한 증거 제시를

강요당하지 않으며, 누구든지 국가의 법률 또는 자기 동배들의 판단에 의하지 않고는 그의 자유를 박탈당하지 않는다.

제9조 지나친 보석금이 요구되어서는 안 되며, 지나친 벌금이 부과되어서도 안 되며, 잔혹하고 비정상적인 형벌이 가해져서도 안 된다.

제10조 관리나 영장전달인에게 범행 사실에 대한 증거 없이 의심된 장소를 수색하거나, 이름이 명시되지 않은 사람, 또는 그의 범죄에 대한 자세한 기록이 없고 증거의 뒷받침도 없는 사람을 체포하라고 명령을 내리는 일반 구속영장은 가혹하고 억압적인 것이어서 발급되어서는 안 된다.

제11조 재산에 관련된 분쟁이나 사람들 사이의 소송에서는 옛날부터 배심재판이 다른 어떤 것보다 더 바람직하므로 신성하게 여겨져야 한다.

제12조 출판의 자유는 자유를 지켜주는 커다란 보루의 하나이며, 전제적인 정부가 아니고서는 이를 제약할 수 없다.

제13조 무기에 대한 훈련을 받은 인민을 주축으로 구성된 규율이 잘 잡힌 민병대는 자유국가에 적합하고 자연스러우며 안전한 방위력이다. 평화 시의 상비군은 자유를 위태롭게 하는 것으로서 피해야 하며, 어떤 경우에도 군대는 문민 권력에 엄격히 종속해야 하고, 또 그 지배를 받아야 한다.

제14조 인민은 한 가지 형태의 정부를 가질 권리가 있다. 따라서 버지니아 정부와 분리되어 있거나 그로부터 독립된 어떤 정부도 버지니아 영내에 수립되거나 확립될 수 없다.

제15조 어떤 자유정부 또는 자유의 축복도, 정의, 온건, 절제, 검소, 덕행에 대한 굳건한 지지와 기본적 원리에 대한 빈번한 성찰에 의하지 않고는, 누구도 이를 지탱할 수 없다.

제16조 종교, 즉 우리가 우리의 창조주에 대해서 지고 있는 의무, 그리고 그 의무를 이행하는 방식은 오직 이성과 신념에 의해서만 이끌어질 수 있으며, 강제나 폭력에 의해 이끌어질 수는 없다. 따라서 모든 사람은 똑같이 양심의 지시에 따라 자유로운 종교행위를 할 권리가 있다. 또한 서로에 대해 그리스도교적 관용, 사랑, 자선을 실행하는 것은 모든 사람의 상호 의무이다.

미국의 독립선언문

1775년 4월에 시작된 대영제국과 아메리카 식민지들 사이의 전쟁이 계속되면서, 화해전망이 사라지고 완전독립이 식민지들의 목표가 되었다. 1776년 6월 7일 대륙의회 회의 석상에서 버지니아의 리처드 헨리가 "식민지들은 자유롭고 독립된 주가 되어야 할 권리가 있다"는 결의문을 상정했다. 이어 6월 10일 독립선언문을 마련하기 위해 한 위원회가 임명되었다.

초안 작성은 토마스 제퍼슨에게 위촉되었다. 7월 4일 선언문이 채택되어 서명과 비준을 받기 위해 13개 주의 각 입법부로 보내졌다.

이 선언문은 세 부분으로 구성된다. 첫 부분은 민주주의와 자유에 관한 정치철학의 심오하고도 웅변적인 성명이고, 둘째 부분은 조지 3세가 미국의 자유 사항들을 전복시켰음을 증명하기 위한 구체적인 불만들을 진술했고, 그리고 셋째 부분은 독립과 독립정책에 대한 지지를 다짐하는 엄숙한 성명이다.

인류의 역사에서 한 민족이 다른 민족과의 정치적 결합을 해체하고, 세계의 여러 나라 사이에서 자연의 법칙과 신의 법칙에 따른 독립적이고 평등한 지위를 차지하는 것이 필요하게 되었을 때, 우리는 인류의 신념에 대해 엄정하게 고려하면서 독립을 요청하는 여러 원인을 선언할 수밖에 없다.

우리는 다음과 같은 사실을 자명한 진리로 받아들인다. 즉 모든 사람은 평등하게 태어났고, 창조주는 몇 개의 양도할 수 없는 권리를 부여했으며, 그 권리 중에는 생명과 자유, 그리고 행복의 추구가 있다.

이 권리를 확보하기 위하여 인류는 정부를 조직했으며, 이 정부의 정당한 권력은 인민의 동의로부터 유래하고 있다. 또 어떤 형태의 정부든 이러한 목적을 파괴할 때에는 언제든지 정부를 개혁하거나 폐지하여 인민의 안전과 행복을 가장 효과적으로 가져올 수 있는, 그러한 원칙에 기초를 두고 그러한 형태로 기구를 갖춘 새로운 정부를 조직하는 것은 인민의 권리인 것이다.

진실로 인간의 심려는 오랜 역사를 가진 정부를 천박하고도 일시적인 원인으로 변경해서는 안 된다는 것, 인간에게는 악폐를 참을 수 있는 데까지는 참는 경향이 있다는 것을 가르쳐 줄 것이다.

그러나 오랜 기간 걸친 학대와 착취가 변함없이 동일한 목적을 추구하고 인민을 절대 전제 정치 밑에 예속시키려는 계획을 분명히 했을 때에는, 이와 같은 정부를 타도하고 미래의 안전을 위해서 새로운 보호자를 마련하는 것은 그들의 권리이며 또한 의무이다.

이것이 지금까지 식민지가 견디어 온 고통이고, 이제라도 종래의 정부를 변혁해야 할 필요성이 바로 여기에 있는 것이다.

대영국의 현재 국왕의 역사는 악행과 착취를 되풀이한 역사이며, 그 목적은 직접 이 땅에 절대 전제 정치를 세우려는 데 있었다. 지금 이러한 사실을 밝히기 위하여 다음의 사실을 공정하게 사리를 판단하는 세계에 표명하는 바이다.

국왕은 공익을 위해 대단히 유익하고 필요한 법률을 허가하지 않았다.

국왕은 긴급히 요구되는 중요한 법률이라 할지라도 그가 동의하지 않으면 시행해서는 안 된다고 식민지 총독에게 명령했다. 이렇게 하여 시행이 안 된 법률을 허가할 수 없다고 했다.

국왕은 우리를 괴롭혀 결국에는 그의 정책에 복종시키기 위하여 입법 기관의 양원을 공문서 보관소로부터 멀리 떨어진 유별나고 불편한 장소에 동시에 소집했다.

국왕은 인민의 권리를 침해한 데 대하여 민의원이 단호하게 반발하면 몇 번이고 민의원을 해산했다.

국왕은 민의원을 이렇게 해산한 뒤 오랫동안 대의원의 선출을 허가하지 않았다. 그러나 입법권이라는 것은 완전히 폐지할 수는 없으므로, 입법권은 결국 인민 일반에게 돌아와 다시 행사하게 되었지만, 그 동안에 식민지는 내우외환의 온갖 위협에 당면하지 않을 수 없었다.

국왕은 식민지의 인구를 억제하는 데에도 힘을 썼다. 이를 위하여 외국인의 귀화법에 반대했고, 외국인의 이주를 장려하는 법률도 허가하지 않았으며, 토지를 새로이 취득하는 데에도 여러 가지 조건을 붙여 까다롭게 했다.

국왕은 사법권을 수립하는 데 관한 법률을 허가하지 않음으로써 사법 행정에도 반대했다.

국왕은 판사의 임기, 봉급의 액수와 지불에 관해 오로지 국왕의 의사에만 따르도록 했다.

국왕은 우리들 인민을 괴롭히고 인민의 재산을 축내기 위하여 수많은 새로운 관직을 만들고, 수많은 관리를 식민지에 보냈다.

국왕은 평화 시에도 우리의 입법 기관의 동의 없이 상비군을 주둔시켰다.

국왕은 다른 기관과 결탁하여 우리의 헌정이 인정하지 않고 우리의 법률이 승인하지 않는 것들을 사법권에 예속시키려 했고, 식민지에 대하여 입법권을 주장하는 영국 의회의 여러 법률을 허가했다. 즉, 대규모의 군대를 우리들 사이에 주둔시키고, 군대가 우리들 주민을 살해해도 기만적 재판을 해서 이들이 처벌받지 않도록 하고, 우리와 전 세계와의 무역을 차단하고, 우리의 동의 없이 세금을 부과하고, 수많은 사건에서 배심 재판을 받는 혜택을 박탈하고, 허구적인 범죄를 재판하기 위하여 우리를 본국으로 소환하고, 우리와 인접한 식민지에서 영국의 자유로운 법률 제도를 철폐하고, 전제적 정부를 수립하여 다시 그 영역을 넓혀 이 정부를 모범으로 삼아 이 식민지에도 동일한 절대적 통치를 도입하는 적절한 수단으로 하고, 우리의 특허장을 박탈하고, 우리의 귀중한 법률을 철폐하고, 우리의 정부 형태를 변경하고, 우리의 입법 기관의 기능을 정지시키고, 어떠한 경우든 우리를 대신하여 법률을 제정할 수 있는 권한이 있다고 선언하는, 이러한 법률을 허가한 것이다.

국왕은 우리를 그의 보호 밖에 둔다고 선언하고, 우리에게 전쟁을 벌임으로써 식민지에 대한 통치를 포기했다.

국왕은 우리의 바다에서 약탈을 자행하고, 우리의 해안을 습격하고, 우리의 도시를 불사르고, 우리들 주민의 생명을 빼앗았다.

국왕은 가장 야만적인 시대에도 그 유례가 없고 문명국의 원수로는 도저히 어울리지 않는 잔학과 배신의 상황을 만들고, 이와 더불어 이미 착수한 죽음과 황폐와 포학의 과업을 완수하기 위하여 이 시간에도 외국 용병 대부대를 수송하고 있다.

국왕은 해상에서 포로가 된 우리 동포 시민에게 그들이 사는 식민지에 대하여 무기를 들거나, 우리의 벗과 형제자매의 사형을 집행하거나, 그렇지 않으면 그들의 손에 죽기를 강요했다.

국왕은 우리 사이에 내란을 선동했고, 변경의 주민에 대하여는 연령, 남녀, 신분의 여하를 막론하고 무차별로 살해하는 것을 전쟁의 규칙으로 하는, 무자비한 인디언을 자기편으로 하려고 했다

이러한 탄압에 대해 우리는 겸손한 언사로써 시정을 탄원했다. 그러나 우리의 여러 차례의 진정에 대한 답변은 반복된 박해에 지나지 않았다. 이와 같이 그 성격이 모든 행동에

서 폭군이라는 정의를 내리지 않을 수 없는 국왕은 자유로운 인민의 통치자로서는 적합하지 않다. 우리는 또한 영국의 형제 자매에게도 주의를 환기시키는 데 부족함이 없었다. 우리는 영국 의회가 우리를 억압하려고 부당하게 사법권을 넓히려 하는 것에 대하여도 수시로 경고했다. 우리는 우리가 아메리카로 이주하여 식민을 하게 된 제반 사정을 다시 한 번 상기시켰다. 우리는 그들의 타고난 정의감과 아량에 대하여도 호소한 바 있었다. 그리고 그들의 피를 같이 나누고 있다는 것에 호소하여 우리와의 연결과 결합을 결국에는 단절시키는 것이 불가피한 이러한 탄압을 거부해 줄 것을 탄원하기도 했다. 그러나 이들 또한 정의와 혈연의 소리에 귀를 기울이지 않았다.

그러므로 우리는 우리가 영국으로부터 독립해야 할 사정을 고발할 필요성을 묵묵히 받아들이면서 세계의 다른 국민에게 대하듯이 영국인에 대하여도 전시에는 적으로, 평화 시에는 친구로 대하지 않을 수 없다는 것을 주장하는 바이다. 이에 아메리카의 연합 제 주의 대표들은 전체 회의에 모여서 우리의 공정한 의도를 세계의 최고 심판에 호소하는 바이며, 이 식민지의 선량한 인민의 이름과 권능으로써 엄숙히 발표하고 선언하는 바이다. 이 연합한 제 식민지는 자유롭고 독립된 국가이며, 또 권리에 의거하고 자유롭고 독립된 국가여야 한다. 이 국가는 영국의 왕권에 대한 모든 충성의 의무를 벗으며, 대영제국과의 모든 정치적 관계는 완전히 해소되고 또 해소되어야 한다. 따라서 이 국가는 자유롭고 독립된 국가로서 전쟁을 개시하고 평화를 체결하고 동맹 관계를 협정하고, 통상 관계를 수립하여 독립 국가가 당연히 해야 할 모든 행동과 사무를 할 수 있는 완전한 권리를 갖고 있는 바이다. 우리들은 이에 우리의 생명과 재산 그리고 신성한 명예를 걸고 신의 가호를 굳게 믿으면서 이 선언을 지지할 것을 서로 굳게 맹세하는 바이다.

뉴햄프셔 조사이어 바틀렛, 윌리엄 위플, 매슈 손턴

매사추세츠 존 핸콕, 새뮤얼 애덤스, 존 애덤스, 로버트 트리트 페인, 엘브리지 게리

로드아일랜드 스티븐 홉킨스, 윌리엄 엘러리

코네티컷 로저 셔먼, 새뮤얼 헌팅턴, 윌리엄 윌리엄스, 올리버 월콧

뉴욕 윌리엄 플로이드, 필립 리빙스턴, 프랜시스 루이스, 루이스 모리스

뉴저지 리처드 스톡턴, 존 위더스푼, 프랜시스 홉킨스, 존 하트, 에이브러햄 클라크

펜실베니아 로버트 모리스, 벤자만 러시, 벤자민 프랭클린, 존 모턴, 조지 클라이머, 제임스 스미스, 조시 테일러, 제임스 윌슨, 조지 로스

델라웨어 시저 로드니, 조지 리드, 토머스 맥킨

메릴랜드 새뮤얼 체이스, 윌리엄 페이커, 토마스 스톤, 찰스 캐럴 어브 캐롤턴 넬슨 주니어, 프랜시스 라이트푸트 리, 카터 브랙스턴

노스캐롤라이나 윌리엄 후퍼, 조지프 휴즈, 존 펜

사우스캐롤라이나 애드워드 러틀레지, 토마스 헤이워드 주니어, 토마스 린티 주니어, 아서 미들턴

조지아 버튼 귀넷, 라이먼 홀, 조지 월턴

미국연방헌법

전 문

우리들 합중국 인민은 보다 완벽한 연합을 형성하고, 정의를 확립하며, 국내의 평안을 보장하고, 공동방위를 도모하며, 국민복지를 증진하고 그리고 우리들과 우리의 후손들에게 자유의 축복을 확보하기 위하여 이 아메리카 합중국 헌법을 제정한다.

제1조 입법부

제1절

이 헌법에 의하여 부여되는 모든 입법권한은 합중국연방의회(Congress of the United States)에 속하며, 연방의회는 상원(Senate)과 하원(House of Representatives)으로 구성된다.

제2절 하원

① 하원은 각 주(州)의 주민이 2년마다 선출하는 의원으로 구성되며, 각 주의 선거인은 주의회의 의원수가 가장 많은 하나의 원의 선거인에게 요구되는 자격 요건을 구비해야 한다.

② 누구든지 연령이 만 25세에 미달한 자, 합중국 시민으로서의 기간이 7년이 못 되는 자, 그리고 선거 당시에 선출되는 주의 주민이 아닌 자는 하원의원이 될 수 없다.

③ 하원의원의 수와 직접세는 연방에 가입된 각 주의 인구수에 비례하여 각 주에 배정한다. 각 주의 인구수는 연기 노동자(年期勞動者) 노무자를 포함한 자유인의 총수에, 과세하지 아니하는 인디언을 제외하고 그 밖의 인구[1] 총수의 5분의 3을 가산하여 결정한다. 인구수의 산정은 제1회 연방의회를 개최한 후 3년 이내에 행하며, 그 후는 10년마다 법률이 정하는 바에 따라 행한다. 하원의원의 수는 인구 3만 명당 1인의 비율을 초과하지 못한다. 다만, 각 주는 적어도 1명의 하원의원을 가져야 한다. 위의 인구수의 산정이 있을 때까지 뉴햄프셔 주는 3명, 매사추세츠 주는 8명, 로드아일랜드 주와 프로비던스 식민지는 1명, 코니티컷 주는 5명, 뉴욕주는 6명, 뉴져지 주는 4명, 펜실베이니아 주는 8명, 델라웨어 주는 1명, 메릴랜드 주는 6명, 버지니아 주는 10명, 노스캐롤라이나 주는 5명, 사우스캐롤라이나 주는 5명, 그리고 조지아 주는 3명의 의원을 각각 선출할 수 있다.

④ 어느 주에서든 그 주에서 선출하는 하원의원에 결원이 생겼을 경우에는, 그 주의 행정부가 그 결원을 채우기 위한 보궐선거의 명령을 내려야 한다.

⑤ 하원은 그 의장과 그 밖의 임원을 선임하며, 탄핵권을 전유한다.

제3절 상원

① 상원은 각 주 주의회에서 선출한 6년 임기의 상원의원 2명씩으로 구성되며 각 상원의원은 1표의 투표권을 가진다.

② 상원의원이 제1회 선거의 결과로 당선되어 회합하면, 즉시 의원 총수를 가능한 한 동수의 3개 부류로 나눈다. 제1부류의 의원은 2년 만기로, 제2부류의 의원은 4년 만기로, 그리고 제3부류의 의원은 6년을 만기로, 그 의석을 비워야 한다. 이렇게 하여 상원의원의 총수의 3분의 1이 2년마다 개선될 수 있게 한다. 그리고 어떤 주에서든 주의회의 휴회 중에 사직 또는 그 밖의 원인으로 상원의원의 결원이 생

---

1) 흑인과 노예 등을 뜻함.

길 때에는 그 주의 행정부는 다음 회기의 주의회가 결원을 보충할 때까지 잠정적으로 상원의원을 임명할 수 있다.
③ 연령이 30세에 미달하거나, 합중국 시민으로서의 기간이 9년이 되지 아니하거나, 또는 선거 당시 선출되는 주의 주민이 아닌 자는 상원의원이 될 수 없다.
④ 합중국의 부통령(Vice President)은 상원의장이 된다. 다만, 표결에서 가부 동수일 경우를 제외하고는 투표권이 없다.
⑤ 상원은 의장 이외의 임원들을 선임하며, 부통령이 결원일 경우나, 부통령이 대통령의 직무를 집행하는 때에는 임시의장을 선임한다.
⑥ 상원은 모든 탄핵심판의 권한을 전유한다. 이 목적을 위하여 상원이 개회될 때, 의원들은 선서 또는 확약을 해야 한다. 합중국 대통령에 대한 심판의 경우에는 연방대법원장(Chief Justice)을 의장으로 한다. 누구라도 출석의원 3분의 2 이상의 찬성 없이는 유죄판결을 받지 아니한다.
⑦ 탄핵심판에서의 판결은 면직 그리고 명예직, 위임직 또는 보수를 수반하는 합중국의 공직에 취임, 재직하는 자격을 박탈하는 것 이상이 될 수 없다. 다만, 이같이 유죄판결을 받은 자일지라도 법률의 규정에 따른 기소, 재판, 판결 및 처벌을 면할 수 없다.

제4절 (연방의회의 조직)

① 상원의원과 하원의원을 선거할 시기, 장소 및 방법은 각 주에서 그 주의회가 정한다. 그러나 연방의회는 언제든지 법률에 의하여 그러한 규정을 제정 또는 개정할 수 있다. 다만, 상원의원의 선거 장소에 관하여는 예외로 한다.
② 연방의회는 매년 적어도 1회 집회해야 한다. 그 집회의 시기는 법률에 의하여 다른 날짜를 지정하지 아니하는 한 12월 첫 번째 월요일로 한다.

제5절

① 각 원은 그 소속의원의 당선, 득표수 및 자격을 판정한다. 각 원은 소속의원의 과반수가 출석함으로써 의사를 진행시킬 수 있는 정족수를 구성한다. 정족수에 미달하는 경우에는 출석의원이 연일 휴회할 수 있으며, 각 원에서 정하는 방법과 벌칙에 따라 결석의원의 출석을 강요할 수 있다.
② 각 원은 의사규칙을 결정하며, 원내의 질서를 문란케 한 의원을 징계하며, 의원 3분의 2 이상의 찬성을 얻어 의원을 제명할 수 있다.
③ 각 원은 의사록을 작성하여 각 원에서 비밀에 붙여져야 한다고 판단하는 부분을 제외하고, 이것을 수시로 공표하여야 한다. 각 원은 출석의원 5분의 1 이상이 요구할 경우에는 어떠한 문제에 대하여도 소속의원의 찬반 투표를 의사록에 기재하여야 한다.
④ 연방의회의 회기 중에는 어느 의원도 다른 의원의 동의 없이 3일 이상 휴회하거나, 회의장을 양원이 개최한 장소 이외의 장소로 옮길 수 없다.

제6절

① 상원의원과 하원의원은 그 직무에 대하여 법률이 정하고 합중국 국고로부터 지급되는 보수를 받는다. 양원의 의원은 반역죄, 중죄 및 치안 방해죄를 제외하고는 어떠한 경우에도 그 의원의 회의 출석 중에 그리고 의사당까지의 왕복 도중에 체포되지 아니하는 특권이 있다. 양원의 의원은 원내에서 행한 발언이나 토론에 관하여 원외에서 문책 받지 아니한다.

② 상원의원 또는 하원의원은 재임 기간 중에 신설되거나 봉급이 인상된 어떠한 합중국의 공직에도 임명될 수 없다. 합중국의 어떠한 공직에 있는 자라도 재직 중에 양원 중의 어느 의원의 의원이 될 수 없다.

제7절

① 세입 징수에 관한 모든 법률안은 먼저 하원에서 제안되어야 한다. 다만, 상원은 이에 대해 법안에서와 마찬가지로 수정안을 발의하거나 수정을 가하여 동의할 수 있다.
② 하원과 상원을 통과한 모든 법률안은 법률로 확정되기에 앞서 대통령에게 이송되어야 한다. 대통령이 이를 승인하는 경우에는 이에 서명하며, 승인하지 아니하는 경우에는 이의서를 첨부하여 이 법률안을 발의한 의원으로 환부해야 한다. 법률안을 환부 받은 의원은 이의의 대략을 의사록에 기록한 후 이 법률안을 다시 심의하여야 한다. 다시 심의한 결과, 그 의원의 3분의 2 이상의 찬성으로 가결된 경우에는, 이 의원은 이 법률안을 대통령의 이의서와 함께 다른 의원으로 이송해야 한다. 다른 의원에서 이 법률안을 재심하여 의원의 3분의 2 이상의 찬성으로 가결할 경우에는 이 법률안은 법률로 확정된다. 이 모든 경우에서 양원은 호명·구두·표결로 결정하며, 그 법률안에 대한 찬성자와 반대자의 성명을 각 원의 의사록에 기재해야 한다. 법률안이 대통령에게 이송된 후 10일 이내(일요일은 제외)에 의회로 환부되지 아니할 때에는 그 법률안은 대통령이 이에 서명한 경우와 마찬가지로 법률로 확정된다. 다만, 연방의회가 휴회하여 이 법률안을 환부할 수 없는 경우에는 법률로 확정되지 아니한다.
③ 상·하 양원의 의결을 필요로 하는 모든 명령, 결의 또는 표결(휴회에 관한 결의는 제외)은 이를 대통령에게 이송해야 하며, 대통령이 이를 승인해야 효력이 발생한다. 대통령이 이를 승인하지 아니하는 경우에는 법률안에서와 같은 규칙 및 제한에 따라서 상원과 하원에서 3분의 2 이상의 의원의 찬성으로 다시 가결해야 한다.

제8절 (연방의회에 부여된 권한)

① 연방의회는 다음의 권한을 가진다. 합중국의 채무를 지불하고, 공동 방위와 일반 복지를 위하여 조세, 관세, 부과금 및 소비세를 부과·징수한다. 다만, 관세, 공과금, 및 소비세는 합중국 전역에 걸쳐서 획일적이어야 한다.
② 합중국의 신용으로 금전을 차입한다.
③ 외국, 주 상호간, 그리고 인디언 부족과의 통상을 규제한다.
④ 합중국 전체에 공통되는 획일적인 귀화 규정과 파산 문제에 대한 획일적인 법률을 제정한다.
⑤ 화폐를 주조하고 그 화폐 및 외국 화폐의 가치를 규정하며, 도량형의 기준을 정한다.
⑥ 합중국의 유가 증권 및 통화의 위조에 관한 벌칙을 정한다.
⑦ 우편 관서와 우편 도로를 건설한다.
⑧ 저작자와 발명자에게 그들의 저술과 발명에 대한 독점적인 권리를 일정 기간 확보해 줌으로써 과학과 유용한 기술의 발달을 촉진시킨다.
⑨ 연방대법원 아래에 하급법원을 조직한다.
⑩ 공해에서 범한 해적 행위 및 중죄 그리고 국제법에 위배되는 범죄를 정의하고 이에 대한 벌칙을 정한다.
⑪ 전쟁을 포고하고 나포 허가장을 수여하며, 지상 및 해상에서의 나포에 관한 규칙을 정한다.
⑫ 육군을 모집·편성하고 이를 유지한다. 다

만, 이 목적을 취한 경비의 지출 기간은 2년을 초과하지 못한다.
⑬ 해군을 창설하고 이를 유지한다.
⑭ 육·해군의 통수 및 규제에 관한 규칙을 정한다.
⑮ 연방 법률을 집행하고, 반란을 진압하며, 침략을 격퇴하기 위하여 민병의 소집에 관한 규칙을 정한다.
⑯ 민병대의 편성, 무장 및 훈련에 관한 규칙과 합중국의 군무에 복무하는 자들을 다스리는 규칙을 정한다. 다만, 각 주는 민병대의 장교를 임명하고, 연방의회가 정한 군율에 따라 민병대를 훈련시키는 권한을 각각 보유한다.
⑰ 특정 주가 합중국에 양도하고, 연방의회가 이를 수령함으로써 합중국 정부의 소재지가 되는 지역(10평방 마일을 초과하지 못함)에 대하여는 어떠한 경우를 막론하고 독점적인 입법권을 행사하며, 요새, 무기고, 조병창, 조선소 및 기타 필요한 건물을 세우기 위하여 주의회의 승인을 얻어 구입한 모든 장소에 대해서도 이와 동일한 권한을 행사한다.
⑱ 위에 기술한 권한들과 이 헌법이 합중국 정부 부처 또는 그 관리에게 부여한 모든 기타 권한을 행사하는 데 필요하고 적절한 모든 법률을 제정한다.

제9절 (연방의회에 금지된 권한)

① 연방의회는 기존의 각 주 중 어느 주가 허용함이 적당하다고 인정하는 사람들의 이주 또는 입국을 1808년 이전에는 금지하지 못한다. 다만, 이러한 사람들의 입국에 대하여 1인당 10달러를 초과하지 아니하는 한도 내에서 입국세를 부과할 수 있다.
② 인신보호영장에 관한 특권은 반란 또는 침략의 경우에 공공의 안정상 요구되는 때를 제외하고는 이를 정지시킬 수 없다.
③ 개인의 권리 박탈법(사권박탈법, Bill of Attainder) 또는 소급처벌법을 통과시키지 못한다.
④ 인두세나 그 밖의 직접세는 앞서(제2절 제3항) 규정한 인구조사 또는 산정에 비례하지 아니하는 한, 이를 부과하지 못한다.
⑤ 주로부터 수출되는 물품에 조세 또는 관세를 부과하지 못한다.
⑥ 어떠한 통상 또는 세수입 규정에 의하여도, 어느 주의 항구도 다른 주의 항구보다 특혜대우를 할 수 없다. 또한 어느 주에 도착 예정이거나 어느 주를 출항한 선박을 다른 주에서 강제로 입·출항 수속을 하게 하거나, 관세를 지불하게 할 수 없다.
⑦ 국고금은 법률에 따른 지출 승인에 의하여만 지출할 수 있다. 또한 모든 공금의 수납 및 지출에 관한 정식 결산서는 수시로 공표하여야 한다.
⑧ 합중국은 어떠한 귀족의 칭호도 수여하지 아니한다. 합중국 정부에서 유급직 또는 위임에 의한 관직에 있는 자는 누구라도 연방의회의 승인 없이는 어떠한 국왕, 왕족 또는 외국으로부터도 종류 여하를 막론하고 선물, 보수, 관직 또는 칭호를 받을 수 없다.

제10절 (주에 금지된 권한)

① 어느 주라도 조약, 동맹 또는 연합을 체결하거나, 나포허가장을 수여하거나, 화폐를 주조하거나, 신용증권을 발행하거나, 금화 및 은화 이외의 것으로써 채무 지불의 법정 수단으로 삼거나, 사권박탈법, 소급절차법 또는 계약상의 채무에 해를 주는 법률 등을 제정하거나, 또는 귀족의 칭호를 수여할 수 없다.
② 어느 주라도 연방의회의 동의 없이는 수입품 또는 수출품에 대하여 검사법의 시행상 절

대 필요한 경우를 제외하고는 공과금 또는 관세를 부과하지 못한다. 어느 주에서나 수입품 또는 수출품에 부과하는 모든 공과금이나 관세의 순 수입은 합중국 국고의 용도로 제공해야 한다. 또 연방의회는 이런 종류의 모든 주의 법률을 개정하고 통제할 수 있다.

③ 어느 주라도 군대나 군함을 보유할 수도 없고, 다른 주나 외국과 협정이나 맹약을 체결할 수 없으며, 실제로 침공당하고 있거나 지체할 수 없을 만큼 급박한 위험에 처해 있지 아니하고는 교전할 수 없다.

제2조 행정부

제1절

① 행정권은 합중국 대통령(President of the United States of America)에게 속한다. 대통령의 임기는 4년으로 하며, 동일한 임기의 부통령과 함께 다음과 같은 방법에 의하여 선출된다.

② 각 주는 그 주의 주의회가 정하는 바에 따라, 그 주가 연방의회에 보낼 수 있는 상원의원과 하원의원의 총수와 동수의 선거인을 임명한다. 다만, 상원의원이나 하원의원, 또는 합중국에서 위임에 의한 또는 유급의 관직에 있는 자는 선거인이 될 수 없다.

③ 선거인은 각기 자기 주에서 회합하여 비밀 투표에 의하여 2인을 선거하되, 그 중 1인은 선거인과 동일한 주의 주민이 아니어야 한다. 선거인은 모든 득표자들의 명부와 각 득표자의 득표수를 기재한 표를 작성하여 서명하고 증명한 다음, 봉합하여 상원 의장 앞으로 합중국 정부 소재지로 송부한다. 상원의장은 상원의원 및 하원의원들 앞에서 모든 증명서를 개봉하고 계표한다. 최고 득표자의 득표수가 임명된 선거인의 총수의 과반수가 되었을 때에는 그가 대통령으로 당선된다. 과반수 득표자가 2인 이상이 되고, 그 득표수가 동수일 경우에는 하원이 즉시 비밀 투표로 그 중의 1인을 대통령으로 선임해야 한다. 과반수 득표자가 없을 경우에는 하원이 동일한 방법으로 최다 득표자 5명중에서 대통령을 선임한다. 다만, 이러한 방법으로 대통령을 선거할 때에는 선거를 주 단위로 하고, 각 주의 하원의원은 1표의 투표권을 가지며, 그 선거에 필요한 정족수는 각 주의 하원의원의 3분의 2로부터 1명 또는 그 이상의 의원의 출석으로 성립되며, 전체 주의 과반수의 찬성을 얻어야 선출될 수 있다. 어떤 경우에서나, 대통령을 선출하고 난 뒤에 최다수의 득표를 한자를 부통령으로 한다. 다만, 동수의 득표자가 2인 이상 있을 때에는 상원이 비밀 투표로 그 중에서 부통령을 선출한다.[2)]

④ 연방의회는 선거인들의 선임 시기와 이들의 투표일을 결정할 수 있으며, 이 투표일은 합중국 전역을 통하여 같은 날이 되어야 한다.

⑤ 출생에 의한 합중국 시민이 아닌 자, 또는 본 헌법의 제정 시에 합중국 시민이 아닌 자는 대통령으로 선임될 자격이 없다. 연령이 35세에 미달한 자, 또는 14년 간 합중국 내의 주민이 아닌 자도 대통령으로 선임될 자격이 없다.

⑥ 대통령이 면직 · 사망 · 사직하거나 또는 그

---

2) 1804년에 비준된 수정 헌법 제2조로 대통령과 부통령의 선거는 분리 실시되었으므로 이 항목은 사문화되었다. 또한 1828년 이후 정당 정치의 발달로 각 주는 대통령의 선거인을 일반 유권자가 선출하게 되었으므로 대통령의 선출은 실질적으로 일반 유권자의 투표로써 결정하게 되었다. 그러므로 현재는 대통령의 선거인의 투표는 하나의 의식에 지나지 않게 되었다.

권한 및 직무를 수행할 능력을 상실할 경우에, 대통령의 직무는 부통령에게 귀속된다. 연방의회는 법률에 의하여 대통령의 면직·사망·사직 또는 직무 수행 불능의 경우를 규정할 수 있으며, 그러한 경우에 대통령의 직무를 수행할 관리를 정할 수 있다. 이 관리는 대통령의 직무 수행에 대해 불능이 제기되거나 대통령이 새로 선임될 때까지 대통령의 직무를 대행한다.

⑦ 대통령은 그 직무 수행에 대한 대가로 정기적으로 보수를 받으며, 그 보수는 임기 중에 인상 또는 인하되지 아니한다. 대통령은 그 임기 중에 합중국 또는 어느 주로부터 그 밖의 어떠한 보수도 받지 못한다.

⑧ 대통령은 그 직무 수행을 시작하기에 앞서 다음과 같은 선서 또는 확약을 하여야 한다. “나는 합중국 대통령의 직무를 성실히 수행하며, 나의 능력의 최선을 다하여 합중국 헌법을 보전하고 보호하고 수호할 것을 엄숙히 선서(또는 확약)한다.”

제2절

① 대통령은 합중국 육·해군의 총사령관, 그리고 각 주의 민병이 합중국의 현역에 복무할 때는 그 민병대의 총사령관이 된다. 대통령은 각 소관 직무 사항에 관하여, 행정 각 부처 장관의 문서에 견해를 요구할 수 있다. 대통령은 합중국에 대한 범죄에 관하여 탄핵의 경우를 제외하고 형의 집행 정지 및 사면을 명할 수 있는 권한을 가진다.

② 대통령은 상원의 권고와 동의를 얻어 조약을 체결할 권한을 가진다. 다만, 그 권고와 동의는 상원의 출석의원 3분의 2 이상의 찬성을 얻어야 한다. 대통령은 대사, 그 밖의 공사 및 영사, 연방대법원 판사 그리고 그 임명에 관하여 본 헌법에 특별 규정이 없으나, 법률로써 정해지는 그 밖의 모든 합중국 관리를 지명하여 상원의 권고와 동의를 얻어 임명한다. 다만, 연방의회는 적당하다고 인정되는 하급관리 임명권을 법률에 의하여 대통령에게만 또는 법원에게 또는 각 부처 장관에게 부여할 수 있다.

③ 대통령은 상원의 휴회 중에 생기는 모든 결원을 임명에 의하여 충원하는 권한을 가진다. 다만, 그 임명은 다음 회기가 만료될 때에 효력을 상실한다.

제3절

대통령은 연방의 상황에 관하여 수시로 연방의회에 보고하고, 필요하고도 권고할 만하다고 인정하는 법안의 심의를 연방의회에 권고해야 한다. 긴급시에는 대통령은 상·하 양원 또는 그 중의 1원을 소집할 수 있으며, 휴회의 시기에 관하여 양원 간의 의견이 일치되지 아니하는 때에는 대통령이 적당하다고 인정할 때까지 양원의 정회를 명할 수 있다. 대통령은 대사와 그 밖의 외교 사절을 접수하며, 법률이 충실하게 집행되도록 유의하며, 또 합중국의 모든 관리에게 직무를 위임한다.

제4절

대통령·부통령 그리고 합중국의 모든 문관은 반역죄·수뢰죄 또는 그 밖의 중대한 범죄 및 경범죄로 탄핵받고 유죄 판결을 받음으로써 면직된다.

제3조 사법부

제1절

합중국의 사법권은 1개의 대법원(Supreme Court) 그리고 연방의회가 수시로 제정·설치하는 하급법원들에게 속한다. 연방대법원 및 하급법원의 판사는 중대한 죄가 없는 한 그 직을 보유하며, 그 직무에 대하여는 정기에 보수를 받으며, 그 보수는 재임 중에 감액되지 아니한다.

제2절

① 사법권은 본 헌법과 합중국 법률과 그리고 합중국의 권한에 의하여 체결되었거나 체결된 조약으로 하여 발생하는 모든 보통법 및 형평법상의 사건, 대사와 그 밖의 외교 사절 및 영사에 관한 모든 사건, 해사 재판 및 해상 관할에 관한 모든 사건, 합중국이 일반 당사자가 되는 분쟁, 2개의 주 및 그 이상의 주 사이에 발생하는 분쟁, 어느 한 주와 다른 주의 시민 사이의 분쟁, 상이한 주의 시민 사이의 분쟁 다른 주로부터 부여받은 토지의 권리에 관하여 같은 주의 시민 사이에 발생하는 분쟁, 그리고 어떤 주나 또는 그 주의 시민과 외국, 외국 시민 도는 외국 시민과의 사이에 발생하는 분쟁에 미친다.
② 대사와 그 밖의 외교 사절 및 영사에 관계되는 사건과 주가 당사자인 사건은 연방대법원이 제1심의 재판관할권을 가진다. 그 밖의 모든 사건에서는 연방의회가 정하는 예외의 경우를 두되, 연방의회가 정하는 규정에 따라 법률문제와 사실문제에 관하여 상소심 재판관할권을 가진다.
③ 탄핵사건을 제외한 모든 범죄의 재판은 배심제로 한다. 그 재판은 그 범죄가 행하여진 주에서 해야 한다. 다만, 그 범죄자가 어느 주에도 속하지 아니할 경우에는 연방의회가 법률에 의하여 정하는 장소에서 재판한다.

제3절

① 합중국에 대한 반역죄는 합중국에 대하여 전쟁을 일으키거나 또는 적에게 가담하여 원조 및 지원을 할 경우에만 성립한다. 누구라도 명백한 상기 행동에 대하여 2명의 증인의 증언이 있거나, 또는 공개 법정에서 자백하는 경우 이외에는 반역죄의 유죄를 선고 받지 아니한다.
② 연방의회는 반역죄의 형벌을 선고하는 권한을 가진다. 다만, 반역죄의 선고로 사권이 박탈된 자는 자기의 생존 기간을 제외하고 혈통오손(Corruption of Blood)[3]이나, 재산 몰수를 초래하지 아니한다.

제4조 주와 주, 및 연방과의 관계

제1절

각 주는 다른 주의 법령, 기록 및 사법 절차에 대하여 충분한 신뢰와 신용을 가져야 한다. 연방의회는 이러한 법령, 기록 및 사법 절차를 증명하는 방법과 그것들의 효력을 일반 법률로써 규정할 수 있다.

제2절

① 각 주의 시민은 다른 어느 주에서도 그 주의 시민이 향유하는 모든 특권 및 면책권을 가진다.
② 어느 주에서 반역죄, 중죄 또는 그 밖의 범죄로 인하여 고발된 자가 도피하여 재판을 면하고 다른 주에서 발견된 경우, 범인이 도피해 나온 주의 행정 당국의 요구에 의하여, 그 범인은 그 범죄에 대한 재판관할권이 있는 주로 인도되어야 한다.
③ 어느 주에서 그 주의 법률에 의하여 사역

3) 중범죄인이 사권(私權) 박탈로 인해 토지 또는 토지에 대한 권리의 상속 · 보유 · 유증권(遺贈權)을 잃는 것

또는 노역을 당하도록 되어 있는 자가 다른 주로 도피한 경우에, 다른 주의 어떠한 법률 또는 규정에 의해서도 그 사역 또는 노역의 의무는 해제되지 아니하며, 그 자는 그 사역 또는 노역을 요구할 권리를 가진 당사자의 청구에 따라 인도되어야 한다.

제3절

① 연방의회는 신주(新州)를 연방에 가입시킬 수 있다. 다만, 어떠한 주의 관할 구역에서도 신주를 형성하거나 설치할 수 없다. 또 관계 각 주의 주의회와 연방의회의 동의 없이는 2개 이상의 주 또는 주의 일부를 합병하여 형성할 수 없다.
② 연방의회는 합중국에 소속하는 영토 또는 그 밖의 재산을 처분하고 이에 관한 모든 필요한 규칙 및 규정을 제정하는 권한을 가진다. 다만, 이 헌법의 어떠한 조항도 합중국 또는 어느 주의 권리를 훼손하는 것으로 해석해서는 아니 된다.

제4절

합중국은 이 연방 내의 모든 주의 공화정체(a Republican Form of Government)를 보장하며, 각 주를 침략으로부터 보호하며, 또 각 주의 주의회 또는 행정부(주의회를 소집할 수 없을 때)의 요구가 있을 때에는 주 내의 폭동으로부터 각 주를 보호한다.

제5조 헌법수정 절차

연방의회는 상·하 양원의 3분의 2가 본 헌법에 대한 수정의 필요성을 인정할 때에는 헌법수정을 발의해야 하며, 또는 각 주 가운데 3분의 2 이상의 주의회의 요청이 있을 때에는 헌법수정의 발의를 위한 헌법회의를 소집해야 한다. 어느 경우에 있어서나 수정은 연방의회가 제의하는 비준의 두 방법 중의 하나에 따라, 4분의 3의 주의 주의회에 의하여 비준되거나, 또는 4분의 3의 주의 주 헌법회의에 의하여 비준되는 때에는 사실상 본 헌법의 일부로서 효력을 발생한다. 다만, 1808년에 이루어지는 수정은 어떠한 방법으로도 제1조 제9절 제1항에 변경을 가져올 수 없다. 어느 주도 그 주의 동의 없이는 상원에서의 동등한 투표권을 박탈당하지 아니한다.

제6조 국가의 최고의 법

제1절 (채무와 조약)

본 헌법이 제정되기 전에 계약된 모든 채무와 체결된 모든 조약은 본 헌법에서도 연합(The Confederation)(규약)에서와 마찬가지로 합중국에 대하여 효력을 가진다.

제2절 (연방정부의 최고성)

본 헌법에 준거하여 제정되는 합중국의 법률 그리고 합중국의 권한에 의하여 체결되거나 체결된 모든 조약은 이 국가의 최고의 법(the Supreme Law of the Land)이며, 모든 주의 법관은 어느 주의 헌법이나 법률 중에 이에 배치되는 규정이 있을지라도 이 헌법에 구속을 받는다.

제3절

상기한 상원의원 및 하원의원, 각 주의 주의회 의원, 합중국 및 각 주의 행정관 및 사법관은 선서 또는 확약에 의하여 본 헌법을 수호할 의무가 있다. 다만, 합중국의 어떠한 관직 또는 위임에 의한 공직에도 그 자격 요건으로서 종교상의 자격은 요구되지 아니한다.

제7조 헌법의 비준

본 헌법은 9개 주의 헌법회의가 비준하면, 비준을 마친 각 주 사이에서 효력을 발생한다.
서기 1787년, 합중국 독립 제12년 9월 17일, 헌법회의에 참석한 각 주의 만장일치의 동의를 얻어 본 헌법을 제정한다. 이를 증명하기 위하여 우리들은 이에 서명한다.(서명 생략)

헌법 수정조항

아래는 합중국 헌법의 수정조항이다. 수정 헌법의 제1조로부터 수정 제10조까지의 첫 10개 조항은 권리장전이라고 알려져 있다. 제1차 연방의회의 첫 회기(1978년 9월 25일)에 발의되어, 각 주에 보내져서, 1791년 12월 15일 비준을 완료했다.

수정 제1조 (종교, 언론 및 출판의 자유와 집회 및 청원의 권리)

연방의회는 국교를 정하거나 또는 자유로운 신앙 행위를 금지하는 법률을 제정할 수 없다. 또한 언론·출판의 자유나 국민이 평화롭게 집회할 수 있는 권리 및 불만사항의 구제를 위하여 정부에게 청원할 수 있는 권리를 제한하는 법률을 제정할 수 없다.

수정 제2조 (무기 휴대의 권리)

규율을 갖춘 민병은 자유로운 주의 안보에 필요하므로 무기를 소장하고 휴대하는 인민의 권리를 침해할 수 없다.

수정 제3조 (군인의 숙영)

평화 시에 군대는 어떠한 주택에도 그 소유자의 승낙을 받지 아니하고는 숙영할 수 없다. 전시중에도 법률이 정하는 방법에 의하지 아니하고는 숙영할 수 없다.

수정 제4조 (수색 및 체포 영장)

부당한 수색·체포·압수로부터 신체·가택·서류 및 통신의 안전을 보장받는 인민의 권리를 침해할 수 없다. 체포·수색·압수의 영장은 상당한 이유에 의하고, 선서 또는 확약에 의하여 뒷받침되고, 특히 수색될 장소, 체포될 사람 또는 압수될 물품을 기재하지 아니하고는 이를 발급할 수 없다.

수정 제5조 (형사 사건에서의 권리)

누구라도, 대배심에 의한 고발 또는 기소가 있지 아니하는 한 사형에 해당하는 죄 또는 파렴치죄에 관하여 심리를 받지 아니한다. 다만, 육군이나 해군에서 또는 전시나 사변 시 복무 중에 있는 민병대에서 발생한 사건에 관해서는 예외로 한다. 누구라도 동일한 범행으로 생명이나 신체에 대한 위협을 재차 받지 아니하며, 누구라도 정당한 법의 절차에 의하지 아니하고는 생명·자유 또는 재산을 박탈당하지 아니한다. 또 정당한 보상 없이, 사유재산이 공공용(公共用)으로 수용당하지 아니한다.

수정 제6조 (공정한 재판을 받을 권리)

모든 형사 소추에서, 피고인은 범죄가 행하여진 주 및 법률이 미리 정하는 지역의 공정한 배심에 의한 신속한 공판을 받을 권리, 사건의 성질과 이유에 관하여 통고 받을 권리, 자기에게 불리한 증언과 대질 심문을 받을 권리, 자기에게 유리한 증언을 얻기 위하여 강제 수속을 취할 권리, 자신의 변호를 위하여 변호인의 도움을 받을 권리가 있다.

수정 제7조 (민사 사건에서의 권리)

보통법상의 소송에서, 소송에 걸려 있는 액수가 20달러를 초과하는 경우에는 배심에 위한 심리를 받을 권리를 갖는다. 배심에 의하여 심리된 사실은 보통법의 규정에 의하는 것 외에 합중국의 어느 법원에서도 재심받지 아니한다.

수정 제8조 (보석금, 벌금 및 형벌)

과다한 보석금을 요구하거나 과다한 벌금 및 잔혹하고 비정상적인 형벌을 과하지 못한다.

수정 제9조 (인민이 보유하는 권리)

본 헌법에 특정 권리를 열거한 사실이, 인민이 보유하는 그 밖의 여러 권리를 부인하거나 경시하는 것으로 해석되어서는 아니 된다.

수정 제10조 (주와 인민이 보유하는 권한)

본 헌법에 의하여 합중국에 위임되지 아니하였거나, 각 주에게 금지되지 아니한 권한은 각 주 또는 인민이 보유한다.

수정 제11조 (주를 상대로 하는 소송)

[1794년 3월 5일 발의, 1795년 2월 7일 비준]
합중국의 사법권은 합중국의 어느 한 주에 대하여 다른 주의 시민 또는 외국의 시민이나 시민에 의하여 개시되었거나 제기된 보통법상 또는 형평법상의 소송에까지 미치는 것으로 해석할 수 없다.

수정 제12조 (대통령 및 부통령의 선거)

[1803년 12월 12일 발의, 1804년 9월 27일 비준]
선거인은 각각 자기의 주에서 회합하여, 비밀투표에 의하여 대통령과 부통령을 선거한다. 둘 중 적어도 한명은 선거인과 동일한 주의 주민이 아니어야 한다. 선거인은 투표용지에 대통령으로 투표되는 사람의 이름을 지정하고, 별개의 투표용지에 부통령으로 투표되는 사람의 이름을 지정하여야 한다. 선거인은 대통령으로 투표된 모든 사람의 명부와 부통령으로 투표된 모든 사람의 명부, 그리고 각 득표자의 득표수를 기재한 표를 별개로 작성하여 선거인이 이에 서명하고 증명한 다음, 봉합하여 상원의장 앞으로 합중국 정부 소재지로 송부한다. 상원의장은 상원의원 및 하원의원의 참석 하에 모든 증명서를 개봉하고 개표한다. 대통령으로서의 투표의 최고 득표자를 대통령으로 한다. 다만, 득표수가 선임된 선거인의 총수의 과반수가 되어야 한다. 이와 같은 과반수 득표자가 없을 경우, 하원은 즉시 대통령으로 투표된 사람의 명단 중 3인을 초과하지 아니하는 최다수 득표자들 중에서 대통령을 비밀 투표로 선거하여야 한다. 다만, 이러한 방법으로 대통령을 선거할 때에는 선거를 주 단위로 하고, 각 주는 1표의 투표권을 가지며, 그 선거에 필요한 정족수는 각 주의 하원의원 3분의 2로부터 1명 또는 그 이상의 의원의 출석으로써 성립되며, 전체주의 과반수의 찬성을 얻어야 선출될 수 있다. 대통령 선정권이 하원에 귀속된 경우 하원은 다음 3월 4일까지 대통령을 선정하지 않을 때에는 부통령이 대통령의 직무를 행한다. 부통령으로서의 최고 득표자를 부통령으로 한다. 다만, 그 득표수는 선임된 선거인의 총수의 과반수가 되어야 한다. 과반수 득표자가 없을 경우에는 상원의 득표자 명부 중 최다수 득표자 2인 중에서 부통령을 선임한다. 이 목적을 위한 정족수는 상원의원 총수의 3분의 2로 성립되며, 그 선임에는 의원 총수의 과반수가 필요하다. 다만, 헌법상의 대통령의 직에 취임할 자격이 없는 사람은 합중국 부통령의 직에도 취임할

자격이 없다.

수정 제13조 (노예 제도 폐지)

[1865년 2월 1일 발의, 1865년 12월 18일 비준]

제1절

노예 제도 또는 강제 노역 제도는 당사자가 정당하게 유죄판결을 받은 범죄에 대한 처벌이 아니면 합중국 또는 그 관할 하에 속하는 어느 장소에서도 존재할 수 없다.

제2절

연방의회는 적당한 입법에 의하여 본 조의 규정을 시행할 권한을 가진다.

수정 제14조 (공민권, 평등권)

[1866년 6월 16일 발의, 1868년 7월 28일 비준]

제1절

합중국에서 출생하거나 귀화하여, 합중국의 관할권에 속하는 모든 사람은 합중국 및 그 거주하는 주의 시민이다. 어떠한 주도 합중국 시민의 특권과 면책권을 박탈하는 법률을 제정하거나 시행할 수 없다. 어떠한 주도 정당한 법의 절차에 의하지 아니하고는 누구에게서도 생명·자유 또는 재산을 박탈할 수 없으며, 그 관할권 내에 있는 누구에 대하여도 법률에 의한 동등한 보호를 거부하지 못한다.

제2절

하원의원은 각 주의 인구수에 비례하여 각 주에 할당한다. 각 주의 인구수는 과세되지 아니하는 인디언을 제외한 각 주의 총인구수이다. 다만, 합중국 대통령 및 부통령의 선거인, 사법관 또는 각 주 주의회의 인원을 선출하는 어떠한 선거에서도, 반란이나 그 밖의 범죄에 가담한 경우를 제외하고, 21세에 달하고 합중국 시민인 해당 주의 남성 주민 중의 어느 누구에게 투표권이 거부되거나, 어떠한 방법으로 제한되어있을 때에는 그 주의 하원의원 할당수의 기준을 그러한 남성 주민의 수가 그 주의 21세에 달한 남성 주민의 총수에 대하여 가지는 비율에 따라 감소된다.

제3절

과거에 연방의회 의원, 합중국 관리, 주의회 의원 또는 주의 행정관이나 사법관으로 합중국 헌법을 지지할 것을 선언하고, 후에 이에 대한 폭동이나 반란에 가담하거나 또는 그 적에게 원조를 제공한 자는 누구라도 연방의회의 상원의원이나 하원의원, 대통령 및 부통령의 선거인, 합중국이나 각 주에서의 문무의 관직에 취임할 수 없다. 다만, 연방의회는 각 원의 3분의 2의 투표로써 그 실격을 해제할 수 있다.

제4절

폭동이나 반란을 진압할 때의 공헌에 대한 은급 및 하사금을 지불하기 위하여 기채(起債)[4]한 부채를 포함하여 법률로 인정한 국채의 법적 효력은 이를 문제 삼을 수 없다. 그러나 합중국 또는 주는 합중국에 대한 폭동이나 반란을 원조하기 위하여 기채한 부채에 대하여 또는 노예의 상실이나 해방으로 인한 청구에 대하여는 채무를 떠맡거나 지불하지 아니한다. 이러한 모든 부채, 채무 및 청구는 위법이고 무효이다.

---

4) 국가나 공공 단체가 공채를 모집함

제5절

연방의회는 적당한 입법에 의하여 본 조의 규정을 시행할 권한을 가진다.

수정 제15조 (흑인의 투표권)

[1869년 2월 27일 발의, 1870년 3월 30일 비준]

제1절

합중국 시민의 투표권은 인종, 피부색 또는 과거의 예속 상태로 인해, 합중국이나 주에 의하여 거부되거나 제한되지 아니한다.

제2절

연방의회는 적당한 입법에 의하여 본 조의 규정을 시행할 권한을 가진다.

수정 제16조 (소득세)

[1909년 7월 12일 발의, 1913년 2월 25일 비준]
연방의회는 어떠한 소득에 대해서도, 각 주에 배당하지 아니하고 국세 조사나 인구수 산정에 관계없이 소득세를 부과·징수할 권한을 가진다.

수정 제17조 (연방 상원의원의 직접 선거)

[1912년 5월 16일 발의, 1913년 5월 31일 비준]

제1절

합중국의 상원은 각 주 2명씩의 상원의원으로 구성된다. 상원의원은 그 주의 주민에 의하여 선출되고 6년의 임기를 가진다. 각 상원의원은 1표의 투표권을 가진다. 각 주의 선거인은 주 입법부 중 의원수가 많은 하나의 원의 선거인에 요구되는 자격을 가져야 한다.

제2절

상원에서 어느 주의 의원에 결원이 생긴 때에는 그 주의 행정부는 결원을 보충하기 위하여 선거명령을 내려야 한다. 다만, 주민이 주의회가 정하는 바에 의한 선거에 의하여 결원을 보충할 때까지 주의회는 그 주의 행정부에게 임시로 상원의원을 임명하는 권한을 부여할 수 있다.

제3절

본 수정조항은 본 헌법의 일부로서 효력을 발생하기 이전에 선출된 상원의원의 선거 또는 임기에 영향을 주는 것으로 해석하지 못한다.

수정 제18조 (금주법)

[1917년 12월 18일 발의, 1919년 1월 29일 비준, 수정 제21조로 폐기]

제1절

본 조의 비준으로부터 1년을 경과한 후에는 합중국내와 그 관할에 속하는 모든 영역 내에서 음용할 목적으로 주류를 양조·판매 또는 운송하거나 합중국에서 이를 수입 또는 수출하는 것을 금지한다.

제2절

본 조는 연방의회로부터 이를 각 주에 회부한 날부터 7년 이내에 각 주의회가 헌법에 규정된 바와 같이 헌법수정으로서 비준하지 아니하면 그 효력을 발생하지 아니한다.

수정 제19조 (여성의 선거권)

[1919년 6월 4일 발의, 1920년 8월 26일 비준]

제1절

합중국 시민의 투표권은 성별로 인해 합중국이나 주에 의하여 거부 또는 제한되지 아니한다.

제2절

연방의회는 적당한 입법에 의하여 본 조를 시행할 권한을 가진다.

수정 제20조 (대통령과 연방의회 의원의 임기)

[1932년 3월 2일 발의, 1933년 2월 6일 비준]

제1절

대통령과 부통령의 임기는 본 조가 비준되지 아니하였더라면 임기가 만료했을 해의 1월 2일 정오에 끝난다. 그 후임자의 임기는 그 때부터 시작된다.

제2절

연방의회는 매년 적어도 1회 집회한다. 그 집회는 의회가 법률로 다른 날을 정하지 아니하는 한 1월 3일 정오부터 시작된다.

제3절

대통령의 임기 개시일로 정해 놓은 시일에 대통령 당선자가 사망하면 부통령 당선자가 대통령이 된다. 대통령 임기의 개시일까지 대통령이 선정되지 아니하였거나, 대통령 당선자가 자격을 구비하지 못했을 때에는 부통령 당선자가 대통령이 그 자격을 구비할 때까지 대통령의 직무를 대행한다. 연방의회는 대통령 당선자와 부통령 당선자 모두 자격을 구비하지 못하는 경우를 대비하여 법률로써 규정하고, 대통령의 직무를 대행해야 할 자 또는 그 대행자의 선정 방법을 선언할 수 있다. 이러한 경우에 선임된 자는 대통령 또는 부통령이 자격을 구비할 때까지 대통령의 직무를 대행한다.

제4절

연방의회는 하원이 대통령의 선정권을 갖게 되었을 때에 하원이 대통령으로 선정한 인사 중 사망자가 생긴 경우와, 상원이 부통령의 선정권을 갖게 되었을 때에 상원이 부통령으로 선정한 인사 중 사망자가 생긴 경우를 대비하는 법률을 규정할 수 있다.

제5절

제1절 및 제2절은 본 조의 비준 후 최초의 10월 15일부터 효력을 발생한다.

제6절

본 조는 회부된 날로부터 7년 이내에 각 주의 4분의 3의 주의회에 의하여 헌법수정 조항으로 비준되지 아니하면 효력을 발생하지 아니한다.

수정 제21조 (금주법의 폐기)

[1933년 2월 2일 발의, 1933년 12월 5일 비준]

제1절

연방헌법 수정 제18조는 이를 폐기한다.

제2절

합중국의 영토 또는 속령의 법률에 위반하여 이들 지역 내에서 배달 또는 사용할 목적으로 주류를 이들 지역에 수송 또는 수입하는 것을 금지한다.

제3절

본 조는 연방의회가 이것을 각 주에 회부한

날로부터 7년 이내에 헌법 규정에 따라서 각 주의 헌법회의에 의하여 헌법수정 조항으로 비준되지 아니하면 효력을 발생하지 아니한다.

수정 제22조 (대통령의 임기의 제한)

[1947년 3월 21일 발의, 1951년 2월 26일 비준]

제1절

누구도 2회 이상 대통령직에 선출될 수 없으며, 누구도 타인이 대통령으로 당선된 임기 중 2년 이상 대통령직에 있었거나 대통령 직무를 대행한 자는 1회 이상 대통령직에 당선될 수 없다. 다만, 본 조는 연방의회가 이를 발의하였을 때에 대통령직에 있는 자에게 적용되지 아니하며, 또 본 조가 효력을 발생하게 될 때에 대통령직에 있거나 대통령 직무를 대행하고 있는 자가 잔여 임기 중 대통령직에 있거나 대통령 직무를 대행하는 것을 방해하지 아니한다.

제2절

본 조는 연방의회가 각 주에 회부한 날로부터 7년 이내에 각 주의 4분의 3의 주의회에 의하여 헌법수정 조항으로서 비준되지 아니하면 효력을 발생하지 아니한다.

수정 제23조 (컬럼비아 특별구에서의 선거권)

[1960년 6월 16일 발의, 1961년 4월 3일 비준]

제1절

합중국 정부 소재지를 구성하고 있는 특별구는 연방의회가 다음과 같이 정한 방식에 따라 대통령 및 부통령의 선거인을 임명한다.

그 선거인의 수는 이 특별구가 주라면 배당받을 수 있는 연방의회 내의 상원 및 하원의원 수와 같은 수이다. 그러나 어떠한 경우에도 최소의 인구를 가진 주보다 더 많을 수 없다. 그들은 각 주가 임명한 선거인들에 첨가된다. 그러나 그들은 대통령 및 부통령의 선거를 위하여 주가 선정한 선거인으로 간주된다. 그들은 이 지구에서 회합하여, 연방헌법 수정 제12조가 규정하고 있는 바와 같이 직무를 수행한다.

제2절

연방의회는 적당한 입법에 의하여 본조를 시행할 권한을 가진다.

수정 제24조 (인두세)

[1962년 8월 27일 발의, 1964년 1월 23일 비준]

제1절

대통령 또는 부통령, 대통령 또는 부통령 선거인들, 또는 연방의회 상원의원이나 하원의원을 위한 예비 선거 또는 그 밖의 선거에서의 합중국 시민의 선거권을 인두세나 기타 조세를 납부하지 아니했다는 이유로 합중국 또는 주에 의하여 거부되거나 제한되지 아니한다.

제2절

연방의회는 적당한 입법에 의하여 본 조를 시행할 권한을 가진다.

수정 제25조 (대통령의 직무수행불능과 승계)

[1965년 7월 6일에 발의, 1967년 2월 10일에 비준]

제1절

대통령이 면직, 사망 또는 사임하는 경우에는

부통령이 대통령이 된다.

제2절

부통령직이 궐위되었을 때에는 대통령이 부통령을 지명하고, 지명된 부통령은 연방의회 양원의 다수결에 의한 인준에 따라 취임한다.

제3절

대통령이 상원의 임시의장과 하원의장에게, 대통령의 권한과 임무를 수행할 수 없다는 것을 기재한 공한(公翰)을 송부할 경우에, 그리고 대통령이 그들에게 그 반대의 사실을 기재한 공한을 송부할 때까지는 부통령이 대통령권한대행으로서 그 권한과 임무를 수행한다.

제4절

부통령, 그리고 행정부 각부처 또는 연방의회가 법률에 의하여 설치하는 기타 기관의 장관들의 대다수가 상원의 임시의장과 하원의장에게, 대통령이 그의 직의 권한과 임무를 수행할 수 없다는 것을 기재한 공한을 송부할 경우에는 부통령이 즉시 대통령권한대행으로서 대통령직의 권한과 임무를 수행한다. 그 이후 대통령이 상원의 임시의장과 하원의장에게 직무수행 불능이 존재하지 아니하다는 것을 기재한 공한을 송부할 때에는 대통령이 그의 직의 권한과 임무를 다시 수행한다. 다만, 그러한 경우에 부통령 그리고 행정부 각부 또는 연방의회가 법률에 의하여 설치하는 기타 기관의 장들의 대다수가 4일 이내에 상원의 임시의장과 하원의장에게 대통령이 그의 직의 권한과 임무를 수행할 수 없다는 것을 기재한 공한을 송부하지 아니하여야 한다. 그 경우 연방의회는 회기중이 아니라 할지라도 목적을 위하여 48시간 이내에 소집하여 그 문제를 결정한다. 연방의회가 후자의 공한을 수령한 후 21일 이내에 또는 회기중이 아니라도 연방의회가 소집 요구를 받은 후 21일 이내에 양원의 3분의 2의 표결로써 대통령이 그의 직의 권한과 임무를 수행할 수 없다는 것을 결의할 경우에는 부통령이 대통령권한대행으로서 계속하여 그 권한과 임무를 수행한다. 다만, 그렇지 아니한 경우에는 대통령이 그의 직의 권한과 임무를 다시 수행한다.

수정 제26조 (18세 이상인 시민의 선거권)

[1971년 3월 23일에 발의, 1971년 7월 1일에 비준]

제1절

연령 18세 이상의 합중국 시민의 투표권은 연령을 이유로 하여 합중국 또는 주에 의하여 거부되거나 제한되지 아니한다.

제2절

합중국 의회는 적절한 입법에 의하여 본 조를 시행할 권한을 가진다.

수정 제27조 (의원 세비 인상)

[1992년 5월 7일 비준]

상·하 의원의 세비 변경에 관한 법률은 다음 하원의원 선거 때까지 효력을 발생하지 아니한다.

국외
제1편

CHAPTER
02
프랑스헌법

· 프랑스헌법 해설
· 1789년 인권선언
· 1795년 헌법(제1공화국 헌법)
· 1848년 헌법(제2공화국 헌법)
· 1875년 헌법(제3공화국 헌법)
· 1946년 헌법(제4공화국 헌법)
· 1958년 헌법(제5공화국 헌법)

프랑스헌법 해설

1. 1789년 8월의 인간과 시민의 권리선언(1789년 인권선언)

(1) 제정과정

1789년 5월 루이 16세는 심각한 재정난을 타개하기 위해 1614년 이래 한 번도 열리지 않았었던 삼부회를 소집하게 되는데, 이는 세금징수에 삼부회의 동의가 필요했기 때문이다. 삼부회가 열리자 시민대표들은 신분별로 모이자는 귀족들의 주장을 물리치고 머리 수대로의 투표에 의한 전체회의인 국민의회를 성립시킨다. 왕과 귀족들은 국민의회를 무력으로 진압하고자 했으나, 국민의회는 봉건제 폐지를 선언하고 새로운 사회를 열고자 1789년 8월 26일 "인간은 권리로서 자유롭고 평등하게 태어나며 생존한다(인권선언 제1조)."는 그 유명한 "인간과 시민의 권리선언"을 채택하였다. 위 권리선언은 근대 민주주의 발전의 역사상 가장 유명하고 귀중한 권리장전이 아닐 수 없다. 위 권리선언은 이후 1791년 프랑스헌법의 전문에 다시 자리를 잡게 된다.

(2) 내용

1789년 8월 20일부터 8월 26일 사이에 프랑스 국민의회가 채택한 이 선언의 17개 조항은 1791년에 제정된 헌법의 전문이 되었다. 이 선언은 또한 1793년의 헌법 전문(인권선언으로 개명됨)과 1795년의 헌법 전문(인간과 시민의 권리 및 의무에 관한 선언으로 개명됨)이 되었다.

인간과 시민의 권리선언의 기본 원칙은 "인간은 자유롭게 또한 평등한 권리를 가지고 태어나며 생존한다"(제1조)는 것이며, 이 권리는 자유 · 소유권 · 안전 및 압제에 대한 저항으로 명시되었다(제2조). 모든 시민은 법 앞에 평등하며, 자신이 직접 또는 대표자를 통해서 간접적으로 입법 활동에 참여할 권리를 가진다(제6조). 영장 없이는 누구도 체포될 수 없다(제7조). 종교의 자유(제10조)와 언론의 자유(제11조)는 '공공질서'와 '법률'의 범위 내에서 보호되었다.

또한 이 권리선언은 이 문서를 작성한 부르주아의 이익을 반영하고 있다. 소유권은 신성불가침한 지위를 부여받았고, 정당한 사전 보상이 없이는 침탈할 수 없게 되었다(제17조).

(3) 특징

(가) 1789년 '인간과 시민의 권리선언'은 인권선언의 효시로서, 기본권 역사에서 가장 중요한 이정표라 할 수 있다. 시민계급(부르주아)의 잠재적 실력, 전제적 왕권에 대한 반감, 북미에서 일어난 혁명이 제시한 모델에 대한 프랑스 인민의 열망이 인권선언의 토대를 놓았다.

(나) 인권선언에는 불가침 · 불가양의 자연권으로서의 제 권리가 규정되었고, 1791년 프랑스헌법에 수용되었으며, 그 후의 유럽 제국의 헌법에 커다란 영향을 미쳤다.

(다) 1789년 인권선언은 1958년 헌법전문에 따라 지금도 법적 규범성을 지니고 있다.

(라) 국민주권원리, 대의제, 권력분립을 그 내용으로 한다.

2. 1791년 프랑스헌법 및 1793년 프랑스헌법

(1) 1791년 헌법

시민혁명의 결과 국민의회는 1791년 9월 3일 새로운 헌법을 제정하게 되는데, 소위 1791년 헌법이다. 1791년 프랑스 헌법은 프랑스 최초의 성문헌법으로, 권력분립원리에 기초하여 입헌군주제(제14조)와 단원제의회(제16조)를 그 내용으로 하고 있다. 구 체제를 무너뜨렸지만 군주제의 폐지까지 이르지 못했고, 모든 국민에게 선거권을 인정한 것이 아니라 일정한 재산을 가진 자에게만 선거권을 부여하는 제한선거제도(제32조)를 채택하였다. 1791년 헌법은 전문 207개의 조문으로 구성된 방대한 내용을 담고 있으며 주로 국가조직이나 구조에 관한 사항을 규율하고 있다. 1791년 헌법은 왕과 의회와의 갈등으로 1792년 8월 파리소요로 종말을 고하였다. 1791년 헌법은 군주를 존치시키고 있으므로 이를 공화국 헌법으로 볼 수 없다. 그러므로 군주제가 폐지된 1795년 헌법을 프랑스 제1공화국 헌법으로 보는 것이다.

(2) 1793년 헌법

혁명이 진전되면서 왕궁에 대한 공격이 격화되어, 국민공회는 1792년 9월 왕정을 폐지하고 1792년 9월 22일 공화제 제1년의 첫날로 선포했다. 그러면서 1793년 1월 21일 루이 16세를 기요틴(단두대)에서 처형하였다. 1793년 6월의 프랑스 헌법은 전문 159(기본권 35개 조항)개 조항으로 구성되었으며, 21세 이상의 모든 남성에게 선거권을 부여하였고(남성에 한해 보통선거로 전환, 제4조), 노동, 생존, 교육, 실업에 대한 지원을 보장하는 진일보된 내용을 담고 있었다. 그러나, 국내외의 어려운 상황, 특히 의회에서 지롱드파와 몬타냐르파의 주도권 다툼으로 실시되지 못했다. 1793년 헌법의 기본권 중에는 생존권(제21조), 교육권(제22조)이 포함되어 있는데, 이는 세계 최초의 생존권보장에 해당된다.

3. 1795년 헌법(제1공화국 헌법)

(1) 제정과정

로베스피에르가 주도한 공안위원회는 1793년 헌법의 시행을 보류하고 혁명정부를 수립하며, 왕비 '마리 앙트와네트'를 처형하는 등 공포정치를 감행하였다. 그러나 로베스피에르 역시 단두대에서 처형되었고, 권력을 잡은 테르미도르파는 시행이 보류되어온 1793년 헌법 대신 새로운 헌법을 제정하기에 이른다. 이것이 1795년 헌법이다.

(2) 내용

(가) 의회는 원로원과 500인회로 구성된다(제44조). 500인회는 만 30세 이상의 의원으로 구성되며(제74조), 200인 이상이 출석하여야 의결할 수 있으며(제75조), 법률제안권은 500인회

에 전속한다(제76조). 원로원은 250인으로 구성되며(제82조), 40세 이상이어야 한다(제83조). 500인회의 결의안을 승인 또는 부결하는 권한은 원로원에 전속한다(제86조).

(나) 행정은 집단적 성격을 지닌 5명의 總裁政府(Directoire exécutif)가 책임지며(제132조), 6~8명의 장관을 자유로이 임명할 수 있다(제150조). 의회는 총재정부의 정치적 책임을 추궁할 수 없고, 총재정부는 의회를 해산할 수 없다.

(다) 사법의 기능은 입법부에 의해서도 행정부에 의해서도 행사될 수 없으며(제202조), 법관은 입법권의 행사에 간섭할 수 없으며 또한 어떤 규칙도 제정할 수 없다(제203조).

(3) 특징

(가) 1795년 헌법은 1799년 11월 나폴레옹(Napoleon)의 쿠데타로 4년밖에 시행되지 못했다.

(나) 권리 22개조, 의무 9개조를 먼저 선언한 1795년 헌법은 377개조에 달하여, 프랑스 헌법에서 가장 많은 내용을 담고 있다.

(다) 제한선거제도를 채택하고 있다.

(라) 1795년 헌법은 자유를 평등에 앞서 규정하였다는 점에 평등을 먼저 규정한 1793년 헌법과 차이가 있다. 또 국민의 권리 이외에 국민의 의무도 명시하고 있다.

4. 1848년 헌법(제2공화국 헌법)

(1) 제정과정

1799년 11월 나폴레옹의 쿠데타로 1795년 헌법의 제1공화국체제는 막을 내리게 되고, 프랑스는 帝政이 부활되게 된다. 1799년 시에예스의 사상을 기초로 나폴레옹에 의해 1799년 헌법이 만들어진다. 1804년에는 나폴레옹의 제정이 만들어지게 되는데, 1814년 나폴레옹이 몰락하자, 루이 18세가 왕정에 복귀한다(제1제정). 이후 1824년 루이 18세의 뒤를 이어 샤를 10세가 즉위하여 반동정치를 실시하자, 민중이 봉기하여 루이 필립을 왕으로 추대하면서 입헌군주제의 7월 왕정이 성립되었다. 그러나 루이 필립 때에도 프랑스 국민 3000만 명 중, 0.5% 정도만이 선거권이 부여되었다. 이에 1848년 2월 혁명이 발생했고, 그 해 11월 공화국 헌법이 제정되었다. 이것이 제2공화국 헌법인 1848년 헌법이다.

(2) 내용

제1조 주권은 프랑스 시민 전체에 있다. 주권은 양도할 수 없으며 영구히 소멸될 수 없다. 어떤 개인 및 인민의 어느 일부도 주권의 행사를 자신의 것이라 주장할 수 없다.

제2조 누구든지 법률의 규정에 따르지 않고는 체포되거나 구금될 수 없다.

제3조 프랑스 영토 안에 거주하는 모든 사람의 주거는 불가침이다.

제4조 누구든지 일반법원 법관의 재판으로부터 배제되지 않는다.

제5조 정치적 사건에 관해서 사형은 폐지된다.
제6조 노예제도는 프랑스의 어느 지역에서도 존재할 수 없다
제7조 누구나 자기의 종교를 자유로이 표명하며, 자기 교파 예배를 집행하는데 국가로부터 평등한 보호를 받는다.
제8조 시민은 단체를 구성할 권리, 무장하지 않고 평화적으로 집회할 권리, 청원할 권리, 출판 또는 기타의 방법으로 자기의 의견을 표명할 권리를 가진다. 이와 같은 권리의 행사에는 타인의 권리나 자유 및 공공의 안전이라는 한계 및 제한 이외의 아무런 제한이 없다. 출판은 어떤 경우에도 검열을 받지 않는다.
제9조 교육은 자유이다. 교육의 자유는 법률로 정해진 능력과 도덕성의 조건에 따라, 국가의 감독 아래 행사된다.
제10조 모든 시민은 그들의 능력 이외의 다른 어떤 우선조건 없이 법률로 정해진 조건에 따라 모든 공직에 나아갈 수 있다. 모든 귀족 칭호, 출생, 계급에 의한 차별은 영구적으로 폐지된다.
제11조 모든 소유권은 침해될 수 없다. 그러나 국가는 적법하게 승인된 공공의 이익을 이유로, 그리고 사전에 정당한 보상을 하는 조건으로 소유권의 희생을 요구할 수 있다.
제12조 재산의 몰수는 절대로 부활될 수 없다.
제13조 헌법은 시민에게 노동과 직업의 자유를 보장한다. 사회는 무상의 초등교육, 직업교육, 고용주와 노동자 사이의 평등한 관계, 장래대비와 신용제도, 농업제도, 자발적 결사, 그리고 국가, 주 및 시·군이 실업자 고용에 적합한 공공사업을 일으키는 일을 조성하고 장려한다. 사회는 버려진 아이들, 몸이 불편한 사람들 자산이 없는 노인들로서 도와줄 가족이 없는 사람들에게 도움을 제공한다.
제14조 공공의 부채는 보장된다. 국가가 채권자와 맺은 모든 종류의 계약은 침해될 수 없다.
제15조 모든 조세는 공공의 이익을 위해 부과된다. 누구나 그의 능력과 재산에 따라 조세를 부담한다.
제16조 어떤 조세도 법률에 의하지 않고는 인정되지 않으며 부과하거나 징수할 수 없다.

(3) 특징

(가) 1848년 헌법은 자유, 평등 이외에 형제애(박애)를 프랑스 이념으로 추가하였고, 자유권이외에 상당수의 생존권을 보장하고 있다.
(나) 전문 166개조로 구성되어 있다. 4년 단명으로 끝난다.
(다) 의회는 단원제였다(제20조). 의원은 재선될 수 있으며(제33조), 프랑스 전체의 대표자이며(제34조), 의원에 대한 강제위임은 불허되며(제35조), 의원의 면책특권(제36조)과 불체포특권(제37조)이 인정되었다.
(라) 대통령은 30세 이상이어야 하며, 임기 4년의 단임제였다(제45조).
(마) 선거는 21세 이상의 남성에게 선거권을 인정하는 직접보통선거를 채택하였고(제24조), 피선연령은 25세였다(제26조).

5. 1875년 헌법(제3공화국 헌법)

(1) 제정과정

1848년 헌법에 따라 치러진 대통령 선거에서 루이 나폴레옹이 대통령으로 선출된다. 대통령 루이 나폴레옹은 1848년 헌법에 따르면 대통령 임기는 4년 단임으로 중임할 수 없었고, 이를 개정하기 위해 필요한 의원 수 4분의 3의 지지를 얻기가 어렵게 되자, 1851년 12월 쿠데타를 일으켜 제2공화정을 무너뜨리고 제정으로 변경하는 조치를 감행하였다(제2제정). 결국 이로써 1848년의 제2공화국 헌법은 다시 단명으로 끝나게 된다.

루이 나폴레옹의 제2제정은 18년간 지속되었는데, 루이 나폴레옹이 1870년 프로이센과의 전쟁에서 패배함으로써 제2제정은 끝을 내고, 1875년 제3공화국이 성립되었다. 1870년 9월 3일 루이 나폴레옹의 패전소식이 들리자, 1870년 9월 4일 공화파가 프랑스에서의 3번째 공화국을 선포했기 때문이다.

(2) 내용

프랑스는 1875년에 3개의 헌법적 법률을 제정하게 되는데, '상원의 조직에 관한 법률', '공권력의 조직에 관한 법률', '공권력의 관계에 관한 법률'이 그것이다. 프랑스 제3공화국은 단일의 헌법전을 가지고 있지 않고, 3개의 헌법적 법률로 구성된 것이 특징이다. '공권력의 조직에 관한 법률'은 공화국 대통령 · 내각 · 상원과 하원의 설치근거를 그 내용으로 하였고, '상원의 조직에 관한 법률'은 상원을 설치하는 법률의 성격을 지녔으며, '공권력의 관계에 관한 법률'은 대통령과 의회의 권한에 관하여 규율하고 있다.

1875년 프랑스 헌법적 법률은 가장 간결한 헌법이었다. 권리선언과 국민의 법적 지위에 관한 내용은 존재하지 않는다. 총 34개 조문으로 구성되어 있다. 그나마 1879년과 1884년 헌법개정으로 26개 조문으로 줄어들게 된다. 1875년 제3공화국 헌법이 시작되었는데, 이 공화국은 프랑스 혁명 이후 가장 오랜 기간 지속되었다.

6. 1946년 헌법(제4공화국 헌법)

(1) 제정과정

프랑스는 1940년 나치에 의해 점령을 당하면서 프랑스내의 괴뢰정부인 비시(Vichy)정부와 해외 망명정부인 드골이 이끄는 공화국 임시정부가 병존하게 되는데, 세계 제2차 대전이 끝나면서 1944년 드골이 이끄는 공화국 임시정부가 프랑스 정부의 정통성을 이어가게 된다. 전쟁 영웅 드골은 1944년 파리로 귀환해 임시정부의 수반이 되었고, 1945~1946년에는 총리와 국방장관을 역임하였다. 드골의 공화국 임시정부는 1945년 10월 국민투표를 통해 헌법제정국민회의를 만들고 이를 통해 제4공화국 헌법안을 작성하게 하였다. 헌법제정국민회의가 작성한 1946년 4월의 헌법제정안은 국민투표에서 부결되었고, 헌법제정국민회의는 다시 헌법제정안을 작성하여 1945년 10

월 국민투표에 부쳐졌는데, 가결됨으로써 제4공화국 헌법이 만들어지게 된다.

(2) 내용

(가) 프랑스는 불가분 · 비종교적 · 민주적 및 사회적인 공화국이며(제1조), 국기, 국가, 이념(제2조), 주권의 소재 및 행사(제3조), 보통선거(제4조)를 규정하고 있다.

(나) 양원제(제5조), 국회의원의 면책특권(제21조)과 불체포특권(제22조)을 규정하고 있다.

(다) 대통령은 국회에 의해 선출되며, 임기는 7년이고 1회에 한하여 재선될 수 있다(제29조). 대통령은 국무총리를 임명하며(제45조), 국무총리가 지명한 정부각료를 임명한다(제46조).

(라) 의회는 내각을 불신임할 수 있고, 내각은 엄격한 조건 하에 의회를 해산할 수 있다.

(3) 특징

(가) 제4공화국 헌법은 전문 외에 106개의 조문으로 구성되었다.

(나) 헌법전문에서 1789년 권리선언이 규정한 인간과 시민의 권리와 자유를 지킬 것을 엄숙히 선언하고 있다.

(다) 1946년 헌법은 의회주권에 입각하여 의원내각제 정부형태를 지니고 있다.

(라) 대통령은 의회에서 선출하며, 임기 7년으로 1차 연임이 가능하였다(제29조). 대통령이 궐위된 경우 국민회의 의장이 권한을 대행한다(제41조).

(마) 대통령은 상징적 국가원수로서 국민의회에 맞설 수 있는 법적 지위를 지니지 못했다.

(바) 1946년 헌법은 상원(공화국 위원회)에 대한 하원(국민회의) 우위의 양원제를 채택하였다. 하원은 직접선거로 선출하였으나 상원은 간접선거로 선출하였다.

(사) 내각이 하원에 종속되었다. 내각의 각료는 의원직을 겸할 수 있으며, 내각은 의회에 대하여 집단적 또는 개별적으로 책임을 졌다(제48조).

(아) 소극적 헌법재판 기능만 도입하였다. 프랑스는 적극적 헌법재판에 대해 소극적인데 이는 의회주권에 대한 제약을 부정적으로 보기 때문이다. 1946년 헌법의 프랑스 헌법평의회를 보면 헌법의 독립된 장에서 규율하고 있지 않고 있으며, 그 구성원도 대통령, 하원의장, 상원의장, 7인의 하원의원과 3인의 상원의원으로 되어 있다. 대통령이 의장이라 하여도 나머지 구성원 모두가 의원들로 되어 있고, 의례적인 대통령의 지위를 감안할 때 헌법평의회의 법적 지위는 사법기관이 아닌 정치적 기관에 머물고 있음을 알 수 있다.

7. 1958년 헌법(제5공화국 헌법)

(1) 제정과정

전술한 바와 같이, 1944년 파리로 귀환한 드골은 임시정부의 수반이 되었고, 총리와 국방장관을 역임하였으며, 1947년에는 프랑스국민연합(RPF)을 조직하였다. 그가 조직한 프랑스국민연합은 1951년 선거에서 제1당이 되었으나, 드골은 1953년 프랑스국민연합을 해체하고 정계에서 은퇴했다. 그러나 1958년 알제리에서 쿠데타가 발생하자 위기에 직면한 당시 꼬띠(Coty) 대통령은 드골에게 정계 복귀를 요청하였고, 드골은 1958년 6월 1일 제4공화국의 마지막 총리가 되었다. 전권을 위임받은 드골은 강격한 대통령제를 표방하는 새로운 헌법을 9월 국민투표를 통하여 통과시켰다(제5공화국 탄생). 1958년 12월의 대통령선거는 간접선거 방식이었는데, 드골은 제5공화국의 초대 대통령에 당선되어 1959년 1월에 취임했다. 드골은 1962년 10월 대통령의 민주적 정당성을 강화하기 위해 대통령 직선제 개정안을 국민투표에 부쳐 개헌에 성공했고, 새로운 헌법에 따라 치러진 1965년 프랑스 대통령 선거에서 드골은 재선에 성공하였다. 이로써 프랑스는 1848년 헌법에 따라 대통령(루이 나폴레옹)을 직접 선출한 이후, 117년 만에 대통령을 다시 직선으로 선출하게 된다. 드골 대통령은 지방행정과 상원개혁에 대한 개헌을 추진하면서 치러진 1969년 프랑스 국민투표가 부결되자, 재신임을 걸었던 드골 대통령은 사퇴하게 된다.

(2) 내용

(가) 1958년 헌법은 인권선언을 두지 않았으나, 그 전문에서 1789년 인권선언과 1946년 헌법전문에서 확인된 인권을 지킨다고 규정하고 있다.

(나) 총강에서는 프랑스는 비종교적 · 민주적 · 사회적 · 불가분적 공화국이며(제1조), 국어 · 국기 · 국가 · 이념(제2조), 주권의 소재와 행사방법(제3조)을 규정하고 있다.

(다) 대통령의 헌법준수 및 국가의 영속성 보장하며(제5조), 대통령은 국가의 독립, 영토의 보전 및 각종 조약의 준수를 보장한다. 대통령은 직접 · 보통 선거에 의해 5년 임기로 선출되며 단임제로 한다(제6조). 대통령 선출의 경우 제1차 투표에서 과반수를 획득한 후보자가 없을 경우에는 그로부터 14일후 최다 득표자 2인을 대상으로 제2차 투표를 실시한다(제7조). 대통령이 궐위되거나 사고인 경우 상원(Sénat)의장이 대통령의 직무를 임시로 대행하며, 상원의장도 그 직무를 수행할 수 없는 경우에는 정부가 대행한다. 또한 사고로 인한 장애의 확인은 헌법평의회가 판단한다.

(라) 대통령은 국무총리를 임명하며, 국무총리의 제청에 따라 장관을 임명한다(제8조).

(마) 대통령은 국무총리, 양원의 의장과 협의한 후 국민의회의 해산을 선포할 수 있고, 총선거는 국민의회 해산 후 20일 내지 40일 이내에 실시된다(제12조).

(바) 공화국의 제도 · 국가의 독립 · 영토의 보전 · 국제협약의 집행이 중대하고 직접적으로 위협받고, 헌법에 의한 공권력의 적정한 기능이 정지되는 경우에 대통령은 국무총리 · 양원의 의장 · 헌법평의회 의장과 공식협의를 거친 후 필요한 조치(긴급조치)를 강구한다(제16조).

(사) 의회는 국민의회와 상원으로 구성되며(제24조), 국민의회의원의 수는 577인을 초과할 수

없으며, 직접선거에 의해 선출된다. 상 반면 원의원의 수는 348인을 초과할 수 없으며, 간접선거에 의해 선출된다. 상원은 공화국의 지방자치단체들을 대표하여 구성된다.

(아) 의원은 면책특권과 불체포특권을 가진다(제26조).

(자) 모든 명령위임은 무효이다(제27조).

(차) 정부는 국정수행을 위하여 법률의 소관사항에 속하는 조치를 일정한 기간 동안 법률명령으로써 행할 수 있도록 승인해줄 것을 의회에 요구할 수 있다(제38조). 법률명령은 국사원의 의견청취 후 국무회의에서 발한다.

(카) 헌법평의회는 9명의 위원으로 구성되고, 그 임기는 9년이며 연임할 수 없다. 헌법평의회는 3년마다 3분의 1이 갱신된다. 공화국 대통령 · 국민의회의장 · 상원의장이 각각 3인의 위원을 임명한다. 상기의 9인의 위원 외에 전임 대통령들은 당연직 종신회원이 된다. 헌법위원장은 공화국 대통령이 임명한다. 헌법위원장은 가부동수인 경우 결정권을 가진다(제56조).

(타) 헌법평의회는 대통령선거 소송 및 국민의회의원 · 상원의원 선거의 적법성 여부를 판단한다(제58조, 제59조). 또 국민투표의 적법한 시행을 감시한다(제60조).

(3) 특징

(가) 전문 외에 93개 조문으로 구성되었다.

(나) 대통령의 권한을 강화한 헌법으로 우리나라 유신 헌법(제4공화국 헌법) 제정에 영향을 주었다. 주의할 것은 프랑스 제5공화국 헌법의 경우 대통령을 직선으로 선출하면서 대통령의 권한을 강화하고 있지만, 우리나라 유신헌법은 대통령을 간섭으로 선출하면서 상상을 초월하는 권한을 부여하고 있다는 점이다.

(다) 제5공화국 헌법은 제정된 이후 24번의 개정을 거쳐 현재에 이르고 있다.

(4) 1958년 헌법이후의 헌법개정(특히 2008년 헌법개정을 중심으로)

프랑스 1958년 헌법은 지금까지 24번의 헌법개정이 있었는데, 2008년에 이루어진 헌법개정은 47개 조항을 수정할 정도로 광범위한 개정이었다. 새로운 헌법의 제정으로 볼 정도의 개정이지만, 헌법질서의 근본적 변혁이 이루어진 것이 아니므로 제정이 아니라, 전면 개정에 해당할 것이다.

(가) 프랑스 헌법개정은 이원적으로 행해진다. 헌법 제11조의 국민투표를 통한 방법과 헌법 제89조에 의한 의회의 가중된 다수로 개정하는 방법이 그것이다. 헌법 제11조의 개헌방법은 1962년 대통령직선제 개헌이후로는 사용되지 않고, 모두 제89조에 의한 개정절차에 따르고 있다. 의회의 가중된 다수로 헌법을 개정할 수 있어 헌법의 규범력과 현실적응능력을 제고시켜준다.

(나) 헌법을 개정하면서 헌법조항의 효력발생을 달리 정하고 있으며, 그 시기를 예고문 형식으로 정하고 있는데, 이는 매우 이례적인 경우에 해당된다.

(다) 대통령의 임기를 1차 연임으로 하면서 2차 연임을 금하고 있다(제6조 제2항).

(라) 대통령의 비상대권을 제약하여 행사기간을 통제하고 있다. 비상권한 발효 후 30일이 경과한 경우와 60일이 경과한 경우로 나누어, 일정한 조건 하에 그 유효 및 존속필요성 등을 심사할 수 있게 하였다(제16조).

(마) 대통령의 고위 공직자임명에 소관 상임위원회가 5분의 3 이상의 가중된 다수의결로 대통령의 임명권을 저지할 수 있게 하였다(제13조).

(바) 대통령의 집단적 사면권을 폐지하고 개별사면만 가능하게 하였다(제17조).

(사) 회계감사원을 신설하였다(제47조의2).

(아) 헌법평의회로 하여금 사후적 위헌법률심사를 할 수 있게 하였다(제61조의1). 프랑스는 전통적으로 추상적 사전예방적 위헌법률심판제도만 가능하였는데, 2008년 개정에는 구체적 교정적 위헌법률심판제도를 신설한 것이다. 이는 헌법재판의 획기적 변화로 평가된다.

1789년 인간과 시민의 권리선언

[1789년 인권선언]

국민의회를 구성하는 프랑스 인민의 대표자들은, 인권에 대한 무지, 망각 또는 멸시가 공공의 불행과 정부의 부패를 초래하는 유일한 원인이라는 점을 고려하여, 사회의 모든 구성원에게 항상 제시되는 이 선언이 그들의 권리와 의무를 끊임없이 상기시키기 위하여, 모든 정치제도의 목적과 끊임없이 비교될 수 있는 입법권 및 집행권의 제 행위가 보다 더 존중되기 위하여, 이제부터 단순하고 명백한 원칙에 입각한 시민의 요구가 항상 헌법의 유지 및 만인의 행복에 이바지하기 위하여, 인간의 자연적이고 양도불가능하고 신성불가침한 제 권리를 엄숙한 선언서에 서술하기로 결정하였다. 따라서 국민의회는 신의 존재와 보호 하에 다음의 인간과 시민의 제 권리를 인정하고 선언한다.

제1조 인간은 권리로서 자유롭고 평등하게 태어나며 생존한다. 사회적 차별은 오직 공공의 이익에 기초한 경우에 한해 행해질 수 있다.

제2조 모든 정치적 결합의 목적은 인간의 자연적이며 훼손될 수 없는 권리를 유지함에 있다. 이러한 권리는 자유·소유권·안전 및 압제에 대한 저항이다.

제3조 모든 주권의 근원은 본질적으로 국민에게 있다. 어떠한 개인이나 단체도 명백히 국민으로부터 유래하지 않은 권한을 행사할 수 없다.

제4조 자유는 타인을 해하지 않는 것이면 무엇이든 할 수 있다. 따라서 인간의 자연권의 행사는 사회의 다른 구성원들에게 동일한 자연권의 향유를 보장하는 것 이외에는 아무 제한이 없다. 이와 같은 제한과 한계는 단지 법률을 통해서만 규정될 수 있다.

제5조 법률은 사회에 유해한 행위만을 금지할 수 있다. 법률로서 금지되지 않은 것은 어떠한 방해도 받지 않으며, 누구든지 법률이 명하지 않은 것을 하도록 강요받을 수 없다.

제6조 법률은 일반의사의 표현이다. 모든 시민은 누구나 자신이 직접 또는 그의 대표자를 통해서 법률의 제정에 참여할 권리를 가진다. 법률은 보호하는 경우이든 처벌하는 경우이든 만인에 대해서 평등해야 한다. 법률 앞에 평등한 모든 시민은 덕성과 재능에 의한 차별 이외에는 누구나 그의 능력에 따라서 공적인 고위직, 지위, 직무 등에 동등하게 임명될 수 있다.

제7조 누구든지 법률이 정한 경우와 법률이 규정한 방식에 의하지 아니하고는 소추, 체포 또는 구금될 수 없다. 자의적인 명령을 청원, 발송, 집행 또는 집행시키는 자는 모두 처벌받아야 한다. 다만 법률에 의해서 소환 또는 소추된 모든 시민은 누구나 지체 없이 복종하여야 하고, 이에 저항하는 것은 처벌된다.

제8조 법률은 엄격하고 명백히 필요한 형벌만을 규정하여야 하며, 누구든지 범죄행위 이전에 제정 및 공포되고 또 합법적으로 적용되는 법률에 의하지 아니하고는 처벌받지 아니한다.

제9조 누구든지 유죄로 선고되기 전에는 무죄로 추정되기 때문에, 체포가 불가피하다고 판단된 경우라도 그 신병을 확보하기 위하여 필요하지 않은 모든 가혹행위는 법률에 의해서 엄격하게 억제되어야 한다.

제10조 누구든지 그의 의사표시로 인하여 법률에 의해 정해진 공공질서가 파괴되지 않는

다면 그의 견해 특히 종교상의 견해 때문에 불이익을 받지 아니한다.

제11조 사상 및 견해의 자유로운 통신은 인간의 가장 귀중한 권리중의 하나이다. 그러므로 모든 시민은 자유롭게 말하고, 저작하며 출판할 수 있다. 다만 모든 시민은 법률에 규정된 경우에만 이러한 자유의 남용에 대하여 책임을 진다.

제12조 인간 및 시민의 권리를 보장하기 위해서는 공권력(경찰력)이 요구된다. 따라서 이 권력은 공권력을 위임받은 사람의 특별한 이익을 위한 것이 아니라 만인의 이익을 위하여 규정된다.

제13조 공권력의 유지와 행정지출을 위하여 공공의 조세가 필요하다. 조세는 모든 시민에게 그 능력에 따라 평등하게 부과되어야 한다.

제14조 모든 시민은 그 자신 또는 그의 대표자에 의해서 공공조세의 필요성을 확인하고, 그것을 자유로이 승인하고, 그 용도를 감시하고, 그 할당액 · 부과기준 · 징수기간을 결정할 권리를 갖는다.

제15조 사회는 모든 공직자에게 그의 행정에 관한 책임을 물을 수 있는 권리를 갖는다.

제16조 권리보장이 확보되어 있지 않고, 권력분립이 규정되어 있지 아니한 모든 사회는 헌법을 가지고 있지 아니하다.

제17조 신성불가침의 권리인 소유권은, 합법적으로 확인된 공공필요에 근거하여 명백히 요구된다고 판단되는 경우가 아닌 이상, 그리고 사전에 정당한 보상을 정하고 있지 않은 이상, 누구든지 박탈당하지 아니한다.

인간과 시민의 권리와 의무 선언

1795년 헌법(제1공화국 헌법)

프랑스 인민은 최고 존재(Etre suprême) 앞에서 인간과 시민의 권리와 의무에 대하여 다음과 같은 선언을 공포한다.

권리

제1조 사회에서의 인간의 제 권리는 자유 · 평등 · 안전 · 소유이다.

제2조 자유는 타인의 권리를 침해하지 않는 한 행할 수 있다.

제3조 평등은 법률이 인간을 보호해 주는 경우에나, 처벌하는 경우 모두 모든 사람에게 동일하다. 평등은 어떤 출생의 차별도 권력의 세습도 인정하지 아니한다.

제4조 안전은 각인의 제 권리를 확보하기 위한 모든 사람의 협력에서 비롯한다.

제5조 소유는 자신의 재산 · 수입 · 노동과 생업의 성과를 향유하고 처분하는 권리이다.

제6조 법률은 시민들 또는 그들의 대표들의 다수에 의해 표현된 일반의사이다.

제7조 법률로 금지되어 있지 않은 것은 방해할 수 없다. 누구든지 법률이 명령하지 않은 것을 하도록 강요할 수 없다.

제8조 누구든지 법률이 정한 경우가 아니면, 그리고 법률이 규정한 형식에 의하지 않고는 법정에 소환되거나 기소 · 체포 또는 구금되지 아니한다.

제9조 자의적으로 문서를 요청, 교부, 서명, 집행하거나 집행시키는 사람은 범죄자이며 처벌되어야 한다.

제10조 피고인의 신병을 확보하기 위해 필요하지 않은 모든 가혹행위는 법률로 엄격하게 억제되어야 한다.

제11조 누구든지 심문을 받았거나 법에 따라 소환된 후가 아니면, 재판을 받지 아니한다.

제12조 법률은 엄격하게 필요하고 또한 범죄에 견주어 적절한 형벌만을 부과해야 한다.

제13조 법률로 정해진 형벌을 가중시키는 모든 조치는 중죄의 하나이다.

제14조 형사법이든 민사법이든 어떤 법률도 소급효를 가질 수 없다.

제15조 모든 사람은 자신의 시간과 노동을 제공하는 계약을 맺을 수 있다. 다만, 자기 자신을 팔 수 없고, 자기 자신이 팔릴 수도 없다. 그의 인신은 양도할 수 있는 소유물이 아니기 때문이다.

제16조 모든 조세는 공공의 이익을 위해 규정된다. 그것은 납세자의 능력에 따라 배분되어야 한다.

제17조 주권은 본질적으로 시민들 전체에게 있다.

제18조 어떤 개인도, 시민의 어떤 부분적인 결합체도 주권을 자신의 것으로 할 수 없다.

제19조 누구든지 적법한 위임 없이는 어떤 권한도 행사할 수 없고, 어떤 공직도 맡을 수 없다.

제20조 각 시민은 직접 또는 간접적으로 법률의 작성에 협력하고, 인민의 대표 및 공무원의 임명에 협력하는 평등한 권리를 가진다.

제21조 공무는 그것을 행사하는 사람의 소유

물이 될 수 없다.

제22조 권력의 분립이 확립되어 있지 않고, 권력의 한계가 확정되어 있지 않고 그리고 공무원들의 책임이 명확히 정해져 있지 않는 경우에는, 권리의 사회적 보장은 존재할 수 없다.

의무

제1조 권리의 선언은 입법자의 의무를 포함한다. 사회의 유지는 그 사회 구성원들이 그들의 의무를 인식하고 평등하게 실행할 것을 요구한다.

제2조 인간과 시민의 모든 의무는 모든 사람들의 마음에 태어나면서부터 새겨진 다음 두 가지 원칙에서 유래한다.
타인이 그대에게 행하기를 원치 않는 것은 타인에게 행하지 말라.
그대가 타인에게서 받기를 원하는 선행을 끊임없이 타인에게 행하라.

제3조 사회에 대한 각인의 의무는 사회를 방어하고, 사회에 봉사하며 법률에 따라 생활하고, 사회의 여러 기관인 사람들을 존경하는 데 있다.

제4조 누구든지 좋은 아들, 좋은 아버지, 좋은 형제, 좋은 친구, 좋은 남편이 아니면 좋은 시민이라 할 수 없다.

제5조 누구든지 솔직하고 경건하게 법률을 준수하는 사람이 아니면, 성실한 사람이라 할 수 없다.

제6조 공공연하게 법률을 위반하는 사람은 사회와 전쟁상태에 있음을 스스로 선언하는 것이다.

제7조 공공연하게 법을 위반하지 않으면서도 술책이나 위계를 사용하여 법망을 피하는 사람은 모든 사람들의 이익을 침해하는 것이다. 그 자는 사람들의 호의와 존경을 받을 자격이 없다.

제8조 토지의 경작, 모든 생산, 모든 노동수단, 그리고 모든 사회질서는 소유권의 유지에 입각한다.

제9조 모든 시민은 법률이 그에게 그 방어를 요구할 때는 언제나 조국 및 자유, 평등 그리고 소유권의 유지를 위해 봉사해야 한다.

헌법

제1조 프랑스 공화국은 단일 그리고 불가분이다.

제2조 프랑스 시민전체가 주권자이다.

제1장 영토의 구분

제3조 프랑스의 주(départment)는 다음과 같이 구분된다.
l'Ain, l'Aisne, l'Allier, les Basses-Alpes, les Hautes-Alpes, les Alpes-Maritimes, l'Arèche, les Ardennes, l'Ariège, l'Aube, l'Aude, l'Aveyron, les Bouches-du-Rhône, le Calvados, le Cantal, la Charente, la Charente-Inférieure, le Cher, la Corrèze, la Côte-d'Or, les Côtes-du-Nord, la Creuse, la Dordogne, le Doubs, la Drôme, l'Eure, l'Eure-et-Loir, le Finistère, le Gard, la Haute-Garonne, le Gers, la Gironde, le Golo, l'Hérault, l'Ille-et-Vilaine, l'Indre, l'Indre-et-Loire, l'Isère, le Jura, les Landes, le Liamone, le Loir-et-Cher, la Loire, la

Haute-Loire, la Loire-Iuférieure, le Loiret, le Lot, le Lot-et-Garonne, la Lozère, le Maine-et-Loire, la Manche, la Marne, la Haute-Marne, la Mayenne, 1a Meurthe, la Meuse, Ie Mont-Blanc, Ie Mont-Terrible, Ie Morbihan, la Moselle, la Nièvre, le Nord, l'Oise, l'Orne, le Pas-de-Calais, le Puy-de-Dôme, les Basses-Pyrénées, les Hautes-Pyrénées, les Pyrénées-Orientales, le Bas-Rhin, le Haut-Rhin, le Rhône, Ia Haute-Saône, la Saône-et-Loire, la Sarthe, la Seine, la Seine-Inférieure, la Seine-et-Marne, la Seine-et-Oise, les Deux-Sèvres, la Somme, 1e Tarn, le Var, le Vaucluse, la Vendée, la Vienne, la Haute-Vienne, les Vosges, l'Yonne.

제4조 주의 경계는 입법부에 의해 변경 또는 수정될 수 있다. 다만, 이 경우에 주의 면적은 100만m²를 넘을 수 없다.

제5조 각 주는 캔턴(canton, 면)으로 나누어지고, 캔턴은 코뮌(commune, 기초자치단체)으로 분류된다. 캔턴은 현행의 관할구를 보유한다. 그러나 캔턴의 경계는 입법부에 의해 변경 또는 수정될 수 있다. 다만 이 경우, 캔턴의 지역관청에서 가장 멀리 떨어진 코뮌으로부터 1만미터 이상은 되지 않도록 한다.

제6조 프랑스 식민지는 공화국과 일체를 이루는 부분이며, 동일의 헌법에 따른다.

제7조 식민지는 다음의 주로 분류된다.
L'île de Saint-Domingue, 거기에 입법부는 4개주에서부터 6개주로 나누도록 정한다.
Le Guadeloupe, Marie-Galande, la Désirde, les Saintes, alc Saint-Martinml 프랑스에 속하는 부분;
La Martinique;
La Guyane française 및 Cayenne;
Sainte-Lucie 및 Tabago;
L'île de France, les Séchelles, Rodrigue 및 les établissements de Madagascar;
L'île de la Réunion, Les Indes-Orientales, Pondichéri, Chandernagor, Mahé, Karical 및 기타 식민지.

제2장 시민의 정치적 신분

제8조 프랑스에서 태어나고 거주하는 만 21세 이상으로, 거주하는 캔턴의 시민명부(registre civique)에 등록되어 있으며, 공화국 영토에 1년 이상 거주하고 직접세, 토지세 또는 개인소득세를 납부하는 모든 남성은 프랑스 시민이다.

제9조 공화국 건설을 위해 한번 또는 여러 번 종군한 프랑스 남성은 어떤 납세의 조건 없이도 시민이 된다.

제10조 외국인 남성은 만 21세에 달하고 프랑스에 정주할 의사를 표명한 후 계속해서 7년간 프랑스에 거주한 경우, 프랑스에서 직접세를 지불하고 게다가 토지소유권 혹은 농업 또는 상업의 시설을 가지거나, 또는 프랑스인 여성과 결혼한 때에는 프랑스 시민이 된다.

제11조 프랑스 시민만이 초급선거회(제1차회)(assemblée primaire)에서 투표할 수 있으며, 헌법에 의해 설치된 직무에 취직할 수 있다.

제12조 시민권의 행사는 다음의 경우에 상실한다.

1. 외국으로의 귀화
2. 출생의 구별을 전제로 하거나 종교적 서약을 요구하는 외국의 모든 동업조합에의 가맹
3. 외국정부에 의해 제공된 직무 또는 연금의 수령

4. 체형(體刑) 또는 불명예형(peine afflictive ou infamante)의 선고를 받은 경우는 복권까지

제13조 시민권의 행사는 다음의 경우 정지된다.

1. 광란(fureur), 심신상실 또는 심신미약을 이유로 재판상의 금치산
2. 파산한 채무자 또는 파산자의 전부 또는 일부의 상속을 무상으로 보유하고 있는 자의 직접 상속인
3. 월급을 받고 개인 또는 가족 봉사에 고용된 하인(domestique)
4. 소추받은 자
5. 판결이 소멸하지 않은 한 궐석재판에 의해

제14조 시민권의 행사는 전 2조에서 정하고 있는 경우 이외에 상실 또는 정지되지 아니한다.

제15조 공화국 영토 외에 계속해서 7년 거주하고 있는 모든 시민은, 국민에게 부여된 사명도 허가도 없는 때에는 외국인으로 본다. 외국인으로 간주된 자는 제10조에 규정된 조건을 만족하지 않으면 다시 프랑스 시민이 되지 아니한다.

제16조 청년(jeunes gens)은 글을 읽고 쓸 줄 알며, 기술적 직업을 수행할 수 있음을 증명하지 못한 때에는, 시민명부에 등록되지 못한다. 농업에 관한 수작업은 기술적 직업에 속한다. 본조는 공화력 12년부터 실시된다.

제3장 초급선거회 (assemblée primaire)

제17조 초급선거회(제1차회)는 동일의 캔턴에 거주하는 시민에 의해 구성된다. 초급선거회에서 투표하기 위해 필요한 주소는 1년간의 거주만으로 얻을 수 있으며, 1년간 부재의 경우에만 상실한다.

제18조 누구든지 초급선거회에서 대리되지 못하며, 또한 동일의 목적으로 복수의 초급선거회에 투표할 수 없다.

제19조 캔턴에 적어도 1개의 초급선거회를 둔다. 캔턴에 복수의 초급선거회가 있는 경우는, 각 초급선거회는 최저 450명에서 최고 900명의 시민에 의해 구성된다. 이 수는 투표권을 가지는 출석 또는 결석한 시민의 수로 이해된다.

제20조 초급선거회는 최고 연장자의 주재로 잠정적으로 구성된다. 최연소자가 서기(sécretaire)의 직무를 잠정적으로 담당한다.

제21조 초급선거회는 의장 1인, 서기 1인 및 투표입회인(scrutateur) 3인을 투표로 임명함에 따라, 확정적으로 구성된다.

제22조 투표에 필요한 자격에 대한 의의(疑義)가 발생한 경우에 초급선거회는 주의 민사법원(tribunal civil du département)에 유보하고, 임시로 결정을 내린다.

제23조 기타 모든 경우에는 입법부가 초급선거회의 작업의 유효성에 대해 판단한다.

제24조 누구든지 무장하고 초급선거회에 출석할 수 없다.

제25조 초급선거회의 경찰권은 초급선거회에 속한다.

제26조 초급선거회는 다음의 경우에 개최된다.

1. 헌법개정의회(assemblées de révision)에 의해 제안된 헌법의 개정을 승인 또는 거부하기 위해
2. 헌법에 따라 초급선거회에 속하는 선거를 실시하기 위해

제27조 초급선거회는 매년 파종의 달[1](germinal) 1일에 당연히 집회하며, 필요한 경우에는 다음의 자를 임명한다.

1. 의원선거회(assemblée électorale)의 구성원
2. 치안판사[2](juge de paix) 및 치안판사보좌(assesseur)
3. 캔턴의 행정(administration du canton)의 장 또는 인구 5,000명 이상의 코뮌의 지방관리(officier municipal)

제28조 인구 5,000명 미만의 코뮌에서는 이 선거의 직후, 코뮌의회가 개최되고 거기서 각 코뮌의 공무원(agent)과 그 보좌(adjoint)를 선출한다.

제29조 초급선거회 또는 코뮌의회에서 소집의 목적 이외에 행해진 것 및 헌법에 의해 정해진 절차에 반하여 행해진 것은 무효이다.

제30조 초급선거회도 코뮌의회도 헌법에 의해 할당된 선거이외의 선거를 실시할 수 없다.

제31조 모든 선거는 비밀투표로 이루어진다.

제32조 투표를 매매한 것이 법적으로 입증된 모든 시민은 20년간 초급선거회, 코뮌의회 및 모든 공무로부터 배제된다. 재범(récidive)의 경우에는 영구히 배제된다.

제4장 의원선거회 (assemblée électorale)

제33조 각 초급선거회는 초급선거회에서 투표권을 가지고 출석 또는 결석의 시민 200명에 대하여 1명의 선거인(électeur)을 임명한다. 시민 300명까지는 1명의 선거인만이 임명된다. 301명부터 500명까지는 2명의 선거인이 임명된다. 501명부터 700명까지는 3명, 701명부터 900명까지는 4명의 선거인이 임명된다.

제34조 의원선거회의 구성원은 매년 임명되며, 2년의 기간을 두지 않으면 재선되지 못한다.

제35조 누구든지 만25세에 달해, 프랑스 시민권의 행사에 필요한 자격 외에 이하의 조건의 하나가 병합되지 않으면, 선거인으로 임명되지 못한다.

인구 6,000명 이상의 코뮌에서는 200 노동일의 지방가격에 동등한 수입으로 평가되는 재산의 소유권자 또는 용익권자(usufruitier), 또는 150 노동일의 가격에 동등한 수입으로 평가되는 주거의 임차인 또는 200 노동일의 가격으로 평가되는 농지의 임차인(locataire).

인구 6,000명 미만의 코뮌에서는 150 노동일의 지방가격에 동등한 수입으로 평가되는 재산의 소유권자 또는 용익권자, 또는 100 노동일의 가격에 동등한 수입으로 평가되는 주거의 임차인 또는 100 노동일의 가격으로 평가되는 농지의 임차인.

농촌(campagne)에서는 150 노동일의 지방가격에 동등한 수입으로 평가되는 재산의 소유권자 또는 용익권자, 또는 200 노동일의 가격에 동등한 수입으로 평가되는 재산의 정액소작인(fermier) 또는 분익소작인(métayer).

동시에 한편으로 소유권자 또는 용익권자이며 다른 한편으로 임차인, 소액소작인 또는 분익소작인인 자에 대해서는, 이들의 다른 자격에서의 재력은 피선자격을 얻기 위해 필요한 금액까지 과적된다.

제36조 각 주의 의원선거회는 매년 파종의 달 20일에 개최되고, 최대 10일의 초급선거회

---

1) 공화력의 제7월, 프랑스 혁명력의 제7월, 아월(芽月)

2) 경범죄나 작은 사건을 재판 · 조정하는 판사

에 있어서 연장되지 않고, 치러야 할 모든 선거를 끝마친 후, 당연히 해산된다.

제37조 의원선거회는 의원선거회에 부과된 선거에 관계없는 문제를 취급할 수 없다. 의원선거회는 어떤 청원(adresse), 탄원(pétition), 대표사절(députation)도 송부하거나 수리할 수 없다.

제38조 의원선거회는 상호 연락을 취할 수 없다.

제39조 의원선거회의 구성권이었던 어떤 시민도 선거인의 자격을 가지 수 없으며, 또한 그 자격으로 선거인과 함께 동일 의원선거회의 구성원이었던 자와 단결할 수 없다. 본조에 대한 위반(contravention)은 공안(sûreté général)에 대한 음모가 된다.

제40조 초급선거회에 관한 전장의 제18조, 제20조, 제21조, 제23조, 제24조, 제25조, 제29조, 제30조, 제31조 및 제32조는 의원선거회에 대해 공통이다.

제41조 의원선거회는 필요한 경우에는 다음의 자를 선출한다.

1. 입법부의 구성원, 즉 원로원(conseil des anciens)의원 및 500인회(conseil des cinq cents)
2. 파기원(tribunal de cassation) 의 구성원
3. 고등배심원(haut-juré)
4. 주의 행정관(administrateur)
5. 중범죄법원(tribunal criminel)의 소장(président), 검찰관(accusateur public) 및 서기관(greffier)
6. 민사법원(tribunal civil)의 판사(juge)

제42조 어떤 시민이 사망, 사직 또는 파면된 공무원(fonctionnaire)의 교대로 의원선거회에 의해 선출된 때는 그 시민은 교대된 공무원의 잔여기간에 한하여 선출된 것으로 본다.

제43조 각 주의 행정부(directoire exécutif près l'administration)의 위원은 총재정부(directoire)에 의원선거회의 개최와 폐회를 통지하여야 한다. 그것을 위반한 때에는 파면된다. 이 위원은 작업을 정지시키거나 일시중단시킬 수 없으며, 의원선거회장에 들어갈 수도 없다. 다만, 회의 후 24시간 이내에 각 의회의 기록의 전달을 청구할 권리를 가진다. 그 이원은 헌법에 대하여 이루어진 위반을 총재정부에 고발해야 한다. 모든 경우에 입법부는 의원선거회의 작업의 유효성에 대해서만 선고한다.

제5장 입법권

일반규정

제44조 입법부(corps législatif)는 원로원 및 500인회에서 구성된다.

제45조 어떤 경우에도 입법부는 입법부구성원의 1인 또는 복수의 자에 대해서도 또는 어떤 자에 대해서도 본 헌법에 의해 입법부에 부여된 어떤 직무도 위임할 수 없다.

제46조 입법부는 입법부 자신에 의해서도 대리인에 의해서도 행정권(pouvoir exécutif) 및 사법권(pouvoir judiciare)을 행사할 수 없다.

제47조 입법부의 구성원과 기타 공무의 행사와는 겸직할 수 없다. 다만, 공화국의 기록보존소직원(archiviste)의 직무는 그러하지 아니하다.

제48조 법률은 입법부의 구성원으로 선출된 공무원의 확정적 또는 일시적 교대 방법을 정

한다.

제49조 각 주는 그 인구비례에 따라 원로원 및 500인회의 구성원의 임명에 참가한다.

제50조 입법부는 10년 마다 입법부에 송부된 인구일람표(états de population)를 기초로 각 주가 선출해야할 양 의회의 의원수를 정한다.

제51조 이 10년의 기간 중에는 그 배분에 대한 어떤 변경도 실시될 수 없다.

제52조 입법부의 구성원은 임명된 주의 대표자가 아니라, 국민전체의 대표자이며 대표자에게는 어떤 위임도 부여할 수 없다.

제53조 양 의회는 매년 3분의 1을 개선한다.

제54조 3년 후에 임기를 마친 의원은 다음의 3년간을 임기로 즉시 재선될 수 있다. 그 후에 새로 선출되기 위해서는 2년간의 기간을 두지 않으면 안 된다.

제55조 누구든지 어떤 경우에도 계속해서 6년을 초과하여 입법부의 의원직에 임할 수 없다.

제56조 특별한 사정에 의해 어느 쪽의 의회에서 의원이 3분의 2 이하로 감소한 경우는, 그것을 주의 행정부에 통지하고, 그 특별한 사정에 의해 교대되어야 할 입법부의 의원이 있는 주의 행정부는 즉시 주의 초급선거회를 소집해야 한다. 초급선거회는 선거인을 임명하고 선거인은 필요한 교대를 실시한다.

제57조 어느 의회라도 새로 선출된 의원은 매년 목월[3](prairial) 1일에 전입법부가 지시한 코뮌에 또는 기타 지시가 없는 경우에는 최종 회의가 개최된 것과 동일한 코뮌에 소집한다.

제58조 양 의회는 항상 동일한 코뮌에 주재한다.

제59조 입법부는 상설이다. 다만, 입법부는 기간의 연장을 지정할 수 있다.

제60조 어떤 경우에도 양 의회는 동일한 장소에서 소집될 수 없다.

제61조 의장 및 서기의 직무는 원로원 및 500인회에 있어서도 1개월의 기간을 초과할 수 없다.

제62조 양 의회는 각각 의회의 장소 및 양 의회가 정하는 외부의 주변(enceinte extérieure)에 경찰권(droit de police)을 가진다.

제63조 양 의회는 각각 그 원의 의원에 대해 경찰권을 가진다. 다만, 양 의회는 견책처분(censure), 1주간의 구금(arrêt) 및 3일간의 구류(prison)보다 무거운 형벌을 선고할 수 없다.

제64조 양 의회의 회의는 공개된다. 방청인은 각 의회의 의원의 반수를 넘지 못한다. 의회의 의사록(procès-verbal)은 인쇄된다.

제65조 모든 의결(délibération)은 착석 또는 기립으로 이루어진다. 의심스러운 경우에는 호명[점호](appel nominal)이 이루어진다. 다만, 그 경우의 투표는 비밀로 한다.

제66조 각 의회는 그 100인의 청구가 있는 경우는 비밀의 전체위원회(comité général et secret)를 구성할 수 있다. 다만, 그것은 심의(discuter)를 위한 경우에만 해당하며, 의결을 위해서는 그렇지 않다.

제67조 어느 의회도 그 의회 가운데 어떤 상임위원회(comité permanent)도 창설할 수 없다. 다만, 각 의회는 어떤 문제에 대해 예비심

3) 프랑스 혁명력의 제9월

사의 여지가 있다고 사료되는 경우에는 그 의원의 가운데 특별위원회(commissioin spéciale)를 임명할 수 있다. 그 특별위원회의 임무는 그 설치 대상에 한정된다.

제68조 입법부의 의원은 세비(indémnité)를 수령할 수 있다. 세비는 양 의회에서 상질의 소맥(froment) 3천만 그램(six cent treize quintaux trente-deux livre)의 가격으로 정해진다.

제69조 총재정부(directoire exécutif)는 입법부가 회의를 개최하고 있는 코뮌에서 6만 미터(douze lieues de moyenne)의 범위 내에서 어떤 부대도 통과 또는 체재시킬 수 없다. 다만, 입법부의 요청에 의해 또는 입법부의 허가가 있는 경우는 그러하지 아니한다.

제70조 입법부의 옆에 모든 주의 재택국민군(garde nationale sédentaire) 가운데 선발 또는 그 전우(frère d'arme)에 의해 선발된 시민위병(garde de citoyens)을 둔다. 이 위병(garde)은 현역자 1500인 이하일 수 없다.

제71조 입법부는 그 근무 형태 및 기간을 정한다.

제72조 입법부는 어떤 공적의식(cérémonie publique)에 참가할 수 없으며, 그것에 어떤 파견(députation)을 보낼 수도 없다.

500인회

제73조 500인회(Conseil des cinq cents)는 항상 그 수가 고정된다.

제74조 500인회의 의원으로 선거되기 위해서는 만30세에 달하고 선거 직전의 10년간 공화국영토에 거주하지 않으면 아니 된다. 연령 30세의 요건은 공화력 7년 이전은 필요하지 않다. 그 때까지는 만25세로 충분하다.

제75조 500인회는 회의는 200인 이상의 의원으로 구성되지 않으면 의결할 수 없다.

제76조 법률 제안권은 500인회에 전속한다.

제77조 어떤 제안도 이하의 절차를 준수하지 않으면, 500인회에서 의결되거나 결정 되지 않는다. 제안에 대해 3회독회(lecture)가 이루어진다. 독회와 독회 사이는 10일을 하회해서는 안 된다. 심의는 각 독회 후에 개최된다. 다만, 제1독회 또는 제2독회의 후, 500인회는 연기의 필요가 있거나 의결이 필요 없다고 선언할 수 있다. 모든 제안은 제2독회의 2일전에 인쇄 및 배포되지 않으면 아니 된다. 제3독회 후, 500인회는 연기의 필요 여부를 결정한다.

제78조 심의에 회부되고 제3독회 후에 확정적으로 부결된 모든 제안은 1년을 경과하지 않으면 다시 제출될 수 없다.

제79조 500인회에서 채택된 제안은 결의안(résolution)이라 불려진다.

제80조 모든 결의안의 전문(préambule)에는 다음과 같이 명시한다.

1. 3회의 독회가 행해진 회의의 날짜
2. 제3회의 독회 후에 연기의 필요가 없다는 것이 선언된 문서

제81조 500인회의 전문의 선언에서 긴급하다고 인정된 제안은 제77조에 의해 정해진 절차가 면제된다. 이 선언은 긴급함의 이유를 명시하고 그것이 결의안의 전문에 기입되는 것으로 한다.

원로원

제82조 원로원은 250인으로 구성된다.

제83조 누구든지 다음의 경우에는 원로원 의원에 선출될 수 없다. 40세에 달하지 않은 경우. 게다가 혼인하지 않은 경우 또는 배우자를 잃은 남성의 경우. 그리고 선거직전 15년간 공화국 영토에 거주하지 아니한 경우.

제84조 전조에 의해 필요하다고 여겨지는 거주의 조건 및 제74조에 정해진 주거의 조건은, 정부의 사절과 함께 공화국 영토를 떠난 시민에는 적용되지 아니한다.

제85조 원로원 회의는 126인 이상의 의원으로 구성되지 않으면 결의될 수 없다.

제86조 500인회의 결의안을 승인 또는 부결하는 권한은 원로원에 전속한다.

제87조 500인회의 결의안이 원로원에 도착한 때에 즉시 의장은 전문(前文)을 낭독한다.

제88조 원로원은 헌법에서 정해진 절차를 거치지 않은 500인회의 결의안의 승인을 거부한다.

제89조 제안이 500인회에서 긴급하다고 선언된 때에, 원로원은 긴급문서(acte d'urgence)를 승인 또는 부결하기 위해서 의결한다.

제90조 원로원이 긴급문서를 부결한 때에는 결의안의 내용(fond)에 대해서는 의결하지 않는다.

제91조 결의안에 선행하여 긴급문서가 붙여져 있지 않은 때에는 결의안에 대해 3회독회가 행해진다. 2번의 독회의 간극은 5일을 하회할 수 없다. 각 독회 후에 심의를 개최 한다. 모든 결의안은 제2독회의 적어도 2일전에 인쇄 및 배포된다.

제92조 원로원에 의해 채택된 500인회의 결의안은 법률(loi)이라 불려진다.

제93조 법률의 전문은 3회의 독회가 행해진 원로원의 날짜를 명시한다.

제94조 원로원이 법률의 긴급성을 인정한 데크레(décret)는 이유를 붙이고 이것을 이 법률의 전문에 기재한다.

제95조 500인회에 의해 이루어진 법률의 제안은 동일법안의 모든 조항에 대해 합의된다(s'entendre). 원로원은 모든 조항을 부결하거나 또는 전체로서 승인하여야 한다.

제96조 원로원의 승인은 각 법안마다 의장 및 서기가 서명한 다음의 형식으로 표기한다. 원로원은 …… 을 승인한다.

제97조 제77조에서 지시된 절차위반을 이유로 하는 채택의 거부는 의장 및 서기가 서명한 다음의 형식으로 표기한다. 원로원은 …… 을 무효로 한다.

제98조 제안된 법률의 내용의 승인의 거부는, 의장 및 서기가 서명한 다음의 형식으로 표기한다. 원로원은 …… 을 승인할 수 없다.

제99조 전조의 경우, 거부된 법안은 1년을 경과하지 않으면 500인회에 다시 제출될 수 없다.

제100조 그러나 500인회는 어떤 경우라도 거부된 법안의 조항의 일부를 포함하는 법률의 제안을 제출할 수 있다.

제101조 원로원은 그 가운데 채택된 법률을 500인회와 총재정부에 송부한다.

제102조 원로원은 입법부의 주재지(résidence)를 변경할 수 있다. 이 경우 원로원은 새로운 장소와 양 의회가 그곳에 이전해야할 시기를 지시한다. 이 문제에 대한 원로원의 데크레는

취소할 수 없다.

제103조 그 데크레의 날에는 양쪽의 의회도 그때까지 주재하고 있던 코뮌에서 이미 의결할 수 없다. 그 장소에서 직무를 계속하는 의원은 공화국의 안전에 대한 음모로서 유죄가 된다.

제104조 입법부의 이전 데크레의 날인, 공포 및 송부의 지연 또는 거부한 총재정부의 구성원은 전조와 동일의 범죄로서 유죄로 된다.

제105조 원로원에 의해 정해진 날부터 20일 이내에, 각 의회의 다수 의원이 지시된 새로운 장소로 도착 또는 기타 어느 쪽의 장소에서의 집회를 공화국에 알리지 않은 때에는, 주의 행정관 또는 주의 민사법원(행정관이 없는 때)은 250인의 원로원 의원과 500인의 500인회 의원의 선거에 의해 새로운 입법부의 구성을 착수하는 선거인을 즉시 임명하기 위해 초급선거회를 소집한다.

제106조 전조의 경우에 초급선거회의 소집을 늦춘 주의 행정관은 대역죄 및 공화국의 안전에 대한 음모로서 유죄가 된다.

제107조 제106조의 경우에, 초급선거회 및 선거회의 소집을 방해한 시민은 모두 전조와 동일한 범죄로서 유죄가 된다.

제108조 새로운 입법부의 의원은 원로원이 회의를 이전시킨 장소에서 소집한다. 새로운 의원이 그 장소에 소집할 수 없는 때에는, 의원의 다수가 소집된 장소에 입법부를 두게 된다.

제109조 제102조의 경우를 제외하고, 법률의 어떤 제안도 원로원에 의해 이루어질 수 없다.

입법부 의원의 보장에 대하여

제110조 현재 입법부의 의원이거나 과거에 의원이었던 시민은, 어떤 경우에도 그 직무의 집행 시 발언 또는 기술한 것에 관하여 수색(recherché), 소추(accusé) 또는 재판(jugé)을 받지 아니한다.

제111조 입법부의 의원은 그 임명 때부터 그 직무의 임기만료 후 30일까지는, 이하에서 정한 절차에 의하지 않으면 소추당하지 아니한다.

제112조 입법부의 의원은 범죄사실의 이유로 현행범으로서 체포된다. 다만 그것은 직시 입법부에 통지되어, 500인회가 재판에 회부하는 것을 제안하고 원로원이 그것을 결정한 후가 아니면, 소추(poursuite)를 계속할 수 없다.

제113조 현행범의 경우를 제외하고는 입법부의 의원은 500인회가 재판에 회부함을 제안하고 원로원이 그것을 결정할 때까지는 경찰관 앞에 인도되거나 구류되지 않는다.

제114조 전2조의 경우에 입법부의 의원은 최고사법법원(haute cour de justice, 탄핵재판소, 특별정치재판소) 이외의 어떤 법원에도 인도되지 않는다.

제115조 입법부의 의원은 반역, 횡령, 이 헌법을 뒤집는 정략 및 공화국의 내부적 안전에 대한 음모의 사실을 이유로 최고사법법원에 인도된다.

제116조 입법부의 의원에 대한 어떤 고발도 그것이 문서로 작성되고, 서명되어 500인회에 제출되지 않으면 소추의 이유로 되지 않는다.

제117조 제77조에서 정한 절차로 결정되고 , 500인회가 고발을 인정한 경우에 500인회는 다음의 문언으로 그것을 선언한다. ~ 한 사실

을 이유로 하는 … 에 대하여 ㅇ월 ㅇ일 누구 누구에 의해 서명된 고발은 인정되었다.

제118조 그로부터 피의자(inculpé)가 소환된다(appelé). 피의자는 출정(出廷)하기 위해 3일의 기간을 가지고, 출정한 때에는 피의자는 500인회의 회의장내에 심문(entendre)을 받게 된다.

제119조 500인회는 전조의 기간 후, 피의자의 출정여부에 대해 피의자의 행동(conduite)에 대해 심리할 이유가 있는지를 선고한다.

제120조 500인회가 심리의 필요가 있다고 선고한 경우에 피의자는 원로원에 의해 소환된다. 피의자는 출정을 위해 2일의 기간을 가진다. 피의자가 출정한 때에는 원로원의 회의장내에서 심문이 이루어진다.

제121조 원로원은 전조의 기간 후 그리고 제91조에서 정한 절차에 따라 협의한 후, 피의자의 출연여부가 이유가 있는 때에는 기소를 선고하고, 피고인을 최고사법법원에 이송한다. 최고사법법원은 즉시 소송을 심리하지 않으면 아니 된다.

제122조 어느 쪽의 의회에서도 입법부 의원의 미결구류 또는 기소에 관한 심리는 전체위원회(comité général)에서 이루어진다. 미결구금 및 기소에 대한 결의는 성명 점호와 비밀투표에 의해 이루어진다.

제123조 입법부 의원에 대해 선고된 기소에 의해, 의원은 정직(suspension)이 된다. 최고사법법원에 의해 무죄로 된 의원은 복직한다.

양 의회의 관계

제124조 양 의회가 확정적으로 구성된 때, 1인의 상황전달자(messager d'etat)는 그것을 서로 교통한다.

제125조 각 의회는 그 직무를 위해 4인의 상황전달자를 임명한다.

제126조 상황전달자는 각 의회 및 총재정부에 법률 및 입법부의 문서를 보낼 수 있다. 상황전달자는 그를 위해 총재정부의 회의 장소에 출입할 수 있다. 상황전달자는 2인의 집행관(huissier)이 선도한다.

제127조 한 쪽의 의회는 다른 한쪽의 의회의 승낙 없이, 5일을 넘겨 연기될 수 없다.

법률의 공포

제128조 총재정부는 법률 및 기타의 입법부의 문서를 수리한 날로부터 2일 이내에 날인하고 공표시킨다.

제129조 총재정부는 긴급 데크레를 전치(前置)하는 입법부의 법률 및 기타 문서를 그날 이내에 날인하고 공표시킨다.

제130조 입법부의 법률 및 기타의 문서는 다음의 형식으로 명령된다.

「프랑스 공화국의 이름으로 (법률) 또는 (입법부의 문서) … . 총재정부는, 상기의 법률 또는 입법문서를 공표시키고, 집행시키는 것 및 공화국 법무부 장관(sceau) 아래 구비할 것을 명한다.」

제131조 전문이 제77조 및 제91조에서 규정한 절차의 엄수를 증명하지 않는 법률은 총재정부에 의해 공표되지 못하고, 그것에 대한 총재정부의 책임은 6년간 계속한다. 다만, 원로원에 의해 긴급문서가 승인된 법률은 그러하지 아니한다.

제6장 행정권

제132조 행정권은 선거회의 임무를 행하는 입법부에 의해, 국민의 이름으로 임명된 5인의 총재정부에 위임된다.

제133조 500인회는 비밀투표에 의해 임명되어야 할 총재정부의 구성원수의 10배의 명부를 작성하고, 그것을 원로원에 제출한다. 원로원은 마찬가지로 비밀투표에 의해 이 명부 가운데에서 선임한다.

제134조 총재정부의 구성원은 적어도 40세가 되지 않으면 아니된다.

제135조 총재정부의 구성원은 입법부의 의원이었던 시민 또는 장관이었던 시민이 아니면 임명될 수 없다. 본조의 규정은 공화력 4년부터 시작하여 적용된다.

제136조 공화력 5년의 첫날 이후, 입법부의 의원은 입법부 의원의 직에 있는 동안 및 그 임기가 만료한 후 1년간은 총재정부의 구성원 및 장관에 선임될 수 없다.

제137조 총재정부는 매년 1명의 새로운 구성원의 선거에 의해 부분적으로 갱신된다. 최초의 4년간은 제1회에 임명된 자 가운데에서 연달아 임기만료가 되는 자를 추첨으로 결정한다.

제138조 임기만료가 되는 자는 5년이 경과하지 않으면 재선될 수 없다.

제139조 직계(ligne) 존속(ascendant) 및 비속(descendant)), 형제, 자매 및 조카(neveu), 사촌 그리고 그들의 각종 친인척(alliés)은 동시에 총재정부의 구성원이 될 수 없고, 또 5년이 경과하지 않으면 그 후계자가 되는 것도 불가능하다.

제140조 총재정부의 구성원의 사망, 사직 또는 기타의 이유로 결원이 발생한 경우에, 그 후계자는 10일 이내에 입법부에 의해 선임된다. 500인회는 최초의 5일 이내에 후보자를 제안하지 않으면 아니 되고, 원로원은 다음의 5일 이내에 선출을 완료해야 한다. 새로운 구성원은 교대한 자의 잔여기간에 한하여 선임된다. 그러나 그 잔여기간이 6개월을 넘지 않을 때에는 새로 선임된 자는 계속해서 5년간 종료할 때까지 그 직무를 수행한다.

제141조 총재정부의 구성원은 순번으로 3개월간만 정부를 주재한다. 주재자는 서명 그리고 날인할 권리를 가진다. 입법부의 법률 및 문서는 주재자의 이름으로 총재정부에 송부된다.

제142조 총재정부는 적어도 3인의 구성원이 출석하지 않으면 결의할 수 없다.

제143조 총재정부구성원 이외에 1인의 서기관(secrétaire)이 선출되고, 서기관은 문서의 등본에 부서하고 등록부(registre)에 의결을 기입한다. 그 구성원은 그 등록부에 이유를 붙여 자기의 의견을 등록시킬 권리를 가진다. 총재정부는 시의적절하다고 판단된 때에는 서기관의 출석 없이 의결할 수 있다. 그 경우, 의결은 총재정부의 1인에 의해 특별등록부에 기입된다.

제144조 총재정부는 법률에 기초하여 공화국의 외부적 또는 내부적 안전을 배려한다. 총재정부는 법률에 따라 그리고 법률을 집행하기 위해 성명서(proclamation)를 작성할 수 있다. 총재정부에는 군대를 배치한다. 다만 어떤 경우에도 집단적 또는 개인적으로 직무에 취임하고 있는 사이 및 직무기간만료 후 2년간도 군대를 지휘할 수 없다.

제145조 총재정부는 국가의 외부적 또는 내부적 안전에 대한 무언가의 음모가 도모된다고 하는 통지를 받은 경우, 그 주모자 또는 공모자로 추정되는 자에 대해 구인장(mandat d'amener) 및 체포장(mandat d'arrêt)을 발할 수 있다. 총재정부는 그들을 심문할 수 있다. 다만, 법률에 따라 소송을 행하기 위해서 2일 이내에 경찰관에게 그들을 송치해야만 한다. 그렇지 않으면 불법감금의 죄(crime de détention arbitaire)에 대해 규정된 형에 처해진다.

제146조 총재정부는 총사령관(général en chef)을 임명한다. 총재정부는 총사령관을 제139조에서 규정하는 총재정부구성원의 친족 또는 인척의 가운데서 선출할 수 없다.

제147조 총재정부는 그 임명에 따른 위원에 의해 행정기관 및 법원에서 법률의 집행의 감독하고 확보한다.

제148조 총재정부는 총재정부 외부로부터 장관을 임명하고 적당하다고 판단하는 때에 장관을 파면한다. 총재정부는 30세 미만의 자에서 또는 제139조에서 정한 총재정부구성원의 친족 또는 인척 가운데에서 장관을 임명할 수 없다.

제149조 장관은 자기에 종속하는 관청과 직접 연락한다.

제150조 입법부는 장관의 권한 및 수를 정한다. 이 수는 6인에서 8인으로 한다.

제151조 장관은 회의(conseil)를 구성하지 않는다.

제152조 장관은 법률의 불집행 및 총재정부의 명령(arrêté)의 불집행에 대해 각별하게 책임을 진다.

제153조 총재정부는 각 주의 직접세의 징수관(receveur)을 임명한다.

제154조 총재정부는 간접세 징수사무소의 장 및 국토관리사무소의 장을 임명한다.

제155조 일 드 프랑스(îles de France) 레지옹(région, 광역도) 및 레위니옹(Réunion) 레지옹을 제외하고 프랑스 식민지에서 모든 공무원은 평화가 도래할 때까지 총재정부에 의해 임명된다.

제156조 입법부는 필요에 따라 총재정부에 의해 기간을 한정하여 임명된 1인 또는 복수의 특별 공무원(agent particulier)을 모든 프랑스 식민지에 파견하는 것을 허가할 수 있다. 특별 공무원은 총재정부에 종속하고 총재정부와 동일의 직무를 집행한다.

제157조 총재정부의 구성원은 직무종료 후 2년이 경과되지 않으면, 공화국 영토를 떠날 수 없다.

제158조 총재정부의 구성원은 그 기간, 자기의 주거를 입법부에 증명하지 않으면 아니 된다. 입법부에 대한 보장에 관한 제112조 이하 제123조까지는 총재정부의 구성원에 적용된다.

제159조 2명 이상의 총재정부의 구성원이 재판에 회부된 경우, 입법부는 통상의 형식으로 재판의 기간동안 일시적으로 그 교대를 보완하는 것으로 한다.

제160조 제119조 및 제120조의 경우 이외에, 총재정부와 구성원은 500인회에 의해서도 원로원에 의해서도 소환되지 않는다.

제161조 어느 쪽의 의회에 의해 총재정부에게 요구된 보고 및 해명은 서면으로 제출된다.

제162조 총재정부는 매년, 서면으로 양 의회

에 지출의 개요, 재정상황, 현재의 연금의 상황 그리고 설정하는 것이 적당하다고 판단하는 연금의 계획을 제출해야만 한다. 총재정부는 인지하고 있는 한 남용을 고지해야 한다.

제163조 총재정부는 모든 경우에, 고려해야 할 문제를 받아들이도록 서면으로 500인회에 재촉할 수 있다. 총재정부는 500인회에 조치를 제안할 수 있지만, 법률의 형식으로 초안된 법안을 제출하는 것은 불가능하다.

제164조 총재정부의 어떤 구성원도 입법부의 허가 없이 입법부의 주재 장소로부터 5일 이상 부재하는 것은 불가능하며, 또 4만 미터(quatre myriamètres)를 초과하여 떨어져 있을 수 없다.

제165조 총재정부의 구성원은 직무집행중에는 고유의 의복을 착용하지 않으면 주거의 안팎으로 사람들 앞에 설 수 없다.

제166조 총재정부는 공화국의 비용으로 고용된 120인의 보병과 120인의 기마병으로 구성된 통상위병(garde habituelle)을 가진다.

제167조 총재정부는 공적인 의식 및 행진에서 위병에게 수반되어, 항상 제1순위이다.

제168조 총재정부의 구성원은 밖에서는 2인의 위병에게 수반된다.

제169조 군대의 모든 직에 있는 자는, 총재정부와 그 구성원에 대해서 상급군대에 대한 경의를 표해야 한다.

제170조 총재정부는 스스로가 임면하는 4인의 상황전달자를 가진다. 4인의 상황전달자는 양 의회에 대해 총재정부의 서한(lettre) 및 의견서(mémoire)을 전달한다. 상황전달자는 그 것을 위해 의회의 회의장에 들어갈 수 있다. 상황전달자는 2인의 집행관(huissier)에게 선도된다.

제171조 총재정부는 입법부와 동일의 코뮌에 주재한다.

제172조 총재정부의 구성원은 공화국의 비용으로 동일건물 내에 숙박한다.

제173조 총재정부의 구성원의 대우는 매년, 상질의 소맥(froment) 6억 그램의 가격으로 정해진다.

제7장 행정부 및 시군구 행정청

제174조 각 주에는 하나의 중앙행정청(administration centrale)을 두고, 각 캔턴에 적어도 하나의 시군구 행정청(administration municipale)을 둔다.

제175조 중앙행정청 또는 시군구 행정청의 관리의 연령은 25세 이상이어야 한다.

제176조 직계 존속 및 비속, 형제, 삼촌 및 조카 그리고 인척은 동시에 동일행정청의 관리가 될 수 없으며, 2년의 기간을 두지 않으면 그 후계자로 될 수도 없다.

제177조 주의 각 행정청은 5인으로 구성된다. 행정청은 매년 5분의 1씩 갱신 된다.

제178조 인구 5,000인부터 100,000인까지의 코뮌은 한 개의 시군구 행정청을 가진다.

제179조 인구 5,000인 미만의 코뮌은 1인의 시군구 관리(agent municipal)와 1인의 보좌(adjoint)를 둔다.

제180조 각 코뮌의 시군구 관리의 집합(réunion)은 캔턴의 사무소를 구성한다.

제181조 그리고 캔턴 전체가 선출한 시군구 행정청의 장을 둔다.

제182조 인구 5,000인 이상 10,000인 미만의 코뮌은 5인의 시군구 관리를 둘 수 있다. 인구 10,000인 이상 50,000인 미만의 코뮌은 7인의 관리를 둘 수 있다. 인구 50,000인 이상 100,000인 미만의 코뮌은 9인의 관리를 둘 수 있다.

제183조 인구 100,000인 이상의 코뮌은 적어도 3개 이상의 시군구 행정청을 둘 수 있다. 이들 코뮌의 사무소 분할은 각 아롱디스망 행정구역(arrondissement)[4]의 인구가 50,000인을 초과하지 않고 30,000인을 하회하지 않도록 한다. 각 행정구역의 사무소는 7인으로 구성된다.

제184조 복수의 사무소로 분할된 코뮌의 경우, 입법부에 의해 분할이 불가능하다고 판단된 문제를 위해 하나의 중앙사무소(bureau central)를 둘 수 있다. 이 중앙사무소는 주의 행정청에 의해 임명된 3인 관리로 구성되며, 행정권에 의해 추인된다.

제185조 주의 행정청을 구성하는 모든 사람은 2년의 임기로 임명되며, 매년 반수 또는 가장 반에 가까운 수가 변경되고, 반수보다 많은 부분과 적은 부분이 상호 갱신된다.

제186조 주의 행정관(administrateur de département) 및 시군구 행정청의 관리는 기간을 두지 않고 1회에 한해 재선될 수 있다.

제187조 2회 연속하여 주의 행정관 또는 시군구 행정청의 관리였던 자 및 2회 연속하여 쌍방의 이름으로 그 직무를 교대한 자는 2년의 기간을 두지 않으면 새롭게 재선될 수 없다.

제188조 주 또는 시군구 행정청의 그 구성원 1인 또는 복수의 자가 사망, 사직 기타의 사유에 의해 결원이 발생한 경우에는, 남아 있는 행정관은 임시 행정관대리에 협력할 수 있으며, 그 자는 다음의 선거까지 그 자격으로 직무를 행사한다.

제189조 주 및 시군구 행정청은 입법부의 문서를 변경(modifier)할 수 없고, 총재정부의 문서를 변경하는 것도 그 문서의 집행을 정지하는 것도 불가능하다. 주 및 시군구의 행정청은 사법권(ordre judiciaire)에 속하는 문제에 개입할 수 없다.

제190조 행정관은 직접세의 배분 및 영토의 국고수입(revenu public)으로부터 발생한 금전의 감독을 본질적 임무로 한다. 입법부는 이러한 문제 및 국내행정의 기타 분야에 관한 행정관의 직무규율과 직무형태를 정한다.

제191조 총재정부는 주 및 시군구의 각 행정청에 1인의 위원을 임명하고 총재정부가 적절하다고 판단한 때에는 그 위원을 해임한다. 이 위원은 법률의 집행을 감시하고 또한 청구한다.

제192조 각 지방행정청(administration locale)의 위원은 그 행정청이 설치되고 있는 주에 1년 이상 주거하고 있는 시민 가운데 선택할 수 있다. 그 위원의 연령은 25세 이상이어야 한다.

제193조 시군구 행정청은 주의 행정청에 종속하고 주의 행정청은 장관에 종속한다. 그 결과 장관은 그 전문분야에서 각 주의 행정청의 문서를 취소할 수 있다. 주의 행정청은 시군구 행정청의 문서가 법률 또는 상급관청(autorité supérieure)의 명령에 위반하는 때에는 시군구 행정청의 문서를 취소할 수 있다.

제194조 장관은 마찬가지로 법률 또는 상급

---

4) 우리나라 1~2 공화국 시절의 군과 유사

관청의 명령에 위반한 주의 행정관청을 일시 정지 시킬 수 있다. 주의 행정관청은 시군구 행정청의 관리에 대해 동일한 권리를 가진다.

제195조 어떤 일시정지와 취소도 총재정부의 정식의 확인(confirmation formelle)이 없으면 확정적인 것이 되지 아니한다.

제196조 총재정부는 마찬가지로 주 또는 시군구 행정청의 문서를 직접 취소할 수 있다. 총재정부는 필요하다고 판단된 때에는 주 및 캔턴의 행정관을 직접 정직처분 또는 파면할 수 있으며, 필요한 경우에는 그 행정관을 주의 법원(tribunal de département)에 송치할 수 있다.

제197조 문서의 파기, 행정관의 정직 또는 파면을 초래하는 모든 결정은 이유를 첨부하여야 한다.

제198조 주의 행정청의 관리 5인이 파면된 경우에 총재정부는 다음 선거까지, 그 교대자를 보충한다. 다만, 총재정부는 동일한 주의 과거 행정관 가운데에서가 아니면 그와 같은 일시적 보충자를 선택할 수 없다.

제199조 주 및 캔턴의 행정청은 법률에 의해 그 행정청에 할당되어 있는 문제에 한해 상호 연락할 수 있으며, 공화국 전체이익(intérêt général)에 대해서는 연락할 수 없다.

제200조 모든 행정청은 그 운영에 대해서 연차보고를 해야 한다. 주의 행정청에 의한 보고는 인쇄된다.

제201조 행정청의 모든 문서는 문서를 보관하고 있는 등기부보관소(dépôt du registre)에 의해 공개되며, 행정구역의 모든 주민이 열람 가능하다. 이 등기부는 6개월 마다 마감하여, 마감된 날부터 등록된다. 입법부는 사정에 의해 등록기간을 연장할 수 있다.

제8장 사법부

일반규정

제202조 사법의 기능은 입법부에 의해서도 행정부에 의해서도 행사될 수 없다.

제203조 법관은 입법권의 행사에 간섭할 수 없으며 또한 어떤 규칙도 제정할 수 없다. 법관은 어떤 법률의 집행도 중지 또는 중단할 수 없으며, 그 직무를 이유로 행정관을 법관의 앞에 소환할 수도 없다.

제204조 누구든지 어떤 위원회에 의해서도 또는 이전의 법률이 정한 권한 이외의 것에 의해서도, 법률에 의해 정해진 법관으로부터 떼어놓을 수 없다.

제205조 재판은 무상으로 이루어진다.

제206조 법관은 합법적으로 재판되어 독직(forfaiture)을 이유로 하지 않는 한 파면되지 않고 또한 허가된 소추에 의하지 않으면 직무정지 되지 아니한다.

제207조 직계존속 및 비속, 형제, 삼촌 및 조카, 사촌 그리고 그들의 각종 친인척은, 동시에 동일법원의 법관이 되지 못한다.

제208조 재판의 심리는 공개된다. 법관은 비밀로 토의한다. 판결은 큰 목소리로 선고된다. 판결에는 판결이유와 적용된 법률의 조문이 기입된다.

제209조 어떤 시민도 만 30세 이상 되지 않으면, 주법원 법관, 치안판사, 치안판사보좌, 상사법원 법관, 파기원 구성원, 배심원, 법원에 있는 총재정부위원으로 선출될 수 없다.

민사재판에 대하여

제210조 당사자가 선임한 중재인(arbritre)에 의해 분쟁에 대한 판결을 내릴 권리는 침해되지 않는다.

제211조 이 중재인에 의한 판결은 당사자가 명백하게 유보하지 않은 경우는 항소 및 파기청구를 할 수 없다.

제212조 법률에 의해 정해진 각 아롱디스망 행정구역에 1인의 치안판사 및 복수의 치안판사보좌를 둔다. 전항의 자는 모두 2년의 임기로 선출되며 임기의 직후에도 무한으로 재선된다.

제213조 법률은 치안판사 및 치안판사보좌가 최종심으로서(en dernier ressort) 재판권을 가지는 대상을 정한다. 법률은 전항의 자가 상소를 조건으로 재판할 기타의 대상을 분배한다.

제214조 육상 및 해상 거래행위에 대한 특별법원(tribunal particulier)이 설치된다. 법률은 그 특별법원을 설치할 장소를 정한다. 최종심으로 재판할 그 법원의 권한은, 상질의 소맥 500만 그램의 가격이상에는 미칠 수 없다.

제215조 그 판결이 최종심으로도 또는 상소를 조건으로 하여도, 치안판사에게도 상사법원에도 속하지 않는 사건은, 화해를 위해 직접 치안판사 및 치안판사보좌 앞에 가져갈 수 있다. 치안판사가 그 사건을 화해시키지 못한 경우, 치안판사는 사건을 민사법원에 이송한다.

제216조 각 주에는 한 개의 민사법원을 둔다. 각 민사법원은 적어도 20인의 법관, 총재정부가 임면하는 1인의 위원 및 1인의 위원대리 그리고 1인의 서기에 의해 구성된다. 5년마다 이 법원의 전 구성원에 대한 선거가 행해진다. 법관은 재선될 수 있다.

제217조 법관의 선거 시에 5인의 예비법관(suppléant)이 임명되어, 그 가운데 3인은 법원이 설치되어 있는 코뮌에 주거하고 있는 시민 가운데 선택한다.

제218조 민사법원은 법률에 정해진 경우, 치안판사, 중재인 및 상사법원의 판결의 항소에 대해, 최종심으로서 판결을 내린다.

제219조 민사법원에 의해 내려진 판결의 항소는 법률에 의해 정해진 것과 같이 가장 가까운 3개 주 내에서 1개의 주의 민사법원에서 행해진다.

제220조 민사법원은 부(section)로 나누어진다. 부는 5인 미만의 법관으로 재판할 수 없다.

제221조 법관은 각 법원에서 합동으로 법관 가운데에서 비밀투표로 각 부의 부장(président)을 임명한다.

경범죄 재판 및 중범죄 재판에 대하여

제222조 누구든지 경찰에 인치되기 위함이 아니라면 체포되지 않는다. 또한 누구든지 경찰관 또는 제145조의 경우에 있어서 총재정부의 체포장, 또는 법원 또는 기소배심의 장(ordonnance de prise de corps)의 신체구속명령, 또는 입법부에 그것을 발하는 것이 인정된 경우에는 입법부의 체포영장, 또는 징역, 금고 또는 경범죄구금을 선고하는 판결에 의하지 않고는 체포 또는 구금되지 아니한다.

제223조 체포를 명하는 문서를 집행하기 위해서는 다음의 요건이 필요하다.

1. 체포의 이유 및 체포의 근거가 되는 법률을 명확히 표시할 것
2. 그 문서가 체포의 대상이 된 자에게 통지되고 그 문서의 사본이 그자에게 인도될 것

제224조 체포되어 경찰에 인도된 모든 사람은, 바로 또는 늦어도 그 날 안에 심문(examiné)하도록 한다.

제225조 심문의 결과 어떤 피의이유(sujet d'inculpation)가 없음이 판명된 때에, 피의자는 즉시 석방된다. 유치장에 이송될 필요가 있는 때에는, 가장 단기간에 그곳으로 이송한다. 그 기간은 어떤 경우에도 3일을 초과할 수 없다.

제226조 법률이 보석금을 지불하고 신병을 구속하지 않는 것을 허가하고 있는 경우, 체포된 자가 충분한 보석금을 지불한 때에는 그 자는 유치되지 않는다.

제227조 법률이 유치를 인정하고 있는 경우에는, 구치소의 법적으로 그리고 공적으로 정해진 장소 이외에 보내거나 유치시키지 않는다.

제228조 어떤 간수(gardien) 또는 감시자(geôlier)도 제222조 및 제223조에 정해진 절차에 따라 체포장, 신병구속영장, 소추명령 또는 징역, 구금 또는 경범죄구금의 유죄판결에 의하지 아니하고, 또한 그 이동을 등록부에 기재하지 아니하면, 누구도 수취 또는 유치할 수 없다.

제229조 모든 간수 또는 감시자는 명령으로 그것을 면제하지 않는 한, 유치장의 경찰권을 가진 관리의 청구가 있는 때에는 유치중인 자를 그 관리에게 제시해야 한다.

제230조 유치 중에 있는 자의 제시는 전조의 관리의 명령서를 가진 친족 및 친구에 대해서는 거부하지 못한다. 그 관리는 유치된 자를 독방으로 구속하기 위해서 등록부에 기재된 법관의 명령서를 간수 또는 감시자가 제시하지 않는 한, 항상 접견을 허가하여야 한다.

제231조 그 지위 또는 직무에 상관없이, 법률에 의해 체포권이 인정되지 않은 자에게 개인의 체포영장을 발부하고 그것에 서명하거나, 그것을 집행시킨 자, 또는 법률에 의해 인정한 체포의 경우라도 공적으로 법적으로 정해지지 않은 구금 장소에 개인을 연행하고 수취 또는 유치한 자 및 전3조의 규정을 위반한 간수 또는 감시자는 모두 불법감금의 죄로 유죄가 된다.

제232조 체포, 구금 또는 형의 집행 시 사용된 가혹한 처치는 법률에 의해 정해진 경우를 제외하고 모두 중죄가 된다.

제233조 각 주에는 신체형이나 명예형으로 정해져 있지 않은 범죄의 재판을 위해, 3 내지 6의 경범죄법원(tribunal correctionnelle)이 설치된다. 이 법원은 2년의 구류보다 중한 형을 선고하지 못한다. 그 형이 3 노동일의 가격 또는 3일의 구류를 초과하지 아니하는 범죄의 심리는 치안판사에게 위임되고 치안판사는 최종심으로 선고를 내린다.

제234조 각 경범죄법원은 소장 1인, 경범죄법원이 설치되어 있는 코뮌의 치안판사 또는 치안판사보좌 2인, 총재정부에 의해 임면된 행정부위원 1인 및 서기 1인으로 구성된다.

제235조 경범죄법원의 소장은 부장을 제외한 주의 민사법원의 부의 법관 중에서 교대로 6개월 마다 선출된다.

제236조 경범죄법원의 판결에 대한 항소는 주의 중범죄법원(tribunal criminel)에서 이루어진다.

제237조 신체형 또는 명예형에 해당하는 범죄에 관해서는 누구든지 배심원에 의해 인정된 기소 또는 기소결정이 입법부의 권한에 속하는 때에 입법부에 의해 결정된 고소에 의하

지 않고는 재판되지 않는다.

제238조 제1배심(premier jury)은 기소의 인정 또는 각하를 선고한다. 사실은 제2배심(second jury)에 의해 인정되며, 법률에 의해 정해진 형벌은 중죄법원에 의해 적용된다.

제239조 배심원은 비밀투표에 의해서만 표결한다.

제240조 각 주는 동수의 기소배심(jury d'accusation)과 경범죄법원을 둔다. 경범죄법원의 소장은 그 아롱디스망 행정구역에서 배심장(directeur)이 된다. 인구 50,000인 이상의 코뮌에는 경범죄법원장 이외에 사건의 신속한 처리에 따라 필요한 만큼의 기소배심의 장을 둘 수 있다.

제241조 행정부위원의 직무 및 기소배심장 수행의 서기직무는 위원 및 경범죄법원서기에 따라 수행된다.

제242조 기소배심의 장은 그 관할에 속하는 모든 경찰관을 직접 감독한다.

제243조 기소배심의 장은 기소관(accusateur public)이 직권으로 또는 총재정부의 명령에 의해 배심장이 행한 고발을 기초로 경찰관과 마찬가지로 직접 다음의 것을 소추한다.

1. 시민의 개인적 자유 또는 안전에 대한 위해(attentat)
2. 국제법에 대해 범해진 침해
3. 판결의 집행 또는 헌법상의 기관이 발한 집행력 있는 모든 문서의 집행에 대한 반역
4. 조세의 징수를 방해하고 생활필수품 및 기타 상품의 자유로운 유통을 방해하기 위해 일으킨 폭동 및 폭력행위

제244조 각 주는 하나의 중범죄법원을 둔다.

제245조 중범죄법원은 소장 1인, 소추관 1인, 민사법원 가운에서 선택한 법관 4인, 민사법원 소속의 행정부위원 또는 그 대리인1인, 서기 1인에 의해 구성된다. 센느주의 중범죄법원에서는 부소장 1인, 소추관대리 1인을 둔다. 이 법원은 2부로 나누어 진다. 민사법원의 법관 8인이 거기에서 법관의 직무를 행사한다.

제246조 민사법원의 부장은 중범죄법원 법관의 직무를 집행할 수 없다.

제247조 기타 법관은 법관 임명의 순서에 따라, 순서대로 6개월간 중범죄법원에서 직무를 집행하고, 그 기간은 민사법원에 있어서 어떤 직무도 집행할 수 없다.

제248조 소추관은 다음의 임무를 수행한다.

1. 제1배심에 의해 인정된 소추장에 기초한 범죄를 소추할 것
2. 소추관에게 직접 도달한 고소·고발을 경찰관에 전달할 것
3. 주의 경찰관을 감독하고 태만 또는 보다 무거운 행위가 있는 경우에는, 법률에 따라 경찰관에 대한 기소를 행할 것

제249조 행정부위원은 다음의 임무를 행한다.

1. 심리과정에서는 절차의 합법성을 판결 전에는 법률의 적용을 요청할 것
2. 중범죄법원에 의해 행해진 판결의 집행을 요구할 것

제250조 법관은 배심에 대해 어떠한 복잡한 질문도 제시할 수 없다.

제251조 판결배심은 적어도 12명으로 한다. 피고인은 이유를 진술하지 않고, 법률이 정하는 수의 배심원을 기피(récuser)할 수 있다.

제252조 판결배심 전의 심리는 공개하고, 피고인에 대해서는 변호인 선임 또는 국선의 변호인의 조력을 거부할 수 없다.

제253조 적법한 배심에 의해 무죄의 선고를 받은 모든 사람은, 동일사실에 대해 다시 체포되거나 기소당하지 아니한다.

파기원

제254조 공화국 전체에 하나의 파기원을 둔다. 파기원은 다음의 것을 선고한다.

1. 법원에 의해 종심으로서 내려진 판결에 대한 파기청구에 대해
2. 판결의 공종에 의문이 있는 사유 또는 공공의 안전을 이유로 어떤 법원으로부터 다른 법원에의 이송 청구에 대해
3. 법관의 규칙 및 법원 전체에 대한 소송에 대해

제255조 파기원은 사건의 본안을 심리할 수 없다. 다만, 파기원은 형식위반이 있는 절차에 의해 이루어진 판결 또는 명백한 법률위반을 포함하는 판결을 파기하고, 소송의 본안을 심리해야 하는 법원으로 이송한다.

제256조 파기 후, 본안에 대한 두 번째의 판결은 첫 번째와 동일한 방법으로 파기청구되고, 질문은 행정부에 위임되지 않으며, 파기원에서 검토되는 것이 아니다. 행정부는 파기원이 따라야 할 법률을 적시한다.

제257조 파기원은 행정부의 각 부국에 매년 1인을 파견하고 개요와 함께 내려진 판결의 보고 및 판결을 결정한 법률의 조문을 제출해야만 한다.

제258조 파기원의 법관의 수는 주의 수의 4분의 3을 초과할 수 없다.

제259조 파기원은 매년 5분의 1씩 갱신된다. 주의 선거회는 순차 교대하여 파기원에서 임기를 끝내게 되는 법관과 교대하는 법관을 임명한다. 파기원의 법관은 항상 재선될 수 있다.

제260조 파기원의 각 법관에는 동일의 선거회에서 선출된 1인의 예비법관(suppléant)이 붙여진다.

제261조 파기원에는 행정부가 임면하는 1인의 위원과 복수의 대행을 둔다.

제262조 총재정부는 그 위원을 통해, 이해관계자의 권리를 침해하지 않고, 법관의 권한을 탈피한 행위를 파기원에 고발한다.

제263조 파기원은 전조의 행위를 취소한다. 전조의 행위가 배신행위가 될 때에는 사실을 입법부에 고발하고, 입법부는 피의자를 심문하거나 출석하게 한 다음, 소추결정을 행한다.

제264조 입법부는 파기원의 판결을 취소할 수 없다. 다만, 배신행위의 죄를 지은 법관 개인을 소추하는 것은 그렇지 아니한다.

최고사법법원

제265조 입법부의 의원 및 총재정부의 구성원에 대해 입법부가 인정한 기소를 재판하기 위해 하나의 최고사법법원을 둔다.

제266조 최고사법법원은 파기원으로부터 추첨으로 정해진 5인의 법관과 2인의 국가소추관(accusateut national) 및 주의 선거회에 의해 임명된 고등배심원으로 구성된다.

제267조 최고사법법원은 500인회에 의해 기초되고 공포된 입법부의 공고에 의하지 않고는 구성되지 아니한다.

제268조 최고사법법원은 500인회의 공고에 의해 지정된 장소에서 구성되고 개최된다. 이 장소는 입법부가 주재하는 장소로부터 12만 미터보다 가까우면 아니된다.

제269조 입법부가 최고사법법원의 형성을 공고한 때에, 파기원은 공개회의에서 그 법관의 가운데에서 15인의 법관을 추천한다. 파기원은 인계된 동일의 회의에서 비밀투표에 의해 15인 가운데에서 5인을 임명한다. 이렇게 임명된 5인의 법관이 최고사법법원의 법관이 되며, 5인의 법관은 그 가운데에서 법원장을 선출한다.

제270조 파기원은 동일 회의에서 투표에 의해 절대다수로 최고사법법원의 국가소추관의 직무를 집행할 2인을 선출한다.

제271조 소추장은 500인회에 의해 작성된다.

제272조 각 주의 선거회는 매년, 최고사법법원에서 배심 1인을 임명한다.

제273조 총재정부는 선거 후 1개월에 최고사법법원의 배심원으로 임명된 자의 명부를 인쇄하고 공표한다.

제9장 군대에 대해

제274조 군대는 외부로부터 국가를 방위하고 내부 질서의 유지와 법률의 집행을 확보하기 위해 설치된다.

제275조 공공의 무력은 절대적으로 복종적이다. 군대는 토의를 할 수 없다.

제276조 군대는 재택국민군(garde nationale sédentaire) 및 현역국민군(garde nationale en activité)으로 구별된다.

재택국민군에 대해

제277조 재택국민군은 무기를 들 수 있는 모든 시민 및 그 아들로 구성된다.

제278조 재택국민군의 조직 및 규율은 공화국 전체에 대해 동일하다. 그 조직과 규율은 법률로 정해진다.

제279조 어떤 프랑스인도 재택국민군의 명부에 등록되지 않으면 시민권을 행사할 수 없다.

제280조 계급의 차별과 복종관계는 군대에 관하여 그리고 군무에 종사하고 있는 기간에만 존속한다.

제281조 재택국민군의 장교는 재택국민군을 구성하는 시민에 의해 정기적으로 선택되고, 일정의 기간을 두지 않으면 재선되지 아니한다.

제282조 1개의 주 전체의 국민군의 지휘는 통상 1인의 시민에게 위임되지 않는다.

제283조 1개의 주의 국민군 전체를 결집시킬 필요가 있다고 판단되는 경우, 총재정부는 임시 사령관을 임명할 수 있다.

제284조 재택국민군의 지휘는 인구 100,000인 이상의 도시에 있어서 통상 1인의 시민에게 위임되지 아니한다.

현역국민군에 대해

제285조 공화국은 평시에도 봉급을 지불하고 현역국민군의 이름으로 육군 및 해군을 유지한다.

제286조 군대는 지원등록에 의해 형성되고 또한 필요한 경우에는 법률에 정해진 방법으로 형성된다.

제287조 프랑스시민권을 획득하지 않은 외국인은 공화국 수립을 위해 종군한 경우가 아닌 한, 프랑스 군대에 들어오는 것이 인정되지 아니한다.

제288조 육군 및 해군의 사령관 또는 지휘관

은 전시에만 임명된다. 사령관 또는 지휘관은 임의로 취소할 수 있는 위임을 총재정부로부터 받는다. 그 위임기간은 하나의 전투로 한정된다. 다만, 그 기간은 계속될 수 있다.

제289조 공화국 군대의 총사령관(commandement fénéral)은 1인에게 위임될 수 없다.

제290조 차 및 형벌의 성질에 따라, 특별법에 따른다.

제291조 재택국민군 및 현역국민군의 어떤 부분도 법률에 정해진 절차에 의하지 아니하면, 또한 문민당국의 문서에 의한 청구에 기하지 아니하면, 공화국 국내적 군무를 위해 행동할 수 없다.

제292조 공공의 무력은 영토의 범위 내에서만 문민당국에 의해 요청될 수 있다. 공공의 무력은 주의 행정부에 의해 허가되지 않으면 하나의 캔턴으로부터 별도의 캔턴으로 이동하지 못하고, 또한 총재정부의 명령이 없으면 하나의 주로부터 다른 주로의 이동은 불가능하다.

제293조 그러나 입법부는 프랑스 영토에서 판결의 집행 및 피고인의 수색을 공공의 무력에 의해 확실히 하는 방법을 정한다.

제294조 급박한 위험이 있는 때에 캔턴의 시군구 행정부는 근린 캔턴의 국민군을 요청할 수 있다. 이 경우, 그것을 요청한 행정부 및 요청을 받은 국민군의 지휘관은 동시에 주의 행정부에 보고해야 한다.

제295조 어떤 외국군대도 입법부의 사전 동의(consentement)가 없으면 프랑스 영토 내에 도입될 수 없다.

제10장 공교육

제296조 공화국에 생도가 읽고, 쓰고, 계산의 기초 및 도덕의 기초를 배우는 초등학교를 설치한다. 공화국은 초등학교에 임명된 교원의 주거비를 위해 필요한 지출을 한다.

제297조 공화국 내의 제 지역에 초등학교보다 상급의 학교가 설치된다. 그 수는 적어도 2개 주에 한 개의 학교로 한다.

제298조 프랑스 전체에서 발명을 집약하여 과학기술을 개량하는 임무를 가진 한 개의 국립연구소(institut national)를 설치한다.

제299조 각종의 공교육시설은 상호 어떤 종속관계도 없고, 어떤 행정적 대응관계도 없다.

제300조 시민은 과학, 문학 및 기술의 발전에 협력하기 위해, 교육과 훈련의 특별시설 및 사적 단체를 형성할 권리를 가진다.

제301조 시민 간의 우애관계를 유지하고, 시민에게 헌법, 조국 및 법률에 대한 애착을 가지게 하기 위해서, 프랑스혁명기념일(fête nationale)을 설정한다.

제11장 재정

조세

제302조 조세는 입법부에 의해 매년 심의·결정된다. 조세를 설정할 권한은 입법부에만 속한다. 조세는 명백하게 변경되지 않는 한, 1년을 초과하여 존속될 수 없다.

제303조 입법부는 필요하다고 판단한 종류의 조세를 창설할 수 있다. 다만, 입법부는 매년, 하나의 부동산과세기준과 하나의 개인과세기준을 설정해야 한다.

제304조 헌법 제12조 및 제13조에 포함되어 있지 않아서 직접세 납세자명부에 포함되지 않았던 개인은 그 거주하는 코뮌의 시군구 행정부에 입후보하는 권리를 가지고, 농업노동 3일분의 지방가격(valeur locale)에 상응하는 개인세에 대한 코뮌에 등록될 권리를 가진다.

제305조 전조에서 정한 등록은 매년 수확의 달(messidor)[5]이 아니라면 행할 수 없다.

제306조 모든 종료의 조세는 그 능력에 따라 모든 납세자의 할당되어 진다.

제307조 총재정부는 조세의 징수 및 지출을 지휘·감독하고 그를 위해 필요한 모든 명령을 발한다.

제308조 장관이 서명하고 증명한 장관의 지출에 대한 세세한 보고는 매년 초에 공표된다. 각종의 조세의 징수 및 국고수입의 보고서에 대해서도 마찬가지이다.

제309조 이와 같은 지출 및 수입 보고서는 그 성질에 따라 구별된다. 이러한 보고는 매년 일반 행정의 각 부마다 수입총액과 지출총액을 알리는 것으로 한다.

제310조 주의 고유의 지출보고 및 법원, 행정기관, 과학의 진보, 공공토목사업 및 공공시설에 관한 지출보고도 마찬가지로 공표된다.

제311조 주 및 시군구의 행정청은 입법부에 의해 정해진 금액 이상을 배분하는 것은 불가능하며, 입법부의 허가가 없으면 주, 코뮌 또는 캔턴의 시민의 부담으로 어떤 지방적 대출도 심의 또는 허가할 수 없다.

제312조 모든 종류의 통화의 제조 및 발행을 계약하고, 그 무게 및 가치를 정하고 또한 그 형태를 정하는 권리는 입법부에게만 속한다.

제313조 총재정부는 통화의 제조를 감독하고 직접 그 검사를 행하는 임무를 가진 직원을 임명한다.

제314조 입법부는 식민지의 조세 및 본국과의 통상관계를 정한다.

국고 및 회계

제315조 500인회로부터 제출된 3배수의 명부를 바탕으로 원로원이 선출한 5인의 국고위원(commissaire de la trésorerie nationale)을 둔다.

제316조 국고위원의 임기는 5년으로 한다. 매년 그 가운데 1명이 갱신되고 위원은 간격을 두지 않고 무한으로 재선될 수 있다.

제317조 국고위원은 모든 국가금의 입금을 감독하는 다음의 임무를 부담한다. 금전의 출납 및 입법부에 의해 동의된 모든 공공지출의 지불을 명할 것. 각 주의 직접세 징수관 및 각종의 공사 및 주에 설치된 지출계와 함께 지출과 수입의 공개보고를 행할 것. 전항의 징수관 및 지출계, 공사 및 행정청과 금전의 정확하고 규칙적인 징수를 확보하기 위해 필요한 정보를 교환할 것.

제318조 국고위원은 이하의 이름에 의하지 않고는 어떤 지출도 시킬 수 없다. 지출을 한 경우는 배신의 죄를 묻게된다.

1. 입법부의 결정의 이름으로 각 목적에 대한 입법부에 의해 정해진 금액에 달할 때 까지
2. 총재정부의 결정의 이름으로
3. 지출을 명령하는 장관의 이름으로

제319조 고위원은 그 지출의 종류에 관련된 장관의 명령이 총재정부의 결정일 및 그 지출

5) 프랑스 혁명력의 제10월

을 허가하는 입법부의 결정일을 명시하지 않는 경우에, 마찬가지로 어떤 지출도 동의할 수 없다. 동의한 경우에는 배신의 죄를 묻게 된다.

제320조 각 주에서 직접세 징수관, 각종의 공사 및 주의 지출계는 각각의 보고를 국고에 제출한다. 국고는 그 보고를 확인 · 결정한다.

제321조 국고위원과 같은 시기에 같은 절차 및 같은 조건으로 입법부에 의해 선택된 5인의 국민회계위원(commaissaire de la comptabilité nationale)을 둔다.

제322조 개별보고 및 증거서류에 기초한 공화국의 수입과 지출에 대한 일반보고는 국고위원으로부터 국민회계위원에 제출되고, 회계위원은 그것을 확인 · 결정한다.

제323조 국민회계위원은 남용, 공금횡령 및 그 작업 중에 발견한 책임이 있는 경우에 대해, 입법부에 통지한다. 국민회계위원은 스스로 공화국의 이익에 따라 적절한 조치를 제안한다.

제324조 국민회계위원에 의해 결정된 보고의 결과는 인쇄 · 공표된다.

제325조 국고위원 그리고 국민회계위원은 입법부에 의하지 않고는 정직 그리고 파면되지 않는다. 다만, 입법부가 휴회 중에는 총재정부가 국고위원을 2명까지 정직시키고 임시 위원으로 교대시킬 수 있지만, 그 경우에는 입법부의 양 의회가 다시 열린 때에 즉시 양 의회에 보고해야 한다.

제12장 대외관계

제326조 전쟁은 총재정부의 정식 그리고 필요한 제안에 기초하여 입법부의 데크레에 의하지 않으면 결정되지 아니한다.

제327조 양 의회는 전쟁이 결정된 데크레에 통상의 절차로 협력한다.

제328조 공화국에 대해 절박한 또는 개시된 전투행위, 공화국에 대한 전쟁의 위협 또는 전쟁의 준비가 있는 때에는 총재정부는 그 재량에 의해 국가의 안위를 위한 수단을 강구하지 않으면 아니 되고, 그것을 지체 없이 입법부에 통지해야 한다. 그 경우에 총재정부는 전력의 증강과 상황에 의해 필요한 새로운 입법조치를 지시할 수 있다.

제329조 총재정부는 독자적으로 스스로 적절하다고 판단하는 외국과의 정치관계를 가지고, 절충을 지휘하고 육해군을 배치하며 또한 방침을 결정할 수 있다.

제330조 총재정부는 휴전협정 및 중립선언과 같은 예비조항을 작성하는 권한을 가진다. 총재정부는 또한 비밀협정을 결정할 수 있다.

제331조 총재정부는 모든 평화조약, 동맹조약, 휴전조약, 중립조약, 통상조약 및 국익의 이름 아래 필요하다고 판단되는 기타의 협정을 결정하고 서명 또는 외국정부에 서명하도록 한다. 이와 같은 조약 및 협정은 총재정부에 의해 임명된 외교관(agent diplomatique)에 의해 그 책임으로 프랑스 공화국의 이름으로 교섭된다.

제332조 조약이 비밀조항을 포함하는 때에 이 조항의 규정은 비밀 아닌 조항의 효력을 무효로 하는 것이 불가능 하며, 또한 공화국 영토의 어떠한 포기도 포함할 수 없다.

제333조 조약은 입법부에 의해 검토되고 비준된 후가 아니면 효력을 가지지 아니한다.

다만, 비밀의 조건은 그것이 총재정부 의해 결정된 때부터 집행가능하다.

제334조 양 의회는 전체위원회에 의하지 아니하고는 전쟁과 강화에 대해서 결정할 수 없다.

제335조 프랑스에서 직무에 취임하고 있거나 취임하고 있지 않은 외국인은 외국인 또는 프랑스인의 양친을 상속한다. 프랑스에 있는 외국인은 프랑스에 있는 재산을 계약하고 획득 또는 수령할 수 있고, 프랑스인과 마찬가지로 법률에 의해 인정된 방법에 의해 사용할 수 있다.

제13장 헌법개정

제336조 헌법의 몇몇 조항이 경험상 불합리하다고 생각된 경우에, 원로원은 그 개정을 제안한다.

제337조 원로원의 제안은 이 경우 500인회의 승인으로 위임된다.

제338조 500인회에 의해 승인된 원로원의 제안이 9년간 적어도 각각 3년마다 3기로 이루어진 때에는 개정의회(assemblée de révision)가 소집된다.

제339조 이 개정의회는 각 주 2인의 의원으로 구성된다. 모든 의원은 입법부의 의원과 마찬가지 방법으로 선출되고, 원로원에 의해 요구되는 것과 마찬가지의 조건을 겸비한다.

제340조 원로원은 개정의회를 소집하기 위해서 적어도 입법부의 소재지로부터 20만 미터 떨어진 장소를 지정한다.

제341조 개정의회는 전조에 의해서 규정된 거리를 준수함에 있어서 장소를 변경할 권한을 가진다.

제342조 개정의회는 입법기능 및 통치기능을 행사하지 못한다. 개정의회의 기능은 입법부에 의해 지정된 헌법조문의 개정에만 한정된다.

제343조 개정의회에 의해 제안된 수정이 인민에 의해 승인되지 않는 한, 이 헌법의 전 조항은 예외 없이 효력을 계속하여 가진다.

제344조 개정의회의 의원은 공동으로 토의한다.

제345조 개정의회가 소집된 때에 입법부의 의원인 시민은 개정의회의 의원으로 선출될 수 없다.

제346조 개정의회는 개정의회가 결정한 개정안을 직접 초급선거회에 보낸다. 개정의회는 개정안이 초급선거회에 도착된 후 즉시 해산된다.

제347조 개정의회의 회기는 어떤 경우에도 3개월을 넘을 수 없다.

제348조 개정의회의 의원은 어떤 경우에도 그 직무집행 시 발언 또는 기술한 것에 의해 체포, 소추 또는 재판을 받지 아니한다. 개정의회 의원은 개정의회 의원 자신의 결정에 의하지 않고는, 그 직무기간 중 재판에 회부되지 아니한다.

제349조 개정의회는 어떤 공적식전에도 참가하지 않는다. 개정의회 의원은 입법부의 의원과 마찬가지의 세비를 받는다.

제350조 개정의회는 의회가 주재하는 코뮌의 치안을 유지할 또는 유지시킬 권리를 가진다.

제14장 일반적 규정

제351조 시민 사이에는 공무원의 우월성 및

직무집행에 관한 우월성 이외의 우월성은 존재하지 아니한다.

제352조 법률은 종교적 서약도 인간의 자연권에 반하는 어떤 계약도 인정하지 아니한다.

제353조 누구든지 자기의 사상을 이야기하고 쓰며, 인쇄 또는 출판하는 것을 방해받지 않는다. 문서는 그 출판 이전에는 어떤 검열도 받지 아니한다.

제354조 누구든지 자기가 선택한 종교를 법률에 따라 행하는 것을 방해받지 아니한다. 누구든지 종교상의 지출에 대해 기부를 강제받지 아니한다. 공화국은 종교에 대한 어떤 급여도 지불하지 아니한다.

제355조 출판 및 상업의 자유 그리고 산업 및 모든 종류의 기술영업에 대한 특권, 주인 신분, 동업조합장 또한 제한도 존재하지 아니한다. 제반의 사정으로부터 필요한 경우에 제정된 이 분야의 모든 금지입법은 기본적으로 일시적인 것이며 명확하게 변경되지 않는 한 최대 1년밖에 효력을 가지지 아니한다.

제356조 법률은 공서양속 및 시민의 안전과 건강에 관계하는 직업을 특별히 감독한다. 다만, 이러한 직업의 영업허가를 어떤 금전의 급부에 의존시킬 수 없다.

제357조 법률은 발견자의 보상 또는 그 발견 혹은 그 산물의 배타적인 소유의 유지를 고려해야 한다.

제358조 이 헌법은 모든 소유권의 불가침, 또한 합법적으로 확인된 공공의 필요가 그 희생을 요구하는 소유권의 정당한 보상을 보장한다.

제359조 각 시민의 주거는 불가침의 피난소이다. 야간에는 누구든지 시민의 주거에 들어갈 권리를 가지지 않는다. 다만, 화재, 침수, 또는 주거의 내부로부터 요구가 있는 경우에는 그러하지 아니하다. 주간에는 법률에 의해 설정된 권력의 명령을 주거에 집행할 수 있다. 법률에 근거하지 않으면 그리고 그 수색을 명한 문서가 명백하게 지정된 사람 또는 물건에 대한 것이 아니면, 어떤 가택수색도 행해질 수 없다.

제360조 공공질서에 반하는 조합 및 결사를 만들 수 없다.

제361조 시민의 어떤 집회도 민간단체의 자격을 가질 수 없다.

제362조 정치문제에 간섭하는 어떤 특별단체도, 별도의 특별단체와 연락하여 다른 단체에 가입하고 기타 회원과 구별된 회원이나 출석자로 구성된 공개회의를 개최하고, 입회의 조건이나 피선자격을 강제하고, 탈퇴의 권리를 박탈하고 그 회원이 대외적인 표장으로 드러내게 하는 것은 불가능하다.

제363조 시민은 초급선거회 또는 코뮌의회 이외에서 그 정치적 권리를 행사할 수 없다.

제364조 모든 시민은 공공기관에 청원할 자유를 가진다. 다만, 청원은 개인적으로 행사하지 않으면 아니 된다. 어떤 결사도 그것이 헌법에 의해 설치된 기관이 아니며 그 권한에 속하는 사안에 대한 것이 아닌 경우에는 집단적으로 청원을 제출할 수 없다. 청원자는 헌법에 의해 설치된 기관에 표시해야 할 경의를 잊어서는 아니된다.

제365조 무장한 집회는 모든 헌법에 대한 침해이다. 무장한 집회는 즉시 군에 의해 해산되어야 한다.

제366조 무장하지 않은 소동 역시 마찬가지

로 우선 구두명령에 의해, 필요한 경우에는 군대의 출동에 의해 해산되어야 한다.

제367조 헌법에 의해 설치된 기관은 토의를 위해 복수로 집회할 수 없다. 그러한 집회로 발생한 어떤 문서도 절대로 집행될 수 없다.

제368조 누구든지 이전에 행사한 직무 또는 이전에 취임한 근무를 상기시키는 특별한 표장을 착용할 수 없다.

제369조 입법부의 의원 및 모든 공무원은 직무 행사 때에 그 권력적 지위의 제복 또는 표장을 착용하도록 하고 법률이 그 양식을 정한다.

제370조 어떤 시민도 법률에 의해 부여되고 있는 수당 또는 봉급의 전부 또는 일부를 경찰력을 이유로 포기할 수 없다.

제371조 공화국에서는 단일의 도량형으로 한다.

제372조 프랑스의 기원은 공화국 건국일인 1792년 9월 22일에 시작한다.

제373조 프랑스 국민은 1789년 7월 15일 이후 조국을 포기한 프랑스인으로 사망자에 대한 법률을 정한 제외자로 포함되지 않은 자가 프랑스에 돌아오는 것을 어떤 경우에도 인정하지 않음을 선언한다. 프랑스국민은 입법부가 이 점에 관해 새로운 제외자를 두는 것을 금지한다. 사망자의 재산은 결정적으로 공화국을 위해 취득된다.

제374조 프랑스 국민은 합법적으로 행해진 국유재산의 경매 후에, 그 기원이 어떤 경우에도 합법적인 취득자는 그 소유권을 빼앗기기 않는 것을, 공적신용의 보장으로 동일하게 선언한다. 다만, 제3자의 청구에 대해서는 필요한 경우에 국고에 의해 보상되어진다.

제375조 이 헌법에 의해 설치된 어떤 권력도 이 헌법의 전부 또는 일부를 변경할 권리를 가지지 못한다. 다만, 제13장의 규정에 따라 헌법개정의 방법으로 이루어진 개정은 그러하지 아니하다.

제376조 공화국 지속성, 유지 및 발전은 초급선거회 및 선거회의 선택의 현명함 덕택임을 시민은 항상 상기해야 한다.

제377조 임하고 가장의 배려에, 아내와 어머니에게, 젊은 시민의 정열에, 모든 프랑스인의 용기에 위임한다.

1848년 헌법(제2공화국 헌법)

프랑스 인민의 이름으로 1948년 11월 4일

국민의회는 다음과 같은 내용의 헌법을 채택하고, 국민의회 의장은 1848년 10월 28일의 명령 제6조에 따라 이를 공포한다.

전문

하나님(Dieu) 앞에서, 그리고 프랑스 인민의 이름으로, 국민의회는 다음과 같이 선언한다.

Ⅰ. 프랑스는 공화국을 구성한다. 이와 같이 확실한 정부형태를 채택함으로써 프랑스 공화국의 목표는 더욱 자유롭게 진보와 문명의 길로 나아가고, 사회의 부담과 이익의 더욱 공정한 배분을 보장하며 공공지출과 조세의 점진적 감소에 의해 개인의 복지를 증대시키고, 모든 시민들이 새로운 동요 없이, 제도와 법의 지속적이며 한결같은 활동에 의해 도덕과 지성과 행복이 날로 더욱 증진되도록 나아가게 하는 데 있다.

Ⅱ. 프랑스 공화국은 단일하고 불가분의 민주국가다.

Ⅲ. 프랑스 공화국은 실정법에 선행하고 우선하는 권리와 의무를 승인한다.

Ⅳ. 프랑스 공화국은 자유, 평등 및 박애(fraternité)를 원칙으로 삼는다.
프랑스 공화국은 가족, 노동, 소유권, 공공질서를 기초로 한다.

Ⅴ. 프랑스 공화국은 자국민이 존중받기를 바라는 것과 마찬가지로 외국인을 존중한다. 프랑스 공화국은 정복을 의도하는 어떤 전쟁도 꾀하지 않으며, 어느 인민의 자유에 대해서도 결코 무력을 사용하지 아니한다.

Ⅵ. 시민은 공화국에 대해서, 공화국은 시민에 대해서, 상호적인 의무를 부담한다.

Ⅶ. 시민은 조국을 사랑하고, 공화국에 봉사하며, 그들의 생명을 바쳐 공화국을 지키고, 그들의 재산에 따라 국가의 조세를 부담해야 한다. 시민은 노동으로 생존수단 및 장래를 위한 재원을 확보해야 한다. 그들은 우애하는 마음으로 서로가 서로를 도움으로써 공동의 복지에 공헌하며, 또한 사회, 가족 및 개인을 지배하는 불문법과 성문법을 준수함으로써 전반적 안녕질서에 공헌해야 한다.

Ⅷ. 공화국은 시민을 그의 인격, 가족, 종교, 소유, 노동에 대해서 보호하고 또한 모든 사람에게 필수적인 교육을 제각기 받을 수 있도록 조치해야 한다. 공화국은 우애적인 도움으로 가난한 시민들이 자기가 가진 자원의 한계 안에서 노동할 수 있게 하거나, 노동을 할 수 없는 상태에서 가족이 없는 사람들에게 도움을 줌으로써, 가난한 사람들의 생존을 보장해 주어야 한다.
이 모든 의무를 이행할 목적으로, 그리고 이 모든 권리를 보장하기 위해 프랑스혁명을 시작한 여러 위대한 의회의 전통에 충실한 국민의회는 다음과 같이 공화국헌법을 제정한다.

헌법

제1장 주권에 대하여

제1조 주권은 프랑스 시민 전체에 있다. 주권은 양도할 수 없으며 영구히 소멸될 수 없다. 어떤 개인 및 인민의 어느 일부도 주권의 행사를 자신의 것이라 주장할 수 없다.

제2장 헌법이 보장하는 시민의 권리

제2조 누구든지 법률의 규정에 따르지 아니하고 체포되거나 구금될 수 없다.

제3조 프랑스 영토 안에 거주하는 모든 사람의 주거는 불가침이다. 법률로 정해진 절차를 따르지 않거나 또한 법률로 미리 정해진 경우가 아니면, 그 안으로 침입하는 것은 허락되지 아니한다.

제4조 누구든지 일반법원 법관(juge naturel)의 재판으로부터 배제되지 아니한다.
어떤 명목으로든 또한 어떤 명칭 하에서든 특별위원회(commission extraordinaire)와 특별법원(tribunal extraordinaire)을 창설하지 못한다.

제5조 정치적 사건에 관해서 사형은 폐지된다.

제6조 노예제도는 프랑스의 어느 지역에서도 존재할 수 없다

제7조 누구나 자기의 종교를 자유로이 표명하며, 자기 교파 예배를 집행하는데 국가로부터 평등한 보호를 받는다.
사제들은 법에 의해서 실제로 승인된 교파이든 앞으로 승인될 교파이든 국가로부터 봉급을 받을 권리를 가진다.

제8조 시민은 단체를 구성할 권리, 무장하지 않고 평화적으로 집회할 권리, 청원할 권리, 출판 또는 기타의 방법으로 자기의 의견을 표명할 권리를 가진다. 이와 같은 권리의 행사에는 타인의 권리나 자유 및 공공의 안전이라는 한계 및 제한 이외의 아무런 제한이 없다.
출판은 어떤 경우에도 검열을 받지 아니한다.

제9조 교육은 자유이다.
교육의 자유는 법률로 정해진 능력과 도덕성의 조건에 따라, 국가의 감독 아래 행사된다.
이런 감독은 어떤 예외도 없이 모든 교육과 교수 시설에까지 미친다.

제10조 모든 시민은 그들의 능력 이외의 다른 어떤 우선조건 없이 법률로 정해진 조건에 따라 모든 공직에 나아갈 수 있다.
모든 귀족 칭호, 출생, 계급에 의한 차별은 영구적으로 폐지된다.

제11조 모든 소유권은 침해될 수 없다. 그러나 국가는 적법하게 승인된 공공의 이익을 이유로, 그리고 사전에 정당한 보상을 하는 조건으로 소유권의 희생을 요구할 수 있다.

제12조 재산의 몰수는 절대로 부활될 수 없다.

제13조 헌법은 시민에게 노동과 직업의 자유를 보장한다.
사회는 무상의 초등교육, 직업교육, 고용주와 노동자 사이의 평등한 관계, 장래대비와 신용제도, 농업제도, 자발적 결사, 그리고 국가, 주 및 시·군이 실업자 고용에 적합한 공공사업을 일으키는 일을 조성하고 장려한다. 사회는 버려진 아이들, 몸이 불편한 사람들 자산이 없는 노인들로서 도와줄 가족이 없는 사람들에게 도움을 제공한다.

제14조 공공의 부채는 보장된다.
국가가 채권자와 맺은 모든 종류의 계약은 침해될 수 없다.

제15조 모든 조세는 공공의 이익을 위해 부과된다.
누구나 그의 능력과 재산에 따라 조세를 부담한다.

제16조 어떤 조세도 법률에 의하지 않고는 인정되지 않으며 부과하거나 징수할 수 없다.

제17조 직접세는 1년에 한해서만 설정할 수 있다.
간접세는 여러 해에 걸쳐서 징수할 수 있다.

제3장 공권력에 대하여

제18조 어떤 것이든 모든 공권력은 인민으로부터 유래한다.
공권력은 세습에 의해 위임되지 아니한다.

제19조 권력의 분립은 자유로운 통치의 첫째 조건이다.

제4장 입법권에 대하여

제20조 프랑스 인민은 입법권을 단일의회에 위임한다.

제21조 인민의 대표자수의 총계는 750인으로, 거기에는 알제리 및 프랑스 식민지의 대표자도 포함된다.

제22조 헌법을 개정하기 위해 소집되는 의회에 대하여, 그 수는 900인으로 증가된다.

제23조 선거는 인구를 기초로 한다.

제24조 선거는 직접보통선거로 한다. 투표는 비밀투표로 한다.

제25조 선거인은 선거 자격 취득세를 조건으로 하지 않고, 민사상의 권리 및 정치적 권리를 향유하는 21세 이상의 모든 프랑스인 남성으로 한다.

제26조 피선거인은 거주를 조건으로 하지 않고, 25세 이상의 모든 선거인으로 한다.

제27조 선거법은 프랑스 시민에게서 선거권 및 피선거권을 박탈할 수 있는 사유를 정한다.
선거법은 주 또는 영토구역에서 공무에 종사하거나 종사했던 시민으로, 그것에 있어 피선자격이 없는 사람을 정한다.

제28조 봉급을 받는 모든 공무는 인민 대표의 직무와 겸직하는 것은 불가능하다.
어떠한 국민의회 의원도 입법기간 동안에는 그 자격이 행정권의 재량에 의해 선택되는 유급 공무에 취임할 수 없으며, 그 직에 승진할 수도 없다. 전2항의 규정의 예외는 선거법에 의해 정해진다.

제29조 전조의 규정은 헌법 개정을 위해 구성되는 의회에는 적용되지 아니한다.

제30조 대표자의 선거는 주마다 명단식 투표로 행해진다.
선거인은 면(面, canton)사무소 소재지(cheflieu du canton)에서 투표하는 것으로 한다. 단, 지방의 상황에 따라 선거법이 정하는 방법과 조건으로, 주를 복수의 선거구로 나눌 수 있다.

제31조 국민의회는 3년의 임기로 선출되어 전체가 개선된다.
입법기가 끝나는 늦어도 45일전에 법률로 새로운 선거 기일을 정한다.
전항에 정해진 기간 내에 어떠한 법률도 관여하지 않은 때에 선거인은 입법기가 끝나기 30일 전에 당연히 집회한다.
새로운 의회는 이전 의회의 직무가 종료하는 익일 당연히 소집된다.

제32조 국민의회는 상설로 한다.
그러나 국민의회가 정하는 일정기간 휴회로 하는 것이 가능하다.
휴회 기간에는 사무국(bureau)의 구성원 및 비밀 투표에 의한 절대 다수로 의회가 임명하는 25인의 의원으로 구성되는 위원회가 긴급 상황에 국민의회를 소집할 권리를 가진다.
공화국 대통령도 국민의회를 소집하는 권리를 가진다.
국민의회는 회의 장소를 정한다.
국민의회는 의회의 안전을 위해 설치되는 군대의 인원을 정해, 그것을 배치한다.

제33조 국민회의 의원은 항상 재선될 수 있다.

제34조 국민의회 의원은 임명된 주의 대표가 아니라 프랑스 전체의 대표자이다.

제35조 국민의회 의원은 명령위임(mandat impératif)을 받을 수 없다.

제36조 인민의 대표는 불가침이다.
인민의 대표는 의회에서 발언한 의견을 이유로 어떠한 경우에도 수사당하거나 기소당하지 않고 또한 재판받지 아니한다.

제37조 국민의회 의원은 현행범의 경우를 제외하고, 중죄 사건에 의하여 체포당하지 않고 또한 의회의 허가 없이 기소되지 아니한다.
현행범으로써 체포된 경우에는 즉시 의회에 보고해야 하고, 의회는 그 기소의 속행 허가 여부를 정한다. 이 규정은 구금되어 있는 시민이 의원이 된 경우에도 적용된다.

제38조 인민의 대표자들은 수당(imdemnité)을 받는다. 대표자는 그것을 포기할 수 없다.

제39조 국민의회의 심의는 공개된다. 다만, 규칙이 정하는 수의 대표자의 청구에 의거해, 비공개회의(비밀회)를 구성할 수 있다.
각 의원은 의원에 의한 법률안 제출권을 가진다. 의원은 규칙에 정해진 절차에 따라 법률안 제출권을 행사한다.

제40조 법률의 의결을 유효로 하기 위해서는 의원 과반수의 출석을 필요로 한다.

제41조 법률안은 긴급한 경우를 제외하고 5일 이상의 간격을 두고 3회 심의를 거친 후가 아니면 최종적으로 의결되지 아니한다.

제42조 긴급을 선언하는 목적을 가진 제안에 앞서 이유의 설명이 행해진다.
의회가 긴급의 제안에 응해야 한다고 하는 의견을 가지고 있을 때에는 사무국에 그 위탁을 명해 긴급에 관한 보고가 의회에 제출되는 시기를 정한다.
이 보고에 의거해 의회가 긴급하다고 인정한 때에는, 의회는 그것을 선언하고 심의시기를 정한다.
의회가 긴급하지 않다고 정한 때에는, 법률안은 통상 제안의 절차를 따른다.

제5장 행정권에 대하여

제43조 프랑스 인민은 공화국 대통령의 칭호를 가진 1인의 시민에게 행정권을 위임한다.

제44조 대통령은 프랑스인으로서 태어나, 연령 30세 이상으로, 또한 프랑스인의 자격을 잃어버린 적이 없는 자가 아니면 아니된다.

제45조 공화국 대통령은 4년 임기로 선택되어 4년의 기간을 끝낸 후가 아니면 재선되지 아니한다.
부통령 및 대통령의 6촌 이내의 혈족 및 인척도 동일의 기간을 끝내지 않으면 대통령의 후임으로 선택될 수 없다.

제46조 대통령 선거는 당연히 5월 제2 일요일에 행해진다.
사망, 사임 또는 기타 모든 사유에 의해 대통령이 전항과는 다른 시기에 뽑힐 때는 선거 후 4년째의 5월 제2 일요일에 대통령의 권한은 만료한다.
대통령은 프랑스의 주 및 알제리 모든 선거인의 직접·비밀 투표에 의해 또한 투표자의 절대 다수로 선출된다.

제47조 선거작업의 기록은 즉시 국민의회에 이송되며, 국민의회는 지체 없이 선거의 유효성에 대해 판단하고, 공화국 대통령을 공표한다.
어느 후보자도 유효 투표의 과반수로 또한 적어도 200만 표를 획득하지 않은 때 또는 제44조에서 정해진 조건을 충족하지 못하는 경우에, 국민의회는 가장 많은 표를 획득한 5인의 피선자격을 가진 후보자 중에서 비밀투표에 의한 절대다수로 공화국 대통령을 선출한다.

제48조 공화국 대통령은 그 직무에 취임하기 전에 국민의회에서 다음의 선서를 행한다.
하나님 앞에서, 국민의회에 의해 대표되는 프랑스 인민 앞에서, 단일 또한 불가분의 민주적 공화국에 충실하면서, 또한 헌법이 나에게 부과하는 모든 의무를 다할 것을 맹세합니다.

제49조 공화국 대통령은 장관(각료, 대신)을 통해서, 국민의회에 법안을 제출할 권리를 가진다.
공화국 대통령은 법률의 집행을 감시하고 또한 보장한다.

제50조 공화국 대통령은 군대를 배치하여 대비한다. 단, 자기가 군대를 지휘하는 권한은 갖지 아니한다.

제51조 공화국 대통령은 영토의 어떠한 부분도 양도할 수 없으며, 국민의회를 해산하는 것도 휴회하는 것도 할 수 없고 또한 어떠한 방법에 의해서도 헌법과 법률의 지배를 정지시킬 수 없다.

제52조 공화국 대통령은 매년 교서에 의해 공화국 국무의 전체적 상황에 관한 보고를 국민의회에 제출한다.

제53조 공화국 대통령은 조약을 교섭하고 비준한다.
어떠한 조약도 국민의회에 의해 승인 된 후가 아니면 결정되지 아니한다.

제54조 공화국 대통령은 국방에 유의한다. 다만, 국민의회의 승인이 없으면 어떠한 전쟁도 시작할 수 없다.

제55조 공화국 대통령은 사면권을 가진다. 다만, 국참사원(Conseil d'État, 국사원, 국무원, 최고행정재판소)의 의견을 구한 후가 아니면 사면권을 행사할 수 없다.
특사는 법률에 의하지 않으면 인정되지 아니한다.
최고사법법원(haute cour de justice, 탄핵재판소, 특별정치재판소)에 의해 유죄가 선언된 공화국 대통령, 장관 및 기타의 자는 모두 국민의회에 의하지 않으면 특사되지 아니한다.

제56조 공화국 대통령은 프랑스 인민의 이름으로 법률을 공포한다.

제57조 긴급법률은 국민의회에 의해 채택된 날로부터 3일 이내에 공포되며, 기타의 법률은 국민의회에서 채택된 날부터 1개월 이내에 공포된다.

제58조 공화국 대통령은 공포를 위해 정해진 기간 내에 이유를 첨부한 교서에 의해, 새로운 심의를 요구할 수 있다.

국민의회가 심의하고 그 결정이 최종적으로 된 후, 그 결정은 공화국 대통령에게 전달된다.
이 경우, 긴급법률에 대해 정해진 기간 내에 공포된다.

제59조 전조들에 정해진 기간 내에 대통령이 공포하지 않을 때는 국민의회 의장에 의해 공포된다.

제60조 외국의 사절(envoyé) 및 대사(ambassadeur)는 공화국 대통령에게 인증된다.

제61조 공화국 대통령은 국가의 의식을 관장한다.

제62조 공화국 대통령은 공화국의 비용으로 거주하고 매년 600,000프랑의 봉급을 지급받는다.

제63조 공화국 대통령은 국민의회의 설치장소에 거주하고, 법률에 의해 인정된 경우가 아니면 공화국의 대륙영토를 떠날 수 없다.

제64조 공화국 대통령은 장관을 임면한다.
공화국 대통령은 국무회의(conseil des ministres)에서 외교관(agent diplomatique), 육해군의 총사령관(commandant en chef des armées de terre et de mer), 주지사(préfet), 센느주의 국민군(gardes nationale de la Seine)의 상급지휘관(commandant supérieur), 알제리 및 식민지의 행정관(gouverneur), 검사(procureur général) 및 기타의 상급 공무원(fonctionnaire d'un ordre supérieur)을 임면한다.

공화국 대통령은 권한 있는 장관의 제안을 바탕으로 법률에 정해진 조건으로 정부의 중급관리(agens secondaire du Gouvernement)를 임면한다.

제65조 공화국 대통령은 시민에 의해 선출된 행정권에 속하는 관리를 3개월을 넘지 않는 기간 정직시킬 수 있는 권리를 가진다.
대통령은 국참사원의 의견에 의하지 않으면 전항의 자를 파면할 수 없다.
법률은 파면된 관리가 동일한 직무에 선출될 수 없다고 선언할 수 있는 경우를 정한다.
전항의 선언은 판결에 의하지 않으면 선고할 수 없는 것으로 한다.

제66조 장관의 수 및 그의 직무는 입법권에 의해 결정된다.

제67조 공화국 대통령의 문서는 장관을 임면하는 문서를 제외하고 장관에 의한 부서(副書)가 없으면 효력을 갖지 아니한다.

제68조 대통령, 장관, 관리(agent) 및 공권력의 수탁자(dépositaire de l'autorité publique)는 각 사람이 관련된 사항에 대해 정부 및 행정 문서에 대하여 모든 책임을 진다.
대통령이 국민의회를 해산하고 휴회 또는 의회의 권한 행사를 방해하는 조치는 모두 대반역죄가 된다.
전항에 의해, 대통령은 실권한다. 그 때, 시민은 대통령에의 복종을 거부하지 않으면 아니된다. 행정권은 당연히 국민의회로 이행된다. 최고사법법원의 법관은 즉시 집합하지 않으면 아니 되고, 위반했을 때는 독직죄가 된다. 최고사법법원의 법관은 대통령과 그 공범자를 재판하기 위해 법관이 지정하는 장소에 배심원을 소집한다. 법관은 검찰관(ministère public)의 직무를 행하는 사법관(magistrat)을 스스로 임명한다.

법률이 기타 유책의 경우 및 기소의 방법과 조건을 정한다.

제69조 장관은 국민의회에 출석하고 또한 장관이 요구할 때에는 항상 그 의견을 들어, 공

화국 대통령의 명령에 의해 임명되는 위원에 의해 보좌된다.

제70조 공화국 부통령 1인을 둔다. 공화국 부통령은 대통령 선거가 행해진 달 안에, 대통령이 제시한 3인의 후보 중에서 국민의회가 임명한다.
부통령은 대통령과 같은 선서를 행한다.
부통령은 대통령의 6촌 이내의 혈족 또는 인척에서 선출할 수 없다. 대통령에게 장해가 발생한 때에는 부통령이 대통령을 대신한다.
대통령이 사망, 사직 또는 그 외의 사유로 궐위된 때에는 그 달 안에 대통령 선거의 절차가 개시된다.

제6장 국참사원에 대하여

제71조 국참사원을 설치하고, 공화국 부통령은 당연직 원장이 된다.

제72조 국참사원의 구성원은 국민의회에 의해 임명되며 그 임기는 6년으로 한다. 국참사원의 구성원은 각 입법기 최초 2개월 이내에, 비밀투표에 의한 절대다수로 반 수 씩 개선된다. 국참사원의 구성원은 무한으로 재선될 수 있다.

제73조 국민의회에 의석을 갖게 된 국참사원의 구성원은 인민의 대표자로써 즉시 교대되는 것으로 한다.

제74조 국참사원의 구성원은 공화국 대통령의 제안을 기초하여 국민의회에 의하지 않으면 파면되지 아니한다.

제75조 국참사원은 법률에 의해 사전에 그 심사를 받아야 된다고 여겨지는 정부 제출의 법안 및 의회가 국참사원에 송부한 의원제출 법안에 대하여 의견을 구할 수 있다.
국참사원은 행정규칙을 준비한다.
국참사원은 국민의회가 특별히 위임한 규칙만을 작성한다.
국참사원은 행정에 관해 법률에 의해 부여되어 있는 관리권과 감독권을 행사한다.
법률이 그 외의 권한을 정한다.

제7장 국내행정에 대하여

제76조 주, 군, 면(canton) 및 코뮨의 관할지역 구분은 유지된다. 현재 구획은 법률에 의하지 않으면 변경되지 아니한다.

제77조 다음의 것이 설치된다.

1. 각 주에는 지사(préfet), 주 의회(conseil général), 주 참사회(conseil de préfecture)에 의해 구성되는 행정청을 둔다.
2. 각 군은 부지사(souspréfet) 1인을 둔다.
3. 각 면에는 하나의 면 의회(conseil cantonal)를 둔다. 그러나 복수의 면으로 구분되는 도시(ville)에는 하나의 면 의회만이 설치된다.
4. 각 코뮨은 시장(maire), 복수의 부관(adjoint) 및 코뮨 의회(conseil municipal)로 구성되는 행정청을 둔다.

제78조 주 의회, 면 의회, 코뮨 의회의 구성과 권한 및 시장과 부관의 임명방법은 법률에 의해 정해진다.

제79조 주 의회 및 코뮨 의회는 각각 주 또는 코뮨에 주소를 가진 모든 시민의 직접선거에 의해 선출된다. 각 면은 1인의 주 의회의원을 선출한다. 센느주, 파리시 및 인구 20,000인 이상의 도시의 경우 선거방법은 특별법에 의하여 결정된다.

제80조 공화국 대통령은 국참사원의 의견을 구한 후, 주 의회, 면 의회 및 코뮨 의회를

해산 할 수 있다. 법률은 해산 후의 재선거 기간에 대하여 정한다.

제8장 사법권에 대하여

제81조 재판은 프랑스인민의 이름으로 무상으로 진행된다.
심리는 공개한다. 다만, 공개로 인해 질서 및 풍속이 흐트러지는 경우는 꼭 그러하지 아니하다. 이 경우 법원의 판결에 따른다.

제82조 배심은 중죄사건에 있어 계속 적용된다.

제83조 모든 정치범죄 및 출판의 방법으로 행해진 모든 범죄의 심리는 배심에 전속한다.
조직법이 개인에 대한 모욕죄 및 명예훼손죄에 관한 관할을 정하는 것으로 한다.

제84조 배심은 사실 및 출판범죄에 관해 청구된 손해배상에 대해서만 판단한다.

제85조 치안판사 및 보충자, 제1심 재판소 법관(juge de première instance) 및 항소원의 법관(juge d'appel), 파기원(Cour de Cassation, 파훼원) 및 회계검사원의 구성원은 후보자의 순번으로 또는 조직법이 정하는 조건으로 공화국 대통령에 의해 임명된다.

제86조 검찰관(magistrat du ministère public)은 공화국 대통령에 의해 임명된다.

제87조 제1심 재판소 법관 및 항소원의 법관, 파기원 및 회계검사원의 구성원은 종신 으로 임명된다.
전항의 자는 판결에 의하지 않으면 파면 또는 정직처분 되지 않으며, 또한 법률이 정하는 사유 및 절차에 의하지 않으면 은퇴당하지 아니한다.

제88조 군법회의(conseil de guerre), 육해군의 징병심사위원회(conseil de revision), 해사재판소(tribunal marition), 상사재판소(tribunal de commerce), 노동심판소(prud'homme) 및 그 외 특별재판소는 법률에 의해 다른 규정이 정해질 때까지 현행조직과 권한을 유지한다.

제89조 행정권과 사법권 간의 권한분쟁은 파기원과 국참사원의 쌍방으로부터 3년마다 각각의 모체에서 동수 임명된 자로 구성되는 특별재판소에 의해 결정된다. 이 법원은 법무장관(ministre de la justice)에 의해 주재된다.

제90조 회계검사원의 판결(arrêt)에 대한 무권한 및 월권에 대한 상소는 권한재판소(juridiction des conflits) 전에 행해진다.

제91조 최고사법법원은 항소도 파기청구도 인정하지 않고, 공화국 대통령 및 장관에 대하여 국민의회에 의해 행해진 소추를 재판한다.
최고사법법원은 마찬가지로 국민의회로부터 위탁된 국가의 내부적 또는 외부적 안전에 대한 중죄, 침해 또는 음모에 관한 피고인을 재판한다.
최고사법법원은 제68조에 정해진 경우를 제외하고, 국민의회의 결정에 의하지 않으면 사건을 제소하지 못한다. 국민의회는 최고사법법원이 개정(開廷)되는 도시를 지정한다.

제92조 최고사법법원은 5인의 법관과 36인의 배심원으로 구성된다. 파기원은 매년 11월 전반 2주간 이내에 그 법관 중에서 비밀투표에 의한 절대다수로 최고사법법원의 5인의 법관과 2인의 보충법관을 임명한다. 5인의 법관이 법원장을 선정한다.
검찰관(ministère public)의 임무를 수행하는 사법관은, 공화국 대통령에 의해 임명된다. 대통령 또는 장관이 소추된 경우에는 국민의회에 의해 임명된다.

36인의 배심원 및 4인의 보충배심원은 주 의회 의원 중에서 선정된다.
인민의 대표자는 최고사법법원의 구성원이 될 수 없다.

제93조 국민의회의 결정이 최고사법법원의 형성을 명할 때 및 제68조에서 정해진 경우에는 법원장장 또는 법관 중 1인의 청구에 기해, 항소원의 원장, 항소원이 없을 때에는 주의 사법상 주된 도시의 제1심 재판소의 소장은 공개 법정에 있어, 주 의회 의원 중 1인을 추첨한다.

제94조 판결을 위해 지정된 날에 출석한 배심원이 60인이 되지 않았을 경우에는 법원이 개정되는 주의 주 의회 의원 중에서 최고사법법원의 법원장에 의한 추첨으로 정해진 보충배심원에 의해 그 수가 보충된다.

제95조 유효한 변해(辨解)를 제시하지 않는 배심원에게는, 1,000프랑에서 10,000프랑의 벌금 및 5년 이하의 정치적 권리의 박탈이 선고된다.

제96조 피고인 및 검찰관은 통상의 사건에 있어서 마찬가지로, 기피의 권리를 행사한다.

제97조 피고인을 유죄로 하는 배심의 선고는 표결의 3분의 2의 다수가 아니면 선고할 수 없다.

제98조 장관에게 책임이 있다고 할 경우에 국민의회는 민사상 배상에 대하여 사정에 의해 유죄가 된 장관을 최고사법법원 또는 통상재판소에 보낼 수 있다.

제99조 국민의회 및 공화국 대통령은 어떠한 경우에도 공화국 대통령 이외의 모든 공무원의 서면심사를 국참사원에게 위탁할 수 있고, 그 보고는 공개로 행해진다.

제100조 공화국 대통령은 최고사법법원에 의하지 않으면 재판되지 않는다.
공화국 대통령은 제68조에 정해진 경우를 제외하고 법률에 규정된 중죄 및 경죄를 이유로 국민의회의 기소에 기초하지 않으면 소추되지 않는다.

제9장 공공의 무력에 대하여

제101조 공공의 무력은 외국의 적에 대해 국가를 방어하기 위해 또 국내에 있어서 질서의 유지와 법률의 집행을 보호하기 위해 마련된다. 공공의 무력은 국민군(garde nationale) 및 육해군(armée de terre et de mer)으로 구성된다.

제102조 법률에 의해 정해진 예외를 제외하고 모든 프랑스인은 병역 의무 및 국민군의 의무를 진다.
개인적으로 병역이 면제되는 각 시민에 대한 자격은 징병에 관하는 법률에 의해 결정된다.

제103조 국민군의 조직 및 군대의 편성은, 법률에 의해 정해진다.

제104조 공공의 무력은 본질적으로 복종적이다. 어떠한 부대도 토의할 수 없다.

제105조 국내질서를 유지하기 위해 사용되는 공공의 무력은 헌법상 기관의 청구에 기초하고 또한 입법권이 정하는 규칙에 따르지 않으면, 행동할 수 없다.

제106조 법률이 계엄령을 선언할 수 있는 경우를 정하며, 또한 그 조치의 절차 및 효과를 정한다.

제107조 어떠한 외국군대도 국민의회의 사전 동의가 없으면 프랑스 국내에 도입될 수 없다.

제10장 특별규정

제108조 레지옹 도뇌르 훈장(Légion d'honneur)은 계속 유지된다. 그 지위는 헌법에 적합하도록 수정된다.

제109조 알제리 및 식민지의 영토는 프랑스 영토라 선언된다. 그 영토는 특별법이 이 헌법 체제 아래 위치할 때까지 개별법규에 의해 통치된다.

제110조 국민의회는 이 헌법과 헌법이 인정하고 있는 권리를 모든 프랑스인의 보호와 애국심에 맡긴다.

제11장 헌법개정에 대하여

제111조 국민의회가 입법기 마지막 해에 헌법의 전부 또는 일부를 개정하는 결의를 표명했을 때에는 다음의 방법으로 개정이 행해진다.
국민의회가 표명한 결의는 각 회 간에 1개월의 기간을 두고 이어갈 3회의 심의 후가 아니면 또한 유효투표의 4분의 3에 의하지 않으면, 확정적인 결의로 되지 않는다. 투표수는 적어도 500표가 아니면 아니된다.
개정의회는 3개월의 임기에 한해 임명된다. 개정의회는 소집목적인 개정만을 대상으로 하지 않으면 아니된다.
그러나 개정의회는 긴급한 상황에는 필요한 입법을 행할 수 있다.

제12장 경과규정에 대하여

제112조 이 헌법에 반하지 않는 현행의 법전, 법률 및 규칙의 제 규정은 적법하게 적용이 제외될 때까지 효력을 가진다.

제113조 현행법에 의해 설치된 국가기관은 모두 그에 관한 조직법이 공포되기까지 그 임무를 행사한다.

제114조 사법조직에 관한 법률은 새로운 법원의 최초 구성에 대하여 특별한 임명방법을 정하는 것으로 한다.

제115조 헌법의 의결 후, 헌법제정국민의회(Assemblée nationale constituante)는 그 일람표가 특별법에 의해 정해져 있는 조직법의 기초에 착수하는 것으로 한다.

제116조 1848년 10월 28일에 국민의회가 채택한 특별법에 따라서 공화국 대통령의 최초 선거가 행해지는 것으로 한다.

1875년 헌법(제3공화국 헌법)

상원의 조직에 관한 1875년 2월 24일의 법률

제1조 상원(Sénat, 원로원)은 300명의 의원으로 구성된다. 225명의 상원의원은 주와 식민지에서 선출되며, 75명의 상원의원은 국민의회(Assemnlée nationale)에서 선출된다.

제2조 센느(département de la Seine)와 북프랑스(département du Nord)주는 각각 5명의 상원의원을 선출한다. 센느 앙페리외르(Seine-Inférieure), 파드칼레(Pas-de-Calais), 지롱드(Gironde), 론(Rhône), 피니스테르(Finistère), 코트뒤노르(Côtes-du-Nord)의 주는 각각 4명의 상원의원을 선출한다. 루아르 앙페리외르(Loire-Inférieure), 손에루아르(Saône-et -Loire), 일에빌렌(Ille-et-Vilaine), 센에우아즈(Seine-et-Oise), 이제르(Isère), 퓌드돔(Puy-de-Dôme), 솜므(Somme), 부슈뒤론(Bouches-du-Rhône), 엔(Aisne), 루아르(Loire), 망슈(Manche), 메느에르와르(Maine-et-Loire), 모르비앙(Morbihan), 도르도뉴(Dordogne), 오트가론(Haute-Garonne), 샤랑트 앙페리외르(Charente-Inférieure), 칼바도스(Calvados), 사르트(Sarthe), 에로(Hérault), 바스 피레네(Basses-Pyrénées), 가르(Gard), 아베론(Aveyron), 방데(Vendée), 오른(Orne), 우아즈(Oise), 보주(Vosges), 알리에(Allier)의 주는 각각 3명의 상원의원을 선출한다. 그 밖의 주는 2명의 상원의원을 선출한다. 벨포르(territoire de Belfort)와 알제리의 세 개의 주, 마르티니크(Martinique), 과 루프(Guadeloupe), 레위니옹(Réunion) 및 프랑스령 인도(Indes françaises)의 네 개의 식민지는 각각 한명의 상원의원을 선출한다.

제3조 누구도 프랑스인이 아닌 자, 40세 미만인 자, 그리고 시민적·정치적 권리를 향유하지 않는 자는 상원의원이 될 수 없다.

제4조 주와 식민지의 상원의원은 주와 식민지의 주도(州都)에 소집된 아래와 같은 선거인단에 의해 명부식 투표에 따른 절대 다수로 선출된다.

1. 하원의원(député)
2. 주 의회 의원(conseille général)
3. 시·군의회 의원(conseiller d'arrondissement)
4. 주민공동체(commune)의 선거인 가운데 각 읍면의회(conseil municipal)마다 1인의 선택된 대표자

프랑스령 인도의 경우 식민지 의회(conseil colonial) 의원 또는 지방의회(conseil local) 의원이 주의원, 시·군의원(아롱디스마), 읍면의회의 대표자를 대신한다. 이들은 각 지역의 청사가 있는 소재지에서 투표한다.

제5조 국민의회에 의해 임명된 상원의원은 명부식 투표에 따라 투표의 절대 다수로 선출된다.

제6조 주와 식민지의 상원의원의 임기는 9년이며, 3년마다 3분의 1씩 개선된다. 첫 번째 회기 초에 모든 주는 3가지 종류로 분리되며, 분리된 모든 주는 각각 동일한 숫자의 상원의원들로 포함된다. 추첨을 통하여 3년 주기의 첫 번째와 두 번째 기간의 만료 시에 개선될 종류가 지정된다.

제7조 국민의회에 의해 선출된 상원의원은 종신으로 신분이 보장된다. 사망·사임, 또는 기타 사유로 결원이 발생한 경우에 상원은 3개월 이내에 스스로 상원의원을 충원한다.

제8조 상원은 하원(Chambre des députés)과

공동으로 법률의 발의권 및 제정권을 가진다. 다만 재정에 관한 법률은 하원에 우선적으로 제출되며, 하원에 의해서 통과된다.

제9조 상원은 공화국 대통령 또는 국무위원의 국가 안전에 대해 행해진 범죄를 심판하고 심리하기 위해서 법원(cour de justice)을 조직할 수 있다.

제10조 해산을 위해서 국민의회에 의해, 정해진 시기보다 한 달 전에 상원의원 선출을 위한 선거가 실시된다.
상원은 국민의회가 해산하는 날에 그 활동을 개시하며 구성된다.

제11조 본 법률은 공권력에 관한 법률이 확정적으로 가결된 다음에 공포된다.

공권력의 조직에 관한 1875년 2월 25일의 법률

제1조 입법권은 하원(Chambre des députés)과 상원(Sénat)의 2원에 의해 행사된다.
하원은 선거법에 의해 정해진 조건에 따라 보통선거를 통해 임명된다.
상원의 구성, 임명방법, 권한은 특별법에 의해서 규정된다.

제2조 공화국 대통령은 국민의회로 소집된 상원과 하원의 절대다수의 투표에 의해서 선출된다.
공화국 대통령은 7년의 임기로 임명된다.
공화국 대통령은 재임이 가능하다.

제3조 공화국 대통령은 양원의 구성원과 공동으로 법률에 대한 발의권을 가진다. 공화국 대통령은 양원에 의해 법률이 가결되었을 때 법률을 공포한다. 그리고 공화국 대통령은 법률을 감독하고, 그 집행을 보장한다.
공화국 대통령은 사면권을 가진다. 대사면(특사)은 법률에 의해서만 부여될 수 있다.
공화국 대통령은 군대를 통솔한다.
공화국 대통령은 모든 문관 및 무관을 임명한다.
공화국 대통령은 국가적 의식을 주재한다. 공화국 대통령은 외교사절과 대사에게 신임장을 주어 파견한다.
공화국 대통령의 모든 행위는 국무위원에 의해서 부서되어야 한다.

제4조 본 법률의 공포이후 공석이 발생하는 결원에 대하여, 공화국 대통령은 국무회의에서 통상적인 업무를 담당하는 국참사원 위원(conseiller d'État en service ordinaire)을 임명한다. 임명된 국참사원 위원들은 국무회의에서 발해진 데크레(décret)에 의해서만 해임될 수 있다.
1872년 5월 24일 법률에 의해 임명된 국참사원 위원들은 그들의 임기 만료시까지 단지 동 법률에 의해 정해진 형태로만 해임될 수 있다. 국민의회의 해산이후에 해임은 단지 상원의 결의로만 이루어질 수 있다.

제5조 공화국 대통령은 상원의 동의에 따라 하원을 그 적법한 임기의 만료 이전에 해산시킬 수 있다.
이 경우 새로운 선거를 위한 선거인단은 3달 이전에 소집된다.

제6조 국무위원은 양원에 대해서, 정부의 전반적인 정책에 대해서는 연대책임을 지고, 그들의 개별적 행위는 개인적으로 책임을 진다.
공화국 대통령은 국가반역죄의 경우를 제외하고 책임을 지지 아니한다.

제7조 사망이나 기타의 사유로 인해 대통령이 궐위된 경우 소집된 양원은 즉각 새로운 대통령 선출에 착수한다.
그 기간 동안 국무회의는 집행권을 부여받는다.

제8조 양원은 자발적으로 또는 공화국 대통령의 요구에 따라 상원과 하원이 서로 분리된 토의를 하고 투표의 절대 다수로 헌법적 법률(loi constitutionnelle)에 대한 개정이 필요하다는 것을 선언할 권리를 가진다.

양원 각각이 이와 같은 결정을 한 다음 양원은 헌법적 법률에 대한 개정에 착수하기 위해서 국민의회로 소집된다.

전부 또는 부분적인 헌법적 법률에 대한 개정을 위한 결의는 국민의회를 구성하는 구성원의 절대 다수로 이루어져야 한다.

그렇지만, 1873년 11월 20일 법률에 의해서, 맥마옹(Le maréchal de Mac-Mahon)에게 부여된 권한이 지속하는 기간 동안 이와 같은 개정은 공화국 대통령의 제안에 대해서만 가능하다.

제9조 행정권과 양원의 소재지는 베르사유(Versailles)로 한다.

공권력의 관계에 관한 1875년 7월 16일의 헌법법률

제1조 상원과 하원은 공화국 대통령에 의한 사전 소집통지가 없는 한, 매년 1월의 두 번째 화요일에 소집된다.

양원은 매년 적어도 5개월의 회기로 소집된다. 하나의 원의 회기는 다른 원의 회기와 동시에 개회되며, 동시에 폐회된다.

양원의 개회 직후 일요일에 의회의 업무에 대한 신의 은총을 요청하기 위해서 교회나 사원에서 다함께 공적인 기도를 신에게 바친다.

제2조 공화국 대통령은 폐회를 선언한다. 공화국 대통령은 예외적으로 의회를 소집할 권한을 가진다. 회기 사이에 각원을 구성하는 구성원의 절대 다수의 요구가 있을 경우, 공화국 대통령은 의회를 소집해야 한다. 공화국 대통령은 휴회할 수 있다. 그렇지만, 휴회는 1개월의 기간을 넘을 수 없으며, 동일 회기에 두 번 이상 할 수 없다.

제3조 공화국 대통령의 법적 임기가 종료하기 적어도 1개월 전에 양원은 새로운 대통령의 선출을 위해서 국민의회로 소집되어야 한다.

이와 같은 소집통지가 없을 경우, 이 소집은 공화국 대통령의 임기만료 2주일 전에 적법하게 이루어진다.

공화국 대통령의 사망과 사임의 경우, 양원은 즉각 자동 소집된다.

1875년 2월 25일 법률 제5조의 적용에 따라, 공화국 대통령직이 공석일 때 하원이 해산된 경우 선거인단은 즉시 소집되며, 상원은 당연히 가장 빠른 기간 내에 개회된다.

제4조 통상적인 회기기간 외에 개최된 의회의 소집은 전조에서 규정하는 경우와 상원이 법원으로서 구성되어 단지 사법적인 권한만을 행사하는 경우를 제외하고는 불법으로 무효이다.

제5조 상원과 하원의 회기는 공개된다. 다만, 상원과 하원은 규칙에 따라 정해진 일정 수의 의원들의 요구로 비공개 위원회를 구성될 수 있다. 게다가 각원은 절대 다수의 요구에 따라 동일한 문제에 대해서 회기를 공개적으로 개최할 것인지에 대해 결정한다.

제6조 공화국 대통령은 국무위원에 의해 연단(tribune)에서 낭독되는 교서를 통해 양원과 연락한다. 국무위원은 양원에 출석하고 양원의 요구가 있는 경우 답변한다. 국무위원은 공화국 대통령의 데크레가 정하는 법률안의 심의를 위해 관련 정부위원의 보좌를 받을 수 있다.

제7조 공화국 대통령은 최종적으로 채택된 법률이 정부로 이송된 달 내에 법률을 공포한다. 공화국 대통령은 각각 의원의 명시적인 투표를 통해서 긴급하다고 선언된 법률에 대해서는 3일 내에 공포해야 한다.
공포를 위해 정해진 기간 동안 공화국 대통령은 정당한 이유 있는 교서를 통해서 새로운 심의를 양원에 요구할 수 있으며, 이는 거부될 수 없다.

제8조 공화국 대통령은 조약을 교섭하고 비준한다. 공화국 대통령은 국가의 이익과 안전이 이를 허용하는 한 즉시 양원에 조약의 교섭과 비준에 대해서 알려야 한다.
평화조약, 통상조약, 국가의 재정을 구속하는 조약, 외국에 있는 프랑스인의 법적지위 및 재산권에 관한 조약은 양원에 의해 가결된 후에 최종적으로 확정된다. 영토의 할양, 교환, 부속도 법률에 의하지 않고는 불가능하다.

제9조 공화국 대통령은 양원의 사전 동의 없이는 전쟁을 선포할 수 없다.

제10조 상원과 하원은 그 구성원의 피선자격과 선거의 적법성에 대한 심사를 한다. 상원과 하원만이 그 구성원의 사임을 받는다.

제11조 상원과 하원의 사무국(bureau)은 회기기간 및 차년도의 정기회 전에 개최되는 모든 회기 및 특별회기의 기간을 임기로 매년 선출된다.
양원이 국민의회로 소집될 때, 사무국은 양원의 의장, 부의장, 상원의 비서로 구성된다.

제12조 공화국 대통령은 하원에 의해서만 소추될 수 있으며, 상원에 의해서만 심판될 수 있다.
국무위원은 직무수행상 행한 범죄로 인하여 하원에 의해 소추될 수 있다. 이 경우에 국무위원은 상원에 의해 심판된다.
상원은 국가적 안전에 대한 침해로 고소당한 모든 사람들(피고인)을 심판하기 위해서 국무회의에서 내려진 공화국 대통령의 데크레에 의해, 법원을 구성한다.
만약 일반법원에 의해서 심리가 시작되었다면, 상원의 소집 데크레는 법원이송결정 이전에 발할 수 있다.
법률로 소추, 심리, 판결의 실행방법을 정한다.

제13조 상원의원과 하원의원은 직무상 행한 발언과 표결을 이유로 소추되거나 조사받지 아니한다.

제14조 상원의원과 하원의원은 현행범인 경우를 제외하고, 회기 중 그가 속하고 있는 의회의 동의 없이, 범죄와 경범죄에 대해서 소추되거나 체포되지 아니한다.
상원의원과 하원의원에 대한 구금과 소추는 회기중, 그리고 그 회기가 진행되는 모든 기간 동안 각원의 요구가 있는 동안 중단된다.

1946년 헌법(제4공화국 헌법)

전문

인간을 노예로 만들고, 품격을 떨어뜨리고자 했던 체제에 대해 자유인민이 승리를 쟁취한 다음날 프랑스 인민은 인종, 종교, 신념의 의한 차별 없이 모든 인간은 불가양의 신성한 권리를 가진다는 점을 새로이 선언한다. 프랑스 인민은 1789년의 권리선언(Déclaration des Droits)과 공화국 법률에 인정된 기본적 원칙에 의해 규정된 인간과 시민의 권리와 자유를 엄숙히 재확인 한다

프랑스 인민은 현대에 특히 필요한 다음과 같은 정치적·경제적·사회적 원칙을 선언한다.

법률은 여성에게 모든 영역에 있어서 남성과 동등한 권리를 보장한다.

자유를 옹호하는 자신의 행동 때문에 박해받는 모든 인간은 프랑스 영토에서 망명권을 가진다.

누구든지 근로의 의무와 일자리를 얻을 권리를 가진다. 누구든지 그 자신의 직업과 일자리에서 출신, 견해, 신념을 이유로 권리를 침해당하지 아니한다.

모든 인간은 노동조합활동을 통해 자신의 권리와 이익을 보호하고, 자신의 선택에 따라 노동조합에 가입할 수 있다.

파업권은 파업권을 규정하는 법률의 범위에서 행사될 수 있다.

모든 노동자는 자신의 대표를 통하여 근로조건의 집단적 결정과 기업운영에 참여한다.

그 경영이 국가공익사업 또는 사실상의 독점적 성격을 가지거나, 가지게 된 모든 재화 및 모든 기업은 공공재화가 되어야 한다.

국가는 개인과 가족에게 그들의 발전에 필요한 조건을 보장한다.

국가는 모든 사람들 특히, 아이, 어머니, 고령노동자에게 건강유지, 물질적 보장, 휴식과 여가를 보장한다. 연령, 신체적 또는 정신적 상태, 경제적 상황을 이유로 일을 할 수 없는 모든 인간은 공공단체로부터 생존에 충분한 수단을 얻을 권리를 가진다.

국가는 국가적 재난으로부터 기인하는 책임 앞에 모든 프랑스인에 대하여 연대와 평등을 선언한다.

국가는 교육, 직업연수 및 문화에 대한 아이와 어른의 평등한 접근을 보장한다. 모든 단계에서의 공교육 조직은 무상이고, 종교적 중립은 국가의 의무이다.

전통에 충실한 프랑스 공화국은 국제공법규칙에 따른다. 프랑스 공화국은 정복을 위한 어떤 전쟁을 시도하지 아니하며, 결코 인민의 자유에 반대하여 그 힘을 사용하지 아니한다.

프랑스는 상호 조건으로 평화의 조직과 방위에 필요한 주권의 제한에 동의한다.

프랑스는 해외영토의 인민과 함께 인종과 종교적 차별 없이 권리와 의무의 평등에 기초하여 연합을 형성한다.

프랑스연합(Union française)은 각각의 문화를 발전시키고, 행복을 증진시키며, 안전을 보장하기 위해 자원과 노력을 공유하고 연대하는 국민과 인민으로 구성된다.

전통적인 사명에 충실한 프랑스는 인민들을 그 스스로 통치하고, 민주적으로 자신의 일을 관리하는 자유를 가지는 인민으로 이끌고자 한다. 독재에 기반한 모든 식민지 시스템을 배제하면서, 프랑스는 모두에게 공적인 직무에 대한 평등한 접근과 앞에서 선언되고 확인된 권리와 자유의 개인적 또는 집단적 행사를 보장한다.

공화국의 제도

제1장 주권

제1조 프랑스는 불가분 · 비종교적 · 민주적 및 사회적인 공화국이다.

제2조 국가의 상징은 동일한 크기의 청, 백, 홍의 삼수직대로 된 삼색기이다. 국가는 「라 마르세예즈(la Marseillaise)」이다. 공화국의 표어는 「자유, 평등, 박애」이다. 공화국의 원칙은 인민의, 인민을 위한, 인민에 의한 정치이다.

제3조 국가의 주권은 프랑스 국민에게 있다. 인민의 어느 일부분이나 어느 개인도 주권을 사적으로 행사하지 못한다. 인민은 헌법사항에 관하여 그의 대표 및 국민투표에 의하여 주권을 행사한다. 기타의 모든 사항에 관하여는 인민의 보통, 평등, 직접, 비밀선거에 의하여 선출된 국민의회(하원) 의원을 통하여 주권을 행사한다.

제4조 민사상 및 정치상의 권리를 향유하는 성년의 프랑스 국민 및 재외프랑스 국민 모두는 법률이 정하는 바에 의하여 선거권을 가진다.

제2장 국회

제5조 국회는 국민의회(Assemblée nationale)와 공화국평의회(Conseil de la République)로 구성된다.

제6조 각 의원의 임기, 선거방법, 피선자격요건, 피선자격 상실 및 겸임금지에 관한 제도는 법률로써 정한다. 양원의 선거는 영토를 기초로 하되, 국민의회 의원은 보통 · 직접선거에 의하여, 공화국평의회 의원은 코뮌(시 · 군 · 읍) 및 도의 지방자치체를 통하여 보통 · 간접선거에 의하여 이를 선출한다. 공화국평의회는 2분의 1씩 개선한다. 다만, 국민의회는 비례대표제에 의하여 공화국평의회 의원 총수의 6분의 1을 초과하지 아니하는 수의 공화국평의회 의원을 선출할 수 있다. 공화국평의회의 의원 수는 250명 이상 320명 이하[6]로 한다.

제7조 전쟁은 국민의회의 결의와 공화국평의회의 사전 동의 없이 선포될 수 없다.

제8조 각 원은 그 의원의 피선자격과 선거의 적법여부를 판정하며, 각 원만이 그 의원의 사임을 수리할 수 있다.

제9조 국민의회의 정기회는 1월 제2 화요일에 소집된다. 회기의 중단은 총계 4개월을 초과하지 못한다. 10일을 초과하는 회의의 정지는 회기의 중단으로 인정한다. 공화국평의회는 국민의회와 동시에 개최한다.

제10조 양원의 회의는 공개된다. 심의의 의사록 전문(全文)과 국회의 기록은 관보에 공표된다. 각 원은 비밀위원회를 구성할 수 있다.

제11조 각 원은 매년 그 회기 초에 당파비례대표제의 의하여 그 사무국을 선출한다. 공화국 대통령을 선출하기 위하여 양원이 소집될 때에 그 사무국의 직무는 국민의회 사무국이 이를 행한다.

---

6) 【참조】 1946년 10월 27일의 공화국평의회의 구성 및 선거에 관한 법률로써 공화국평의회는 다음과 같은 315명의 의원으로써 구성하게 되어 있다.

1. 본국의 지방자치단체에 의하여 선거되는 의원 200명
2. 국민의회에 의하여 선거되는 의원 50명
3. 「알제리」자치단체에 의하여 선거되는 의원 14명
4. 해외제도 및 영도의 주 참의회 및 영토의회에 의하여 선거되는 의원 51명

제12조 국민의회가 개회중이 아닐 때에는 내각의 활동을 확인하여 국민의회 사무국이 국회를 소집할 수 있다. 사무국은 국민의회 의원 3분의 1 이상의 요구 또는 국무총리(Président du Conseil des Ministres, 수상)의 요구가 있을 때에 국회를 소집하여야 한다.

제13조 국민의회는 법률만을 의결한다. 국민의회는 이 권리를 위임할 수 없다.

제14조 무총리와 의원은 법률 발의권을 가진다. 정부발의 법률안과 국민의회 의원이 작성한 법률안은 국민의회 사무국에 제출된다. 공화국평의회 의원이 작성한 법률안은 동원 사무국에 제출되어, 심의 없이 국민의회 사무국에 회부된다. 국민의회는 공화국평의회 의원에 의해 작성된 이 법률안이 국고의 세입의 감소 또는 세출의 증가를 초래할 경우에는 이를 수리하지 아니한다.

제15조 국민의회는 정부발의 법률안과 의회제출법률안을 위원회에서 검토한다. 위원회의 수와 구성 및 권한은 국민의회가 정한다.

제16조 정부제출 예산법률안은 국민의회에 제출된다. 이것은 순전히 재정적인 규정만을 포함하여야 한다. 예산법률안 제출의 방법은 조직법에서 정한다.

제17조 국민의회 의원은 지출에 관한 발의권을 가진다. 다만, 예산·예비비 및 추가예산의 심의에 있어서 예정된 지출의 증가 또는 새로운 지출을 설치하는 제안은 제출할 수 없다.

제18조 국민의회는 국가의 회계를 규정한다. 국민의회는 전술한 사무에 관하여 회계검사원(Cour des comptes)의 조력을 받는다. 국민의회는 공공의 수입과 지출에 집행 또는 국고의 관리에 관한 모든 조사와 연구를 회계검사원에 위탁할 수 있다.

제19조 대사(amnistie)는 법률에 의하여서만 행할 수 있다.

제20조 공화국평의회는 국민의회가 제1독회에서 채택한 정부발의 법률안 및 의회제출법률안을 심의하여 의견을 표시한다. 공화국평의회는 국민의회로부터 회부 받은 후 적어도 2개월 이내에 그 의견을 표시한다. 예산법률에 관한 때에 이 기간은 필요한 경우에 국민의회가 그 심의와 표결에 필요한 기간을 초과하지 아니하도록 단축된다. 국민의회가 긴급절차를 취할 것을 결정한 때에는 공화국평의회는 국민의회의 규칙에서 규정한 국민의회의 심의기간과 동일한 기간 내에 그 의견을 표시한다. 본조에 규정된 기간은 회기의 중단 중에는 정지된다. 이 기간은 국민의회의 결정에 의하여 연장할 수 있다. 공화국평의회의 의견이 일치하거나 또는 전항에 규정된 기간 내에 그 의견을 표시하지 않을 때에, 법률은 국민의회에서 표결된 원문대로 공포된다. 공화국평의회의 의견이 일치하지 않을 때에는 국민의회는 정부발의 법률안 또는 의회제출법률안을 제 2 독회에서 심의한다. 국민의회는 공화국평의회가 제출한 수정에 관하여 이를 수락하거나 혹은 전부 또는 일부를 거부하여서 최종적으로 그리고 독자적으로 결정한다. 이 수정안의 전부 또는 일부를 거부하는 때에 법률의 제2독회의 표결은 기명투표에 의하여 국민의회 구성원의 절대다수로써 이를 행한다. 다만, 이는 전체에 대한 표결이 공화국평의회에 의하여 동일한 조건하에서 행하여진 경우에 한한다.

제21조 국회의원은 그 직무수행상 행한 발언 또는 표결로 인하여 소추, 수색, 체포, 구금 또는 재판 받지 아니한다.

제22조 국회의원은 그 임기 중 현행범의 경우를 제외하고는 그 소속하는 원의 동의 없이

는 소추 또는 체포되지 아니한다. 국회의원에 대한 구금 또는 소추는 그 소속하는 원의 요구가 있을 때에는 정지된다.

제23조 국회의원은 직무범주의 공무원보수에 상응하는 수당을 받는다.

제24조 누구든지 동시에 국민의회와 공화국평의회의 의원이 될 수 없다. 국회의원은 경제평의회(Conseil économique)와 프랑스연합의회(Assemblée de l'Union française)의 구성원이 될 수 없다.

제3장 경제평의회

제25조 경제평의회의 규정은 법률로 정한다. 경제평의회는 그 관할에 속하는 정부발의 법률안과 의회제출 법률안을 심의하여 의견을 표시한다. 국민의회는 전기의 법률안을 심의하기 전에 먼저 경제평의회에 제출한다. 경제평의회는 또 국무회의(Conseil des Ministres) 자문에 응한다. 국무회의는 국민의 완전한 고용과 물적 자원의 합리적 이용을 목적으로 하는 국가경제계획을 작성함에 있어서 반드시 경제평의회에 자문하여야 한다.

제4장 외교조약

제26조 적법하게 비준·공포된 외교조약은 프랑스 국내법에 저촉되는 경우에도 법률의 효력을 가진다. 다만, 그 적용을 확보하기 위해서는 그 비준에 필요한 입법조치 이외에는 아무런 입법조치도 요하지 아니한다.

제27조 국제조직에 관한 조약, 평화조약, 통상조약, 국가재정에 관련된 조약, 재외프랑스인의 신분 및 재산권에 관한 조약, 프랑스국내법을 변경하는 조약 및 영토의 할양, 교환 또는 첨가를 내용으로 하는 조약은 법률에 의하여 비준된 후가 아니면 확정적이지 못하다. 영토의 할양, 교환 또는 첨가는 이해관계가 있는 주민의 동의 없이는 효력을 갖지 못한다.

제28조 적법하게 비준·공표된 조약으로 국내법에 우월한 권위를 가지는 규정은 외교절차에 의한 사전의 정식통고가 없는 한 폐지, 변경 또는 정지될 수 없다. 제27조에 규정된 조약에 관한 때에는 통상조약을 제외한 폐기통고는 국민의회의 승인을 얻어야 한다.

제5장 공화국 대통령

제29조 공화국 대통령은 국회에 의해 선출된다. 공화국 대통령의 임기는 7년이고 1회에 한하여 재선될 수 있다.

제30조 공화국 대통령은 국무회의를 거쳐서 평의회 참사관(Couseiller d'État), 상훈국 총재(Grand Chandelier de la Légion d'honneur), 대사 및 특사, 최고국방회의의원 및 국방위원회위원(Conseil supérieur et du Comité de la défense nationale), 대학총장(recteur des Universités), 지사(préfet), 중앙행정기관의 장(diercteur des administrations centrales), 장관(officier général) 및 해외영토에 있어서의 정부대표(représentant du Gouvernement dans les territoires d'outremer)를 임명한다.

제31조 공화국 대통령은 국제교섭의 경과에 관하여 보고 받는다. 공화국 대통령은 조약에 서명하고 이를 비준한다. 공화국 대통령은 대사 및 특사를 외국에 파견하고 외국대사 및 특사를 접수한다.

제32조 공화국 대통령은 국무회의의 의장이 된다. 공화국 대통령은 회의록을 작성시켜 이를 보관한다.

제33조 공화국 대통령은 동일한 권한으로써 최고국방회의 및 국방위원회의 의장이 되고 국군의 최고통수자의 자격을 가진다.

제34조 공화국 대통령은 최고사법회의(Conseil supérieur de la magistrature)의 의장이 된다.

제35조 공화국 대통령은 최고사법회의의 의결을 거쳐서 특사의 권리를 행사한다.

제36조 공화국 대통령은 최종적으로 채택된 법률이 정부에 이송된 후 10일 이내에 법률을 공표한다. 이 기간은 국민의회가 긴급을 선언한 경우에 5일로 단축된다.
공화국 대통령은 법률의 공표를 위해 정해진 기간 내에 이유를 첨부한 교서에 의하여 양원에 대하여 재고를 요청할 수 있으며, 양원은 이 요구를 거절할 수 없다.
이 헌법에 규정된 기간 내에 공화국 대통령이 공표하지 아니하는 때에는 국민의회의장이 공표한다.

제37조 공화국 대통령은 국민의회로 보내는 교서에 의하여 국회와 연락한다.

제38조 공화국 대통령의 모든 교서에는 국무총리와 정부각료 1인의 부서가 있어야 한다.

제39조 공화국 대통령의 임기가 종료하기 전 30일부터 15일까지 이 기간 내에 국회는 새로운 대통령 선거를 실시한다.

제40조 전조를 적용함에 있어서, 제51조에 의해 국민의회의 해산으로 선거가 행해져야 하는 경우에는 현직 공화국 대통령의 권한은 새로운 대통령의 선거까지 연장된다. 국회는 새로운 국민의회가 선출된 후 10일 이내에 새로운 대통령 선거를 실시한다. 이 경우에 국무총리의 임명은 새로운 공화국 대통령의 선거 후 15일 이내에 행해진다.

제41조 국회 표결에 의하여 정식으로 채택된 장해가 있는 경우나 사망, 사직 또는 기타 사유로 인하여 궐위된 경우에는, 국민의회의장이 공화국 대통령의 직무를 잠정적으로 대행한다. 국민의회의장의 직무는 부의장이 이를 대행한다.
새로운 공화국 대통령의 선거는 전항의 경우를 제외하고는 10일 이내에 행한다.

제42조 공화국 대통령은 반역의 경우를 제외하고 형사상의 책임을 지지 아니한다. 공화국 대통령은 제57조에 규정된 조건하에서 국민의회에 의하여 소추되고 최고사법법원(haute cour de justice, 탄핵재판소, 특별정치재판소)에 회부될 수 있다.

제43조 공화국 대통령은 다른 모든 공직을 겸할 수 없다.

제44조 구 프랑스 왕가는 공화국 대통령으로 선출될 수 없다.

제6장 국무회의

제45조 공화국 대통령은 국회의 입법기 개시에 관례를 고려하여, 국무총리를 지명한다. 전항의 국무총리는 그가 구성할 국무원(Cabinet)의 강령과 정책을 국민의회에 부의한다. 국무총리와 정부각료는 불가항력적으로 국민의회가 개회되지 못하는 경우를 제외하고, 국무총리가 공개투표에 의한 의원의 절대다수에 의한 국민의회의 신임을 얻은 후가 아니면 정식으로 임명될 수 없다. 사망, 사직 또는 기타의 사유로 인하여 궐위되었을 때에는 제52조

에 규정된 경우를 제외하고 회기 중에도 전항과 같은 절차가 행하여진다, 정부각료의 임명 후 15일 이내에 발생하는 국무원의 총사직은 제51조의 규정의 통용을 받지 아니한다.

제46조 국무총리 및 그가 지명한 정부각료는 공화국 대통령령에 의해 임명된다.

제47조 국무총리는 법률의 집행을 확보한다. 총리는 제30조, 제46조 및 제84조에 규정된 자 이외의 모든 문무의 공무원을 임명한다. 총리는 국군을 통솔하고 국가방위의 운영을 통할한다. 본조에 규정된 국무총리의 문서에는 관계정부각료가 부서한다.

제48조 정부각료는 국민의회에 대하여 국무원의 정책 전반에 관해서는 연대하고, 개별적인 문서에 관해서는 개별적으로 책임을 진다. 정부각료는 공화국평의회에 대하여 책임을 지지 아니한다.

제49조 신임문제는 국무회의에서 심의된 후가 아니면 제기할 수 없으며, 이 문제는 국무총리만이 제출할 수 있다. 신임문제에 관한 표결은 국민의회에 제출된 후 만 1일이 경과하지 않으면 행할 수 없다. 국무원에 대한 신임의 거절은 국민의회의원의 절대다수에 의하지 아니하고는 할 수 없다. 신임이 거절되면 국무원은 총사직하여야 한다.

제50조 국민의회가 불신임할 경우 국무원은 총사직하여야 한다. 전항의 표결은 동의가 제출된 후 만 1일이 경과하지 않으면 행할 수 없다. 표결은 기명투표에 의한다. 불신임은 국민의회 의원의 절대다수에 의하지 아니하고는 이를 채택할 수 없다.

제51조 18개월 동안에 제49조 및 제50조에 규정된 조건하에서 국무원의 총사직이 두 번 행하여지는 때에는, 국민의회 의장의 동의를 얻어 국무회의에서 국민의회의 해산을 결의할 수 있다. 해산은 이 결의를 따라 공화국 대통령령으로 선포한다. 전항의 규정은 입법기 시작 후 18개월이 경과한 후가 아니면 통용되지 아니한다.

제52조 국민의회 해산의 경우에는 국무원은 국무총리와 내무장관(ministre de l'Intérieur)을 제외하고는 일상 사무를 처리하기 위하여 그 직에 유임한다.
공화국 대통령은 국민의회 의장을 국무총리로 임명한다. 이 국무총리는 국민의회 사무국의 동의를 얻어 새로운 내무장관을 임명한다. 국무총리는 정부를 대표하지 않는 당파의원을 정부각료로 임명한다.

총선거는 해산 후 20일부터 30일까지의 기간 내에 시행한다. 국민의회는 그 선거 후의 제3 목요일에 당연히 집회한다.

제53조 정부각료는 양원 및 위원회에 출석할 수 있다. 양원 및 그 위원회는 정부각료가 발언을 요구할 때에는 이를 청취하여야 한다. 정부각료는 양원의 토의에 있어서 명령으로 임명된 위원의 조력을 받을 수 있다.

제54조 국무총리는 그 권한을 정부각료 1인에게 위임할 수 있다.

제55조 사망 또는 기타의 사유로 인하여 국무총리가 궐위되었을 때에는 국무회의는 정부각료 중 1인에게 잠정적으로 국무총리의 직무를 담당시킨다.

제7장 정부각료의 형사상의 책임

제56조 정부각료는 그 직무수행상 범한 범죄에 대하여 형사상의 책임을 진다.

제57조 정부각료는 국민의회에 의하여 소추되

고 최고사법법원에 회부될 수 있다. 국민의회는 무기명투표에 의하여 소추, 조사 또는 판결에 참가할 의원을 제외한 국민의회 구성원의 절대다수로써 이를 결정한다.

제58조 최고사법법원은 국민의회가 매 임기 초에 선출한다.

제59조 최고사법법원의 조직과 그 재판절차는 특별법으로 정한다.

제8장 프랑스연합

제1절 원칙

제60조 프랑스연합은 한편으로 프랑스 본국, 해외제도 및 영토를 포함한 프랑스공화국과 다른 한편으로 프랑스연합 제 영역 및 제국으로 구성된다.

제61조 프랑스연합 내의 연합참가국의 지위는 각기 프랑스와의 관계를 결정하는 조례에 의한다.

제62조 프랑스연합 구성원은 연합전체의 방위를 보장하기 위하여, 그 소유자원의 전부를 공동으로 한다. 공화국정부는 이 자원을 조정하고 또 이 방위의 준비와 확보에 적절한 정책을 지도하는 임무를 담당한다.

제2절 조직

제63조 프랑스연합의 중앙기관은 통령(Président, 총재), 프랑스연합 고등평의회(Haut Conseil) 및 프랑스연합의회(Assemblée)이다.

제64조 프랑스공화국 대통령은 프랑스연합의 통령이 되며 연합의 항구적 이익을 대표한다.

제65조 프랑스연합 고등평의회는 프랑스정부의 대표와 연합참가국이 연합통령에 신임파견하는 참가국의 대표로써 구성하고, 연합통령이 고등평의회의 의장이 된다.
고등평의회는 연합의 일반적 관리에 있어서 공화국 정부를 보좌할 임무를 부담한다.

제66조 프랑스연합의회는 프랑스본국을 대표하는 반수의 의원과 해외제도, 영토 및 연합제국을 대표하는 반수의 의원으로써 구성한다. 연합 내 주민의 각종의 부분이 대표되는 조건은 조직법으로 정한다.

제67조 연합의회의 의원은 해외제도 및 영토에 관하여는 영토의회(assemblée territoriale)에 의하여 선출되고, 프랑스본국에 관하여는 그 3분의 2는 본국을 대표하는 국민의회 의원에 의하여 3분의 1은 본국을 대표하는 공화국평의회 의원에 의하여 선출된다.

제68조 연합제국은 각 국내법률 및 조례가 정하는 범위와 조건 하에서 연합의회에 대한 대표를 임명할 수 있다.

제69조 프랑스연합통령은 연합의회를 소집하고 또 폐회한다. 통령은 연합의회 의원의 2분의 1 이상의 요구가 있을 때에는 의회를 소집하여야 한다. 프랑스연합의회는 의회의 회기가 중단되어 있는 동안은 열릴 수 없다.

제70조 제8조, 제10조, 제21조, 제22조 및 제23조의 규정은 공화국평의회에 대해서와 같은 조건 하에서 프랑스연합의회에 준용한다.

제71조 프랑스연합의회는 국민의회 또는 프랑스 공화국정부 또는 연합국정부가 부의한 정부발의 법률안과 의회제출 법률안을 심의하여 의견을 표시한다.
연합의회는 그 의원 1인이 제출한 결의안에 대하여 의견을 표시할 수 있고, 이 결의안에 동의하는 경우에 그 사무국으로 하여금 이를 국민의회에 이송시킬 수 있다. 의회는 프랑스 정부 및 프랑스연합 고등평의회에 제안할 수 있다.
전항에 규정된 결의안은 해외영토에 관한 입법에 관련 있는 것에 한해서만 행할 수 있다.

제72조 해외영토에 있어서의 형사입법, 공적 자유에 관한 제도 및 정치적·행정적 조직에 관한 입법권은 프랑스 국회에 속한다.
기타의 모든 사항에 관해서 프랑스 법률은 명문의 규정에 의하거나 또는 연합의회의 동의를 얻은 후 명령으로써 해외영토에 그 효력이 확장되는 때에만 해외영토에 적용된다. 또 제13조의 규정과 관련 없이 공화국 대통령은 연맹의회의 사전 동의를 얻어 국무원을 거친 후 각 영토에 대한 특별규정을 제정할 수 있다.

제3절 해외제도 및 영토

제73조 해외의 입법제도는 법률의 정하는 예외를 제외하고 본국의 입법제도와 동일하다.

제74조 해외영토는 공화국의 전체이익의 범위 내에서 그 특수이익을 고려한 특별한 지위를 부여받는다.
전항의 지위 및 각 해외영토 또는 각 해외영토군의 내부조직은 프랑스 연합의회의 의견과 영토의회의 자문을 거친 후 법률로 이를 정한다.

제75조 프랑스공화국 구성원 및 프랑스연합 구원원의 각자의 지위는 수시변경 할 수 있다.
지위의 변경 및 제60조에 규정된 범위 내에서의 기타 종류의 변경은 영토의회와 연합의회의 자문을 거친 후 의회가 표결한 법률에 의하여서만 할 수 있다.

제76조 각 영토 또는 각 영토군의 정부대표는 공화국의 권력의 수탁자이다. 이 정부대표는 그 행위에 있어서 정부에 대하여 책임을 진다.

제77조 각 영토에는 선거에 의한 의회를 둔다. 의회의 선거제도, 구성 및 권한은 법률로 정한다.

제78조 영토군에 있어서 공동이익의 관리는 영토의회에 의하여 선출된 의원으로써 구성되는 의회에 위탁된다.
전항의 의회의 구성과 권한은 법률로 정한다.

제79조 해외영토는 법률의 정하는 조건 하에서 국민의회와 공화국평의회에 대한 대표를 선출한다.

제80조 해외영토의 모든 영민은 본국 또는 해외영토의 프랑스국민과 동등한 입장에서 시민의 자격을 가진다. 그 시민권행사의 조건은 특별법으로 정한다.

제81조 모든 프랑스 국민과 프랑스연합의 영민은 프랑스연합의 시민의 자격을 가지며 프랑스연합은 그들에게 이 헌법의 전문에 의하여 보장된 권리와 자유의 향유를 확보한다.

제82조 프랑스 시민자격을 가지지 아니한 시민은 스스로 포기하지 아니하는 한 그의 개인적 자격을 보유한다.
전항의 개인적 자격은 어떠한 경우에 있어서도 프랑스 시민자격에 부수하는 권리와 자유를 거절하거나 또는 제한하는 동기가 될 수 없다.

제9장 최고사법회의

제83조 최고사법회의는 다음의 14명의 의원으로 구성한다.

- 공화국 대통령 (의장)
- 국새관리관(Garde des Sceaux) 또는 법무장관 (부의장)
- 국민의회 의원의 3분의 2의 다수에 의하여 그 의원 외에서 6년의 임기로써 선거되는 의원 6명, 같은 조건하에서 6명의 예비의원이 선거된다.
- 다음과 같이 임명되는 의원 6명

법률의 정하는 조건을 따라서 임기 6년으로 선거되고 법관의 각 부류를 대표하는 사법관(magistrat) 4명, 같은 조건하에서 4명의 예비의원이 선거된다.

의원과 법관 외, 사법적 직업을 가진 자 중에서 공화국 대통령이 6년의 임기로 임명하는 의원 2명, 같은 조건하에서 2명의 예비의원이 임명된다.

최고사법회의의 의결은 다수결에 의한다. 가부동수인 때에는 의장이 결정한다.

第84조 공화국 대통령은 최고사법회의의 추천에 의하여 검찰관(magistrat du Parquet)을 제외한 법관을 임명한다. 최고사법회의는 법률의 규정을 따라 법원의 독립 및 행정을 보장한다. 법관(magistrat de siège)은 종신직이다.

제10장 지방자치단체

第85조 단일·불가분의 프랑스 공화국은 지방자치단체의 존재를 인정한다. 지방자치단체는 시·읍·면, 주 및 해외영토로 한다.

第86조 시·읍·면, 주, 해외영토의 범위, 면적, 재편성 및 그 조직에 관하여는 법률로 정한다.

第87조 지방자치단체는 보통선거에 의하여 선출된 의회에 의하여 자유롭게 자치한다.

의회의 결정의 시행은 시장(maire), 주지사 또는 해외영토의 장에 의해 보장된다.

第88조 국가공무원 활동의 조정, 국가이익의 대표 및 지방자치단체의 행정상의 감독을 각 주에 있어서는 국무회의가 임명한 행정대표가 이를 담당한다.

第89조 조직법은 주 및 시의 자유를 확장할 수 있다. 조직법은 특정한 대도시에 관하여 작은 시, 읍, 면과 상이한 운영방법 및 기구를 정하고, 특정한 주에 관하여 특별한 규정을 정할 수 있다. 조직법은 이 헌법 제85조 내지 제88조의 규정을 적용하는 조건을 정한다.

중앙행정의 지방사무가 지방인민에게 행정을 접근시키도록 운영되는 조건도 동일하게 법률로 정한다.

제11장 헌법개정

第90조 개정은 다음과 같은 방법으로 행한다.

개정의 결정은 국민의회 구성원의 절대다수로 채택된 결의에 의하지 않으면 아니된다.

이 결의는 개정의 대상을 명확히 규정한다.

이 결의는 국민의회로부터 이를 회부 받은 공화국 평의회가 절대다수로 같은 결의를 채택하지 않는 한, 적어도 3개월이 경과한 후에 제2독회에 부의되어 제1독회와 같은 조건 하에서 심의되어야 한다.

제2독회를 거친 후 국민의회는 헌법개정안을 기초한다. 개정안은 국회에 제출되어 통상 법률에 관하여 규정된 것과 같은 다수결과 형식에 의하여 표결된다.

개정안은 국민의회 제2 독회에서 3분의 2의 다수로써 채택되거나 또는 각 원에서 5분의 3의 다수로써 가결된 때를 제외하고, 이를 국민투표에 부의한다.

개정안은 채택된 후 1주일 이내에 공화국 대

통령이 헌법으로서 이를 공표한다. 공화국 평의회의 존부에 관한 헌법 개정은 공화국 평의회의 동의를 얻거나 또는 국민투표에 의하지 아니하고는 이를 행할 수 없다.

제91조 헌법위원회의 의장은 공화국 대통령이 된다. 헌법위원회는 국민의회의장, 공화국 평의회의장, 국민의회가 매년 회기 초에 당파비례대표제로서 국민의회 외에서 선출하는 7명의 위원 및 같은 조건 하에서 공화국 평의회가 선출하는 3명의 위원으로써 구성한다.
헌법위원회는 국민의회이 표결한 법률이 헌법 개정에 관한 사항을 포함하고 있는지를 심사한다.

제92조 법률의 공포 기간 내에 헌법위원회는 공화국 대통령과 공화국 평의회의장으로부터 법률심사에 관한 공동요청을 수리한다. 평의회의원은 이 요청을 그 구성원의 절대다수로써 결정하여야 한다.
위원회는 법률을 심사하고 국민의회와 공화국 평의회 간의 합의실현에 노력하며 합의가 실현되지 못하는 경우에는 그 요청 수리 후 5일 이내에 결정을 짓는다. 이 기간은 긴급한 경우에는 2일로 단축된다.
헌법위원회는 이 헌법의 제1장 내지 제10장의 규정의 개정여부의 문제에 관해서만 결정을 지을 수 있다.

제93조 헌법개정에 관한 사항을 포함하고 있다고 위원회가 사료하는 법률은 국민의회로 환부하여 재의에 부의한다.
국회가 그 원표결을 변경하지 않을 때에는 법률을 제90조에 규정된 방법에 의하여 헌법이 개정되기 전에는 이를 공표할 수 없다.
법률이 이 헌법 제1장 내지 제10장의 규정에 합치한다고 판정되는 때에, 법률은 제36조에 규정된 기간 내에 공표된다. 이 기간은 제92조에 규정된 기간보다 더 연장된다.

제94조 본국 전부 또는 일부가 외국군대에 의하여 점령된 때에는 개정수속을 개시 또는 계속할 수 없다.

제95조 정부의 공화형태는 개정의 제안의 대상으로 삼을 수 없다.

제12장 경과규정

제96조 헌법제정국민의회(l'Assemnlée Nationale Constituante) 사무국은 새로운 국민의회 의원이 집회될 때까지 국민대표의 항구성을 보장하는 책임을 진다.

제97조 긴급사태가 발생하는 때에는 헌법제정국민의회 사무국은 전조에 규정된 시일까지 헌법제정국민의회 소속의원을 그 의원 자신의 발의 또는 정부의 요청에 의하여 소집할 수 있다.

제98조 국민의회는 총선거 후 제3 목요일에 당연히 집회한다.
공화국 평의회는 그 선거후 제3 화요일에 집회한다. 이 헌법은 이 날로부터 효력을 발생한다.
공화국 평의회가 집회할 때까지 공권력의 조직은 1945년 11월 2일의 법률에 의하여, 국민의회는 이 법률이 헌법제정국민의회에 부여한 권한을 가진다.

제99조 제98조의 규정에 의하여 조직된 임시정부(Gouvernement provisoire)는 공화국 대통령이 이 헌법 제29조에 규정된 조건 하에서 국회에 의하여 선거되는 즉시로 대통령에게 사표를 제출한다.

제100조 헌법제정국민의회 사무국은 이 헌법

에 의하여 창설되는 양원의 집회를 준비하며, 특히 양원의 각 사무국의 집회 전에 양원의 운용에 필요한 장소 및 행정적 수단을 확보할 책임을 진다.

제101조 국민의회의 집회 후 최대한 1년 이내에 공화국 평의회는 그 의원의 3분의 2가 선거된 것이 공고된 때에는 즉시 유효하게 토의할 수 있다.

제102조 최초의 공화국 평의회는 헌법의 공포 후 1년 이내에 행하여지는 시, 읍·면 의회(conseil municipal)의 개선의 익년 내에 전부 개선된다.

제103조 경제평의회가 조직될 때까지 그리고 국민의회의 집회 후 3개월간 이 헌법 제25조의 적용은 정지된다.

제104조 프랑스 연합의회가 집회할 때까지 그리고 국민의회의 집회 후 최대한 1년간, 이 헌법 제71조 및 제72조의 적용은 정지된다.

제105조 이 헌법 제89조에 규정된 법률이 공표될 때까지 그리고 각 주 및 해외영토의 지위를 정하는 규정을 보류하고 프랑스공화국의 제도 및 시·읍·면의 행정은 현행법령에 의한다.

다만, 1884년 4월 5일의 법률 제97조 제2항 및 제3항을 적용함에 있어서 국가의 경찰은 시, 읍·면의 지시를 받는다. 그러나 주의 대표의 자격으로 행하는 지사의 행위는 주 의회의 의장의 항시적 감독 하에서 지사가 이를 행한다. 전항의 규정은 「센느」 주에는 적용되지 아니한다.

제106조 이 헌법은 국민투표의 결과의 공고일부터 2일 이내에 다음과 같은 형식으로 공화국임시정부 수석(président du Governement provisoire de la République)이 이를 공표한다.

「헌법제정국민의회가 채택하고 프랑스인민이 승인한 다음의 헌법을 공화국임시정부 수석이 공표한다. (헌법원문) 헌법제정국민의회가 심의·채택하고, 프랑스인민이 승인한, 이 헌법은 국가의 법률의 효력을 가진다.」

1958년 헌법(제5공화국 헌법)

[1958년 10월 4일 제정, 2008년 7월 21일 개정, 2015년 5월 11일 통합본]

전문

프랑스 국민은 1789년 인간과 시민의 권리 선언에서 규정되고 1946년 헌법 전문에서 확인·보완된 인권과 국민주권의 원리, 그리고 2004년 환경헌장에 규정된 권리와 의무를 준수할 것을 엄숙히 선언한다.

프랑스 공화국은 상기의 원리들과 각 국민들의 자유로운 결정에 따라, 공화국에 가맹하는 의사를 표명하는 해외영토들에게 자유·평등·박애의 보편적 이념에 입각하고 해외영토의 민주적 발전을 위한 새로운 제도들을 제공한다.

제1조 (공화국의 기본원리)

① 프랑스는 비종교적·민주적·사회적·불가분적 공화국이다. 프랑스는 출신·인종·종교에 따른 차별 없이 모든 시민이 법률 앞에서 평등함을 보장한다. 프랑스는 모든 신념을 존중한다. 프랑스는 지방분권으로 이루어진다.
② 법률이 정하는 바에 따라, 남성과 여성의 평등한 선거직과 선출직 및 직업적·사회적 직책에 동등한 진출을 보장한다.

제1장 주권

제2조 (공화국)

① 프랑스 공화국의 국어는 프랑스어이다.
② 국가상징은 청·백·적의 삼색기이다.
③ 국가(國歌)는 라 마르세이예즈(La Marseillaise)이다.
④ 프랑스 공화국은 자유·평등·박애를 국시로 한다.
⑤ 프랑스 공화국은 국민의, 국민에 의한, 국민을 위한 정부를 원칙으로 한다.

제3조 (주권행사와 선거)

① 국가의 주권은 국민에게 있고, 국민은 그 대표자와 국민투표의 방법을 통하여 그 주권을 행사한다.
② 특정인이나 일부 국민이 주권을 배타적으로 보유·행사할 수 없다.
③ 선거는 헌법이 정하는 바에 따라 직접 또는 간접 선거로 할 수 있다. 모든 선거는 항상 보통·평등·비밀 선거로 시행된다.
④ 공민권과 참정권을 보유한 성년의 프랑스 국민은 법률에서 정하는 바에 따라 선거권을 가진다.

제4조 (정당과 정치단체)

① 정당 및 정치단체는 선거에 의사표명으로 협력한다. 정당 및 정치단체는 자유롭게 결성하고 활동한다. 정당 및 정치단체는 주권 및 민주주의의 원리를 준수해야 한다.
② 정당 및 정치단체는 법률이 정하는 바에 따라 제1조 제2항에서 정한 원칙의 실현에 기여하여야 한다.
③ 법률이 정하는 바에 따라 다원적 의사표명과 국가의 민주주의적 활동에 대한 정당 및 정치적 결사체의 공평한 참여를 보장한다.

제2장 공화국 대통령

제5조 (대통령의 지위)

① 공화국 대통령은 헌법의 준수에 유의한다. 대통령은 그의 중재에 의하여 공권력의 적정

한 운영 및 국가의 영속성을 보장한다.
② 공화국 대통령은 국가의 독립, 영토의 보전 및 각종 조약의 준수를 보장한다.

제6조 (대통령의 선임)

① 공화국 대통령은 직접·보통 선거에 의해 5년 임기로 선출된다.
② 누구도 두 번 이상 연임할 수 없다.
③ 본 조의 시행방법은 조직법으로 정한다.

제7조 (대통령 선거절차 · 직무의 수행)

① 공화국 대통령은 유효투표의 절대다수에 의하여 선출한다. 제1차 투표에서 절대 과반수를 획득한 후보자가 없을 경우에는 그로부터 14일 후 제2차 투표를 실시한다. 제1차 투표에서 선순위로 득표한 후보가 사퇴한 경우에는 후순위로 득표한 후보를 포함하여 최다득표한 2인의 후보자만 제2차 투표에 참가할 수 있다.
② 선거는 정부의 공고에 의해 실시된다.
③ 새로운 대통령의 선거는 현대통령의 임기만료 35일 내지 20일 이전에 행해진다.
④ 어떠한 이유로 공화국 대통령이 궐위되거나 정부의 제소에 의해 헌법평의회(le Conseil constitutionnel)가 재적위원 절대다수로 장해를 확인한 경우에는, 제11조 및 제12조에서 정한 경우를 제외하고 상원(Sénat)의장이 공화국 대통령의 직무를 임시로 대행하며, 상원의장도 그 직무를 수행할 수 없는 경우에는 정부가 대행한다.
⑤ 대통령이 궐위되거나 헌법평의회에 의해 장해가 확정적으로 선언된 때에, 그 후임자를 선출하기 위한 선거는 헌법평의회에서 불가항력적인 사유를 인정한 경우를 제외하고 궐위가 시작되거나 직무수행불능이 최종적으로 선언된 날로부터 20일 내지 35일 이내에 실시된다.
⑥ 입후보등록 마감 전 30일 내에 입후보를 공개 선언했던 후보자가 입후보등록 마감 전 7일 이내에 사망하거나 장해가 발생한 경우에 헌법평의회는 선거의 연기를 결정할 수 있다.
⑦ 제1차 투표 전에 후보자 중 1인이 사망하거나 장해가 발생한 경우, 헌법평의회는 선거의 연기를 선언한다.
⑧ 제1차 투표의 최다득표자 2인 중 1인이 사퇴한 경우를 제외하고, 그 2인 중 1인이 사망하거나 장해가 발생한 경우에 헌법평의회는 재선거를 선언한다. 제2차 투표의 후보자로 새로 정해진 2인 중 1인이 사망하거나 장해가 발생한 경우에도 동일하다.
⑨ 모든 경우에, 제6조의 조직법의 후보자 출마에 관한 조항 또는 제61조 제2항에 따라 헌법평의회에 회부된다.
⑩ 헌법평의회는 선거가 헌법평의회의 결정이 있은 날로부터 35일 이내에 실시되는 범위 내에서 제3항 및 제5항에서 정한 기한을 연장할 수 있다. 본 항의 적용으로 인해 선거가 현 대통령의 임기만료 이후에 실시되는 경우에는 현 대통령이 그 후임자가 공포될 때까지 직무를 수행한다.
⑪ 공화국 대통령이 궐위되거나 장해가 최종적으로 선언되어 그 후임자를 선출하는 기간 동안에는 제49조·제50조·제89조가 적용되지 아니한다.

제8조 (국무총리와 정부구성원의 임명)

① 공화국 대통령은 국무총리(le Premier ministre)를 임명한다. 공화국 대통령은 국무총리가 정부의 사퇴서를 제출하면 국무총리를 해임한다.
② 공화국 대통령은 국무총리의 제청에 따라 정부각료(menbre du governement)를 임명한다.

제9조 (국무회의의 주재)

공화국 대통령은 국무회의(Conseil des ministres)를 주재한다.

제10조 (법률의 공포)

① 공화국 대통령은 최종적으로 가결되어 정부에 이송된 법안을 이송일로부터 15일 이내에 공포한다.
② 공화국 대통령은 전항의 기한이 만료되기 전에 의회에 당해 법률 또는 일부 조항의 재심의를 요구할 수 있다. 이 재심의 요구는 거부될 수 없다.

제11조 (국민투표에의 부의)

① 의회의 회기 중에 정부가 제안하거나 양원이 합동으로 제안하여 관보에 게재하는 경우 공화국 대통령은 공권력의 조직, 경제·사회·환경정책개혁 및 공공사업, 헌법에 위배되지 않으나 제도의 운영에 영향이 있을 조약의 비준동의에 관한 정부발의 법률안에 대하여 국민투표를 시행할 수 있다.
② 정부의 제안에 따라 국민투표가 결정되면, 정부는 각 원에서 국민투표를 선언하고 토론한다.
③ 제1항에 명시된 대상에 대한 국민투표는, 선거인명부에 등록된 선거인 10분의 1의 지지를 받은, 양원의원 5분의 1의 발의로 시행될 수 있다. 이 발의는 의원발의 법률안의 형태를 띠며, 공포된 지 일 년 미만인 법률규정을 폐기하려는 목적을 가질 수 없다.
④ 제출 조건과 헌법평의회의 제3항에 대한 적법성 준수여부 심의조건들은 조직법으로 규정한다.
⑤ 의원발의 법률안이 조직법에서 정한 기일 내에 양원 심의를 받지 못하게 되는 경우, 대통령이 이를 국민투표에 회부할 수 있다.
⑥ 의원발의 법률안이 국민투표에서 가결되지 않았을 때, 동 국민투표일로부터 2년이 경과되기 전에는 동일한 안건에 대한 어떤 새로운 국민투표 발의안도 제출될 수 없다.
⑦ 국민투표를 통해 정부발의 법률안이나 의원발의 법률안이 가결되면, 공화국 대통령은 투표결과가 공표된 날로부터 15일 이내에 법률을 공포한다.

제12조 (국민의회의 해산과 총선거)

① 공화국 대통령은 국무총리, 양원의 의장과 협의한 후 국민의회의 해산을 선포할 수 있다.
② 총선거는 국민의회 해산 후 20일 내지 40일 이내에 실시된다.
③ 국민의회는 선거 후 두 번째 목요일에 당연히 소집된다. 이 집회가 정기회 기간 외에 소집되는 경우에는 15일간의 회기가 당연히 개회된다.
④ 총선거가 실시된 후 1년이 지나기 전에는 다시 국민의회를 해산할 수 없다.

제13조 (법률명령과 데크레의 서명, 문무관의 임명)

① 공화국 대통령은 국무회의에서 심의된 법률명령(ordonnances)과 데크레(décrets)에 서명한다.
② 공화국 대통령은 국가의 일반공무원 및 군공무원을 임명한다.
③ 국사원(Conseil d'Etat) 위원·레지옹도뇌르(L'egion d'honneur) 상훈국 총재·대사 및 특사·회계검사원(Cour des Comptes) 검사관·지사(préfet)·제74조에서 규정한 해외영토 및 뉴칼레도니아 파견 정부대표·군 장성·지역별 대학총장(recteurs des académies)·중앙행정조직의 장은 국무회의에서 임명한다.

④ 국무회의에서 임명하는 여타 직위 및 공화국 대통령이 임명권을 위임할 수 있는 요건에 대해서는 조직법으로 정한다.
⑤ 제3항에서 언급한 것 외에, 권리와 자유보장 또는 국가의 경제 · 사회활동에 대해 갖는 중요성 때문에 의회의 소관 상임위원회의 공식 의견을 구한 후 대통령이 임명권을 행사하게 되는 직위나 직무들은 조직법으로 정한다. 각 위원회에서 나온 반대표의 합계가 적어도 상 · 하 양원의 두 위원회에서 행사된 투표수의 5분의 3에 달하면, 대통령은 임명할 수가 없다. 관련 직위나 직무에 따른 소관 상임위원회는 법률로 정한다.

제14조 (신임장의 수수)

공화국 대통령은 외국에 파견하는 대사 · 특사에게 신임장을 수여하고, 외국의 대사 · 특사의 신임장을 접수한다.

제15조 (군통수권, 국방최고회의의 주재)

공화국 대통령은 군의 통수권자이다. 공화국 대통령은 국방최고회의 및 국방최고위원회를 주재한다.

제16조 (긴급조치권)

① 공화국의 제도 · 국가의 독립 · 영토의 보전 · 국제협약의 집행이 중대하고 직접적으로 위협받고, 헌법에 의한 공권력의 적정한 기능이 정지되는 경우에, 대통령은 국무총리 · 양원의 의장 · 헌법평의회 의장과 공식협의를 거친 후 필요한 조치(긴급조치)를 강구한다.
② 공화국 대통령은 교서를 통해 이를 국민에게 알린다.
③ 이러한 조치는 헌법에 기초한 공권력이 그 직무를 완수할 수 있는 수단을 최단기에 확보하는 것을 목적으로 하여야 한다. 이와 관련하여 헌법평의회와 협의한다.
④ 의회는 당연히 소집된다.
⑤ 국민의회는 비상권한의 발동기간 중에는 해산될 수 없다.
⑥ 비상권한 발동기간 30일이 지난 후, 국민의회 의장, 상원의장, 60명의 국민의회 의원 및 60명의 상원의원은 제1항에 규정된 조건들이 갖추어졌는지를 심의할 목적으로 헌법평의회에 제소할 수 있다. 헌법평의회는 최단 기간 내에 공지를 통해 결정사항을 공개 발표한다. 헌법평의회는 전권을 가지고 심의하며, 비상권한 발동기간 60일 이내에는 상기와 같은 조건하에, 그리고 동 기간을 경과하는 경우에는 언제든지 결정한다.

제17조 (특별 사면권)

공화국 대통령은 특별 사면권을 가진다.

제18조 (교서)

① 공화국 대통령은 양원에 교서를 전달하여 낭독하게 함으로써 의회와 연락하고, 당해 교서는 어떠한 토론의 대상도 되지 아니한다.
② 대통령은 연설을 목적으로 소집된 양원 합동회의에서 연설할 수 있다. 동 연설은 대통령의 불참 하에 토론의 대상이 될 수 있으나, 표결에 부치지 아니한다.
③ 의회의 회기가 아닌 경우에는 당해 목적을 위해 특별히 상원 및 국민의회가 소집된다.

제19조 (대통령의 행위에 대한 부서)

제8조 제1항 · 제11조 · 제12조 · 제16조 · 제18조 · 제54조 · 제56조 · 제61조에서 정한 공화국 대통령의 통치행위 이외에 대해서는 국무총리가 부서하고, 필요한 경우 관계주무장관도 부서할 수 있다.

제3장 정부

제20조 (정부의 임무)

① 정부는 국가의 정책을 결정하고 추진한다.
② 정부는 행정조직과 군조직으로 구성된다.
③ 정부는 제49조·제50조에서 정한 요건 및 절차에 따라 의회에 대하여 책임을 진다.

제21조 (국무총리의 권한)

① 국무총리는 정부의 활동을 지휘한다. 국무총리는 국방에 대한 책임을 진다. 국무총리는 법의 집행을 보장한다. 제13조에 따라 국무총리는 행정입법 제정권을 행사하며, 일반공무원 및 군공무원을 임명한다.
② 국무총리는 그 권한의 일부를 장관에게 위임할 수 있다.
③ 국무총리는 필요한 경우 대통령을 대리하여 제15조의 국방최고회의와 국방최고위원회를 주재할 수 있다.
④ 국무총리는 명시적인 위임을 받아 한정된 의사일정에 한하여 예외적으로 공화국 대통령을 대리해서 국무회의를 주재할 수 있다.

제22조 (국무총리의 행위에 대한 부서)

국무총리의 행위에 대해 필요한 경우에 그 집행을 담당하는 장관이 부서할 수 있다.

제23조 (정부각료의 겸직금지)

① 정부각료는 의원직·전국적인 직능대표·공직·직업활동을 겸할 수 없다.
② 이러한 직무·기능·직위의 대리에 대한 요건은 조직법으로 정한다.
③ 의원직의 대리는 제25조에서 정하는 바에 따른다.

제4장 의회

제24조 (국회의 구성)

① 의회는 법을 의결한다. 의회는 정부의 활동을 감시한다. 의회는 공공정책을 평가한다.
② 의회는 국민의회(Assemblée nationale)와 상원(Sénat)으로 구성된다.
③ 국민의회 의원의 수는 577인을 초과할 수 없으며, 직접선거에 의해 선출된다.
④ 상원의원의 수는 348인을 초과할 수 없으며, 간접선거에 의해 선출된다. 상원은 공화국의 지방자치단체들을 대표하여 구성된다.
⑤ 재외 프랑스인들은 국민의회와 상원에 자신들을 대표할 의원을 선출한다.

제25조 (의원의 임기·정수·피선거 자격과 보충선거)

① 각 원의 임기·의원의 정수·세비·피선거 자격요건·피선거권 상실·겸직금지에 대하여서는 조직법으로 정한다.
② 상원의원 또는 국민의회 의원에 결원이 발생할 경우 해당 의원이 소속된 원의 개선 또는 총선이 실시될 때까지 그 직을 대리하거나, 의원이 정부직책을 수락할 경우 임시로 그 직을 대리할 의원을 선출하는 요건에 대하여서도 조직법으로 정한다.
③ 법률로 그 구성·조직 및 운영 규정을 정하는 독립위원회는 국민의회 의원선거를 위한 선거구의 범위를 정하거나 국민의회 의원 또는 상원의원 의석분배를 수정하는 정부발의 법률안과 의원발의 법률안들에 대하여 공개적으로 의사를 표명한다.

제26조 (의원의 특권)

① 의회의 의원은 직무 수행상의 발언 및 표결과 관련하여 소추·수색·구금·재판을 받

지 아니한다.
② 해당의원이 소속된 원의 의장단의 동의 없이 범죄 또는 위법행위와 관련하여 체포되거나 자유를 박탈 또는 제한받지 아니한다. 다만, 현행범이나 최종판결이 선고된 경우는 예외로 한다.
③ 해당의원이 소속된 원의 요구에 따라 회기 중에는 의원에 대한 구금·자유의 박탈 또는 제한·소추가 중단된다.
④ 해당 원은 전 항의 적용을 위해 보충회기를 소집한다.

第27조 (명령적 위임의 금지, 의원의 표결권)

① 모든 명령위임은 무효이다.
② 의원의 표결권은 일신전속이다.
③ 조직법에 따라 예외적으로 위임에 의한 대리투표를 할 수 있다. 이 경우에 어느 의원도 1인 이상의 의원의 위임을 받아 대리투표를 할 수 없다.

第28조 (정기회)

① 의회의 정기회는 10월 첫 번째 평일에 개회하고, 6월 마지막 평일에 폐회한다.
② 각 원의 정기회기중 개의 일수는 각각 120일을 초과할 수 없다. 회의주간은 각 원에서 정한다.
③ 국무총리는 해당 원의 의장과 협의한 후 보충회기를 소집할 수 있다. 해당 원의 과반수 의원의 요구에 의해서도 추가회의를 소집할 수 있다.
④ 개의 일수 및 개의 시간은 각 원의 의사규칙으로 정한다.

第29조 (임시회)

① 국무총리 또는 국민의회 재적의원 과반수의 요구에 따라 특정한 의사일정을 처리하기 위한 의회의 임시회가 소집된다.
② 국민의회의 요구에 의해 임시회가 소집된 경우, 당해 회의를 소집한 의사일정이 종료하면 개회일로부터 최대 12일 이내에 폐회명령을 발한다.
③ 국무총리만이 폐회명령이 발하여진 후 1개월이 지나기 전에 새로운 임시회의 소집을 요구할 수 있다.

第30조 (특별 임시회)

의회가 당연 소집되는 경우 이외의 임시회는 공화국 대통령의 명령에 의해 개회 및 폐회된다.

第31조 (정부각료의 의회 출석)

① 정부각료는 양원에 출석할 수 있다. 의회에서 요구하면 발언할 수 있다.
② 정부각료는 정부위원의 보좌를 받는다.

第32조 (국민의회 의장과 상원의장)

국민의회 의장은 당해 입법회기의 기간을 임기로 하여 선출된다. 상원의장은 개선이 이루어질 때마다 선출된다.

第33 조 (양 의원의 회의)

① 양원의 회의는 공개한다. 전문(全文) 회의록은 관보에 게재된다.
② 각 원은 국무총리 또는 소속의원의 10분의 1의 요구에 따라 회의를 공개하지 아니할 수 있다.

제5장 의회와 정부의 관계

第34조 (법률사항)

법률은 의회에 의해 의결된다.

① 법률은 다음 사항을 규정한다.
- 시민권 및 공적 자유와 언론의 자유 · 다원주의 및 독립의 행사를 위하여 시민에게 부여된 기본적 보장. 국방을 위해 시민에게 부과된 신체 및 재산상 의무
- 국적, 개인의 신분 및 법적 능력, 부부재산제, 상속 및 증여
- 중죄 · 경죄 및 위법행위의 결정과 그에 대한 형벌, 형사소송절차, 사면, 새로운 심급법원의 설치와 사법관의 지위에 관한 규정
- 모든 조세의 과세기준 · 세율 · 징수방식, 화폐발행제도

② 법률은 다음 사항에 대해서도 규정한다.
- 의회, 지방의회, 재외 프랑스인 대표기관들의 선거제도 및 지방자치 단체 심의기관 위원의 선거직 및 선출직 직무수행 조건
- 공공기관의 설립
- 국가의 일반공무원 및 군공무원의 신분보장
- 기업의 국유화 및 공기업의 민영화

③ 법률은 다음사항의 기본원칙을 정한다.
- 국방의 일반적 조직
- 지방자치단체의 자유행정 · 권한 · 재원
- 교육
- 환경보존
- 재산권 · 물권 · 민사상 및 상사상의 채권
- 노동권, 노동조합결성권, 사회보장권

④ 예산법은 조직법에서 정한 요건과 그 유보조항에 따라 국가의 세입과 및 세출을 정한다.

⑤ 사회보장기금법은 조직법에서 정한 요건과 그 유보조항에 따라 균형재정에 대한 일반적인 요건을 정하고, 예상수입을 감안하여 지출의 용도를 정한다.

⑥ 국가계획법이 국가 행위의 목적을 정한다.

⑦ 중기 공공재정 운용방향은 국가계획법에 의해 규정되며 예산균형목표를 지향한다.

⑧ 본 조항은 조직법으로 구체화되고 보완될 수 있다.

제34조의1 (양원의 결의안)

① 양원은 조직법이 정하는 조건 하에서 결의안을 의결할 수 있다.

② 결의안의 채택 또는 거부가 성격상 정부의 책임문제를 제기하거나 정부에 대한 명령을 포함하는 것으로 정부가 판단하는 경우, 동 결의안은 수리되어 의사일정에 포함될 수 없다.

제35조 (선전포고)

① 전쟁의 선전포고는 사전에 의회에서 승인한다.

② 정부는 해외파병이 개시된 이후 늦어도 3일 이내에 의회에 명확한 파병목적과 함께 해외파병 결정사항을 통보한다. 이는 토의 대상이 될 수 있으나 어떠한 표결도 수반되지 않는다.

③ 해외파병기간이 4개월을 초과할 경우 정부는 파병 연장에 대한 의회의 동의를 요청한다. 정부는 국민의회가 최종적으로 결정하도록 요청할 수 있다.

④ 4개월의 기간이 경과된 시점에 의회가 회기 중이 아닌 경우, 다음 회기 개회시 결정한다.

제36조 (계엄령)

① 비상계엄령은 국무회의에서 발한다.

② 계엄기간이 12일을 초과하는 경우 의회에서만 그 연장을 승인할 수 있다.

제37조 (행정입법)

① 법률의 소관사항 이외의 사항은 행정입법

의 성격(caractère règlement)을 가진다.
② 행정입법의 소관에 속하는 사항에 대한 법률은 국사원의 의견청취 후 명령을 발하여 개정할 수 있다. 헌법평의회가 본 헌법의 발효 이후에 제정된 법률이 전 항의 규정에 의해 행정입법의 소관사항에 속한다고 선언하는 경우에 한해 명령으로써 개정할 수 있다.

제37조의1 (실험적 조항)

법률과 행정입법은 제한된 목적과 기간에 한하여 실험적 조항(disposition à caractère expérimental)을 포함할 수 있다.

제38조 (입법의 위임)

① 정부는 국정수행을 위하여 법률의 소관사항에 속하는 조치를 일정 기간 동안 법률명령으로써 행할 수 있도록 승인해줄 것을 의회에 요구할 수 있다.
② 법률명령은 국사원의 의견청취 후 국무회의에서 발한다. 법률명령은 공포 즉시 발효된다. 그러나 수권법률에서 정한 기한 내에 이를 승인하는 법안이 의회에 제출되지 아니하면 폐기 된다.
③ 본 조 제1항의 기한이 만료되면 법률명령의 법률 소관사항은 법률에 의해서만 개정될 수 있다. 법률명령은 명시된 방법으로만 추인될 수 있다.

제39조 (법률안 발의권)

① 의회 의원들과 국무총리는 법률안 발의권을 가진다.
② 정부발의 법률안은 국사원의 의견을 청취하고 국무회의에서 심의한 후, 양원 중 한 원에 제출된다. 예산법 및 사회보장기금법은 국민의회에 먼저 제출된다. 제44조 제1항과 별도로 지방자치단체의 구성을 주목적으로 하는 정부발의 법률안은 상원에 먼저 제출된다.
③ 국민의회 또는 상원에 제출된 정부발의 법률안의 제안설명은 조직법이 정하는 조건에 따른다.
④ 정부발의 법률안은 소집된 첫 번째 의회의 의장단회의에서 조직법이 정한 규정들이 무시되었음을 확인한 경우, 의사일정에 포함될 수 없다. 의장단회의와 정부 간에 합의를 이루지 못하는 경우, 해당 의회의 의장이나 국무총리가 헌법평의회에 제소할 수 있으며, 헌법평의회는 8일 이내에 결정한다.
⑤ 법률이 정한 조건 하에서, 의회 의장은 발의 법률안을 당사자가 반대하지 않는 한 위원회 심의 이전에, 국사원에 의견을 요청할 수 있다.

제40조 (의원발의 법률안)

공공재원의 감소 또는 공공부담의 신설 내지 증가를 수반하는 의원발의 법률안·개정안은 접수될 수 없다.

제41조 (의원발의 법률안의 거부)

① 정부나 해당 의회의 의장은 입법절차 중에 법률안 또는 개정안이 법률의 소관사항이 아니거나, 제38조에 의해 인정된 수권에 위배된다고 판단되는 경우 그 접수를 거부할 수 있다.
② 정부와 해당 원의 의장 사이에 이견이 있을 경우, 어느 한 편의 제소에 따라 헌법평의회가 8일 이내에 이에 대해 재결한다.

제42조 (법률안에 대한 토의)

① 본회의에서의 정부발의 법률안과 의회제출 법률안에 대한 토의는 제43조의 적용에 따라 지정된 상임위원회가 가결한 법률안을 대상으로 하고, 그렇지 못한 경우에는 의회에 제출

된 법률안을 대상으로 한다.
② 그러나, 헌법개정안, 예산법안 및 사회보장기금법안에 대한 토의의 경우, 제1 독회(lecture)는 양원 중 처음으로 제출된 의회에서 정부가 제출한 법률안에 대해 진행하고, 그 외의 법안독회의 경우 타원에서 이송된 법률안에 대해 진행한다.
③ 제1 독회 시, 정부발의 법률안 또는 의원발의 법률안에 대한 본회의에서의 토의는 그 법률안이 제출된 날로부터 6주가 경과한 후에 개시될 수 있고, 타원에서는 법률안의 이송 후 4주가 경과하기 이전에는 토의가 개시될 수 없다.
④ 전 항의 규정은 제45조에 지정한 조건에 따라 신속진행절차가 개시되는 경우에는 적용되지 아니한다. 또한 예산법, 사회보장기금법 및 위기상황관련법안에 대해서도 적용되지 아니한다.

제43조 (위원회에의 회부)

① 정부발의 법률인 및 의원발의 법률안은 각 원마다 8개로 그 수가 제한된 상임위원회 중 1개 상임위원회에 회부된다.
② 정부 또는 당해 원의 요구가 있을 경우, 정부발의 법률안 및 의원발의 법률안은 특별히 지정된 위원회에 회부된다.

제44조 (수정안)

① 의회 의원들과 국무총리는 수정권을 가진다. 이 권리는 조직법이 정한 범위 내에서, 양원의 내부규정이 정하는 조건에 따라 본회의나 또는 상임위원회에서 행사된다.
② 일단 토론이 개시되면 정부는 사전에 위원회에 제출되지 아니한 모든 수정안의 심사를 거부할 수 있다.
③ 수정안을 심의중인 원은 정부의 요구에 따라 정부에서 제출하거나 수락한 수정안에 한하여 그 전문 또는 일부에 대해 일괄투표한다.

제45조 (합동위원회)

① 동일한 법률을 채택하기 위해 모든 정부발의 법률안 및 의원발의 법률안은 양원에서 차례로 심의한다. 제40조나 제41조의 적용과 관계없이, 모든 수정안은 제출된 법률안이나 다른 원에 회부된 법안과 직·간접적인 관계가 있을 경우, 제1 독회에서 수리될 수 있다.
② 양원간의 이견으로 인하여 정부발의 법률안 또는 의원발의 법률안이 각 원에서 제2 독회를 거친 후에도 채택되지 아니하거나, 또는 각 원의 제1 독회 후 양원 의장단의 공동 반대 없이 정부가 신속진행절차를 사용하기로 결정할 경우, 또는 의원발의 법률안일 경우에는 양원 의장이 공동으로 토의중인 조항에 대한 법안제출을 담당할 양원동수합동위원회(commission mixte paritaire, 兩院同數合同委員會)를 소집할 권한을 갖는다.
③ 정부는 각 원에 양원동수합동위원회에서 작성된 의안을 채택하도록 부의할 수 있다. 정부의 동의 없이 어떠한 수정안도 접수될 수 없다.
④ 양원동수합동위원회가 공동의안을 채택하지 못하거나 그 의안이 전 항에서 정하는 바에 따라 가결되지 아니하면, 정부는 상원과 국민의회에서 각기 다시 독회를 한 후 국민의회에서 최종적으로 의결할 것을 요구할 수 있다. 이 경우, 국민의회는 양원동수합동위원회에서 작성한 의안 또는 국민의회에서 의결한 의안을, 경우에 따라, 상원에서 채택된 1개 또는 수개의 개정안으로 수정하여 재심의 할 수 있다.

제46조 (조직법률)

① 헌법에서 조직법의 성격을 부여하는 법률들은 다음 요건으로 의결되고 개정된다.
② 정부발의 법률안 및 의원발의 법률안은 제42조 제3항에 규정된 기간을 경과한 때에만 제1 독회에서 양원에서의 심의 및 표결이 가능하다. 다만, 제45조에 규정된 조건 하에서 신속진행절차가 개시되었을 경우, 정부발의 법률안 또는 의원발의 법률안은 먼저 제출된 원에서 제출일로부터 15일이 경과한 후에만 심의하고 표결할 수 있다.
③ 제45조의 절차를 준용할 수 있다. 다만, 양원 간에 이견이 있을 경우에는 국민의회의 최종독회에서 재적의원 절대다수의 찬성에 의해서만 법률안이 채택될 수 있다.
④ 상원에 관한 조직법은 양원에서 동일한 조문으로 의결되어야 한다.
⑤ 조직법은 헌법평의회의 합헌결정이 있은 이후에만 공포할 수 있다.

제47조 (예산법률)

① 의회는 조직법에서 정하는 바에 따라 예산법률안을 의결한다.
② 국민의회에 정부발의 법률안이 제출된 날로부터 40일 이내에 제1 독회를 통해 의결하지 아니하면, 정부는 이를 상원에 부의하고, 상원은 이를 15일 이내에 의결하여야 한다. 그 다음은 제45조에 따른다.
③ 의회가 70일 이내에 의결하지 않으면, 정부발의 법률안은 법률명령으로 발효될 수 있다.
④ 한 회계연도의 세입 및 세출을 정하는 예산법이 당해 회계연도가 개시되기 전에 공표될 수 있는 기한 내에 제출되지 아니한 경우에, 정부는 의회에 대하여 조세징수의 승인을 긴급요구하고, 명령으로써 의결된 항목에 대한 지출을 개시한다.
⑤ 의회가 회기 중이 아닌 때에는 본 조에서 정하는 기간이 중단된다.

제47조의1 (사회보장기금법률)

① 의회는 조직법에서 정하는 바에 따라 사회보장기금법안을 의결한다.
② 국민의회에 정부발의 법률안이 제출된 날로부터 20일 이내에 제1 독회를 통해 의결하지 아니하면, 정부는 이를 상원에 부의하고, 상원은 이를 15일 이내에 의결하여야 한다. 그 다음은 제45조에 따른다.
③ 의회가 50일 이내에 의결하지 않으면, 정부발의 법률안은 법률명령으로써 발효될 수 있다.
④ 의회가 회기 중이 아니거나 제28조 제2항에 의해 각 원에서 휴회결정을 한 주간에는 본조에서 정하는 기간이 중단된다.

제47조의2 (회계검사원)

① 회계검사원은 정부의 정책 감독업무에 있어 의회를 지원한다. 회계검사원은 예산법률의 집행감독, 사회보장기금법 적용 및 공공정책의 평가에 있어 정부와 의회를 지원한다. 회계검사원은 공개보고서를 통해 국민에게 정보를 제공한다.
② 공공기관의 회계는 적법하고 적정하게 이루어져야 한다. 이는 동 기관들의 재정관리, 자산 및 재정상황 결과를 충실히 반영해야 한다.

제48조 (의사일정)

① 의회의 의사일정은 제28조의 제2항 내지 제4항과 별도로, 양원이 각각 결정한다.
② 4주의 본회의 중 2주는 정부가 정하는 의

사일정에 따라, 우선적으로 정부가 요청한 의안을 심의하고 토의하여야 한다.

③ 이외에, 예산법안과 사회보장 기금법안의 심의, 동조 다음 항의 규정이 정하는 바에 따라, 타원에서 이송된 지 최소한 6주가 경과된 법안들, 국가 위기상황에 관련된 정부발의 법률안 및 제35조와 관련된 동의 요청은 정부의 요청에 따라 우선적으로 의사일정에 반영된다.

④ 4주의 본회의 중 1주는 각원이 정한 의사일정에 따라, 우선적으로 정부 정책감독 및 공공정책 평가를 한다.

⑤ 1개월의 본회의 중 1일은 각 원의 결정 하에 원내 제1 야당 교섭단체 및 소수교섭단체가 요구하는 의사일정을 진행한다.

⑥ 제29조에 규정된 임시회를 포함하여 최소한 일주일의 본회의 중 1회는 우선적으로 대정부 질의답변시간으로 할당한다.

제49조 (정부의 책임, 불신임결의)

① 국무총리는 국정운용계획 또는 일반정책선언과 관련하여 국무회의의 심의를 거친 후 국민의회에 대해 정부의 책임을 진다.

② 국민의회는 불신임 동의안 표결을 통해 정부의 책임을 추궁한다. 불신임 동의안은 국민의회 재적의원의 10분의 1이 서명하여야만 수리할 수 있다. 불신임 동의안이 제출되면 그로부터 48시간이 경과한 후에만 표결할 수 있다. 불신임 동의안에 찬성하는 투표만 집계되며, 국민의회 재적의원의 과반수 이상의 찬성이 있을 경우에만 가결된다. 다음 항에서 정하는 경우를 제외하고 각 의원은 동일한 정기회기 중에 3개 이상, 동일한 임시회기 중에 1개 이상의 불신임 동의안에 서명할 수 없다.

③ 국무총리는 정부제출 예산법안 또는 사회보장기금법안의 표결과 관련하여 국무회의의 심의를 거친 후 국민의회에 대해 책임을 진다. 정부발의 법률안 제출 후 24시간 이내에 전항에서 정하는 요건에 따라 이에 대한 불신임 동의안이 가결되지 아니하는 한, 그 의안은 채택된 것으로 간주한다. 또한 국무총리는 회기당 1회에 한하여 여타 정부발의 법률안 또는 의원발의 법률안에 대해 동일한 절차를 적용할 수 있다.

④ 국무총리는 상원에 대하여 일반정책선언에 대한 승인을 요구할 권한을 가진다.

제50조 (불신임 동의안 가결에 의한 정부의 사직)

국민의회가 불신임 동의안을 가결하거나 정부의 국정계획 또는 일반정책선언을 부결하는 경우에, 국무총리는 공화국 대통령에게 정부의 사퇴서를 제출하여야 한다.

제50조의1 (특정 주제에 대한 선언)

정부는 직권으로, 또는 제51조의1에서 규정한 의회 교섭단체의 요구에 따라 양원 중 한 원을 대상으로 특정한 주제에 대해 토의를 수반하는 선언을 할 수 있고, 정부가 결정을 내릴 경우, 정부의 책임을 지지 않는 표결의 대상이 될 수 있다.

제51조 (불신임 결의에 의한 회기의 연장)

정기회 또는 임시회의 폐회는 필요한 경우에, 제49조 규정의 적용을 인정하기 위하여 당연히 연기된다. 이를 위하여 추가 회의가 당연히 개의된다.

제51조의1 (원내 교섭단체의 권한)

각 원의 의사규정으로 원내 교섭단체의 권한을 정한다. 동 규정은 관련 원내 제1야당 교섭단체 및 소수교섭단체에게 특별한 권한을 인정한다.

제51조의2 (조사위원회의 설치)

① 헌법 제24조 제1항에 정의된 평가 및 감독 업무의 수행을 위해, 법이 정한 조건 하에서 정보 수집을 목적으로 각 원내에 조사위원회를 설치할 수 있다.
② 그 조직과 기능에 대한 사항은 법률로 정한다. 위원회의 설치 조건은 각 원의 의사규정으로 정한다.

제6장 국제조약 및 국제협정

제52조 (조약의 비준과 외교)

① 공화국 대통령은 조약을 협상하고 비준한다.
② 공화국 대통령은 비준을 요하지 아니하는 국제협정의 체결과 관련한 협상에 대해 보고를 받는다.

제53조 (조약의 비준 · 승인절차 · 조약의 효력방생)

① 평화조약, 통상조약, 국제기구와 관련한 조약 또는 협정, 국가의 재정부담, 법률의 개정, 개인의 신분변화, 영토의 할양 · 교환 · 병합을 야기하는 조약 또는 협정은 법률에 의해서만 비준 또는 승인할 수 있다.
② 조약 또는 협정은 비준 또는 승인되어야만 효력을 발휘한다.
③ 관련 국민들의 동의 없이 이루어지는 모든 영토의 할양 · 교환 · 병합은 무효이다.

제53조의1 (망명권)

① 공화국은 망명 · 인권보호 · 근본적 자유라는 동일한 이념으로 연계된 유럽국가들과 해당국에 제출된 망명요청을 심사할 수 있는 권한에 대한 협정을 체결할 수 있다.
② 다만, 상기의 협정에 따라 망명요청이 자국의 권한에 속하지 아니할지라도 공화국은 자유를 위한 활동을 이유로 박해받거나 그 외의 다른 이유로 공화국의 보호를 필요로 하는 모든 외국인에게 망명을 허가할 수 있다.

제53조의2 (국제형사재판소의 재판권)

공화국은 1998년 7월 18일에 체결된 조약에 따라 국제형사재판소의 재판권을 인정할 수 있다.

제54조 (헌법위반의 조항을 포함한 경우의 비준, 승인절차)

공화국 대통령 · 국무총리 · 양원 중 한 원의 의장 · 60인의 국민의회 의원 · 60인의 상원의원이 제소한 헌법평의회에서 특정한 국제협약이 헌법에 위배되는 조항을 포함한다고 선언하면, 당해 국제협약의 비준 또는 승인은 헌법개정 이후에만 허가될 수 있다.

제55조 (조약 · 협정의 법률에 우월한 효력)

적법하게 비준 또는 승인된 국제조약이나 국제협정은 각기 상대국에서도 시행된다는 유보 하에 공포하는 즉시 법률에 우선하는 권한을 가진다.

제7장 헌법평의회

제56조 (헌법평의회의 구성)

① 헌법평의회는 9명의 위원으로 구성되고, 그 임기는 9년이며 연임할 수 없다. 헌법평의회는 3년마다 3분의 1이 갱신된다. 공화국 대통령 · 국민의회 의장 · 상원의장이 각각 3인의

위원을 임명한다. 제13조의 마지막 항에 규정된 절차는 위 임명과정에 적용된다. 각 원 의장이 결정한 임명내용은 해당 원의 소관 상임위원회만의 의견에 따른다.
② 상기의 9인의 위원 외에 전임 대통령들은 당연직 종신회원이 된다.
③ 헌법평의회 의장은 공화국 대통령이 임명한다. 헌법평의회 의장은 가부동수(可否同數)인 경우 결정권을 가진다.

제57조 (구성원의 겸직금지)

헌법평의회 위원은 정부 각료직 또는 의원직을 겸할 수 없다. 기타 겸직금지에 대해서는 조직법으로 정한다.

제58조 (공화국 대통령 선거에 관한 권한)

① 헌법평의회는 공화국 대통령선거의 적법성을 감시한다.
② 이의가 있을 경우 이를 심사하고, 투표결과를 공표한다.

제59조 (양원의원의 선거에 관한 권한)

이의가 있을 경우, 헌법평의회는 국민의회 의원·상원의원 선거의 적법성 여부를 재결한다.

제60조 (국민투표에 관한 권한)

헌법평의회는 제11조·제89조·제15장에서 규정하는 국민투표의 적법한 시행을 감시한다.

제61조 (법률의 합헌성 심사)

① 조직법은 공포되기 전에, 제11조에 규정된 의원발의 법률안은 국민투표에 회부되기 전에, 의회 의사규정은 시행되기 전에 헌법평의회에 회부되어 그 합헌성에 대한 재결을 받아야 한다.
② 동일한 목적으로 공화국 대통령·국무총리·국민의회 의장·상원의장·60인의 국민의회 의원·60인의 상원의원은 법률을 공포하기 전에 헌법평의회에 회부할 수 있다.
③ 상기의 두 항에서 정하는 경우에 헌법평의회는 1개월 이내에 재결하여야 한다. 다만, 긴급한 경우에는 정부의 요구에 따라 그 기간을 8일로 단축한다.
④ 헌법평의회에서 심의하는 경우 공포기간은 중단된다.

제61조의1 (위헌법률의 사후심사)

① 법원에서 진행 중인 소송과 관련하여, 당사자가 법률규정이 헌법에서 보장하는 권리와 자유를 침해한다고 주장하는 경우, 국사원이나 파기원(대법원)을 통해 이 문제를 헌법평의회에 제소할 수 있고, 헌법평의회는 정해진 기한 내에 결정한다.
② 본 조의 적용 조건은 조직법으로 정한다.

제62조 (헌법평의회 결정의 효과)

① 제61조에 따라 위헌 선언된 규정은 공포·시행될 수 없다.
② 제61조의 1에 따라 위헌 선언된 조항은 헌법평의회의 결정일 또는 동 결정이 지정한 일자로부터 폐기된다. 헌법평의회는 해당 규정으로 인해 발생한 법적 효과가 재고되어질 수 있는 조건과 범위를 정한다.
③ 헌법평의회의 결정에 대해서는 일체 상소할 수 없다. 헌법평의회의 결정은 공권력 및 모든 행정권·사법권에 우선한다.

제63조 (헌법평의회에 관한 조직법률)

헌법평의회의 구성 및 운영에 대한 규칙·심의절차·특히 이의제기 기간은 조직법으로 정한다.

제8장 사법권

제64조 (사법권의 독립 · 법관의 신분보장)

① 공화국 대통령은 사법권의 독립을 보장한다.
② 공화국 대통령은 최고사법위원회(Conseil supérieur de la magistrat, 사법관직고등평의회)의 보좌를 받는다.
③ 사법관(magistrats)의 신분은 조직법으로 정한다.
④ 법관(magistrat du siège)은 파면되지 아니한다.

제65조 (최고사법위원회)

① 최고사법위원회는 법관분과위원회와 검사분과위원회로 구성된다.
② 법관분과위원회는 대법원장이 주재한다. 법관분과위원회는 법관 5인, 검사 1인, 국사원에서 지명한 국사위원 1인, 변호사 1인 및 의회나 사법부 또한 행정부에 소속되지 아니하는 일정자격을 갖춘 6인의 인사로 구성된다. 이 6인은 대통령과 양원의장이 각각 2인씩 지명한다. 이 지명과정에서 제13조 마지막 항에서 규정한 절차가 적용될 수 있다. 각 의장의 지명에 대해 해당 원의 소관 상임위원회의 의견을 구한다.
③ 검사분과위원회는 대법원 검찰총장이 주재한다. 본 위원회는 검사 5인, 법관 1인, 국사원 국사위원, 변호사 및 전 항에서 규정한 6인의 인사로 구성된다.
④ 최고사법위원회 법관분과위원회는 파기원 법관 · 고등법원장 · 지방법원장의 임명을 제청한다. 이외의 법관은 법관분과위원회의 동의하에 임명한다.
⑤ 최고사법위원회 검사분과위원회는 검사 임명에 대한 의견을 제시한다.
⑥ 최고사법위원회 법관분과위원회는 법관징계위원회의 권한을 행사한다. 법관분과위원회는 제2항에서 규정한 구성원 이외에 검사 분과위원회에 소속된 검사를 포함한다.
⑦ 최고사법위원회 검사분과위원회는 검사 징계에 대한 의견을 제시한다. 따라서 본 위원회는 제3항에 규정한 구성원 이외에 법관분과위원회에 소속된 법관을 포함한다.
⑧ 최고사법위원회는 제64조에 따라 대통령의 의견 요청에 답변하기 위해 전체회의를 소집한다. 검사분과위원회는 파기원 검찰총장이 주재한다. 본 전체회의를 통해 최고사법위원회는 법관의 윤리규정에 관한 모든 사항 및 법무부장관이 최고사법위원회에 요청한 사법운용에 관한 문제들에 대해 결정한다. 전체회의는 제2항에 규정한 5인의 법관 중 3인, 제3항에서 규정한 5인의 검사 중 3인, 국사원 국사위원, 변호사 및 제2항에서 규정한 6인의 인사로 구성된다. 파기원장이 전체회의를 주재하고, 대법원 검찰총장이 대리할 수 있다.
⑨ 법무부 장관은 징계와 관련된 사항을 제외하고 최고사법위원회 회의에 참석할 수 있다.
⑩ 조직법이 정하는 바에 따라 이해 당사자는 최고사법위원회에 제소할 수 있다.
⑪ 본조의 시행조건은 조직법으로 정한다.

제66조 (자의적 구금의 금지 · 개인의 자유보장)

① 누구든지 자의적으로 구금될 수 없다.
② 개인의 자유를 보장하는 사법당국은 법률이 정하는 바에 따라 이 원칙을 준수한다.

제9장 최고사법법원

제67조 (최고사법법원의 구성 · 절차)

① 최고사법법원(Haute Cour de Justice, 탄핵재판소, 특별정치재판소)을 설치한다.
② 최고사법법원은 국민의회 · 상원에 대한 총

선 또는 일부개선이 있을 때마다 동수로 선출된 의원들로 구성된다. 최고사법법원의 장은 그 구성원 중에서 선출한다.
③ 최고사법법원의 구성 · 운영규칙 · 제소절차는 조직법으로 정한다.

제68조 (최고사법법원의 직무)

① 중대한 반역죄를 범하지 아니하는 한 공화국 대통령은 그 직무수행과 관련하여 책임을 지지 아니한다. 공화국 대통령은 양원의 일치된 표결로 재적의원 절대다수의 찬성으로 가결하는 경우에만 소추된다. 소추시 최고사법법원에서 재판한다.

제10장 정부각료의 형사책임

제68조의1 (정부각료의 형사책임)

① 정부각료는 그 직무수행상의 행위에 대해 형사책임을 지고, 범죄 또는 위법행위에 해당하는지 여부는 행위 시를 기준으로 한다.
② 정부각료는 공화국 법원(la Cour de Justice de la République)에서 재판한다.
③ 공화국 법원은 법률이 정하는 바에 따라 범죄 · 위법행위 · 처벌을 결정한다.
제68조의2(공화국 법원의 구성)
① 공화국 법원은 다음의 15인의 법관(juges)으로 구성된다. 국민의회 · 상원의 총선 · 일부개선 후 동수로 선출된 의원 12인 · 대법원 법관 3인으로 구성되며, 그 대법원 법관 중 1인이 주재한다.
② 정부각료가 직무수행과 관련하여 범한 범죄 · 위법행위로 인해 침해받았다고 주장하는 자는 심리위원회(commission de requête)에 제소할 수 있다.
③ 심리위원회는 기각을 명하거나 파기원검사장에게 이송하여 공화국 법원에의 제소를 명한다.
④ 심리위원회의 동의하에 파기원 검사장도 공화국 법원에 제소할 수 있다.
⑤ 본조의 시행방법은 조직법으로 정한다.

제68조의3 (경과규정)

본장의 조항은 그 발효 이전에 범하여진 사안에 대해 소급적용할 수 있다.

제11장 경제사회환경평의회

제69조 (경제사회환경평의회의 직무)

① 정부의 요구에 따라 경제사회환경평의회는 정부발의 법률안 · 법률명령안 · 명령안 및 경제사회환경평의회에 회부된 의원발의 법률안에 대한 의견을 개진한다.
② 경제사회환경평의회는 그 이사 1인을 지명하여 의회에서 평의회에 회부된 정부발의 법률안 · 의원발의 법률안에 대한 의견을 개진할 수 있다.
③ 조직법이 규정하는 조건하에서 경제사회환경이사회에 청원할 수 있다. 평의회는 청원내용의 검토 후, 조치가 필요한 사항을 정부 및 의회에 제안한다.

제70조 (정부에 의한 자문)

정부와 의회는 경제적 · 사회적 · 환경적 성격의 모든 사안에 대해 경제사회환경평의회의 자문을 구할 수 있다. 정부는 중기 재정운용 방향을 결정하는 국가계획법안에 대해서도 동 이사회의 자문을 구할 수 있다. 모든 경제적 · 사회적 또는 환경적 성격을 갖는 모든 계획 또는 모든 국가법안은 동 평의회에 회부하여 그 의견을 청취한다.

제71조 (경제사회환경평의회의 구성, 운영규칙)

경제사회환경평의회의 구성인원은 233명을 초과할 수 없으며, 그 구성 및 운영규칙은 조직법으로 정한다.

제11장의2 시민권리 보호관

제71조의1 (시민권리보호관)

① 시민권리보호관은 국가행정기관, 지방자치단체, 공공기관 및 공공서비스 임무를 부여받은 모든 기관 또는 조직법이 권한을 부여한 모든 기관들로부터 시민의 권리와 자유가 보장되고 있는지 여부를 감독한다.
② 공공서비스 또는 제1항에서 규정한 기관의 직무수행과 관련하여 권리의 침해를 받았다고 판단하는 모든 사람은 조직법이 규정하는 조건하에 시민권리보호관에게 제소할 수 있다.
③ 조직법으로 시민권리보호관의 관여방식 및 그 권한을 정한다. 또한 그의 특정한 직무수행에 있어서 시민권리보호관이 외부의 지원을 받을 수 있는 조건을 규정한다.
④ 시민권리보호관은 제13조 마지막 항에 명시된 절차에 따라 대통령이 임명하고, 임기는 6년이며 연임이 불가하다. 동 직무는 각료 또는 의원직과 겸직할 수 없다. 기타 겸직이 불가능한 직위는 조직법으로 정한다.
⑤ 시민권리보호관은 공화국 대통령과 의회에 직무수행 결과를 보고한다.

제12장 지방자치단체

제72조 (지방자치단체)

① 공화국의 지방자치단체는 코뮌(communes) · 주(départements) · 광역지방(régions) · 특별지방자치단체(collectivités à statut particulier) · 제74조의 해외령(collectivités d'outre-mer)으로 구성된다. 이 외의 지방자치단체는 법률로 설치하며, 경우에 따라 본항에서 명시한 1개 또는 수개의 지방자치단체들을 대체하여 설치될 수 있다.
② 지방자치단체는 그 차원에서 가장 잘 시행될 수 있는 소관사항에 대한 권한 전반에 대해 결정하여야 한다.
③ 법률에서 정하는 바에 따라 지방자치단체는 지방의회를 통해 자율적으로 행정권을 행사하며, 그 권한을 행사하기 위한 행정입법권을 가진다.
④ 공적 자유의 행사를 위한 기본 요건 또는 헌법에서 보장하는 권리에 반하는 경우를 제외하고, 지방자치단체 · 지방자치단체연합은 조직법 · (경우에 따라) 법률 또는 규칙에서 정하는 바에 따라 제한된 목적과 기간에 한하여 실험적으로 그 권한에 대한 법률 · 행정입법의 조항을 위반할 수 있다.
⑤ 어떠한 지방자치단체도 다른 지방자치단체에 영향력을 행사할 수 없다. 다만, 특정한 권한이 수개의 지방자치단체의 협조를 요하는 경우에 법률은 그 중 1개의 지방자치단체 또는 지방자치단체연합이 공동활동의 방식을 정할 수 있도록 허용할 수 있다.
⑥ 공화국의 지방자치단체에서 정부의 각 구성원을 대표하는 정부대표는 국익 · 행정감독 · 법률의 준수에 대한 책임을 진다.

제72조의1 (주민발안 · 주민투표권)

① 각 지방자치단체의 유권자들이 해당 지방의회에 그 소관에 속하는 사항을 의사일정에 포함할 것을 요구하는 청원권 행사에 대하여서는 법률로 정한다.
② 조직법에서 정하는 바에 따라 지방자치단체는 그 소관에 속하는 결정안 · 계획안을 주민투표로 결정할 수 있다.

③ 법률에서 정하는 바에 따라 특별지방자치단체 설치 또는 그 조직의 변화를 추진하는 경우에, 해당 지방자치단체들에 등록된 유권자들의 자문을 구할 수 있다. 지방자치단체들의 경계를 변경하는 경우에도 법률에서 정하는 바에 따라 주민투표를 시행할 수 있다.

제72조의2 (재정자주권)

① 지방자치단체들은 법률에서 정하는 바에 따라 자유롭게 지출할 수 있는 재원을 가진다.
② 지방자치단체들은 각종 세금의 전부 또는 일부를 징수할 수 있다. 지방자치단체들은 법률이 정하는 범위 내에서 그 과세기준 · 세율을 정할 수 있다.
③ 지방자치단체들의 세입 및 기타 고유의 재원은 각 지방자치단체의 재원의 결정적 부분을 형성한다. 이러한 규칙의 시행방법은 조직법으로 정한다.
④ 국가와 지방자치단체 간의 모든 권한이양은 그 권한의 행사에 조달되었던 재원의 이양을 수반한다. 지방자치단체의 지출을 증가시키는 모든 권한의 신설 또는 확대는 법률에서 정하는 재원을 수반한다.
⑤ 법률에 지방자치단체 간 평등을 촉진하기 위한 조정조항(disposition de péréquation)을 둔다.

제72조의3 (해외공공단체)

① 공화국은 자유 · 평등 · 박애의 보편적 이념에 입각하여 해외령 주민을 프랑스 국민으로 인정한다.
② 과델루프(la Guadeloupe) · 기아나(la Guyane) · 마르티니크 섬(la Martinique) · 레위니옹 섬(la Réunion) · 마요트 섬(Mayotte), 상바르톨로메오(St. Barthélemy) · 상마르탱 섬(St. Martin) · 생피에르 미클롱(Saint Pierre et Miquelon) · 왈리스 후투나(les îles de Wallis et Futuna) · 프랑스령 폴리네시아(la Polynésie française)는 제73조에 의한 해외 주 · 지역 및 제73조 마지막 항에 의해 설치된 지방자치단체로 규정하고, 그 외의 지방자치단체는 제74조로 규정한다.
③ 뉴칼레도니아(Nouvelle Calédonie)의 지위는 제13장에서 규정한다.
④ 프랑스 남방남극령(Terres australes et antactiques française) 및 클리퍼턴(Clipperton)의 법제와 특수한 조직은 법률로 정한다.

제72조의4 (해외공공단체의 제도변경)

① 제72조의3 제2항의 지방자치단체들 중 한 지방자치단체 또는 그 일부는 다음 항에 따라 사전에 그 지방자치단체의 유권자 또는 상대 지방자치단체의 동의가 없는 한, 제73조 · 제74조에서 정한 지위를 변경할 수 없다.
② 의회의 회기 중에 정부가 요청하거나 양원이 합동으로 요청하여 이를 관보에 게재하는 경우, 대통령은 해외지방자치단체의 조직 · 권한 · 입법제도에 대한 주민투표를 시행할 것을 결정할 수 있다. 정부의 제청에 따라 전항의 지위변경에 관한 주민투표가 시행되는 경우, 정부는 각 원에서 이를 선언하고 토론한다.

제73조 (해외 주에 대한 적응조치)

① 법률과 규칙들은 해외 주 · 지역(주)에서도 자동적으로 적용된다. 법률 · 행정입법은 지방자치단체의 특성과 제약에 따라 번안할 수 있다.
② 지방자치단체들은 경우에 따라 법률이나 규칙에서 부여한 권한에 따라 그 소관사항에 해당하는 법률 · 행정입법들을 번안할 수 있다.

③ 각 지방자치단체의 특성을 감안하기 위해 제1항의 예외로써, 본조에서 규정하는 지방자치단체들은 경우에 따라 법률이나 규칙에서 정하는 바에 의해 법률이나 규칙의 소관사항 중 일정한 사항에 대해 해당지역 내에서 적용되는 조례를 제정할 수 있다.
④ 국적 · 시민권 · 공적 자유의 보장 · 개인의 신분 및 능력 · 사법조직 · 형법 · 형사소송절차 · 외교 · 국방 · 치안 · 공공질서 · 화폐 · 차관 · 외환 · 선거법에 대한 조례는 제정될 수 없다. 제외대상은 조직법으로 구체화되고 보완될 수 있다.
⑤ 상기의 2개 항은 레위니옹 섬에서는 적용되지 아니한다.
⑥ 제2항 · 제3항의 권한은 조직법에서 정하는 요건과 그 유보조항에 따라 해당 지방자치단체의 요구에 의해 부여된다. 이러한 권한이 공적 자유 · 헌법상 보장된 권리의 행사를 근원적으로 침해하는 경우에는 부여되지 아니한다.
⑦ 제72조의4에서 정하는 바에 따라 해당지역 유권자들의 사전 동의 없이 법률로써 해외주 · 지역을 지방자치단체로 대체하여 설치하거나 이 두 지방자치단체를 관할하는 단일 지방의회를 설립할 수 없다.

제74조 (7단체의 특별한 지위)

① 본조에서 규정하는 지방자치단체들은 공화국 내에서 각각의 고유한 이익을 감안한 지위를 가진다.
② 지방자치단체의 지위는 지방의회의 의견개진 후 채택된 다음의 조직법으로 정한다.

- 법률 · 행정입법의 적용 요건
- 지방자치단체의 권한, 이미 해외 지방자치단체에 이양된 권한 외에, 국가는 조직법으로 구체화되고 보완되는 제73조 제4항에 열거된 권한을 이양할 수 없다.
- 지방자치단체들의 조직 · 제도운영에 관한 규칙, 지방의회 선거제도
- 지방자치단체 관련 조항을 포함한 정부발의 법률안 · 의원발의 법률안 · 법률명령안 · 명령안, 소관사항과 관련 있는 국제협약의 비준 · 승인

③ 조직법은 자치권을 가진 지방자치단체의 다음 권한도 규정할 수 있다.

- 국사원은 법률의 소관사항에 해당하는 지방의회의 조례에 대한 사법권을 행사한다.
- 특히, 지방자치단체가 제소한 헌법평의회가 지방자치단체의 지위가 발효된 이후에 공포된 법률이 해당 지방자치단체의 소관사항에 해당한다고 재결하면, 지방의회에서 이를 개정할 수 있다.
- 지방자치단체는 지역적 필요에 따라, 그 주민을 위한 취업 · 창업 · 택지보호의 조치를 취할 수 있다.
- 국가의 감독 하에 지방자치단체는 전국적인 공적 자유의 보장을 준수하면서 그 권한을 행사할 수 있다.

④ 본조와 관련된 여타 지방자치단체의 특수한 구성방식은 해당 지방의회와 협의한 후 법률로 규정되고 개정된다.

제74조의1 (본토의 법률의 확장적용)

① 법률에서 명시적으로 금지하지 아니하는 한, 정부는 제74조의 해외지방자치단체 및 뉴칼레도니아에서 국가의 소관사항에 대해 본토에서 발효 중인 입법성격의 조항을 적절히 번안한 법률명령으로 확대적용하거나 해당 자치단체의 특유한 운영방식에 맞추어 조정할 수 있다.
② 법률명령은 관련 지방의회 및 국사원의 의견청취 후 국무회의에서 발한다. 법률명령은

게재 즉시 발효된다. 게재 후 18개월 이내에 의회에서 비준되지 아니하면 그 법률명령은 폐기된다.

제75조 (공화국 시민의 개인적 신분)

제34조에서 규정한 보통법상의 시민의 지위를 가지지 아니한 공화국의 시민은 그가 포기하지 않는 한 일신상 신분을 가진다.

제75조의1 (지역언어)

지역 언어는 프랑스의 자산에 속한다.

제13장 뉴칼레도니아 관련 경과규정

제76조 (뉴메아 협정에 관한 주민투표)

① 뉴칼레도니아 주민들은 1998년 5월 5일 뉴메아(Nouméa)에서 체결되고 1998년 5월 27일에 프랑스 공화국 관보에 게재된 협정에 대해, 1998년 12월 31일 이전에 투표하여야 한다.
② 1998년 11월 9일 법률 제88-1028호 제2조에 규정된 조건을 충족시키는 자는 투표에 참가할 수 있다.
③ 투표조직과 관련한 조치들은 국무회의에서 심의된 후, 국사원의 명령으로 발한다.

제77조 (조직법률의 실시규정)

① 제76조의 투표에서 협정이 승인되면, 뉴칼레도니아가 본 협정에서 정하는 방침을 준수하며 그 시행에 필요한 방식에 의거하여 발전할 수 있도록, 해당 지방의회의 의견을 청취한 후 조직법으로 다음 사항을 정한다.

- 국가로부터 뉴칼레도니아에 완전 이양될 권한, 이양의 시기 및 방식, 비용분담
- 뉴칼레도니아의 조직 및 제도운영에 관한 규칙, 지방의회에서 가결된 조례가 공포 전에 헌법평의회의 심의의 대상이 되는 경우
- 시민권, 선거제도, 고용, 관습법에 의한 시민의 지위
- 뉴칼레도니아 주민들이 완전주권 달성에 대한 투표를 시행하는 요건 및 기한

② 제76조의 협정을 시행하기 위한 기타 요건은 법률로 정한다.

제78조~제86조

삭제

제87조 (프랑스 언어권의 연대와 협력)

프랑스는 프랑스어를 사용하는 국가들 및 민족들 간의 연대의식과 협력관계를 증진시킨다.

제14장 프랑스 공용어권 제휴 협정

제88조 (제휴협정)

프랑스는 그 문명을 발전시키기 위해 공화국에 제휴하기를 희망하는 국가들과 협정을 체결할 수 있다.

제15장 유럽연합

제88조의1 (유럽공동체 · 유럽연합에의 가입)

공화국은 2007년 12월 13일 리스본에서 서명된 유럽연합조약 및 유럽연합운영조약에 따라, 일정한 권한을 공동으로 행사할 것을 자유롭게 선택한 국가들로 구성된 유럽공동체 및 유럽연합에 참여한다.

제88조의2 (권한의 이양 · 유럽체포장)

① 상호주의원칙과 1992년 2월 7일에 체결된 유럽연합조약에서 정한 방식에 따라, 프랑스는 유럽경제 · 통화연합 구축에 필요한 권한이

용에 동의한다.
② 상호주의원칙과 1997년 10월 2일에 체결된 조약으로 개정된 유럽공동체창설조약에 따라, 사람의 자유로운 이동과 유관 분야에 대한 규정을 제아하기 위한 권한이양에 동의한다.
③ 유럽체포영장에 관한 규칙은 유럽연합의 제 기관의 문서에 따라 법률로 정한다.

제88조의3 (유럽연합시민의 지방선거권 · 피선거권)

상호주의 원칙 및 1992년 2월 7일에 체결된 유럽연합조약에서 정한 방식에 따라 지방자치단체의 선거권·피선거권은 프랑스 내에 거주하는 회원국 시민에게만 부여된다. 다만, 회원국 시민들은 시장·부시장직의 직무를 행사할 수 없고, 상원의원 선거인단 임명 및 상원의원 선거에 참여할 수 없다. 본조의 시행방법은 양원에서 동일한 조문으로 가결된 조직법으로 정한다.

제88조의4 (유럽공동체 · 유럽연합 규정안의 국회제출)

① 정부는 유럽공동체 및 유럽연합 규정안이 유럽연합평의회(Conseil de l'Union européenne)에 이송되는 즉시 국민의회와 상원에 이를 제출한다.
② 각 원의 의사규정에 따라 전 항의 규정안 및 유럽연합기구의 모든 문서들에 대한 결의안을 비회기중에도 채택할 수 있다.
③ 각 원에 유럽문제 담당위원회를 설치한다.

제88조의5 (대통령의 국민투표 회부권)

① 공화국 대통령은 한 국가의 유럽연합 및 유럽공동체 가입조약을 비준하는 모든 정부발의 법률안을 국민투표에 회부한다.
② 그러나 양원에서 5분의 3의 과반수로 동일한 내용의 동의안을 가결할 경우에는, 제89조 3항에 규정된 절차에 따라 의회가 비준법안의 채택을 승인할 수 있다.

제88조의6 (보완성의 원칙)

① 국민의회 또는 상원은 보완성의 원칙에 대한 유럽공동체 및 유럽연합 규정안에 대해, 이유를 적은 의견을 제출할 수 있다. 이 의견은 당해의원의 의장으로부터 유럽의회, 유럽연합평의회 및 위원회의 장에게 송부된다. 정부는 이에 대한 보고를 받는다.
② 각 원은 보완성원칙위반을 이유로 유럽사법재판소에 제소할 수 있다. 이 제소는 정부가 유럽사법재판소에 송부한다.
③ 전항의 목적에 이바지 하는 결의는 각 원의 규칙에서 정하는 발의 및 심의의 방식에 따라, 필요한 경우 의회의 회기가 아닌 때에도 채택될 수 있다. 60명의 국민의회 의원 및 60명의 상원의원의 청구가 있는 경우에는 당연히 전항의 제소를 행할 수 있다.

제88조의7 (조약개정절차에 의한 반대표명)

2007년 12월 13일 리스본에서 서명된 유럽연합조약 및 유럽연합운영조약에서 정하는 간략화 된 개정절차 혹은 민사사법절차에 따라, 국회는 국민의회와 상원에 의해 동일한 조문으로 채택된 동의의 표결에 의해, 유럽연합의 행위채택규칙의 개정에 반대할 수 있다.

제16장 개정

제89조 (헌법개정)

① 국무총리의 제안에 따른 공화국 대통령과 의회가 공동으로 헌법개정안의 발의권을 가진다.
② 정부발의 또는 의원발의 헌법개정안은 동

일한 내용으로 양원에서 제42조 제3항에 규정된 기한 내에 검토되고 표결되어야 한다. 국민투표에서 승인되면 헌법개정이 확정된다.
③ 다만, 공화국 대통령이 헌법개정안을 양원합동회의에 제출할 것을 결정하면, 이에 대한 국민투표는 시행되지 아니한다. 이 경우에 개정안은 유효투표의 5분의 3 이상을 획득해야 가결된다. 국민의회의 의장단이 양원합동회의의 의장단이 된다.
④ 영토의 보전을 침해하는 개정절차는 일체 착수·추진될 수 없다.
⑤ 정부의 공화제는 개정의 대상이 될 수 없다.

제17장 경과규정

제90조~제93조

삭제

프랑스 현행헌법 개정 일람표

회차	개정법률의 명칭	개정년월일	공포관보 쪽수
1	헌법 제85 · 86조를 개정하는 헌법적 법률 제60-525호	1960.06.04	JO.1960.6.8. p.5103
2	공화국 대통령선거에 관한 제6 · 7조를 개정하는 헌법적 법률 제62-1292호	1962.11.06	JO.1962.11.07. p.10762-10763
3	헌법 제28조 등을 개정하는 헌법적 법률 제63-1327호	1963.12.30	JO.1963.12.31. p.11892
4	헌법원에의 부탁권자 확대에 관해 제61조를 개정하는 헌법적 법률 제74-904호	1974.10.29	JO.1974.10.30. p.11035
5	헌법 제7조를 개정하는 헌법적 법률 제76-527호	1976.06.18	JO.1976.06.19. p.3675
6	유럽연합 등의 장을 추가하는 제2 · 54 · 74조를 개정하는 헌법적 법률 제92-554호	1992.06.25	JO.1992.06.26. p.8406
7	헌법 제9~ 제11장의 개정에 관한 헌법적 법률 제93-925호	1993.07.27	JO.1993.07.28. p.10600
8	비호권에 대한 제53조의1을 추가하는 헌법적 법률 제93-1256호	1993.11.25	JO.1993.11.26. p.16296
9	인민투표의 적용범위 확대 · 공동체 규정의 삭제 등에 관한 헌법적 법률 제95-880호	1995.08.04	JO.1995.08.05. p.11744
10	사회보장재정법률을 창설하는 제47조의1을 추가하고, 제34 · 39조를 개정하는 헌법적 법률 96-138호	1996.02.22	JO.1996.02.23. p.2911
11	뉴칼레도니아에 관한 제76 · 77조, 제13장을 부활시키는 헌법적 법률 제98-610호	1998.07.20	JO.1998.07.21. p.11143
12	헌법 제88조의2, 88조의4를 개정하는 헌법적 법률 제99-49호	1999.01.25	JO.1999.01.26. p.1343
13	국제형사재판소 등에 관해 제58조의2를 추가하는 헌법적 법률 제99-568호	1999.07.08	JO.1999.07.09. p.10175
14	남녀평등참가에 관해 제3 · 4조를 개정하는 헌법적 법률 제99-569호	1999.07.08	JO.1999.07.09. p.10175
15	공화국 대통령의 임기에 관해 제6조를 개정하는 헌법적 법률 제2000-267호	2000.10.02	JO.2000.10.03. p.12572
16	유럽 체포장에 관해 제88조의2를 추가하는 헌법적 법률 제2003-267호	2003.03.25	JO.2003.03.26. p.5344
17	공화국의 지방분권화에 관한 제72~74조 등을 개정하는 헌법적 법률 제2003-276호	2003.03.28	JO.2003.03.29. p.5568
18	헌법 제60조, 88조의1, 제15장을 개정하는 헌법적 법률 제2005-204호	2005.03.01	JO.2005.03.01. p.3696
19	환경헌장에 관해 헌법전문, 제34조를 개정하는 헌법적 법률 제2005-205호	2005.03.01	JO.2005.03.01. p.3696
20	헌법 제77조를 개정하는 헌법적 법률 제2007-237호	2007.02.23	JO.2007.02.24. p.3354
21	헌법 제9장을 개정하는 헌법적법률 제2007-238호	2007.02.23	JO.2007.02.24. p.3354
22	사형폐지에 관한 헌법적 법률 제2007-239호	2007.02.23	JO.2007.02.24. p.3355
23	헌법 제15장을 개정하는 헌법적 법률 제2008-103호	2008.02.04	JO.2008.02.05. p.2202
24	제5공화국의 諸제도를 현대적으로 개혁하기 위한 헌법적 법률 제2008-724호	2008.07.23	JO.2008.07.24. p.11890

국외
제1편

CHAPTER

03

독일헌법

· 독일헌법 해설
· 프랑크푸르트 헌법
· 비스마르크 헌법
· 바이마르공화국 헌법
· 독일연방공화국 기본법

독일헌법 해설

1. 프랑크푸르트 헌법

(1) 제정과정

1848년 프랑스 왕 루이 필립을 축출한 프랑스 2월 혁명은 독일에 절대적으로 영향을 주게 된다. 프로이센을 위시하여 중규모국가에서도 자유주의 입헌운동이 일어났다. 독일 정치가들은 1848년 3월 5일 하이델베르크에 모여 '헌법제정을 위한 준비회의'(준비의회)의 소집을 결의하였고, 동년 3월 31일부터 4월 3일에 걸쳐 프랑크푸르트에서는 준비의회(Vorparlament)가 개최되었다. 준비의회는 새로운 헌법제정을 위한 제헌의회를 프랑크푸르트에서 소집할 것을 결의하였고, 각 영방들로 준비의회의 결의를 승인하여 전국 각지에서 국민의회 대의원선거가 실시되었다. 국민의회의 선출은 직접 · 평등 · 비밀선거로 재산과 관계없이 선출되었는데, 당시로는 매우 획기적이었다. 1848년 5월 18일 프랑크푸르트 바울교회에서 역사적인 독일헌법제정국민의회(Deutsche verfassungsgebende Nationalversammlung)가 열렸다. 1849년 3월 27일 황제세습을 내용으로 하는 프랑크푸르트 헌법이 만들어졌다.

(2) 내용

제1조 독일제국은 종래의 독일연합의 영역으로 이루어진다.

제6조 제국권력은 외국에 대해, 독일 및 개개의 독일 諸邦의 국제법상의 대표권을 전속적으로 행사한다.

제8조 독일 各邦의 정부는 독일의 다른 방(邦)의 정부와 조약을 체결할 권한을 가진다.

제68조 제국 황제의 지위는 통치하고 있는 독일 제후 가운데 한 명에게 맡겨진다.

제69조 제국 황제의 지위는 이것을 맡고 있던 제후의 가계에서 세습된다. 이 지위는 남계로 장자권에 따라 세습된다.

제70조 제국 원수는 독일인 황제(Kaiser der Deutschen)의 칭호를 갖는다.

제75조 황제는 독일제국 및 독일 諸邦(Staaten)을 국제법상 대표한다.

제79조 황제는 제국의회를 소집하고, 폐회한다. 황제는 제국의회를 해산할 권리를 가진다.

제80조 황제는 법안 제출권을 가진다. 황제는 헌법의 제한 아래 제국의회와 공동으로 입법권을 행사한다.

제85조 제국의회는, 제방원(상원, Staatenhaus)와 국민원(하원, Volkshaus)의 이원으로 이루어진다.

제86조 제방원은 독일 제방의 대표자에 의해 구성된다.

제88조 제방원의 구성원은 반수를 해당 邦의 정부가, 반수를 해당 邦의 의회가 임명한다.

제92조 제방원의 구성원은 6년의 임기로 선출된다. 구성원은 3년마다 그 절반이 개선된다.

제93조 국민원은 독일 국민의 대표 의원으로 이루어진다.

제106조 국민원은 제국 원수가 이것을 해산하는 것이 가능하다.

제117조 제국 의회의 구성원은 회기 중에는 현행범 체포를 제외하고, 그 자가 속한 의회의 동의가 없으면 형사 고발로 체포되거나 신문해서는 아니된다.

제120조 제국회의의 구성원은 어떠한 시기에도 그 투표 때문에 또는 그 직무를 수행할 때에 행한 발언 때문에, 재판 또는 징계 때문에 소추되거나 그 외 의회 밖에서 책임을 추궁당해서는 안 된다.

제125조 제국에 귀속하는 재판권은 제국법원에 의해 행사된다.

제133조 모든 독일인은 제국 영역의 모든 장소에서 체재하고, 주소를 두며, 모든 종류의 부동산을 취득하여 이것을 자유롭게 처분하고, 생활의 양식을 얻기 위한 모든 사업을 영위하고, 지방자치단체의 시민권을 획득할 권리를 가진다.

제136조 이주의 자유는 邦에 의해 제한되지 않는다.

제137조 법률 앞에서는 신분에 따른 어떠한 차별도 없다. 신분으로서의 귀족은 폐지된다. 모든 신분적 특권은 철폐된다. 독일인은 법률 앞에 평등하다.

제138조 인신의 자유는 불가침이다. 어떤 사람의 체포는 현행범 체포의 경우를 제외하고, 체포의 이유를 밝힌 법관에 의한 영장에 의해서만 이루어져야 한다.

제140조 주거는 불가침이다.

제142조 서신의 비밀은 보장된다.

제143조 모든 독일인은 편지, 문서, 인쇄 및 도화에 의한 묘사에 의해, 자기 의견을 자유롭게 표명할 권리를 가진다.

제144조 모든 독일인은 완전한 신앙 및 양심의 자유를 가진다.

제152조 학문 및 그 교수는 자유이다.

제157조 초등학교 및 초등 실업학교에서의 교육에 대해서는 학비는 지불되지 않는다.

제158조 누구든지 자기의 직업을 선택하고, 그 직업을 위해, 원하는 방법 및 장소에서 교육을 받을 자유를 가진다.

제159조 모든 독일인은 관청, 국민대표의회 및 제국의회에 대해 문서로 청원 및 소송할 권리를 가진다.

제161조 독일인은 평온하게 그리고 무기를 휴대하지 않고, 집회할 자유를 가진다. 집회를 위한 특별한 허가는 필요하지 아니한다.

제162조 독일인은 결사의 권리를 가진다. 이 권리는 어떠한 예방적 조치에 의해서도, 제한받아서는 아니된다.

제164조 소유권은 불가침이다. 공용 수용은 공공의 선을 고려해서만, 법률의 근거에 기초하여 그리고 정당한 보상의 아래에서만 이것을 행할 수 있다.

제184조 각 지방자치단체는 그 헌법의 기본권으로, 다음의 여러 권리를 가진다.

1. 그 수장 및 대표자를 선출하는 것
2. 邦의 법률적으로 분류된 지도 감독 아래에서, 지방 경찰을 포함한 지방자치단체의 사무를 독립하여 관리 하는 것

제196조 제국헌법의 개정은 양원의 의결에 의해, 제국원수의 동의를 얻은 것이 아니라면, 이것을 행하는 것이 불가능하다.

제197조 전쟁 또는 소란의 경우에 체포·가택 수사 및 집회의 권리에 관한 기본권의 규정은, 제국 정부 또는 各邦의 정부에 의해 개개의 지구에 대해 이것을 일시적으로 실효시키는 것이 가능하다.

(3) 특징

(가) 프랑크푸르트 헌법은 전문과 본문 197개조로 되어 있다.
(나) 독일 최초의 제국헌법 및 통일헌법의 성격을 지닌다.
(다) 입헌군주국 헌법으로 세습황제를 두었고 황제의 권한을 통제하는 헌법구조를 지녔다.
(라) 세습황제 제도를 제외하고는 당시 어떤 헌법보다도 헌법의 이념과 정신을 잘 구현하였다. 이후 독일 헌법의 내용에 결정적 영향을 주게 된다.
(마) 기본권을 강력하게 보장하고 있으며, 19세기 당시의 헌정질서를 감안할 때 국민의 기본권을 완벽하리만큼 보장하고 있다.
(바) 제국원수는 황제의 칭호를 지니며, 독일제국을 대표하고 선전을 포고하며 외국과 조약을 체결한다.
(사) 제국의회는 상원과 하원으로 조직되며, 하원은 독일 국민의 대표의원으로 상원은 독일 제방의 대표자에 의해 구성된다.
(아) 독일 황제는 하원을 해산할 수 있다.
(자) 지방자치단체의 법적 지위를 강하게 보장하고 있다.

2. 비스마르크 헌법

(1) 제정과정

19세기 독일은 수십 개의 영방국가(Territorialstaat)들로 구성되었는데, 그 중 프로이센과 오스트리아가 가장 강한 영방국가였다. 프로이센과 오스트리아 간의 전쟁이 발발했는데, 중규모 영방들은 오스트리아를 지지했고, 북부독일의 여러 소영방들은 프로이센에 가담하였다. 프로이센과 오스트리아의 전쟁은 프로이센이 승리하였다. 1866년 8월 23일 프라하 강화를 통해 오스트리아는 독일에서 탈퇴하였고 프로이센과 오스트리아의 이원적 대립의 종지부를 찍게 된다. 이로써 프로이센 주도하에 독일재편의 승인이 확인되었다고 할 수 있다. 프라하 조약이후 독일제국의 전신인 북독일연방이 발족되어, 영방들은 하나의 연방국가를 결성하였고, 1866년 12월 15일 북독일연방의 헌법초안을 작성하였다. 이 헌법초안은 1867년 2월 24일 프랑크푸르트 선거법에 의해 선출된 헌법을 심의할 북독일 연방의회(der verfassungsberatende norddeutsche Reichstag)에 상정되었고, 1867년 4월 17일 연방의회는 이 헌법을 성립시켰다. 북독일연방의 22개 영방들은 각각의 헌법규정에 따라 이 헌법을 승인하고 같은 해 7월 1일 북독일연방(독일제국)을 발족시켰다.

세 개의 남독일 영방들은 프랑스의 침략위협으로 위 연방에 가입하지 못했는데, 비스마르크는 보불전쟁이 개시되자, 1870년 위 3개의 영방과 조약을 체결하였다. 남독일 영방들이 가입함으로써 1871년 1월 1일에 독일제국은 완성되었고, 동년 4월 독일제국 헌법을 만들게 된다.

(2) 내용

제2조 이 연방영역 내에 있어서 제국은 이 헌법의 내용에 따라 입법권을 행사하며 또 제국법률은 방(邦)의 법률에 우선한다.

제5조 제국의 입법권은 연방참의원과 제국의회가 행사한다.

제6조 연방참의원은 연방구성국의 대표자로 조직한다.

제11조 연방의장의 지위는 프로이센 국왕에게 귀속하고, 프로이센 국왕은 독일황제로 칭하여진다. 황제는 국제법상의 제국을 대표하고, 제국의 이름으로 선전포고하고, 강화를 체결하고, 외국과의 동맹과 그 밖의 조약을 체결하고, 외교사절을 파견하고 접수하여야 한다.

제12조 황제는 연방참의원과 제국의회를 소집 · 개회 · 휴회 및 폐회할 권한을 가진다.

제15조 연방참의원의 의장을 맡고 모든 사무를 주제하는 것은 황제에 의하여 임명된 제국수상의 권한이다.

제20조 제국의회는 보통 · 직접 선거에 의해 비밀투표로 의원을 선출한다.

제23조 제국의회는 제국의 권한범위 내에서 법률안을 제출할 권리를 가지며 또한 자기에게 제출되어진 청원을 연방참의원 내지는 제국수상에게 이송할 권리를 가진다.

제24조 제국의회 의원의 임기는 3년이다. 그 기간 내에서 제국의회를 해산하기 위해서는 황제의 동의를 얻은 연방참의원의 결정이 필요하다.

제29조 제국의회 의원은 국민전체의 대표자이고 위임 및 훈령에 구속되지 아니한다.

제30조 제국의회 의원은 어떠한 때에도 투표를 이유로 또는 그 직무수행상의 표명으로 인하여 재판이나 징계절차로 소추되거나 기타 원외에 있어서 책임을 추궁당해서는 아니된다.

제31조 제국의회 의원은 제국의회의 승인 없이 회기중 형벌을 부가하여야 하는 행위를 위해서 조사를 받거나 체포되지 아니하나, 현행범 또는 그 다음날 중에 체포된 때는 그러하지 아니하다.

제33조 독일은 공통의 관세경계로 둘러싸여진 관세 · 통상 영역을 형성한다. 그 위치 때문에 관세경계에 포함시키는데 부적절한 개별 지역은 제외된다. 어떤 支邦에서 자유로이 거래되고 있는 것은 모두 다른 모든 支邦에 수입될 수 있고 또 거기에서는 동종의 국내생산물에 부과되는 국내세와 같은 범위 내에서만 과세할 수 있다.

제41조 독일방위 또는 상호교통에 있어서 필요하다고 간주되는 철도는 그 영역에 철도가 횡단하는 支邦의 이의가 있더라도 제국법률에 의해 그 支邦의 주권을 침해하지 않는 범위에서 제국의 부담으로 이를 건설하든지 또는 민간 기업에 그 부설의 허가를 내주고 수용권을 얻을 수 있다.

제48조 우편 · 전신제도는 독일제국의 전 영역에 통일적인 국가통신시설로서 조직 · 관리된다.

제53조 제국해군은 통일체로서 황제의 통수권 아래 있다. 해군장교 및 관리를 임명하는 황제는 제국해군의 조직과 구성에 대해서 의무를 지고, 이들은 병사와 마찬가지로 선서에 의하여 황제에 대한 의무를 져야 한다.

제56조 모든 독일제국영사는 황제의 감독 하에 놓여진다. 황제는 연방참의원의 통상 · 무역위원회에 자문을 구한 후 영사를 임명한다.

제57조 모든 독일인은 병역의무를 지닌다. 이 의무의 이행에 있어서는 어떠한 대리도 인정되지 않는다.

제69조 제국의 모든 수입과 지출은 매년 견적을 내어, 제국예산에 상계하여야 한다. 예산은 회계연도 초에 이하의 원칙에 따라서 법률로써 정해진다.

제74조 독일제국의 존재, 위신, 안전, 헌법에 위배되는 모든 시도, 나아가 연방참의원 · 제국의회, 연방참의원 또는 제국의회의 의원, 제국의 관청이나 관리에 대해서 관리의 직무수행 중 혹은 그 직무와 관련되어 행해지는 언어 · 문서 · 인쇄물 · 도화 · 회화 그 밖의 표현에 의한 모욕행위는 현행의 또는 장래 효력을 발생하는 법률이 규정하는 바에 따라 개개 邦에서 재판에 회부되어, 처벌되며 또한 동일한 양태의 행위가 各邦, 그 헌법, 그 의회 또는 신분의회, 그 의원, 그 관청 및 관리에 향해지는 경우에도 그 법률에 의하여 재판되고 처벌된다.

제78조 헌법의 개정은 입법의 방식에 의하여 행하여진다. 연방참의원에서 14표의 반대가 있을 때는 그 개정은 부결된 것으로 간주된다.

(3) 특징

(가) 비스마르크 헌법은 전문과 본문 78개조로 되어 있다.

(나) 독일의 두 번째 제국헌법의 싱격을 지닌나. 제국헌법이지만 가장 강력한 프로이센의 지위를 보장하는 불완전한 제국헌법이었다.

(다) 독일의 통일을 주된 목적으로 하기에 기본권규정을 두고 있지 않다.

(라) 제국의회를 양원제로 하고, 연방참사원은 연방구성국을 대표하는 지위를 지니고 있다.

(마) 연방참사원은 제국의 최상급기관이었는데, 25개 영방이 각각 최소 1명의 전권대표를 파견하였다. 투표수는 각 영방의 크기에 비례하였다.

(바) 연방의장의 지위는 프로이센 국왕에게 귀속하고, 프로이센 국왕을 독일황제로 하였다.

(사) 제국의회는 보통 · 직접 선거에 의해 비밀투표로 의원을 선출하였다.

(아) 연방구성국 사이의 관세 · 통상, 철도, 우편 · 전신제도, 제국해군에 관해 규율하고 있다.

(자) 헌법의 개정을 입법의 방식으로 하되, 연방참사원의 일정 수(14표)의 반대가 있을 때에는 개정할 수 없도록 하였다.

3. 바이마르 헌법

(1) 제정과정

세계 제1차 대전이 종말로 치닫고 있으면서 독일의 패망이 확실시되는 1918년 10월 독일 킬(Kiel)에서 군인폭동이 발생했다. 그리고 이 군인폭동에 노동자가 가담하면서 그 범위가 독일 전역으로 확대되었고, 상당 수 지역이 '노동자 병사 평의회(勞兵評議會)'의 지배에 들게 되었다.

당시 막스 폰 바덴(Max von Baden) 수상은 황제의 재가 없이 황제의 퇴위를 발표하였고 사회민주당 지도자인 프리드리히 에베르트(Friedrich Ebert)에게 수상을 이양했다. 혁명의 소용돌이 속에서도 독일은 승전국대표와 휴전협정을 11월에 체결한다. 1919년 1월 헌법제정을 위한 국민의회선거가 실시되었고, 사회민주주의 세력과 부르주아 민주주의 세력 간의 타협에 의존할 수밖에 없었다.

1919년 2월 바이마르의 국립극장에서 국민의회(Nationalversammlung)가 개최되었다. 바이마르(Weimar)라는 소도시에서 헌법제정을 위한 국민의회가 소집된 것은 당시 베를린을 중심으로 한 급진세력의 압력을 피하기 위함이었다고 한다. 국민의회는 에베르트를 대통령으로 선출하였고, 정부의 헌법초안은 자유주의 좌파성향의 헌법학자인 후고 프로이스(Hugo Preuβ)가 주도하였다. 국민의회는 1919년 8월 바이마르 헌법을 의결하였다.

(2) 내용

제1조 독일제국(라이히)은 공화국이다. 국가권력은 국민으로부터 나온다.

제2조 제국 영토는 독일 각 주들의 영토로 이루어진다.

제3조 국기의 색은 흑 · 적 · 금으로 한다.

제4조 일반적으로 승인된 국제법규는 독일제국법의 일부로서 효력을 지닌다.

제21조 의원은 전체국민의 대표자이다. 의원은 자신의 양심에 의해서만 행동하고 위임에 기속되지 않는다.

제22조 의원은 보통, 평등, 직접, 비밀선거에 의해 비례대표의 원리에 따라 만20세 이상의 남녀가 선출한다.

제25조 제국대통령은 제국의회를 해산할 수 있다. 다만, 동일한 이유로는 1회에 한한다. 새로운 선거는 해산 후 늦어도 60일 이내에 실시된다.

제33조 제국의회와 그 위원회는 제국수상과 제국장관의 출석을 요구할 수 있다.

제36조 제국의회나 주의회의 의원은 자신의 표결에 대해 또는 자신의 직무를 수행하면서 행한 표현에 대해 그 어떤 시기에도 재판상 또는 직무상 소추되거나 기타의 방식으로 의회 밖에서 책임을 지지 않는다.

제37조 제국의회나 주의회의 의원은 의원이 속한 원의 승낙이 없으면 회기 중 형벌을 받을 위험이 있는 행위로 인해 수사를 받거나 구금될 수 없다. 단 의원이 범행의 현장에서 또는 그 다음날까지 체포된 경우에는 그러하지 않다.

제41조 제국대통령은 전체 독일국민이 선출한다. 만35세 이상의 모든 독일인은 피선거권을 지

닌다.

제43조 제국대통령의 임기는 7년이다. 재선은 가능하다. 제국대통령은 임기 중에도 제국의회가 제안한 국민표결에 의해 해임될 수 있다. 제국의회의 결의에는 의원 3분의 2의 동의가 필요하다. 제국의회의 결의가 있으면 제국대통령의 직무는 정지된다. 국민투표에 의해 해임이 부결되면 이는 새로운 선거로 간주되며 제국의회는 해산된다. 제국대통령은 제국의회의 동의가 없이는 형사상 소추되지 아니한다.

제50조 제국대통령의 모든 명령과 처분이 효력을 지니려면 제국수상 또는 관할 제국장관의 부서를 요한다. 부서에 의해 책임이 이양된다.

제60조 제국의 입법과 행정에서 독일 각 주들을 위해 연방참의원을 구성하다.

제61조 연방참의원에서 각 주는 최소한 한 표를 갖는다.

제102조 법관은 독립이며 단지 법률에만 기속된다.

제104조 일반법원의 법관은 종신으로 임명한다. 이들은 법관의 판결과 법률이 정한 이유 및 절차에 의하지 않고는 장기 또는 단기로 정직되거나 전직 또는 퇴직당하지 않는다. 법률로 법관의 정년을 정할 수 있다. 법률에 근거한 정직은 전항과 무관하다. 법원조직이나 재판관할의 변경에 있어 각 주의 사법행정기관은, 봉급의 전액을 지불하는 조건하에, 법관을 본인의 의사에 반하여 다른 법원으로 전직시키거나 퇴직시킬 수 있다.

제105조 특별법원은 허용되지 않는다.

제109조 모든 독일인은 법률 앞에 평등하다.

제119조 혼인의 가족생활 및 민족보존과 증식의 기초로서 헌법의 특별한 보호를 받는다. 혼인은 양성의 평등에 기초한다.

제130조 공무원은 전체의 봉사자이며, 한 정당의 봉사자가 아니다.

제150조 예술, 역사 및 자연의 기념물과 명승풍경은 국가의 보호를 받는다.

제153조 소유권은 헌법이 보장한다. 그 내용과 한계는 법률에 의한다. 공공수용은 단지 공공의 복리를 위해 법률에 근거해서만 이루어진다. 수용은 제국법률이 달리 규정하지 않는 한 적절한 보상으로써 한다. 보상액에 대한 분쟁의 경우 제국법률이 달리 규정하지 않는 한 일반법원에서의 소송절차가 열려있어야 한다. 각 주, 지방자치단체 및 공익단체에 대해 제국이 수용하는 경우에는 언제나 보상을 해야 한다. 소유권은 의무를 진다. 그 행사가 동시에 공공선에 기여해야 한다.

(3) 특징

(가) 바이마르 헌법(Weimarer Reichverfassung)은 전문과 본문 181개조항으로 구성되었고, 8차에 걸쳐 개정이 이루어졌다. 1933년 Nazi의 권력장악과 그 유명한 수권법에 의해서 사실상 그 효력을 상실하였다.

(나) 세계 제1차 대전의 독일패망과 1918년의 혁명 이후 1919년의 바이마르 헌법에 의해 독일 최초의 공화국이 구성되었다.

(다) 바이마르 헌법은 의회를 국가권력의 중심으로 삼으면서도 직선의 대통령을 둠으로써 의회

의 독주를 통제하려 했다. 바이마르 헌법의 정부형태를 의원내각제로 보는 견해가 있지만 직선의 대통령을 두었기 때문에 바이마르 헌법의 정부형태를 의원내각제로 보기 어렵다.

(라) 임기 7년의 대통령을 국민이 직접 선출하였고 연임에 대한 제한이 없었으며, 의회해산권을 지녔으며, 강력한 긴급명령과 이외에도 의회입법을 통제하는 국민투표부의권이 부여되었다.

(마) 의회의 독주를 방지하기 위해 연방참의원(상원)을 두면서 연방참의원을 각 주의 대표로 구성하였다.

(바) 바이마르 헌법은 직접 민주적 요소를 채택하고 있다. 의회는 대통령에 대한 해임을 의결하여 국민투표로 최종 결정할 수 있게 하였고, 대통령은 의회가 제정한 법률을 공포 전 국민투표에 회부할 수 있게 하였으며, 국민이 제출된 법률안을 국민투표로 확정할 수 있도록 하였다.

(사) 바이마르 헌법은 전통적인 자유권 뿐 아니라 사회적 · 경제적 차원의 생존권의 새로운 목록을 갖는 세계 최초의 헌법이었다. 사회보험, 실업자지원의 보장, 의무교육의 무상규정, 재산권의 사회적 기속성 등이 그것이다.

(아) 바이마르 헌법은 부르주아의 이익을 위해 현상을 방어하는 데 기여하면서 동시에 부르주아의 무제약적 활동으로 발생한 노동자계층에 대한 불평등과 지배관계를 제거하는 기능을 담당하고자 했다. 즉 자본주의 제 모순을 극복하기 위하여 바이마르 헌법은 생존권조항을 두었던 것이다.

4. Bonn 기본법 및 통일 헌법

(1) 제정과정

제2차 세계 대전이 종료된 후 미국과 소련은 Nazi에 의해 점령된 유럽지역을 해방시키면서 자신들의 질서에 편입시켰다. 특히 독일은 미국 · 영국 · 프랑스 · 소련에 의해 분할 통치되었고, 수도 베를린도 동서로 분할하여 지배되었다. 서독은 미국 · 영국 · 프랑스의 관할 하에 있게 되고, 동독은 소련의 관할 하에 두어졌다. 이런 동서진영의 경쟁 구도 속에서 독일은 서독과 동독의 2개 국가로 나누어졌고, 서독은 NATO와 유럽경제공동체(EEC)로 속했으며, 동독은 바르샤바 조약기구(Warsaw Treaty Organization; WTO)와 코메콘(COMECON)으로 편입되었다. 독일은 동서로 양분되어 서독은 Bonn 기본법을 동독은 동독 헌법을 채택한다.

(2) 내용

제1조 ① 인간의 존엄성은 훼손할 수 없다. 인간의 존엄성을 존중하고 보호하는 것은 모든 국가권력의 책무이다.

② 이에 독일 국민은 세상의 모든 인간공동체와 평화 및 정의의 기초로서의 불가침이고 불가양인 인권에 대해 확신하는 바이다.

제3조 모든 사람은 법 앞에 평등하다.

제6조 혼인과 가족은 국가질서의 특별한 보호를 받는다.

제12조의1 ① 남자들은 만 18세 이상부터 군, 연방국경수비대 또는 민방위대에 복무할 의무를 가진다.

② 양심상 이유로 집총병역을 거부하는 자에게는 대체복무 의무를 지울 수 있다. 대체복무 기간은 군복무 기간을 초과할 수 없다.

제14조 ① 재산권과 상속권은 보장된다. 그 내용과 한계는 법률로 정한다.

② 재산권은 의무를 수반한다. 그 행사는 동시에 공공복리에 이바지하여야 한다.

제16조의1 ① 정치적으로 박해받는 자는 망명권을 가진다.

제18조 의사표현의 자유, 특히 출판의 자유(제5조 제1항), 교수의 자유(제5조 제3항), 집회의 자유(제8조), 결사의 자유(제9조), 서신 · 우편 · 전신의 비밀(제10조), 재산권(제14조) 또는 망명권(제16조의1)을 자유민주적 기본질서에 대한 공격을 위해 남용하는 자는, 이러한 기본권을 상실한다. 이러한 기본권 상실(실효)과 그 범위에 관하여는 연방헌법재판소에 의해 선고된다.

제19조 ① 이 기본법에 따라 기본권이 법률로써 또는 법률에 근거하여 제한될 수 있는 경우에 있어서, 그 법률은 개별사건에만 적용되는 것이 아닌, 일반적으로 효력이 있는 것이라야 한다. 그 밖에도 (제한되는) 기본권과 그 근거조항은 그 법률에 적시되어야 한다.

② 기본권의 본질적 내용은 어떠한 경우에도 침해할 수 없다.

③ 기본권은, 그 본질상 내국법인들에 적용될 수 있는 한에서, 이들 법인에게도 적용된다.

④ 공권력에 의하여 그 권리를 침해당한 자에게는 권리구제 절차가 인정된다. 다른 관할이 설정되어 있지 않은 한, 통상적 권리구제절차가 인정된다. 제10조 제2항 제2문에 대하여는 아무런 지장을 초래하지 않는다.

제20조 ① 독일연방공화국은 민주적 그리고 사회적인 연방국가이다.

② 모든 국가권력은 국민으로부터 나온다. 국가권력은, 국민에 의한 선거와 투표 그리고 입법 · 행정 · 사법의 개별 제 기관을 통해 행사된다.

제20조의1 국가는, 장래의 세대들에 대한 책임 하에, 헌법적 질서의 테두리 내에서 입법을 통해, 그리고 법률과 법에 정해진 바에 따라 집행 및 사법을 통해 자연적 생활기반과 동물을 보호한다.

제21조 ① 정당은 국민의 정치적 의사형성에 참여한다. 정당의 설립은 자유이다. 정당의 내부질서는 민주적 원칙에 부합해야 한다.

제25조 국제법의 일반원칙은 연방법의 일부를 이룬다. 그것은 법률에 우선하고, 연방의 영역 내의 주민에 대하여 직접 권리와 의무를 발생시킨다.

제38조 ① 독일연방의회(독일연방하원)의 의원은 보통 · 직접 · 자유 · 평등 및 비밀선거에 의하여 선출된다. 연방하원의원은 국민 전체의 대표자이고, 위임과 지시에 구속되지 않으며, 오로지 양심에 따른다.

② 만 18세 이상의 자는 선거권을 가진다. 성년인 자는 피선거권을 가진다.

제46조 ① 의원은, 연방의원나 그 산하 위원회에서 행한 투표 또는 발언을 이유로 어느 때에도 재판 또는 징계를 받거나 기타 연방의회의 원외에서 문책을 당하여서는 안 된다. 이는 명예훼손적 비방에는 적용되지 아니한다.

② 의원은, 범행 당시 또는 그 익일 중에 체포되지 않은 이상, 연방의회의 허락이 있는 경우에만 범죄행위를 이유로 형사책임을 지우거나 체포할 수 있다.

③ 연방의회의 허락은, 그 외에 의원의 신체의 자유에 대한 다른 모든 제한 또는 의원에 대한 제18조상의 절차를 신청할 때에도 필요하다.

④ 의원에 대해 행해지는 일체의 형사절차와 제18조에 따른 소송절차, 구금 및 그 신체적 자유에 대한 기타의 제한은, 연방의회의 요구가 있으면 중지되어야 한다.

제51조 ① 연방침사원은 주(州)정부가 임명하고 소환하는 주정부의 구성원으로 구성된다. 연방참사원 의원은 주정부의 다른 구성원에 의하여 대리될 수 있다.

제54조 ① 연방대통령은 연방회의에서 토의 없이 선출된다. 연방하원의원의 선거권을 가지는 만 40세 이상의 모든 독일인은 피선거권을 가진다.

② 연방대통령의 임기는 5년이다. 1회에 한하여 연임이 허용된다.

제62조 연방정부는 연방수상과 연방장관들로 구성된다.

제63조 ① 연방수상은, 연방대통령의 제청으로 연방의회에서 토론 없이 선출한다.

② (연방수상은)연방하원 재적의원 과반수의 표를 얻은 자가 선출된다. 선출된 자는 연방대통령에 의해 임명된다.

제64조 ① 연방장관은, 연방수상의 제청으로 연방대통령에 의해 임명된다.

제92조 사법권은 법관에게 맡겨져 있다. 사법권은 연방헌법재판소, 이 기본법에 규정된 연방법원 그리고 주법원에 의해 행사된다.

제94조 ① 연방헌법재판소는 연방법관과 그 밖의 구성원으로 이루어진다. 연방헌법재판소의 구성원은 연방의회와 연방참사원에 의해 각각 반씩 선출된다.

제95조 ① 연방은 일반재판권, 행정재판권, 재정재판권, 노동재판권 및 사회재판권 분야에 관하여 최고법원으로서 연방대법원, 연방행정대법원, 연방재정대법원, 연방노동대법원 및 연방사회대법원을 설치한다.

제102조 사형은 폐지된다.

(3) 특징

(가) 전문과 본문 146개조로 되어 있다.

(나) 서독은 '헌법'이란 용어대신 '기본법'을 선택하고 있는데, 이는 헌법은 통일된 국가의 법질서를 표현하는 것이기에 통일된 국가가 아닌 서독은 통일될 때까지의 국가의 기본질서를 규율하는 것으로 기본법을 선택하였다.

(다) 본 기본법은 정당해산제도를 둠으로써 바이마르 헌법의 기초를 이룬 절대적 가치상대주의와 결별하였다.

(라) 인간의 존엄과 가치는 불가침이라는 헌법의 최고의 가치를 선언하고 있다.

(마) Bonn 기본법은 기본권 부분에서 사회적·경제적 기본권을 의식적으로 포기하였다. 생존권조항을 두지 않은 것은, 현실적으로 실현성 없는 것을 약속하는 것이 헌법의 신뢰를 손상시킬 우려가 있고, 기본권규정의 종합적 해석을 불가능하게 하기 때문이라고 한다. 통독 과정에서 생존권의 채택문제가 다시 논의의 대상이 되었다. 1993년 11월 공동헌법위원회(Gemeinsame Verfassungskommission)는 생존권의 채택을 거부하고 국가목표규정으로서 환경보호만을 기본법에 수용할 것을 권고하였다. 독일 의회는 1994년 말 이 권고안을 받아들였다.

(바) 건설적 불신임제도를 두어 의회의 안정을 도모하고 있다.

(사) 헌법재판소를 두어 기본권 및 헌법보장을 극대화시키고 있다.

(4) 1990년 통일 독일헌법

(가) 제2차 세계대전 이후 분단된 국가들 중 독일은 가장 통일이 어려울 것으로 보인 국가였다. 이는 독일은 두 번에 걸친 세계대전의 전범국이자 패전국이며, 제2차 세계대전 이후에는 미영불소 4대강국에 의해 강제 분할되었으며, 유럽에서 독일의 통일을 원하는 국가를 찾기 어렵고, 유럽의 중심부에 8000만 인구의 국가가 만들어지는 것은 일종의 금기사항이었기 때문이다. 그러나 1990년 10월 3일 독일은 평화적이고 민주적 방법으로 통일을 이루어냈다.

(나) 1972년 동서독 기본조약이 체결되었고, 1986년 문화협정에 의해 문화교류가 활발하게 이루어졌다. 독일 통일에는 동서독 간의 국내적 합의와 전승국 4개국의 국제적 합의가 필요했다. 동서독 정상들은 8번의 공식적 만남과 6번의 비공식적 만남을 통해 통일을 위해 국내적 합의를 도출하려고 노력했다. 동시에 2+4협정을 체결하고, 영국과 프랑스의 동의를 받아내면서 소련이 이에 동의하는 국제적 합의를 도출해내었다. 특히 소련경제의 몰락으로 인한 소련체제의 반성과 고르바초프의 개혁 개방정책이 결정적 도움을 주었다.

(다) 동독 내 정치상황의 급변은 1989년 11월 전후 최대사건인 베를린 장벽의 붕괴로 이어졌고 동독은 경제정책의 전환, 여행규제의 철폐 등 동독주민의 개혁요구를 대폭 수용하였다. 또한 1989년 11월 서독의 콜 수상이 독일통일을 위한 10개항 프로그램을 제의하자 동독 수상인 모드로우도 1990년 2월 독일을 위한 4단계 통일방안을 제시한바 있다.

(라) 동서독은 1990년 5월 '화폐, 경제 및 사회통합을 위한 조약'을 체결하였고, 동년 8월 '동서독 총선을 위한 선거조약'을 체결하였다. 위 선거조약에 의거하여 통일되고 2개월 후 통일독일의 첫 총선거를 실시하였다. 1990년 8월 정치 법률, 제도 등 전반적인 사회체제를 단일화하기 위한 통일조약을 체결하였다. 1990년 8월 23일 동독의회는 1990년 10월 3일 서독에 편입된다는 안을 294대 62로 가결함으로써 완전한 통일을 이루게 된다.

프랑크푸르트 헌법

[공포 1849년 3월 28일]

헌법제정 독일국민의회는 이하의 조항을 의결하고, 제국(라이히) 헌법으로 공포한다.

독일제국(독일 · 라이히) 헌법

제1장 제국

제1절[1)]

제1조 (제국의 영토)

① 독일제국은 종래의 독일연합의 영역으로 이루어진다.
② 슐레스비히 대공령(大公領)과의 관계 확정은 유보된다.

제2조 (독일의 州와 독일 이외의 국가와의 인적 연합국가)

① 독일의 어떤 주(州)[2)]가 독일 이외의 어떤 국가와 동일의 국가원수를 가지고 있는 경우에는, 해당 독일의 州는 그 독일 이외의 국가와는 별개의 헌법, 정부 및 행정을 가지고 있어야 한다. 해당 독일 州의 정부와 행정(의 관리)에 임용될 수 있는 것은 독일공민뿐이다.

② 제국헌법 및 제국입법은 이러한 독일 여러 州에 있어서, 그 밖의 독일 여러 州에서의 동일한 구속력을 가진다.

제3조 (인적 연합국가의 원수)

독일의 어떤 州가 독일 이외의 어떤 국가와 동일의 국가원수를 가지고 있는 경우에는, 그 원수는 해당 독일의 州에 거주하거나, 또는 해당 州에 헌법에 따른 방법으로 섭정을 두지 않으면 안 된다. 그 섭정에는 독일인만이 임용될 수 있다.

제4조 (새로운 인적 연합국가의 금지)

독일의 여러 州와 독일 이외의 제국 사이에 이미 존재하고 있는 연합은 별도로 하고, 독일 이외의 국가의 어떠한 원수도 [그 독일의 통치와] 동시에 독일의 州의 통치를 행하면 안 되고, 또한 독일에 있어서 통치를 행하고 있는 영방군주(領邦君主)도 독일에서의 그의 통치권을 양도하지 않은 채 외국의 왕위에 올라서는 안 된다.

제5조 (독일 諸邦의 독립성)

개개의 독일 諸邦(Staaten)은 제국헌법에 따라 제한되지 않은 한에 있어서 각각 독립성을 가진다. 독일 제방(諸邦)은 명문으로 제국권력에 이양되지 않는 한에서 모든 국가적 고권과 국가적 권리를 행한다.

제2장 제국권력

제1절

제6조 (외교관계)

① 제국권력은 외국에 대해, 독일 및 개개의 독일 諸邦의 국제법상의 대표권을 전속적으로

---

1) 원어로는 Artikel이며, 통상은 '조'라고 번역되고 있지만, 여기에서는 이것은 '절'로 번역했기 때문에 이 제1장의 경우에는 제2절 이하가 없게 된다.

2) 여기에서는 원문에 충실하여 원칙적으로 Land를 '주(州)', Staat은 '邦(支邦)'으로 번역했다. 'Land'와 '邦'은 통상적으로는 일치했지만, 간혹 '邦'에 따라서는 복수의 'Land' 또는 市(Stadt)를 포함한 지역(Provinz)으로 이루어진 경우도 있었다.

행사한다.
② 제국권력은 제국 공사 및 영사를 둔다. 제국권력은 외교관계를 처리하고, 외국과 동맹 및 조약, 특히 통상·항해 조약 및 범죄 인도 조약도 체결한다. 제국권력은 모든 국제법상의 처분을 명한다.

제7조 (各邦의 정부가 독자의 공사관을 보유하지 않을 것)

① 독일의 各邦의 정부는 상임의 공사를 수용 또는 보유할 권리를 가지지 않는다.
② 또한, 各邦의 정부는 특임의 영사를 보유하는 것도 허용되지 않는다. 외국의 영사는 그 인가장을 제국권력으로부터 받는다. 제국원수에 대해 전권대표를 파견하는 것은 各邦 정부의 자유에 맡겨진다.

제8조 (各邦 간의 조약)

① 독일 各邦의 정부는 독일의 다른 방(邦)의 정부와 조약을 체결할 권한을 가진다.
② 各邦의 정부가 독일 이외의 정부와 조약을 체결하는 권한은 사법, 근린교통 및 경찰의 대상으로 한정된다.

제9조 (조약의 제국에의 통지 · 제출)

독일의 어떤 邦 정부가 독일의 다른 邦 정부 또는 독일 이외의 정부와 맺은 조약으로, 순수하게 사법적인 내용에 머무르지 않는 내용을 가진 조약은 모두 제국권력에 통지되어야 하고, 또한 거기에 제국의 이해가 관계되어 있는 한 승인을 얻기 위해 제국권력에 제출되어야 한다.

제2절

제10조 (전쟁과 평화)

제국권력은 전쟁 및 강화의 권리를 전속적으로 가진다.

제3절

제11조 (군사력의 행사권)

제국권력은 독일의 모든 전력을 자유롭게 행사할 수 있다.

제12조 (제국군)

① 제국군은 전쟁 목적으로 설치된 개개의 독일 各邦의 전 지상병력으로 이루어진다. 제국군의 전력과 성질은 군제에 관한 법률에 의하여 규정된다.
② 주민 50만 이하의 邦은 제국권력에 의해, 더욱 큰 군사적 통일체에 통합되어, 그에 따라 그 통일체가 제국권력의 직접 지휘의 아래에 놓이거나, 또는 인접하는 보다 큰 邦에 더해지는 것으로 한다.
③ 이러한 통합의 제반 조건의 상세한 부분은, 어떠한 경우에 있어서도 제국권력의 중개와 승인 아래에서 참가하는 諸邦이 협정을 맺음으로써 확정되는 것으로 한다.

제13조 (입법과 조직)

① 제국권력은 군제에 관해 전속적인 입법권과 조직권을 가지고, 各邦에 있어서 그 실시를 계속적인 통제에 의해 감독한다.
② 各邦은 제국법률 및 제국권력의 명령에 기초하여, 또는 제12조에 따라 체결되는 협정의 한계 내에서 各邦의 군을 양성하는 것이 인정된다. 各邦은 그 전력이 제국의 임무를 위해 요청되지 않는 한에서, 이것을 자유로이 행사할 수 있다.

제14조 (입대 시의 선서)

입대 시의 [군기에 대한] 선서에 있어서는 제국원수와 제국헌법에 대한 충성의 의무가, 맨 앞에 놓여져야 한다.

제15조 (부대의 비용)

제국의 목적을 위해 부대를 사용하는 것에 따라 발생하는 모든 비용 가운데, 제국에 의해 설정된 강화액을 넘는 비용은 제국이 부담한다.

제16조 (군제)

전 독일에 대해 동등한 일반적 군제에 관해서는 특별한 제국법률이 공포된다.

제17조 (장교의 임명)

① 各邦의 정부는 各邦의 부대가 필요로 하는 한도의 인원의 사령관 및 장교를 임명하는 권한을 위임받고 있다.
② 복수의 邦의 부대가 통합되어 성립하고 있는, 보다 큰 규모의 군사적 통일체에 대해서는 제국정부가 공통의 사령관을 임명한다.
③ 전쟁에 대해 제국정부는 독립군단을 지휘할 장군 및 사령부의 인원을 임명한다.

제18조 (성새)

① 제국권력은 제국의 성새(城塞) 및 해안 방위대를 설치하고, 또한 제국의 안전에 필요한 한도에 있어서 기존의 성새를 정당한 보상에 따라, 특히 인도된 군수물자와 교환하고, 제국의 성새라고 선언할 권한을 갖는다.
② 제국의 성새와 해안 방위대는 제국의 비용으로 유지한다.

제19조 (해군)

① 해군(seemacht)은 제국의 전속 사항이다. 어떠한 邦도 군함을 자신의 것으로 보유하거나 적국 상선 나포 특허장을 발급하지 못한다.
② 해군 군함의 승무원은 독일군의 일부를 이룬다. 그 승무원은 지상 병력으로부터 독립되어 있다.
③ 各邦으로부터 해군 군함에 공출된 인원은, 各邦에 따라 보유해야 할 육상부대의 인원에서는 제외되어야 한다. 이것에 관한 상세 및 제국 各邦 간의 비용 분담에 관한 상세한 것은 제국법률이 정한다.
④ 해군의 장교 및 관사의 임명은 제국에 의해서만 이루어진다.
⑤ 제국권력은 해군 함대의 장비, 양성 및 유지, 또한 군항 및 해군 병기고의 건설, 장비 및 유지를 위해 배려한다.
⑥ 군항 및 해군 병영의 축조에 필요한 공용수용을 하는 것에 대해 또한, 그것에 임용되는 제국관청의 권한에 대해서는 장래 공포되는 제국법률이 이것을 정한다.

제4절

제20조 (항행의 시설)

① 해병 및 독일 하천의 하구에 있는 항행을 위한 영조물(항구, 부표, 등선, 수로 안내인, 수로 등)은 개개의 해안 諸邦의 보호에 맡겨져 있다. 해안 제방은 이 영조물들을 독자의 수단으로 유지한다.
② 각 하천의 하구가 어디까지인가에 대해서는 제국법률에서 정한다.

제21조 (제국권력에 의한 지휘 감독)

① 제국권력은 이 시설 및 영조물들의 지휘 감독을 행한다.
② 관계한 諸邦에 이들 시설 · 영조물의 적절한 유지를 권하는 것은 제국권력의 권한에 속

하고, 또 이들을 제국의 수단에 의해 증가·확장시키는 것도 제국권력의 권한에 속한다.

제22조 (조세의 비율)

해안 제방에 있어서 선박과 그 하물에서 항행 시설의 사용에 대해 징수되는 조세는 이 시설들의 유지에 필요한 비용을 초과해서는 안 된다. 이 조세는 제국권력의 인가에 따른다.

제23조 (과세)

① 이 과세에 관해 모든 독일 선박과 그 하물은 평등한 대우를 받는 것으로 한다.
② 해외 항행에 대해 더욱 높은 과세를 부과하는 것은, 제국권력에 의해서만 가능하다.
③ 해외 항행에 대한 초과세는 제국의 국고에 들어간다.

제5절

제24조 (내수항로)

① 제국권력은 항행가능한 형태로 복수의 邦을 통과하여 흐르거나 邦의 경계를 이루고 있는 하천 및 호수에 관해, 거기에 유입하는 지류의 합류 지점에 관해, 또한 거기에서의 항행업 및 그곳의 목재 유송(뗏목 통행)에 관해 입법하여 감독할 권리를 가진다.
② 이 하천의 항행 가능성을 어떻게 유지하고 혹은 개선해야 할 것인가에 대해서는 제국법률로 정한다.
③ 그 밖의 수로는 各邦의 보호에 맡겨져 있다. 그러나 제국권력은 일반 운수의 이익에서 보아 필요하다고 간주되는 경우, 이 수로에서의 항행업 및 그 곳의 목재 유송에 관한 일반적 규정을 공포하여, 또한 개개의 하천을 같은 조건 아래에 위의 공통 하천과 동등하게 취급할 수 있다.
④ 제국권력은 各邦에 이 수로의 항행 가능성을 적절히 유지시킬 권한을 가진다.

제25조 (하천 관세)

① 모든 독일의 하천은 독일인의 항행에 대해 하천 관세가 면제되지 않으면 안 된다. 목재의 유송도 항행 가능한 하천구역에 있어서 그와 같은 세를 부과해서는 안 된다. 자세한 내용은 제국법률로 정한다.
② 복수의 邦을 통과하여 흐르거나 복수의 邦의 경계를 이루고 있는 하천에 대해서는, 이 하천 관세를 폐지하는 대신 정당한 보상이 이루어진다.

제26조 (내륙 항행의 수수료)

① 공동하천 및 그곳에 유입하는 지류의 합류점에 있어서, 부과되는 항구, 크레인, 계량기, 창고, 수문 및 이것들과 비슷한 것에 대한 수수료는 그 영조물들을 유지하는 것에 필요한 비용을 넘어서는 안 된다. 이 수수료는 제국권력의 인가에 따른다.
② 이 수수료에 관해 독일의 어떤 邦에 속한 자를 독일의 다른 邦에 속한 자보다 우대해서는 안 된다.

제27조 (외국선에 대한 관세와 세)

외국선과 그 하물에 대한 하천 관세 및 하천 항행세는, 제국권력만이 이것을 부과할 수 있다.

제6절

제28조 (철도)

제국권력은 제국의 보호 및 일반 운송의 이익을 위해 필요한 한도에서, 철도와 그 조업에 관해 지휘 감독을 하고 입법권을 가진다. 어떠한 대상이 그것에 포함되는지에 대해서는 제국법률로 정한다.

第29조 (인가권)

제국권력은 제국의 보호 및 일반 운송의 이익을 위해 필요하다고 간주되어지는 한도에서, 철도건설을 인가하고, 또한 어떤 邦이 자신의 영역 내에 (철도의) 건설이 이루어져야 함에도 불구하고 수행을 거부한 경우에는 스스로 철도를 건설할 권리를 가진다. 제국의 목적을 위한 철도의 이용에 대해서는, 제국권력은 보상하거나 상환하고, 언제든지 이것을 자유롭게 이용할 수 있다.

第30조 (이익의 대표)

各邦이 철도를 건설 혹은 인가하는 경우에 있어서, 제국권력은 제국의 보호와 일반 운송의 이익을 대표하는 권한을 가진다.

第31조 (국도)

제국권력은 국도에 관해 제국의 보호와 일반 운송의 이익을 위해 필요한 한도에서, 지휘·감독하고 입법권을 가진다. 어떠한 대상이 그것에 포함되는지에 대해서는 제국법률로 정한다.

第32조 (새로운 교통수단의 건설)

① 제국권력은 제국의 보호와 일반 운송의 이익을 위해 필요하다고 간주하는 한도에서, 국도 및 운하를 건설하고, 하천을 항행할 수 있게 하며, 또한 그 항행 가능한 범위를 확대하는 것을 명할 권리를 행사한다.
② 거기에 필요한 건설 작업의 명령은 관여하는 各邦과 사전합의에 따라 제국권력에 의해 이것을 행한다.
③ 새로운 건설의 집행과 그 유지는, 各邦의 이해가 얻어지지 않는 경우에는, 제국을 위해 또한 제국의 비용 부담으로 이것을 행한다.

第7절

第33조 (통일된 관세 지역 및 통상 지역)

① 독일제국은 공동의 관세 경계선에 둘러싸여, 모든 국내 관세가 폐지된 관세·통상 지역을 형성하지 않으면 아니된다.
② 개개의 지구 및 특정 지역 부분을 관세 경계선으로부터 분리하는 것은 제국권력에 유보된다.
③ 제국에 속하지 않는 州 및 그 일부를 특별조약에 의해 독일의 관세 지역에 병합하는 것은 제국권력에 유보된다.

第34조 (관세 및 조세에 관한 입법)

제국권력은 전속적으로 세제 전체 및 공동의 생산세 및 소비세에 관해 입법권을 가진다. 어떠한 생산세 및 소비세가 공동이어서는 안 되는가에 대해서는 제국입법으로 정한다.

第35조 (징수와 행정)

① 관세와 생산세, 소비세의 징수 및 관리는 제국권력의 명령에 의해, 또한 그 감독의 아래에서 행해진다.
② 전체 세수에서 일정 부분이 정식 예산에 따라 제국의 지출을 위해 선취되고, 남은 부분이 各邦에 분배된다.
③ 특별한 제국법률이 이것에 대해 상세한 내용을 정한다.

第36조 (과세대상에 관한 입법)

개개의 邦이 어떠한 대상에 대해 그 邦 혹은

개개의 지방자치단체의 계산으로 생산세 혹은 소비세를 부과하는 것이 허락되는가, 또는 그 경우에 어떠한 조건과 제한이 부과되는지에 대해서는 제국의 입법으로 정한다.

제37조 (개개의 邦의 비관세)

개개의 독일의 邦은 제국 국경을 출입하는 재물에 대해 관세를 과하는 권한을 가지고 있지 않다.

제38조 (통상 및 항행에 관한 입법)

제국권력은 통상 및 항행에 관한 입법권을 가지고, 그것에 관해 공포되는 제국법률의 집행을 감독한다.

제39조 (영업에 관한 입법)

영업에 관해 제국법률을 공포하고, 그 집행을 감독하는 것은 제국권력의 권한에 속한다.

제40조 (특허, 정신적 소유권의 보호)

발명 특허는 전속적으로 제국에 의해, 제국법률을 기초로 부여된다. 또 서적의 복제, 예술작품, 상표, 도안 및 형태의 모든 권한 없는 모조에 대한 입법, 그 밖의 정신적 재산권의 침해에 대한 입법도 전속적으로 제국권력의 권한에 속한다.

제8절

제41조 (우편제도)

① 제국권력은 우편제도, 특히 그 조직, 요금, 통과, 우편요금 구분 및 개개의 우체국 간의 관계에 관한 입법권을 가지고, 지도·관리한다.

② 제국권력은 집행규칙에 따라 법률이 동등하게 적용되도록 배려하고, 계속적인 통제에 의해 各邦에서의 법률의 실시를 감독한다.

③ 복수의 우편 영역의 범위 내에서 일반 왕래를 위한 노선을 정하는 것은 제국권력의 권한에 속한다.

제42조 (우편 조약 체결의 권한)

외국의 우체국과의 우편 조약은 제국권력에 의해 또는 그 인가에 따라서만, 체결될 수 있다.

제43조 (우편 제도를 계승할 권한)

제국권력은 필요하다고 인정되는 한도에서, 독일의 우편 제도를 제국의 비용으로, 제국법률에 따라 권리 보유자에의 정당한 보상을 조건으로 인수할 권한을 가진다.

제44조 (전신 제도)

① 제국권력은 전신선을 부설하고, 또 기존의 전신선을 보상과 교환에 이용하거나 이것을 수용의 방법으로 획득할 권한을 가진다.

② 이것에 관한 상세한 규정 및 사적 통신을 위한 전신의 이용에 관한 상세 규정은 제국법률에 유보된다.

제9절

제45조 (화폐 제도)

① 제국권력은 전속적으로 화폐 제도에 관해 입법과 감독을 행한다. 전 독일에 통용되는 동일화폐제도를 도입할 의무를 지닌다.

② 제국권력은 제국 경화를 주조할 권리를 가진다.

제46조 (도량형)

제국권력은 전 독일에 도량형 체계 및 금제품

및 은제품의 순도에 관한 동일한 체계를 정할 의무를 지닌다.

제47조 (은행 제도)

제국권력은 은행 제도와 지폐 발행을 제국입법에 따라 규율할 권리를 가진다. 제국권력은 이에 관해 공포되는 제국법률의 집행을 감독한다.

제10절

제48조 (제국의 지출)

제국에 의해 시행되는 모든 조치 또는 행사를 위한 지출은 제국권력에 의해, 제국의 재원에 의해 조달되는 것으로 한다.

제49조 (관세, 생산세 및 소비세)

제국은 그 지출을 조달하기 위해, 우선 관세와 공통의 생산세 및 소비세로부터의 수입 중 재국의 몫에 의지하지 않으면 안 된다.

제50조 (대장납세)

제국은 그 밖의 수입이 충분하지 않은 한도에서 주민세를 과할 권리를 가진다.

제51조 (특별한 경우)

제국권력은 특별한 경우에 제국세를 부과하고, 이것을 징수하거나 징수하게, 또는 기채하거나 그 밖의 차용을 결정할 권한을 가진다.

제11절

제52조 (제국의 재판권)

제국의 재판권의 범위는 제국법원의 장(=제5장)에서 이것을 정한다.

제12절

제53조 (국민의 권리 보호)

제국권력은 제국헌법에 따라 모든 독일인에게 보장된 여러 권리를 감독하며 보호할 의무를 진다.

제54조 (안전과 질서의 유지)

① 제국권력은 제국의 평화를 유지할 의무를 지닌다.
② 제국권력은 이하의 각 호에 해당하는 경우에는 국내 안전과 질서를 유지기 위해 필요한 조치를 취해야 한다.

1. 독일의 어떤 邦이 독일 외의 邦으로부터 그 평화를 방해받거나 위험에 노출되는 경우
2. 독일의 어떤 邦이 내국인 또는 외국인에 의해 그 안전과 질서를 방해받거나 위험에 노출되는 경우. 그러나 이러한 경우에 제국권력이 개입하지 않으면 안 되는 것은 해당 정부 스스로 제국권력에 이것을 요청한 경우에 한한다. 다만 해당 정부가 그것을 이룰 상태가 아닌 것이 현저할 경우 또는 제국 공공의 평화가 위협받는 것처럼 여겨지는 경우에는 그러하지 아니하다.
3. 독일의 어떤 邦의 헌법이 폭력적 또는 일방적으로 폐기되거나 변경되고 게다가 제국법원에 소송해도 즉시 원조를 얻지 못할 경우

제55조 (제국권력의 조치)

① 제국권력이 제국의 평화를 유지하기 위해 취할 수 있는 조치는 (1) 명령, (2) 임시 대행의 파견, (3) 군사력의 사용이다.
② 이와 같은 조치로 생긴 비용을 부담할 때에 기준이 되는 원칙은, 제국법률로 정한다.

제56조 (공공질서를 유지하기 위한 조치)

제국권력은 공공질서의 방해에 대해 군사력을 사용해야 할 경우와 그 방식을 제국법률에 따라 정할 의무를 진다.

제57조 (제국 공민권 및 방공민권)

제국권력은 제국과 邦의 공민권 취득 및 상실에 관한 법적 범위를 확정할 의무를 진다.

제58조 (향토권)

제국권력은 향토권에 대해 제국법률을 제정하고, 그 집행을 감독할 권한을 가진다.

제59조 (결사제도)

제국권력은 결사와 집회의 자유라는 기본권에 의해 보장된 권리를 해함이 없이, 결사조직에 관한 제국법률을 공포할 권한을 가진다.

제60조 (공문서)

제국입법은 공문서의 기록에 관해 전 독일에 그것의 진정함을 인정하는 데 필요한 조건을 확정하지 않으면 아니된다.

제61조 (보건을 위한 조치)

제국권력은 전체 복지의 이익을 위해, 보건위생에 관한 일반적 조치를 강구할 권한을 가진다.

제13절

제62조 (제국입법)

제국권력은 헌법에 따라 스스로 위임된 권한을 실행하고, 스스로 맡겨진 영조물을 보호하는 데 필요한 한도에서 입법을 행한다.

제63조 (헌법 개정법률)

제국권력은 독일 전체 이익을 위해 공통의 제도 및 조치가 필요하다고 인정되는 경우에 그것을 근거 지우는 데 필요한 법률을 헌법 개정에 관해 이 법에 정해진 형식으로 공포할 권한을 가진다.

제64조 (법통일의 확립)

제국권력은 민법, 상법 및 어음법, 형법 및 재판절차에 관한 일반법전을 제정함으로써 독일 국민 중에 법적 통일을 확립할 의무를 진다.

제65조 (제국에 의한 공포)

제국권력의 모든 법률 및 명령은, 제국이 이것을 공포함으로써 구속력을 가진다.

제66조 (제국법의 우선적 효력)

제국법률은 명문으로 보충적으로만 적용되는 취지가 부기되어있지 않은 한, 各邦의 법률에 우선한다.

제14절

제67조 (제국 관리의 임용)

① 제국 관리의 임용은 제국에 의해 행해진다.
② 제국 관리의 복무규정은 제국법률로 확정한다.

제3장 제국 원수

제1절

제68조 (황제가 되는 사람)

제국 황제의 지위는 통치하고 있는 독일 제후 가운데 한 명에게 맡겨진다.

第69条 (세습 황제)

제국 황제의 지위는 이것을 맡고 있던 제후의 가계에서 세습된다. 이 지위는 남계로 장자권에 따라 세습된다.

第70条 (독일 황제)

제국 원수는 독일인 황제(Kaiser der Deutschen)의 칭호를 갖는다.

第71条 (제국 정부의 소재지)

① 황제의 거주지는 제국 정부의 소재지로 한다. 적어도 제국 의회의 회기 중에 황제는 그곳에 머물지 않으면 안 된다.
② 황제가 제국 정부의 소재지에 없는 때는, 항상 제국 대신의 한 명이 그 근처에 있지 않으면 아니 된다.
③ 제국 정부의 소재지에 관한 규정은 제국법률에 유보된다.

第72条 (왕실비)

황제는 제국 의회에 의해 확정된 왕실비를 수취한다.

제2절

第73条 (책임 대신에 의한 정부)

① 황제의 일신은 불가침이다.
② 황제는 자신에게 위임된 권력을 자신이 임명하는 책임 대신을 통해 행사한다.

第74条 (부서)

황제의 모든 통치 행위는 그것이 유효하기 위해서 적어도 제국 대신의 한 명에 의한 부서를 필요로 하고, 그 제국 대신은 그것에 따라 책임을 진다.

제3절

第75条 (황제의 권한 : 국제법상의 대표)

황제는 독일제국 및 독일 諸邦(Staaten)을 국제법상 대표한다. 황제는 제국 공사와 영사를 임명하고, 외교를 행한다.

第76条 (선전 포고, 강화 조약 체결)

황제는 선전을 포고하고, 강화 조약을 체결한다.

第77条 (동맹)

황제는 외국 세력과의 사이에서 동맹 및 조약을 체결하고, 헌법에 유보된 경우에는 제국 의회의 협력 하에 이를 행한다.

第78条 (조약의 제출)

독일 諸邦의 정부가 상호간 또는 외국의 여러 정부와 체결하는 조약에서, 순수한 사법(私法)상의 내용을 벗어나는 모든 조약은 황제가 그것을 관람하기 위해 또는 거기에 제국의 이익이 관련되어 있는 한도에서, 황제가 그것을 확인하기 위해 황제에게 제시하지 않으면 아니된다.

第79条 (제국 의회의 소집)

황제는 제국의회를 소집하고, 폐회한다. 황제는 제국의회를 해산할 권리를 가진다.

第80条 (법안 제출권)

황제는 법안 제출권을 가진다. 황제는 헌법의 제한 아래 제국의회와 공동으로 입법권을 행사한다. 황제는 제국법률을 공포하고, 또 제국법률의 집행에 필요한 명령을 제정한다.

第81条 (사면권 · 형의 감량)

① 제국법원의 권한에 속하는 형사 사건에 대

해, 황제는 사면 및 형의 감량을 할 권리를 가진다. 수사의 착수 및 단속의 금지에 대해서 황제는 제국의회의 동의에 의해서만 이것을 명할 수 있다.

② 그 직무 행위로 유죄가 된 제국 대신을 위해, 황제가 사면 및 형의 감량을 할 권리를 행할 수 있는 것은 고발을 한 의원이 그것을 제안한 경우에 한한다. 황제는 州대신을 위해서는 이러한 권리를 갖지 아니한다.

第82조 (제국의 평화 유지)

황제는 제국의 평화를 유지할 의무를 진다.

第83조 (지휘권)

황제는 군사력을 자유롭게 처리한다.

第84조 (통치권의 담당자)

황제는 제국헌법에 따라, 일반적으로 제국에 관한 모든 사항에 대해 통치권을 가진다. 이 권력의 담당자인 황제에게는 제국헌법에 있어서 제국권력에서 부여되고, 제국의회에 할당되어있지 않은 권리 및 권한이 부여되어 있다.

제4장 제국 의회

제1절

第85조 (제국의회)

제국의회는, 제방원(상원, Staatenhaus)와 국민원(하원, Volkshaus)의 이원으로 이루어진다.

제2절

第86조 (제방원의 조직)

제방원은 독일 제방의 대표자에 의해 구성된다.

第87조 (표결권의 할당)

① 구성원(Mitglieder)의 수는 이하와 같이 할당된다 :

프로이센	40명
오스트리아	38명
바이에른	18명
작센	10명
하노버	10명
뷔르템베르크	10명
바덴	9명
쿠어헷센	6명
헷센 대공령	6명
홀슈타인(슐레스비히에 대해서는 제1조 참조)	6명
메클렌부르크-슈베린	4명
룩셈부르크-림부르크	3명
나사우	3명
브라운슈바이크	2명
올덴부르크	2명
작센=바이마르	2명
작센-코부르크=고타	1명
작센-마이닝겐-힐트부르크하우젠	1명
작센-알텐부르크	1명
메클렌부르크-슈트렐리츠	1명
안할트-뎃사우	1명
안할트-베른부르크	1명
안할트-쾨텐	1명
슈바르츠부르크-존더샤우젠	1명
슈바르츠부르크-루돌슈타트	1명
호엔촐레른-헤힝겐	1명
리히텐슈타인	1명
호엔촐레른-지크마링겐	1명
발데크	1명
로이스 형계 후국	1명
로이스 제계 후국	1명
샤움부르크-리페	1명

리페-데트몰트 ························· 1명
헷센-홈부르크 ························· 1명
라우엔부르크 ························· 1명
뤼벡 ························· 1명
프랑크푸르트 ························· 1명
브레멘 ························· 1명
함부르크 ························· 1명
192명

② 독일령 오스트리아의 여러 州가 연방 국가에 참가하지 않는 경우에는 이하의 諸邦이 제방원에 있어서 다음과 같이 (오른쪽 수)보다 많은 표결 수의 할당을 받는다 :

바이에른 ························· 20표
작센 ························· 12표
하노버 ························· 12표
뷔르템베르크 ························· 12표
바덴 ························· 10표
헷센 대공령 ························· 8표
쿠어헤센 ························· 7표
낫사우 ························· 4표
함부르크 ························· 2표

제88조 (구성원의 임명)

① 제방원의 구성원은 반수를 해당 邦의 정부가, 반수를 해당 邦의 의회가 임명한다.
② 각각 다른 헌법 또는 행정을 가진 복수의 支邦 또는 州로 이루어진 독일 諸邦에서는, 해당 邦의 국민대표 의회에 의해 임명되어야 할 제방원의 구성원은 전 州 대표 의회에 의해서가 아니라, 개개의 州 또는 지방 대표(지방등족)에 의해 임명되어야 한다.
③ 이 邦들에게 부여되는 구성원 수를 개개의 州 또는 支邦에 어떠한 비율로 분배하는가는 州 입법에 유보되어 있다.
④ 양원이 존재하고, 또 支邦마다 1개의 대표로 되어있지 않은 곳에서는 이 양원이 양원 합동 회의에 있어서 절대다수의 투표로 선출한다.

제89조 (구성원의 선거)

① 제방원에 한 명밖에 대표를 보내지 않는 邦에서는 정부가 3명의 후보자를 추천하여 그 중에서 국민대표의회가 절대다수로 선출한다.
② 홀수의 구성원을 보내는 邦에 있어서는 그 최후의 구성원에 관해 이것과 같은 방법으로 선출되어야 한다.

제90조 (구성의 변경)

복수의 독일 諸邦이 하나로 통합되는 경우에는, 그에 따라 필요하게 될지도 모르는 제방원의 구성 변경에 대해서는 제국법률로 정한다.

제91조 (구성원의 조건)

제방원의 구성원이 될 수 있는 자는

1. 해당 구성원을 파견하는 邦의 공민
2. 만 30세에 달한 자
3. 시민권 및 공민권을 완전하게 누리고 있는 자 만이다.

제92조 (피선 기간)

① 제방원의 구성원은 6년의 임기로 선출된다. 구성원은 3년마다 그 절반이 개선된다.
② 최초의 3년 후, 절반의 구성원을 어떻게 퇴직시켜야 할지에 대해서는 제국법률로 정한다. 퇴직한 자는 언제든지 재선될 수 있다.
③ 3년이 경과한 후에 제방원의 새로운 선거가 종료하기 전에, 임시의 제국의회가 소집되는 경우에는, 새로운 선거가 아직 행해지지 않은 때에만 종전의 구성원이 출석하는 것으로 한다.

제3절

제93조 (국민원의 조직)

국민원은 독일 국민의 대표 의원으로 이루어진다.

제94조 (피선 기간)

① 국민원의 구성원은 제1회째는 4년의 기간에 대해 선거되고, 그 이후는 항상 3년의 기간에 대해 선거된다.
② 선거는 제국 선거법에 포함되는 규정에 따라 행해진다.

제4절

제95조 (의원의 일당 등)

제국의회의 구성원은 제국국고에서 동일의 일당과 여비의 보상을 받는다. 상세한 것은 제국법률로 정한다.

제96조 (의원의 독립성)

양원의 구성원은 지령에 구속되지 아니한다.

제97조 (양원 의원 겸직의 금지)

누구도 동시에 양원의 구성원이 될 수 없다.

제5절

제98조 (제국의회의 의결)

① 제국의회의 각 원의 의결에는 법정구성원수의 적어도 반수 구성원의 참가와 투표의 과반수를 필요로 한다.
② 가부동수인 때는 그 제안은 부결된 것으로 간주한다.

제99조 (법안 제출권 등)

법안을 제출하고, 탄원하고, 사실을 전달 및 조사할 권리와 대신을 소추할 권리는 각 원의 권한에 속한다.

제100조 (양원의 일치)

제국의회의 의결은 양원이 일치하는 것에 의해서만 유효한 것으로 성립할 수 있다.

제101조 (제국정부의 동의가 없는 경우)

① 제국의회의 의결이 제국정부의 동의를 얻지 못한 경우에는, 그 의결은 동일 회기 내에서 반복되어서는 안 된다.
② 제국의회에 의해 연속한 3회의 정규 회기 내에 동일 의결이 변경되는 것 없이 이루어진 경우에는, 해당 의결은 제국정부의 동의가 얻어지지 않더라도 3회째의 제국 의회가 종료됨으로써 법률이 된다. 적어도 4주간 계속되지 않는 정규 회기는 이 연속한 3회로 세지 않는다.

제102조 (의결 사항)

이하의 각호의 경우에는 제국의회의 의결이 필요하다 :

1. 제국법률의 공포, 폐기, 변경 또는 해석에 관한 경우
2. 제국 예산이 정해진 경우, 차용 계약이 맺어진 경우, 제국이 예산으로 규정되어있지 않은 지출을 맡는 경우, 또는 대장세 혹은 조세를 인상하는 경우
3. 외국 원양 항행 및 외국 하천 항행에 대해, 더욱 높은 세를 과하지 않으면 안 되는 경우
4. 州 성새를 제국 성새로 하는 취지를 선언하지 않으면 안 되는 경우
5. 외국과의 사이에서 통상 조약, 항행 및 인

도 조약, 제국의 부담이 되는 한에서 대개 국제법상의 조약이 체결되는 경우
6. 제국에 속하지 않는 여러 州 혹은 州의 일부 영역이 독일의 관세 지역에 편입되거나 개별의 장소 혹은 일부 영역이 관세 州에서 제외되지 않으면 안 되는 경우
7. 독일 州의 일부 영역이 할양되거나 독일 외의 영역이 제국에 병합되거나 다른 방법으로 제국에 결합하지 않으면 안 되는 경우

제103조 (예산)

제국 예산의 확정에서는 이하의 규정이 타당하다 :

1. 재정에 관한 제국정부의 모든 법안은 일단 국민원에 송부된다.
2. 지출의 승인은 제국정부의 제안에 입각하여, 또 이 제안의 액의 한도 내에서만 이것을 행하는 것이 허락된다. 모든 승인은 그를 위해 승인된 특정 목적을 위해서만 타당하다. 용도는 승인의 한도 내에서만 이루어질 수 있다.
3. 재무 기간 및 예산 승인 기간은 1년간이다.
4. 제국의 정기적인 지출 및 예산 기금에 관한 예산과 이 양자에 필요한 보전 수단에 관한 예산은, 최초의 제국의회에서 제국의회의 의결에 의해 이것을 정한다. 그 이후의 제국의회에서 이 예산을 증액할 경우에도 똑같이 제국 의회의 의결이 필요하다.
5. 이 통상 예산안은 각 제국의회에 있어서, 일단 국민원에 제출되어 개개의 계상 항목에 대해, 제국정부에 의해 제출되어야 할 설명 및 증거에 따라 심사되고, 그 전부 또는 일부에 대해 승인되거나 부결된다.
6. 그 예산안은 국민원에 의해 심사 및 승인이 행해진 후에, 제방원에 송부된다. 제방원은 최초의 제국의회에서, 또는 그 후의 제국의회의 의결에 의해 확정되는 통상 예산 총액의 범위 내에서 이것에 이의를 제기하거나 이것을 비난할 권리만을 가지고, 이 이의 및 비난에 대해서는 국민원이 최종적으로 의결한다.
7. 임시의 지출과 그 보전 수단에는 모두 통상 예산을 증액하는 경우와 같이 제국 의회의 의결이 필요하다.
8. 제국 재산의 사용에 관한 설명서는 심사 및 결산을 위해 제국의회에, 게다가 먼저 국민원에 제출된다.

제6절

제104조 (회의)

① 제국 의회는 매년 제국정부의 소재지에서 집회한다. 집회의 시기는 제국법률이 이것을 확정하지 않는 한에서, 제국 원수가 이것을 소집할 때에 이것에 의해 결정된다.
② 그 이외에 제국의회는 임시 회의를 위해 언제든지 제국 원수에 의해 소집되는 것이 가능하다.

제105조 (회기의 조정)

各邦의 州 의회의 통상 회기는 제국의회의 그것과 겹치지 않는 것을 통례로 한다. 상세한 것은 제국법률에 유보된다.

제106조 (국민원의 해산)

① 국민원은 제국 원수가 이것을 해산하는 것이 가능하다.
② 해산의 경우에는 제국의회는 3개월 이내에 다시 집회되어야 한다.

제107조 (제방원의 휴회)

① 국민원이 해산된 경우에는 제방원은 제국의회가 다시 소집될 때까지 동시에 휴회 되는 것으로 한다.
② 양원의 회기는 동일하다.

제108조 (회기의 종료)

제국의회의 회기 종료는 제국 원수에 의해 정해진다.

제109조 (휴회)

① 제국의회 또는 양원의 하나가 제국 원수에 의해 휴회될 때는, 그것이 개회 후 14일 이상의 기간에 달하는 것으로 될 경우에는 제국의회 또는 해당 의원의 동의가 필요하다.
② 제국의회 자신 및 양원의 각 원도 14일간의 휴회를 하는 것이 가능하다.

제7절

제110조 (의장)

양원의 각 원은 그 의장, 부의장 및 서기를 선출한다.

제111조 (공개)

양원의 회의는 공개된다. 각 원의 의원 규칙은 어떤 조건으로 비밀회의를 행할 수 있는지를 정한다.

제112조 (구성원의 대리권)

각 원은 그 구성원의 대리권을 심사하고, 그것의 허가 여부를 결정한다.

제113조 (선서)

각 구성원은 그 취임 때에, 아래와 같은 선서를 한다. '나는 독일 제국헌법을 성실하게 준수하고, 이것을 보호할 것을 신에게 맹세합니다.'

제114조 (원내 질서)

① 각 원은 원내에서 행한 적절치 않은 행동을 이유로 그 구성원을 처벌하고, 또 최악의 경우에는 제명할 권리를 가진다. 상세한 것은 각 원의 의원 규칙으로 정한다.
② 제명은 투표수의 3분의 2의 다수가 이것에 찬성하는 경우에만 가능하다.

제115조 (청원서 및 진정단의 금지)

청원서의 전달자 또는 (이익) 대표단은 원내에서는 이것을 인정하지 않는다.

제116조 (의원 규칙, 사무에 관한 의원 간의 관계)

각 원은 그 의사 규칙을 스스로 정할 권리를 가진다. 양원 간의 사무에 관한 관계는 양원의 합의에 의해 정한다.

제8절

제117조 (불체포 특권)

제국 의회의 구성원은 회기 중에는 현행범 체포를 제외하고, 그 자가 속한 의회의 동의가 없으면 형사 고발로 체포되거나 신문해서는 아니된다.

제118조 (통지 의무)

현행범 체포의 경우에는 행해진 조치에 대해 즉시 해당 의원에 통지되지 않으면 아니된다. 해당 의원은 회기 종료까지 체포 또는 신문을 중지하도록 명령할 권한을 가진다.

제119조 (체포 또는 수사의 중지)

이 권한은 각 원의 구성원에 대해, 그 선거기간 중에 이루어지거나 선거 후, 회의의 개최까지의 사이에 이루어진 체포 또는 신문에 관해서 각 원에 부여되어 있다.

제120조 (면책 특권)

제국회의의 구성원은 어떠한 시기에도 그 투표 때문에 또는 그 직무를 수행할 때에 행한 발언 때문에, 재판 또는 징계 때문에 소추되거나 그 외 의회 밖에서 책임을 추궁당해서는 안 된다.

제9절

제121조 (제국 대신의 출석)

제국 대신은 제국의회 양원의 회의에 출석하고, 거기에서 언제든지 발언할 권리를 가진다.

제122조 (출석, 정보의 제공)

제국 대신은 제국의회의 각 원의 요청에 따라 그 원에 출석하여, 정보를 제공하거나 그 정보를 제공할 수 없는 이유를 진술할 의무를 진다.

제123조 (겸직의 금지)

제국 대신이 제방원의 구성원이 되는 것은 불가능하다.

제124조 (관리로의 취임 또는 승진)

국민원의 구성원이 제국의 업무에서 공직에 취임하거나 승진을 받는 경우에는 새로운 선거에 따르지 않으면 아니된다. 그 새로운 선거가 행해질 때까지는 그 자는 해당 의원에 의석을 지닌다.

제5장 제국법원

제1절

제125조 (임무 영역)

제국에 귀속하는 재판권은 제국법원에 의해 행사된다.

제126조 (관할권)

① 제국법원의 관할에 속하는 것은 다음의 각 호의 사항이다 :

1. 제국법률의 공포 및 제국정부의 조치에 의해 제국헌법이 침범되는 것을 이유로, 各邦이 제국권력을 상대로 제기하는 소송 및 제국헌법의 침범을 이유로 제국권력이 各邦을 상대로 제기하는 소송
2. 제방원과 국민원의 상호 간의 분쟁 및 각 원과 제국 정부 간의 분쟁이 제국헌법의 해석에 관한 경우에, 분쟁 양 당사자가 제국 법원의 결정을 요구하는 것으로 의견이 일치할 때
3. 각 독일 邦 간의 온갖 종류의 정치 및 사법적인 분쟁
4. 各邦 내에서의 황위 계승, 통치 능력 및 섭정에 관한 분쟁
5. 州 헌법의 유효성 또는 해석에 대한 各邦의 정부와 국민대표 의회와의 사이에서의 분쟁
6. 各邦의 방민이 그 邦 정부에 대해, 州 헌법을 폐기하거나 헌법을 위반하여 이것을 변경한 것을 이유로 제기하는 소송

② 各邦의 방민이 그 邦 정부에 대해 州 헌법을 침범한 것을 이유로 제기하는 소송은, 州 헌법에서 부여된 구제 수단을 이용하는 것이 불가능한 경우에만 이것을 제국 법원에 제기하는 것이 가능하다.

7. 독일인의 공민이 제국헌법에 의해 보장된 권리를 침해된 것을 이유로 제기하는 소송. 이 소권의 범위 및 이 권리를 행사하는 방법·양식에 관한 상세한 규정은 제국의 입법에 유보되어 있다.
8. 제국법률 상의 구제 수단이 모두 동원된 경우에서, 재판이 거부되거나 방해된 것을 이유로 하는 소송
9. 제국 대신에 대한 소추가 그 대신의 책임에 관한 한도에서, 그 소추에 관한 형사재판
10. 各邦의 대신에 대한 기소가 그 대신의 책임에 관한 한도에서, 그 소추에 관한 형사 재판
11. 제국에 대한 반란죄 및 외환죄에 대한 형사 재판

③ 제국에 대한 다른 범죄가 제국 법원의 관할에 속하는가의 여부는 차후의 제국법률에 유보된다.

12. 제국 국고에 대한 소송
13. 요구에 응할 의무에 대해, 복수의 邦 사이에서 의문 또는 논쟁이 있는 경우, 또 복수의 邦에 대해 공동의 의무가 하나의 소송 속에서 주장되는 경우의 독일 諸邦에 대한 소송

第127조 (제국법원의 판단권)

어떤 사안에 대해 제국법원이 결정을 내리는 것이 적절한지 아닌지의 문제에 대해서는, 오직 제국법원만이 이것을 판단한다.

第128조 (제국법원의 조직)

① 제국법원의 설치 및 조직에 대해, 또 제국법원의 결정 및 처분의 절차 및 집행에 대해서는, 특별한 법률이 공포된다.

② 이 법률에는 제국법원에서 배심원에 의한 결정이 내려져야 할 것인가, 또 어떨 때 이것이 내려져야할 것인가에 대한 규정도 유보되어 있다.

③ 마찬가지로 이 법률이 기관에 관한 (organisch) 헌법법률로 간주해야 할 것인가, 또 어느 정도까지 그렇게 간주해야 할 것인가에 대해서도 유보되어 있다.

第129조(특별 법원)

해군·해사 재판소를 설립하는 것 및 제국 공사 및 영사의 재판에 관한 규정을 설치하는 것은, 제국입법에 유보되어 있다.

第6장 독일 국민의 기본권[3]

第130조 (제한될 수 없는 기본권)

독일 국민은 이하의 기본권이 보장되어야 한다. 이 기본권은 독일 各邦의 헌법에 대해서도 규범이 되고, 어떠한 독일 各邦의 헌법 또는 입법도 이것을 폐기하거나 제한할 수 없다.

第1절

第131조 (독일 국민)

독일 국민은 독일제국을 구성하는 州의 주민으로 구성된다.

---

3) 제6장의 '기본권' 부분은 그 대부분이 이미 1948년 12월 27일에 독립의 법률로 가결되어, 다음 28일에 공포되었지만('독일 국민의 기본권에 관한 법률' Reichs-Gesetz-Blatt, 8.Stück v. 28. Dezember 1848, S. 49), 이 법률에는 제159조, 제160조, 제173조 및 제184조~제189조에 상당한 조항은 포함되어 있지 않다. 더욱, 이 법률은 후에 1851년 8월 23일의 독일 동맹의 결정에 의해 폐지되었다.

제132조 (제국 시민권)

모든 독일인은 독일제국 시민권을 가진다. 이 조항에 의해 독일인에 귀속하는 여러 권리는, 독일인이 모든 독일의 州에서 이것을 행사할 수 있다. 독일제국회의(Reichsversanunlung)[4]에 선택되는 권리에 대해서는 제국선거법으로 정한다.

제133조 (이전의 자유 · 직업의 자유)

① 모든 독일인은 제국 영역의 모든 장소에서 체재하고, 주소를 두며, 모든 종류의 부동산을 취득하여 이것을 자유롭게 처분하고, 생활의 양식을 얻기 위한 모든 사업을 영위하고, 지방자치단체의 시민권을 획득할 권리를 가진다.

② 체재 및 거주를 위한 조건은 邦法律에 의해, (또는) 일반 영업을 위한 조건은 영업 규칙에 의해, 전 독일에 대해서 제국권력에 의해 확정된다.

제134조 (평등 취급)

독일의 어떠한 邦도, 그 邦과 다른 독일인과의 사이에서 시민법, 형사법 및 소송법에서 차별하고, 후자(방민 이외)의 독일인을 외국인으로서 불리하게 취급해서는 안 된다.

제135조 (민사상 사망의 폐지)

민사적 사망[5]의 형벌은 이루어져서는 안 되고, 그것이 이미 선고되고 있는 곳에서는 그것에 의해, 기득한 사권(私權)이 침해되지 않는 한도에서 그 효력이 정지되어야 한다.

제136조 (이주의 자유)

① 이주의 자유는 邦에 의해 제한되지 않는다. 퇴거금은 징수되어서는 안 된다.

② 이주 사무는 제국의 보장과 보호에 따른다.

제2절

제137조 (평등 원칙, 공직 취임권, 병역 의무)

① 법률 앞에서는 신분에 따른 어떠한 차별도 없다. 신분으로서의 귀족은 폐지된다.

② 모든 신분적 특권은 철폐된다.

③ 독일인은 법률 앞에 평등하다.

④ 모든 칭호는 그들이 직무와 연결되지 않은 한도에서 폐지되고, 결코 두 번 다시 도입되어서는 안 된다.

⑤ 국적을 보유하고 있는 자는 외국에서 훈장을 받아서는 안 된다.

⑥ 공직은 능력 있는 모든 자가 평등하게 취임할 수 있다.

⑦ 병역 의무는 모든 자에 대해 평등하다. 병역 의무의 대리는 이루어지지 않는다.

제3절

제138조 (인신의 자유)

① 인신의 자유는 불가침이다.

② 어떤 사람의 체포는 현행범 체포의 경우를

---

4) 이 '제국 회의'(Reichsversanunlung)는 헌법 제정 과정 등으로부터 보면 헌법 제정 회의 그 자신인 것처럼 생각되지만, 그렇지 않고, 이것이 헌법 제정 후에 헌법에 의해 설치되는 어떤 다른 기관이라 보면 어떤 지위의 것인가 등에 대해 현재는 불분명하다.

5) '민사적 사망(民事的 死亡)'이란, '재판에 의해 종신 간 자유를 박탈된 자는 민사상 사망과 같은 효력이 생기고, 혼인은 해소되고, 재산권을 상실하는 것'을 말한다.

제외하고, 체포의 이유를 밝힌 법관에 의한 영장에 의해서만 이루어져야 한다. 이 영장은 체포의 때, 또는 그 후 24시간 이내에 피체포자에 송달되지 않으면 아니 된다.
③ 경찰서는 구금한 모든 자를 구금한 익일 중에 석방하거나 재판 기관에 인도하지 않으면 아니 된다.
④ 모든 피고인은 중대한 형사 범죄를 저질렀다고 하는 긴급한 고발이 이 자에 대해 이루어지지 않는 한, 법원에 의해 정해져야 할 보석금 또는 보증의 제공과 교환에 의해 석방되어야 한다.
⑤ 위법한 명령에 의해, 또는 위법으로 장기간 신병의 구속이 행해진 경우에는 책임자 및 필요한 경우에는 邦이 피침해자에 대해 보상 및 배상을 할 의무가 있다.
⑥ 군사 및 해사에 대해 필요한 이 규정들의 수정은 특별법에 유보된다.

제139조 (사형, 징계)

사형은 전쟁법이 이것을 규정하고, 해사법이 '선원 등에 의한' 폭동의 경우에 대해 이것을 인정하고 있는 경우는 별도로 하고, 폐지되거나 효수형(기둥에 묶어 대중에게 드러내는 형벌), 낙인 및 고문에 의한 형벌은 폐지되었다.

제140조 (주거의 불가침)

① 주거는 불가침이다. 가택 수사는 다음의 각 호의 경우에만 허용된다 :

1. 즉시 또는 그 후 24시간 이내에 관계인에게 송달되어야할 이유를 나타낸 재판관의 영장에 기초한 경우
2. 법률에 의해 권한을 부여 받은 관헌에 의해, 현행범으로 추적하고 있는 경우
3. 법률이 예외적으로 법관의 영장 없이 특정한 관헌에 대해 이것을 인정하고 있는 경우 및 방식에 의한 경우

② 가택 수사는 가능한 한 동거인의 입회에 의해 이루어져야 한다.
③ 주거의 불가침은 소추된 자의 체포의 장애 사유가 되는 것은 아니다.

제141조 (압수)

서신 및 서류의 압수는 체포 또는 가택 수사의 경우를 제외하고는 즉시 또는 그 후 24시간 이내에 관계인에 송달되어야 하는 이유를 나타낸 법관의 영장에 의해서만 허용된다.

제142조 (편지의 비밀)

① 서신의 비밀은 보장된다.
② 형법상의 수사에 있어서, 또 전시에 있어서 필요한 제한은 입법에 의해 정하는 것으로 한다.

제4절

제143조 (표현의 자유 · 출판의 자유)

① 모든 독일인은 편지, 문서, 인쇄 및 도화에 의한 묘사에 의해, 자기 의견을 자유롭게 표명할 권리를 가진다.
② 출판의 자유는 어떠한 일이 있어도, 또 어떠한 방법에 의해서도 모든 예방 조치, 특히 검열, 인허, 담보 공여, 국정판, 인쇄 혹은 서적 판매업의 제한, 우송 금지 또는 그 외의 모든 자유 유통의 저해 때문에 제한되거나 정지되거나, 또는 폐기되어서는 아니 된다.
③ 직무상 이루어지는 출판 범죄에 대해서는 배심 법원에 의해 판단된다.
④ 출판법은 제국에 의해 공포되어야 한다.

제5절

제144조 (신앙 및 양심의 자유)

① 모든 독일인은 완전한 신앙 및 양심의 자유를 가진다.
② 어느 누구도 자기의 종교적 신념을 표명할 의무가 없다.

제145조 (종교 활동의 자유)

① 모든 독일인은 가정에서 또는 공적으로 자신의 종교 활동을 공동으로 실천하는 것을 제한받지 아니 된다.
② 이러한 자유를 행사할 때 이루어지는 중죄 및 경죄는 법률에 따라 처벌되어야 한다.

제146조 (신앙에 기초한 시민권의 제한 금지)

종교상의 신조 때문에, 시민적 및 공민적 여러 권리의 향수가 조건화 되거나 제한되지 않는다. 종교상의 신조를 위해 공민의 의무가 방해되어서는 아니 된다.

제147조 (종교단체)

① 모든 종교 단체는, 그 사무를 독립하여 규율하고 관리하지만, 일반적인 국가법에 따른다.
② 어떠한 종교 단체도 邦에 의한 그 밖의 특권을 누리지 않는다. 邦 교회는 앞으로도 존재하지 아니 된다.
③ 새로운 종교 단체를 설립하는 것은 허용되고, 그 조건이 邦에 의해 승인되는 것을 필요로 하지 아니 된다.

제148조 (예배상의 행위 등의 강제 금지)

어느 누구에게도 예배상의 행위 또는 의식·축전을 하는 것이 강제되어서는 아니 된다.

제149조 (선서의 방식)

선서의 방식은 이후, 다음과 같은 것으로 한다. '나는 신에게 이렇게 맹세합니다.'

제150조 (민사혼)

① 혼인의 민사적 효력은 민사 행위의 수행에만 의존한다. 교회에 의한 결혼식은 민사 행위의 수행 후에 있어서만 이것을 행하는 것이 가능하다.
② 종교의 차이가 시민적 혼인을 방해하는 것은 아니다.

제151조 (호적부)

호적부는 시민관청에 의해 관리된다.

제6절

제152조 (학문 및 교수의 자유)

학문 및 그 교수는 자유이다.

제153조 (교육 제도)

교육 제도는 邦의 감독에 따르고, 종교 교육은 별도로 하고, 성직자의 감독 자체로부터는 해방되어 있다.

제154조 (사립 학교)

① 학교 및 교육 시설을 설립·관리하며, 그 시설들에서 수업을 하는 것은 모든 독일인에게 있어, 그가 그 능력을 관할의 邦 관청에 증명한다면 자유이다.
② 가정 교육은 어떠한 제한에도 따르지 아니 된다.

제155조 (공립 학교)

① 독일청소년의 교육을 위하여, 공립 학교를

통해 모든 장소에 있어서 충분한 배려가 이루어져야 한다.

② 부모 또는 그 대리인은 그 자녀 또는 피부양자에 초등학교에 대해 정해진 교육을 받지 않은 채 방치하는 것은 허용되지 아니 된다.

제156조 (국가 공무원으로서의 교사)

공립 학교의 교사는 국가 공무원의 여러 권리를 가진다. 支邦은 법률의 규율에 의한 지방자치단체의 참가를 얻어, 교원 유자격자 중에서 초등 학교의 교사를 임용한다.

제157조 (학비 무상제)

① 초등 학교 및 초등 실업 학교에서의 교육에 대해서는 학비는 지불되지 않는다.

② 자산이 없는 자에 대해서는 모든 공적 교육 시설에서의 자유로운(=무상으로) 교육이 확보되지 않으면 아니 된다.

제158조 (직업 선택의 자유)

누구든지 자기의 직업을 선택하고, 그 직업을 위해, 원하는 방법 및 장소에서 교육을 받을 자유를 가진다.

제7절

제159조 (청원권)

① 모든 독일인은 관청, 국민대표의회 및 제국의회에 대해 문서로 청원 및 소송할 권리를 가진다.

② 이 권리는 개인에 의해서도 또는 단체 및 복수의 사람들이 공동으로 행사할 수 있다. 다만, 군대 및 함대에서는 징계 규정에 따라서만 이것을 행사할 수 있다.

제160조 (공무원의 소추)

공무원의 직무상의 행위를 이유로, 그 공무원을 법원에 소추하는데 미리 관청의 허가를 받을 필요는 없다.

제8절

제161조 (집회의 자유)

① 독일인은 평온하게 그리고 무기를 휴대하지 않고, 집회할 자유를 가진다. 집회를 위한 특별한 허가는 필요하지 아니한다.

② 옥외에서의 인민집회는 공공질서 및 안전에 있어서 긴박한 위험이 있는 경우에는, 이것을 금지할 수 있다.

제162조 (결사의 자유)

① 독일인은 결사의 권리를 가진다. 이 권리는 어떠한 예방적 조치에 의해서도, 제한받아서는 아니 된다.

제163조 (군사 규율에의 전 2개조의 준용)

제161조 및 제162조에 포함되는 규정은 군사적 징계 규정이 '이것에' 저촉하지 않는 범위에서, 군대 및 함대에 이를 적용한다.

제9절

제164조 (소유권 · 공용 수용)

① 소유권은 불가침이다.

② 공용 수용은 공공의 선을 고려해서만, 법률의 근거에 기초하여 그리고 정당한 보상의 아래에서만 이것을 행할 수 있다.

③ 정신적 재산은 제국입법에 따라 보호된다.

제165조 (토지 소유)

① 모든 토지 소유자는 생존하고 있는 사람들 사이에서, 또는 사망을 이유로 그 소유한 토지를 전부 또는 일부를 양도할 수 있다. 모든 토지의 분할 가능성의 원칙을, 경과 법률에 의해 실시하는 것은 各邦에 위임되어 있다.
② 사수(=양도·상속이 불가능한 재산을 소유하는 단체)[6)]에 대해서는 토지를 획득하고, 그것을 처분할 권리를 입법의 방법으로 공공의 복지를 이유로 제한하는 것이 허용된다.

제166조 (신종자 연맹)

모든 신종자(臣從者)연맹 및 농노 연맹은 영구히 폐지한다.

제167조 (영주 재판권 등등)

① 다음의 각호에 대해서는 보상 없이 이것을 폐지한다 :

1. 영주 재판권 및 봉건 영주 경찰은 이 권리로부터 파생하는 권한, 치외법권 및 공과 전부 (폐지한다)
2. 봉건 영주 연맹 및 비보호자 연맹에서 파생하는 개인적 공과 및 급부

② 이 권리들과 함께, 지금까지 권한을 가지고 있던 사람에 대해서 의무가 있던 반대급부 및 부담도 소멸한다.

6) '사수(死手)'라는 것은 Th. Mommsen, Die Grundrechte des deutschen Volkes mit Belehrungen und Erläuterungen. 1969, S. 57에 의하면 교회, 수도원 혹은 그 외 어떤 단체이든지 간에 토지를 취득하기는 하지만, 두 번 다시 결코 그 토지를 양도하지 않는 것을 말하고, 이 '수'는 한번 손에 넣은 것을 절대 놓지 않으므로, 이것을 '죽는 손'이라고 칭하는 것이라 한다.

제168조 (공과 및 급부의 상각)

① 토지에 부착하고 있는 모든 공과 및 급부, 특히 십일조는 상각할 수 있다. 부담자의 제안에 의해서만 '이것을 인정할지', 권한을 갖는 자의 제안에 의하여도 '이것을 인정할지', 그리고 어떠한 방법에 의해서 '상각을'하는가에 대해서는, 各邦의 입법에 위임되어 있다.
② 장래에는 어떠한 토지에 대해서도 상각할 수 없는 공과 또는 급부가 설정되어서는 아니 된다.

제169조 (수렵)

① 토지 소유에는 자기의 토지에서의 수렵의 권리가 포함된다.
② 타인의 토지에서의 수렵권, 수렵 봉사, 수렵 전선 및 수렵 목적을 위한 그 외의 급부는 보상 없이 폐지된다.
③ 다만, 부담을 지고 있는 토지소유자와의 사이에서 체결된 부담을 주는 계약 때문에 획득된 것을 증명할 수 있는 수렵권만은 상각할 수 있다. 상각의 양식 및 방법에 대한 상세한 내용에 대해서는 州 입법이 이것을 정하여야 한다.
④ 수렵권의 행사를 공공 안전 및 공공의 복리를 이유로 정서하는 것은 州 입법에 유보되어 있다.
⑤ 타인의 토지에서의 수렵권은 장래에 있어서 이것을 다시 기본적 권리로 하는 것은 허락되지 아니 한다.

제170조 (가족 세습 재산)

① 가족 세습 재산은 폐지된다. 폐지 방법 및 조건에 대해서는 各邦 입법이 이것을 정한다.
② 현재 통치하고 있는 왕가의 왕족 세습 재산에 대해서는 그것을 정하는 것이 州의 입법에 유보되어 있다.

제171조 (봉주 동맹)

모든 봉주 동맹은 폐지된다. 그 실행의 양식 및 방법에 대한 상세한 내용은, 各邦의 입법으로 정한다.

제172조 (형벌로서의 재산 몰수)

재산 몰수의 형벌은 행하지 않는 것으로 한다.

제173조 (과세)

과세는 邦 및 지방자치단체에서의 개별 신분 및 재산의 우대가 없어지도록 이것을 정서하는 것으로 한다.

제10절

제174조 (재판권)

모든 재판권은 邦에서 유래한다. 영주 법원은 존재해서는 아니 된다.

제175조 (재판 권력, 예외 법원의 금지)

① 재판 권력은 법원에 의해 독립하여 행사된다. (영방 군주의) 전단(專斷) 재판권 및 가인(家人) 재판권은 금지된다.
② 누구도 법률이 정하는 재판권(법관에 의해 재판을 받을 권리)을 박탈당해서는 아니 된다. 예외 법원은 행해져서는 아니 된다.

제176조 (특권적 재판의 금지, 군사 법원)

① 사람 또는 재산의 특권적 재판은 존재해서는 아니 된다.
② 군사 재판은 전쟁 상태에 대한 규정을 유보하면서, 군사상의 중죄 및 경죄와 군대의 복무규정 위반에 대한 유죄 판결에 한정된다.

제177조 (법관의 독립)

① 어떠한 법관도 판결 및 법에 의한 것 이외에 퇴직당하거나, 위계 및 봉급의 점에서 침해되어서는 아니 된다.
② 정직 처분은 법원의 결정에 의한 것이 아니라면, 이것을 행해서는 아니 된다.
③ 어떠한 법관도 법원의 결정에 의해, 법률에 따라 정해진 경우 및 형식 이외는, 그 의에 반하여 다른 부서에 전속되거나 퇴직되어서는 아니 된다.

제178조 (재판의 공개)

① 재판 절차는 공개로 하고, 구두에 의하여야 한다.
② 공개주의의 예외는, 도덕의 이익을 위해 법률로 이것을 정한다.

제179조 (형사 절차, 배심 재판)

① 형사 사건에 있어서, 기소 절차가 적용된다.
② 배심 법원은 적어도 중대한 형사 사건에 있어서, 또는 모든 정치 범죄에 관해 판단한다.

제180조 (민사 재판)

민사 재판은 특별한 직업 경험에 관한 사항에 대해, 동료에 의해 자유롭게 선택된 전문 지식이 있는 법관에 의해 행사되거나 합동으로 행사될 수 있다.

제181조 (권력 분립)

① 사법 및 행정은 분리되어, 상호 독립하고 있는 것으로 한다.
② 各邦에서의 행정 관청과 법원과의 사이의 권한 분쟁에 대해서는 법률에 의해 정해지는 최고 법원이 이것을 결정한다.

제182조 (행정사법)

① 행정사법은 폐지하고, 모든 권리 침해에

대해 법원이 결정을 내린다.
② 경찰은 형사 재판의 권한을 가지지 아니한다.

제183조 (확정판결의 효력)

① 독일의 법원이 행하는 확정판결은 모든 독일의 州에서 평등하게 효력을 가지고, 이것을 집행할 수 있다.
② 제국법률이 그 상세한 내용을 정한다.

제11절

제184조 (지방자치단체 법제)

각 지방자치단체는 그 헌법의 기본권으로, 다음의 여러 권리를 가진다 :

1. 그 수장 및 대표자를 선출하는 것
2. 邦의 법률적으로 분류된 지도 감독 아래에서, 지방 경찰을 포함한 지방자치단체의 사무를 독립하여 관리 하는 것
3. 지방자치단체의 예산을 공표하는 것
4. 심의를 원칙으로 공개하는 것

제185조 (경지 구분)

① 모든 토지는 지방자치단체 조직에 속한다.
② 삼림 지대인 것 및 황야인 것을 이유로 하는 제한은 州의 입법에 유보된다.

제12절

제186조(各邦에서의 헌법)

① 독일의 各邦은 국민대표의회를 인정하는 헌법을 가져야만 한다.
② 대신은 국민대표 의회에 대해 책임을 진다.

제187조 (국민대표의회의 권능)

① 국민대표의회는 입법과 과세에 있어서, 邦 예산의 규율에 있어서 결정권을 가진다. 의회는 양원제가 존재하고 있는 곳에서는 각 원이 독자로 한 법률안 제출권, 이의권, 상소권 및 대신소추권도 가진다.
② 州 의회의 회의는 원칙적으로 공개한다.

제13절

제188조 (외국어를 말하는 소수민족의 보호)

독일 내에 독일어를 말하지 않는 독일의 (소수) 민족에 대해서는, 그 민족 고유의 발전을 보장하고, 특히 그 민족의 영역이 미치는 한, 교회 제도, 교육, 국내행정 및 재판에서의 그 언어영역이 미치는 한도에서 언어의 동등한 권리가 보장된다.

제14절

제189조 (외국에서의 독일인의 보호)

외국에 있는 모든 독일인 공민은 제국의 보호를 받는다.

제7장 헌법의 보장

제1절

제190조 (황제의 선서)

① 정부의 교체 시, 제국의회가 아직 소집되지 않았을 경우라면, 직전회에 소집했던 때와 같은 방식으로 (황제에 의한) 소집 없이 집회한다. 정권에 취임하는 황제는 합동 집회에 모인 제국의회의 양원 앞에서 제국헌법에의 선서를 한다.
② 그 선서는 다음과 같다. '나는 제국 및 독일인의 제권리를 보호하고, 제국헌법을 견지

하여, 그것을 성실하게 집행할 것을 맹세한다. 바라건대, 신이 나를 구해 주시기를...'
③ 선서가 이루어진 후에 비로소 황제는 통치 행위를 할 수 있다.

제191조 (제국 관리의 선서)

제국의 관리는 직무 취임에 앞서서 제국헌법에의 선서를 하지 않으면 아니 된다. 상세한 내용은 제국의 관리 복무규정으로 정한다.

제192조 (제국 대신의 책임)

제국 대신의 책임에 대해서는, 제국법률이 공포로 정한다.

제193조 (제국 법은 州법을 이긴다)

제국헌법에의 의무는, 各邦에 있어서 州 헌법에의 의무와 관련하여, 이것에 우선한다.

제2절

제194조 (제국헌법의 우위)

各邦의 헌법 또는 법률의 어떠한 규정도 제국헌법과 모순되어서는 아니 된다.

제195조 (各邦에서의 통치 형태의 변경)

各邦에서의 통치 형태의 변경은 제국권력의 동의를 얻은 것이 아니라면, 이것을 행하는 것은 허용되지 아니 한다. 이 동의는 제국헌법의 개정에 관하여 정해져 있는 방식으로 이루어지지 않으면 아니 된다.

제3절

제196조 (헌법 개정)

① 제국헌법의 개정은 양원의 의결에 의해, 제국원수의 동의를 얻은 것이 아니라면, 이것을 행하는 것이 불가능하다.
② 이러한 의결에는 양원 각각에 있어서

1. 구성원의 3분의 2 이상이 출석해야 하고,
2. 2회의 투표를 해야 하고, 그 투표 중에는 적어도 1주의 기간을 두지 않으면 아니 된다.
3. 2회의 투표 모두 출석하고 있는 구성원의 3분의 2 이상의 찬성이 필요하다.

③ 제국원수의 동의는 연속한 3회의 정기 회기 중에, 제국의회가 동일의 의결을 변경 없이 행했을 때는 필요로 하지 않는다. 적어도 4주간 계속하지 않는 정기회기는, 이 순서에는 도입되지 않는다.

제4절

제197 조 (비상사태에서의 기본권의 정지)

① 전쟁 또는 소란의 경우에 체포 · 가택 수사 및 집회의 권리에 관한 기본권의 규정은, 제국 정부 또는 各邦의 정부에 의해 개개의 지구에 대해 이것을 일시적으로 실효시키는 것이 가능하다. 다만, 그 경우에는 이하의 각호의 조건을 필요로 한다 :

1. 그 처분은 각각의 개별적인 경우에서, 제국 또는 各邦의 내각이 내리는 것이어야 한다.
2. 제국 및 州의 의회가 당시 집회하고 있는 경우는, 제국의 부(部)는 제국의회의 동의를, 各邦의 부는 州 의회의 동의를, 즉시 구하지 않으면 아니 된다. 이 의회들이 집회하고 있지 않은 경우는, 그 처분은 이 의회가 소집되어 해당 처치의 승인을 요구하는 것 없이 14일 이상 계속되어서는 아니 된다.

② 상세한 규정은 제국법률에 유보되어 있다.

③ 계엄 상태의 고지에 대해서는 종전의 법률 규정이 그 효력을 유지한다.

프랑크푸르트 · 암 · 마인에서
1849년 3월 28일

프로이센 · 쾨닉스베르크 출신의 헌법 제정 제국 회의 의장, 마르틴 · 에드워드 · 심슨, ...[7)]

7) 이 후에는, 먼저 뷔르츠부르크 출신으로 부의장의 칼 · 키르히게스너를 시작으로 하는 서기들 7인의 구성원의 서명이 있고, 그 뒤에는 국민 의회의 의원 392명의 서명이 있다. 이 서명자의 전 씨명은, Reichs-Gesetz-Blatt, a. a. O. S.136 ff. 에는 열거되어 있다.

비스마르크 헌법

[1871년 4월 16일]

전문

북독일 연방의 이름으로 프로이센 국왕 폐하, 바이에른 국왕 폐하, 뷔르템베르크 국왕 폐하, 바덴 대공 및 헷센 대공령 중 라인 하류역의 마인강 이남에 위치하는 부분을 다스리는 헷센 대공전하는 연방영역 및 거기에 타당하는 법을 보호하고 동시에 독일 국민의 복지를 향상시키기 위해 영구적 동맹을 결성하였다. 이 연방은 독일제국의 이름을 붙여 다음과 같은 헌법을 갖는다.

제1장 연방의 영역

제1조 (연방의 구성)

연방의 영역을 구성하는 것은 라우엔부르크를 포함하는 프로이센, 바이에른, 작센, 뷔르템베르크, 바덴, 헤센, 메클렌부르크-슈베린, 작센-바이마르, 메클렌부르크=슈트렐리츠, 올덴부르크, 부라운슈바이크, 작센-마이닝엔, 작센-알텐부르크, 작센-코부르크=고타, 안할트, 슈바르츠부르크-루들슈타트, 슈바르츠부르크-존더스하우젠, 발뎃크, 로이스 형계 후국, 로이스 제계 후국, 새움부르크-리페, 리페, 뤼베크, 브레멘과 함부르크 諸邦(제방, Staaten)이다.

제2장 제국의 입법

제2조 (제국법의 우위 제국법률의 공포 · 발효)

이 연방영역 내에 있어서 제국은 이 헌법의 내용에 따라 입법권을 행사하며 또 제국법률은 방(邦)의 법률에 우선한다. 제국법률은 제국관보를 수단으로 한 제국에 의하여 이루어지는 공포를 통해 그 구속력을 발생한다. 공포된 법률에 있어서 구속력 발생의 기일에 대한 별다른 규정이 없을 때는 제국관보의 해당 부분이 베를린에서 발행된 날부터 14일 경과한 후에 구속력이 발생한다.

제3조 (독일국적과 그 효과)

① 독일 전체에 대해서 공통되는 국적이 있고, 그 결과 各邦의 소속원(신민, 시민)은 다른 어느 邦에도 주소를 두고, 영업활동을 행하고, 공직에 취임하고, 부동산을 취득하고, 공민권을 획득하고, 그 밖의 모든 시민권을 향유할 경우도 그 곳의 사람과 같은 조건으로 인정되고 또한 법적 소추 및 권리보호에 있어서도 평등하게 다루어져야 한다.
② 어떠한 독일인도 그의 고향의 관리에 의하여 또는 다른 支邦의 관리에 의하여 이 권한의 행사를 제한받아서는 안 된다.
③ 빈민의 보조 및 支邦의 지방자치단체조합에의 가입에 관한 규정은 제1항에 서술된 원칙의 영향을 받지 않는다.
④ 마찬가지로 망명자의 인수, 병자의 간호와 사망한 국민의 매장에 관한 各邦 간의 조약도 당분간 효력이 존속된다.
⑤ 본국과의 관계에서 병역의무의 이행에 관해서는 제국의 입법방법으로 필요한 사항을 정한다.
⑥ 외국에 대해서는 모든 독일인은 제국의 보호를 평등하게 청구할 수 있다.

제4조 (제국의 입법사항)

이하의 각 사항은 제국의 감독하에 제국의 입법에 따른다 :

1. 이전의 자유, 본국과 거주지의 관계, 공민

권, 여권제도와 외사경찰, 보험제도를 포함하는 영업활동에 관한 규정, 다만 이 사항이 이미 이 헌법 제3조에 의하여 처리되고 있는 경우는 다르고—하지만 바이에른에 있어서도 본국과 거주지의 관계는 제외—식민과 외국에의 이민에 관한 사항도 마찬가지이다.

2. 관세입법과 통상입법 및 제국의 목적을 위해서 사용되는 조세
3. 도량형 및 화폐제도의 규제와 환지폐와 비환지폐의 발행에 관한 원칙의 확립
4. 은행제도에 관한 일반규정
5. 발명 특허
6. 저작권 보호
7. 외국에 있어서 독일인의 통상 공해에 있어서 독일인의 항행과 그 선기에 대한 공동보호조직 및 제국이 설치하는 공동의 대표영상의 규정
8. 철도제도—다만, 바이에른은 제46조의 규정을 유보한다— 및 국방과 일반교통을 위한 육로 및 수로의 건설
9. 복수의 邦에 공통되는 수로에서의 뗌목 사업·해운업과 그 수로의 상태 또는 하천과 그 밖의 수로통과세
10. 우편·전신제도, 다만 바이에른과 뷔르템베르크에 있어서는 제55조가 정하는 바에 따른다.
11. 민사사건에 있어서 판결의 상호집행과 사법공조일반의 처리에 관한 규정
12. 공문서의 인증에 관한 규정
13. 채권법, 형법, 상법과 수형법 및 재판절차에 관한 공통의 입법
14. 제국 육군과 해군
15. 의학과 수의학에 관한 경찰규제
16. 출판과 결사제도에 관한 규정

제5조 (제국법률의 성립 요건)

① 제국의 입법권은 연방참의원과 제국의회가 행사한다. 제국법률이 가결되기 위해서는 이 양자의 집회의 과반수에 의한 의결의 일치가 필요하고 그것으로 충분하다.

② 육·해군 및 제35조에서 표기된 조세에 관한 법률안에 있어서 연방참의원에서 의견차이가 발생했을 때는 의장의 표가 결정권을 갖지만, 이 경우 의장의 표가 기존의 제도유지에 찬성을 표명하는 경우로 한정된다.

제3장 연방참의원

제6조 (연방참의원의 조직 표결수)

① 연방참의원은 연방구성국의 대표자로 조직한다. 표결수는 다음과 같이 분배된다.

프로이센은 하노버, 쿠르헷센, 홀슈타인, 낫사우, 프랑크푸르트 ······ 17표
바이에른 ······ 4표
작센 ······ 4표
뷔르템베르크 ······ 4표
바덴 ······ 3표
헷센 ······ 3표
메클렌부르크-슈베린 ······ 2표
작센-바이마르 ······ 1표
메클렌부르크-슈트렐리츠 ······ 1표
올덴부르크 ······ 1표
브라운슈바이크 ······ 1표
작센-마이닝엔 ······ 1표
작센-알텐부르크 ······ 1표
작센-코부르크=고 ······ 1표
슈바르츠부르크-존더샤우젠 ······ 1표
슈바르츠부르크-루돌슈타트 ······ 1표
발데크 ······ 1표
로이스 형계 후국 ······ 1표
로이스 제계 후국 ······ 1표
샤움부르크-리페 ······ 1표

뤼벡 ………………………………………… 1표
브레멘 ……………………………………… 1표
함부르크 …………………………………… 1표
합계 ………………………………………… 58표

② 연방의 구성국은 연방참의원에 표결수와 동수의 대표자를 임명할 수 있다. 다만, 부여된 표결수의 총수는 일체로서만 행사할 수 없다.

第7조 (연방참의원의 권한, 의결)

① 연방참의원은 이하의 사항에 관하여 의결한다 :

1. 제국의회에 제안하여야 할 의안과 제국의회에 의하여 이루어진 의결
2. 제국법률을 집행하는데 필요한 일반적 행정명령과 조치. 다만, 제국법률에 의하여 별도로 제정되어 있는 경우를 제외한다.
3. 제국법률 또는 전기의 명령 또는 조치의 집행시에 나타나는 하자

② 各邦은 제안을 하고 토의에 상정할 권한을 갖고, 의장은 이를 심의에 회부할 의무를 진다.
③ 의결은 제5조 · 제37조 · 제78조의 규정들의 경우는 유보로 하고, 단순 다수결로 행하여진다. 대표권을 갖고 있지 않은 표 또는 (邦의) 훈령을 받지 않은 표는 산입되지 않는다. 가부동수의 경우는 의장의 표가 결정권을 갖는다.
④ 이 헌법의 규정에 의해 제국 전체에 공통되는 것이 아니라고 되어 있는 사항에 대해 의결할 경우에는 그 사항에 관계하는 邦의 표만이 산입된다.

第8조 (위원회)

① 연방참의원은 그 내부에서 다음의 내용에 관한 상설위원회를 설치한다 :

1. 육군과 요새
2. 해사
3. 관세와 조세제도
4. 통상과 무역
5. 철도, 우편과 전신
6. 사법제도
7. 회계제도

② 이들 위원회의 각각에 있어서 의장 외에 연방을 구성하는 邦 중에 적어도 4개의 방이 대표로써 출석하여야 하며, 이들 위원회 내에서 各邦은 1표만 갖는다. 바이에른은 육군 · 요새위원회에 있어서 상임의석을 갖는다. 이들 위원회의 나머지 구성원과 해사위원회의 구성원은 황제에 의하여 임명된다. 기타 위원회의 구성원은 연방참의원에 의하여 선출된다. 이들 위원회의 구성은 매 연방참의원의 시즌마다 갱신되는데, 이 때 임기를 마친 구성원도 재선될 수 있다.
③ 그 밖의 연방참의원에 의해 매년 선출되는 그 밖의 邦의 2인 대표자에 의해 외교위원회가 조직되고 바이에른이 그 의장을 맡는다.
④ 이들 위원회는 그들의 업무수행을 위하여 공무원을 자유롭게 이용할 수 있다.

第9조 (제국의회에의 출석권, 발언권, 제국의회 의원과의 겸직금지)

연방참의원의 각 구성원은 제국의회에 출석할 권리를 갖고, 설령 자국의 정부견해가 연방참의원의 다수에 의해 채택되지 않은 때에도 자국정부의 견해를 대변하기 위해 언제나 발언할 수 있다. 누구든 동시에 연방참의원과 제국의회의 구성원이 될 수 없다.

第10조 (외교적 보호)

황제는 연방참의원 의원에게 관례상 외교적

보호를 부여할 의무를 진다.

제4장 의장

제11조 (황제의 칭호, 국제법상의 대표권, 선전포고권, 조약체결권)

① 연방의장의 지위는 프로이센 국왕에게 귀속하고, 프로이센 국왕은 독일황제로 칭하여 진다. 황제는 국제법상의 제국을 대표하고, 제국의 이름으로 선전포고하고, 강화를 체결하고, 외국과의 동맹과 그 밖의 조약을 체결하고, 외교사절을 파견하고 접수하여야 한다.
② 제국의 이름으로 선전포고하기 위해서는 연방참의원의 동의가 필요하나, 제국의 영역 또는 그 연안에 공격은 예외이다.
③ 외국과의 조약이 제4조에 의해 제국입법의 영역에 속하는 사항에 관한 경우에는 그 체결에는 연방참의원의 동의가 필요하고, 그 효력에는 제국의회의 승인이 필요하다.

제12조 (연방참의원과 제국의회 소집, 개회, 휴회, 폐회)

황제는 연방참의원과 제국의회를 소집·개회·휴회 및 폐회할 권한을 가진다.

제13조 (매년의 소집)

연방참의원과 제국의회의 소집은 매년 이루어지며, 연방참의원은 제국의회의 소집이 없어도 의사의 준비를 위해 소집될 수 있으나, 제국의회는 연방참의원이 없으면 소집될 수 없다.

제14조 (소집의무)

연방참의원은 투표수의 3분의 1의 요구가 있으면 반드시 소집에 따라야 한다.

제15조 (제국수상)

① 연방참의원의 의장을 맡고 모든 사무를 주제하는 것은 황제에 의하여 임명된 제국수상의 권한이다.
② 제국수상은 서면에 의한 권한부여에 의하여 연방참의원의 다른 구성원으로 대표시킬 수가 있다.

제16조 (의안의 제출)

필요한 의안들은 연방참의원의 결의에 따라 황제의 이름으로 제국의회에 제출되고, 이들 의안은 연방참의원의 구성원 또는 연방참의원에 의하여 임명되어야 할 특별위원들을 통하여 대변된다.

제17조 (제국법률과 황제의 권한, 황제의 명령·처분권, 제국수상의 부서)

황제는 제국법률의 인증, 공포와 그 시행을 감독할 권한을 가진다. 황제의 명령과 처분은 제국의 이름으로 제정되고 그 효력을 위해서는 제국수상의 부서를 필요로 하며, 이로써 제국수상은 책임을 지게 된다.

제18조 (제국관리의 임면)

① 황제는 제국관리를 임명하고, 제국에 대해서 선서시키고, 필요한 경우에 파면시킬 수 있다.
② 제국관리로 임명되어진 支邦의 관리는 그 제국관직에의 취임이전에 제국입법에 의하여 별다른 규정이 없는 한, 그 支邦에서 그 관직에 규정된 모든 권리를 제국에 대해 갖는다.

제19조 (연방구성국에 대한 강제집행)

연방구성국이 연방의 헌법상의 의무를 수행하지 않을 때에는 강제집행의 방법으로 그것을 행하도록 재촉할 수 있다. 이 강제집행은 연방참의원에 의해 의결되고 황제에 의해 실시된다.

제5장 제국의회

제20조 (선거)

① 제국의회는 보통·직접 선거에 의해 비밀투표로 의원을 선출한다.
② 1869년 5월 30일의 선거법 제5조로 유보되어 있는 법률의 규율이 이루어질 때까지 바이에른에서는 48인, 뷔르템베르크에서는 17인, 바덴에서는 14인, 마인강 이남의 헷센에서는 6인의 의원이 선출되어 의원의 총수는 382인이다.

제21조 (의원과 관리의 겸직)

① 관리는 제국의회에 참석하기 위해 휴가 받는 것을 필요로 하지 않는다.
② 제국의회 의원은 봉급을 받는 제국 또는 支邦의 관직을 수락하거나 또는 제국이나 支邦에서 보다 높은 지위나 보다 고액의 봉급을 받는 관직에 취임할 때는 제국의회에서의 의석과 투표권을 상실하며 그 의원의 제국의회에서의 지위는 새로운 선거에 의해서만 획득할 수 있다.

제22조 (회의의 공개)

① 제국의회의 회의는 공개한다.
② 제국의회의 공개회의에서 의사에 관한 진실한 보고는 어떠한 책임으로 부터도 자유롭다.

제23조 (법률안의 제출, 청원의 처리)

제국의회는 제국의 권한범위 내에서 법률안을 제출할 권리를 가지며 또한 자기에게 제출되어진 청원을 연방참의원 내지는 제국수상에게 이송할 권리를 가진다.

제24조 (임기, 해산)

제국의회 의원의 임기는 3년이다. 그 기간 내에서 제국의회를 해산하기 위해서는 황제의 동의를 얻은 연방참의원의 결정이 필요하다.

제25조 (해산후의 선거, 의회의 소집)

제국의회가 해산되는 경우에는 해산 후 60일 이내 선거인이 모집되고 해산 후 90일 이내에 제국의회가 소집되어야 한다.

제26조 (휴회)

제국의회의 동의 없이 행하여진 제국의회의 휴회는 30일의 기간을 넘어서는 아니되고, 또한 같은 회기 중에 휴회를 반복할 수 없다.

제27조 (의원의 자격심사, 의사규칙, 임원의 선출)

제국의회는 그 의원의 자격을 심사하고 이를 판단한다. 제국의회는 의사규칙에 의하여 그 의사절차와 징계를 규율하고 또 의장·부의장과 서기를 선출한다.

제28조 (의결)

① 제국의회의 의결은 절대 다수결로 이루어진다. 그 의결이 효력을 갖기 위해서는 법률로 정해진 의원수의 과반수 출석이 필요하다.
② 이 헌법의 제 규정에 따라 제국전체에 공통되지 아니한 사항에 대한 의결에 있어서는 그 사항에 공통된 支邦에서 선출된 의원의 투표만이 산입된다.

제29조 (의원의 동의성)

제국의회 의원은 국민전체의 대표자이고 위임 및 훈령에 구속되지 아니한다.

제30조 (의원의 면책특권)

제국의회 의원은 어떠한 때에도 투표를 이유로 또는 그 직무수행상의 표명으로 인하여 재판이나 징계절차로 소추되거나 기타 원외에 있어서 책임을 추궁당해서는 아니된다.

제31조 (의원의 불체포특권)

① 제국의회 의원은 제국의회의 승인 없이 회기중 형벌을 부가하여야 하는 행위를 위해서 조사받거나 체포되지 아니하나, 현행범 또는 그 다음날 중에 체포된 때는 그러하지 아니하다.
② 채무에 기한 구금의 경우도 마찬가지의 승인이 필요하다.
③ 제국의회 의원에 대한 형사절차, 미결구류, 민사구금은 어떠한 일이 있어도 회기중 제국의회의 요구가 있으면 이를 정지하여야 한다.

제32조 (보수의 수령금지)

제국의회 의원은 의원으로서 어떠한 봉급(또는 보상)도 받아서는 아니된다.

제6장 관세 및 통상제도

제33조 (관세 · 통상 영역)

① 독일은 공통의 관세경계로 둘러싸여진 관세·통상 영역을 형성한다. 그 위치 때문에 관세경계에 포함시키는데 부적절한 개별 지역은 제외된다.
② 어떤 支邦에서 자유로이 거래되고 있는 것은 모두 다른 모든 支邦에 수입될 수 있고 또 거기에서는 동종의 국내생산물에 부과되는 국내세와 같은 범위 내에서만 과세할 수 있다.

제34조 (함부르크와 브레멘에 관한 특칙)

한자도시인 브레멘과 함부르크는 그 목적에 상응하는 자기 또는 주변 영역의 지구도 포함해서 가입의 주장이 있기까지 공통의 관세경계 밖의 자유항으로서 머무른다.

제35조 (관세 · 조세에 관한 제국의 전속적 입법권)

① 제국은 전속적으로 관세제도 전체에 대해서 연방의 영역 내에서 얻을 수 있는 소금과 담배의 과세, 국산의 소주 및 맥주의 과세, 사탕수수 그 밖의 국내생산물로 주조되어진 설탕과 시럽의 과세에 대해서 개개의 支邦에서 징수되는 소비세의 탈세에 대한 상호보호 및 관세제외지역(Zollausschüsse)에서 공통의 관세경계를 보장하기 위해 필요한 규율에 대해서 입법권을 갖는다.
② 바이에른, 뷔르템베르크와 바덴에서는 국산 증류주와 맥주의 과세는 支邦의 입법권에 유보한다. 다만 諸邦은 입법의 통일을 도모하기 위하여 이 물건들에 대한 과세에 대해서도 노력하여야 한다.

제36조 (관세 · 조세의 징수 · 관리)

① 관세와 소비세(제35조)의 징수와 관리는 各邦이 지금까지 그것을 행하고 있었던 경우에 한하여 그 영역 내에서 各邦에 위임한다.
② 황제는 연방참의원의 관세·조세위원회에 자문한 후에 各邦의 관세관리 또는 조세관리 및 지도관청에 제국관리를 붙여야 한다.
③ 이 관리가 공통의 입법(제35조)을 실시할 때 결함에 관해서 작성한 보고는 의결을 위해서 연방참의원에 제출된다.

제37조 (행정명령의 의결에 있어서 의장의 결정권)

공통입법(제35조)을 실시하는 데에 사용하는 행정명령 및 조치에 대해서 의결할 때에 그것이 기존의 지도 또는 조치를 유지하기 위해서 이루어지는 경우에는 의장의 표가 결정권을 갖는다.

제38조 (세수입의 조정)

① 관세 및 제35조에서 예로 든 그 밖의 세로부터 얻어지는 수입 —다만 후자에 대해서는 그것이 제국입법에 복종하는 한도에서—은 제국의 국고에 들어간다.
② 이러한 수입은 관세 및 그 밖의 세에서 얻어진 모든 수입으로 이루어진다. 다만 이하의 것은 공제된다.

1. 법률 또는 일반 행정명령에 입각하는 조세의 상환과 경감,
2. 부당한 징수에 대한 환불,
3. 징수비용과 관리비용. 즉, a) 관세의 경우에는 외국에 접하는 국경과 국경지구에 있어서 관세의 보호와 징수를 위해 필요한 비용, b) 염세의 경우에는 제염소에서 이 조세의 징수와 감독을 청부하는 관리에게 봉급으로서 지불되어지는 비용, c) 감채당세와 담배세의 경우에는 연방참의원의 그 상황의 결정에 의하여 各邦정부에 이 조세의 관리비용으로서 주어지는 상환, d) 그 이외의 조세의 경우에는 총수입의 15%.

공통의 관세경계의 밖에 있는 영역은 조정금(Aversum)의 지불에 의하여 제국의 경비에 기여한다.
바이에른, 뷔르템부르크와 바덴은 증류주·맥주세로부터 제국국고에 들어가는 수입과 이 수입에 대응하는 상기의 조정금의 일부에 대해서는 관여하지 아니한다.

제39조 (징세보고와 그 확인)

① 3개월 경과후 또는 회계연도 중에 지불기일에 도달한 관세 및 제38조에 의해 제국 국고에 들어가는 소비세 수익에 관해서 支邦의 징수관청이 3개월 경과할 때마다 작성하는 4년반 결산보고서와 연도말의 결산후에 작성한 최종 결산서는 邦의 지도관청에 의하여 사전심사를 거친 후 주요 일람표에 정리되어지고, 각 세가 따로따로 기록된다. 이 일람표는 연방참의원의 회계위원회에 송부된다.
② 회계위원회는 이 일람표에 입각해서 3개월마다 各邦의 국고로부터 제국국고에 납입하여야 하는 금액을 다시 확인하고, 이 확인을 연방참의원과 諸邦(Staaten)에 통지하고, 또한 매년 그 금액을 최종적으로 확인하고 거기에 소견을 첨부해서 연방참의원에 제출한다. 연방참의원은 이 확인에 대해서 의결한다.

제40조 (1867년의 관세동맹조약)

1867년 7월 8일의 관세동맹조약의 규정은 이 헌법의 규정에 의하여 변경되지 않는 경우에 한하여 동시에 그것이 제7조 또는 제78조에 규정하는 방법에 의하여 변경되지 않은 경우에 한하여 계속해서 효력을 지닌다.

제7장 철도제도

제41조 (철도의 부설)

① 독일방위 또는 상호교통에 있어서 필요하다고 간주되는 철도는 그 영역에 철도가 횡단하는 支邦의 이의가 있더라도 제국법률에 의해 그 支邦의 주권을 침해하지 않는 범위에서 제국의 부담으로 이를 건설하든지 또는 민간기업에 그 부설의 허가를 내주고 수용권을 얻을 수 있다.
② 기존의 각 철도 행정기관은 새로운 철도노선의 접속을 인정할 의무를 갖고, 그 비용은 새로운 철도노선이 부담한다.
③ 병행선로 또는 경합선로의 건설에 대한 이

의권을 기존의 철도기업에 주는 법률규정은 이 조항에 의해 기득권을 침해하지 않는 범위에서 제국전체에 대하여 폐지한다. 그러한 이의권은 장래 부여되는 허가에 있어서도 다시 부여될 수 없다.

제42조 (支邦의 통일적 철도망정비의무)

(연방을 구성하는) 各邦의 정부는 독일철도를 상호교통을 위하여 통일적인 철도망으로서 관리하고 또 이 목적을 위하여 새롭게 부설되는 선로에 대해서도 통일적 규범에 좇아 건설하고 설비를 정비할 의무를 지닌다.

제43조 (통일적 경영조직의 제도화, 제국의 배려의무)

그에 따라 가급적 신속히 통일적인 경영시설이 마련되어야 하고, 특히 동일한 철도경찰규칙이 도입되어야 한다. 제국은 철도행정이 노선을 항상 필요한 안전이 보장되는 상태로 보존함과 동시에 교통의 수요에 맞게 차량을 선로에 설치하도록 배려하여야 한다.

제44조 (직통 운송 · 진입의 제도화)

철도행정은 직통운송을 위하여 또 상호 연계되는 운행계획의 창출에 필요한 상응의 속도 여객열차를 운행시키고, 동시에 화물교통의 수행에 필요한 화물열차를 운행시킬 의무를 지니고 또한 통례의 보상과 교환에 어떤 선로에서 다른 선로에의 운송기관의 진입을 허가하고, 여객교통과 화물교통의 직통운송을 정비할 의무도 갖는다.

제45조 (운임)

제국은 운임을 통제할 권한을 갖는다. 제국은 특히 이하의 사항에 관하여 노력한다.

1. 독일철도 전체에 통일적인 영업규정의 조속한 도입
2. 가급적 통일적으로 저렴한 운임의 달성. 특히, 석탄 · 코크스 · 광석 · 목재 · 암석 · 소금 · 선철 · 비료 및 그것과 유사한 물건의 장거리 운송의 경우는 농업과 공업의 수요에 상응하는 할인 운임, 향후 가능하면 1 페니히 운임을 채용할 것.

제46조 (긴급사태에 있어서의 특별운임)

① 긴급사태가 발생한 때, 특히 생필품의 비통상적 가격폭등 등이 있는 경우, 철도행정은 특히 곡물 · 곡분 · 두류 또한 감자의 운송을 위해서 일시적으로 수요에 상응하도록 연방참의원의 해당 위원회의 제안에 입각해서 황제가 정한 저액의 특별운임을 실시할 의무를 지닌다. 다만, 이 운임은 해당선로에 있어서 현행의 식료품을 위한 최저요금을 밑도는 것이어서는 아니된다.

② 전항의 규정과 제42조 및 제45조의 규정은 바이에른에는 적용되지 않는다.

③ 다만, 제국은 바이에른에 대해서도 입법을 통해 국방을 위한 중요한 철도건설과 설비를 위한 통일적인 기준을 정할 권리를 갖는다.

제47조 (방위목적의 철도사용)

독일방위를 위한 철도사용에 관하여 제국관청이 요청하는 사항에 대해서는 모든 철도행정이 무조건 따라야만 한다. 특히 군대와 모든 군수품은 동일한 할인요금으로 운송되어야 한다.

제8장 우편 및 전신제도

제48조 (우편 · 전신제도의 통일)

① 우편 · 전신제도는 독일제국의 전 영역에 통일적인 국가통신시설로서 조직 · 관리된다.

② 제4조에 정해진 우편 · 전신사무에 관한 제

국의 입법은 북독일연방의 우편·전신행정에서 준거적인 제 원칙에 의하여 복무규정 또는 행정명령에 의한 규율에 위임되어 있는 사항까지는 미치지 아니한다.

제49조 (수입, 경비, 잉여세)

우편·전신제도에 의한 수입은 제국 전체의 공유로 한다. 지출은 공유수입으로부터 행하여진다. 잉여금(수익)은 제국국고에 들어간다(제12장).

제50조 (우편·전신행정의 지휘 관리의 임용과 직무)

① 황제는 우편·전신행정의 최고지휘권을 갖는다. 황제가 지정하는 관청은 행정조직과 직무의 운영 및 관리의 자격에서 통일을 도모하고, 동시에 유지하도록 배려하는 의무와 권리를 갖는다.
② 황제는 복무규정과 일반행정명령을 제정하고 또한 타국의 우편·전신행정과의 관계를 전속적으로 수행할 권한을 갖는다.
③ 우편·전신행정에 관계되는 모든 관리는 황제의 명령에 따를 의무를 지닌다. 이 의무는 복무선서에 포함되어야 한다.
④ 각종의 管區의 우편·전신 행정관청에 필요한 고급관리(예를 들면 임원, 고문 및 고급검사관)의 임용, 나이가 그 관청의 기관으로서 개개의 管區에서 감독 등의 직무를 수행하는 우편·전신관리(예를 들면 검사관, 감독관)의 임용은 황제가 독일제국의 전 영역에 대해서 이것을 행한다. 이 관리는 황제에게 복무의 선서를 한다. 支邦정부는 상술한 임용에 대해서 그것이 자기의 영역에 관계되는 한 군주의 확인 및 공포를 위해 적시에 통지를 받아야 한다.
⑤ 우편·전신행정관청에 필요한 그 밖의 관리 및 支邦의 기술적인 사업을 위해서 고용되는, 따라서 본래의 사업직에 종사하는 관리 등은 해당 支邦정부가 임용한다.
⑥ 독자적인 우편·전신행정이 존재하지 않는 곳에서는 특별한 조약의 규정으로 정한다.

제51조 (우편잉여금의 취급)

① 제국의 일반목적(제49조)을 위해서 우편행정의 잉여금을 대체할 경우, 각 영역의 邦의 우편행정기관이 올린 순수익에 대해서 종전의 격차를 고려해서, 동시에 이하에서 정하는 과도기간에 적당한 균형을 확보하기 위해서 다음의 절차가 준수되어야 한다.
② 평균 연간수익은 1861년부터 1865년까지 5년간 개별 우편구역(郵便管區)에 축적된 우편잉여금(우편수익)으로부터 계산되며, 개별 우편구역이 제국의 전 영역에 대해 발생하는 잉여금(수익)에서 차지하는 지분은 백분율에 따라 결정된다.
③ 이 방법으로 결정된 비율에 따라서 各邦은 제국 우편행정에의 가입 후 8년 동안 제국에 들어가는 우편잉여금으로부터 발생하는 배당금을 그 밖의 분담금 속에 넣어 제국의 목적에 사용한다.
④ 한자동맹도시의 경우, 앞에서 서술한 8년 동안에 생기는 우편잉여금의 배당금 중 반액에 대해서는 황제가 우선 한자동맹도시에 통상의 우편제도 창설의 비용을 지불하기 위해서 매년 새로이 자유롭게 처리할 권한을 가진다.

제52조 (바이에른과 뷔르템베르크에 관한 특칙)

① 전술한 제48조 내지 제51조의 규정은 바이에른과 뷔르템베르크에는 적용하지 않는다. 이에 갈음하여 양 邦에는 다음의 규정이 적용된다.
② 제국은 우편·전신의 특권에 대해서 일반이용자에 대한 양 제도의 법적 관계에 대해서

우편료면제 및 우편세에 대해서는 전속적 입법권을 갖는다. 다만 바이에른, 뷔르템베르크 내부의 내국통신을 위한 복무규정과 요금규정은 제외한다. 또한 전신통신을 위한 요금의 확정에 대해서도 동일한 제한 아래에서 (제국이 전속적 입법권을 갖는다).

③ 마찬가지로 외국과의 우편과 전신의 규율에 대해서도 제국이 권한을 갖는다. 다만 바이에른 또는 뷔르템베르크가 제국에 속해있지 않은 인접 제국과의 사이에서 직접 행하는 통신은 제외하고 그 규율은 1867년 11월 23일의 우편 조약의 제49조의 규정에 따른다.

④ 바이에른 및 뷔르템베르크는 제국국고에 들어가는 우편·전신제도의 수익을 공유하지 아니한다.

제9장 군 및 항행

제53조 (제국해군)

① 제국해군은 통일체로서 황제의 통수권 아래 있다. 해군장교 및 관리를 임명하는 황제는 제국해군의 조직과 구성에 대해서 의무를 지고, 이들은 병사와 마찬가지로 선서에 의하여 황제에 대한 의무를 져야 한다.

② 키일港과 야데港은 제국의 군항이다.

③ 함대의 창설과 유지 및 그와 관련하여 필요한 경비는 제국국고에서 지출된다.

④ 기계공과 선박공을 포함한 제국의 전 海事員은 육군근무가 면제되는 대신 제국해군에 근무할 의무를 진다.

⑤ 보충병력의 할당은 현재 해사원의 기준에 따라서 행하여지며, 이 비율에 따라서 各邦에 할당된 분담인수는 육군에 대한 소집인수에서 제외된다.

제54조 (상선함대 수로의 사용료)

① 모든 邦의 상선은 통일적인 상선함대를 형성한다.

② 제국은 항해선의 적재량의 조사절차를 정하고 톤수 및 선박등록증명서의 발행을 규율하고, 해선조타의 허가에 필요한 조건을 정하여야 한다.

③ 어떤 邦의 상선도 모두 개개 邦의 항만 및 모든 자연수로 및 인공수로에 출입하는 것이 허가되고 동시에 동등하게 취급된다. 항만에서 항해선 또는 그 화물에 대해 항행시설의 이용을 위해 징수되는 사용료는 이 시설의 유지와 통상의 개정에 필요한 경비를 초과해서는 아니된다.

④ 모든 자연수로에서 사용료의 징수는 교통편의를 위해서 지정된 특별한 시설을 이용할 경우에만 인정된다. 이러한 사용료 및 국유재산인 인공수로의 항행사용료는 그 시설·설비의 유지와 통상의 보수에 필요한 경비를 초과해서는 아니된다. 뗏목을 이용한 운반에 대해서는 그것이 항행 가능한 수로에서 행해지는 한도로 이 규정을 적용한다.

⑤ 외국선박 또는 그 화물에 대해서 邦의 선박 또는 그 화물에 적용되는 경우와 다른 또는 그것보다 높은 사용료를 부과하는 권한은 개개의 邦이 아니라 제국이 보유한다.

제55조 (해군 및 상선대의 기)

해군 및 상선대의 깃발은 흑·백·적색으로 한다.

제10장 영 사

제56조 (독일제국영사의 임명과 직무)

① 모든 독일제국영사는 황제의 감독 하에 놓여진다. 황제는 연방참의원의 통상·무역위원회에 자문을 구한 후 영사를 임명한다.

② 독일제국영사의 관할구역에는 邦영사직이 새로이 설치될 수 없다. 독일영사는 자기의 구역내에 대표를 갖지 않는 諸邦(Staaten)을 위해서 邦영사의 직무를 행한다. 기존의 邦영사직은 모두 독일영사직의 조직이 완성되고 모든 邦의 개별이익의 대표가 독일영사직에 의해 확보되고 동시에 연방참의원에 의하여 승인된 때는 곧바로 폐지된다.

제11장 제국의 군사조직

제57조 (병역의무)

모든 독일인은 병역의무를 지닌다. 이 의무의 이행에 있어서는 어떠한 대리도 인정되지 아니한다.

제58조 (국방의 부담과 그 배분)

제국의 전 군사조직의 경비와 부담은 모든 邦 및 그 소속원에게 균등하게 부담하게 하고 各邦 또는 계급의 특권이나 특별부담은 원칙적으로 인정되지 않는다. 부담을 균등하게 분배하는 것이 현실적으로 공공복리를 해치는 것이 될 때, 그 조정은 정의의 원칙에 따라 입법의 방식에 의하여 정하여야 한다.

제59조 (복무연한)

① 병역능력이 있는 모든 독일인은 7년간 원칙으로서 만 20세가 된 해부터 만 28세가 되는 해까지 상비군에 소속하고 ―최초의 3년은 현역에, 나머지 4년은 예비군에 소속된다― 이어 5년간은 향토방위대에 소속된다. 종래에 전 근무기간이 법률에 의하여 12년 이상으로 되어있던 邦에서는 제국군의 전쟁준비를 고려하면서 허용되는 한도내에서 의무복무 기간을 점차적으로 하향조정한다.

② 예비병의 외국이주에 대해서는, 향토방위대의 외국이주에 적용된 규정만을 기준으로 해야 한다.

제60조 (군의 평상시 병력규모)

독일군의 평상시 병력규모는 1871년 12월 31일까지는 1867년의 인구의 1%로 하고, 各邦의 인구에 따라(pro rata) 各邦이 준비한다. 그 후 군의 평상시 병력규모는 제국입법의 방법에 의하여 확정한다.

제61조 (프로이센 군사입법의 즉시실시, 제국 군사입법)

① 이 헌법의 공포 후 제국 전 지역에 모든 프로이센 군사입법을 즉시 도입하여야 한다. 그 입법에는 법률 그 자체 이외에 그 시행, 해석, 보충을 위해서 공포되는 규정, 지령, 포고, 무엇보다도 1845년 4월 3일의 군형법전, 1845년 4월 3일의 군사법원법, 1843년 7월 20일의 군법회의에 대한 명령, 전시 및 평상시에 있어서 신병·징모·복무연한·복리후생 및 양말 급부의 제도·숙영·농지에 대한 손해대상·동원 등에 관한 제 규정이 포함되어야 한다. 다만 군사교회령은 제외된다.

② 독일군의 군사조직이 안정적으로 정비되어진 후에는 포괄적인 제국 군사법률이 제국의회 및 연방참의원에 제출되어 헌법에 따라서 의결되어질 것이다.

제62조 (군사예산)

① 전 독일군과 그에 따르는 제도의 경비를 부담하기 위해서 1871년 12월 31일까지 황제는 매년 제60조가 정하는 군의 평상시 병력 1인당 225타라의 금액을 처분할 권한을 갖는다.(제12장 참조)

② 1871년 12월 31일 이후는 이 분담금은 연방의 개개 邦에 의하여 제국 국고에 납입되어

야 한다. 이 계산에는 제60조에 일시적으로 정해진 평상시 병력규모가 사용되고 제국법률에 의하여 변경될 때까지 유지된다.
③ 전 제국군과 그 제도를 위해서 이루어지는 이 지출에 대해서는 예산법률로 정한다.
④ 군사지출 예산을 결정하는 경우는 이 헌법에 입각해서 법률에 의해 확립되어진 제국군의 조직이 기초된다.

제63조 (군대의 통일, 황제의 명령권)

① 제국의 전 육군은 통일적인 군대를 형성한다. 이 군대는 전시 및 평상시에 황제의 명령에 복종한다.
② 연대 등은 독일군 전체에서 통용되는 일련번호를 갖는다. 군복은 프로이센국 국왕군의 기본색과 형태를 기준으로 한다. 외부 기장(帽章 등)의 결정은 해당 파견군(Kontingent)의 군주가 정한다.
③ 황제는 독일군 내부에 있어서 모든 군대가 결원 없이 그리고 전투능력을 보유하며 동시에 조직 및 편성, 군비 및 지휘권, 병사의 훈련 및 장교의 자격에 대해서 통일성을 유지하도록 배려할 의무와 권리를 갖는다. 이 목적을 위하여 황제는 언제라도 검열을 통해서 각 파견군의 상태를 확인하고 그 때 발견되는 하자의 제거를 명령할 수 있다.
④ 황제는 제국군에서의 각 파견군의 인원, 구성과 배분 및 향토방위대의 조직을 정하고 또한 연방영역 내에서의 수비군을 정할 권리 및 제국군 각 부대의 전쟁준비적 편성을 명령할 권리를 갖는다.
⑤ 독일군 각 부대의 관리, 군량, 군비와 장비에 있어서 불가결한 통일성의 유지를 위하여 이와 관련한 장래 프로이센군에게 공포될 명령은 제8조 제1호 정해진 육군 · 요새 위원회를 통해서 그 밖의 파견군의 사령관에게 통지되고 적절한 방법으로 준수되어야 한다.

제64조 (군인의 복종의무, 황제에 의한 장교의 임명)

① 독일군의 모든 부대는 황제의 명령에 반드시 따를 의무가 있다. 이 의무는 군인의 선서에 포함되어야 한다.
② 파견군의 최고사령관 및 복수의 파견부대를 지휘하는 모든 장교 및 요새사령관은 황제에 의하여 임명된다. 황제에 의하여 임명된 장교는 황제에 대해서 군기에 대한 선서를 행한다. 파견군의 내부에 있어서 장군 및 장군직을 수행하는 장교를 임명하는 명령을 내릴 때에는 그 때마다 황제의 승인이 필요하다.
③ 황제는 프로이센군이든 다른 파견군이든 그리고 승진을 목적으로 하거나 무관하거나 상관없이, 제국군 내 모든 파견군의 장교로부터 제국관직을 선발할 권한을 가진다.

제65조 (요새)

연방영역 내에 요새를 건설할 권한은 황제에 속하고, 황제는 그를 위해 필요한 자금이 경상비에 포함되지 않는 경에서 제12장에 따르고 그 지출의 승인을 요구할 수 있다.

제66조 (파견군장교의 임명과 그 권한)

① 특별협정에 의하여 별도로 정해져 있지 않을 때 연방의 각 군주 및 한자동맹 도시의 정부는 제64조의 제한에 따라 자기의 파견군의 장교를 임명한다. 이 장교는 그 영역에 속하는 부대의 장이고 그 신분에 결부된 명예를 향유한다. 장교는 언제나 검열할 권한을 갖고 변경이 발생한 경우의 정례의 보고 및 통지 이외에 군주가 필요한 공포를 하기 위하여 해당 부대에 관계되는 승진 및 임명의 통지를 적시에 받는다.

② 장교는 경찰적 목적을 위해서 단순히 자기 부대를 사용할 뿐만 아니라, 그 邦영역에 배치되어 있는 제국군의 다른 모든 부대를 요청할 권리도 가진다.

제67조 (군사예산의 절약분)

군사예산의 절약분은 각 정부가 아니라, 항상 국고에 귀속한다.

제68조 (전쟁상태의 선언)

황제는 연방영역 내에서 공공의 안전이 위협받을 때에는 그 각각의 지역에 전쟁상태를 선포할 수 있다. 그러한 선언의 조건, 공포의 형식 및 그 효과를 규율하는 제국법률이 공포되기 전까지는 1851년 6월 4일의 프로이센의 법률규정(법령집 1851년 451쪽 이하)이 적용된다.

제11장의 종결규정

본장에 포함된 규정은 바이에른에 대하여 1870년 11월 23일의 동맹조약(연방관보 1871년 9쪽)의 제3장 제5조 규정되어진 상세한 규정에 따라서 적용되고 또한 뷔르템베르크에서는 1870년 11월 21일 내지 25일의 군사협정(연방관보 1870년 658쪽)에 정해진 상세한 규정에 따라서 적용된다.

제12장 최종재정

제69조 (제국의 예산)

제국의 모든 수입과 지출은 매년 견적을 내어, 제국예산에 상계하여야 한다. 예산은 회계연도 초에 이하의 원칙에 따라서 법률로써 정해진다.

제70조 (지출에 대한 충당)

모든 공통의 지출에 대해서는 우선 이전 회계연도의 잔여금이 있으면 그것을 충당하고 또한 관세 공통의 소비세 및 우편·전신제도에서 얻어지는 수입으로 충당 한다. 이러한 수입에 의하여도 지출을 충당할 수 없을 때에 그 지출은 제국의 조세제도가 도입되어 있지 않는 한, 各邦의 인구에 따른 분담금에 의하여 조달되는 것으로 하고, 이 분담금은 예산액을 넘지 않는 범위에서 제국수상이 정한다.

제71조 (지출의 승인, 군사지출에 관한 특칙)

① 공통의 지출은 원칙적으로 한 회계연도를 대상으로 승인되지만, 특별한 경우에는 더 긴 기간에 걸쳐 승인될 수 있다.
② 제60조가 정하는 과도기에 대해서는 군사지출에 관한 예산은 그것을 통지하고 환기하기 위해서만 항목마다 나누어 연방참의원과 제국의회에 제출되어야 한다.

제72조 (회계보고)

제국의 모든 수입의 사용용도에 대해서 제국수상은 매년 연방참의원 및 제국의회에 회계보고를 하고, 그 승인을 얻어야 한다.

제73조 (공채, 보증)

특별한 요청이 있는 경우에는 제국입법에 의하여 공채 및 제국이 부담하는 보증책임을 인수할 수 있다.

제12장의 최종규정

바이에른 군대의 지출에 대해서는 제11장의 최종규정에서 언급된 1870년 11월 23일의 조약의 규정에 따르는 경우에만 제69조 및 제71

조가 적용되어지고, 또한 제72조는 바이에른 군대에 필요한 액수의 바이에른으로의 송금이 연방참의원 및 제국의회에 의하여 승인되어야 할 경우에만 적용하여야 한다.

제13장 쟁송의 조정 및 형벌규정

제74조 (독일제국에 대한 명예훼손 및 그 재판)

독일제국의 존재, 위신, 안전, 헌법에 위배되는 모든 시도, 나아가 연방참의원 · 제국의회, 연방참의원 또는 제국의회의 의원, 제국의 관청이나 관리에 대해서 관리의 직무수행 중 혹은 그 직무와 관련되어 행해지는 언어 · 문서 · 인쇄물 · 도화 · 회화 그 밖의 표현에 의한 모욕행위는 현행의 또는 장래 효력을 발생하는 법률이 규정하는 바에 따라 개개 邦에서 재판에 회부되어, 처벌되며 또한 동일한 양태의 행위가 各邦, 그 헌법, 그 의회 또는 신분의회, 그 의원, 그 관청 및 관리에 향해지는 경우에도 그 법률에 의하여 재판되고 처벌된다.

제75조 (내란죄 · 외환죄에 대한 재판관할)

① 제74조에 열거된 독일제국에 대항하는 시도에 대해서 만약 그것이 各邦의 어느 것에 대해서 이루어져 내란죄 혹은 외환죄가 되는 경우는 세 개의 자유한자 도시에 공통의 뤼벡 소재의 최고상소법원(Ober-Appellationsgericht) 이 제1심인 동시에 최종심의 권한이 있는 법원(Spruchbehörde)이다.

② 최고상소법원의 관할권 및 절차에 관한 상세한 규정은 제국입법으로 정한다. 제국법률이 제정될 때까지는 일단 各邦법원의 종래의 관할권에 의하고 동시에 이 법원의 절차에 관한 규정이 적용된다.

제76조 (諸邦 사이의 쟁송, 헌법쟁송)

① 各邦 사이의 쟁송은 그것이 사법적(私法的) 성질을 갖고 있지 않아 권한 있는 법원에 의하여 결정할 수가 없는 경우에 한해서 당사자의 일방적인 호소에 따라 연방참의원에 의하여 해결된다.

② 회부된 쟁송을 재판하는 관청이 헌법상 정해져 있지 않은 邦에 있어서 당사자의 일방적인 호소에 따라 연방참의원이 이를 조절하는 것으로 하고, 이것이 성공하지 못 할 때는 제국입법에 의하여 해결하여야 한다.

제77조 (재판거부 및 연방참의원의 권한)

어떤 邦에서 재판거부의 사태가 발생하고 법률상의 방법으로는 충분한 구제를 받을 수 없는 경우, 거부 혹은 저지당한 재판에 관한 이의가 해당 邦의 헌법 및 현행 법률에 의하여 재판하여야 한다고 명시되어진 때에는 연방참의원이 이 이의를 수리할 의무를 갖고 또한 이의의 원인을 제공한 支邦정부에 대해서 재판에 의한 구제가 이루어지도록 작용할 의무를 진다.

제14장 일반규정

제78조 (헌법의 개정)

① 헌법의 개정은 입법의 방식에 의하여 행하여진다. 연방참의원에서 14표의 반대가 있을 때는 그 개정은 부결된 것으로 간주된다.

② 제국헌법의 규정 중에서 전체와의 관계에 있어서 各邦의 일정한 권리를 인정하고 있는 것에 대해서는 권한을 지닌 支邦의 동의가 있는 경우에만 개정할 수 있다.

바이마르공화국 헌법

[1919년 8월 11일 제정, 독일제국헌법]

독일국민은, 그 소속 민족들이 합심하여 그리고 국가를 자유와 정의 속에서 쇄신하고 공고히 하며 국내외의 평화에 기여하고 사회적 진보를 촉진하려는 충만한 의지로, 이 헌법을 채택한다.

제1장 제국(라이히)의 구성과 권한

제1절 제국과 각 주

제1조 (공화국, 국가권력)

① 독일제국은 공화국이다.
② 국가권력은 국민으로부터 나온다.

제2조 (제국(라이히)의 영역)

제국의 영토는 독일 각 주들의 영토로 이루어진다. 기타의 영토는 그 주민들이 자결권에 의해 원할 때에 제국법률에 따라 제국으로 편입될 수 있다.

제3조 (국기)

국기의 색은 흑·적·금으로 한다. 상선기는 흑·백·적으로 하고 그 상단의 안쪽에 국기를 배치한다.

제4조 (국제법)

일반적으로 승인된 국제법규는 독일제국법의 일부로서 효력을 지닌다.

제5조 (제국과 주(land)의 임무분담)

국가권력은 제국의 업무에 속하는 경우에는 제국헌법에 근거하여 제국의 기관에 의해, 각 주의 업무에 속하는 경우에는 주 헌법에 근거하여 각 주의 기관에 의해 행사된다.

제6조 (제국의 전속적 입법권한)

제국은 다음의 사항에 관해 전속적(배타적) 입법권을 지닌다.

1. 외교관계
2. 식민지문제
3. 국적, 출입국, 이주 및 범죄인의 인도
4. 병역제도
5. 화폐제도
6. 관세제도 및 관세와 무역지역의 통일, 그리고 화물교역의 자유
7. 우편, 전신 및 전화

제7조 (제국의 경합적 입법권한)

제국은 다음의 사항에 관한 입법권을 지닌다.

1. 민법
2. 형법
3. 형의 집행을 포함한 소송절차와 관청간의 직무상의 원조
4. 여권제도와 대외국인 경찰제도
5. 구빈제도와 유랑민구휼
6. 언론·출판, 결사 및 집회
7. 인구정책 및 모성, 유아, 아동, 청소년의 보호
8. 보건, 수역예방, 식물의 병해방제
9. 노동법, 생산직 및 사무직 노동자의 보험 및 보호, 직업소개
10. 제국 차원에서의 직업대표기관의 설치
11. 참전군인과 유족의 원호
12. 수용법
13. 천연자원과 기업의 사회화 및 공동경제를 위한 경제적 재화의 생산, 제조, 분배, 가격책정

14. 상업, 도량형제도, 지폐의 발행, 은행 및 주식거래제도
15. 식료품, 기호품 및 생활필수품의 거래
16. 영업 및 광업
17. 보험제도
18. 해운, 원양 및 연안어업
19. 철도, 수운, 자동차와 동력선 및 항공기에 의한 교통, 전체교통 및 국방과 관련된 지방도로의 건설
20. 연극 및 영화

제8조 (조세입법)

제국은 또한 전체 또는 일부를 자신의 목적을 위해 사용하는 조세나 기타 수입에 대한 입법권을 지닌다. 제국이 이전에 각 주에 속하던 조세나 기타 수입을 자신의 수입으로 할 때에는 각 주가 자생력을 유지하는 것을 감안해야 한다.

제9조 (제국의 기타 입법권)

제국은, 통일적인 법규정을 제정할 필요가 있는 경우에 한하여, 다음의 사항에 대한 입법권을 지닌다.

1. 사회보장제도
2. 공적 질서와 안전의 보호

제10조 (대망(大綱)입법)

제국은 입법을 통해 다음의 사항에 대한 원칙을 정할 수 있다.

1. 종교단체의 권리와 의무
2. 대학을 포함하는 학교제도 및 도서관제도
3. 모든 공공단체 소속 공무원의 권리
4. 토지법, 토지분배법, 이주 및 가산제도, 토지부담, 주택제도, 인구분산
5. 매장제도

제11조 (주의 조세에 관한 제국입법)

제국은 다음 사항의 발생을 방지하거나 중요한 사회적 이익을 보호하기 위해 필요한 경우에 한하여 각 주의 조세의 허용여부와 징수방법에 대한 원칙을 입법으로 정할 수 있다.

1. 제국의 수입이나 통상관계에 해를 미치는 것
2. 이중과세
3. 공공의 교통로나 시설을 사용하는 데 과도하거나 또는 교통장애를 야기하는 부담의 수수료 부과
4. 각 주간이나 지방간의 교통에서 자신의 생산물에 비해 수입상품에 불이익을 주는 과세
5. 수출특혜

제12조 (제국과 주의 입법권의 관계)

① 제국이 입법권을 행사하지 않는 한, 각 주가 입법권을 지닌다. 제국의 배타적 입법권의 경우에는 그러하지 아니하다.
② 제7조 제13호의 사항에 관한 주법률이 제국 전체의 복리를 저해하는 경우 제국정부는 이 법률에 이의를 제기할 수 있다.

제13조 (제국의 법의 우위)

① 제국의 법은 각 주의 법에 우선한다.
② 각 주의 법규정이 제국의 법과 양립하는가에 대한 의문이나 논쟁이 발생하면 제국 또는 각 주의 관할 중앙관청이 제국법률의 구체적인 규정에 따라 제국최고법원의 결정을 구할 수 있다.

제14조 (제국법률의 집행)

제국법률에 다른 규정이 없는 한 제국법률은 각 주의 관청이 집행한다.

제15조 (주정부의 감독권, 지령권)

① 제국정부는 제국이 입법권을 지니는 사항에 대해 감독권을 행사한다.
② 각 주의 관청이 제국법률을 집행하는 경우에는 제국정부가 일반훈령을 발할 수 있다. 제국정부는 제국법률의 집행을 감독하기 위해 각 주의 중앙관청에, 그리고 각 주의 동의로 하부관청에 전권위원을 파견할 수 있다.
③ 각 주의 정부는 제국정부의 요청에 따라 제국법률의 집행에서 나타난 결함을 제거할 의무를 진다. 의견이 불일치할 때에는 제국법률이 다른 법원을 규정하고 있지 않다면 제국정부나 주정부는 국사재판소에 결정을 구할 수 있다.

제16조 (공무원)

각 주에서 제국의 직접적인 행정을 위임받은 공무원들은 원칙적으로 그 주의 주민이어야 한다. 제국행정의 공무원, 사무원, 및 노동자는 그들이 원한다면, 이것이 가능하고 또한 이들의 교육정도와 직무상의 필요성을 고려하여 문제가 없는 한, 자신의 출신지에서 근무할 수 있다.

제17조 (주의 내부질서)

① 모든 주는 자유국가적 헌법을 지녀야 한다. 국민대표는 보통·평등·직접·비밀선거에 의해 비례대표의 원리에 따라서 모든 제국독일의 남녀가 선출해야 한다. 주정부는 국민대표의 신임을 얻어야 한다.
② 국민대표를 선거하는 원리들은 지방자치단체 선거에도 적용된다. 단 주법률은 해당 지방자치단체에 1년 이상 거주한 것을 선거권의 조건으로 삼을 수 있다.

제18조 (영역변경)

① 제국을 각 주로 분할하는 데 있어서는 관련 주민의 의사를 최대한 고려하면서 국민의 경제적·문화적 최고성과에 기여해야 한다. 주의 경계를 변경하거나 제국 내부에서 주를 신설하는 것은 헌법개정 제국법률에 의한다.
② 직접적으로 관련된 주들이 동의하면 일반 제국법률로도 족하다.
③ 또한 관련된 주들 중 한 주가 동의하지 않지만 주민의 의사가 경제변경이나 신설을 요구하고 제국 차원에서 중대한 필요성이 있다면 일반 제국법률로 충분하다.
④ 주민의 의사는 투표로 확인되어야 한다. 분리하려는 지역주민 중 제국의회 선거권자의 3분의 1이 요구할 경우에 제국정부는 투표를 명한다.
⑤ 경계변경이나 신설의 의결을 위해서는 전체투표수의 5분의 3 이상이면서 선거권자의 과반수인 찬성이 요구된다. 프로이센의 주, 바이에른의 주 또는 이에 상응하는 다른 주의 행정구역의 일부만의 분리가 문제될 경우에도 당해 행정구역 전체의 주민의사가 확인되어야 한다. 분리하려는 지역과 전체지역 간의 공간적 연결성이 존재하지 않는다면 특별한 제국법률에 근거하여 분리하려는 주민의 의사만으로도 충분하다.
⑥ 주민의 동의가 확인되면 제국정부는 제국의회에 이에 상응하는 법률안을 제출해야 한다.
⑦ 통합과 분리에 있어 재산처리에 대한 분쟁이 발생하면 당사자 일방의 신청으로 독일제국 국사재판소가 이를 결정한다.

제19조 (국사재판소)

① 헌법분쟁을 해결할 법원이 없는 주 내부에서의 헌법분쟁과 각 주 사이의 또는 제국과 주 사이의 비사법적 유형의 분쟁은 다른 제국법원의 권한에 속하지 않는 한, 독일제국 국사재판소가 분쟁당사자 일방의 신청에 의해

이를 결정한다.
② 국사재판소의 결정은 제국대통령이 집행한다.

제2절 제국의회

제20조 (제국행정권의 구성)

제국의회는 독일국민이 선출한 의원으로 구성한다.

제21조 (의원의 지위)

의원은 전체국민의 대표자이다. 의원은 자신의 양심에 의해서만 행동하고 위임에 기속되지 않는다.

제22조 (선거법의 원칙)

① 의원은 보통·평등·직접·비밀선거에 의해 비례대표의 원리에 따라 만 20세 이상의 남녀가 선출한다. 선거일은 일요일이거나 공휴일이어야 한다.
② 자세한 내용은 제국선거법으로 정한다.

제23조 (의원의 임기)

① 제국의회는 4년마다 선거한다. 늦어도 임기종료 후 60일 이내에 새로운 선거를 실시해야 한다.
② 제국의회는 선거 후 늦어도 30일 이내에 최초의 집회를 갖는다.

제24조 (제국의회의 소집, 개회)

① 제국의회는 매년 11월 첫째 수요일에 제국정부 소재지에서 집회는 갖는다. 제국대통령이나 제국의회 의원의 3분의 1 이상이 요구할 경우 제국의회 의장은 이를 소집해야 한다.
② 제국의회는 폐회 및 재집회일을 정한다.

제25조 (제국의회의 해산)

① 제국대통령은 제국의회를 해산할 수 있다. 다만 동일한 이유로는 1회에 한한다.
② 총선거는 해산 후 늦어도 60일 이내에 실시된다.

제26조 (의장, 부의장, 서기, 의사규칙)

제국의회는 의장, 부의장 및 서기를 선출한다. 제국의회는 의사규칙을 정한다.

제27조 (회기간의 의장 등의 권한)

회기 사이 또는 임기 사이에는 이전 회기의 의장과 부의장이 그 업무를 계속한다.

제28조 (의장의 임무)

의장은 제국의회 건물 내에서 가택권과 경찰권을 행사한다. 의회행정은 의장에 속한다. 의장은 제국 예산에 따라 의회의 수입 지출을 관리하고 의회행정에 관한 모든 법률행위와 법적 분쟁에서 제국을 대표한다.

제29조 (의사의 공개)

제국의회의 의사는 공개한다. 의원 50인의 청구와 3분의 2 이상의 동의가 있으면 의사를 비밀로 진행할 수 있다.

제30조 (무책임)

제국의회, 주의회 및 이들의 위원회의 공개회의에서 이루어진 진실에 부합하는 의사보고에는 어떠한 책임도 물을 수 없다.

제31조 (선거심사법원)

① 제국의회에는 선거심사법원이 구성된다. 선거심사법원은 의원이 그 직을 상실하였는가의 여부도 결정한다.
② 선거심사법원은 제국의회 의원 중 선출되어 의원임기 동안 활동하는 자 및 제국행정법

원 재판관 중 선거심사법원 의장단의 추천으로 제국대통령이 임명하는 자로 구성된다.
③ 선거심사법원은 3인의 제국의회 소속 구성원과 2인의 재판관출신 구성원에 의한 공개적인 구두심리에 기초하여 판결한다.
④ 선거심사법원에서의 심리 이외의 소송절차는 제국대통령이 임명한 전권위원이 진행한다. 소송절차에 관한 그 밖의 사항은 선거심사법원이 정한다.

제32조 (의결요건)

① 헌법에 다른 규정이 없는 한, 제국의회의 의결은 투표의 단순과반수에 의한다. 제국의회에서 행하는 선거에 대해서는 의사규칙에 의한 예외가 인정된다.
② 의결정족수는 의사규칙으로 정한다.

제33조 (정부대표의 출석)

① 제국의회와 그 위원회는 제국수상과 제국장관의 출석을 요구할 수 있다.
② 제국수상과 제국장관 및 이들의 위임을 받은 자는 제국의회와 그 위원회의 회의에 출석할 수 있다. 각 주들은 의제가 되는 사안에 대해 주정부의 입장을 개진하는 전권위원을 이 회의에 파견할 수 있다.
③ 각 정부의 대표자는 회의 중 언제든지 발언을 요구할 수 있고, 제국정부의 대표자는 의사일정 밖에서도 발언을 청구할 수 있다.
④ 이들은 의장의 의사정리권에 복종해야 한다.

제34조 (조사위원회)

① 제국의회는 조사위원회를 설치할 권리가 있으며, 의원 5분의 1의 요구가 있으면 이를 설치할 의무가 있다. 위원회는 공개적인 의사진행을 통해 위원회 또는 그 설치를 요구한 자가 필요하다고 보는 증거를 조사한다. 위원회는 위원 3분의 2의 동의가 있으면 비공개로 진행할 수 있다. 위원회의 의사진행절차와 위원의 수는 원내규칙으로 정한다.
② 법원과 행정관청은 위원회의 증거조사 청구에 따라야 하며, 위원회의 요구가 있을 때에는 관청의 문서를 제출해야 한다.
③ 위원회와 위원회의 청구를 받는 관청의 증거조사에는 형사소송의 규정이 준용된다. 다만 신서, 우편, 전신 및 전화의 비밀은 침해되지 아니한다.

제35조 (상임위원회)

① 제국의회는 외교에 대한 상임위원회를 설치하는데, 이 위원회는 의회가 폐회 중일 때에도, 그리고 임기가 만료되었거나 제국의회가 해산 되었을 때에도 새로운 제국의회가 구성될 때까지 활동할 수 있다. 위원회의 회의는 3분의 2의 다수결로 공개를 의결하지 않으면 비공개로 한다.
② 제국의회는 또한 정부에 대한 국민대표로서의 권리를 유지하기 위해 폐회 중이거나 임기 후에도 상임위원회를 설치할 수 있다.
③ 이 위원회들은 조사위원회의 권한을 지닌다.

제36조 (의원의 면책특권)

제국의회나 주의회의 의원은 자신의 표결에 대해 또는 자신의 직무를 수행하면서 행한 표현에 대해 그 어떤 시기에도 재판상 또는 직무상 소추되거나 기타의 방식으로 의회 밖에서 책임을 지지 않는다.

제37조 (의원의 불체포특권)

① 제국의회나 주의회의 의원은 의원이 속한 원의 승낙이 없으면 회기 중 형벌을 받을 위험이 있는 행위로 인해 수사를 받거나 구금될 수 없다. 다만, 의원이 범행의 현장에서 또는

그 다음날까지 체포된 경우에는 그러하지 아니한다.
② 의원의 직무를 제약하는 인격적 자유의 그 어떤 제한에 대해서도 동일한 승낙이 요구된다.
③ 제국의회나 주의회의 의원에 대한 모든 형사소송절차와 구금 또는 그 밖의 인격적 자유에 대한 제한은 의원이 속하는 원의 요구에 의해 회기 중에는 정지된다.

제38조 (증언거부권)

① 제국의회나 주의회의 의원은 의원의 자격으로 또는 의원으로서의 직무수행상 자신에게 사실을 알려준 자에 대해서, 그리고 이러한 사실 자체에 대해서 증언을 거부할 수 있다. 또한 의원은 문서의 압수와 관련해서도 법률상 증언거부의 권리를 지닌 자와 동일한 지위에 있다.
② 압수나 수색은 제국의회나 주의회의 건물 내에서는 의장의 동의가 있을 때에만 가능하다.

제39조 (공무원 · 군인의 특권)

① 공무원과 군인은 제국의회나 주의회의 의원으로서의 직을 수행하기 위해서 휴가를 받을 필요가 없다.
② 공무원과 군인으로서 이들 의회의 의원으로 입후보하는 자에게는 선거준비를 위한 휴가를 부여해야 한다.

제40조 (철도무료이용권, 보수)

제국의회 의원은 모든 독일철도를 무료로 승차할 권리와 제국법률이 정하는 비용변상의 권리를 지닌다.

제3절 제국대통령과 제국정부

제41조(제국대통령의 선거)

① 제국대통령은 전체 독일국민이 선출한다.
② 만 35세 이상의 모든 독일인은 피선거권을 지닌다.
③ 자세한 내용은 제국법률로 정한다.

제42조 (선서)

① 제국대통령은 제국의회에서 다음과 같은 취임선거를 한다 :
"나는 나의 힘을 독일국민의 행복을 위해 바치며 그 이익을 증진하고 손해를 제거하며 제국의 헌법과 법률을 지키고 나의 의무를 양심에 따라 완수하며 그 누구에 대하여도 정의를 행할 것을 맹세합니다."
② 선서에 종교상의 서약을 추가하는 것은 허용된다.

제43조 (제국대통령의 재임기간, 국민표결에 의한 해직)

① 제국대통령의 임기는 7년이다. 재선은 가능하다.
② 제국대통령은 임기 중에도 제국의회가 제안한 국민표결에 의해 해임될 수 있다. 제국의회의 결의에는 의원 3분의 2의 동의가 필요하다. 제국의회의 결의가 있으면 제국대통령의 직무는 정지된다. 국민투표에 의해 해임이 부결되면 이는 새로운 선거로 간주되며 제국의회는 해산된다.
③ 제국대통령은 제국의회의 동의가 없이는 형사상 소추되지 아니한다.

제44조 (겸직의 금지)

제국대통령은 제국의회 의원을 겸직할 수 없다.

제45조 (제국대통령의 외교권한)

① 제국대통령은 국제법상 제국을 대표한다. 그는 제국의 이름으로 외국과 동맹을 맺고 기

타 조약을 체결한다. 그는 사절을 신임하고 접수한다.
② 선전포고와 강화는 제국법률에 의한다.
③ 외국과의 동맹과 조약 중 제국입법의 대상과 관련되는 것은 제국의회의 동의를 요한다.

제46조 (임면권)

제국대통령은 법률에 다른 규정이 없는 한 제국공무원과 장교를 임면한다. 그는 임명권과 해임권을 다른 관청에 위임할 수 있다.

제47조 (군수사령권)

제국대통령은 제국의 전 군대에 대한 최고명령권을 지닌다.

제48조 (비상권한)

① 어떤 주가 제국헌법과 제국법률에 의해 부여된 의무를 이행하지 않을 때에는 제국대통령은 병력을 사용하여 이를 행하게 할 수 있다.
② 제국대통령은 독일제국의 공적 안전과 질서에 중대한 장애가 발생했거나 발생할 위험이 있을 때에는 공적 안전과 질서의 회복을 위한 조치를 취할 수 있고, 필요한 경우에는 병력을 사용할 수 있다. 그는 이를 위해 일시적으로 제114조, 제115조, 제117조, 제118조, 제123조, 제124조 및 제153조에 정한 기본권을 전부 또는 일부 정지시킬 수 있다.
③ 제국대통령은 본조 제1항과 제2항에 따라 행해진 모든 조치에 대해서 이를 즉시 제국의회에 알려야 한다. 이러한 조치는 제국의회의 요구가 있으면 그 효력을 상실한다.
④ 각 주정부는 급박한 위험의 경우 그 영역 내에서 제2항에서 정한 임시조치를 취할 수 있다. 이러한 조치는 제국대통령이나 제국의회의 요구가 있으면 그 효력을 상실한다.
⑤ 자세한 내용은 제국법률로 정한다.

제49조 (사면권)

① 제국대통령은 제국에 대한 사면권을 행사한다.
② 제국사면을 위해서는 제국법률이 있어야 한다.

제50조 (부서)

제국대통령의 모든 명령과 처분이 효력을 지니려면 제국수상 또는 관할 제국장관의 부서를 요한다. 부서에 의해 책임이 이양된다.

제51조 (제국대통령의 대리인)

① 제국대통령이 그 직무를 수행할 수 없는 때에는 우선 제국수상이 이를 대리한다. 이러한 사정이 장기간으로 될 경우에는 제국법률로 대리를 정한다.
② 대통령이 임기만료 전 궐위된 경우에 새로운 선거가 시행되기 전까지도 마찬가지이다.

제52조 (제국정부의 구성)

제국정부는 제국수상과 제국장관들로 구성한다.

제53조 (제국수상 · 제국장관의 임면)

제국수상은 제국대통령이 임면하며 제국장관은 제국수상의 제청으로 제국대통령이 임면한다.

제54조 (의회의 신임)

제국수상과 제국장관은 직무의 수행을 위해 제국의회의 신임을 필요로 한다. 제국의회가 명시적인 결의로 신임을 철회하면 이들 중 누구라도 사임해야 한다.

제55조 (제국수상의 임무)

제국수상은 제국정부의 의장이며, 제국정부가 의결하고 제국대통령이 인가한 업무규칙에 따라 정부의 업무를 지휘한다.

제56조 (제국수상의 권한)

제국수상은 정책의 기본방향을 정하고 제국의회에 이에 대한 책임을 진다. 이러한 기본방향 내에서 각 부 장관들은 자신의 관할 업무영역을 자율적으로 지휘하며 제국의회에 대해 독자적인 책임을 진다.

제57조 (제국장관의 사무에 대한 평의 · 의결)

제국장관은 모든 법률안, 헌법이나 법률이 규정한 사항, 그리고 복수의 제국장관의 업무영역에 걸친 사안에 대한 의견차이 등의 문제를 정부에 제출하여 그 평의와 의결을 구해야 한다.

제58조 (제국정부의 결의)

제국정부의 의결은 과반수로 한다. 가부동수일 때에는 의장의 투표로 결정한다.

제59조 (국사재판소에의 공소제기)

제국의회는 제국대통령, 제국수상 및 제국장관이 제국헌법이나 제국법률을 위반했다는 이유로 독일제국 국사재판소에 탄핵심판의 소를 제기할 수 있다. 제소를 위한 발의에는 100인 이상의 의원이 서명해야 하고 헌법개정을 위한 정족수의 동의로 의결된다. 자세한 내용은 국사재판소에 관한 제국법률로 정한다.

제4절 연방참의원(연방상원)

제60조 (연방참의원의 설치)

제국의 입법과 행정에서 독일 각 주들을 대표하기 위해 연방참의원을 구성한다.

제61조 (연방참의원의 구성)

① 연방참의원에서 각 주는 최소한 한 표를 갖는다. 대규모의 주들에는 인구 백만 명당 한 표씩 추가된다. 백만 미만인 잉여인구가 가장 작은 주의 인구수 이상일 때에는 이를 백만으로 계산한다. 어떤 주도 전체 투표수 5분의 2 이상의 투표권을 가질 수 없다.
② 독일계 오스트리아는 독일제국에 편입된 후에는 인구에 상응하는 투표수로 연방참의원에 참여할 권리를 지니게 된다. 독일계 오스트리아는 그 전까지는 심의권만을 지닌다.
③ 투표수는 모든 전체인구조사에 따라 연방참의원이 새로이 정한다.

제62조 (연방참의원의 위원회)

연방참의원 내부에서 구성되는 위원회에서는 어떤 주도 한 표 이상의 투표권을 가질 수 없다.

제63조 (연방참의원에의 주 대표자)

① 각 주들은 연방참의원에서 주정부의 구성원들에 의해 대표된다. 다만, 프로이센 투표의 절반에 해당하는 대표자는 주법률에 의해 프로이센 지방 행정단위에서 임명한다.
② 각 주는 그 투표수에 상응하는 수의 의원을 연방참의원에 파견할 권리를 지닌다.

제64조 (연방참의원의 소집)

제국정부는 연방참의원 의원 3분의 1의 요구가 있으면 이를 소집해야 한다.

제65조 (의장, 정부구성원의 의사에의 참가)

연방참의원과 그 위원회의 의장은 제국정부의 구성원이 맡는다. 제국정부의 구성원은 연방참의원의 의사진행에 참가할 권한을 가지며 또한 요구가 있을 때에는 참가할 의무가 있다. 제국정부의 구성원은 심의 중 언제든지 발언할 수 있다.

제66조 (제안, 의사규칙, 표결)

① 제국정부 및 모든 연방참의원 의원은 연방참의원에서 발의할 권리가 있다.
② 연방참의원의 의사진행은 의사규칙으로 정한다.
③ 연방참의원의 본회의는 공개한다. 의사규칙이 정한 바에 따라 특정한 사안의 심의는 비공개로 할 수 있다.
④ 의결은 투표의 과반수에 의한다.

제67조 (연방참의원에의 보고)

연방참의원은 제국정부의 각 부로부터 항시 제국업무의 진행에 대한 보고를 받는다. 중요한 사안을 심의함에 있어 제국정부의 각 부는 연방참의원 관련 위원회의 의견을 구해야 한다.

제5절 제국입법

제68조 (법률안의 제출)

법률안은 제국정부에 의해 또는 제국의회 내부로부터 제출된다.

제69조 (제국정부의 법률안제출)

① 제국정부가 법률안을 제출하는 경우에는 연방참의원의 동의가 있어야 한다. 제국정부와 연방참의원 간에 이견이 합치되지 않아도 제국정부는 법률안을 제출할 수 있지만, 연방참의원의 별개의견을 첨부해야한다.
② 연방참의원이 제국정부가 동의하지 않는 법률안을 의결한 경우, 정부는 자신의 입장을 첨부하여 이 법률안을 제국의회에 제출해야 한다.

제70조 (법률의 인증, 공포)

제국대통령은 헌법에 따라 성립한 법률을 문서화하여 이를 1개월 이내에 제국법률공보에 공포해야 한다.

제71조 (제국법률의 발효)

제국법률은 다른 규정이 없으면 제국법률 공보가 제국수도에서 발행된 날로부터 14일 후에 효력이 발생한다.

제72조 (공포의 연기)

법률의 공포는 제국의회 의원의 3분의 1의 요구가 있으면 이를 2개월 동안 연기한다. 다만, 제국의회와 연방참의원이 긴급하다고 보는 경우 제국대통령은 이러한 요구에도 불구하고 법률을 공표할 수 있다.

제73조 (국민투표)

① 제국의회가 의결한 법률은 1개월 이내에 제국대통령이 결정하면 그 공포 이전에 국민투표에 회부되어야 한다.
② 제국의회 의원(구성원) 3분의 1 이상의 요구로 공포가 연기된 법률은 유권자 3분의 1의 요구가 있으면 국민투표에 회부되어야 한다.
③ 유권자의 10분의 1이 법률안의 제출을 청원하는 경우에도 국민투표가 실시되어야 한다. 국민청원에는 완성된 법률안이 있어야 한다. 이 법률안은 정부가 자신의 의견을 첨부하여 제국의회에 제출한다. 제국의회가 청원된 법률안을 변경 없이 받아들이면 국민투표는 실시되지 않는다.
④ 예산, 조세법, 공무원급료법에 대해서는 제국대통령만이 국민투표에 회부할 수 있다.
⑤ 국민투표와 국민청원의 절차는 제국법률로 정한다.

제74조 (연방참의원의 이의권)

① 제국의회가 의결한 법률에 대해서는 연방

참의원이 이의를 제기할 수 있다.
② 이의는 제국의회에서의 의결이 있은 후 2주 내에 제국정부에 제기해야 하고 그 후 2주 내에 그 이유를 제출해야 한다.
③ 이의가 제기되면 당해법률을 제국의회의 재의에 상정한다. 여기서 제국의회와 연방참의원 사이에 합의가 없으면 제국대통령은 3개월 이내에 분쟁이 되는 부분을 국민투표에 회부할 수 있다. 대통령이 이 권리를 행사하지 않으면 법률이 성립되지 않은 것으로 본다. 제국의회가 3분의 2의 의결로 연방참의원의 이의를 받아들이지 않으면 대통령은 3개월 이내에 법률을 제국의회가 의결한대로 공포하거나 이를 국민투표에 회부해야 한다.

제75조 (국민투표에 의한 무효)

국민투표에 의해 제국의회의 의결을 무효로 하기 위해서는 유권자의 과반수가 투표에 참여해야 한다.

제76조 (헌법개정의 방법)

① 헌법은 입법의 방식으로 개정할 수 있다. 다만, 헌법을 개정하는 제국의회의 의결은 재적의원 3분의 2 이상의 출석과 출석의원 3분의 2 이상의 동의가 있어야 한다. 헌법개정을 위한 연방참의원의 의결에도 투표수의 3분의 2 이상의 동의가 있어야 한다. 국민청원에 의해 국민투표로써 헌법을 개정하려면 유권자 과반수의 동의가 필요하다.
② 제국의회가 연방참의원의 이의에도 불구하고 헌법개정을 결의하고 연방참의원이 2주 내에 국민투표에의 회부를 요구하는 경우에 제국대통령은 이 법률을 공포할 수 없다.

제77조 (제국법률의 시행을 우한 행정규칙)

제국법률의 시행에 필요한 일반행정규칙은 법률에 다른 규정이 없는 한 제국정부가 제정한다. 제국법률의 시행을 각 주의 관청이 담당하는 경우에는 연방참의원의 동의가 있어야 한다.

제6절 제국행정

제78조 (외교사무)

① 외교사무는 제국에 전속하는 사항이다.
② 주의 입법관할에 속하는 사안에 대해서는 각 주가 외국과의 조약을 체결할 수 있으며 여기에는 제국의 동의가 필요하다.
③ 제국국경의 변경에 대한 외국과의 협정은 관련된 주의 동의를 얻어 제국이 체결한다. 국경의 변경은 비거주지역의 단순한 경계정리를 제외하고는 제국법률에 근거해서만 가능하다.
④ 각 주의 개별적인 경제적 관계나 이들이 경계한 외국과의 상황에서 비롯되는 이익을 대표하기 위해 제국은 관련된 주의 동의를 얻어 필요한 시설을 만들고 조치를 취한다.

제79조 (국토방위)

제국의 방어는 제국의 사안이다. 독일국민의 병역제도는 동향관계의 특성을 특히 고려하여 제국법률에 의해 통일적으로 정한다.

제80조 (식민지)

식민지문제는 제국의 전속사항이다.

제81조 (독일 상선)

모든 독일의 상선(화물선)은 통일된 상선단을 형성한다.

제82조 (통일된 관세통상구역)

① 독일은 하나의 관세 및 통상구역을 이루며

공통의 관세경계를 지닌다.
② 관세경계는 외국과의 국경과 동일하다. 바다에서는 육지의 해안선과 제국의 부속도서가 관세경계이다. 바다와 그 밖의 수역에서의 관세경계에 대해서는 달리정할 수 있다.
③ 외국의 영토나 그 일부는 국가 간의 조약이나 협약으로 관세구역에 편입될 수 있다.
④ 특별한 필요가 있으면 영토의 일부를 관세구역으로부터 제외할 수 있다. 자유항의 경우에는 헌법개정 법률에 의하지 않고는 이 제외를 폐지할 수 없다.
⑤ 과세제외구역은 국가 간의 조약이나 협약에 의해 외국의 관세구역에 편입될 수 있다.
⑥ 제국에서 자유롭게 거래되는 모든 자연산물, 공산품 및 예술품은 각 주와 지방자치단체의 경계를 넘어 출입되며 통과할 수 있다. 그 예외는 제국법률에 근거하여 인정된다.

제83조 (관세 및 소비세)

① 관세와 소비세는 제국관청에서 관리한다.
② 제국관청은 제국의 조세를 관리함에 있어, 농업, 상업 및 공업의 영역에서 각 주의 특별한 이익을 보호하는 방안을 강구해야 한다.

제84조 (제국법률에 의한 세법상의 규율)

제국은 법률로 다음의 사항을 정한다.

1. 제국조세법을 통일적이고 균등하게 집행하는 데 필요한 조세행정 조직
2. 제국조세법의 집행을 감독하는 관청의 조직과 권한
3. 각 주와의 정산
4. 제국조세법의 집행에서 사용된 행정비용의 보상

제85조 (예산)

① 제국의 모든 수입과 지출은 각 회계연도마다 이를 예측하여 예산에 편성해야 한다.
② 예산은 회계연도의 개시 전에 법률로써 확정한다.
③ 지출은 1년을 단위로 동의하는 것을 원칙으로 하고 특별한 경우에는 보다 긴 기간에 대하여 동의할 수 있다. 이러한 경우 이외에 회계연도를 넘거나 제국의 수입과 지출 및 그 관리와 무관한 제국예산법의 규정은 허용되지 않는다.
④ 제국의회는 예산의 범위에서 연방참의원의 동의 없이 지출을 증액하거나 새 비목을 설치할 수 없다.
⑤ 연방참의원의 동의는 제74조의 규정에 의해 대신할 수 있다.

제86조 (결산심사)

제국의 모든 수입의 용도에 대해서 제국재무장관은 차기회계연도에 연방참의원과 제국의회에 결산서를 제출하여 책임해제를 구한다. 결산의 심사는 제국법률로 정한다.

제87조 (국채)

국채는 긴급한 필요한 경우에 원칙적으로 특정한 목적의 경비를 충당하기 위해서만 발행할 수 있다. 국채의 발행과 제국 부담의 담보 인수는 제국법률에 근거해야 한다.

제88조 (우편 및 전신 · 전화업무)

① 우편 · 전신 및 전화에 관한 업무는 제국에 전속한다.
② 우표는 전체 제국에서 통일된다. 제국정부는 연방참의원의 동의를 얻어 교통수단의 이용을 위한 원칙과 요금을 정하는 명령을 제정한다. 제국정부는 연방참의원의 동의를 얻어 이 권한을 제국체신장관에게 위임할 수 있다. 우편 · 전신 · 전화 및 요금에 관한 사항을 심

의하기 위해 제국정부는 연방참의원의 동의를 얻어 자문회의를 둔다.
③ 외국과의 교통에 대한 조약은 제국만이 체결한다.

제89조 (철도)

① 일반교통의 용도로 기여하는 철도를 제국의 소유로 하고 통일적인 교통제도로서 관리하는 것은 제국의 임무이다.
② 사영철도(私營鐵道)를 매수할 각 주의 권리는 제국의 요구가 있으면 제국으로 이전된다.

제90조 (공용수용권, 국가주권)

철도의 이전과 함께 이와 관련된 수용권과 국가고권도 제국으로 귀속된다. 이러한 권리의 범위에 관한 분쟁은 국사재판소가 결정한다.

제91조 (철도의 건설 · 경영 · 교통)

제국정부는 연방참의원의 동의를 얻어 철도의 건설, 경영 및 교통에 관한 명령을 제정한다. 제국정부는 연방참의원의 동의를 얻어 이 권한을 관할 제국장관에게 위임할 수 있다.

제92조 (국유철도의 독립 채산제(採算制))

국유철도(Reichseisenbahnen)의 예산과 결산은 제국 전체예산과 결산에 편입됨에도 불구하고 독자적인 경제기업으로 운영되어서 철도공채의 이자지불과 상환을 포함한 지출을 스스로 감당하며 철도적립금을 축적해야 한다. 상환금과 적립금의 액수 및 적립금의 용도는 특별한 법률로 정한다.

제93조 (철도에 관한 자문회의)

철도교통 및 요금에 관한 사항을 심의하기 위해 제국정부는 연방참의원의 동의를 얻어 제국철도를 위한 자문회의를 둔다.

제94조 (새로운 철도의 건설)

① 제국이 전체교통에 기여하는 특정지역의 철도를 자신의 관리로 하면, 이 지역에서는 전체교통에 기여하는 새로운 철도가 제국에 의해서 또는 그 동의를 받아서만 건설될 수 있다. 제국의 철도시설을 새로이 건설하거나 변경함으로써 각 주경찰의 업무영역이 저해되는 경우에 제국철도청은 결정 이전에 각 주관청의 의견을 청취해야 한다.
② 제국이 아직 철도를 자신의 관리로 이전하지 않은 경우에도 제국은 전체교통이나 국방을 위해 필요하다고 인정되는 철도를 이것이 통과하는 각 주의 반대에도 불구하고 제국법률에 의해 제국에 속하게 하든지 타인에게 이를 부설하게 할 수 있으며 필요하면 수용권을 발할 수 있다. 다만, 각 주의 고권을 침해해서는 안 된다.
③ 모든 철도관리자는 다른 철도가 그들 자신의 비용으로 연결되는 것을 허용해야 한다.

제95조 (철도에 관한 제국의 감독)

① 전체교통의 철도 중 제국이 관리하지 않는 것은 제국의 감독을 받는다.
② 제국이 감독하는 철도는 제국이 정한 동등한 원칙에 따른 시설과 설비를 갖춰야 한다. 철도는 운송상의 안전을 유지해야 하고 교통의 수요에 따라서 확장되어야 한다. 여객과 화물의 수송은 수요에 맞게 이루어져야 한다.
③ 요금을 감독함에 있어 균등하고 저렴한 철도운임을 지향한다.

제96조 (국방을 위한 철도의 이용)

일반교통의 용도로 기여하지 않는 것을 포함한 모든 철도는 국방의 목적으로 철도를 사용하려는 제국의 요구를 따라야 한다.

제97조 (수로)

① 전체교통에 기여하는 수로를 국유로 하고 이를 관리하는 것은 제국의 임무이다.
② 제국으로 이전된 후에는 전체교통에 기여하는 수로를 제국에 의해서 또는 그 동의를 받아서만 건설 또는 증설할 수 있다.
③ 수로의 관리, 증설 또는 신설에는 각 주와 협의하여 지방문화와 수리경제의 필요성을 보호해야 한다. 또한 이의 촉진도 고려해야 한다.
④ 모든 수로관리자는 기업가의 비용으로 이루어지는 다른 내륙수로와의 연결을 허용해야 한다. 내륙수로와 철도를 연결하는 데에도 동일한 의무가 있다.
⑤ 수로의 이전과 함께 제국은 수용권, 요금징수권과 수로 및 선박경찰권을 지닌다.
⑥ 라인강, 배저강 및 엘베강 지역에서의 자연수로 증설과 관련된 수로건설단체의 임무는 제국으로 이전한다.

제98조 (수로에 관한 자문회의)

제국수로에 관한 사항을 심의하기 위해 제국정부가 정한 바에 의해 연방참의원의 동의로 자문회의를 둔다.

제99조 (사용료의 징수)

① 자연수로에서는 교통을 원활하게 하는 건축물, 시설, 기타 설비에 대한 사용료만을 징수할 수 있다. 국가 또는 지방에 속하는 시설의 사용료는 건설과 유지에 필요한 비용을 초과하지 못한다. 단지 교통을 원활히 하기 위해서만이 아니라 다른 목적도 갖는 시설을 건설하고 유지하는 비용은 그에 상당한 부분만을 선박통행료로 지불한다. 건설에 사용된 비용의 이자와 상환금은 건설비용으로 한다.
② 전항의 규정은 인공수로 및 부속시설, 그리고 항구에서 징수하는 사용료에도 적용된다.
③ 내륙수로에서의 운항료는 수로, 하천구역 또는 수로연결망의 총비용을 기초로 산정된다.
④ 이 규정들은 선박운항이 가능한 수로에서의 뗏목수송에도 적용된다.
⑤ 외국의 선박과 그 화물에 독일의 선박과 그 화물과는 다른, 아니면 보다 높은 요금을 징수하는 것은 제국만이 할 수 있다.
⑥ 독일 수로연결망의 유지와 증설에 필요한 재원을 마련하기 위해 제국은 법률로써 선박운항 참여로자부터 다른 방식의 분담금을 징수할 수 있다.

제100조 (비용분담)

운항에 의해서가 아니라도 다수의 주가 연관되거나 제국이 비용을 부담하는 댐의 건설로 이익을 취하는 자도 제국법률에 의해 내륙수로를 건설하고 유지하는 비용의 충당에 참여할 수 있다.

제101조 (등대 등의 항로표식의 관리권)

등대, 등대선, 부표, 준부표, 초표, 등 항로 표지를 국유로 하고 이를 관리하는 것은 제국의 임무이다. 이전된 후에는 항로표지를 제국에 의해서 또는 그 동의를 받아서만 건설 또는 증설할 수 있다.

제7절 사법

제102조 (법관의 독립)

법관은 독립이며 단지 법률에만 기속된다.

제103조 (제국법원, 주법원)

일반재판권은 제국법원과 각 주의 법원이 행사한다.

제104조 (법관의 지위보장)

① 일반법원의 법관은 종신으로 임명한다. 이들은 법관의 판결과 법률이 정한 이유 및 절차에 의하지 않고는 장기 또는 단기로 정직되거나 전직 또는 퇴직당하지 아니한다. 법률로 법관의 정년을 정할 수 있다.
② 법률에 근거한 정직은 전항과 무관하다.
③ 법원조직이나 재판관할의 변경에 있어 각 주의 사법행정기관은, 봉급의 전액을 지불하는 조건하에, 법관을 본인의 의사에 반하여 다른 법원으로 전직시키거나 퇴직시킬 수 있다.
④ 본 조의 규정은 상사재판관, 참심원 및 배심원에게는 적용되지 않는다.

제105조 (특별법원)

특별법원은 허용되지 않는다. 누구든지 법률로 정한 법관을 박탈당하지 않는다. 전시재판과 약식군사재판에 대한 법률규정은 예외로 한다. 군사명예법원은 폐지한다.

제106조 (군법회의)

군사재판제도는 전시와 전함 상에서를 제외하고는 폐지한다. 자세한 내용은 제국법률로 정한다.

제107조 (행정법운)

행정청의 명령과 처분으로부터 개인을 보호하기 위해 법률이 정하는 바에 따라 제국과 각 주에 행정법원을 설치한다.

제108조 (국사재판소)

제국법률이 정하는 바에 따라 독일제국 국사재판소를 설치한다.

제2장 독일인의 기본권과 기본의무

제1절 개인

제109조 (평등원칙, 남녀동권, 칭호의 수여, 훈장)

① 모든 독일인은 법률 앞에 평등하다.
② 남성과 여성은 원칙적으로 동등한 국민으로서의 권리와 의무를 지닌다.
③ 출생이나 신분으로 인한 공법적 특권이나 불이익은 폐지한다. 귀족의 칭호는 단지 성명의 일부일 뿐이며 이를 더 이상 부여할 수 없다.
④ 칭호는 관직이나 직업을 표시하는 경우에만 부여될 수 있다. 다만, 학위의 경우는 이와 무관하다.
⑤ 국가는 훈장과 명예기장을 수여할 수 없다.
⑥ 모든 독일인은 외국정부로부터 칭호나 훈장을 받을 수 없다.

제110조 (국적)

① 제국과 각 주의 국적은 제국법률의 규정에 의해 취득하고 상실한다. 각 주의 국적을 지닌 자는 동시에 제국의 국적을 지닌다.
② 모든 독일인은 제국의 각 주에서 그 주의 주민과 동일한 권리와 의무를 지닌다.

제111조 (이전의 자유, 직업의 자유)

모든 독일인은 제국 전체에서 이전의 자유를 향유한다. 누구든지 제국의 원하는 장소에서 체류하고 정주하며 토지를 구입하고 생업에 종사할 권리를 지닌다. 이에 대한 제한은 제국법률에 의한다.

제112조 (외국이주의 권리, 인도금지)

① 모든 독일인은 외국으로 이주할 권리를 가진다. 이주는 제국법률에 의해서만 제한될 수

있다.
② 모든 제국국민은 국토의 안과 밖에서 외국에 대해 제국의 보호를 청구할 권리가 있다.
③ 모든 독일인은 소추나 처벌을 위해 외국정부에 인도되지 아니한다.

제113조 (외국어를 사용하는 국민의 보호)

제국에서 독일어를 사용하지 않는 민족들은 입법과 행정에 의해 그들 민족의 자유로운 발전, 특히 교육 및 내무행정과 사법에서 모국어의 사용을 방해받지 아니한다.

제114조 (인신의 자유)

① 인신의 자유는 불가침이다. 공권력에 의한 인신의 자유의 제한이나 박탈은 법률에 근거해서만 허용된다.
② 자유를 박탈당한 자에게는 늦어도 그 다음 날에는 이를 명한 관청과 그 이유를 통지해야 하고, 자유의 박탈에 대한 이의를 지체 없이 제기할 기회를 부여해야 한다.

제115조 (주거의 불가침)

모든 독일인의 주거는 안식처이며 불가침이다. 예외는 법률에 근거해서만 허용된다.

제116조 (죄형법정주의)

행위 이전에 처벌을 법률로 규정한 경우에만 그 행위에 처벌을 부과할 수 있다.

제117조 (신서의 비밀)

신서의 비밀 및 우편, 전신, 전화의 비밀은 불가침이다. 그 예외는 제국법률에 의해서만 허용된다.

제118조 (의사표명의 자유, 검열의 금지)

① 모든 독일인은 일반법률의 제한 내에서 단어, 문서, 인쇄물, 서화, 또는 그 밖의 방식으로 자신의 의견을 자유로이 표현할 권리를 갖는다. 어떠한 노동 또는 고용관계로도 이 권리는 방해받지 않으며, 이 권리를 행사함에 있어 누구로부터도 불이익을 받지 아니한다.
② 검열은 인정되지 아니한다. 다만, 영화에 대해서는 법률로 달리 규정할 수 있다. 또한 저질·외설문학의 극복과 공개적인 전시와 공연에서의 청소년보호를 위한 법률적 조치들도 허용된다.

제2절 공동체생활

제119조 (혼인·가족·모성의 보호)

① 혼인은 가족생활 및 민족보존과 증식의 기초로서 헌법의 특별한 보호를 받는다. 혼인은 양성의 평등에 기초한다.
② 가족의 순결과 건강 및 사회적 장려는 국가와 공공단체의 임무이다. 자녀가 많은 가족은 이에 상당한 부조를 청구할 권리가 있다.
③ 모성은 국가의 보호와 부조를 청구할 권리가 있다.

제120조 (자녀의 교육)

자녀를 양육하여 육체적·정신적·사회적 능력을 갖추게 하는 것은 부모의 최상의 의무이자 자연적 권리이며, 국가공동체가 이를 감독한다.

제121조 (혼외자녀)

혼외자녀의 육체적·정신적·사회적 성장에 대해서는 입법을 통해 적자와 동일한 조건이 마련되어야 한다.

제122조 (아동의 보호)

① 아동은 착취와 도덕적·정신적 또는 육체

적 방치로부터 보호되어야 한다. 국가와 공공단체는 이에 필요한 방안을 강구해야 한다.
② 강제적인 후견처분은 법률에 근거해서만 가능하다.

제123조 (집회의 자유)

① 모든 독일인은 신고나 특별한 허가 없이 평화롭고 비무장인 집회를 할 권리가 있다.
② 옥외집회는 제국법률에 의해 신고하도록 할 수 있으며 공공안전에 직접적인 위험이 있을 때에는 금지할 수 있다.

제124조 (결사의 자유)

① 모든 독일인은 그 목적이 형벌법규에 위배되지 않는 한, 결사와 단체를 설립할 권리가 있다. 이 권리는 예방적 조치에 의해 제한되지 아니한다. 종교적 결사와 단체도 마찬가지이다.
② 모든 결사는 민법의 규정에 따라서 자유로이 권리능력을 취득할 수 있다. 이는 결사가 정치적, 사회 정책적, 또는 종교적 목적을 추구한다는 이유로 거부될 수 없다.

제125조 (선거의 자유, 선거의 비밀)

선거의 자유와 선거의 비밀은 보장된다. 자세한 내용은 선거법으로 정한다.

제126조 (청원권)

모든 독일인은 관할관청이나 국민대표기관에 청원이나 소원할 권리를 지닌다. 이 권리는 1인이 또는 다수가 함께 행사할 수 있다.

제127조 (지방자치단체의 자치)

지방자치단체와 지방자치단체 연합은 법률의 한도 내에서 자치행정권을 지닌다.

제128조 (공직취임권)

① 모든 국민은 법률이 정한 바와 그 자질 및 능력에 상응하여 차별 없이 공직에 취임할 수 있다.
② 여성 공직자를 차별하는 모든 예외규정은 폐지한다.
③ 공무원관계의 기본원칙은 제국법률로 정한다.

제129조 (공무원의 법적지위)

① 공무원의 임용은 법률에 다른 규정이 없는 한 종신으로 한다. 원금과 유족의 부조는 법률로 정한다. 공무원의 기득권은 침해할 수 없다. 공무원은 재산상의 청구를 위한 소송권을 갖는다.
② 공무원을 정직시키거나 일시적 또는 종국적으로 퇴직시키거나 또는 적은 봉급의 다른 직으로 이직시키려면 법률로 정해진 조건과 절차에 의해야만 한다.
③ 모든 업무상의 징계에 대해서는 이의신청 절차와 재심절차의 가능성이 열려있어야 한다. 공무원의 인사서류에 불리한 사실을 기록하려면 먼저 당해 공무원에게 의견을 진술할 기회가 부여되어야 한다. 공무원은 인사서류를 열람할 수 있다.
④ 기득권의 불가침과 재산상 청구를 위한 소송권은 특히 직업군인에게도 보장된다. 직업군인의 지위에 대한 그 밖의 사항은 제국법률로 정한다.

제130조 (공무원의 지위)

① 공무원은 전체의 봉사자이며, 한 정당의 봉사자가 아니다.
② 모든 공무원에게 정치적 신조의 자유와 결사의 자유가 보장된다.
③ 공무원은 보다 구체적인 제국법률의 규정에 따라 독자적인 공무원 대표기관을 구성한다.

제131조 (직무의무위반)

① 공무원이 자신의 직무에 속하는 공권력을 행사함에 있어 제3자에 대한 의무를 위반한 경우에 그 책임은 원칙적으로 국가나 공무원을 사용하는 공공단체에 속한다. 공무원에 대한 구상권은 유지된다. 일반재판을 청구할 권리를 배제할 수 없다.
② 자세한 내용은 관할 있는 입법으로 정한다.

제132조 (명예권)

모든 독일인은 법률이 정하는 바에 따라 명예공직을 수행할 의무를 지닌다.

제133조 (공민적 복무)

① 모든 국민은 법률이 정하는 바에 따라 국가와 공공단체를 위해 복무할 의무를 지닌다.
② 병역의무는 제국병역법의 규정에 따라 시행한다. 제국병역법은 또한 군대에 속하는 자가 임무를 완수하고 군기를 유지하기 위해 개별기본권을 제한하는 범위도 정한다.

제134조 (공적 부담에의 기여)

모든 국민은 법률이 정하는 바에 따라 모든 공적 부담을 능력에 비례하여 균등하게 분담한다.

제3절 종교와 종교단체

제135조 (신앙·양심의 자유)

제국의 모든 주민은 신앙의 자유와 양심의 자유를 온전히 향유한다. 방해받지 않는 종교활동은 헌법이 보장하고 국가가 보호한다. 일반국가법률의 효력은 본조에 의해 방해받지 아니한다.

제136조 (신앙의 자유의 효과, 침묵의 자유, 종교적행사 등의 강제의 금지)

① 시민 및 국민의 권리와 의무는 종교의 자유의 행사에 의해 좌우되거나 제한되지 아니한다.
② 시민 및 국민의 권리의 향유와 공직에의 취임은 종교적 고백과는 아니한다.
③ 누구도 자신의 종교적 신념을 공개할 의무를 지지 아니한다. 관청은 종교단체에의 소속여부를, 이에 따라 권리와 의무가 발생하는 경우나 법률에 의한 통계 조사의 필요상 요구되는 경우에 한하여, 물을 수 있다.
④ 누구도 교회의 예배나 의식, 종교행사에의 참여, 또는 종교적 선서형식의 사용을 강요받지 아니한다.

제137조 (국교의 금지, 종교단체)

① 국가교회는 존재하지 아니한다.
② 종교단체에 대한 결사의 자유는 보장된다. 제국영토 내에서의 종교단체의 연합은 어떠한 제한도 받지 아니한다.
③ 모든 종교단체는 자신의 사무를 모든 실정법률의 범위 내에서 자율적으로 규율하고 운영한다. 종교단체는 국가나 공공단체의 간섭 없이 그 직을 임명한다.
④ 종교단체는 민법의 일반조항에 따라 권리능력을 취득한다.
⑤ 기존에 공법인이었던 종교단체는 이를 유지한다. 기타의 종교단체는 그 조직상태와 신도수를 기준으로 지속성이 보이면 신청에 의해 동일한 권리를 부여한다. 이러한 공법상의 종교단체들이 하나의 연합체를 구성하면 이것도 역시 공법인이 된다.
⑥ 공법인인 종교단체는 각 주법률이 정하는 조세명부에 근거하여 세금을 징수할 수 있다.
⑦ 공동의 세계관을 보유함을 목적으로 하는

결사는 종교단체와 같은 지위를 갖는다.
⑧ 본조를 시행함에 있어 추가적으로 필요한 규정은 주의 입법으로 정한다.

제138조 (종교단체에의 급부, 종교단체 등의 재산권)

① 법률, 계약 또는 특별한 명목으로 이루어지는 종교단체에 대한 국가의 급부는 주의 법률로 폐지한다. 그 기본원칙은 제국이 세운다.
② 종교단체와 종교적 결사가 문화, 교육, 자선의 목적으로 보유한 시설, 재단, 기타 재산에 대한 소유권과 기타의 권리들은 보장된다.

제139조 (일요일 · 국경일의 법적보장)

일요일과 국경일은 휴일 및 안식일로서 법률로 보호한다

제140조 (국방 군소속자에의 배려)

군에 속하는 자에게 종교적 의무를 행하는데 필요한 자유시간이 보장되어야 한다.

제141조 (군대 기타 공공시설물에서의 종교적 행사)

군대, 병원, 교정시설 또는 기타의 공공시설에서 예배와 정신수양의 필요성이 있으면 종교단체의 종교행위가 허용될 수 있다. 단 어떠한 강제도 배제되어야 한다.

제4절 교육과 학교

제142조 (예술 · 학문 · 교수의 자유)

예술과 학문 및 그 교수는 자유이다. 국가는 이를 보호하고 육성한다.

제143조 (청소년의 교육, 교원)

① 공공시설을 통해 청소년의 교육을 돌보아야 한다. 이의 설립에는 제국, 각 주, 지방자치단체가 협력한다.
② 교원의 양성은 고등교육에 일반적으로 적용되는 원칙에 따라 제국이 통일적으로 규율한다.
③ 공립학교의 교원은 국가공무원의 권리와 의무를 지닌다.

제144조 (학교감독)

모든 학교는 국가가 감독하고, 국가는 이에 지방자치단체를 참여시킬 수 있다. 학교의 감독은 이를 주된 업무로 하고 전문지식이 있는 자가 행한다.

제145조 (취학의 의무, 의무교육의 무상)

취학은 일반적인 의무이다. 이 의무의 이행은 최소 8년의 초등학교와 이후 만 18세까지의 교육을 받는 것을 원칙으로 한다. 초등학교와 이후의 학교에서의 수업과 학용품은 무상으로 한다.

제146조 (공립학교제도)

① 공립학교는 유기적으로 구성된다. 모든 학생에게 공통된 초등학교 위의 중등 및 고등학교를 세운다. 이러한 학교의 구성에는 직업의 다양성을 반영하는 것이 중요하고, 아동의 학교 배정에서는 부모의 경제적, 사회적 지위나 종교가 아니라 아동의 재능과 취향이 중요하다.
② 다만, 지방자치단체 내에서 양육권자가 신청하면, 제1항의 의미를 포함하여 적절한 학교운영이 방해되지 않는 한, 이들의 종교나 세계관에 맞는 초등학교를 설립할 수 있다. 양육권자의 의사는 가능한 한 존중되어야 한다. 자세한 내용은 제국법률의 원칙에 따라 각 주의 입법으로 정한다.

③ 저소득층의 중등 및 고등학교의 진학을 위해 제국, 각 주와 지방자치단체는 공적 재원, 특히 중·고등교육에 적합하다고 판단되는 아동의 부모에 대한 양육보조금을 교육의 만료 시점까지 지급해야 한다.

제147조 (사립학교)

① 공립학교의 보완으로서의 사립학교는 국가의 인가를 필요로 하며 주법률의 규율을 받는다. 사립학교의 교육목표와 시설 및 교원의 교육정도가 공립학교에 미달하지 않고 부모의 재산정도에 따른 학생의 차별이 촉진되지 않으면 이를 인가해야 한다. 교원의 경제적, 법적 지위가 충분히 보장되지 않으면 인가할 수 없다.
② 사립초등학교는 제146조 제2항에 의해 감안해야 하는 의사를 지닌 소수의 양육권자의 종교 또는 세계관에 맞는 공립초등학교가 지방자치단체 내에 존재하지 않거나 교육행정청이 교육상 특별한 이익을 인정할 때에만 허용될 수 있다.
③ 사립유치원은 폐지한다.
④ 공립학교의 보완이 아닌 사립학교는 실정법에 따라 존속한다.

제148조 (수업내용)

① 모든 학교에서는 독일의 국민정신과 국제화해정신에 따라서 도덕의 수양, 국민으로서의 신조, 인성 및 직업적 실력배양을 추구해야 한다.
② 공립학교에서의 교육은 달리 생각하는 자의 감성에 상처주지 않도록 고려해야 한다.
③ 공민교육과 노동교육은 학교의 교과목이다. 모든 학생은 의무교육을 마치면서 헌법전을 받는다.
④ 민중대학(Volkshochschule)을 포함한 민중교육제도는 제국, 각 주 및 지방자치단체에 의해 장려되어야 한다.

제149조 (종교교육)

① 종교교육은 무종교의 (세속)학교를 제외하고는 정규교과목이다. 종교교육의 실시는 학교법으로 정한다. 종교교육은 국가의 감독권을 해하지 않는 범위에서 당해 종교단체의 교리와 합치하도록 실시한다.
② 교원은 종교과목과 교회의 축제 및 의식에의 참여를 아동의 종교적 양육을 결정하는 자의 의사표시에 맡기며, 종교교육의 실시와 교회설비의 이용은 교원의 의사표시에 따른다.
③ 대학의 신학과는 존속한다.

제150조 (기념물, 풍경)

① 예술, 역사 및 자연의 기념물과 명승풍경은 국가의 보호를 받는다.
② 독일 예술품의 외국유출을 막는 것은 제국의 업무이다.

제5절 경제생활

제151조 (경제생황의 질서, 경제적 자유)

① 경제생활의 질서는 만인의 인간다운 생활의 보장을 목적으로 하는 정의의 원칙에 합당해야 한다. 이러한 한도 내에서 각인의 경제적 자유는 보장된다.
② 법률적 강제는 위협받는 권리의 실현을 위해 또는 공공복리의 중요한 필요에 의해서만 허용된다.
③ 통상과 영업의 자유는 제국법률이 정한 바에 의해 보장된다.

제152조 (계약의 자유)

① 경제거래에서 계약의 자유는 법률이 정한 바에 따라 적용된다.
② 고리대금은 금지된다. 선량한 풍속에 반하는 법률행위는 무효이다.

第153條 (소유권, 공용수용)

① 소유권은 헌법이 보장한다. 그 내용과 한계는 법률에 의한다.
② 공용수용은 단지 공공의 복리(Wohl der Allgemeinheit)를 위해 법률에 근거해서만 이루어진다. 수용은 제국법률이 달리 규정하지 않는 한 적절한(angemessen) 보상으로써 한다. 보상액에 대한 분쟁의 경우 제국법률이 달리 규정하지 않는 한 일반법원에서의 소송절차가 열려있어야 한다. 각 주, 지방자치단체 및 공익단체에 대해 제국이 수용하는 경우에는 언제나 보상을 해야 한다.
③ 소유권은 의무를 진다. 그 행사가 동시에 공공선에 기여해야 한다.

第154條 (상속권)

① 상속권은 민법이 정한 바에 따라 보장된다.
② 상속재산에 대한 국가의 지분은 법률로 정한다.

第155條 (토지의 분배 및 이용)

① 토지의 분배와 이용은 국가가, 그 남용을 방지하고 모든 독일인에게 건강한 주거를 보장하며 모든 독일가정, 특히 자녀가 많은 가정에게 그 수요에 상응하는 거주와 가산을 보장하는 방식으로 감독한다. 앞으로 재정될 주거법에서는 특히 참전군인을 고려해야 한다.
② 주거수요의 충족, 이주 및 개간의 촉진 또는 농업의 발전을 위해 그 취득이 필요한 토지는 수용할 수 있다. 세습재산은 폐지한다.
③ 토지를 개척하고 이용하는 것은 공동체에 대한 토지소유자의 의무이다. 노동이나 자본을 투여하지 않고 발생한 토지의 가격상승은 전체를 위해 사용하도록 해야 한다.
④ 모든 토지매장물과 경제적으로 이용가능한 자연력은 국가가 감독한다. 사적인 경제고권은 입법을 통해 국유로 한다.

第156條 (사회화)

① 제국은 법률에 의해 수용에 관한 규정을 준용하고 보상을 함으로써 사회화(Vergesellschaftung)에 적합한 사기업체를 공유로 할 수 있다. 제국은 스스로 기업체나 경제단체의 경영에 참여하거나 각 주나 지방자치단체에게 참여하게 할 수 있으며, 또한 다른 방식으로 이에 지배적 영향력을 확보할 수 있다.
② 제국은 또한 공동경제의 목적상 긴급한 필요가 있는 경우에 법률에 의해 기업체와 경제조합을 자치행정에 기초하여 결합함으로써, 생산하는 모든 국민들의 협력을 보장하고 사용자와 노동자를 그 관리에 참여시키며 경제재화의 생산, 제조, 분배, 소비, 가격 및 수출입을 공동경제의 원칙에 따라 규율하는 목표를 추구한다.
③ 영리조합과 경제조합(Erwerbs-und Wirtschaftsgenossenschaft) 및 그 연합체는 이들이 요구하면 그 조직상태와 특성을 고려하여 공동경제에 편입될 수 있다.

第157條 (노동력)

① 노동력은 제국의 특별한 보호를 받는다.
② 제국은 통일된 노동법을 제정한다.

第158條 (정신적 재산권의 보호)

① 정신노동 및 저작자, 발명자, 예술가의 권리는 제국의 보호를 받는다.

② 독일의 학문, 예술, 및 기술의 창작물은 국가 간의 합의를 통해 외국에서도 유효하게 보호되어야 한다.

第159조 (단결의 자유)

노동조건 및 경제조건의 유지와 개선을 위한 결사의 자유는 누구에게나 그리고 모든 직업에 대해 보장된다. 이 자유를 제한하거나 방해하려는 모든 약정과 조치는 위법이다.

第160조 (사용자 · 노동자의 공민권)

근무 또는 노동관계에서 사무직 또는 생산직 노동자인 자는 국민으로서의 권리를 행사하는 데 필요한 자유시간과, 업무를 과도하게 저해하지 않는 한 자신에게 부여된 공적 명예직을 수행하는 데 필요한 자유시간을 지닐 권리를 갖는다. 보수를 청구할 범위에 대해서는 법률로 정한다.

第161조 (사회보험)

건강과 노동능력을 유지하고 모성을 보호하며 노화와 질병 및 인생의 길흉화복에 따른 경제적 결과를 예방하기 위해 제국은 피보험자의 폭넓은 참여 하에 포괄적인 보험제도를 창설한다.

第162조 (국가간 협정)

제국은 인류의 전체 노동계급을 위해 사회적 권리의 일반적 최소기준을 추구하는, 노동자의 법적 관계에 대한 국제법규의 제정을 위해 노력한다.

第163조 (노동의 의무 및 권리)

① 모든 독일인은 자신의 인격적 자유를 해하지 않으면서 정신적·육체적 능력을 전체의 복리(Wohl der Gesamtheit)를 위해 사용할 도덕적 의무를 진다.

② 모든 독일인에게는 경제적 노동을 통해 생활을 영위할 수 있는 가능성이 주어져야 한다. 적절한 노동의 기회를 지니지 못하는 자에게는 필요한 생활비를 지급한다. 자세한 내용은 특별한 제국법률로 정한다.

第164조 (자영중산층의 보호)

농업과 상공업에 종사하는 자영중산층은 입법과 행정에 의해 장려되며, 과도한 부담을 지는 것과 타인에게 흡수되는 것으로부터 보호된다.

第165조 (공동결정권, 노동자평의회, 경제평의회)

① 생산직 및 사무직 노동자는 경영자와의 공동체 속에서 동등한 자격으로 임금과 노동조건을 규율하고 전체경제에서의 생산력향상에 함께 기여하는 권한을 갖는다. 양측의 조직과 이들 간의 노동조건에 대한 합의는 존중되어야 한다.

② 생산직 및 사무직 노동자는 자신의 사회경제적 이익을 실현하기 위한 법률적 대표기구로서 사업장노동자평의회, 경제영역별로 조직된 지역노동자평의회, 그리고 제국노동자평의회를 보유한다.

③ 경제 전체의 임무를 완수하고 사회화를 위한 법률들을 시행하기 위해 지역 노동자평의회와 제국노동자평의회는 경영자의 대표기구 및 지역경제평의회와 제국경제평의회에 참가한 그 밖의 국민집단들과 함께 협력한다. 지역경제평의회와 제국경제평의회는 모든 중요 직업집단들이 사회, 경제적 중요성에 상응하여 대표될 수 있는 조직을 지녀야 한다.

④ 사회정책과 경제정책에 관한 정부의 중요한 법률안은 제출되기 전에 제국경제평의회에

서 심의되어야 한다. 제국경제평의회는 또한 스스로 법률안을 제출할 권한을 지닌다. 제국정부가 이에 동의하지 않는 경우에도 제국경제평의회는 자신의 의견진술을 첨부하여 제국의회에 법률안을 제출할 수 있다. 제국경제평의회는 구성원 중 1인을 제국의회에 파견하여 법률안을 대표하게 할 수 있다.
⑤ 노동자평의회와 경제평의회는 주어진 영역에서 통제권한과 행정권한을 위임받을 수 있다.
⑥ 노동자평의회와 경제평의회의 조직과 임무 및 여타의 사회적 자치행정기구와의 관계를 규정하는 것은 제국에 전속한다.

경과규정 및 부칙

제166조 (선거심사법원)

제국행정법원이 설치되기 전까지는 제국법원이 선거심사법원의 구성을 대신한다.

제167조 (특례)

제18조 제3항에서 제6항까지의 규정은 제국헌법이 공포된 지 2년 후에 효력을 발생한다.

제168조 (연방참의원에서의 프로이센의 결정권의 대리행사)

제63조가 규정한 주법률이 제정되기 전에는, 최대 1년의 기한동안, 연방참의원에서의 프로이센의 모든 투표권을 정부의 구성원이 행사하도록 할 수 있다.

제169조 (제83조의 발효시점)

① 제83조 제1항의 규정이 발효되는 시점은 제국정부가 정한다.
② 적절한 경과기간 동안 관세와 소비세의 징수와 관리를 각 주의 희망에 따라 각 주에 위임할 수 있다.

제170조 (바이에른 및 뷔르템베르크의 우편 · 전신행정)

① 바이에른과 뷔르템베르크의 우편 및 전신행정은 늦어도 1921년 4월 1일에는 제국으로 이전된다.
② 1920년 10월 1일까지 업무이전의 조건에 대한 합의가 이루어지지 않으면 국사재판소가 이를 결정한다.
③ 업무의 이전까지는 바이에른과 뷔르템베르크의 기존의 권리와 의무가 존속한다. 다만, 인접외국과의 우편 및 전신의 교환은 제국이 전담하여 규율한다.

제171조 (철도, 수로 및 항로표식의 이전)

① 국유철도, 수로 및 항로표지는 늦어도 1921년 4월 1일에는 제국으로 이전된다.
② 1920년 10월 1일까지 업무이전의 조건에 대한 합의가 이루어지지 않으면 국사재판소가 이를 결정한다.

제172조 (국사재판소)

국사재판소에 관한 제국법률이 시행될 때까지 국사재판소의 권한은 7인으로 구성된 1개의 원(Senat)에 의해 행사되며, 이들은 제국의회가 4인을, 제국법원이 소속판사 중 3인을 선출한다. 국사재판소의 소송절차는 스스로 정한다.

제173조 (제138조에 의한 제국법률)

제138조에 의한 제국법률이 제정되기 전에는 법률, 계약 또는 특별한 명목에 기초하여 이루어지는 종교단체에 대한 기존의 국가급부는 존속한다.

제174조 (제146조 제2항에 의한 제국법률)

제146조 제2항이 규정한 제국법률이 제정되기 까지는 기존의 법상태가 유지된다. 이 법률은 종교에 의해 분리되지 않는 학교가 법률상 존속하는 지역을 특별히 고려해야 한다.

제175조 (제1차 세계대전의 훈장에 대한 적용제외)

제109조의 규정은 1914년에서 1919년까지의 전쟁기간 중 세운 공에 대해 수여하는 훈장과 명예기장에는 적용되지 않는다.

제176조 (헌법에 대한 방어의무)

모든 공무원과 군인은 이 헌법을 방어해야 한다. 자세한 내용은 대통령의 명령으로 정한다.

제177조 (선서)

기존의 법률이 종교적 선서형식의 사용을 규정하고 있는 경우 선서자가 종교적 선서형식을 빼고 단지 "나는 선서한다"라는 식으로 하면 유효할 수 있다. 그밖에 법률로 규정한 선서의 내용은 그대로이다.

제178조 (1871년 헌법의 폐지)

① 1871년 4월 16일의 독일제국헌법과 1919년 2월 10일의 임시제국권력에 관한 법률은 폐지한다.
② 그 밖의 제국차원의 법률과 명령은 이 헌법에 저촉되지 않는 한 효력을 유지한다. 1919년 6월 28일 베르사이유에서 조인된 평화조약의 규정은 이 헌법에 의해 효력이 저해되지 않는다.
③ 기존의 법률에 근거하여 적법하게 발한 관청의 명령은 다른 명령이나 법률로 폐지되기 까지는 그 효력을 유지한다.

제179조 (폐지된 규정에의 지시 효력)

① 법률이나 명령에서 이 헌법에 의해 폐지된 규정과 기관이 관련된 경우에는 이 헌법이 상응하여 정한 규정과 기관으로 대체한다. 특히 헌법제정국민회의는 제국의회로, 연방위원회는 연방참의원으로, 임시제국권력에 관한 법률에 근거하여 선출된 제국대통령은 이 헌법에 근거하여 선출된 제국대통령으로 대체한다.
② 기존의 규정에 의해 연방위원회에 속했던 명령제정권은 제국정부로 이전되며, 제국정부는 명령을 제정함에 있어 이 헌법이 정하는 바에 따라 연방참의원의 동의를 얻어야 한다.

제180조 (제국의회로서의 국민회의)

제국의회가 최초로 소집되기까지는 헌법제정국민회의가 제국의회의 역할을 수행한다. 초대 제국대통령의 취임까지는 임시제국권력에 관한 법률에 근거하여 선출된 제국대통령이 그 직을 수행한다.

제181조 (헌법의 발효)

독일국민은 헌법제정국민회의를 통해 이 헌법을 의결하였다. 이 헌법은 공포일로부터 시행한다.

1919년 8월 11일, 슈바르츠부르크

독일연방공화국 기본법

[1958년 10월 4일 제정]

서문(Eingangsformel)

헌법제정회의는 1949년 5월 23일 라인(Rhein)강변 본(Bonn)에서 열린 공개회의에서, 1949년 5월 8일 헌법제정회의에 의해 의결된 독일연방공화국 기본법이 1949년 5월 16일부터 22일까지의 주(週) 사이에, 관여한 독일의 주(州)들 중 3분의 2 이상의 곳에서 국민대표에 의하여 받아들여졌음을 확정하였다. 이 확정에 기하여 헌법제정회의에서는 그 의장이 대표하여 기본법에 서명하고 이를 공포하였다. 이에 제145조 제3항에 따라 연방법률공보에 기본법을 반포한다.

전문(Präambel)

하나님과 인류 앞에서 자신의 책임을 의식하고, 통합된 유럽 내 동등한 권한을 가진 구성원으로서 세계평화에 이바지하려는 의지로 충만한 가운데, 독일 국민은 자신의 헌법제정권력에 기해 이 기본법을 제정하였다. 바덴-뷔르템베르크, 바이에른, 베를린, 브란덴부르크, 브레멘, 함부르크, 헤센, 메클렌부르크-포어포머른, 니더작센, 노르트라인-베스트팔렌, 라인주-팔츠, 자알주, 작센, 작센-안할트, 슐레스비히-홀스타인과 튀빙엔주의 독일인은 자유로운 자결로써 독일의 통일과 자유를 완성하였다. 이에 이 기본법은 전체 독일 국민에 대하여 효력을 가진다.

제1장 기본권

제1조 (인간존엄의 보호)

① 인간의 존엄성(Würde des Menschen)은 훼손할 수 없다. 인간의 존엄성을 존중하고 보호하는 것은 모든 국가권력의 책무이다.
② 이에 독일 국민은 세상의 모든 인간공동체와 평화 및 정의의 기초로서 불가침이고 불가양인 인권(Mencshenrechte)을 인정한다.
③ 이하의 기본권(Grundrechte)은 직접 효력을 가지는 법으로서, 입법과 집행권력 및 사법을 구속한다.8)

제2조 (일반적 인격권)

① 모든 사람은 각자, 다른 사람의 권리를 침해하지 않고 헌법질서나 도덕률(道德律)에 반하지 않는 한, 자유로이 자신의 인격을 발현할 권리를 가진다.
② 모든 사람은 각자 생명과 신체의 완전성에 관한 권리를 가진다. 신체의 자유는 불가침이다. 이 권리들은 법률에 기해서만 제한될 수 있다.

제3조 (법 앞에서 평등)

① 모든 사람은 법 앞에 평등하다.
② 남녀는 동등한 권리를 가진다. 국가는 남녀 동등한 권리의 실제적 실현을 증진하고 기존 불이익의 제거를 도모한다.
③ 누구도 성별, 혈통, 인종, 언어, 고향과 출신, 신앙, 종교관 또는 정치관으로 말미암아 불이익을 받거나 특혜를 받아서는 아니된다. 누구도 장애를 이유로 불이익을 받아서는 아니된다.9)

---

8) 제3항은 1956년 3월 19일 제7차 기본법개정법률에 의해 변경되었다.

제4조 (신앙, 양심과 신념의 자유, 병역거부)

① 신앙과 양심의 자유 그리고 종교적, 세계관적 신념의 자유는 불가침이다.
② 종교의 행사는 방해받지 않을 것이 보장된다.
③ 누구도 양심에 반하여 집총병역에 강제되지 아니한다. 상세한 것은 연방법률로 정한다.

제5조 (자유로운 의사표현의 권리)

① 모든 사람은 각자 말이나 글, 그림으로 자유롭게 자신의 의견을 표현하고 전파할 권리 및 일반적으로 접근할 수 있는 정보원으로부터 방해받지 않고 정보를 얻을 권리를 가진다. 출판의 자유와 방송 및 영상을 통한 보도의 자유가 보장된다. 검열은 금지된다.
② 이 권리들은 일반법률의 조항과 청소년보호를 위한 법률규정 및 개인의 명예권에 의해 제한된다.
③ 예술과 학문 연구 및 교수는 자유롭다. 교수의 자유를 내세워 헌법에 대한 신의를 저버리지는 못한다.

제6조 (혼인, 가족, 혼인 외 출생자)

① 혼인과 가족은 국가질서의 특별한 보호를 받는다.
② 자녀의 부양과 교육은 부모의 자연적 권리이자 일차적으로 그들이 수행해야 할 의무이다. 그들의 역할수행에 관하여는 국가공동체가 감시한다.
③ 양육권자가 그 의무를 방기하거나 그 밖에 그 자녀가 방치될 우려가 있을 때에 법률에 근거해서만 양육권자의 의사에 반하여 그 자녀를 가족과 격리시킬 수 있다.
④ 모든 어머니는 각자 공동체의 보호와 부조를 청구할 권리를 가진다.
⑤ 혼인 외 출생자에게는 입법을 통하여 육체적·정신적 발달과 사회적 지위에 관하여 혼인 중 출생자와 동일한 여건이 조성되어야 한다.

제7조 (학교제도)

① 모든 학교기관은 국가의 감독을 받는다.
② 양육권자는 자녀의 종교수업 참가에 관하여 결정할 권리를 가진다.
③ 종교수업은 종교와 관련이 없는 학교를 제외하고, 공립학교에서 정규교과목이다. 종교수업은 국가의 감독권을 침해하지 않는 범위에서 종교단체의 교리에 합치하게 행해진다. 어떤 교사도 자기의 의사에 반하여 종교수업을 할 의무를 져서는 아니된다.
④ 사립학교를 설립할 권리는 보장된다. 공립학교를 대체하는 학교로서의 사립학교는 국가의 인가를 필요로 하며, 지방법률의 적용을 받는다. 사립학교는 그 교육목적, 시설 및 교육인력의 교수능력에 있어 공립학교에 뒤지지 않고, 학부모의 자산상태에 따른 학생의 선별이 조장되지 않을 때 인가될 수 있다. 교육인력의 경제적 및 법적 지위가 충분히 보장되지 않을 때에는 인가가 거부되어야 한다.
⑤ 사립초등학교는 교육청이 특별한 교육이익을 인정하는 경우 또는 사립초등학교가 종파혼합학교(Gemeinschaftsschule), 종파학교 또는 세계관학교로 설립되어야 하는데 이러한 종류의 공립학교가 그 구(Gemeinde)에 존재하지 않는 경우로서 양육권자들의 신청이 있는 때에만 인가될 수 있다.
⑥ 예비학교는 폐지된다.

제8조 (집회의 자유)

① 모든 독일인은 신고나 허가 없이 평온하게

---

9) 제2항 제2문 및 제3항 제2문은 1994년 10월 27일 제42회 개정법률로 추가되었다.

그리고 무기를 휴대하지 않고 집회할 권리를 가진다.
② 옥외집회의 경우에는 법률로써 또는 법률에 근거하여 이 권리가 제한될 수 있다.

제9조 (결사의 자유)

① 모든 독일인은 단체와 조합을 결성할 권리를 가진다.
② 그 목적이나 활동이 형법에 저촉되거나 헌법적 질서 또는 국제우호의 사상에 적대적인 결사는 금지된다.
③ 근로조건 및 경제조건의 유지와 개선을 위하여 단체를 결성할 권리는 누구에게나 그리고 모든 직업과 관련하여 보장된다. 이 권리를 제한하거나 방해하고자 하는 협정은 무효이며, 이를 목적으로 하는 조치는 위법하다. 제12a조, 제35조 제2항 및 제3항, 제87a조 제4항과 제91조에 의한 조치는, 제1문에서 뜻하는 단체가 근로조건과 경제조건의 유지와 개선을 위하여 하는 노동쟁의에 대해서는 취할 수 없다.[10]

제10조 (서신, 우편 및 전신의 비밀)

① 서신의 비밀과 우편 및 전신의 비밀은 불가침이다.
② 그 제한은 법률에 근거해서만 할 수 있다. 그 제한이 자유민주적 기본질서나 연방 또는 주의 존립 및 안전을 보호하는 데 기여하는 때에는, 법률로 그 제한을 당사자에게 통지하지 않을 것과 법적 구제절차 대신에 국민의 대표가 지명하는 기관 및 보조기관에 의한 심사가 행해질 것을 정할 수 있다.[11]

제11조 (거주이전의 자유)

① 모든 독일인은 전체 연방영역에서 거주이전의 자유를 누린다.
② 이 권리는, 충분한 생활기반이 존재하지 않고 이로 말미암아 일반인에게 특별한 부담이 발생하는 경우에 한하여, 혹은 연방이나 주의 존립이나 그 자유민주적 기본질서에 대한 임박한 위험을 방지하기 위하여, 전염병이나 자연재해 또는 특히 중대한 사고에 대처하기 위하여, 청소년을 방치되지 않도록 보호하기 위하여 또는 범죄행위를 방지하기 위하여 필요한 경우에 한하여 법률로써 또는 법률에 근거하여서만 제한할 수 있다.[12]

제12조 (직업의 자유)

① 모든 독일인은 직업, 직장 및 직업훈련장을 자유롭게 선택할 권리를 가진다. 직업행사는 법률로써 또는 법률에 근거하여 규제될 수 있다.
② 누구도 전통적이고 일반적인 모두에게 균등한 공적 역무의 범위 외에서, 특정 노동을 강요당하여서는 아니된다.
③ 강제노동은 법원이 명하는 자유박탈의 경우에만 허용된다.[13]

---

10) 제3항 제3문은 1968년 6월 24일 제17회 기본법개정법률로 추가되었다.

11) 1968년 6월 24일 제17회 기본법개정법률로 변경되었다.

12) 제2항은 1968년 6월 24일 제17회 기본법개정법률로 추가·변경되었다.

13) 1957년 3월 19일 제7회 개정법률로, 제2항 제2~4문의 삽입 및 제3항이 추가됨에 따라, 당초의 제3항은 제4항이 되었다. 그러나 이러한 변경은 1968년 6월 24일 제17회 기본법개정법률로 새롭게 추가된 제12a조의 일부가 되었기 때문에 원형으로 복귀되고, 동일 개정으로 제1항이 변경되었다.

제12조의1 (병역의 의무)

① 남자들은 만 18세 이상부터 군, 연방국경수비대 또는 민방위대에 복무할 의무를 가진다.

② 양심상의 이유로 집총병역을 거부하는 자에게는 대체복무 의무를 지울 수 있다. 대체복무 기간은 군복무 기간을 초과할 수 없다. 상세한 것은 법률로 정하되, 이 법률은 양심의 자유를 제한해서는 안 되고, 군대나 연방국경수비대와 무관한 대체복무도 가능하도록 규정해야 한다.

③ 제1항 및 제2항에 따른 역무에 소집되지 아니한 병역의무자에게는 방위사태의 경우 법률로 또는 법률에 근거하여 민간인 보호를 비롯한 방위 목적을 위한, 근로관계 형태의 민간적 역무를 의무지울 수 있다. 공법상 근무관계 형태의 의무부과는 경찰과제나 또는 공법상 근무관계에서만 달성될 수 있는 그런 공공행정 상의 고권적 과제의 수행을 위해서만 허용된다. 제1문에 따른 근로관계가 군, 군보급 분야 및 공공행정에서 설정될 수 있다. 민간인의 급양분야에서 근로관계 형태로 복무시키는 것은 민간인의 생활필수적 수요를 충족하거나 민간인의 보호를 보장하기 위해서만 허용된다.

④ 방위사태시 민간 보건시설과 의료시설 및 상주(常駐) 군사의료기관에서의 민간적 역무에 대한 수요가 지원(支援)의 방법으로는 충족될 수 없는 때에는 만 18세 이상 만 55세까지의 여자를 법률로써 또는 법률에 근거하여 그러한 역무에 소집할 수 있다. 어떠한 경우에도 여자에게는 집총복무를 의무지워서는 안 된다.

⑤ 방위사태 이전의 시점에 대하여는 위 제3항의 의무가 제80조의1 제1항에서 정하는 바에 따라서만 설정될 수 있다. 특별한 지식이나 숙련을 요하는 위 제3항의 역무를 준비시키기 위하여 법률로써 또는 법률에 근거하여 교육 참여 의무를 부과할 수 있다. 이 경우에는 제1문을 적용하지 아니한다.

⑥ 방위사태시 위 제3항 제2문에 규정된 분야에서의 노동력에 대한 수요가 지원의 방법으로는 충족될 수 없는 때에는, 이 수요를 보장하기 위하여 법률로써 또는 법률에 근거하여, 직업행사나 직장을 포기할 독일인의 자유를 제한할 수 있다. 방위사태발생 전에는 위 제5항 제1문을 준용한다.[14)]

제13조 (주거의 불가침)

① 주거는 불가침이다.

② 수색은 판사만 명할 수 있으며, 지체의 우려가 있는 경우에는 법률에 정한 다른 기관도 명할 수 있으나, 그 법률에 규정된 형식으로만 수색을 할 수 있다.

③ 누군가 일정의 사실로 법률상 개별적으로 규정된 특히 중대한 죄를 범한 혐의가 근거지워지고, 사태의 수색이 여타의 방법으로는 지나치게 곤란하거나 가망이 없을 경우에는, 범행의 소추를 위하여 법관의 명령에 근거하여, 피의자가 체재하고 있는 것으로 추측되는 주거에 감청을 위한 기술적 장비를 설치할 수 있다. 이 조치에는 기한을 정해야 한다. 위 명령은 세 명의 법관으로 구성되는 합의체재판부에서 내린다. 지체의 우려가 있는 경우에는 1인의 법관도 위 명령을 내릴 수 있다.

④ 주거의 감시를 위한 기술적 장비는 오로지 법관의 명령에 의해서 공공의 안전에 대한 급박한 위험, 특히 공동의 위험이나 생명의 위

---

14) 본 조는 1968년 6월 24일 제17회 기본법개정법률로 추가되었다. 그 후 2000년 12월 19일제48회 기본법개정법률로 제4항 제2문이 변경되었다.

험을 방지하기 위하여 설치할 수 있다. 지체의 우려가 있는 경우에는 법률에서 정한 다른 기관도 이 조치를 명할 수 있다. 이러한 경우에는 사후에 지체 없이 법관의 결정이 이루어져야 한다.

⑤ (제3항 및 제4항의) 기술적 장비가 오로지 주거에 출동하여 공무중인 사람들을 보호하기 위한 것인 경우, 그 조치는 법률에서 정하는 기관이 명할 수 있다. 이 때 취득한 정보를 다른 용도로 사용하는 것은, 오로지 형사소추나 위험방지를 위한 목적으로만, 그리고 사전에 그 조치의 합법성이 법관에 의해 확정되었을 경우에 한하여 허용될 수 있다. 위험이 급박한 경우에는 사후에 지체 없이 법관의 결정이 이루어져야 한다.

⑥ 연방정부는 제3항에 따르거나 연방의 관할범위 내에서 제4항에 따른, 그리고 법관의 심사를 요하는 범위 내에서 제5항에 따른 기술적 장비들의 설치에 관하여, 매년 연방의회(연방하원)에 보고한다. 연방의회에 의해 선출된 위원회는 이 보고를 바탕으로 의회에 의한 통제를 행한다. 각 주에서도 그에 비견되는 의회에 의한 통제를 보장한다.

⑦ 그 밖에도 (주거에 대한) 침해와 제한은 오로지 공동의 위험이나 개인의 생명의 위험을 방지하기 위해서 행해질 수 있지만, 법률에 근거가 있는 경우, 공공의 안전과 질서에 대한 급박한 위험을 방지하기 위해서도, 특히 주택난을 해소하기 위하여, 전염병의 위험을 방지하기 위하여 또는 위험에 처한 청소년을 보호하기 위해서도 행해질 수 있다.[15)]

15) 1998년 3월 26일 제45회 기본법개정법률로 종전의 제3항이 현행의 제7항으로 되고, 새롭게 제3항부터 제6항까지가 추가되었다.

제14조 (재산권 · 상속권 · 공용수용)

① 재산권과 상속권은 보장된다. 그 내용과 한계는 법률로 정한다.

② 재산권은 의무를 수반한다. 그 행사는 동시에 공공복리에 이바지하여야 한다.

③ 수용은 공공복리를 위해서만 허용된다. 수용은 보상의 종류와 범위를 정한 법률로써 또는 법률에 근거해서만 행하여질 수 있다. 보상은 공공과 당사자의 이익을 공정하게 형량하여 정하여야 한다. 보상액 때문에 분쟁이 생긴 경우에는 정규 법원에 제소할 길이 열려있다.

제15조 (사회화)

토지, 천연자원 및 생산수단은 사회화(Vergesellschaftung)를 목적으로, 보상의 방법과 범위를 규정한 법률로써 공유재산화 또는 기타 유형의 공동경제화 할 수 있다. 그 보상에 관하여는 제14조 제3항 제3문과 제4문을 준용한다.

제16조 (국적박탈, 범죄인 인도)

① 독일인의 국적은 박탈해서는 아니된다. 국적의 상실은 법률에 근거하여 그리고 그로써 당사자가 무국적으로 되지 아니 할 때에만 당사자의 의사에 반하여서도 허락된다.

② 어떤 독일인도 외국으로 추방되어서는 아니된다. 유럽연합의 회원국이나 국제재판소에 범죄인을 인도함에 있어서 법치국가의 제 원칙들이 준수되는 한도에서는 (제1문과) 상반하는 규율을 법률로써 행할 수 있다.[16)]

16) 제2항에 당초 규정되었던 제2문은 1993년 6월 28일 제39회 기본법개정법률로 제16조의1로 옮겨졌다. 그리고 현재의 제2문은 2000년 11월 29일 제47회 기본법개정법률로 추가되었다.

제16조의1 (망명권)

① 정치적으로 박해받는 자는 망명권을 가진다.
② 유럽공동체의 회원국으로부터 또는 난민(Flüchtlinge)의 법적 지위에 관한 협약과 인권 및 기본적 자유의 보호를 위한 협약의 적용이 보장되어 있는 다른 제3국으로부터 입국한 자는 제1항을 원용할 수 없다. 유럽공동체 이외의 국가로서, 제1문의 요건에 해당하는 국가는 연방참사원(연방상원)의 동의를 얻어 법률로 정한다. 제1문의 경우에 체류를 종료시키는 조치는 이에 대하여 제기된 권리구제절차와는 상관없이 집행할 수 있다.
③ 법적 상황, 법적용 및 일반적 정치적 상황에 비추어, 정치적 박해, 잔혹하거나 굴욕적 형벌이나 취급이 행해지지 않을 것이라 여겨지는 국가들을 연방참사원의 동의를 요하는 법률로써 정할 수 있다. 그러한 국가 출신의 외국인은 자신이 정치적으로 박해받고 있음을 인정할 만한 사실을 적시하지 않는 한, 박해받고 있지 아니한 것으로 추정된다.
④ 체류를 종료시키는 조치의 집행은 제3항의 경우 및 명백하게 이유 없거나 명백하게 이유 없는 것으로 여겨지고 있는 기타의 경우에, 그 조치의 합법성에 대한 진지한 의심이 성립할 때에만 법원에 의하여 정지된다. 심사의 범위는 제한될 수 있으며, 지체된 사실주장은 고려되지 않을 수 있다. 상세한 것은 법률로 정한다.
⑤ 제1항부터 제4항은 난민의 법적 지위에 관한 협약 및 인권과 기본적 자유의 보호를 위한 협약상의 의무를 존중하는 가운데, 이들 협약의 적용이 보장되는 유럽공동체의 회원국 내지 제3국과 망명재판의 상호승인을 비롯한 망명신청 심사에 관한 관할을 규정하는 국제법상 조약을 체결하는 데 저해되지 아니한다.

제17조 (청원권)

누구든지 개별적으로 또는 다른 사람과 공동하여 소관기관과 의회에 서면으로 청원 또는 소청할 권리를 가진다.

제17조의1 (군인의 기본권 제한)

① 병역과 대체복무에 관한 법률은 군과 대체복무의 소속원에 대하여 병역 또는 대체복무 기간 중 언어, 문서 그리고 그림으로 자유롭게 자신의 의견을 표현하고 전파할 기본권(제5조 제1항 제1문 전단), 집회의 자유에 관한 기본권(제8조) 및 다른 사람과 공동으로 청원과 소청을 할 권리를 보장하는 한도에서 청원권(제17조)이 제한됨을 규정할 수 있다.
② 민간인 보호를 포함한 방위에 관한 법률은 거주이전의 자유(제11조) 및 주거의 불가침(제13조)의 기본권이 제한됨을 규정할 수 있다.[17]

제18조 (기본권의 상실)

의사표현의 자유, 특히 출판의 자유(제5조 제1항), 교수의 자유(제5조 제3항), 집회의 자유(제8조), 결사의 자유(제9조), 서신 · 우편 · 전신의 비밀(제10조), 재산권(제14조) 또는 망명권(제16조의1)을 자유민주적 기본질서에 대한 공격을 위해 남용하는 자는 이러한 기본권을 상실한다. 이러한 기본권 상실(실효)과 그 범위에 관하여는 연방헌법재판소에 의해 선고된다.[18]

제19조 (기본권의 제한)

17) 본조는 1956년 3월 19일 제7회 개정법률로 추가되었다.

18) 제1문은 1993년 6월 28일 제39회 개정법률로 변경되었다.

① 이 기본법에 따라 기본권이 법률로써 또는 법률에 근거하여 제한될 수 있는 경우에 있어서, 그 법률은 개별사건에만 적용되는 것이 아닌 일반적으로 효력이 있는 것이라야 한다. 그 밖에도 (제한되는) 기본권과 그 근거조항은 그 법률에 적시되어야 한다.
② 기본권의 본질적 내용은 어떠한 경우에도 침해할 수 없다.
③ 기본권은 그 본질상 내국법인들에 적용될 수 있는 한에서, 이들 법인에게도 적용된다.
④ 공권력에 의하여 그 권리를 침해당한 자에게는 권리구제절차가 인정된다. 다른 관할이 설정되어 있지 않은 한, 통상적 권리구제절차가 인정된다. 제10조 제2항 제2문에 대하여는 아무런 지장을 초래하지 않는다.[19)]

제2장 연방과 주(州)

제20조 (연방국가적 헌법, 저항권)

① 독일연방공화국은 민주적 그리고 사회적인 연방국가이다.
② 모든 국가권력은 국민(Volk)으로부터 나온다. 국가권력은 국민에 의한 선거와 투표 그리고 입법·행정·사법의 개별 제 기관을 통해 행사된다.
③ 입법은 헌법적 질서에, 행정과 사법은 법률과 법에 구속된다.
④ 모든 독일인은 이러한 질서의 제거를 도모하는 이에 대하여, 다른 대응수단이 가능하지 아니한 경우에 저항할 권리를 가진다.[20)]

제20조의1 (자연적 생활기반의 보호의무)

국가는 장래의 세대들에 대한 책임 하에 헌법적 질서의 테두리 내에서 입법을 통해, 그리고 법률과 법에 정해진 바에 따라 집행 및 사법을 통해 자연적 생활기반과 동물을 보호한다.

제21조 (정당의 헌법적 지위)

① 정당은 국민의 정치적 의사형성에 참여한다. 정당의 설립은 자유이다. 정당의 내부질서는 민주적 원칙에 부합해야 한다. 정당은 그 자금의 출처와 사용에 관하여 그리고 그 재산에 관하여 공개적으로 보고해야 한다.
② 그 목적이나 지지자의 활동이 자유민주적 기본질서를 제한 또는 제거하거나 독일연방공화국의 존립을 위태롭게 하는 정당은 위헌이다. 위헌성의 문제에 관하여는 연방헌법재판소가 판단한다.
③ 상세한 것은 연방법률로 정한다.

제22조 (연방의 수도 · 국기)

① 독일연방공화국의 수도는 베를린(Berlin)이다. 수도에서의 전체 국가의 대표(Repräsentation des Gesamtstaates)는 연방의 임무이다. 상세한 것은 연방법률로 정한다.
② 연방의 국기는 흑, 적, 금색으로 이루어진다.[21)]

제23조 (유럽연합을 위한 제 원칙)

① 통합된 유럽을 실현하기 위하여 독일연방공화국은 민주적·법치국가적·사회적 및 연방주의적 원칙들과 보충성(Subsidiarität) 원칙

---

19) 제4항 제3문은 1968년 6월 24일 제17회 개정으로 추가되었다.
20) 제4항 1968년 6월 24일 제17회 개정으로 추가되었다.
21) 제1항은 2006년 8월 28일 제52회 개정법률로 추가되고, 종래의 문언이 제2항으로 되었다.

에 구속되고, 이 기본법에 본질적으로 비견할 만한 기본권보호를 보장하는 유럽연합이 발전하는 데에 협력한다. 연방은 이를 위해 연방참사원의 동의를 얻어 법률로써 고권을 이양할 수 있다. 유럽연합의 설립에 관하여, 그리고 이 기본법을 내용상 개정 또는 보충하거나 그러한 개정 및 보충을 가능하게 하는 조약상 근거 및 이에 준하는 규정의 개정에 관하여는 제79조 제2항과 제3항이 적용된다.

⒧ 연방의회와 연방참사원은, 유럽연합의 입법행위가 보충성원칙을 침해한 데 대해 유럽연합법원에 소를 제기할 권리를 지닌다. 연방의회는 그 재적의원 4분의 1의 신청이 있으면, 위 소를 제기할 의무를 지닌다. 유럽연합 조약상 연방의회 및 연방참사원에 설정된 권리를 행사하기 위하여, 연방참사원의 동의를 요하는 법률로써 제42조 제2항 제1문과 제52조 제3항 제1문의 예외를 둘 수 있다.

② 유럽연합에 관한 사안에는 연방의회가 협력하고, 각 주는 연방참사원을 통해 협력한다. 연방정부는 연방의회와 연방참사원에 포괄적 그리고 가능한 한 조속히 보고해야 한다.

③ 연방정부는 유럽연합의 법제정 행위에 대한 참여에 앞서, 연방의회에 입장을 표명할 수 있는 기회를 부여한다. 연방정부는 교섭할 때에 연방의회의 입장표명을 고려한다. 상세한 것은 법률로 정한다.

④ 연방참사원은 연방의 의사형성에 대응하는 국내적 조치에 참여해야 하는 경우, 또는 주가 국내적으로 권한을 가지는 경우에 한하여, 연방의 의사형성에 참여할 수 있다.

⑤ 연방의 전속적 권한의 범위 내에서 주의 이익이 관계되는 경우, 또는 그 밖에 연방이 입법권을 가지는 경우에 한에서, 연방정부는 연방의회의 입장표명을 고려한다. 주의 입법권한, 그 관청의 설치나 그 행정절차들이 주로 관계되는 경우에는, 연방의 의사형성에 있어서 연방의회의 견해가 주요하게 고려되어야 한다. 이 경우에 연방의 전(全)국가적 책임은 견지되어야 한다. 연방의 지출의 증대나 수입의 감소를 초래할 수 있는 사항에 있어서는 연방정부의 동의가 필요하다.

⑥ 학교교육, 문화 또는 방송 분야에서의 주의 전속적 입법권이 주로 관계되는 경우에는, 유럽연합의 회원국으로서의 독일연방공화국에 속한 권한의 행사가 연방으로부터 연방참사원이 지명하는 주의 대표에게로 이양되어야 한다. 이러한 권한행사는 연방정부의 참여와 의견조율 하에 이루어진다. 이 때에는 연방의 전국가적 책임은 견지되어야 한다.

⑦ 제4항부터 제6항에 관한 상세한 것은 연방참사원의 동의를 요하는 법률로 정한다.[22]

제24조 (고권의 이양, 집단적 안전보장체제)

① 연방은 법률로써 국제기구에 고권(Hoheitsrechte)을 이양할 수 있다.

⒧ 주(州)가 국가적 권한의 행사 및 국가적 임무의 수행에 관하여 권한을 가지는 한, 주는 연방정부의 동의를 얻어 국경인접 기구에 고권을 이양할 수 있다.

② 연방은 평화수호를 위하여 상호적 집단안전보장체제에 가입할 수 있다. 이 경우 연방은, 유럽 내 및 세계 각국 간 평화적이고 항구적인 질서를 초래하고 보장할 자신의 고권

22) 기본법의 적용범위에 관하여 제정 당시의 문언은 독일통일로 불필요하게 되어 1990년 8월 31일 삭제된 후, 1992년 12월 21일 마스트리흐트 조약(Maastricht Treaty) 동의에 따라, 제38회 개정법률로 새롭게 규정되어 변경되었다. 제6항 제1문은 2006년 8월 28일 제52회 개정법률로 변경되고, 제1a항은 2008년 10월 8일 제53회 개정법률로 추가되었다.

제한에 동의한다.

③ 국가 간 분쟁을 규율하기 위하여 연방은 일반적 · 포괄적 · 의무적인 국제중재재판권에 관한 협정에 가입한다.[23)]

제25조 (연방법의 구성부분으로서의 국제법)

국제법의 일반원칙은 연방법의 일부를 이룬다. 그것은 법률에 우선하고, 연방의 영역 내의 주민에 대하여 직접 권리와 의무를 발생시킨다.

제26조 (침략전쟁의 금지)

① 여러 국가의 평화적 공존의 방해, 특히 침략전쟁 수행을 준비하는데 도움이 되는 행위 및 그러한 의도로 행해지는 행위는 위헌이다. 이러한 행위는 처벌되어야 한다.

② 전쟁수행용 무기는 연방정부의 인가를 얻어야만 제조, 수송 및 거래할 수 있다. 상세한 것은 연방법률에서 정한다.

제27조 (상선단)

모든 독일 상선은 하나의 통일된 상선대(商船隊)를 구성한다.

제28조 (주 및 시군구의 헌법질서)

① 주의 헌법적 질서는, 이 기본법에서 규정한 공화적 · 민주적 및 사회적 법치국가의 원칙에 부합하여야 한다. 주(州), 군(Kreis) 및 구(Gemeinde)에서 국민은 보통 · 직접 · 자유 · 평등 및 비밀선거로 선출된 대표기관을 가져야 한다. 군 및 구의 선거에서는, 유럽공동체 회원국의 국적을 가진 사람도 유럽공동체법이 정하는 바에 따라 선거권과 피선거권을 가진다. 구에서는 구회의(Gemeindeversammlung)가, 선출된 단체를 대신할 수 있다.

② 구는 법률의 범위 내에서 그 지역사회의 모든 사무를 자신의 책임으로 규율할 권리를 보장받아야 한다. 구의 행정연합체도 그 법률상 임무의 범위 내에서 법률이 정하는 바에 따라 자치행정권을 가진다. 자치행정의 보장에는 재정적인 자기책임의 토대도 포함된다. 이러한 토대로는, 세율권이 있는 구가 관할하는 경제력 관련 세원을 들 수 있다.

③ 연방은 주의 헌법적 질서가 기본권과 위 제1항 및 제2항에 부합할 것을 보장한다.[24)]

제29조 (연방영역의 재편성)

① 주는 자신이 관장하는 사업을 효과적으로 달성하기 위해 사업의 규모와 업무이행능력에 따라, 연방영역을 재편성할 수 있다. 이 경우에는 향우적(鄕友的) 연대감, 역사적 · 문화적 관련성, 경제적 합목적성과 지역개발계획 및 주계획상 필요한 사항들을 고려하여야 한다.

② 연방영역의 재편성을 위한 조치는, 주민표결(Volksentscheid, 주민투표에 의한 결정)에서 찬성을 얻은 연방법률로 행해진다. 해당 주의 의견은 청취되어야 한다.

③ 주민표결은 기존의 주의 영역, 영역의 일부로부터 새로운 주 또는 새로이 분획되는 주가 구성될 때 그 기존의 주(이하에서는 "해당 주"라고 함)에서 행해진다. 해당 주가 여전히 존립할지 아니면 새로운 주 또는 새로이 분획된 주가 구성되어야 할지에 대하여는 표결에

23) 제1a항은 1992년 12월 21일 제38회 개정법률로 추가되었다.

24) 제1항 제3문은 1992년 12월 21일 제38회 개정법률로 추가되었다. 제2항은 1994년 10월 27일 제42회 개정법률로 제3문 전단이, 1997년 10월 20일 제44회 개정법률로 후단이 추가되었다.

붙여야 한다. 새로운 주 또는 새로이 분획되는 주의 구성에 관한 주민투표는, 그 주의 장래의 영역 및 전체적으로 해당 주 중 주적(州籍)이 장차 변경될 영역들이나 부분영역에서 다수가 그 변경에 찬성할 때 가결된다. 주민투표는 해당 주의 일부 영역에서 다수가 그 변경을 거부할 때 부결되지만, 그러한 거부는 해당 주의 소속이 변경될 부분영역에서 3분의 2의 다수결로 변경에 동의할 때에는, 해당 주의 전체영역에서 3분의 2의 다수결로 변경을 거부하지 않는 이상 고려되지 아니한다.

④ 관련된 경계의 거주지역이나 경제지역으로 구획된 부분이 여러 주에 걸쳐 있고, 인구 100만 명 이상의 지역에서 연방의회선거권자 10분의 1이 이 지역을 단일 주적으로 설정할 것을 주민청원(Volksbegehren)으로 요구하는 경우에는, 2년 내에 연방법률로 주적을 제2항에 따라 변경할지 여부를 규정하거나 해당 주에서 주민투표(Volksbefragung)를 실시할 것을 규정하여야 한다.

⑤ 주민투표는 법률에서 제안한 주적변경에 관한 동의여부를 확인하려는 것이다. 법률은 둘 이하의 상이한 제안들을 주민투표에 제시할 수 있다. 제안된 주적 변경에 다수가 동의하는 경우에는, 2년 이내에 연방법률로 주적이 제2항에 따라 변경되는지 여부를 규정하여야 한다. 주민투표에 제시된 제안이 제3항 제3문과 제4문의 기준에 상응하는 동의를 얻는 경우, 주민투표 실시 후 2년 내에 제안된 주의 구성을 위한 연방법률을 제정하여야 한다. 그 연방법률은 주민투표에 의한 동의를 더 이상 필요로 하지 않는다.

⑥ 주민표결 및 주민투표에서 다수란, 투표자의 다수로서 동시에 연방의회선거권자의 4분의 1 이상에 해당할 때를 말한다. 그 밖의 주민표결, 주민청원 및 주민투표에 관한 상세한 것은 연방법률로 정한다. 이 연방법률은 5년의 기간 이내에 주민청원을 반복할 수 없음을 규정할 수 있다.

⑦ 주의 영역존속에 대한 그 밖의 변경은, 주적이 변경될 영역이 인구 5만 명 이하인 경우에는 관련 주들 사이의 협약에 의해 또는 연방참사원의 동의를 얻은 연방법률로 행할 수 있다. 상세한 것은, 연방참사원의 동의와 연방의회 재적의원 과반수의 동의를 요하는 연방법률로 정한다. 이 연방법률은 관련된 구와 군의 청문을 규정하여야 한다.

⑧ 주는 제2항부터 제7항의 규정과는 달리 주간의 협약에 의해, 그에 속하지 않은 영역 또는 부분영역에 대한 구획의 재편성을 규정할 수 있다. 관련된 구와 군에 대해서는 청문을 하여야 한다. 각 주간의 협약은 참가하는 모든 주에서 주민표결에 의한 동의를 요한다. 그 각 주간의 협약이 주의 부분영역에 관한 경우, 동의는 이 부분영역에서의 주민표결로 한정할 수 있으며, 다음의 제5문 후단은 이에 적용되지 아니한다. 주민표결의 경우 투표자의 다수로 가결되며, 이는 연방의회 선거권자의 4분의 1 이상에 해당하여야 한다. 상세한 것은 연방법률로 정한다. 각 주간의 협약은 연방의회의 동의를 요한다.[25)]

제30조 (주의 기능)

국가권한의 행사 및 국가과제의 수행은 이 기본법에서 별도의 규정을 두거나 허용하지 않는 한, 주의 관장사항이다.

---

25) 1996년 8월 19일 제25회 개정법률 및 1976년 8월 23일 제33회 개정법률로 전면적으로 변경되었다. 1994년 10월 27일 제42회 개정법률로 제7항의 일부가 변경되고, 제8항이 추가되었다.

제31조 (연방법의 우위)

연방법은 주법에 우선한다.

제32조 (외교관계의 처리)

① 외국과의 관계의 처리는 연방의 관장사항이다.

② 어느 주와 특별히 관계되는 조약을 체결함에 있어서는, 그 전에 적시에 그 주에 대해 청문을 하여야 한다.

③ 주에게 입법권한이 있는 한에서, 주는 연방정부의 동의를 얻어 외국과 조약을 체결할 수 있다.

제33조 (국민으로서의 권리 · 의무, 공직취임에의 평등)

① 모든 독일인은 모든 주에서 국민으로서 동등한 권리와 의무를 가진다.

② 모든 독일인은 그 적성, 능력 및 전문적 능력에 따라 모든 공직에 동등하게 취임할 수 있다.

③ 시민 및 국민의 권리 향유, 공직취임 그리고 공직근무상 취득하는 권리는 종교적 신조에 좌우되지 아니한다. 그 누구도 어떤 신앙이나 세계관을 갖거나 갖지 않는다고 하여 불이익을 받아서는 아니된다.

④ 고권적 권한의 행사는 계속적 과제로서, 통상 공법상 근무관계와 충성관계에 있는 공무원에게 맡겨진다.

⑤ 직업공무원제의 전통적 원칙들을 참작하여 공무원법을 규정하고 계속 발전시켜야 한다.[26)]

제34조 (직무상 의무위반에 대한 책임)

자신에게 위탁된 공무의 수행 중에 있는 자가 자신이 이행하여야 할 제3자에 대한 직무의무를 위반하는 경우, 그 책임은 원칙적으로 국가 또는 그 소속 단체가 진다. 고의 또는 중과실의 경우에는 구상권이 유보된다. 손해배상청구권과 구상권에 대하여 통상적 권리구제절차가 배제되어서는 아니된다.

제35조 (법적 지원과 직무상의 지원)

① 연방과 주의 모든 관청은 법적 · 행정적으로 상호 지원한다.

② 주는, 공공의 안전 및 질서유지 또는 질서회복을 위하여 특별히 중요성을 갖는 경우, 주경찰이 연방국경수비대의 지원 없이는 과제를 수행할 수 없거나 수행에 현저한 어려움을 겪는 때, 그 경찰에 대한 연방국경수비대의 인력과 시설의 지원을 요청할 수 있다. 자연재해 또는 특히 중대한 사고가 발생한 경우, 주는 그 구호를 위하여 다른 주의 경찰력, 기타 행정기관 및 연방국경수비대의 인력 및 시설, 군의 병력을 요청할 수 있다.

③ 연방정부는 자연재해나 사고로 하나 이상의 주의 영역이 위험에 처할 때, 효과적인 대처에 필요한 한, 각 주정부에 대하여 경찰력을 다른 주에 제공하도록 지시할 수 있고, 또한 그 경찰력을 지원하기 위하여 연방국경수비대 및 군부대를 투입할 수 있다. 제1문에 따른 연방정부의 조치는 연방참사원의 요구가 있을 때는 언제든지, 그리고 기타의 경우에는 위험이 제거된 후에 지체 없이 중지되어야 한다.[27)]

---

26) 제5항은 2006년 8월 28일 제52회 개정법률로 변경되었다.

27) 제2항 및 제3항은 1968년 6월 24일 제17회 개정법률로 추가되었다. 1972년 7월 28일 제31회 개정법률로 제2항 제1문이 추가되었다.

第36조 (연방관청의 공무원)

① 연방최고관청은 모든 주에서 적절한 비율로 공무원을 채용하여야 한다. 그 밖의 연방관청에 종사하는 자들은 통상 그 근무지 소재 주에서 채용되어야 한다.
② 병역법은 연방이 주로 나뉘어져 있음과 각 주의 특별한 향우적 관계를 참작하여야 한다.[28)]

第37조 (연방강제)

① 주가 기본법 또는 기타의 연방법률에 의해 부과된 연방의무를 이행하지 않는 경우, 연방정부는 연방참사원의 동의를 얻어 그 주로 하여금 그 의무를 이행하게 하기 위하여 필요한 연방강제조치를 취할 수 있다.
② 연방정부 또는 그 수임자는 연방강제를 수행할 목적으로 모든 주와 그 소속기관에 대하여 지시할 권한을 가진다.

제3장 연방의회(연방하원)

第38조 (연방의회선거, 선거권 · 피선거권, 의원의 지위)

① 독일연방의회(독일연방하원)의 의원은 보통 · 직접 · 자유 · 평등 및 비밀선거에 의하여 선출된다. 연방의회 의원은 국민 전체의 대표자이고, 위임과 지시에 구속되지 않으며, 오로지 양심에 따른다.
② 만 18세 이상의 자는 선거권을 가진다. 성년인 자는 피선거권을 가진다.
③ 상세한 것은 연방법률로 정한다.[29)]

第39조 (집회와 의회기)

① 연방의회 의원의 선거는 이하의 규정의 유보 하에, 4년마다 치뤄진다. 그 회기(Wahlperiode)는 새 연방참사원의 집회와 동시에 종료한다. 총선거는 가장 빠르게는 회기 개시 46개월 후, 늦어도 회기 개시 48개월 후에 실시한다. 연방의회가 해산된 경우에는 60일 이내에 총선거를 실시한다.
② 연방의회는 늦어도 선거 후 30일 이내에 집회한다.
③ 연방의회는 자신의 회의의 종료와 재개를 결정한다. 연방의회의 의장은 연방의회를 조기에 소집할 수 있다. 연방의회 재적의원의 3분의 1, 연방대통령 또는 연방수상이 요구하면 연방의회의 의장은 연방의회를 소집해야 한다.[30)]

第40조 (의장, 의사규칙)

① 연방의회는 연방의회의 의장, 부의장 및 서기를 선출한다. 연방의회는 의사규칙을 제정한다.
② 의장은 연방의회의 건물 내에서 가택권과 경찰권을 행사한다. 의장의 허가 없이는 연방의회의 공간 내에서 수색이나 압수를 하여서는 아니된다.

第41조 (선거심사)

① 선거심사는 연방의회의 관장사항이다. 연방의회는 연방의회 의원이 그 의원자격을 상실했는지 여부도 결정한다.

---

28) 제2항은 1956년 3월 19일 제7회 개정법률로 추가되었다.
29) 제2항은 1970년 7월 31일 제27회 개정법률로 변경되었다.
30) 제1항 및 제2항은 1976년 8월 23일 제33회 개정법률 및 1998년 7월 16일 제46회 개정법률로 변경되었다. 게다가 제1항은 1998년 7월 16일 제46회 개정법률로 한 번 더 변경되었다.

② 연방의회의 결정에 대해서는 연방헌법재판소에 대한 소원이 허용된다.
③ 상세한 것은 연방법률로 정한다.

제42조 (의사의 공개, 다수결 원칙)

① 연방의회의 의사(議事)는 공개적으로 행한다. 연방의회 재적의원 10분의 1 또는 연방정부의 신청이 있는 경우, 3분의 2의 다수결로 공개하지 아니할 수 있다. 이 신청에 대하여는 비공개회의에서 결정한다.
② 연방의회의 의결에는 이 기본법에서 특별히 정하지 않은 한, 투표자의 과반수가 필요하다. 연방의회에 의해 행해지는 선거에 관하여는 의사규칙에서 그 예외를 둘 수 있다.
③ 연방의회와 그 위원회의 공개회의에 관한, 진실에 충실한 보도는 모든 책임으로부터 자유롭다.

제43조 (연방정부의 출석)

① 연방의회와 그 위원회는 연방정부의 모든 구성원에 대하여 그 출석을 요구할 수 있다.
② 연방참사원 의원과 연방정부의 구성원 및 그 수임자는 연방의회와 그 위원회의 모든 회의에 출석할 수 있다. 이들에 대하여는 언제라도 청문을 하여야 한다.

제44조 (조사위원회)

① 연방의회는 공개회의에서 필요한 증거를 조사할 조사위원회를 설치할 권한을 가지며, 연방의회 재적의원의 4분의 1의 신청이 있을 때에는 그렇게 할 의무가 있다. 공개는 배제될 수 있다.
② 증거의 조사에는 형사소송에 관한 규정을 준용한다. 서신, 우편 및 전신의 비밀에 대하여는 아무런 지장을 초래하지 않는다.
③ 법원과 행정청은 법적·행정적 지원을 할 의무가 있다.
④ 조사위원회의 의결은 사법심사를 받지 않는다. 조사의 기초가 되는 사실관계의 평가와 판단에 있어서 법원은 자유롭다.

제45조 (유럽연합사무위원회)

연방의회는 유럽연합 관련 사무를 위한 위원회를 설치한다. 연방의회는 이 위원회에 대하여 제23조에 따른 연방의회가 연방정부에 대해 갖는 권한을 행사하도록 수권할 수 있다. 연방의회는 그 위원회에 유럽연합조약상 연방의회에 부여된 권한을 행사하도록 수권할 수도 있다. [31]

제45조의1 (외무위원회와 국방위원회)

① 연방의회는 외무에 관한 위원회와 국방에 관한 위원회를 설치한다.
② 국방에 관한 위원회는 조사위원회의 권한도 가진다. 그 재적위원 4분의 1의 신청이 있으면, 국방에 관한 위원회는 일정한 사항을 조사대상으로 할 의무를 진다.
③ 제44조 제1항은 국방의 영역에는 적용하지 아니한다. [32]

제45조의2 (연방의회의 국방감찰위원)

기본권을 보호하기 위하여 의회의 통제권 행사시 연방의회의 보조기관으로서, 연방의회의 국방감찰위원이 임명된다. 상세한 것은 연방

---

31) 본조는 1976년 8월 23일 제33회 개정법률로 삭제된 후, 1992년 12월 21일 제38회 개정법률로 새롭게 규정되었으며, 2008년 10월 8일 제53회 개정법률로 제3문이 추가되었다.

32) 본조는 1956년 3월 19일 제7회 개정법률로 추가되었다. 1976년 8월 23일 제33회 개정법률로 변경되었다.

법률로 정한다.[33)]

제45조의3 (연방의회의 청원위원회)

① 연방의회는 제17조에 따라 연방의회에 제출된 청원과 소청을 취급할 청원위원회를 설치한다.
② 청원위원회의 소청심사를 위한 권한들은 연방법률로 정한다.[34)]

제45조의4 (의회의 통제위원회)

① 연방의회는 연방의 국가비밀정보기관의 활동을 통제하기 위한 위원회를 설치한다.
② 자세한 것은 연방법률로 정한다.[35)]

제46조 (의회의 면책특권과 불체포특권)

① 의원은, 연방의회나 그 산하 위원회에서 행한 투표 또는 발언을 이유로 어느 때에도 재판 또는 징계를 받거나 기타 연방의회의 원외에서 문책을 당하여서는 아니된다. 이는 명예훼손적 비방에는 적용되지 아니한다.
② 의원은, 범행 당시 또는 그 익일 중에 체포되지 않은 이상, 연방의회의 허락이 있는 경우에만 범죄행위를 이유로 형사책임을 지우거나 체포할 수 있다.
③ 연방의회의 허락은, 그 외에 의원의 신체의 자유에 대한 다른 모든 제한 또는 의원에 대한 제18조상의 절차를 신청할 때에도 필요하다.
④ 의원에 대해 행해지는 일체의 형사절차와 제18조에 따른 소송절차, 구금 및 그 신체적 자유에 대한 기타의 제한은 연방의회의 요구가 있으면 중지되어야 한다.

제47조 (의원의 증언거부권)

의원은, 의원 신분의 그에게 어떤 사실을 털어놓거나 또는 의원 신분의 그가 사실을 이야기 해 준 자에 관하여, 그리고 이러한 사실 자체에 관하여 증언을 거부할 권리를 가진다. 이 증언거부권이 미치는 범위에서, 서류의 압수는 허용되지 아니한다.

제48조 (의원의 청구권)

① 연방의회에서 의석을 얻고자 하는 자는 자신의 선거준비에 필요한 휴가를 청구할 수 있다.
② 누구든지 의원직의 취임과 행사를 방해받아서는 아니된다. 그러한 사유로 해고 또는 해임하는 것은 허용되지 아니한다.
③ 의원은, 자신의 독립성을 보장할 적정액의 보수청구권을 가진다. 의원은 모든 국유의 교통수단을 자유로이 이용할 권리를 가진다. 상세한 것은 연방법률로 정한다.

제49조 (두 개의 피선거 기간 사이의 위원의 권리) (삭제)[36)]

제4장 연방참사원(연방상원)

제50조 (연방참사원의 권능)

주(州)는 연방참사원을 통하여 연방의 입법 및 행정과 유럽연합 관련 사무에 관여한다.

33) 본조는 1956년 3월 19일 제7회 개정법률로 추가되었다.

34) 본조는 1975년 7월 15일 제32회 개정법률로 추가되었다.

35) 본조는 2009년 7월 17일 제55회 개정법률로 추가되었다.

36) 본조의 당초 규정은 1956년 3월 19일 제7회 개정법률로 변경된 후, 1976년 8월 23일 제33회 개정법률로 전문삭제되었다.

第51조 (연방참사원의 구성)

① 연방참사원은 주정부가 임명하고 소환하는 주정부의 구성원으로 조직된다. 연방참사원 의원은 주정부의 다른 구성원에 의하여 대리될 수 있다.
② 각 주는 최소한 3표, 인구 200만 이상의 주는 4표, 인구 600만 이상의 주는 5표, 인구 700만 이상의 주는 6표의 표결권을 가진다.
③ 각 주는 표결권의 수와 같은 수의 구성원(=議員)을 파견할 수 있다. 주의 투표는 오로지 통일적으로 행사될 수 있고 출석한 구성원이나 그 대리인에 의해서만 행사될 수 있다.[37]

第52조 (연방참사원의 의장, 소집, 표결, 의사규칙)

① 연방참사원은 매년 그 의장을 선출한다.
② 의장은 연방참사원을 소집한다. 의장은 둘 이상의 주의 대표자 또는 연방정부의 요구가 있는 경우, 연방참사원을 소집해야 한다.
③ 연방참사원은 최소한 그 표결권의 과반수로 의결한다. 연방참사원은 의사규칙을 제정한다. 그 심의는 공개된다. 공개는 배제될 수 있다.
③a 유럽연합 관련 사무를 위하여 연방참사원은 유럽심의회(Europakammer)를 설치할 수 있으며, 유럽심의회의 의결은 연방참사원의 의결로 간주된다. 통일적으로 행사될 표결권의 수는 제51조 제2항에 따라 정해진다.
④ 주정부의 다른 구성원 또는 수임자는 연방참사원의 위원회에 소속될 수 있다.[38]

第53조 (연방정부의 참가)

연방정부의 구성원은 연방참사원 및 그 위원회의 의사(議事)에 참가할 권리와 참가 요청에 응할 의무가 있다. 연방정부의 구성원의 의견은 언제든지 청취되어야 한다. 연방참사원은 연방정부로부터 그 업무수행에 관하여 상시적으로 보고를 받는다.

제4장의1 공동위원회

第53조의1 (공동위원회의 구성 및 그 절차)

① 공동위원회는, 그 3분의 2는 연방의회(하원) 의원으로, 3분의 1은 연방참사원(상원) 구성원으로 충원한다. 연방의회에서는 교섭단체의 세력관계에 비례하여 의원들을 정한다. 이들은 연방정부에 속해서는 아니된다. 각 주는 자신이 임명한 연방참사원의 구성원에 의하여 대표된다. 이 구성원은 지시(指示)에 구속되지 아니한다. 공동위원회의 조직과 절차는 의사규칙으로 정하며, 이 의사규칙은 연방의회에 의해 의결되어야 하고 연방참사원의 동의를 필요로 한다.
② 연방정부는 공동위원회에 방위상 긴급사태에 대한 계획에 관하여 보고하여야 한다. 제43조 제1항에 따른 연방의회와 그 위원회의 권한에 대하여는 아무런 지장을 초래하지 않는다.[39]

제5장 연방대통령

第54조 (연방대통령의 선거 및 재임기간, 연

37) 제2항은 1990년 8월 31일 통일조약 제4조에 의해 변경되었다.

38) 제3a항은 1992년 12월 21일 제38회 개정법률로 추가되었고, 제2문은 2006년 8월 28일 제52회 개정법률로 변경되었다.

39) 제4장1의 표제 및 본조는 1968년 6월 24일 제17회 개정법률로 추가되었다.

방회의)

① 연방대통령은 연방회의(Bundesversammlung)에서 토의 없이 선출된다. 연방의회(하원)의 선거권을 가지는 만 40세 이상의 모든 독일인은 피선거권을 가진다.
② 연방대통령의 임기는 5년이다. 1회에 한하여 연임이 허용된다.
③ 연방회의는 연방의회 의원과 비례선거원칙에 따라 각 주의 의회가 선출한 동수(同數)의 구성원으로 구성된다.
④ 연방회의는 늦어도 연방대통령의 임기만료 30일 전에, 재임기간 만료 전 퇴직의 경우에는 늦어도 이 시점으로부터 30일 내에 집회한다. 연방회의는 연방의회 의장에 의하여 소집된다.
⑤ (연방의회의) 회기 만료 후에 제4항 제1문의 기한은 연방의회의 첫 집회일로부터 기산한다.
⑥ 연방회의 구성원 과반수의 표를 얻은 자가 (연방대통령으로) 당선된다. 2차 투표에서도 과반수를 얻은 후보자가 없을 때에는 추가적인 투표에서 최다득표를 얻은 자가 선출된다.
⑦ 상세한 것은 연방법률로 정한다.

第55조 (취업금지, 영리사업금지)

① 연방대통령은 연방 또는 주의 입법단체나 정부에 속할 수 없다.
② 연방대통령은 그 밖의 어떠한 유급공직, 영업 및 직업에 종사하여서는 아니되며, 영리를 목적으로 하는 기업의 이사회나 감사회에 속하여서도 아니된다.

第56조 (취임선서)

연방대통령은 취임시 연방의회와 연방참사원의 구성원 앞에서 다음과 같이 선서한다:
"나는 독일국민의 행복을 위하여 전력을 다하고, 그 이익을 증진시키며, 독일국민에 대한 손해를 방지하고, 연방의 기본법과 법률을 지키고 수호하며, 양심적으로 내 의무를 완수하고, 만인에 대하여 정의를 행할 것을 선서합니다. 신이시여, 저를 도우소서!"
선서는 종교적 선서문구 없이도 행하여질 수 있다.

第57조 (권한대행)

연방대통령의 유고시 또는 그 직무가 임기만료 이전에 종료한 때, 그 권한은 연방참사원 의장이 대행한다.

第58조 (부서)

연방대통령의 명령과 처분이 효력을 가지기위해서는 연방수상이나 관계 연방장관의 부서가 필요하다. (다만) 이는 연방수상의 임면, 제63조에 의한 연방의회의 해산 및 제69조 제3항에 의한 요구에는 적용되지 아니한다.

第59조 (국제법상 대표권, 조약체결권)

① 연방대통령은 국제법상 연방을 대표한다. 그는 연방의 이름으로 외국과 조약을 체결한다. 그는 (외국의) 사절을 신임하고 영접한다.
② 연방의 정치적 관계를 규율하거나 연방의 입법사항과 관련 있는 조약은, 각각 연방입법에 권한 있는 기관이 연방법률의 형태로 하는 동의나 협력을 필요로 한다. 행정협정에 관하여는 연방행정에 관한 조항들이 준용된다.

第59조의1 (방위상 긴급사태의 확정)

(삭제)[40]

---

40) 본조는 1956년 3월 19일 제7회 개정법률초 추가된 후, 1968년 6월 24일 제17회 개정법률로 삭제되고, 제1항부터 제3항까지는 제115조의1

第60조 (연방공무원과 군인의 임명)

① 연방대통령은 법률에 다른 규정이 없는 한, 연방법관·연방공무원·장교 및 부사관을 임면한다.

② 연방대통령은 개별적인 사안에서 연방을 위하여 사면권을 행사한다.

③ 연방대통령은 이 권한을 다른 관청에 이양할 수 있다.

④ 제46조 제2항 내지 제4항은 연방대통령에 준용된다.41)

第61조 (연방대통령의 탄핵소추)

① 연방의회나 연방참사원은 기본법 또는 기타의 연방법률의 고의적 침해를 이유로 연방대통령을 연방헌법재판소에 탄핵소추 할 수 있다. 탄핵소추는 최소한 연방의회 재적의원의 4분의 1 또는 연방참사원 표결권의 4분의 1의 다수로 발의되어야 한다. 탄핵소추의 의결은 연방의회 재적의원의 3분의 2 또는 연방참사원 표결권의 3분의 2의 다수를 필요로 한다. 탄핵소추는 소추하는 단체의 수임자에 의하여 행해진다.

② 연방헌법재판소는 연방대통령이 기본법 또는 기타의 연방법률을 고의로 침해하였다고 확정할 경우, 그에 대해 대통령직의 상실을 선언할 수 있다. 탄핵소추 후 연방헌법재판소는 가처분으로 연방대통령의 직무수행을 정지시키는 결정을 할 수 있다.

로, 제4항은 제115조의1 제3항으로 옮겨졌다.

41) 제1항은 1956년 3월 19일 제7회 개정법률로 변경되었다.

제6장 연방정부

第62조 (연방정부의 구성)

연방정부는 연방수상과 연방장관들로 구성된다.

第63조 (연방수상의 선출, 연방의회의 해산)

① 연방수상은 연방대통령의 제청으로 연방의회에서 토론 없이 선출한다.

② (연방수상은) 연방의회 재적의원 과반수의 표를 얻은 자가 선출된다. 선출된 자는 연방대통령에 의해 임명된다.

③ 제청된 자가 선출되지 않은 때에는, 연방의회는 투표 후 14일 이내에 재적의원 과반수로 연방수상을 선출할 수 있다.

④ 선출이 이 기한 내에 이루어지지 않은 경우, 지체 없이 새로운 투표가 실시되고, 거기서 최다득표자가 (연방수상으로) 선출된다. 선출된 자가 연방의회 재적의원의 과반수의 표를 얻은 때에는 연방대통령은 선거 후 7일 이내에 그를 임명해야 한다. 선출된 자가 이 과반수를 획득하지 못한 때에는 연방대통령은 7일 이내에 그를 임명하거나 연방의회를 해산해야 한다.

第64조 (연방장관의 임명)

① 연방장관은 연방수상의 제청으로 연방대통령에 의해 임면된다.

② 연방수상과 연방장관은 취임 시 연방의회에서 제56조에 규정된 선서를 한다.

第65조 (연방수상의 직무권한 및 책임)

연방수상은 정책의 기본방침을 정하고 이에 대하여 책임을 진다. 각 연방장관은 이 지침 내에서 그 소관사무를 자주적으로 그리고 자기책임 하에 처리한다. 연방장관 간 의견대립에 관하여는 연방정부가 결정한다. 연방수상은 연방정부가 결정하고 연방대통령의 재가를 얻은 사무규칙에 따라 사무를 처리한다.

제65조의1 (군대의 명령권과 지휘권)

① 국방장관은 군대에 대한 명령권과 지휘권을 가진다.
② (삭제) 42)

제66조 (취업금지, 영리사업금지)

연방수상과 연방장관은 기타의 유급공직, 영업 및 직업에 종사할 수 없으며, 영리를 목적으로 하는 기업의 이사회나, 연방의회의 동의 없이는 그 감사회에 속하여서도 안 된다.

제67조 (건설적 불신임결의안)

① 연방의회는 그 재적의원의 과반수로 후임자를 선출하고 연방대통령에 대해 연방수상을 해임할 것을 요청함으로써만, 연방수상을 불신임할 수 있다. 연방대통령은 이 요청에 따라야 하고 선출된 자를 임명해야 한다.
② 이러한 신청과 선출 사이에는 48시간이 있어야 한다.

제68조 (신임결의안, 연방의회의 해산)

① 자신을 신임해 달라는 연방수상의 신청이 연방의회 재적의원의 과반수의 찬성을 얻지 못하는 경우, 연방대통령은 연방수상의 제청으로 21일 내에 연방의회를 해산할 수 있다. 해산권은 연방의회가 그 재적의원의 과반수로써 다른 연방수상을 선출하는 즉시 소멸한다.
② 이러한 신청과 표결 사이에는 48시간이 있어야 한다.

제69조 (연방수상의 권한대행)

① 연방수상은 연방장관 한 명을 자신의 대리인으로 임명한다.
② 연방수상이나 연방장관의 직무는 어느 경우든지 새로운 연방의회의 집회와 더불어 종료하며, 연방장관의 직무는 연방수상의 직무가 기타 일체의 사유로 종료하는 때에도 종료한다.
③ 연방수상은 연방대통령의 요구로, 연방장관은 연방수상이나 연방대통령의 요구로, 그 후임자가 임명될 때까지 계속 직무를 수행할 의무를 진다.

제7장 연방의 입법

제70조 (연방과 주의 입법)

① 주(州)는 이 기본법이 연방에 입법권한을 부여하지 않는 한, 입법권을 가진다.
② 연방과 주 사이의 (입법에 관한) 관할의 범위는 전속적 입법 및 경합적 입법에 관한 이 기본법의 조항에 따라 정해진다.

제71조 (전속적 입법)

주는 연방의 전속적 입법영역에서 연방법률이 명시적으로 권한을 위임한 경우에만, 그 범위 내에서만 입법권을 가진다.

제72조 (경합적 입법)

① 주는 경합적 입법영역에서 연방이 그 입법권한(Befugnisse zur Gesetzebung)을 법률로써 행사하고 있지 않는 동안, 그 범위 내에서 입법권한(Gesetzgebungszuständigkeit)을 가진다.
② 연방은 제74조 제1항 제4호, 제7호, 제11호, 제13호, 제15호, 제19a호, 제20호, 제22호, 제25호 및 제26호의 분야에서, 연방영역 내

---

42) 본 조는 1956년 3월 19일 제7회 개정법률로 추가되었다. 그리고 1968년 6월 24일 제17회 개정법률로 제2항이 삭제되었다.

균등한 생활여건의 조성이나 전(全)국가적 이익의 차원에서 법적 또는 경제적 통일성의 유지를 위하여 연방법률의 규정을 필요로 하는 경우에, 그 범위 내에서 입법권(Gesetzebungsrecht)을 가진다.

③ 연방이 자신의 입법권한을 행사한 경우에, 주는 다음의 각 호 사항에 관하여 법률로 그에 상반하는 규정을 둘 수 있다 :

1. 수렵제도(수렵면허권에 관한 사항 제외)
2. 자연보호 및 자연경관보호(자연보호의 일반적 원칙, 종의 보존이나 해양환경보호에 관한 사항 제외)
3. 대지의 분배
4. 지역개발계획
5. 수자원관리(자원 또는 시설 관련 규정들은 제외)
6. 대학입학전형 및 대학졸업

이 분야의 연방법률은 연방참사원의 동의를 얻어 별도로 정함이 없는 한, 가장 빠르게는 공포된 지 6개월 후에 시행된다. 제1문의 분야에서 연방법과 주법의 관계에 있어서는 각 신법(新法)이 우선한다.

④ 연방법률에서는 제2항에서 말한 필요성이 더 이상 존재하지 않는 연방법률규정이 주법에 의하여 대체될 수 있음을 규정할 수 있다.[43)]

제73조 (전속적 입법사항)

① 연방은 다음 사항에 관하여 전속적 입법권을 가진다.

1. 외교적 사안과 민간인 보호를 비롯한 국방
2. 연방에서의 국적
3. 거주이전의 자유, 여권제도, 신고제도 및 증명서제도, 국내 · 외로의 이민 및 범인 인도
4. 통화, 화폐 및 주화제도, 표준도량형과 표준시간
5. 관세 및 통상(通商) 구역단위, 통상 및 항해 조약, 상품교역의 자유, 관세와 국경보호를 비롯한 외국과의 상품 및 결제 거래

5a. 독일 문화유산의 국외반출로부터의 보호

6. 항공교통

6a. 완전히 또는 그 과반수 이상의 연방의 재산에 속하는 철도의 교통(연방철도), 연방철도 철로 건설, 유지 및 운영과 이 철로의 사용료 부과

7. 우편과 전신제도
8. 연방과 연방직속 공법상 단체에 근무하는 자의 법적 관계
9. 영업상의 권리보호, 저작권 및 출판권

9a. 복수의 주에 위험이 존재하고, 하나의 주 경찰청의 관할이 인정될 수 없거나 주최고 관청이 관할의 이양을 요청한 경우, 국제 테러리즘의 위험에 대한 연방사법경찰관에 의한 방어

10. 다음 사항에 관한 연방과 주의 공조
    a) 사법경찰, b) 자유민주적 기본질서, 연방 또는 주의 존립과 안전의 보호(헌법보호)와 연방영역 내에서 이루어지는 폭력의 사용 및, c) 그를 위한 준비행위로써 독일연방공화국의 대외적 이익을 위태롭게 하는 시도로부터의 보호 및 연방사법경찰청의 설치와 국제범죄수사
11. 연방목적을 위한 통계
12. 무기 및 폭발물법
13. 전상자 및 전몰유가족의 원호와 전쟁포로

43) 1994년 10월 27일 제42회 개정법률로 전면적변경되었다. 2006년 8월 28일 제52회 개정법률로 제2항이 변경되고, 새롭게 제3항이 추가되어 종전의 제3항은 제4항이 되었다.

였던 자에 대한 부조

14. 평화적 목적의 핵에너지 생산과 이용, 이 목적을 위한 시설의 설치 및 운용, 핵에너지의 방출시 또는 전리(電離)방사선에 의해 생기는 위험으로부터의 보호, 방사능물질의 처리

② 제1항 제9a호에 따른 법률은 연방참사원의 동의를 요한다. 44)

제74조 (경합적 입법사항)

① 경합적 입법은 다음의 분야에 미친다 :

1. 민법, 형법, 법원조직, 재판절차(미결구금의 집행법은 제외), 변호사, 공증인 및 법률상담
2. 호적제도
3. 결사(結社)에 관한 법
4. 외국인의 체류 및 거주에 관한 법
5. (삭제)
6. 난민 및 추방된 자에 관한 사안
7. 공적 부조(주거법 제외)
8. (삭제)
9. 전쟁피해와 복구
10. 전몰자의 묘지와 기타 전쟁희생자 및 폭압통치의 희생자의 묘지
11. 경제법(광업, 공업, 동력산업, 수공업, 영업, 상업, 은행 및 증권거래제도, 사법(私法)상 보험제도). 다만, 폐점법, 공중접객업법, 도박장법, 유흥업소법, 박람회법, 산업전시회법, 시장법은 제외
12. 경영조직, 노동보호 및 노동알선을 비롯한 노동에 관한 법과 실업보험을 비롯한 사회보험
13. 직업훈련지원의 규율과 학술적 연구의 진흥
14. 제73조와 제74조의 사항영역에서 고찰되는 수용에 관한 법
15. 토지, 천연자원 및 생산수단의 공유재산화 또는 기타 유형의 공동경제화
16. 경제력의 남용 예방
17. 농 · 임업 생산의 진흥(경지정리법 제외), 식량의 확보, 농 · 임산물의 수출입, 원양어업과 연안어업 및 연안보호
18. 도시계획상의 토지거래, 토지법(개발분담금법을 제외), 주택보조금, 구동독 채무보조법, 주택건설 프리미엄법, 광산노동자 주택건설법, 갱부(坑夫) 정착촌법
19. 인간과 가축에게 발병하는 것으로서 공공에 위태로운 전염병에 대한 조치, 의료업 및 치료업의 허가, 약국 · 약품 · 약제 · 치료제 · 마취제 및 독극물에 관한 법

19a. 병원의 경제적 안정과 병원의료수가의 규제

20. 축산물법을 비롯한 식품법, 기호품 · 생활필수품 및 사료에 관한 법, 농 · 임업용의 종자 및 묘목의 거래 보호, 식물의 병해로부터의 보호와 동물의 보호
21. 원양과 근해항행과 항로표지, 내수항행, 기상업무, 해수항로 및 공중교통에 이용되는 내수항로
22. 도로교통, 자동차제도, 장거리 교통을 위한 주도로의 건설과 유지, 자동차로 공로를 이용하는 데 대한 (공공)요금 및 사용료의 징수와 배분

---

44) 제1항 제1호는 1954년 3월 26일 제4회 개정법률 및 1968년 6월 24일 제17회 개정법률로 변경되었다. 제3호는 2006년 8월 28일 제52회 개정법률로 변경되었고, 제5a호는 동개정법률로 추가되었다. 제7호는 1994년 8월 30일 제41회 개정법률로 변경되었다. 제9a호는 2006년 8월 28일 제52회 개정법률로 추가되었다. 제10호는 1972년 7월 28일 제31회 개정법률로 추가되었다. 제12호부터 제14호는 2006년 8월 28일 제52회 개정법률로 추가되었으며, 제2항은 동개정법률로 추가되고, 종전의 문언이 제1항으로 되었다.

23. 산악철도를 제외한, 연방철도가 아닌 궤도
24. 폐기물산업, 대기정화 및 소음방지(거동 관련 소음에 대한 보호 제외)
25. 국가배상책임
26. 사람의 인공수정, 유전자정보에 대한 연구 및 인공적 변경과 장기, 조직 및 세포의 이식에 관한 규정
27. 주, 구, 기타의 공법상 단체에서 일하는 공무원과 주에서 일하는 법관의 신분적 권리 및 의무에 관한 사항 중 직역, 보수(報酬), 생계지원을 제외한 사항
28. 수렵
29. 자연보호 및 자연경관보호
30. 대지의 분배
31. 지역개발계획
32. 수자원관리
33. 대학입학전형 및 대학졸업

② 제1항 제25호 및 제27호에 따른 법률은 연방참사원의 동의를 요한다. 45)

제74조의1 (연방의 기타 경합적 입법사항) (삭제) 46)

제75조 (대망적 규정을 발하는 연방권한의 입법사항) (삭제) 47)

제76조 (법률안의 제출)

① 법률안은 연방정부, 연방의회의 일원(一員) 또는 연방참사원에 의하여 연방의회에 제출된다.
② 연방정부의 법률안은 우선 연방참사원에 제출되어야 한다. 연방참사원은 6주 내에 그 법률안에 대하여 입장을 표명할 수 있다. 연방참사원이 중대한 사유로, 특히 법률안의 범위를 고려하여 기간의 연장을 요청하는 경우,

---

45) 1994년 10월 27일 제42회 개정법률로 제2항이 추가되고, 원래의 규정은 제1항이 되었다. 개별적으로는 제1항 제1호 및 제3호는 2006년 8월 28일 제52회 개정법률로 변경되었고, 제4a호는 1972년 7월 28일 제31회 개정법률로 추가 후, 1976년 8월 23일 제34회 개정법률로 변경되었지만, 2006년 8월 28일 제52회 개정법률로 삭제되었다. 제5호는 1994년 10월 27일 제42회 개정법률로 삭제되고, 그 내용은 제75조 제1항 제6호로 이전되었다. 제7호는 2006년 8월 28일 제52회 개정법률로 변경되었다. 제8호는 1994년 10월 27일 제42회 개정법률로 제5호와 함께 삭제되었다. 제10호는 1965년 6월 16일 제13회 개정법률로 변경되고, 제10a호도 동일 개정법률로 추가되었지만, 2006년 8월 28일 제52회 개정법률로 제10호가 삭제되고, 제10a호가 제10호로 되었다. 제11a호는 1959년 12월 23일 제10회 개정법률로 추가 후, 2006년 8월 28일 제52회 개정법률로 삭제되었다. 제13호, 제19a호 및 제22호는 1969년 5월 12일 제22회 개정법률로 추가·변경되었다. 제23호는 1993년 12워 20일 제40회 개정법률로 변경되었다. 제24호는 1972년 4월 12일 제30회 개정법률로 추가되었다. 제25호, 제26호는 1994년 10월 27일 제42회 개정법률로 추가되었다. 제27호부터 제33호까지는 2006년 8월 28일 제52회 개정법률로 추가되었고, 제2항은 동 개정으로 변경되었다.

46) 본조는 1971년 3월 18일 제28회 개정법률로 추가되었지만, 2006년 8월 28일 제52회 개정법률로 삭제되었다.

47) 본조의 당초 규정에는 제2항이 없었지만, 1969년 5월 12일 제22회 개정법률로 제1a호가 추가, 전체가 제1항이 되고, 舊제2항, 제3항이 추가되었다. 1971년 3월 18일 제28회 개정법률로 제2항과 제3항은 일단 삭제되고, 내용적으로는 제74조의1 제3항, 제4항으로 이전되었고, 제1항 제호가 변경되었다. 1994년 10월 27일 제42회 개정법률로 제1항 제2호 및 제5호가 변경되고, 제74조 제1항 제5호에 있던 규정이 제6호가 되고, 제1항 말미 제2문 및 제2항, 제3항기 추가되었다. 이후, 2006년 8월 28일 제52회 개정법률로 최종 삭제되었다.

위 기간은 9주가 된다. 연방정부는 비록 법률안에 대한 연방참사원의 입장표명이 아직 자신에게 들어오지 않았어도, 연방참사원에 제출 시 예외적으로 특별히 긴급을 요한다고 표시한 법률안의 경우, 이를 3주 후에, 그렇지 않고 연방참사원이 제3문에 따른 (기간연장의) 요청을 표한 경우에는 6주후에 법률안을 연방의회에 송부할 수 있다. 연방정부는 연방참사원의 입장표명이 있으면, 접수 후 지체 없이 이를 연방의회에 송부하여야 한다. 기본법 개정과 제23조나 제24조에 따른 고권의 이양을 위한 법률안의 경우, 입장표명을 위한 기간은 9주이다. (이 경우) 제4문은 적용되지 않는다.

③ 연방참사원의 법률안은 6주 내에 연방정부를 거쳐 연방의회에 제출되어야 한다. 이 경우 연방정부는 자신의 견해를 밝혀야 한다. 연방정부가 중대한 사유로, 특히 법률안의 범위를 고려하여 기간의 연장을 요청하는 경우, 위 기간은 9주가 된다. 연방참사원이 법률안을 예외적으로 특히 긴급하다고 표시한 경우, 위 기간은 3주가 되고 그렇지 않고 연방정부가 제3문에 따른 요청을 표시한 경우에는 6주로 된다. 기본법의 개정과 제23조나 제24조에 따른 고권의 이양을 위한 법률안의 경우, 위 기간은 9주이다. (이 경우) 제4문은 적용되지 않는다. 연방의회는 법률안을 적절한 기간 내에 심의하여 의결하여야 한다. 48)

제77조 (법률의결의 절차)

① 연방법률은 연방의회에서 의결한다. 연방의회 의장은 연방법률이 채택된 후 지체 없이 연방참사원에 이를 송부하여야 한다.

② 연방참사원은 법률안 의결의 접수 후 3주 내에, 법률안의 합동심의를 위하여 연방의회와 연방참사원의 의원으로 구성되는 위원회를 소집할 것을 요구할 수 있다. 이 위원회의 구성과 절차는 연방의회가 의결하고 연방참사원이 동의한 의사규칙으로 정한다. 이 위원회에 파견된 연방참사원의 구성원은 어떠한 지시에도 구속되지 아니한다. 법률에 대하여 연방참사원의 동의가 필요한 경우에는 연방의회와 연방정부도 그러한 소집을 요청할 수 있다. 연방의회는 위원회가 의결된 법률의 변경을 제의하면 재의결하여야 한다.

②a 연방참사원은 법률이 연방참사원의 동의를 요하는 한, 제2항 제1문에 따른 요청이 이루어지지 않거나 조정절차가 의결된 법률안에 대한 수정 제의 없이 종료된 경우에, 적절한 기간 이내에 동의 여부에 관하여 의결하여야 한다.

③ 연방참사원은 법률에 연방참사원의 동의를 필요로 하지 않는 한, 제2항에 따른 절차가 종료되었을 때, 연방의회가 의결한 법률에 대해 2주 내에 이의제기를 할 수 있다. 이의기간은 제2항 제5문의 경우 연방의회의 재의결이 접수됨으로써 시작되고, 그 밖의 경우에는 제2항에 규정된 위원회에서의 절차가 완결되었음을 알리는 동 위원회 위원장의 통지를 접수함으로써 시작된다.

④ 연방의회는 이의가 연방참사원 표결권의 다수로 의결된 경우, 그 재적의원 과반수의 의결로 그 이의를 기각할 수 있다. 연방참사원이 그 표결권의 3분의 2 이상의 다수로 이의를 의결한 경우, 연방의회가 이를 기각하기 위해서는 연방의회의 투표수의 3분의 2 및 그 재적의원 과반수 이상에 해당하는 다수가 요

48) 제2항은 1968년 11월 15일 제18회 개정법률로 제문이 변경되고, 제3문이 추가되었다. 제3항은 1969년 7월 17일 제23회 개정법률로 제1문이 변경되고, 그 후 1994년 10월 27일 제42회 개정법률로 제2항, 제3항이 전면변경되었다.

구된다. [49]

제78조 (법률의 성립)

연방의회에 의해 의결된 법률은 연방참사원이 동의하거나, 제77조 제2항에 따른 요청을 하지 않거나, 제77조 제3항의 기한 내에 이의를 제기하지 않거나 그 이의를 철회할 때, 또는 그 이의가 연방의회(의 투표)에 의해 기각될 때에 성립한다.

제79조 (기본법의 개정)

① 기본법은 기본법상의 법문을 명시적으로 변경 또는 보충하는 법률로써만 개정할 수 있다. 강화조약, 강화조약의 준비 또는 점령법적 질서의 해체를 그 대상으로 하거나 연방공화국의 방위에 기여하도록 정해진 국제법적 조약의 경우에는, 기본법의 조항들이 그러한 조약의 체결과 발효에 지장이 되지 아니함을 천명(闡明)하기 위해서는, 그러한 천명에 지나지 않는 기본법상 법문의 보충으로도 충분하다.
② 이러한 법률은 연방의회 재적의원의 3분의 2의 찬성과 연방참사원 표결권의 3분의 2의 찬성을 필요로 한다.
③ 연방이 주들로 나뉘는 것을 저해하거나 입법시 주의 원칙적인 협력에 지장을 초래하거나 제1조 및 제20조에 규정된 원칙들에 반하는 기본법 개정은 허용되지 아니한다. [50]

제80조 (법규명령의 제정)

① 법률로써 연방정부, 연방장관 또는 주정부에 법규명령 제정권한을 수여(授與)할 수 있다. 이 경우 법률은 수권(授權)의 내용, 목적 및 범위를 정하고 있어야 한다. 법규명령에는 그 법적 근거가 명시되어야 한다. 수권된 사항이 다시 위임될 수 있음을 법률에서 규정하고 있는 경우, 수권된 사항의 위임을 위해서는 법규명령을 필요로 한다.
② 연방정부 또는 연방장관의 법규명령 중 우편 및 통신시설의 이용에 관한 원칙 및 요금에 관한 것, 연방철도시설 사용료의 부과원칙에 관한 것, 철도의 건설과 운용에 관한 것과 연방법률에 기한 법규명령 중, 연방참사원의 동의를 필요로 하거나 연방의 위임에 의하여 또는 고유사무로서 주에 의해 수행될 것은, 연방법률에 특별한 규정이 있는 경우를 제외하고는, 연방참사원의 동의를 필요로 한다.
③ 연방참사원은 자신의 동의를 요하는 법규명령의 제정을 위한 안(案)을 연방정부에 제출할 수 있다.
④ 연방법률로써 또는 연방법률에 근거하여 주정부에 법규명령 제정권한이 수여되어 있는 한, 주는 법률로도 규율할 수 있다. [51]

제80조의1 (긴장사태)

① 기본법이나 민간인 보호를 비롯한 방위에 관한 연방법률에서 법조항이 본 조항에 따라서만 적용될 수 있다고 규정한 때에, 그 적용은 방위사태의 경우를 제외하고는, 연방의회가 긴장사태의 발생을 확정한 경우 또는 그 적용에 특별히 동의한 경우에만 허용된다. 긴장상태의 확정과 제12조의1 제5항 제1문 및

---

49) 제2항 및 제3항은 1968년 11월 15일 제18회 개정법률로 변경되었고, 제2a항은 1994년 10월 27일 제42회 개정법률로 추가되었다.

50) 제1항 제2문은 1954년 3월 26일 제4회 개정법률로 추가되었다.

51) 제2항은 1993년 12월 20일 제40회 개정법률 및 1994년 8월 30일 제41회 개정법률로 변경되었다. 제3항 및 제4항은 1994년 10월 27일 제42회 개정법률로 추가되었다.

제6항 제2문의 경우의 특별동의는 투표수의 3분의 2의 다수를 필요로 한다.

② 제1항에 따른 법조항에 기한 조치는 연방의회의 요구가 있으면 취소되어야 한다.

③ 제1항에 규정에도 불구하고, 국제기구가 연방정부의 동의를 얻어 동맹조약의 범위 내에서 행한 의결에 근거하고, 그 의결에 따라 적용하는 경우에도 이러한 법조항의 적용은 허용된다. 본 조항에 따른 조치는 연방의회 재적의원 과반수의 요청이 있으면 해제되어야 한다. 52)

제81조 (입법상 긴급사태)

① 제68조의 경우에 연방의회가 해산되지 않으면, 연방대통령은 연방정부가 법률안을 긴급한 것으로 표시하였음에도 연방의회가 그 법률안을 거부한 경우, 연방정부의 신청에 근거하여 연방참사원의 동의를 얻어 그 법률안에 관하여 입법긴급사태를 선언할 수 있다. 이는 연방수상이 제68조의 신청을 특정 법률안과 결부시켰음에도 그 법률안이 거부된 경우에 있어서도 마찬가지이다.

② 입법긴급사태의 선언 후 연방의회가 그 법률안을 다시금 거부하거나 연방정부로서는 받아들일 수 없음이 표시된 문안(文案)으로 법률안을 통과시키는 경우에, 당해 법률은 연방참사원이 그에 동의하는 한, 성립된 것으로 본다. 이는 법률안이 재의에 붙여진 지 4주 이내에 연방의회가 이를 가결하지 않은 경우도 마찬가지이다.

③ 연방수상의 임기 중에는 연방의회가 거부한 그 밖의 모든 법률안도 제1항 및 제2항에 따라 입법긴급사태가 최초로 선언된 때로부터 6개월 이내에 가결될 수 있다. 이 기간이 경과된 후, 동일한 연방수상의 임기 중에 재차 입법긴급사태를 선언하는 것은 허용되지 아니한다.

④ 기본법은 제2항에 따라 제정되는 법률에 의해서는 개정되어서도, 전부 또는 일부가 폐지되거나 그 적용이 정지되어서도 아니된다.

제82조 (법률의 공고와 발효)

① 이 기본법의 조항에 따라 제정된 법률은 부서 후 연방대통령이 서명하고 연방법률공보에 공포한다. 법규명령은 그것을 제정하는 관청에서 서명하고, 법률에 다른 규정이 없는 한 연방법률공보에 공포한다.

② 모든 법률과 법규명령은 그 효력발생일을 정하고 있어야 한다. 그러한 규정이 없을 때에는 연방법률공보 발간일 경과 후 14일째에 그 효력이 발생한다.

제8장 연방법률의 집행 및 연방행정

제83조 (연방법률의 집행)

주는 이 기본법에서 별도로 규정하고 있지 않거나 별도로 규정하는 것을 허용하고 있지 아니한 경우, 연방법률을 자신의 고유사무로서 집행한다.

제84조 (주의 행정, 연방정부의 감독)

① 주가 연방법률을 자신의 고유사무로서 집행하는 경우에, 주는 관청의 설치와 행정절차를 규정한다. 연방법률에서 별도로 규정하고 있는 경우, 주는 그와 상이한 규정을 둘 수 있다. 주가 제2문에 따라 상이한 규정을 둔 경우, 당해 주에 있어서 이에 관련된 사후의 연방법상의 관청설치 및 행정절차의 규정은, 연방참사원의 동의하에 달리 정함이 있는 경

52) 본조는 1968년 6월 24일 제17회 개정법률로 추가되었다.

우가 아닌 한, 가장 빠르게는 공포된 지 6개월 후에야 효력이 발생한다. 제72조 제3항 제3문이 준용된다. 예외상황하에서 연방은 연방통일적 규율에 대한 특별한 필요를 이유로, 주에 대한 상이한 규정의 가능성을 배제한 채 행정절차를 규정할 수 있다. 이러한 법률은 연방참사원의 동의를 요한다. 연방법률로써 구(Gemeinde)나 구연합(Gemeindeverband)에 과제를 위임하여서는 아니된다.
② 연방정부는 연방참사원의 동의를 얻어 일반행정규칙을 제정할 수 있다.
③ 연방정부는, 주가 연방법률을 현행법에 적합하게 집행하는가를 감독한다. 연방정부는 이 목적을 위하여 수임자를 주최고관청에 파견할 수 있고, 또한 주 최고관청의 동의를 얻거나, 주최고관청이 동의를 하지 않을 경우에는 연방참사원의 동의를 얻어 그 하급관청에도 파견할 수 있다.
④ 주에서 연방법률이 집행됨에 있어서 연방정부가 하자를 발견하였고, 그럼에도 그 하자가 제거되지 아니하는 때에는, 연방정부나 주의 신청에 근거하여 연방참사원은, 주가 법을 침해하였는지 여부를 결정한다. 연방참사원의 결정에 대하여는 연방헌법재판소에 제소할 수 있다.
⑤ 연방법률을 집행하기 위해 연방정부에게, 연방참사원의 동의를 요하는 연방법률로, 특별한 경우 개별적 지시를 할 권한을 부여할 수 있다. 그러한 지시는, 연방정부가 사안이 긴급하다고 보는 때 이외에는, 주최고관청에 대하여 행해져야 한다.

제85조 (주의 연방위임행정)

① 주가 연방의 위임에 따라 연방법률을 집행하는 경우 관청의 설치는, 연방참사원의 동의를 얻은 연방법률에서 달리 정하고 있지 않는 한, 주의 관장사항이다. 연방법률로써 구나 구연합에 과제를 위임하여서는 아니된다.
② 연방정부는 연방참사원의 동의를 얻어 일반행정규칙을 제정할 수 있다. 연방정부는 공무원과 사무직원의 통일적 연수를 규정할 수 있다. 중급관청의 장은 연방정부와 협의하에 임명되어야 한다.
③ 주관청은 소관 연방최고관청의 지시에 따른다. 그 지시는, 연방정부가 사안이 긴급하다고 보는 때 이외에는, 주최고관청에 대하여 행해져야 한다. 지시의 집행은 주최고관청에 의해 보장되어야 한다.
④ 연방감독은 집행의 합법성 및 합목적성에 대해서까지 미친다. 연방정부는 이 목적을 위하여 보고 및 서류 제출을 요구할 수 있고, 모든 관청에 수임자를 파견할 수 있다.

제86조 (연방고유의 행정)

연방이 연방고유의 행정 또는 연방직속의 공법상 단체 또는 영조물을 통해 법률을 집행할 때에는, 법률에 특별한 규정이 없는 한, 연방정부는 일반행정규칙을 제정한다. 연방정부는 법률에서 달리 규정하고 있지 않는 한, 관청의 설치를 규정한다.

제87조 (연방고유행정의 대상)

① 고유한 행정하부구조를 갖춘 연방고유의 행정으로 수행되는 것은 외교업무, 연방재정행정, 그리고 제89조의 내용에 따라 연방수로 및 항해에 관한 행정 등이 있다. 연방법률로 설치될 수 있는 것으로는 연방국경수비청, 경찰의 정보 및 연락망에 관한 중앙기관, 범죄수사경찰에 관한 중앙기관, 헌법보호의 목적, 또는 폭력의 사용이나 그 준비행위에 의하여 독일연방공화국의 외교적 이익을 위태롭게 하는 연방영역 내에서 이루어지는 시도들에 대

한 방어를 목적으로 하는 서류수집을 위한 중앙기관 등이 있다.
② 연방직속의 공법상 단체로는, 그 관할범위가 하나의 주의 영역을 넘어서까지 미치는 사회보험회사가 있다. 그 관할 범위가 하나의 주의 영역을 넘지만 세 주 이상을 넘어서지는 않는 사회보험회사는, 제1문의 규정에도 불구하고, 관여된 주들에 의하여 감독을 수행할 주가 결정된다면, 주직속의 공법상 단체로서 운영된다.
③ 그 밖에도 연방에 입법권이 있는 사항에 대해서는 독립적인 연방상급관청과 새로운 연방직속의 공법상 단체 및 영조물을 연방법률로써 설치할 수 있다. 연방에 입법권이 있는 분야에서 연방에 새로운 과제가 발생하면, 긴급한 필요가 있는 경우 연방참사원의 동의 및 연방의회 재적의원 과반수의 동의를 얻어 연방 고유의 중급 및 하급관청을 설치할 수 있다.

제87조의1 (병력)

① 연방은 방위를 위한 군대를 편성한다. 군대의 병력수와 조직의 대강은 예산안에 나타나 있어야 한다.
② 방위를 위한 경우를 제외하고, 기본법이 명시적으로 허용하는 경우에 한해서만, 군대가 투입될 수 있다.
③ 군대는 방위사태와 긴장사태의 경우에, 그 방위임무의 수행을 위해 필요한 경우에 한해서, 민간의 객체를 보호하고 교통정리의 과제를 수행할 권한을 가진다. 그 밖에도 방위사태와 긴장사태에 있어서 민간의 객체에 대한 보호는, 경찰의 조치를 지원하기 위해서도 군대에 이양될 수 있다. 이 경우 군대는 소관관청과 협력한다.
④ 연방 또는 주의 존립이나 자유민주적 기본질서에 대한 급박한 위험의 방지를 위해 연방정부는, 제91조 제2항의 요건이 존재하고 경찰력 및 연방국경수비대만으로는 불충분한 경우에, 경찰과 연방국경수비대가 민간의 객체를 보호하고 조직적이고 군사적으로 무장된 폭도들을 진압하는 것을 지원하기 위하여, 군대를 투입할 수 있다. 군대의 투입은 연방의회나 연방참사원의 요구가 있으면 중지되어야 한다.

제87조의2 (연방국방행정)

① 연방국방행정은, 자신의 하부행정구조를 갖춘 연방고유의 행정으로 수행된다. 연방국방행정은 군의 인사업무와 군수품의 직접적 조달의 업무를 수행한다. 상이군인원호와 건축물에 관한 업무는, 연방참사원의 동의를 요하는 연방법률로써만 연방국방행정에 위임될 수 있다. 나아가 법률에 대한 연방참사원의 동의는, 그 법률이 연방국방행정에 제3자의 권리를 침해할 권한을 수여하는 때에도 요구된다. 이는 인사분야의 법률에는 적용되지 않는다.
② 그 밖에도 징병제도와 민간인 보호를 비롯한 방위에 관련된 사항을 규율할 연방법률은 연방참사원의 동의하에, 그 전부 또는 일부가 자신의 하부행정구조를 갖춘 연방고유의 행정으로 수행되거나 연방으로부터 위임을 받은 주에 의해 수행됨을 규정할 수 있다. 이러한 법률이 연방으로부터 위임을 받은 주에 의해 수행될 경우, 그 법률은 연방참사원의 동의하에, 제85조에 의하여 연방정부와 관할 연방최고관청이 가지는 권한의 전부 또는 일부가 연방상급관청에 이양됨을 규정할 수 있다. 이 경우, 연방상급관청이 제85조 제2항 제1문에 따른 일반행정규칙을 제정함에 있어서 연방참사원의 동의가 요구되지 않음을 규정할 수 있다.

제87조의3 (핵에너지 생산 및 사용 규정)

제73조 제1항 제14호에 의하여 제정되는 법률은 연방참사원의 동의하에, 그 법률이 연방으로부터 위임을 받은 주에 의해 수행됨을 규정할 수 있다.

제87조의4 (항공교통행정)

① 항공교통행정은 연방행정으로 수행된다. 항공관제사업은, 유럽공동체의 법에 따라 허가된 외국의 항공관제조직에 의해서도 수행될 수 있다. 상세한 것은 연방법률에서 정한다.
② 연방참사원의 동의를 요하는 연방법률에 의하여 항공교통행정의 과제를 위임행정으로서 주에 이관할 수 있다.

제87조의5 (연방철도)

① 연방철도에 관한 철도교통행정은 연방고유의 행정으로 수행된다. 연방법률에 의하여 철도교통행정의 과제는 고유사무로서 주에 이양될 수 있다.
② 연방은, 연방법률에 의하여 자신에게 이양된 연방 철도의 분야를 넘어서는 철도교통행정의 과제를 수행한다.
③ 연방철도는 사법적(私法的) 형태의 정부투자기업(Wirtschaftsunternehmen)으로 운영된다. 이 정부투자기업은 그 활동이 궤도의 건설·유지 및 운영을 포함하는 한 연방의 소유 하에 있다. 이 기업에 대한 제2문에 따른 연방지분의 처분은 법률에 의해 이루어진다. 이 기업에 대한 과반수의 지분은 연방에 남는다. 상세한 것은 연방법률로 정한다.
④ 연방은, 연방철도의 철도망의 건설 및 유지와 이 철도망을 통한 교통서비스를 제공함에 있어서, 이것이 근거리 철도여객운송에 관한 것이 아닌한, 공공의 복리, 특히 교통의 필요가 고려됨을 보장한다. 상세한 것은 연방법률로 정한다.
⑤ 제1항부터 제4항에 의한 법률은 연방참사원의 동의를 요한다. 연방참사원의 동의는 그 밖에도, 연방철도기업의 해산·합병·분리, 연방철도 궤도의 제3자에 대한 양도, 연방철도 궤도의 사용중지 등을 규정하거나 근거리 철도여객운송에 영향을 주는 법률의 경우에도 요한다.

제87조의6 (우편과 통신)

① 연방은 연방참사원의 동의를 요하는 연방법률에 따라 우편 및 통신의 분야에서 전국적으로 적정하고 충분한 역무제공을 보장한다.
② 제1항에서 의미하는 역무제공은, 독일연방우편 특별재산 출연(出捐) 기업이나 기타의 사적(私的) 제공자에 의한 사경제 활동으로서 수행된다. 우편 및 통신의 분야에서 고권적 과제는 연방고유의 행정으로 수행된다.
③ 제2항 제2문에도 불구하고 연방은 연방직속의 공법상 영조물의 법형태로 독일연방우편 특별재산 출연 기업과 관련된 과제를 연방법률에서 정하는 바에 따라 수행한다.

제88조 (연방은행)

연방은, 연방은행으로서 통화 및 발권은행을 설치한다. 이 은행의 업무와 권한은 유럽연합의 범위 내에서, 독립적이고 물가안정 보장을 우선적 목적으로 하는 유럽중앙은행에 이양될 수 있다.

제89조 (연방수로)

① 연방은 종래의 제국수로(Reichswasserstraβen)의 소유자이다.
② 연방은 자신의 기관을 통해 연방수로를 관리한다. 연방은, 하나의 주의 영역을 넘어서는 내수운항에 관련한 국가적 과제와 법률로 연

방에 이양되어 있는 해양운항에 관한 과제를 수행한다. 연방은 연방수로의 관리를, 당해 수로가 하나의 주의 영역 내에 위치하는 한, 신청에 근거하여 그 주에 위임행정으로서 이양할 수 있다. 하나의 수로가 여러 주의 영역에 걸쳐 있는 경우 연방은, 관련 주들이 신청에 따라, 그 중 하나의 주에 (관리업무를) 위임할 수 있다.
③ 수로의 관리, 확장 또는 신축에 있어서, 토지개량 및 수리경제상의 수요는 주들과 협의하에 보호하여야 한다.

제90조 (연방도로)

① 연방은 종래의 제국고속도로와 제국도로의 소유자이다.
② 주 또는 주법에 따른 소관 자치행정단체는 연방의 위임에 따라 연방고속도로와 그 밖의 장거리 교통을 위한 연방도로를 관리한다.
③ 연방은, 연방고속도로와 그 밖의 장거리 교통용 연방도로가 하나의 주의 영역에 위치하는 한, 당해 주의 신청에 따라 연방고유의 행정으로 위 도로들을 관리할 수 있다.

제91조 (연방 또는 지방의 존립에 대한 위험의 방지)

① 연방 또는 주의 존립이나 자유민주적 기본질서에 대한 급박한 위험의 방지를 위하여 주는 다른 주의 경찰력과 다른 행정청 및 연방국경수비대의 인력 및 시설을 요청할 수 있다.
② 위험에 처해 있는 주가 스스로 그 위험을 극복할 만한 대비가 되어 있지 않거나 그럴 능력이 없는 경우, 연방정부는 그 주의 경찰과 다른 주의 경찰력을 자신의 지휘하에 둘 수 있고, 연방국경수비대의 부대를 투입할 수 있다. 명령은, 위험이 제거된 후에, 그 밖에도 연방참사원의 요구가 있으면 언제라도 취소되어야 한다. 위험이 하나 이상의 주의 영역에 미칠 때, 연방정부는, 그 효과적인 극복을 위하여 필요한 경우에 한하여 주정부에 지시를 내릴 수 있다. 제1문과 제2문에 대하여는 아무런 지장을 초래하지 않는다.

제8장의1 공동과제, 행정협조

제91조의1 (지방의 과제에 대한 연방의 협력분야)

① 연방은 다음의 분야에서, 주가 이행해야 할 과제가 전체에 대해 유의미하고 연방의 협조가 생활여건의 개선을 위해 필요한 경우에, 주의 그 과제(공동과제)의 수행에 협조한다.

1. 지역 경제구조의 개선
2. 농업구조와 연안보호의 개선

② 공동과제 및 세부 협조사항은 연방참사원의 동의를 얻은 연방법률로써 상세히 정한다.
③ 연방은 제1항 제1호의 경우에 각 주에서 지출의 반액을 부담한다. 제1항 제2호의 경우에 연방은 최소한 반액을 부담한다. (이 경우) 분담액은 모든 주에 대해 통일적으로 확정한다. 상세한 것은 법률에서 정한다. 재원 마련은 연방과 주의 예산안에서의 확정에 유보된다.

제91조의2 (교육계획 및 연구진흥)

① 연방과 주는 다음의 사항을 촉진함에 있어서 초지역적 중요성이 있는 경우 협정에 근거하여 협조할 수 있다.

1. 대학 외부에서의 학술적 연구의 설립과 계획
2. 대학에서의 학술 및 연구의 계획
3. 대규모 장비를 비롯한 대학에서의 연구용 건물

제1문 제2호에 따른 협정은 모든 주의 동

의를 필요로 한다.

② 연방과 주는, 교육기관의 이행능력의 국제적 비교·확정을 위하여 그리고 이와 관련한 보고 및 권고에 있어서 협정에 근거하여 협조할 수 있다.
③ 비용분담은 협정에서 규정한다.

제91조의3 (정보기술적 시스템)

① 연방과 주는, 그 과제수행에 필요한 정보기술적 시스템에 관한 계획수립·설치 및 운영에 있어서 협조할 수 있다.
② 연방과 주는 협정에 근거하여 자신들의 정보기술적 시스템 사이의 통신에 필수적인 기준과 보안요건을 확정할 수 있다. 제1문에 따른 협업의 기초에 관한 협정은, 그 내용 및 정도에 따라 특정된 개별적 과제에 관하여, 협정에서 정하는 가중다수(加重多數)의 동의가 있을 경우 상세규정이 연방과 주에 대하여 효력이 발생함을 규정할 수 있다. 그러한 협정은 연방의회의 동의와 관여한 주의 국민대표의 동의를 요한다. 이 협정을 폐기할 권리는 배제될 수 없다. 협정에서는 비용분담도 규정한다.
③ 주는 그 외에도 정보기술적 시스템의 공동운영 및 그를 위해 정해진 시설의 설치를 협정할 수 있다.
④ 연방은 연방과 주의 정보기술적 망의 연결을 위하여 하나의 연결망을 수립할 수 있다. 연결망의 수립 및 운영에 관한 자세한 내용은 연방참사원의 동의를 얻은 연방법률로 정한다.

제91조의4 (능력 비교)

연방과 주는, 자신들의 행정 이행능력을 확정하고 촉진하기 위하여 비교연구를 수행할 수 있고 그 결과를 공표할 수 있다.

제91조의5 (구직자에 대한 기초보장 협력)

① 구직자에 대한 기초보장의 분야에서 연방법률을 수행함에 있어서 연방과 주, 또는 주법상의 소관 구(Gemeinde)와 구연합(Gemeindeverband)은 통상적으로 공동의 시설에서 협조한다.
② 연방은, 제한된 수의 구(Gemeinde) 및 구연합(Gemeindeverband)이 이들의 신청으로 그리고 주최고관청의 동의하에 제1항에 따른 과제를 독자적으로 수행하는 것을 허용할 수 있다. 연방은, 제1항에 따른 법률의 수행에 있어서 그 과제가 연방에 의해 수행되어야 하는 한에서, 행정지출을 비롯한 필수적 지출을 부담한다.
③ 자세한 내용은, 연방참사원의 동의를 요하는 연방법률로 정한다.

제9장 사법

제92조 (사법기관)

사법권은 법관에게 맡겨져 있다. 사법권은 연방헌법재판소, 이 기본법에 규정된 연방법원 그리고 주법원에 의해 행사된다.

제93조 (연방헌법재판소의 권한)

① 연방헌법재판소는 다음 사항을 관장한다.

1. 연방최고기관의 권리 및 의무의 범위에 관한 분쟁 또는 이 기본법이나 최고연방기관의 사무규칙에 의해 그 고유의 권리가 부여된 기타 관계자의 권리 및 의무의 범위에 관한 분쟁이 계기가 된 기본법의 해석
2. 연방법이나 주법이 이 기본법과 형식적 및 실질적으로 합치하는지 여부 또는 주 의 법이 그 밖의 연방법과 합치하는지 여부에 관하여 다툼이 있거나 의문이 있는 경우로

서, 연방정부나 주정부 또는 연방의회 재적의원의 4분의 1이 제청한 사건

2a. 법률이 기본법 제72조 제2항에 부합하는지에 관하여 다툼이 있는 경우로서, 연방참사원이나 주정부 또는 주의 국민대표가 제청한 사건

3. 연방과 주의 권리 및 의무에 관하여, 특히 주에 의한 연방법의 집행과 연방감독권의 행사에 있어서 다툼이 있는 사건

4. 연방과 주 사이, 서로 다른 주 상호간 또는 주 내부에서의 그 밖의 공법상 쟁송으로서, 다른 법적 구제절차가 마련되어 있지 않은 경우

4a. 누구든지 자신의 기본권 또는 제20조 제4항, 제33조, 제38조, 제101조, 제103조 및 제104조에 규정된 권리가 공권력에 의하여 침해되었다고 주장하며 청구할 수 있는 헌법소원

4b. 제28조에 따른 자치행정권이 법률에 의해 침해되었음을 이유로 구(Gemeinde) 및 구연합(Gemeindeverband)이 청구하는 헌법소원. 다만, 주법에 의한 침해의 경우에는 주헌법재판소에 소원을 제기할 수 없는 경우에 한하여

5. 이 기본법이 규정하는 기타의 경우

② 연방헌법재판소는 그 밖에도 연방참사원이나 주정부 또는 주의 국민대표의 신청에 근거하여, 제72조 제4항의 경우 제72조 제2항에 따른 연방법률상의 규율을 위한 필요성이 더 이상 존재하지 않는지 여부 또는 제 125a조 제2항 제1문의 경우에 연방법이 더 이상 제정될 수 없는지 여부에 관하여 재판한다. 그 필요성이 사라졌다거나 또는 연방법이 더 이상 제정될 수 없다고 하는 확정은 제72조 제4항이나 제125조의1 제2항 제2문에 따른 연방법률을 대체한다. 제1문에 따른 신청은, 제72조 제4항이나 제125조의1 제2항 제2문에 따른 법률안이 연방의회에서 거부되거나 그에 대해 1년 이내에 심의 및 의결되지 않거나 또는 상응하는 법률안이 연방참사원에서 거부된 때에만 할 수 있다.

③ 연방헌법재판소는 나아가 그 외 연방법률로 자신에게 배정된 사건에 관하여 활동한다.

제94조 (연방헌법재판소의 구성)

① 연방헌법재판소는 연방법관과 그 밖의 구성원으로 이루어진다. 연방헌법재판소의 구성원은 연방의회와 연방참사원에 의해 각각 반씩 선출된다. 연방헌법재판소의 구성원은 연방의회, 연방참사원, 연방정부, 그에 상응하는 주의 기관에 소속되어서는 아니된다.

② 연방법률은 연방헌법재판소의 조직과 절차를 규정하고, 어떤 경우에 그 판결이 법률적 효력을 가지는지를 정한다. 연방법률은 헌법소원에 대하여 사전에 권리구제 절차를 모두 경유할 것을 요건으로 할 수 있고, 특별한 수리절차를 규정할 수 있다.

제95조 (연방대법원)

① 연방은 일반재판권, 행정재판권, 재정재판권, 노동재판권 및 사회재판권 분야에 관하여 최고법원으로서 연방대법원, 연방행정대법원, 연방재정대법원, 연방노동대법원 및 연방사회대법원을 설치한다.

② 이들 법원의 법관의 임명에 대하여는 각각 해당 분야에 대한 소관 연방장관이, 각각 해당 분야에 대한 소관 주장관과 연방의회에 의해 선출되는 같은 수의 구성원으로 이루어지는 법관선출위원회와 공동으로 결정한다.

③ 사법의 통일성을 유지하기 위하여 제1항에 열거된 법원들의 합동재판부가 구성될 수 있다. 자세한 내용은 연방법률로 정한다.

제96조 (연방법원)

① 연방은 영업상 권리구제 사건을 다루는 연방법원을 설치할 수 있다.
② 연방은 군대를 위한 군형사법원을 연방법원으로 설치할 수 있다. 군형사법원은 방위사태시의 사건 내지 해외파견 군 소속원 또는 군함에 승선시킨 군 소속원에 관한 사건에 대해서만 형사재판권을 행사할 수 있다. 자세한 내용은 연방법률로 정한다. 이 법원은 연방법무장관의 소관 영역에 속한다. 그 전임(專任) 법관은 법관의 자격을 가져야 한다.
③ 제1항과 제2항에 열거된 법원들에 대한 최상급법원은 연방대법원이다.
④ 연방은, 연방에 대해 공법상 근무관계에 있는 자들에 관한 징계절차와 소청절차 재판을 관장할 연방법원을 설치할 수 있다.
⑤ 다음의 분야에서의 형사절차에 관하여, 연방참사원의 동의를 얻은 연방법률에서, 주법원이 연방의 재판권을 행사한다고 규정할 수 있다.

1. 민족학살
2. 인간성에 반하는 국제형법상 범죄
3. 전쟁범죄
4. 평화로운 국제적 공동생활을 저해할 수 있고 또한 그럴 의도로 행해지는 그 밖의 행위(제26조 제1항)
5. 국가의 보호

제97조 (법관의 독립성)

① 법관은 독립적이며, 단지 법률에 대해서만 복종한다.
② 전임(專任)으로 그리고 계획에 정해진 바에 따라 종국적으로 임용된 법관은 그 의사에 반하여서는 오로지 법원의 판결에 의해서만 그리고 법률에 규정된 이유와 방식하에서만 임기 전에 면직되거나 계속적 또는 일시적으로 정직되거나 전보 혹은 퇴직될 수 있다. 입법은 정년을 정할 수 있고, 그에 달한 종신법관은 퇴임한다. 법원의 설치나 그 구역이 변경될 경우, 법관을 다른 법원에 전보하거나 그 보직에서 이탈하게 할 수 있지만, 봉급 전액을 유지해 주어야 한다.

제98조 (법관의 법적 지위)

① 연방법관의 법적 지위는 특별한 연방법률로 규정되어야 한다.
② 연방법관이 직무상 또는 직무 외에서 기본법의 원칙이나 주의 헌법적 질서를 위반한 경우, 연방헌법재판소는 연방의회의 신청에 따라 3분의 2의 다수로 그 법관의 전직이나 퇴직을 명할 수 있다. 그 위반이 고의적인 경우에는 파면을 선고 할 수 있다.
③ 주에서의 법관의 법적 지위는, 제74조 제1항 제27호에서 달리 규정하지 않는 한, 특별한 주법률로 정해야 한다.
④ 주는, 주에서의 법관의 임명에 관하여 주법무장관이 법관선출위원회와 공동으로 결정할 것을 정할 수 있다.
⑤ 주는 주법관에 관하여 제2항에 준하는 규정을 둘 수 있다. 현행의 주헌법에 대하여는 아무런 지장을 초래하지 않는다. 법관탄핵에 관한 재판은 연방헌법재판소의 관할에 속한다.

제99조 (지방 내부의 헌법적 쟁송)

주 내부에서의 헌법적 쟁송에 관한 재판은 주법률에 의하여 연방헌법재판소에, 주법의 적용이 문제되는 사건에 관한 최종심 판결은 제95조 제1항에 열거된 최고법원에 각 배정될 수 있다.

제100조 (법률의 위헌성)

① 법원이 그 유효 여부가 재판에 중요한 법

률을 위헌이라 생각할 때에는, 그 절차를 중지한 다음, 주헌법의 침해가 문제될 때에는 헌법쟁송에 관하여 관할이 있는 그 주 법원의 판결을 구해야 하고, 이 기본법의 침해가 문제될 때에는 연방헌법재판소의 재판을 구해야 한다. 이는, 주법에 의한 이 기본법의 침해가 문제되거나 주 법률의 연방법률과의 불합치성이 문제되는 경우에도 적용된다.
② 소송에서, 국제법상 규정이 연방법의 구성부분인지 여부와 그것이 개인에 대하여 직접 권리 및 의무를 발생시키는지(제25조) 여부에 대하여 의문이 있는 경우, 당해 법원은 연방헌법재판소의 재판을 구해야 한다.
③ 주의 헌법재판소가 기본법의 해석시에 연방헌법재판소 또는 다른 주의 헌법재판소의 결정과 견해를 달리하고자 할 때에는, 그 주 헌법재판소는 연방헌법재판소의 재판을 구해야 한다.

제101조 (예외법원)

① 예외법원은 허용되지 아니한다. 누구도 자신의 법률상 법관을 박탈당하지 아니한다.
② 특별한 사안들을 위한 법원은 법률로써만 설치할 수 있다.

제102조 (사형의 폐지)

사형은 폐지된다.

제103조 (법정에서의 기본권)

① 법정에서는 누구든지 법적 심문 청구권을 가진다.
② 어떤 행위는, 그것이 행해지기 전에 그 가벌성이 법률로 규정되어 있었던 경우에만 처벌될 수 있다.
③ 누구도 동일한 행위를 이유로 일반형법에 의하여 거듭 처벌되어서는 아니된다.

제104조 (자유박탈시의 권리보호)

① 신체의 자유는 형식적 법률에 기해서만 그리고 거기에 규정된 방식을 준수하는 하에서만 제한될 수 있다. 구금된 자는 정신적으로나 육체적으로 학대되어서는 아니된다.
② 자유박탈의 허용 및 지속에 관하여는 법관만 결정해야 한다. 법관의 명령에 기하지 않은 모든 자유박탈의 경우, 지체없이 법관의 결정을 받도록 해야 한다. 경찰은 자신의 전권으로는 누구도 체포한 다음날의 종료시보다 더 오래 구금해서는 아니된다. 자세한 내용은 법률로 정한다.
③ 범죄행위의 혐의 때문에 일시적으로 체포된 자는 누구든지 늦어도 체포된 다음 날에 법관에게 인치되어야 하며, 법관은 체포된 자에게 체포이유를 알리고 그를 신문하며 그에게 이의를 제기할 기회를 주어야 한다. 법관은 지체없이 이유를 첨부한 구속영장을 발부하거나 석방을 명하여야 한다.
④ 자유박탈의 명령이나 지속에 관한 법관의 모든 결정은 지체없이 피구금자의 가족 또는 그가 신임하는 사람에게 통지되어야 한다.

제10장 재정제도

제104조의1 (경비부담)

① 연방과 주는, 이 기본법에 다른 규정이 없는 한, 자신의 과제의 수행으로 발생하는 비용을 따로 부담한다.
② 주가 연방의 위임을 받아 행동할 때에는, 거기서 발생하는 비용은 연방이 부담한다.
③ 금전급부를 보장하고 주에 의하여 집행되는 연방법률은, 금전급부의 전부 또는 일부를 연방이 부담할 것을 규정할 수 있다. 법률이 비용의 반액 또는 그 이상을 연방이 부담한다고 규정할 경우, 그 법률은 연방의 위임을 받

아 집행된다.
④ 주에게 제3자에 대한 금전 또는 금전적 가치 있는 물건의 급부 또는 이에 비견할 만한 역무의 제공의무를 지우고, 주가 고유사무로서 또는 제3항 제2문에 따라 연방의 위임을 받아 집행하여야 하는 연방법률은, 그로부터 발생하는 비용을 주가 부담해야 하는 상황이라면, 연방참사원의 동의를 요한다.
⑤ 연방과 주는 자신의 관청들에게 발생하는 행정비용을 부담하고, 서로에 대한 관계에서 질서 있는 행정을 위하여 책임을 진다. 자세한 내용은, 연방참사원의 동의를 요하는 연방법률로 정한다.
⑥ 연방과 주는 그 관할 및 과제의 국내적 배분에 따라 독일의 초국가적인 또는 국제법적인 의무의 침해에 관한 부담을 진다. 유럽연합의 재정수정이 여러 주에 걸치는 경우에 연방과 주는 15 대 85의 비율로 그 부담을 진다. 이 경우에 주들 총체는 총부담의 35퍼센트를 일반적 배정기준에 상응하게 연대하여 부담한다. 총부담의 50퍼센트는 그 부담을 야기한 주들이 그 확보된 재원의 액수에 상응하게 분할하여 부담한다. 자세한 내용은, 연방참사원의 동의를 요하는 연방법률로 정한다.

제104조의2 (지방의 중요한 투자에 대한 재정지원)

① 연방은, 이 기본법이 연방에 입법권한을 부여하는 한에서, 주와 구 (또는 구연합 의 특히 중요한 투자를 위하여) 주에게 다음 사안에 필요한 재정지원을 할 수 있다.

1. 전체경제의 균형을 저해하는 것의 방지
2. 연방영역 내 상이한 경제력의 조정
3. 경제적 성장의 촉진

연방은, 국가의 통제에서 벗어나 있으면서 국가의 재정적 기반을 현저히 잠식하는 자연재해 또는 비정상적 긴급상황의 경우에는, 제1문과는 달리, 입법권한 없이도 재정지원을 행할 수 있다.
② 자세한 내용은, 특히 촉진되어야 할 투자의 종류는 연방참사원의 동의를 요하는 연방법률로 정하거나, 연방예산법에 근거하여 행정협정으로 정한다. 재원은 한시적으로 제공되어야 하며, 그 사용과 관련하여 일정한 시간적 간격으로 심사되어야 한다. 재정지원은 시간이 지나면서 연간금액이 줄어들도록 형성되어야 한다.
③ 조치의 이행과 달성된 개선에 관하여는, 요청이 있으면, 연방과 연방정부 및 연방참사원에 보고해야 한다.

제105조 (입법권)

① 연방은 관세와 재정전매에 관하여 전속적 입법권을 가진다.
② 연방은 그 밖의 조세에 관하여, 이 조세수입의 전부 또는 일부가 자신에게 귀속하거나 제72조 제2항의 요건이 존재하는 경우에, 경합적 입법권을 가진다.
②a 주는 지역의 소비세 및 특별소비세에 관하여, 그것이 연방법률로 규정되는 조세와 동종의 것이 아닌 기간 그리고 그러한 한에서, 입법권을 가진다. 주는 토지취득세의 경우 세율을 결정할 권한을 가진다.
③ 그 수입의 전부 또는 일부가 주나 구 (또는 구연합)에 귀속되는 조세에 관한 연방법률은 연방참사원의 동의를 요한다.

제106조 (세수입 및 재정전매수익의 배분)

① 재정전매수익과 다음의 조세 수입은 연방에 귀속한다.

1. 관세

2. 소비세 중에서, 제2항에 따라 주에, 제3항에 따라 연방과 주에 공동으로, 혹은 제6항에 따라 구(Gemeinde)에 귀속되는 게 아닌 것에 한하여
3. 도로화물운송세와 자동차세 및 그 밖의 동력화된 교통수단과 관련된 교통세
4. 자본거래세, 보험세 및 어음세
5. 1회성의 재산세 및 부담의 조정을 위해 징수되는 조정세
6. 소득세와 법인세에 대한 보충세
7. 유럽공동체의 차원에서 징수되는 조세

② 다음의 조세 수입은 주에 귀속한다.

1. 재산세
2. 상속세
3. 교통세 중에서, 제1항에 따라 연방에, 혹은 제3항에 따라 연방과 주에 공동으로 귀속되는 게 아닌 것에 한하여
4. 맥주세
6. 도박장세

③ 소득세의 수입이 제5항에 따라, 부가세의 수입이 제5a항에 따라 구(Gemeinde)에 귀속되는 게 아닌 한, 소득세, 법인세 및 부가세의 수입은 연방과 주에 공동으로 귀속한다(공동조세). 소득세 및 법인세의 수입은 연방과 주가 각각 반씩 차지한다. 부가세에 대한 연방과 주의 지분은, 연방참사원의 동의를 요하는 연방법률로 확정한다. 이 확정에 있어서는 다음의 원칙을 따른다.

1. 정기적으로 거두어들이는 조세수입의 범위에서는 연방과 주는 동등하게 각기 필요한 지출을 충당할 청구권을 가진다. 이 경우 지출의 범위는 수년에 걸친 재정계획을 참작하여 정한다.
2. 연방과 주의 충당수요는, 공정한 조정이 이루어지고 납세의무자의 과중한 부담을 피하며 연방영역 내 생활여건의 통일성이 보장되도록 상호 조정되어야 한다. 부가세에 대한 연방과 주의 지분 확정에는 추가적으로, 1996년 1월 1일부터 소득세법에서 아동을 고려함으로써 주에게 발생하게 된 세수감소분이 감안된다. 자세한 내용은 제3문에 따라 연방법률로 정한다.

④ 부가세에 대한 연방과 주의 지분은, 연방과 주의 수입 및 지출의 관계가 본질적으로 다르게 전개될 때에는 새로 확정하여야 한다. 제3항 제5문에 따라 부가세에 대한 지분의 확정에 추가적으로 감안된 세수감소분은 이 경우 고려되지 아니한다. 연방법률로 주에 대하여 추가적인 지출을 과하거나 그 수입을 감소시킬 경우, 연방참사원의 동의를 요하는 연방법률에 의한 그 부담의 가중은, 그것이 단기간으로 한정되어 있을 때, 연방의 재정보조할당금으로도 조정될 수 있다. 위 법률에서는 이러한 재정보조할당금의 산정 및 주에의 배분에 관한 원칙들을 규정하고 있어야 한다.

⑤ 구(Gemeinde)는, 주가 그 주민의 소득세 납부실적을 기초로 구가 납부해야 할 소득세 수입 (Gemeinde) 지분을 할당 받는다. 자세한 내용은 연방참사원의 동의를 요하는 연방법률로 정한다. 이 법률은, 구(Gemeinde)가 자신의 할당분에 관한 징수율을 정할 것을 규정할 수 있다.

⑤a 구(Gemeinde)는 1998년 1월 1일부터 부가세 수입에 대한 지분을 가진다. 그 지분은 주에 의하여 지역 관련 및 경제 관련의 배정기준에 따라 구(Gemeinde)에 교부된다. 자세한 내용은, 연방참사원의 동의를 요하는 연방법률로 정한다.

⑥ 토지세와 영업세의 수입은 구(Gemeinde)에, 지역의 소비세 및 특별소비세의 수입은 구(Gemeinde) 또는 주입법에 정한 바에 따라 구연합(Gemeindeverband)에 귀속된다. 구(Gemeinde)

에게는 법률의 범위 내에서 토지세와 영업세의 징수율을 정할 권한이 부여될 수 있다. 주에 구(Gemeinde)가 없는 때에는, 토지세와 영업세의 수입 및 지역의 소비세 및 특별소비세의 수입은 주에 귀속한다. 연방과 주는 할당부분에 따라 영업세의 수입에 참여할 수 있다. 할당부분에 관한 자세한 내용은,연방참사원의 동의를 필요로 하는 연방법률로 정한다. 주입법이 정하는 바에 따라 토지세 및 영업세와 구(Gemeinde)의 소득세 및 부가세 수입에 대한 지분이 할당부분의 산정의 근거로 될 수 있다.

⑦ 공동조세의 총수입에 대한 각 주의 지분 중에서, 주입법에 의하여 확정되는 일정 백분율이 구(Gemeinde)와 구연합(Gemeindeverband)의 전체에 대해 배정된다. 그 밖에도 주입법은, 주세(州稅)의 수입을 구 (또는 구연합)에 배정할지 여부 및 얼마나 배정할지를 결정한다.

⑧ 연방이 개별 주 또는 구 (또는 구연합)에서, 이들에게 직접적인 지출증대나 수입감소(특별부담)를 야기하는 특별한 시설을 설치케 하는 경우, 연방은, 주나 구 (또는 구연합)에게 그 특별부담을 지는 것이 수인될 수 없을 때, 필요한 조정을 행한다. 제3자의 보상급부와 이들 주나 구 (또는 구연합)가 시설의 결과로서 얻게 되는 재정적 이익은, 위 조정에서 참작된다.

⑨ 구 (또는 구연합)의 수입 및 지출도 이 조항에서 말하는 주의 수입 및 지출로 본다.

제106조의1 (공공여객교통을 위한 연방의 보조금)

1996년 1월 1일부터 공공의 근거리 여객운송을 위하여 연방의 조세수입 중 일정액이 주에 귀속한다. 자세한 내용은, 연방참사원의 동의를 요하는 연방법률로 정한다. 제1문에 따른 귀속액은 제107조 제2항에 따른 재정력의 산정시 고려되지 않는다.

제106조의2 (지방에 귀속되는 자동차세액)

2009년 7월 1일부터 자동차세를 연방으로, 이 관한 결과로서, 연방의 조세수입 중 일정액이 주에 귀속한다. 자세한 내용은, 연방참사원의 동의를 요하는 연방법률로 정한다.

제107조 (제정조정)

① 주세(州稅, 지방세) 수입과 주의 소득세 및 법인세 수입에 대한 지분은, 그 조세가 주의 영역 내 재정청에 의하여 수취되는 한에서(지역적 수입), 개별 주에 귀속한다. 법인세와 근로소득세에 관하여는, 연방참사원의 동의를 필요로 하는 연방법률로, 지역적 수입의 한계획정에 관하거나 그 종류 및 배분범위에 관한 자세한 내용을 규정할 수 있다. 위 법률은 다른 조세의 지역적 수입의 한계획정과 배분에 관해서도 규정할 수 있다. 부가세 수입에 대한 주의 지분은, 주민수의 기준에 따라 개별 주에 귀속한다. 이러한 주의 지분의 일부에 대하여는, 그 4분의 1의 한도 내에서, 연방참사원의 동의를 요하는 연방법률로, 주세(州稅)와 소득세 및 법인세에서의 수입 및 제106b조에 따른 수입이 주민 1인당 환산할 경우 전체 주의 평균 이하인 주를 위한 보충적 지분으로 규정할 수 있다. 토지취득세의 경우에는 담세능력이 감안되어야 한다.

② 주들의 상이한 재정력이 적절히 조정될 것이 법률로 보장되어야 한다. 이 경우 구 (또는 구연합)의 재정력과 재정수요를 고려하여야 한다. 조정권리가 있는 주의 조정청구권 및 조정의무를 지는 주의 조정채무에 관한 요건과 조정급부액의 기준은 법률에 정해져 있어야 한다. 이 법률에서는, 연방이 자신의 재

원으로 급부능력이 약한 주에 대해 일반재정수요를 보충적으로 충당케 하기 위한 교부금(보충적 교부금)을 지급할 것을 규정할 수 있다.

제108조 (재정행정)

① 관세, 재정전매, 수입부가세를 비롯한 연방법률상의 소비세, 2009년 7월 1일부터 자동차세 및 그 밖의 동력교통수단과 관련된 교통세, 유럽공동체의 차원에서 과하는 공과금 등은 연방재정청이 관리한다. 연방재정청 조직은 연방법률로 규율한다. 중급관청이 설치되는 한에서, 그 장은 주정부와 협의하에 임명된다.
② 그 밖의 조세는 주재정청이 관리한다. 주재정청 조직과 공무원들의 통일적 연수는, 연방참사원의 동의를 얻은 연방법률로 정할 수 있다. 중급관청이 설치되는 한에서, 그 장은 연방정부와 협의하에 임명된다.
③ 주재정청이 그 전부 또는 일부가 연방에 귀속되는 조세를 관리할 때에는, 연방의 위임에 따라 활동한다. 제85조 제3항 및 제4항은, (이 경우) 연방정부 대신에 연방재무장관이 그 역할을 한다는 전제 하에 적용된다.
④ 조세의 관리에 있어서 연방재정청과 주재정청의 협력이, 제1항에 해당하는 조세에 관하여는 주재정청에 의한 관리가, 그 밖의 조세에 관하여는 연방재정청에 의한 관리가 각각 조세법률의 집행을 현저히 개선시키거나 용이하게 할 때에, 그리고 그러한 한에서, 연방참사원의 동의를 요하는 연방법률로 이들을 규정할 수 있다. 단지 구 (또는 구연합)에 귀속하는 조세에 관하여, 주는 주재정청 소관행정의 전부 또는 그 일부를 구 (또는 구연합)에 이관할 수 있다.
⑤ 연방재정청에 의해 적용될 절차는 연방법률로 정한다. 주재정청과 제4항 제2문의 경우 구 (또는 구연합)에 의해 적용될 절차는, 연방참사원의 동의를 얻은 연방법률로 정할 수 있다.
⑥ 재정재판권은 연방법률에서 통일적으로 정한다.
⑦ 연방정부는 일반행정규칙을 제정할 수 있으며, 주재정청이나 구 (또는 구연합)가 조세행정을 관할하는 경우에는, 그에 대해 연방참사원의 동의를 얻어야 한다.

제109조 (연방과 지방의 예산운용)

① 연방과 주는 각자의 예산운용에 있어서 자주적이며 상호독립적이다.
② 연방과 주는 공동으로, 유럽공동체의 설립을 위한 조약 제104조에 기한 유럽공동체 규정에서의 독일연방공화국의 예산원칙 준수의무를 이행하고, 그 범위 내에서 전체 경제균형의 요청을 고려한다.
③ 연방과 주의 예산은 원칙적으로 차입수입 없이 균형을 이루어야 한다. 연방과 주는, 호황 및 침체시 정상국면에서 벗어난 경기상황 전개의 영향을 대칭적으로 고려하도록 하는 규정 및 국가의 통제에서 벗어나 있으면서 국가의 재정적 기반을 현저히 잠식하는 자연재해 또는 비정상적인 긴급상황에 대비한 예외적 규정을 둘 수 있다. 예외적 규정에 관하여는 상당한 상환규정을 둘 수 있다. 연방의 예산과 관련한 상세한 형성은, 차입수입이 국내총생산의 0.35퍼센트를 초과하지 않을 때 제1문에 부합한다는 전제 하에, 제115조에서 규율한다. 주의 예산과 관련한 상세한 형성은, 어떠한 차입수입도 허용되지 않을 때에만 제1문에 부합한다는 전제하에, 주가 자신의 헌법상 권한 범위 내에서 규율한다.
④ 연방참사원의 동의를 요하는 연방법률로, 연방과 주에 공동으로 적용되는, 예산법 · 경기상황에 합당한 예산관리 · 다년간의 재정계

획 등에 관한 원칙들을 수립할 수 있다.
⑤ 유럽공동체의 설립을 위한 조약 제104조의 규정과 관련하여 예산원칙의 준수를 위한 유럽공동체의 제재조치는, 연방과 주가 65 대 35의 비율로 부담한다. 주 전체는 연대하여, 주에 할당된 부담의 35퍼센트는 그 주민수에 따라 부담한다. 주에 할당된 부담의 65퍼센트는 주들이 각자의 원인제공정도에 따라 부담한다. 자세한 내용은, 연방참사원의 동의를 요하는 연방법률로 정한다.

제109조의1 (예산위기상황)

예산위기상황을 방지하기 위하여, 연방참사원의 동의를 요하는 연방법률로 다음 사항을 정할 수 있다.

1. 연방과 주의 예산운용에 대한 공동의 협의회(안정위원회)의 지속적 감시
2. 급박한 예산위기상황의 확정을 위한 요건 및 절차
3. 예산위기상황을 방지하기 위한 구조조정 프로그램의 수립 및 수행을 위한 원칙들

안정위원회의 결정 및 그 근거를 이루는 심의 서류는 공개되어야 한다.

제110조 (연방의 예산안)

① 연방의 모든 수입과 지출은 예산안에 계상되어야 한다. 연방기업체와 특별재산의 경우에는 전출금 또는 전입금만 계상하면 된다. 예산안은 그 수입과 지출에서 균형을 이루어야 한다.
② 예산안은, 1년 또는 그 이상의 회계년도를 위한 경우, 연도별로 나누어, 첫 회계년도가 개시되기 전에 예산법률로 확정한다. 예산안의 각 부분에 관하여는, 연도별로 나누어, 각각 상이한 기간에 적용될 것을 규정할 수 있다.
③ 제2항 제1문상의 법률안과 예산법률 · 예산안의 변경안은 연방참사원에 이송함과 동시에 연방의회에 제출한다. 연방참사원은 (원칙적으로) 6주 내에, 수정안의 경우에는 3주 내에, 그 안에 대한 입장을 표명할 수 있다.
④ 예산법률에는 연방의 수입 및 지출과 그 예산법률이 의결된 기간에 관한 조항만 둘 수 있다. 예산법률은, 위 조항이 차기 예산법률의 공포에 의해 비로소, 또는 제115조에 따른 수권이 있을 시에는 그 이후의 시점에 효력을 잃게 됨을 규정할 수 있다.

제111조 (예산안 승인 전의 지출)

① 회계년도의 종료시까지 다음해의 예산안이 법률로 확정되지 않은 경우, 연방정부는 그 법률이 시행될 때까지 다음의 사항에 필요한 모든 경비를 지출할 권한을 가진다.

1. 법률로 설치된 시설의 유지와 법률로 결정된 조치의 수행,
2. 법적으로 성립한 연방의 의무의 이행,
3. 전년도의 예산안에 의해 이미 그 액수가 승인된 한에서, 건축 · 조달 · 기타의 급부의 속행 또는 이들 목적을 위한 지원의 유지

② 특별한 법률에 근거하여 조세 · 공과금 · 기타의 재원으로부터 거둔 수입 또는 사업자금 적립금이 제1항 하에서의 지출에 충당하기에 부족한 경우에, 연방정부는 경제운영의 유지에 필수적인 자금을, 이미 경과된 예산안의 최종총액의 4분의 1의 한도에서 차입하여 융통할 수 있다.

제112조 (예산초과지출과 예산외의 지출)

예산초과지출과 예산외의 지출은 연방재무장관의 동의를 필요로 한다. 그러한 동의는, 예측불가능하고 부득이한 필요가 있는 경우에만 행해질 수 있다. 자세한 내용은 연방법률로 정할 수 있다.

제113조 (지출 증액 및 수입 감소)

① 연방정부가 제안한 예산안상의 지출을 증액하거나 새로운 지출을 포함시키거나 장차 새로운 지출을 초래하는 법률은 연방정부의 동의를 필요로 한다. 이는, 수입 감소를 포함시키거나 장차 수입감소를 초래하는 법률에 대해서도 마찬가지이다. 연방정부는, 연방의회가 그러한 법률에 관하여 의결을 중지할 것을 요구할 수 있다. 이 경우 연방정부는 6주 내에 연방의회에 입장을 전달해야 한다.
② 연방의회가 그 법률을 의결한 지 4주 이내에 연방정부는, 연방의회가 재의결할 것을 요구할 수 있다.
③ 제78조에 따라 법률이 성립하면, 연방정부는 6주 내로만, 그리고 사전에 제1항 제3문 및 제4문이나 제2항에 따른 절차를 개시했을 때에만, 그 동의를 거부할 수 있다. 이 기간의 경과 후에는 동의가 있은 것으로 간주된다.

제114조 (회계보고, 연방회계검사원)

① 연방정부의 책임의 경감을 위하여 연방재무장관은 차기회계년도 중에 연방의회와 연방참사원에 모든 수입 및 지출과 자산 및 부채에 관하여 결산보고를 해야 한다.
② 그 구성원이 사법적 독립성을 가지는 연방회계검사원은 결산과 예산집행 및 경제운용의 경제성과 합법성을 심사한다. 연방회계검사원은, 연방정부 외에, 연방의회와 연방참사원에 직접 매년 보고해야 한다. 그 밖에 연방회계검사원의 권한은 연방법률로 정한다.

제115조 (신용조달)

① 신용차입과 채무이행보증·거래안전보증 및 장래의 회계연도상의 지출로 이어질 수 있는 기타의 보증의 인수는, 그 액수에 따라 정하여져 있거나 정하여질 수 있는 연방법률상 수권을 요한다.
② 수입과 지출은 원칙적으로 차입수입 없이 균형을 이루어야 한다. 차입수입이 명목 국내총생산의 0.35퍼센트를 초과하지 않을 때, 위 원칙에 부합한다. 이에 덧붙여, 정상국면에서 벗어난 경기상황이 전개되는 경우에는, 호황 및 침체시 예산에 대한 영향을 대칭적으로 고려하여야 한다. 사실상의 신용차입이 제1항 내지 제3항에 따라 허용되는 신용상한에서 벗어나는 것은 통제계정에서 파악된다. 명목국내총생산의 1.5퍼센트의 한계가치를 초과하는 부담은, 경기상황에 맞추어 환원시켜야 한다. 자세한 내용은, 특히 재정적 금융거래만큼의 수입 및 지출의 보정, 경기보정절차의 토대위에서 경기의 전개를 고려하는 가운데 연간 순신용차입 상한을 산정하기 위한 절차, 사실상의 신용차입이 규정상 한계를 벗어나는 것에 대한 통제 및 조정 등은 연방법률로 정한다. 국가의 통제에서 벗어나 있으면서 국가의 재정적 기반을 현저히 잠식하는 자연재해 또는 비상적 긴급상황의 경우에는, 이러한 신용상한을 연방의회 재적의원 다수의 의결에 근거하여 초과할 수 있다. 이 의결은 상환계획과 결부되어야 한다. 제6문에 따른 신용차입은 적절한 기간 내에 환원되어야 한다.

제10장의1 방위사태

제115조의1 (방위사태의 확정)

① 연방영역이 무력으로 공격받거나 이러한 공격이 직접적으로 임박해 있다는 확정(방위사태 확정)은, 연방의회가 연방참사원의 동의를 얻어 한다. 이 확정은 연방정부의 신청에 기해 이루어지며, 연방의회의 투표수의 3분의 2 및 그 재적의원 과반수 이상에 해당하는 다수가 요구된다.

② 상황이 부득이 즉각적인 행동을 요구하고, 연방의회가 불가항력적인 사유로 적시에 집회하지 못하거나 의결불능인 경우, 위와 같은 확정은 공동위원회가 투표수의 3분의 2 및 그 재적위원 과반수 이상에 해당하는 다수로 행한다.

③ 위 확정은 제82조에 따라 연방대통령에 의해 연방법률공보에 선포된다. 적시에 이를 할 수 없는 때에는, 선포는 다른 방법으로 이루어진다. 사후에 사정이 허락하면 즉시 연방법률공보에 선포하도록 한다.

④ 연방영역이 무력으로 공격받고 있고, 소관 연방기관이 제1항 제1문에 따른 확정을 즉시 할 수 없는 경우 위 확정은 행해진 것으로 간주되고, 공격이 개시된 시점에 선포된 것으로 간주된다. 연방대통령은 사후에 사정이 허락하면 즉시 이 시점을 공표한다.

⑤ 방위사태의 확정이 선포되고, 연방영역이 무력으로 공격받고 있는 경우, 연방대통령은 연방참사원의 동의를 얻어 방위사태의 성립에 관하여 국제법적으로 선언할 수 있다. 제2항의 요건 하에서는 공동위원회가 연방의회를 대신한다.

제115조의2 (연방수상의 명령 지휘권)

방위사태의 선포로써 군에 대한 명령권 및 지휘권은 연방수상에게 이양된다.

제115조의3 (연방의 입법권한의 확대)

① 방위사태의 경우에는, 주의 입법관할에 속하는 사안에 대해서도 연방이 경합적 입법권을 가진다. 이러한 법률은 연방참사원의 동의를 필요로 한다.

② 방위사태중 상황이 요구하는 한에서, 방위사태의 경우의 연방법률로

1. 공용수용시, 제14조 제3항 제2문과는 다르게, 보상을 잠정적으로 규제할 수 있고,
2. 자유의 박탈에 관하여는, 법관이 평시에 적용되는 기한 내에 활동할 수 없는 경우, 최고 4일의 한도에서 제104조 제2항 제3문 및 제3항 제1문과는 다른 기한을 정할 수 있다.

③ 현재의 또는 직접적으로 임박한 공격을 막기 위해 필요한 경우, 방위사태의 한하여, 연방참사원의 동의를 얻은 연방법률로 연방과 주의 행정 및 재정제도를 제8장, 제8a장, 제10장과는 다르게 규정할 수 있으나, 이 경우 주와 구(Gemeinde) 및 구연합(Gemeindeverband)의 존속능력은 특히 재정적인 관점에서도 유지되어야 한다.

④ 제1항과 제2항 제1호에 따른 연방법률은 그 집행의 준비를 위하여 방위사태 발생 이전에 이미 적용될 수 있다.

제115조의4 (연방입법절차의 간소화)

① 방위사태의 경우에는, 제76조 제2항, 제77조 제1항 제2문 및 제2항 내지 제4항, 제78조, 제82조 제1항과는 달리, 연방의 입법에 대하여 제2항과 제3항의 규정이 적용된다.

② 긴급한 것으로 표시한 연방정부의 법률안은, 연방의회에 제출됨과 동시에 연방참사원에 이송된다. 연방의회와 연방참사원은 이 법률안을 지체없이 공동으로 심의한다. 법률에 대해 연방참사원의 동의가 필요한 경우, 그 법률의 성립에는 연방참사원 표결권의 과반수에 의한 동의가 있어야 한다. 자세한 내용은, 연방의회에 의하여 의결되고 연방참사원의 동의를 요하는 의사규칙으로 정한다.

③ 법률의 공포에는 제115조의1 제3항 제2문이 준용된다.

제115조의5 (공동위원회의 과제)

① 방위사태의 경우에 공동위원회가 투표수의 3분의 2 및 그 재적위원의 과반수 이상에 해당하는 다수로, 연방의회가 불가항력적인 사유로 적시에 집회하지 못하거나 의결불능임을 확정한 때에는, 공동위원회가 연방의회와 연방참사원의 지위를 가지게 되며, 이들의 권한을 통일적으로 행사하게 된다.
② 공동위원회의 법률로는 기본법을 개정해서도 안 되고, 전부 또는 부분적으로 그 효력을 상실시키거나 적용을 배제시켜서도 안 된다. 공동위원회는 제23조 제1항 제2문, 제24조 제1항 또는 제29조에 따른 법률을 제정할 권한이 없다.

제115조의6 (연방정부의 확대된 권한)

① 방위사태의 경우에 연방정부는, 상황이 요구하는 한,

1. 연방국경수비대를 연방전역에 투입할 수 있고
2. 연방행정청 외에 주정부에 대해서, 그리고 긴요하다고 보여지는 때에는 주관청에 대해서도 지시를 할 수 있고, 이러한 권한을 자신이 정한 주정부의 구성원에게 이양할 수 있다.

② 제1항에 따라 행해진 조치에 관하여는 연방의회, 연방참사원 및 공동위원회에 지체없이 보고한다.

제115조의7 (연방헌법재판소의 지위)

연방헌법재판소와 그 재판관의 헌법상 지위 및 헌법상 임무 수행은 침해되어서는 아니된다. 연방헌법재판소법은, 연방헌법재판소의 견해에 의하더라도 연방헌법재판소의 기능 유지를 위해 필요한 경우에만, 공동위원회의 법률로 개정될 수 있다. 그러한 법률이 제정되기까지는 연방헌법재판소가 자신의 활동능력의 유지를 위하여 필요한 조치를 취할 수 있다. 연방헌법재판소는, 출석한 재판관의 과반수로 제2문과 제3문에 따른 결정을 한다.

제115조의8 (회기와 임기)

① 방위사태 동안에 종료한 연방의회 또는 주의 국민대표기관의 회기는 방위사태의 종료 6개월 후에 끝난다. 방위사태 중에 만료하는 연방대통령의 임기나 연방대통령의 조기퇴직시 연방참사원 의장에 의한 연방대통령의 권한의 대행은 방위사태의 종료 9개월 후에 끝난다. 방위사태 중에 만료하는 연방헌법재판소의 구성원의 임기는 방위사태의 종료 6개월 후에 끝난다.
② 공동위원회에 의한 연방수상의 새로운 선출이 필요할 경우, 공동위원회는 그 재적위원 과반수로 새 연방수상을 선출한다. 연방대통령은 공동위원회에 추천을 한다. 공동위원회는 그 재적위원 3분의 2의 다수로 후임자를 선출함으로써만 연방수상에 대해 불신임을 표명할 수 있다.
③ 방위사태가 지속되는 동안에는 연방의회의 해산이 배제된다.

제115조의9 (지방정부의 확대된 권한)

① 소관 연방기관이 위험의 방지에 필요한 조치를 할 수 없고, 부득이한 상황으로 연방의 개별 영역에서의 즉각적이고 독자적인 행동이 요구될 때에는, 주정부 또는 그에 의하여 지정된 관청이나 수임자가 그 관할영역에 대하여 제115조의6 제1항에서 말한 조치를 취할 수 있다.
② 제1항에 따른 조치는 연방정부에 의해, 그리고 주관청과 연방하급관청에 대한 관계에서는 주지사에 의해서도 언제든지 취소될 수 있다.

제115조의10 (방위사태의 법률 및 법규명령의 적용)

① 제115조의3, 제115조의5 및 제115조의7에 따른 법률과 그러한 법률에 근거하여 제정된 법규명령은 그 적용기간 중 그에 저촉되는 법의 적용을 정지시킨다. 이는, 제115조의3, 제115조의5 및 제115조의7에 근거하여 제정된 이전의 법에 대해서는 적용되지 아니한다.
② 공동위원회가 의결한 법률과 그러한 법률에 근거하여 제정된 법규명령은 늦어도 방위사태의 종료 6개월 후에는 효력을 잃는다.
③ 제91조의1, 제91조의2, 제104조의1, 제106조 및 제107조와 상이한 규율을 담고 있는 법률은 길어도 방위사태의 종료 후에 뒤이은 두 번째 회계년도의 말까지 적용된다. 그러한 법률은 방위사태의 종료 후, 제8장의1 제10장에 의한 규율로 전환하기 위해, 연방참사원의 동의를 얻은 연방법률로 개정할 수 있다.

제115조의11 (법률의 폐지 및 방위사태의 종료)

① 연방의회는 언제든지 연방참사원의 동의를 얻어 공동위원회의 법률을 폐지할 수 있다. 연방참사원은, 연방의회가 이에 관한 결의를 하도록 요구할 수 있다. 위험의 방지를 위해 공동위원회 또는 연방정부가 취한 기타의 조치는, 연방의회와 연방참사원이 그 취소를 결의하면, 취소되어야 한다.
② 연방의회는 연방참사원의 동의를 얻어 언제든지, 그 공포는 연방대통령이 하도록 되어 있는 결의를 통하여, 방위사태가 종료하였음을 선언할 수 있다. 연방참사원은, 연방의회가 이에 관한 결의를 하도록 요구할 수 있다. 방위사태의 확정을 위한 요건이 더 이상 존재하지 않게 된 때에는, 방위사태가 종료되었다고 지체없이 선언하여야 한다.
③ 강화조약체결에 관하여는 연방법률로 결정한다.

제11장 경과규정 및 보칙(補則)

제116조 (독일인의 개념, 나치의 국적박탈)

① 이 기본법에서 말하는 독일인이란, 법률에 다른 규정이 없는 한, 독일 국적을 가진 자 또는 1937년 12월 31일 기준의 독일제국의 영역 내에서 독일혈통을 가진 난민이나 추방자 또는 그 배우자나 비속으로 등재된 자이다.
② 1933년 1월 30일부터 1945년 5월 8일까지의 사이에 정치적·인종적 또는 종교적 이유로 국적을 박탈당한 과거의 독일국적보유자와 그 비속은 그 신청에 기해 다시 귀화할 수 있다. 이들이 1945년 5월 8일 이후 독일 내에 주소를 가지고 있었고, 반대의사를 표명하지 않은 한, 그 국적이 상실되지 않은 것으로 본다.

제117조 (제3조 제2항 및 제11조의 경과규정)

① 제3조 제2항에 저촉되는 법은 이 기본법의 규정에 적응하기까지 효력을 유지하되, 1953년 3월 31일을 넘어 효력을 유지하지는 못한다.
② 현재의 공간부족을 감안하여 거주이전의 자유의 권리를 제한하는 법률은, 연방법률에 의해 폐지될 때까지 효력을 가진다.

제118조 (바덴과 뷔르템베르크 지역의 재편성)

바덴, 뷔르템베르크-바덴 및 뷔르템베르크-호엔쫄러른 주를 포함하는 영역에서의 재구획은 제29조의 규정과는 달리 관련된 주의 협정으로 행해질 수 있다. 협정이 성립되지 않은 경우에 재구획은, 주민질의를 하도록 규정하고 있는 연방법률로 정한다.

제118조의1 (베를린과 브란덴부르트의 재편성)

베를린 주와 브란덴부르크 주를 포함하는 영역의 재구획은, 제29조의 규정과는 달리, 그 선거권자의 참여 하에 두 주의 합의에 의하여 이루어질 수 있다.

제119조 (난민 및 추방자)

난민 및 추방자에 관한 사안에서, 특히 이들을 주에 배분하기 위하여, 연방법률에 의한 규율이 이루어질 때까지, 연방정부가 연방참사원의 동의 하에 법률적 효력이 있는 법규명령을 제정할 수 있다. 이 때 특별한 경우에는, 개별적 지시를 할 권한이 연방정부에 부여될 수 있다. 지시는 지체의 우려가 있는 경우를 제외하고는 주최고관청에 대하여 행해진다.

제120조 (전쟁결과부담 및 사회보장부담)

① 연방은 연방법률의 상세한 규정에 따라, 점령비용에 관한 경비와 그 밖의 대내적 및 대외적 전쟁결과 부담을 떠안는다. 이 전쟁결과 부담이 1969년 10월 1일까지 연방법률로 정해지는 한, 연방과 주는 그 상호간의 관계에서 위 연방법률의 기준에 따라 경비를 부담한다. 1965년 10월 1일까지 주, 구 (또는 구연합) 또는 그 밖에 주나 구(Gemeinde)의 과제를 이행하는 과제담당자에게, 연방법률에 규정된 바도 없었고 규정되지고 있지도 않은 전쟁결과 부담에 소요되는 경비가 발생한 경우 연방은 위 시점 이후에도 이러한 종류의 경비를 인수할 의무는 지지 아니한다. 연방은 실업보험과 실업자구제를 비롯한 사회보장의 부담에 대하여 보조금을 지출한다. 전쟁결과 부담의 연방과 주에의 할당에 관한 이 조항의 규율은, 전쟁결과에 관한 보상청구권의 법률적 규율에 대하여 아무런 지장을 초래하지 않는다.

② 수입은 연방이 지출을 인수한 때와 동일한 시점에 연방에 이전한다.

제120조의1 (부담조정)

① 부담조정의 수행을 목적으로 하는 법률은 연방참사원의 동의를 얻어, 이 법률이 조정급부의 분야에서 일부는 연방에 의해, 일부는 연방의 위임으로 주에 의해 집행됨과 제85조에 근거하여 그러한 한에서 연방정부와 소관 연방최고관청에 귀속하는 권한이 전부 또는 부분적으로 연방조정청에 이관됨을 규정할 수 있다. 연방조정청은 이 권한을 행사함에 있어서 연방참사원의 동의를 필요로 하지 않는다. 연방조정청의 지시는 긴급한 경우 외에는 주의 최상급관청(주의 조정청)에 대해 행해져야 한다.

② 제87조 제3항 제2문에 대하여는 아무런 지장을 초래하지 않는다.

제121조 (다수의 개념)

연방의회의 재적의원 및 이 기본법에서 의미하는 연방회의(Bundesversammlung)의 구성원의 다수란, 그 법률상 구성원수의 다수를 말한다.

제122조 (입법권력의 이행)

① 연방의회의 집회로부터 법률은 오로지 이 기본법에 인정된 입법권력에 의해 제정되지 않으면 아니된다.

② 제1항에 따라 그 관할이 끝나는 입법기관 및 입법심의협력단체는 이 시점에 해산한다.

제123조 (舊법의 존속)

① 연방의회의 집회 전부터 있던 법은, 기본법에 반하지 않는 한, 계속 적용된다.

② 기본법상 주입법 관할 사항에 관하여, 독

일제국에 의해 체결된 국가조약이 일반적인 법원칙에 따라 유효하고 계속 적용되고 있는 경우에 있어서, 위 조약은, 관계자의 일체의 권리 및 이의의 유보 하에, 이 기본법상의 소관 기관에 의해 새로운 조약이 체결되거나 위 조약상의 규정에 근거하여 달리 위 조약이 종료할 때까지 그 효력이 유지된다.

제124조 (전속적 입법사항에 관한 구법)

연방의 전속적 입법사항에 관한 법은, 그 적용범위 내에서 연방법이 된다.

제125조 (경합적 입법사항에 관한 구법)

연방의 경합적 입법사항에 관한 법은, 다음의 경우에 한하여, 그 적용범위 내에서 연방법이 된다.

1. 하나 또는 그 이상의 점령 지역 내에서 통일적으로 적용되는 경우
2. 1945년 5월 8일 이후 예전의 제국법을 개폐시키는 법에 해당하는 경우

제125조의1 (연방법의 존속, 지방법에 의한 대체)

① 연방법으로서 제정되어 있지만, 제74조 제1항의 개정이나 제84조 제1항 제7문, 제85조 제1항 제2문 또는 제105조 제2a항 제2문의 삽입으로 말미암아 또는 제74조의1, 제75조, 제98조 제3항의 폐지로 말미암아 더 이상 연방법으로서는 제정될 수 없는 법은, 연방법으로서 계속 적용된다. 그러한 법은 주법에 의하여 대체될 수 있다.

② 1994년 11월 15일까지 유효하였던 구기본법 제72조 제2항에 근거하여 제정되었지만, 위 조항의 개정으로 말미암아 더 이상 연방법으로서는 제정될 수 없는 법은, 연방법으로서 계속 적용된다. 그러한 법이 주법으로 대체될 수 있음을 연방법률로 규정할 수 있다.

③ 주법으로서 제정되었지만, 제73조의 개정으로 말미암아 더 이상 주법으로 제정될 수 없는 법은, 주법으로서 계속 적용된다. 그러한 법은 연방법에 의해 대체될 수 있다.

제125조의2 (연방법의 존속, 지방법에 의한 상이한 규정)

① 2006년 9월 1일까지 유효하였던 구기본법 제75조에 근거하여 제정되고, 이 시점 이후에도 연방법으로서 제정될 수 있는 법은, 연방법으로서 계속 적용된다. 주의 입법권과 입법의무는 그러한 경우에 한하여 존속한다. 제72조 제3항 제1문에 명시된 분야에서 주는 이러한 법과 상이한 규정을 만들 수 있고, 제72조 제3항 제1문 제2호 및 제5호, 제6호의 분야에서는, 연방이 2006년 9월 1일부터 자신의 입법권을 행사한 때에 비로소 그리고 그러한 경우에 한하여 제2호 및 제5호의 경우에는 늦어도 2010년 1월 1일부터, 제6호의 경우에는 늦어도 2008년 8월 1일부터 주는 그와 상이한 규정을 만들 수 있다.

② 주는, 2006년 9월 전에 유효하였던 구기본법 제84조 제1항에 근거하여 제정된 연방법률상의 규정들과 상이한 규정을 만들 수 있다. 다만 행정절차규정은, 2006년 9월 1일 이후 각 연방법률에서 행정절차규정이 개정된 경우에만, 2008년 12월 31일까지 그와 상이한 규정을 만들 수 있다.

제125조의3(구(Gemeinde) 교통재정 및 사회적 주거공간진흥 분야에 관한 연방법의 존속)

① 2006년 9월 1일까지 유효하였던 구기본법 제91조의1 제2항 및 제1항 제1호에 근거하여 제정된 법은, 2006년 12월 31일까지 계속 적용된다.

② 2006년 9월 1일까지 유효하였던 구기본법 제104조의1 제4항에 근거하여, 구(Gemeinde)교통재정 및 사회적 주거공간진흥의 분야와 관련하여 만들어진 규정들은 2006년 12월 31일까지 계속 적용된다. 구(Gemeinde)교통재정의 분야에서 구(Gemeinde)교통재정법률 제6조 제1항에 따른 특별한 프로그램을 위하여 만들어진 규정들 및 그 밖의 2006년 9월 1일까지 유효하였던 구기본법 제104조의1 제4항에 근거하여 만들어진 규정들은, 더 빠른 실효시점이 규정된 바 없거나 규정되지 않는 경우에 한하여, 2019년 12월 31일까지 계속 적용된다.

제126조 (구법의 존속에 관한 다툼)

법이 연방법으로서 계속 적용되는지 여부에 관한 다툼은 연방헌법재판소가 결정한다.

제127조 (통합경제지역법)

연방정부는 관련된 주정부의 동의 하에 이 기본법의 공포 후 1년 이내에 바덴, 대(大)베를린, 라인 주-팔츠 및 뷔르템베르크-호엔쫄러른 주에서 통합경제지역의 행정법이, 그것이 제124조 또는 제125조에 따라 연방법으로서 계속 적용되는 경우에 한하여, 시행되도록 할 수 있다.

제128조 (지시권의 존속)

계속 적용되는 법이 제84조 제5항에서 말하는 지시권을 규정하고 있는 경우, 그 지시권은 다른 법률적 규정이 있을 때까지 존속한다.

제129조 (법규명령 제정권한의 존속)

① 연방법으로서 계속 적용되는 법규 중에 법규명령 또는 일반행정규칙 제정 및 행정행위 발급에 관한 수권(授權)이 규정되어 있는 한, 그러한 수권은 이제 사물관할이 있는 기관에로 이전한다. 의문이 있을 때에는 연방정부가 연방참사원과 협의하여 결정한다. 그 결정은 공시되어야 한다.
② 주법으로서 계속 적용되는 법규 중에 그러한 수권이 규정되어 있는 한, 그러한 수권은 주법상 소관 기관에 의해 행사된다.
③ 제1항과 제2항에서 말한 법규가 그 개정이나 보충에 관하여 또는 법률을 대신하는 법규의 제정에 관하여 수권하고 있는 한, 그러한 수권은 소멸한다.
④ 법규 중에 더 이상 효력이 없는 규정이나 더 이상 존재하지 않는 제도를 참조하도록 지시된 경우에 한하여, 제1항과 제2항의 규정이 준용된다.

제130조 (행정 및 사법시설의 이행)

① 주법이나 주사이에 국가조약에 기초하지 않은 행정기관 및 그 밖의 공행정 또는 사법을 위한 시설, 서남 독일철도의 경영협의체와 프랑스 점령지역에서의 우편·통신에 관한 행정위원회 등은 연방정부에 소속한다. 연방정부는 연방참사원의 동의를 얻어 그 이관, 해산 또는 청산을 규율한다.
② 이러한 행정 및 시설에 소속한 자들에 대한 최고징계권자는 소관 연방장관이다.
③ 주 직속이 아니면서 주사이에 국가조약에 기초하지 않은 공법상의 단체와 영조물은 소관 최고연방관청의 감독을 받는다.

제131조 (舊 공무원의 법률관계)

1945년 5월 8일에 공직에 있던 자로서 공무원법상 또는 임금법상의 사유 외의 사유로 퇴직하여 이제까지 임용되지 않았거나 그 이전의 지위에 상응하게 임용되지 않은, 난민·추방자를 비롯한 자들의 법률관계는 연방법률로 정하여야 한다. 이는, 1945년 5월 8일에 연금 수령권한이 있었던 자로서 공무원법상 또는 임금법상의 사유 외의 사유로 더 이상 아무런 연금도 받지 못하거나 상당한 연금을 받지 못하는, 난민·추방자를 비롯한 자들에 대하여도 마찬가지로 적용된다. 주법에 다른 규정이 없는 한, 위 연방법률의 시행시까지 법적 청구권은 행사될 수 없다.

제132조 (공직에서의 배제)

① 이 기본법의 발효시에 종신직으로 임용되어 있던 공무원과 법관은, 그 직을 위한 인적 또는 전문적 적격성이 결여된 경우, 연방의회의 최초의 집회로부터 6개월내에 퇴직, 대기 또는 낮은 봉급을 받는 직으로 전직될 수 있다. 이 조항은, 해고불가능한 공직관계에 있는 직원에 대하여 준용된다. 해고가능한 공직관계에 있는 직원의 경우, 임금협약상의 규정을 넘어서는 해직통지기간은 동일한 기한 내에 폐지 될 수 있다.

② 위 조항은, 개인에게 중대한 사유가 있지 않은 한, "국가사회주의와 군국주의로 부터의 해방"에 관한 규정에 해당하지 않거나 국가사회주의의 박해를 받았음이 인정되는 공직종사자에게는 적용하지 아니한다.

③ 당사자에게는 제19조 제4항에 따라 권리구제의 길이 열려 있다.

④ 자세한 내용은, 연방참사원의 동의를 요하는 연방정부의 법규명령으로 정한다.

제133조 (통합경제지역)

연방은 통합경제지역의 행정상의 권리와 의무를 승계한다.

제134조 (제국재산의권리승계)

① 제국재산은 원칙적으로 연방재산이 된다.

② 위 재산이 그 원래의 목적규정에 따르면, 주로 이 기본법에 의하여 연방의 행정과제로 되지 못하는 행정과제를 위한 것으로 정해졌던 경우에 한에서, 위 재산은 무상으로 지금의 소관 과제담당자에게 이전되어야 한다. 그리고, 위 재산이 현재의 일시적이지만은 않은 사용에 비추어, 이 기본법에 의하여 지금은 주에 의해 수행되어야 할 행정과제에 봉사하고 있는 경우에 한하여, 위 재산은 무상으로 주에 이전되어야 한다. 연방은 그 밖의 재산도 주에 이전할 수 있다.

③ 주와 구 (또는 구연합)에 의하여 제국에 무상으로 제공되었던 재산은, 연방이 그것을 고유의 행정과제를 위해 필요로 하지 않는 한, 다시 주와 구 (또는 구연합)의 재산이 된다.

④ 자세한 내용은, 연방참사원의 동의를 요하는 연방법률로 정한다.

제135조 (지역변경에 따른 재산처리)

① 1945년 5월 8일 이후 이 기본법 발효시까지 어떤 지역의 주적(州籍)이 변경된 경우, 그 지역에서 당시 그 지역이 소속한 주가 가진 재산은, 지금 그 지역이 소속한 주에게로 귀속한다.

② 더 이상 존재하지 아니하는 주의 재산 및 더 이상 존재하지 아니하는 그 밖의 공법상 단체 및 영조물의 재산은, 그 원래의 목적규정에 따르면 주로 행정과제를 위한 것으로 정해졌던 경우에 한에서, 또는 현재의 잠정적이지만은 않은 사용에 비추어 주로 행정과제에 봉사하고 있는 경우에 한에서, 지금 이러한 과제를 이행하고 있는 주나 공법상 단체 또는 영조물에 이전한다.

③ 더 이상 존재하지 아니하는 주의 부동산은, 그것이 제1항에서 말한 재산에 속하지 아

니하는 한, 그 종물과 함께, 그 재산이 소재하는 주에 이전한다.
④ 연방의 우월적 이익 또는 어느 한 지역의 특별한 이익 때문에 요청되는 경우에 한하여, 제1항부터 제3항과는 다른 규정이 연방법률로 제정될 수 있다.
⑤ 그 밖에 권리의 승계와 정리는, 이것이 1952년 1월 1일까지 관계된 주 또는 공법상 단체나 영조물 등 사이의 협정에 의하여 이루어지지 않는 한, 연방참사원의 동의를 요하는 연방법률로 정한다.
⑥ 사법(私法)상 기업에 대한 예전의 프로이센 주의 출자지분은 연방에 이전한다. 자세한 내용은, 이와 다르게 규정할 수도 있는 연방법률로 정한다.
⑦ 제1항부터 제3항에 따라 주 또는 공법상 단체나 영조물에 귀속하게 될 재산을, 위 조항에 따른 권리자가 주법률로 또는 주법률에 근거하여 또는 기타의 방법으로 기본법의 발효시에 취득한 때에는, 그 재산이전은 그 취득 이전에 일어난 것으로 간주한다.

제135조의1 (제국 및 기타 단체들의 채무)

① 제134조 제4항과 제135조 제5항에서 유보된 연방의 입법에 의하여, 다음의 사항들이 이행되지 않을 수 있다거나 그 전액이 이행되지 않을 수 있다고 규정할 수도 있다.

1. 제국의 채무, 예전의 프로이센 주의 채무, 그 밖의 더 이상 존재하지 아니하는 공법상단체 및 영조물의 채무,
2. 제89조, 제90조, 제134조 및 제135조에 따른 재산의 이전과 관계가 있는, 연방 또는 그 밖의 공법상 단체 및 영조물의 채무, 이들 권리주체의 제1호에 열거된 권리주체의 처분에 기한 채무,
3. 주와 구 (또는 구연합)의 채무 중, 이들 권리주체가 1945년 8월 1일 이전에 점령군의 명령의 집행을 위하여 또는 전쟁으로 인한 비상사태의 제거를 위하여, 제국이 관장하거나 제국에 의해 이관된 행정과제의 범위 내에서 취한 조치로부터 발생한 것.

② 제1항은, 독일민주주의공화국(구동독)이나 그 권리주체의 채무, 독일민주주의공화국의 재산의 연방, 주 및 구(Gemeinde)로의 이전과 관계가 있는, 연방 또는 기타의 공법상 단체 및 영조물의 채무, 독일민주주의공화국이나 그 권리주체의 조치에 기한 채무 등에 준용된다.

제136조 (연방참사원의 최초 집회)

① 연방참사원은 연방의회의 최초의 집회일에 처음으로 집회한다.
② 초대 연방대통령의 선출시까지 연방대통령의 권한은 연방참사원 의장에 의해 행사된다. 연방의회의 해산권은 그에게 있지 아니하다.

제137조 (공무원 등의 피선거권)

① 공무원, 공직근무 직원, 직업군인, 기한부 지원병 그리고 연방, 주 및 구(Gemeinde)에서 근무할 법관 등의 피선거권은 법률로 제한할 수 있다.
② 연방공화국의 초대 연방의회, 초대 연방회의, 초대 연방대통령 등의 선거에 대해서는, 헌법제정회의에 의해 의결되는 선거법이 적용된다.
③ 제41조 제2항에 따라 연방헌법재판소가 가지는 권한은, 연방헌법재판소가 설치될 때까지, 자신의 절차규정에 정해진 바에 따라 재판하는 통합경제지역을 위한 독일고등법원이 행사한다.

제138조(남독일 지방의 공증인제도)

바덴, 바이어른, 뷔르템베르크-바덴 및 뷔르템베르크-호엔쫄러른 주에서 기존의 공증사무소의 시설의 변경은 이들 주정부의 동의를 요한다.

제139조 (독일국민해방법률)

"국가사회주의와 군국주의로부터 독일국민의 해방"을 위하여 제정된 법규는, 이 기본법의 규정에 의하여 지장을 받지 아니한다.

제140조 (바이마르 헌법 중 종교 규정 인수)

1919년 8월 11일자 독일헌법 제136조, 제137조, 제138조, 제139조 및 제141조의 규정은 이 기본법의 구성부분이다.

제141조 (종교수업)

제7조 제3항 제1문은, 1949년 1월 1일에 다른 주법의 규정이 있는 주에는 적용되지 아니한다.

제142조 (지방헌법의 기본권)

제31조의 규정에도 불구하고 주헌법의 규정은, 그것이 이 기본법 제1조부터 제18조에 합치하여 기본권을 보장해 주는 한에서도, 효력을 가진다.

제142조의1 (삭제)

제143조 (구 동독지역 및 동베르린에 대한 특수규정)

① 통일조약 제3조에 열거된 지역에서의 법은, 상이한 여건 때문에 기본법적 질서에로의 완전한 적응이 아직 달성될 수 없는 한에서 그리고 그러한 동안에, 길어도 1992년 12월 31일까지 이 기본법의 규정과 다를 수 있다. 이러한 상이한 규정은 제19조 제2항에 위반하여서는 아니되며, 제79조 제3항에 열거된 원칙들과 합치해야 한다.

② 제2장, 제8장, 제8장의1, 제9장, 제10장, 제11장과 상이한 규정은, 길어도 1995년 12월 31일까지 허용된다.

③ 제1항 및 제2항과는 별도로, 통일조약 제41조와 그 시행을 위한 규정들은, 이 조약 제3조에 열거된 지역에서의 재산권에 대한 침해가 더 이상 취소되지 못한다고 규정하는 한에서도 존속력을 가진다.

제143조의1 (연방철도에 관한 경과규정)

① 연방은, 연방고유의 행정으로 수행되던 연방철도를 정부투자기업(Wirtschaftsunternehmen)으로 전환하는 데서 생기는 모든 사안에 관하여 전속적 입법권을 가진다. 제87e조 제5항이 준용된다. 연방철도의 공무원은 법률에 의하여, 그 법적 지위가 유지되는 가운데 그리고 사법적으로 조직된 연방철도 고용주의 책임하에, 역무제공을 위해 배치될 수 있다.

② 제1항에 따른 법률은 연방이 집행한다.

③ 기존의 연방철도의 근거리 철도여객운송분야에서의 과제의 수행은 1995년 12월 31일까지 연방이 관장한다. 이는, 철도교통행정상 상응하는 과제에 대하여도 적용된다. 자세한 내용은, 연방참사원의 동의를 요하는 연방법률로 정한다.

제143조의2 (독일연방우편의 변경)

① 독일연방우편의 특별재산은, 연방법률에 정해진 바에 따라 사법적 기업으로 전환한다. 연방은, 그로 말미암아 생기는 모든 사안에 관하여 전속적 입법권을 가진다.

② 이러한 전환이 이루어지기 전에 존재하던 연방의 전속적 권리들은 연방법률에 의하여 경과기간 동안 독일연방우편 포스트딘스트(POSTDIENST)와 독일연방우편텔레콤(TELEKOM)으로부터 출연된 기업에 부여될 수 있다. 독

일연방우편 포스트딘스트의 승계기업에 대한 자본의 과반수를 연방은 가장 이르게는 위 법률이 시행된 지 5년이 지난 후에 포기할 수 있다. 이는, 연방참사원의 동의를 얻은 연방법률을 필요로 한다.

③ 독일연방우편에 근무하는 연방공무원은, 그 법적 지위가 유지되는 가운데 그리고 사기업 고용주의 책임 하에, 업무에 종사한다. 이 기업은 고용 당국의 권한을 행사한다. 자세한 내용은 연방법률로 정한다.

제143조의3 (연방에 의한 재정보조 폐지로 인한 경과규정)

① 주에게는 2007년 1월 1일부터 2019년 12월 31일까지, 연방의 재정조달 분담분 중에서 대학병원 및 교육계획을 비롯한 대학의 증축 및 신축 등의 공동과제의 폐지로 인해 삭감된 부분과 구(Gemeinde)의 교통관계 개선을 위한 재정지원 및 사회적 주거공간진흥을 위한 재정지원 등의 폐지로 인해 삭감된 부분과 관련하여, 그 상당액이 매년 연방의 예산으로부터 귀속한다. 2013년 12월 31일까지는 이러한 상당액이 연방의 2000년부터 2013년 사이의 평균 재정조달 분담분에 기초하여 확정된다.

② 제1항에 따른 가액은 2013년 12월 31일까지 주에 다음과 같이 분배한다.

1. 2000년부터 2013년의 기간 동안의 각 주의 평균분담분에 따라 산정한 액수만큼의 연간 고정액으로서,
2. 각각 종래의 혼합재정조달의 과제분야에서의 용도에 구속된 채로 (분배한다).

③ 연방과 주는 2013년 말까지, 제1항에 따라 주에 배정된 재정수단이 얼마만큼 주의 과제수행에 적절하고 필요한지를 심사한다. 2014년 1월 1일부터 제2항 제2문에 규정된, 제1항에 따라 배정된 재정수단의 용도구속성은 없어진다. 재원의 투자적 용도구속성은 존속한다. 제2 연대조약에서 합의된 사항들에 대하여는 아무런 지장을 초래하지 않는다.

④ 자세한 내용은, 연방의회의 동의를 요하는 연방법률로 정한다.

제143조의4 (합병보조에 관한 경과규정)

① 2009년 7월 31일까지 유효하였던 구기본법 제109조 및 제115조는 회계연도 2010년에 마지막으로 적용되어야 한다. 2009년 7월 31일부터 유효한 기본법 제109조 및 제115조는 회계년도 2011년에 처음으로 적용되어야 한다. 이미 설치된 특별재산을 위한 2010년 12월 31일에, 현존하는 신용차입의 수권(授權)에 대하여는 아무런 지장을 초래하지 않는다. 주는 2011년 1월 1일부터 2019년 12월 31일까지의 기간에, 주의 현행 규정에 정해진 바에 따라, 제109조 제3항의 규정에 저촉되는 행위를 할 수 있다. 주의 예산은, 제109조 제3항의 규정이 회계년도 2020년에는 이행되게끔 그렇게 수립되어야 한다. 연방은 2011년 1월 1일부터 2015년 12월 31일까지의 기간에 제115조 제2항 제2문의 규정에 저촉되는 행위를 할 수 있다. 회계년도 2011년에는 기존의 적자를 정리하는 것으로부터 시작해야 한다. 연간 예산은, 회계년도 제115조 제2항 제2문이 2016년에는 이행되게끔 그렇게 수립되어야 한다. 자세한 내용은 연방법률로 정한다.

② 2020년 1월 1일부터 제109조 제3항의 규정이 준수되기 위한 지원책으로서, 베를린, 브레멘, 자아 주 작센-안할트, 슐레스비히-홀쉬타인 주에는 2011년부터 2019년 사이의 기간 동안 연방예산으로부터 총 8억 유로 상당의 안정지원금을 해마다 줄 수 있다. 이 중 3억 유로는 브레멘에, 2억 6천 유로는 자아 주에, 베를린, 작센-안할트, 슐레스비히-홀쉬타인에는 각 8천

유로씩 할당된다. 지원은, 연방참사원의 동의를 얻은 연방법률에 정해진 바에 따라, 행정협정에 근거하여 행한다. 지원금교부는, 2020년 연말까지 재정적자를 완전히 정리할 것을 전제로 한다. 특히 재정적자의 연간 정리 진도, 재정적자의 정리에 대한 안정위원회의 감시 및 정리 진도의 부준수의 효과 등의 자세한 내용은 연방참사원의 동의를 얻은 연방법률 및 행정협정으로 정한다. 극단적 예산위기 상황에서는 안정지원금과 정리지원금의 동시적 교부가 배제된다.

③ 정리지원금의 교부에서 생기는 재정조달의 부담은 연방과 주가 반씩 지되, 주는 부가세에 대한 자신의 지분을 가지고 진다. 자세한 내용은, 연방참사원의 동의를 얻은 연방법률로 정한다.

제144조 (기본법의 비준)

① 이 기본법은, 이것이 우선 적용될 독일의 주들 중 3분의 2의 곳에서 국민대표에 의해 받아들여질 것을 필요로 한다.

② 제23조에 열거된 주들 중 한 곳에서 또는 그 주의 일부에서 이 기본법의 적용이 제한되는 한, 당해 주 또는 주의 일부는, 제38조에 따라 연방의회에 대표를, 그리고 제50조에 따라 연방참사원에 대표를 각 파견할 권리를 가진다.

제145조 (기본법의 발효)

① 헌법제정회의는, 대(大)베를린의 의원들의 참여 하에 공개회의에서 이 기본법이 받아들여졌음을 확정하고, 서명하며 공포한다.

② 이 기본법은 공포일이 경과함으로써 효력을 발생한다.

③ 이 기본법은 연방법률공보에 공고된다.

제146조 (기본법의 유효기간)

독일의 통일과 자유의 완성 후에 전체 독일국민에게 적용되는 이 기본법은, 독일국민의 자유로운 결정으로 결의된 헌법이 시행되는 날에 그 효력을 상실한다.

기본법개정 경과 일람표

(2016년 1월 1일 현재)

회차	개정법률의 명칭	개정년월일	연방법률공보등재 쪽수
1	형법개정법률	1951.8.30	BGB l. I 739
2	기본법에 제120a조를 추가하는 법률	1952.8.14	BGB l. I 445
3	기본법 제107조를 변경하는 법률	1953.4.20	BGB l. I 130
4	기본법을 보충하는 법률	1954.3.26	BGB l. I 45
5	기본법 제107조를 변경하는 제2법률	1954.12.25	BGB l. I 517
6	개정헌법을 변경하고 보충하는 법률	1955.12.23	BGB l. I 817
7	기본법을 보충하는 법률	1956.3.29	BGB l. I 111
8	기본법 제106조를 변경하고 보충하는 법률	1956.12.24	BGB l. I 1077
9	기본법에 제135a를 추가하는 법률	1957.10.22	BGB l. I 1745
10	기본법을 보충하는 법률	1959.12.23	BGB l. I 813
11	항공교총행정에 관한 조항을 기본법에 도입하는 법률 (기본법 제11회 개정법률)	1961.2.6	BGB l. I 65
12	기본법을 개정하는 제12회 법률	1961.3.6	BGB l. I 141
13	기본법을 개정하는 제13회 법률	1956.6.16	BGB l. I 513
14	기본법을 개정하는 제14회 법률	1956.7.30	BGB l. I 649
15	기본법을 개정하는 제15회 법률	1967.6.8	BGB l. I 581
16	기본법을 개정하는 제16회 법률	1968.6.18	BGB l. I 657
17	기본법을 개정하는 제17회 법률	1968.6.24	BGB l. I 709
18	기본법을 개정하는 제18회 법률 (§76, 77)	1968.11.15	BGB l. I 1177
19	기본법을 개정하는 제19회 법률	1968.1.29	BGB l. I 97
20	기본법을 개정하는 제20회 법률	1969.5.12	BGB l. I 357
21	기본법을 개정하는 제21회 법률 (재정개혁법률)	1969.5.12	BGB l. I 359
22	기본법을 개정하는 제22회 법률	1969.5.12	BGB l. I 363
23	기본법을 개정하는 제23회 법률	1969.7.17	BGB l. I 817
24	기본법을 개정하는 제24회 법률	1969.7.28	BGB l. I 985
25	기본법을 개정하는 제25회 법률	1969.8.19	BGB l. I 1241
26	기본법을 개정하는 제26회 법률 (§96)	1969.8.26	BGB l. I 1357
27	기본법을 개정하는 제27회 법률	1970.7.31	BGB l. I 1161
28	기본법을 개정하는 제28회 법률 (§74a)	1971.3.18	BGB l. I 206
29	기본법을 개정하는 제29회 법률	1971.3.18	BGB l. I 207
30	기본법을 개정하는 제30회 법률 (§74 환경보호)	1972.4.12	BGB l. I 593
31	기본법을 개정하는 제31회 법률	1972.7.28	BGB l. I 1305

32	기본법을 개정하는 제32회 법률 (§45c)	1975.7.15	BGB l. I 1901
33	기본법을 개정하는 제33회 법률 (§29, 39)	1976.8.23	BGB l. I 2381
34	기본법을 개정하는 제34회 법률 (§74-4a)	1976.8.23	BGB l. I 2283
35	기본법을 개정하는 제35회 법률 (§21①)	1983.12.21	BGB l. I 1481
36	통일조약 통일조약동의법률	1990.8.31 1990.9.23	BGB l. II889 890
37	기본법을 개정하는 법률	1992.7.14	BGB l. I 1254
38	기본법을 개정하는 법률	1992.12.21	BGB l. I 2086
39	기본법을 개정하는 법률 (§16, 18)	1993.6.28	BGB l. I 1002
40	기본법을 개정하는 법률	1993.12.20	BGB l. I 2089
41	기본법을 개정하는 법률	1994.8.30	BGB l. I 2245
42	기본법을 개정하는 법률 (§2, 20a, 28, 29, 72, 74, 75, 76, 77, 80, 87, 93, 118a, 125a)	1994.10.27	BGB l. I 3146
43	기본법을 개정하는 법률	1995.11.3	BGB l. I 1492
44	기본법을 개정하는 법률 (§28, 106)	1997.10.20	BGB l. I 2470
45	기본법을 개정하는 법률 (§13)	1998.3.26	BGB l. I 610
46	기본법을 개정하는 법률 (§39)	1998.7.16	BGB l. I 1822
47	기본법을 개정하는 법률 (§16)	2000.11.29	BGB l. I 1633
48	기본법을 개정하는 법률 (§12a)	2001.12.19	BGB l. I 1755
49	기본법을 개정하는 법률 (§108)	2001.11.26	BGB l. I 3219
50	기본법을 개정하는 법률 (국가목표로서의 동물의 보호)	2002.7.26	BGB l. I 2862
51	기본법을 개정하는 법률 (§96)	2002.7.26	BGB l. I 2863
52	기본법을 개정하는 법률 (§22, 23, 33, 52, 72, 73, 74, 74a, 75, 84, 85, 87c, 91a, 91b, 93, 98, 109, 125a, 125b, 125c, 143c)	2006.8.28	BGB l. I 2034
53	기본법을 개정하는 법률 (§23, 25, 93)	2008.10.8	BGB l. I 1926
54	기본법을 개정하는 법률 (§106, 106b, 107, 108)	2009.3.19	BGB l. I 606
55	기본법을 개정하는 법률 (§45d)	2009.7.17	BGB l. I 1977
56	기본법을 개정하는 법률 (§87d)	2009.7.29	BGB l. I 2247
57	기본법을 개정하는 법률 (§91c, 91d, 104b, 109, 109a, 115, 143d)	2009.7.29	BGB l. I 2248
58	기본법을 개정하는 법률 (§91e)	2010.7.21	BGB l. I 944
59	기본법을 개정하는 법률 (§93)	2012.7.11	BGB l. I 1478
60	기본법을 개정하는 법률 (§91b)	2014.12.23	BGB l. I 2438

국외
제1편

CHAPTER

04

일본헌법

· 일본헌법 해설
· 대일본제국 헌법
· 일본국헌법

일본헌법 해설

1. 대일본제국헌법(메이지헌법)

대일본제국헌법(大日本帝國憲法) 또는 일본제국헌법(日本帝國憲法)은 1889년 2월 11일에 공포되어 1890년 11월 29일에 시행된 근대입헌주의에 기초한 일본제국의 헌법이다. 줄여서 제국헌법(帝國憲法) 또는 메이지헌법(明治憲法)으로 불리기도 한다. 현행의 일본국헌법과 구별하여 구헌법(舊憲法)이라고 부르기도 한다.

(1) 제정과정

1603년 도쿠카와 이에야스(徳川家康)가 에도지방에 막부(幕府)를 설치한 이래, 도쿠카와 막부가 일본을 지배하던 때에는 나가사키항을 제외하고 모든 지역에서 대외무역이 금지되었다. 그런데 1845년 미국의 페리가 군함을 앞세워 강제적으로 일본 개항에 성공하였다. 이후 막부는 열강과의 전쟁에서 승리할 수 없다는 빠른 현실인식을 바탕으로 각 열강들과 차례로 개항 조약을 맺었다. 그리고 개항에 머뭇거리는 천황(天皇)을 반강제적으로 용인토록 만들었다. 250년간 일본을 지배해온 막번체제(幕藩體制)를 근저에서 뒤흔드는 이러한 내외 상황은 결국 지배권 다툼으로 이어져, 막부를 중심으로 하여 막번체제를 재편하고 강화하려는 공무합체(公武合體) 운동과 하급무사계급을 중심으로 하여 천황에게 모든 권한을 귀속시키는 존왕양이(尊王揚夷) 운동이 충돌하게 되었다. 이 다툼은 1868년 3월 천황이 에도에 무혈입성하여 '유신정부'가 성립함으로써 존왕양이 운동 측의 승리로 끝났다. 이와 같이 막번 체제를 해체하고 왕정복고를 통한 중앙통일권력의 확립에 이르는 광범위한 변화 과정을 총칭하여 '메이지 유신(明治維新)'이라 한다. 그런데 사실상 메이지 유신이라는 것은 학문상의 명칭으로 당시에는 어일신(御一新)이라 불리었다.

막부를 폐지한 메이지정부는 새로운 중앙집권적 국가건설에 나서, 1869년 그 당시 메이지 신정부에서 실권을 장악하고 있던 사쓰마(薩摩), 조슈(長州), 도사(土佐), 히젠(肥前) 한이 공동으로 한을 폐지하고 천황에게 일임하는 건백서를 제출하고, 뒤이어 모든 한을 폐지하고 한이 소유하던 토지와 농민을 모두 천황에게 되돌려주는 판적봉환(版籍奉還)이 일어났으며, 1871년에는 한을 폐지하고 현(縣)을 설치하는 폐번치현(廢藩置縣)의 행정개혁이 단행되었다. 또한 1871년 11월에는 이른바 "이와쿠라 사절단(岩倉使節団)"이라 하여 정부의 수뇌부들이 이와쿠라 토모미(岩倉具視)를 특명전권대사로 100여명의 일행과 함께 미국·영국·독일 등 12개국을 시찰하며 서양문물 및 제도를 조사하기 위하여 출발하였다(1871-1873).

한편, 사이고 다카모리(西郷降盛)를 중심으로 한 국내에 남겨진 정부수뇌들은 징병제의 실시·학제의 공포·지조개정(地租改正)·태양력의 채용 등 각 방면에 걸친 개혁을 단행하였다. 이러한 개혁조치는 새로운 국가건설을 위해 필요한 조치였으나, 다른 한편으로는 사절단에 대한 정치적 우위의 확보라는 의도가 개입됨으로써, 경쟁적으로 급속하게 진행되었다. 또한 사이고는 국가를 부강하게 하는 장기적인 책략으로 조선정벌을 주장하였다. 그러나 12개국의 시찰을 마치고 귀국한 이와쿠라 등은 조선정벌의 필요성에는 찬성하지만, 그 시기에는 반대하였다. 이른바 이와 같은 '정한논쟁(征韓論爭)'이라 불리는 메이지정부의 양분화는 천황의 개입에 의해 정한파의 사직으로 결말이 났다.

정부에서 물러난 정한파는 1874년 1월 이타가키 타이스케(板桓退助) 등 8인이 정부에 민찬의원설립건백서(民撰議院設立建白書)를 제출하며 국가붕괴의 위기를 극복하기 위해 민선의원 즉, 의회를 설립해야 한다고 주장하였다. 이것이 근대 일본의 자유민권운동의 시초이다. 이를 계기로 민선의원 즉, 의회설립에 대한 시기상조론과 조기설립론이 맞선 '민찬의원설립논쟁'이 활발하게 전개되었다. 이는 1875년 2월 이토 히로부미의 중재를 통해 정부가 점진적으로 입헌정체의 수립을 도모한다는 방침으로 타협되었으며, 그해 4월 14일 천황조칙을 통해 발표되었다.

그리고 1876년 내려진 폐도령(廢刀令)과 금록공채조례(金祿公債條例) 등의 조치로 사족의 특권은 폐지되었고, 그 결과 1877년 사이고 다카모리가 수괴가 되어 최대의 반정부사족의 거점인 가고시마를 중심으로 전쟁(西南戰爭)이 일어났으나, 반란은 실패하였다.

한편 참의 오쿠마 시게노부(大隈重信)는 1881년 영국류 의원내각제의 채용을 주장하는 의견서를 제출한다. 여기에 1881년 7월 오쿠마가 민권파와 결탁하여 정부타도를 획책한다는 음모설이 널리 유포되자, 위기에 처한 메이지 정부 내의 사쓰마·죠수번의 주류파는 이토를 중심으로 결속하여 프로이센류의 흠정헌법 제정과 국회개설에 관한 기본방침을 확정하고 오쿠마를 파면하기로 결정한다. 그리고 이 방침은 그해 10월 오쿠마를 제외한 어전회의에서 천황의 재가를 얻는다. 이를 통해 오쿠마가 제안한 영국류의 의원내각제는 배척되고, 프로이센류의 군권주의가 헌법제정에 관한 메이지 정부의 기본정책으로 확정되게 되었다.

1882년 3월 이토 히로부미(伊藤博文)는 정부의 명으로 직접 유럽으로 건너가, 1년 2개월 동안 독일·오스트리아·영국의 헌법을 조사하게 된다. 이는 당시의 메이지정부 수뇌들의 헌법이론적 기반이 불안정했고, '자유민권파'의 영국·프랑스류의 헌법론이 지배적인 가운데, 천황주권과 군주대권을 주장하는 것은 입헌정치 발상지의 순례와 그것에 의해 얻게 될 위신 및 이론적 강화 외에는 메이지정부를 방어할 방법이 없었기 때문이었다. 이 때 이토는 독일과 오스트리아로부터 프로이센헌법을 모델로 하면서도 거기에 포함된 자유주의·민주주의 요소를 최대한 삭제하여 헌법을 제정하라는 조언을 독일황제 빌헬름 1세와 베를린 대학교의 루돌프 폰 그나이스트 교수, 빈 대학교의 로렌츠 폰 슈타인 교수에게 듣게 된다. 이러한 '반의회주의적인 충고'는 후에 메이지헌법 제정의 중심인물인 이토 히로부미로 하여금 영국류의 의회주의에 대한 반감과 프로이센류의 군권주의 헌법에 대한 확신을 더욱 깊게 하였다.

1883년에 귀국한 이토는 이노우에 고와시(井上毅)에게 헌법초안을 기초하라 명하고, 헌법조사국을 설치하는 등 헌법 제정을 준비하기 시작했다. 이후 1884년에는 제도취조국(制度取調局)을 설치하여 직접 장관에 취임하고 국가조직 정비작업에 착수했다. 1885년 12월 22일에는 태정관통달 제69호(太政官通達 第69号) 및 동일의 「내각직권(內閣職權)」의 반포로 태정관제도(太政官制度)를 폐지하고 이토 히로부미를 수상으로 하는 초기 내각을 성립하였다.

이후 1887년 독일 법률고문 헤르만 뢰슬러의 조언을 통해 헌법초안이 작성되었으며, 이 초안을 바탕으로 이토와 이노우에, 이토 미요지(伊東巳代治), 가네코 겐타로(金子堅太郎) 등은 나쓰시마(夏島)에 있는 이토 히로부미의 별장에서 헌법안을 검토했다. 그리고 헌법심의기관인 추밀원을 설치하였다. 천황이 참석한 가운데 1888년 6월부터 헌법초안을 심의한 추밀원은 1889년 2월에 '대일본제국헌법'(이후 '메이지헌법' 이라 함)을 완성하였다.

이렇게 완성된 메이지헌법은 1889년 2월 11일에 궁중에서 성대한 발포식을 거행한 가운데 천황으로부터 내각총리대신에게 하사되었다.

(2) 내용

메이지유신이 1868년 시작된 후 22년이 지난 1889년에 메이지헌법은 완성되었다. 그런데, 메이지시대의 천황의 존재는 그 당시의 국가 형성과정과 권력관계에서 중요한 위치를 차지한다. 250년만의 왕정복고라고 하는 천황의 존재는 메이지헌법에 그대로 나타나고 있다.

우선, 메이지헌법의 조문상 구조를 살펴보면, 제1장 천황(제1조~제17조), 제2장 신민의 권리와 의무(제18조~제32조), 제3장 제국의회(제33조~제54조), 제4장 국무대신 및 추밀원(제55조~제56조), 제5장 사법(제57조~제61조), 보칙(제73조~제76조)으 순서로 구성되어 있다.

(3) 특징

메이지헌법은 입헌주의의 요소와 국체의 요소를 함께 가지는 흠정헌법으로, 입헌주의에 의한 의회제도가 규정되어 있지만, 국체에 의해 의회의 권한은 제한되었다. 헌법 개정 이후, 헌법학자들은 이를 외견적 입헌주의 헌법이라고 평가하고 있다. 왕정 국체의 요소는 이후 일본 군부에 의해 더욱 경도되어 군국주의의 근거로 작용하였다.

(가) 입헌주의의 요소

① 언론의 자유 · 결사의 자유 등의 신민의 권리가 법률에 유보 조항을 두고 보장되어 있다(제2장). 이러한 권리는 천황이 신민에게 하사한 '은혜적 권리'로 파악되었으나, 현행 일본국헌법에서는 이들 권리를 영구불가침의 '기본적 인권'으로 구성한다. 또한 권리를 제한할 수 있는 근거로 '법률이 정하는 경우'나 '법률의 범위 내에서' 등의 소위 유보조항 또는 안녕질서를 두고 있는 점을 특징으로 꼽을 수 있다. 이는 기본적 인권의 제약을 '공공의 복지'에서 추구하는 일본국헌법과는 다르다. 그러나 이러한 보장이 헌법전에 명문으로 보장된다는 점에서 의의를 가지며, 당시에는 선진적이었다고 평가된다.

② 입법권은 제국의회, 행정권은 국무대신, 사법권은 재판소(법원)에 부여하여 권력분립의 모양을 갖추고 있다.

③ 제국의회를 개설하고, 중의원은 선거를 통해 선출되고 있다(제3장).

④ 제국의회는 법률의 협찬(동의)권을 가지며, 신민의 권리나 의무 등 법률의 유보가 있는 사항은 제국의회의 동의 없이는 개정할 수 없다. 또한 제국의회는 예산 협찬권을 가지며, 예산을 심의하고 감독한다.

⑤ 대신책임제 또는 대신조언제(국무 각 대신이 천황을 보필하여 그 책임을 지도록 하는 제도)를 규정(제4장)하고 있다.

⑥ 사법권의 독립을 확립하고 있다(제5장). 사법권은 천황이 재판소에 위임하는 형태를 취했고, 이는 사법권의 독립을 의미한다. 또한 유럽 대륙의 사법제도를 채용하여, 행정소송은 사법재판소가 아니라 행정재판소가 관할하였다.

(나) 국체의 요소

① 메이지헌법에는 황실의 영속성이 황실의 정통성의 증거로 강조되고 있다. 헌법전문(告文)에는 "…천황은 하늘과 땅처럼 무궁한(天壤無窮) 큰 뜻(廣謨)에 따라 신령(惟神)의 보위(寶祚)를 승계하고…"라 규정하고 있으며, 헌법 제1조에서는 "대일본제국은 만세일계의 천황이 이를 통치한다."고 규정하고 있다. 근대적 정치문서에서 "만세일계(萬世一系)"와 같은 시적인 문언이 사용된 것은 이것이 처음이다.

② '천양무궁의 굉모(天壤無窮ノ宏謨)'라 불리는 황조황종(皇祖皇宗)의 의사를 받아, 천황이 계승한 '국가통치의 대권'에 근거하여, 천황을 국가원수이자 통치권을 총람하는 지위로 규정하였다. 천황이 일본을 통치하는 이 체제를 국체라고 한다.

③ 일본 천황이 천황대권으로 불리는 광범위한 권한을 갖는다. 특히, 명령의 제정(제9조)이나 조약의 체결(제13조)에서 의회의 제약을 받지 않는 경우는 다른 입헌군주국에는 유례가 없는 일이다. 다만, 천황의 권한이라도 단독으로 권한을 행사하는 일은 드물며, 내각(내각총리대신)이 천황의 양해를 얻어 권한을 행사하는 경우가 일반적이었다.

④ 제국의회는 입법기관이 아니라, 천황의 입법 협찬기관으로 규정되어 있다. 따라서 의회가 법률을 제정하기 위해서는 천황의 재가와 국무대신의 부서가 필요했다. 천황에게는 긴급칙령이나 명령의 제정 등의 실질적인 입법 권한이 부여되었으나, 의회에게는 헌법 개정안 발의권도 부여되지 않았다.

⑤ 의회 이외에 추밀원 등도 내각에 간섭하고 있다. 그리고 원로, 중신회의, 어전회의 등 법령에 규정되지 않은 기관도 여럿 있다.

⑥ 통수권에 대해서는 독립시켜, 육해군은 의회에 대해 일체의 책임을 지지 않는다. 통수권은 관습법적으로 군부의 전권이고, 문민통제의 개념은 결여되어 있었다. 이는 이후 군부가 천황의 직접 통수를 주장하며 만주 사변 등에서 정부의 결정을 무시하는 계기가 되었고, 결국 군국주의로의 근거로 작용하게 되었다.

⑦ 황실자율주의를 채택하여 황실전범(皇室典範) 등의 중요한 헌법적 규율이, 헌법에서 분리되어 의회의 통제를 받지 않는다. 궁중(황실, 궁내성, 내대신부 등)과 정부가 분리되었으며, 서로 간섭하지 않는 관계가 되었다. 다만, 궁중의 사무를 담당하는 내대신이 내각총리대신의 인선에 영향을 미치는 등 정치적으로 큰 역할을 맡는 경우가 있었고, 종종 궁중에서 정부로 선을 넘는 경우도 있었다.

2. 일본국헌법

현행 전 세계 최고(最古) 헌법인 「일본국헌법」의 제정에는 국내뿐만 아니라 외부의 힘이 모두 작용했다. 외부의 힘이라 함은 제2차 세계대전의 패전으로 「포츠담 선언」에 필요한 조치를 취하고자 한 연합군 최고사령관의 메이지 헌법에 대한 변혁이다. 국내의 힘은 전쟁 중 군부에 의한 정치지배로 패전 당시 더 이상 전쟁 전의 의회 제도를 단순히 복구시키는 것만으로는 국민이 기대하는 '민주주의'를 실현할 수 없을 정도로, 메이지헌법 체제가 깊은 상처를 입었다는 사실이다.

(1) 제정과정

(가) 전쟁 종결과 헌법 개정의 시작

미국은 미일 전쟁이 시작된 초기부터 국무부를 중심으로 정책 검토에 착수했다. 국무부의 지일파(知日派)는 천황제의 존치 등 일본에 대해 관대한 전후(戰後) 정책을 구상하고 있었다. 반면에, 육군성과 해군성 등에는 천황제 폐지와 광범위한 경제개혁 등 철저한 점령 개혁을 주장하는 사람도 있었다. 양자는 국무 · 육군 · 해군 3성 조정위원회(SWNCC)에서 격렬하게 대립되어, 정부 수뇌에서 조정을 도모하였다. 그러나 궁극적으로는 연합국이 1945년 7월 26일에 발표한 포츠담 선언에서 천황제 존속을 명시하지 않고 기존 일본의 통치기구를 통해 점령정책을 수행한다는 방침을 확정하게 되었다.

초기 일본 정부는 미 · 영 · 중 3국에 의한 포츠담 선언을 묵살했지만, 히로시마 · 나가사키에 원폭 투하 및 소련의 참전으로 8월 14일에 제2차 세계 대전이 종결됨으로 사정이 변하게 되었다. 일본의 패전과 함께 포츠담 선언에 따라 미군을 중심으로 한 연합군의 점령 하에 연합군 최고사령관 더글러스 맥아더(Douglas MacArthur)에게 점령관리 수행전권이 주어지게 된 것이다. 일본 정부는 포츠담 선언을 수락함 있어서 메이지 헌법에서 천황의 지위를 변경하지 않는 것, 즉 '국체 수호'를 조건으로 요구했다. 그러나 포츠담 선언은 '평화적이며 책임 있는 정부의 수립', '민주주의적 경향의 부활 강화', '기본적 인권존중의 확립' 등을 요구하고 있으므로, 이것을 받아들이는 것 자체가 필연적으로 메이지 헌법의 개혁을 이끌게 된 것이다. 다만, 종전 직후 출범한 황족출신 수상이었던 히사시쿠니 나루히코(東久邇宮稔彦) 내각은 연합군 최고사령관 총사령부(GHQ(General Headquarters)/SCAP(Supreme Commander of the Allied Powers))에 대한 대응에 쫓겨 헌법을 검토할 의도도 여유도 없었다. 그리고 내각 조성으로부터 2개월이 채 되기 전에 총사퇴를 강요받아, 시데하라 기주로(幣原喜重郎) 내각으로 교체되었다. 이후 정부에서는 법제국과 외무성이 재빨리 헌법 문제를 발견하고 그 검토를 시작했다. 법제국은 이리에 도시오(入江俊郎) 제1부장의 그룹이 비공식적으로 헌법을 검토했다. 외무성 조약국은 일본 스스로의 의사로 민주주의 체제를 정비할 필요가 있다는 판단에서 독자적으로 검토를 진행했다. 그러나 이러한 움직임은 내각의 소극적인 자세로 구체적인 성과를 맺지 못했다.

맥아더 최고사령관은 10월 4일 '자유의 지령'을 발표하는 한편, 고노에 후미마로(近衛文麿) 전 총리와 회담하고 헌법의 개정에 대해 시사했다. 고노에는 이를 받아들여 사사키 소이치(佐々木惣一) 전 동경대 교수와 함께 내대신부(内大臣府, 1885년 이후 신헌법이 이루어지기까지 옥새,

국새를 보관하고 황실, 국가의 사무에 대해 천황을 돕는 일을 맡았던 곳)의 업무를 담당하는 자로서 헌법개정과 관련한 조사에 나섰다. 또한 맥아더는 10월 11일 신임 시데하라 기주로(幣原喜重郎) 총리와의 회담에서 '헌법의 자유주의화'에 대해 언급했다. 시데하라 내각은 이전 내각과 마찬가지로 헌법개정에 소극적이었지만, 내대신부가 헌법개정 문제를 다루는 것에 대한 반발로 정부가 이 문제에 대응하기로 했다. 이렇게 마츠모토 조지(松本烝治) 국무대신을 위원장으로 하는 헌법문제조사위원회(이른바, 마츠모토 위원회)가 10월 25일에 설치되어 정부 측의 조사 활동이 시작되었다.

(나) 고노에(近衛), 정부의 조사와 민간안

1945년 10월에 시작된 내대신부에 의한 헌법조사는 고노에 후미마로의 전쟁책임, 내대신부에 의한 조사의 헌법상 의의 등 국내외 여론의 반발을 초래했다. 11월 1일에 맥아더는 고노에가 헌법조사에 관여하지 않는다는 취지의 성명을 발표했지만, 고노에 팀은 그대로 조사를 계속했다. 11월 22일 고노에는 '제국헌법의 개정에 관한 조사로 얻은 결과 요망'을 천황에게 제출하고, 같은 달 24일에 사사키 소이치 또한 독자적으로 '제국헌법개정의 필요(11월 23일)'를 제출했다.

한편, 시데하라 내각의 헌법문제조사위원회에서는, 당초 조사 연구를 중점적으로 하고 헌법개정을 목적으로 하지 않았지만, 곧 '내외 정세를 살펴보면 참으로 절실하다'는 인식에서 개정을 고려한 조사로 전환하고, 고문·각 위원이 개정안을 작성했다. 마츠모토 위원장은 1945년 12월 8일, 제국의회에서 답변의 형태로, '마츠모토 4원칙'으로 알려진 헌법개정의 기본방침을 밝혔다. 그리고 1946년에는 마츠모토 위원장 스스로도 개정안을 작성했다. 이 안은 마츠모토 위원회의 멤버였던 미야자와 토시요시(宮沢俊義) 동경대 교수가 요강의 형태로 정리한 것을 마츠모토가 '헌법개정요강'(갑안)으로 작성한 것이다. 또한 대폭적인 개정안을 마련해야 한다는 논의에서 '헌법개정안'(을안)도 정리했다. '헌법개정요강'은 2월 8일에 GHQ에 제출되었다.

정부 측이 비밀리에 개정 초안 만들기를 진행했던 이 무렵, 민간 지식인 사이에서도 헌법 개정 초안 작성이 진행되고 1945년 말부터 이듬해 봄까지 순차적으로 공표되었다. 그 대표적인 예가 1945년 12월 26일에 발표된 헌법연구회의 「헌법초안 요강」이다. 이는 천황의 권한을 국가적 의례에만 한정하고 주권재민, 생존권, 남녀평등 등 후의 일본헌법의 근간이 되는 기초를 선점하는 것이었다. 그 내용에 대해서는 GHQ 내부에서 헌법 개정의 예비 연구를 진행하고 있던 직원 역시 관심을 보였다.

1946년이 되면서 각 정당도 잇따라 개정 초안을 발표했다. 자유당 안과 진보당 안은 모두 메이지 헌법의 근본은 바꾸지 않고 약간 변경된 것이었다. 반면, 공산당 안은 천황제 폐지와 인민주권을 주장, 사회당 안은 국민의 생존권을 내세운 점에 특징이 있다.

(다) GHQ 초안과 일본 정부의 대응

1945년 12월 16일부터 모스크바에서 시작된 미·영·소 3자 외교장관 회의에서 극동위원회(FEC)를 설치하는 것이 합의되었다. 그 결과, 대일 점령 관리 방식이 대폭 변경되어 동위원회가 활동을 시작한 이듬해 2월 26일부터 헌법개정에 관한 GHQ의 권한은 일정한 제약하에 놓여지게 되었다.

1946년 1월 7일, 미국의 대외정책 결정기관인 국무 · 육군 · 해군 3성 조정위원회(SWNCC)는 '일본의 통치체제의 개혁'이라는 제목의 문서(SWNCC228)를 승인하고 맥아더에 "정보"로 전달하여, 헌법개정에 대한 제안을 했다.

2월 1일 헌법문제조사위원회의 시안이 마이니치 신문에 특종보도 되어 "너무 보수적이고 현상유지적"이라는 비판을 받았다. 이 특종을 계기로 휘트니 GHQ 민정국장은 맥아더에 대해 극동위원회가 헌법개정의 정책 결정을 하기 전이라면 헌법개정에 관한 GHQ의 권한에 제약이 없다고 전하고, GHQ에 의한 헌법초안 작성을 개시했다. 2월 3일, 맥아더는 헌법개정의 필수요건(맥아더 3원칙[1])을 휘트니에 제시했다. 다음날 민정국(GS) 내에 작업팀이 설치되어 GHQ초안(맥아더 초안) 작업이 시작되었다. GHQ는 초안 작업을 서두르는 한편, 일본정부에 대해 정부안의 제출을 요구하여, 2월 8일 헌법문제조사위원회 마츠모토 위원장에 의해 '헌법개정요강', '헌법개정안의 개요설명' 등이 GHQ에 제출되었다. 2월 13일 외무대신 관저에서 휘트니는 마츠모토 국무총리 및 요시다 시게루(吉田茂) 외무장관에게 제출된 요강을 거부한다는 의사를 통보하며, 그 자리에서 GHQ 초안을 전달했다. 나중에 마츠모토는 '헌법개정안 설명보충'이라는 서류를 제출하는 등 저항했지만 GHQ의 동의를 얻지 못했다. 이에 일본정부는 2월 22일 국무회의에서 GHQ 초안에 따라서 헌법개정의 방침을 결정, 2월 27일 법제국 이리에 도시오 차장과 사토 타츠오(佐藤達夫) 제1부장이 중심이 되어 일본정부안 작성에 착수했다. 결국, 3월 2일 시안(3월 2일 안)이 완성되어, 3월 4일 오전 마츠모토와 사토는 GHQ에 제출하고, 같은 날 저녁부터 확정안 작성을 위해 민정국과 사토 사이에 밤샘협의에 들어가 5일 오후 모든 작업을 완료했다.

일본정부는 이 확정안(3월 5일 안)을 강화하여, 3월 6일 '헌법개정초안 요강'으로 발표했다. 그 후, 히라가나 구어체로 조문화가 진행되어 4월 17일 '헌법개정초안'이 공표되었다. 3월 6일 '헌법개정초안요강' 발표와 이에 대한 맥아더의 지지성명은 미국정부에 아닌 밤중에 홍두깨였다. 이 요강은 '일본정부안'으로 발표된 것이지만, GHQ가 깊이 관여한 것이 명백했기 때문에, 일본의 헌법개정에 관한 권한을 가진 극동위원회를 강하게 자극하게 되었다. 맥아더와 극동위원회의 사이에서 입장이 곤란한 국무부는 헌법을 그 시행 전에 극동위원회에 제출한다고 해명할 수밖에 없었다.

극동위원회는 맥아더에게 "일본국민이 헌법초안에 대해 생각할 시간이 없다"는 이유로 4월 10일에 예정된 총선의 연기를 요구하고, 또한 헌법개정 문제를 협의하기 위해 GHQ에서 담당관을 파견해 줄 것을 요청했다. 그러나 맥아더는 이러한 요구를 거부하고 극동위원회의 개입을 최대한 배제하려고 했다.

---

1) ① 천황을 국가의 원수로 하되, 헌법을 준수하며 국민에게 책임질 것
② 주권행사로서의 분쟁해결을 위한 수단이라고 하여도, 자국의 안전을 위한 수단이라고 하여도 전쟁은 포기하며, 세계의 숭고한 이상에 맡길 것
③ 봉건제 폐지와 화족제도를 인정하지 않을 것과 예산은 영국의 제도를 따를 것

(라) 제국 의회에서 심의

1946년 4월 17일 '헌법개정초안'은 추밀원(枢密院)에 송부되었다. 그러나 4월 22일 시데하라(幣原) 내각이 총사퇴하고 5월 22일에 요시다(吉田) 내각이 성립했기 때문에, 선례에 따라 초안은 일단 철회되고 5월 27일 지금까지의 심사 결과에 따라 수정하여 다시 송부되었다. 6월 8일 '헌법개정초안'은 추밀원 본회의에서 찬성 다수로 가결되었다.

6월 20일, '제국헌법개정안(帝国憲法改正案)'은 메이지헌법 제73조의 규정에 의하여 칙서로 국회에 제출되었다. 6월 25일 중의원 본회의에 상정, 6월 28일 아시다 히토시(芦田均)를 위원장으로 하는 제국헌법개정안위원회에 회부되었다. 위원회에서의 심의는 7월 1일부터 시작되어 7월 23일에는 수정안 작성을 위한 소위원회가 설치되어, 수정안이 작성되었다. 이 수정안은 8월 24일 중의원 본회의에서 찬성 421표, 반대 8표라는 압도적 다수로 가결되어 이날 귀족원(貴族院)에 송부되었다.

'제국헌법개정안'은 8월 26일 귀족원 본회의에 상정되어 8월 30일에 아베 요시시게(安倍能成)를 위원장으로 하는 제국헌법개정안 특별위원회에 회부되었다. 특별위원회는 9월 2일부터 심의에 들어가 9월 28일에 수정을 위한 소위원회를 설치하기로 결정했다. 소위원회는 이른바 '문민 조항'의 삽입 등 GHQ 측의 요청에 따른 수정을 포함 4개 항목을 수정했다. 수정된 '제국헌법개정안'은 10월 6일 귀족원 본회의에서 찬성 다수로 가결되었다. 이에 개정안은 이날 중의원에 회부되어 7일 중의원 본회의에서 압도적 다수로 가결되었다.

그 후 '제국헌법개정안'은 10월 12일 추밀원에 다시 송부되어 2회 심사 후, 10월 29일에 2명의 결석자를 제외하고 만장일치로 가결되었다. 이에 '제국헌법개정안'은 천황의 재가를 거쳐 11월 3일 일본헌법으로 공포되었다.

(마) 헌법의 시행

1947년 5월 3일 「일본국헌법(日本国憲法)」이 시행되었다. 당일 황궁 앞 광장에서는 기념식이 열리고, 전국 각지에서도 기념 강연회 등이 열렸다. 또한, 새로운 헌법을 시행할 때 필요한 법률의 제정 및 개정 등이 이루어졌다. 예를 들어, 새로운 황실전범(皇室典範)이 법률로 제정되었으며, 국회법, 내각법, 재판소법, 지방자치법 등도 새롭게 제정되었다. 또한 형법, 민법 등의 규정도 새로운 헌법의 내용에 맞게 개정되었다.

한편, 「일본국헌법」 아래의 첫 국회를 조직하기 위해, 1947년 4월 25일에 제23회 중의원 총선거가 실시되었다(제1회 참의원 통상 선거는 4월 20일 실시). 그 결과 어느 정당도 과반수 의석을 얻지 못하고, 5월 20일 제1회 국회(특별위원회)의 소집일을 맞게 되었다. 5월 24일, 요시다 내각을 대신하여 사회당위원장 가타야마 데쯔(片山哲)를 총리대신(수상)으로 하는 내각이 성립되었다.

한편, 「일본국헌법」이 공포되고, 약 1개월 후 1946년 12월 1일 국민에게 새로운 헌법의 정신을 보급하는 것을 목적으로 '헌법보급회'가 조직되었다. 회장으로는 아시다 히토시(芦田均)가 취임하고, 중의원 및 귀족원 양원 의원 이외에도 많은 저명한 학자, 언론인 등이 이사로 참여했다. 또한 이 모임에는 중앙조직 아래에 각 도도부현에 지부가 만들어졌지만 대부분의 지부장은 도도

부현지사가 취임하고, 사무실도 도도부현청에 두는 등 반관반민의 조직이었다.

'헌법보급회'는 GHQ의 지도하에 다양한 형태로 계몽보급 활동을 전개했다. 구체적으로는 법학자들을 강사로 한 중앙 · 지방의 중견 공무원에 대한 교육 및 전국 각지의 주민을 대상으로 강연회를 개최, 헌법해설서 발간과 현상논문의 모집, 헌법의 성립과정을 다룬 영화의 제작을 통한 계몽활동 등이다. 특히, 전 국민의 헌법보급을 목적으로 1947년에 간행된『새로운 헌법, 밝은 생활』이라는 제목의 소책자는 2천만부가 전국의 각 세대에 배포되었다.

헌법 개정을 둘러싸고 맥아더와 대립한 극동위원회는 제국의회에서「일본국헌법」심의의 진전이라는 기정사실을 앞에 두고 이를 승인하지 않을 수 없었다. 그러나 그 승인 조건에는 시행 후 헌법을 재검토한다는 양해가 있었다. 극동위원회는 1946년 10월 17일, 호주, 뉴질랜드 각 대표의 제안에 따라 "시행 후 1년에서 2년 이내에 새로운 헌법을 재검토 한다"는 정책을 결정했다. 이 결정은 바로 공개되지 않고, 맥아더가 이듬해인 1947년 1월에야 요시다 총리에게 서한으로 전달했다. 이후 정부와 국회에서 헌법 재검토의 움직임을 볼 수 있지만, 이에 대한 국내의 반응은 일부 지식인을 제외하고 대체로 그 필요성을 느끼지 못하였기에 결국 헌법은 재검토되지 못하고, 1949년 5월 극동위원회는 헌법개정의 요구를 포기했다.

(2) 내용

일본국헌법의 조문상 구조를 보면 제1장 천황(제1조~제8조), 제2장 전쟁의 포기(제9조), 제3장 국민의 권리와 의무(제10조~제40조), 제4장 국회(제41조~제64조), 제5장 내각(제65조~제75조), 제6장 사법(제76조~제82조), 제7장 재정(제83조~제91조), 제8장 지방자치(제92조~제95조), 제9장 개정(제96조), 제10장 최고법규(제97조~제99조), 제11장 보칙(제100조~제103조)으로 구성되어져 있다.

(3) 특징

일본국헌법의 기본원칙은 국민주권, 평화주의, 기본적 인권의 중시라는 3가지 내용으로 요약할 수 있다.

(가) 국민주권(상징천황제)과 평화주의

일본의 패전 후 천황제를 어떻게 처리할 것인가 하는 문제는 미국의 대일 점령정책 가운데서도 가장 핵심적인 문제였다. 종전 후 일본의 점령관리는 막대한 권한이 부여된 점령군 최고사령관인 맥아더에 의해 이루어졌다. 맥아더는 결사항전을 굽히지 않던 수백만 일본군이 천황의 조칙 하나로 무장해제하는 것을 보면서 질서유지와 공산주의 세력확장을 막기 위해서 천황제 존속이 필요함을 적은 전문을 미국정부에 보냈다. 아울러 GHQ는 전쟁책임을 전적으로 군국주의자들에게 전가시키면서, 천황은 군국주의자에게 속은 희생자로 선전하였다. 그리고 1946년 1월 천황의 '人間宣言詔書'와 2월부터 시작된 천황의 전국순행 등의 천황의 '인간화', '민주화' 작업이 실행되고, 그 결과 '상징천황'이라는 용어가 등장하게 되었다. 즉, 천황제를 살려두되 천황주권이 아니라 국민주권의 헌법이 탄생하게 된 것이다. 이는, 일본국헌법 제1조에서 "천황은 일본의 상징이며 일본국민통합의 상징으로 이 지위는 주권이 있는 일본국민의 총의에 의거한다."는 조항에 그대로 나타나고 있다.

물론, 이와 같은 천황제의 존속은 그에 상응하는 대가를 지불하지 않으면 안 되었다. 천황제 존속의 대가로 창조된 제9조의 전쟁포기조항(평화주의)은 제1항에서 "일본국민은 정의와 질서를 기조로 하는 국제평화를 성실히 희구하며, 국권이 발동하는 전쟁과 무력에 의한 위협 또는 무력의 행사는 국제분쟁을 해결하는 수단으로는 영구히 이를 포기한다."고 규정하고 있고, 제2항에서 "전항의 목적을 달성하기 위하여 육·해·공군 기타의 전력은 이것을 보유하지 아니한다. 국가의 교전권은 인정하지 아니한다."고 규정하고 있다.

이러한 일본국헌법의 평화주의 원칙은 일본의 주변국에 대한 침략행위를 두 번 다시 허용하지 않겠다는 GHQ의 의지가 강하게 반영된 결과이다. 전쟁 포기를 위한 방법을 구체화한 것이 전력을 보유하지 않겠다는 것과 교전권의 부인 조항인데, 최초에 이 헌법조항의 취지는 자위전쟁이나 자위력조차도 인정하지 않는다는 것이었다. 그러나 동서냉전의 진전과 1950년 한국전쟁을 계기로 일본국헌법의 평화주의는 크게 후퇴하였다. 즉, 1950년 맥아더 총사령관이 연두 기자회견에서 일본국헌법은 자위권을 부정하지 않는다는 취지의 회견을 하였으며, 1950년의 6·25전쟁 발발 직후 맥아더 사령부의 지시에 의해 7만 5000명의 경찰예비대가 설치되었다. 이후 1952년 경찰예비대는 보안대(保安隊)로 변경되고, 1954년 자위대(自衛隊)로 변경되면서, 명실상부한 군대로 변모하였다. 이에, 일본 정부는 헌법 제9조 2항에서 보유를 금지하고 있는 전력이란 근대전쟁을 수행할 수 있을 정도의 장비 및 편성을 갖춘 것을 말하기 때문에 전력이라고 할 수 없는 정도의 실력을 보유하고, 이것을 직접 침략에 대한 방위를 위하여 사용하는 것은 위헌이 아니라는 견해를 밝혔다. 즉, 일본국 헌법 제9조의 전쟁포기 조항에 관한 해석은 침략전쟁에 한하여 포기한 것이지 자위를 위한 전쟁마저 포기한 것은 아니며, 따라서 자위를 위한 전력의 보유와 자위전쟁은 위헌이 아니라는 것이 현재까지의 일본 정부의 공식견해이다. 실제로, 2016년 3월 29일 일본 자위대의 국제 활동범위 확장을 가능하게 하는 집단자위권법이 발효되어 전쟁을 할 수 있는 국가가 되었다.

(나) 메이지 헌법상 의원내각제 관행의 제도화

또한, 일본국헌법은 메이지헌법상 관행적 존재에 불과했던 의원내각제를 명문화하였다. 이는 메이지헌법의 경험으로부터 의원내각제를 붕괴하려는 정치상의 모든 위험에 대한 헌법상의 보장을 의미한다.

그 내용은 다음과 같다. 국민주권을 수립함과 동시에 정당정치를 기초로 하는 의원내각제를 제도적으로 확립하였다. 즉, 국회를 유일한 입법기관으로 하고(제41조), 행정권은 내각에 속한다(제65조)고 규정하여 헌법상의 기관으로서의 내각과 행정권의 주체로서의 내각의 지위를 인정하고 있다. 또한 내각은 법률의 규정에 의하여 그 수장으로서의 내각총리대신 및 기타의 국무대신으로 조직되고(제66조 제1항), 내각총리대신에게 각료의 임면권(제68조 제1·2항)을 비롯한 광범위한 권한(제72조)을 부여하고 있다. 그리고 내각은 중의원에서 불신임 결의안을 가결하거나 신임안이 부결된 경우 10일 이내에 중의원이 해산되지 않는 한 총사직해야 하고(제69조), 이 경우에 내각은 중의원총선거 후에 최초의 국회소집이 있으면 총사직해야 한다(제70조)고 규정하여, 중의원의 내각불신임의 표명이 내각의 총사직을 강제하고 있다. 또한 내각의 행정권 행사와 관련하여 의회에 대해 연대책임(제66조 제3항)을 부담함과 동시에 내각의 책임을 담보하기 위하여 각료의 의원출석·발언의 권리·의무를 규정하는 등(제63조) 국회와 내각의 기능적 협조를 보장하고 있다.

(다) 메이지헌법의 개정절차에 따른 헌법의 제정

일본국헌법은 그 공포문에서 "짐은……추밀고문의 자문 및 제국헌법 제73조에 의한 제국의회의 의결을 거친 제국헌법의 개정을 재가하고…"라고 명시하고 있다. 다시 말해, 일본국헌법은 메이지헌법 제73조의 개정절차에 따라 이루어졌다. 형식적으로는 헌법개정절차에 따른 것이다. 하지만 일본국헌법을 메이지헌법의 개정으로 파악하는 학자는 찾아보기 어렵다. 즉, 대다수의 학자들은 일본국헌법을 '헌법제정'으로 파악한다. 왜냐하면 주권의 주체가 군주주권에서 국민주권으로, 내용면에서 천황중심적 제도가 민주적 의원내각제로 변하여 메이지헌법과의 연속성이 발견되지 않기 때문이다.

물론, 당시 헌법학계의 통설도 헌법개정에는 한계가 있으며, 메이지헌법의 주권원리를 헌법개정에 의해 국민주권으로 수정하는 것은 불가능하다고 해석하고 있었다. 따라서, 일본국헌법의 정당성을 어떻게 이론적으로 설명할 것인가 하는 곤란한 문제가 발생하게 된 것이다. 보수파의 개헌론자 중에는 메이지헌법에서 일본국헌법으로의 개정(제정)은 헌법개정의 한계를 넘었기 때문에 일본국헌법은 무효라고 주장하는 사람도 있다. 반면, 이에 대하여 천황제가 문화적·전통적 정통성을 정치에 제공하는 것에 의미가 있다고 한다면, 천황제를 일본국헌법에 의한 새로운 창조물로 볼 수는 없다고 하는 학설도 있다. 또한, 이른바 '8월혁명설'이라 불리는 이론이 있는데, 이것은 이론적으로 일본국헌법을 메이지헌법의 개정으로 설명하는 것은 불가능하다는 입장이다. 그러므로 패전으로 일본이 포츠담선언을 수락했을 때 일종의 법적 혁명이 일어나 천황주권이 붕괴하고 새로운 국민주권이 성립해 국민의 헌법제정권력의 행사에 의해 새로운 일본국헌법이 창조되었다고 설명한다. 물론, 이에 대해 포츠담선언의 수락 이후 일본은 실질적으로 점령국의 통치하에 들어갔으며, 법적 혁명은 픽션에 불과하다는 비판이 제기되고 있다.

대일본제국 헌법
(大日本帝國憲法)

공포 1889년 (메이지 22년) 2월 11일
시행 1890년(메이지 23년) 11월 29일

헌법전문(告文)

천황은 삼사 황조황종(皇祖皇宗)의 신령께 고하노니, 천황은 하늘과 땅처럼 무궁한(天壤無窮, 천양무궁) 큰 뜻(廣謨, 광모)에 따라 신령(惟神, 유신)의 보위(寶祚, 보조)를 승계하고, 옛 뜻(舊圖, 구도)을 보지하여 감히 실추시키는 일이 없을 것입니다. 살피건대 시국(世局, 세국)의 진운(進運)에 응하고 인문의 발달에 따라, 가로되 황조황종의 유훈을 명징(明徵)하여 전헌을 성립하고 조장을 선포(昭示, 소시)하여, 안으로는 자손이 따르게(率由, 솔유) 하고 밖으로는 신민익찬(臣民翊贊)의 길을 넓히고, 영원히 그대로 따르게(遵行, 준행)하여 더욱 국가의 왕업(丕基, 비기)을 공고히 팔주(八州) 민생의 경복을 증진해야 할 것이므로 이에 황실전범(皇室典範) 및 헌법을 제정합니다. 살피건대 이는 황조황종께서 후예에게 남기신 통치의 홍범을 이음에 따라 짐이 몸소 체득하여 거행하는 것은 황조황종 및 우리 선대 임금(皇考)의 위령에 의지하는 것에 그 연유를 두지 않은 것이 없습니다. 천황은 우러러 황조황종 및 선대 임금의 도움을 빌고 함께 현재와 장래에 신민을 솔선하고 또한 헌장(憲章)을 이행하여 어그러짐이 없을 것을 맹세합니다. 원컨대 신령은 이를 살피소서.

제1장 천황

제1조 대일본제국은 만세일계(萬世一系)의 천황이 이를 통치한다.

제2조 황위는 황실전범(皇室典範)이 정하는 바에 의하여 황남자손이 이를 계승한다.

제3조 천황은 신성하여 침해하여서는 아니 된다.

제4조 천황은 국가의 원수로서 통치권을 총람하며, 이 헌법의 조규에 의하여 이를 행사한다.

제5조 천황은 제국의회의 협찬에 의하여 입법권을 행사한다.

제6조 천황은 법률을 재가하며, 그 공포 및 집행을 명한다.

제7조 천황은 제국의회를 소집하며, 그 개회, 폐회, 정회 및 중의원의 해산을 명한다.

제8조 ① 천황은 공공의 안전을 보호 유지하거나 그 재액을 피하기 위한 긴급한 필요에 의하여 제국의회가 폐회하는 경우에 있어서 법률에 대신할 수 있는 칙령을 발한다.
② 이 칙령은 다음 회기에 제국의회에 제출하여야 하며, 만약 의회에서 승낙되지 아니한 때에는 정부는 장래에 그 효력을 잃는다는 것을 공포하여야 한다.

제9조 천황은 법률을 집행하기 위하여 또는 공공의 안녕질서를 보호 유지하며, 그리고 신민의 행복을 증진하기 위하여 필요한 명령을 발하거나 발해야 한다. 다만, 명령에 의하여 법률을 변경할 수 없다.

제10조 천황은 행정각부의 관제 및 문무관의 봉급을 정하며 문무관을 임명한다. 다만, 이 헌법 또는 다른 법률에 특례를 둔 경우에는 각각 그 조항에 의한다.

제11조 천황은 육해군을 통수한다.

제12조 천황은 육해군의 편제 및 상비군의 수를 정한다.

제13조 천황은 전쟁을 선포하고 강화하며, 제반의 조약을 체결한다.

제14조 ① 천황은 계엄을 선고한다.
② 계엄의 요건 및 효력은 법률에 의하여 이를 정한다.

제15조 천황은 작위 훈장 및 기타의 영전을 수여한다.

제16조 천황은 대사, 특사, 감형 및 복권을 명령한다.

제17조 ① 섭정을 두는 것은 황실전범이 정하는 바에 의한다.
② 섭정은 천황의 이름으로 대권을 행사한다.

제2장 신민권리의무

제18조 일본신민이 되는 요건은 법률이 정하는 바에 의한다.

제19조 일본신민은 법률 명령이 정하는 바의 자격에 따라 동등하게 문무관에 임명되며, 기타의 공무에 취임할 수 있다.

제20조 일본신민은 법률이 정하는 바에 따라 병역의 의무를 가진다.

제21조 일본신민은 법률이 정하는 바에 따라 납세의 의무를 가진다.

제22조 일본신민은 법률의 범위 내에서 거주 및 이전의 자유를 가진다.

제23조 일본신민은 법률에 의하지 아니하고 체포, 감금, 심문 처벌을 받지 아니한다.

제24조 일본신민은 법률에 정하는 재판관의 재판을 받을 권리를 박탈당하지 아니한다.

제25조 일본신민은 법률에 정하는 경우를 제외하고, 그 허락 없이 주거에 침입 받거나 수색 받지 아니한다.

제26조 일본신민은 법률에 정하는 경우를 제외하고 신서의 비밀을 침해받지 아니한다.

제27조 ① 일본신민은 그 소유권을 침해받지 아니한다.
② 공익을 위하여 필요한 처분은 법률이 정하는 바에 의한다.

제28조 일본신민은 안녕질서를 방해받지 아니하며, 신민으로서의 의무에 반하지 아니하는 한에서 신교의 자유를 가진다.

제29조 일본신민은 법률의 범위 내에서 언론, 저작, 출판, 집회 및 결사의 자유를 가진다.

제30조 일본신민은 상당한 경의와 예절을 지키며 별도로 정하는 바의 규정에 따라 청원을 할 수 있다.

제31조 본장에 기재한 조규는 전시 또는 국가사변의 경우에 있어서 천황 대권의 시행을 방해하지 아니한다.

제32조 본장에 기재한 조규는 육해군의 법령 또는 기율에 저촉되지 아니하는 것에 한하여 군인에게 준행한다.

제3장 제국의회

제33조 제국의회는 귀족원과 중의원의 양원으로 성립한다.

제34조 귀족원은 귀족원의 명령으로 정하는 바에 의하여 황족, 화족 및 칙임된 의원으로 조직한다.

제35조 중의원은 선거법이 정하는 바에 의하여 공선된 의원으로 조직한다.

제36조 누구든지 동시에 양의원의 의원이 될 수 없다.

제37조 모든 법률은 제국의회의 협찬을 거칠 것을 요한다.

제38조 양의원은 정부가 제출하는 법률안을 의결하며, 각각 법률안을 제출할 수 있다.

제39조 양의원의 하나에서 부결된 법률안은 동 회기 중에 다시 제출할 수 없다.

제40조 양의원은 법률 또는 기타의 사건에 관하여 각각 그 의견을 정부에 건의할 수 있다. 다만, 채용되지 아니한 것은 동 회기 중에 다시 건의할 수 없다.

제41조 제국의회는 매년 이를 소집한다.

제42조 제국의회는 3개월을 회기로 한다. 필요 있는 경우에는 칙명에 의하여 이를 연장할 수 있다.

제43조 ① 임시 긴급의 필요가 있는 경우에 상회(정기국회) 이외에 임시회(임시국회)를 소집하여야 한다.
② 임시회(임시국회)의 회기를 정하는 것은 칙명에 의한다.

제44조 ① 제국의회의 개회, 폐회, 회기의 연장 및 정회는 양원 동시에 이를 행하여야 한다.
② 중의원 해산을 명받은 때에는 귀족원은 동시에 정회되어야 한다.

제45조 중의원 해산을 명받은 때에는 칙명에 의하여 새로이 의원을 선거하며 해산일로부터 5개월 이내에 이를 소집하여야 한다,

제46조 양의원은 각각 그 총의원 3분의 1 이상 출석하지 아니하면 의사를 열어 의결할 수 없다.

제47조 ① 양의원의 의사는 과반수로 정한다.
② 가부동수인 때에는 의장이 정하는 바에 의한다.

제48조 양의원의 회의는 공개한다. 다만, 정부의 요구 또는 그 원의 결의에 의하여 비공개회의로 할 수 있다.

제49조 양의원은 각각 천황에 상주(上奏)할 수 있다.

제50조 양의원은 신민이 제출하는 청원서를 받을 수 있다.

제51조 양의원은 이 헌법 및 의원법에 기재되어 있는 것 이외에 내부 정리에 필요한 여러 규칙을 정할 수 있다.

제52조 양의원의 의원은 의원에서 발언한 의견 및 표결에 관하여 원외에서 책임을 지지 아니한다. 다만, 의원 스스로 그 언론을 연설, 간행, 필기 또는 기타의 방법으로 공포한 때에는 일반의 법률에 의하여 처분되어야 한다.

제53조 양의원의 의원은 현행범죄 또는 내란, 외환에 관한 죄를 제외하고 회기 중 그 원의 허락 없이 체포되지 아니한다.

제54조 국무대신 및 정부위원은 언제든지 각 의원에 출석하여 발언할 수 있다.

제4장 국무대신 및 추밀고문

제55조 ① 국무 각 대신은 천황을 보필하며 그 책임을 진다.
② 모든 법률, 칙령 기타의 국무에 관한 조칙

은 국무대신의 부서를 요한다.

제56조 추밀고문은 추밀원 관제가 정하는 바에 의하여 천황의 자문에 응하여 중요한 국무를 심의한다.

제5장 사법

제57조 ① 사법권은 천황의 이름으로 법률에 의하여 재판소가 이를 행한다.
② 재판소의 구성은 법률에 의하여 이를 정한다.

제58조 ① 재판관은 법률에 정하는 자격을 갖춘 자로서 이를 임명한다.
② 재판관은 형법의 선고 또는 징계의 처분에 의하지 아니하고는 그 직에서 파면되지 아니한다.
③ 징계의 조규는 법률에 의하여 이를 정한다.

제59조 재판의 대심판결은 이를 공개한다. 다만, 안녕질서 또는 풍속을 해할 염려가 있을 때에는 법률 또는 재판소의 결의에 의하여 대심의 공개를 정지할 수 있다.

제60조 특별재판소의 관할에 속하는 것은 별도의 법률에 의하여 이를 정한다.

제61조 행정관청의 위법처분에 의하여 권리를 상해받았다고 하는 소송으로서 별도의 법률에 의하여 정한 행정재판소의 재판에 속하는 것은 사법재판소에서 수리하지 아니한다.

제6장 회계

제62조 ① 새로이 조세를 부과하고 세율을 변경하려면 법률에 의하여 이를 정하여야 한다.
② 다만, 보상에 속하는 행정상의 수수료 및 기타의 수납금은 전항의 범위에 들지 아니한다.
③ 국채를 발행하고 예산에 정한 것을 제외한 국고의 부담이 될 수 있는 계약을 맺을 때에는 제국의회의 협찬을 거쳐야 한다.

제63조 현행의 조세는 다시 법률에 의하여 이를 고치지 아니하는 한, 구(법률)에 의하여 이를 징수한다.

제64조 ① 국가의 세출 세입은 매년 예산으로 제국의회의 협찬을 거쳐야 한다.
② 예산의 관(款)과 항(項)을 초과하거나 예산 이외에 발생한 지출이 있을 때에는 후일 제국의회의 승낙을 구할 것을 요한다.

제65조 예산은 먼저 중의원에 제출하여야 한다.

제66조 황실경비는 현재의 정액에 의하여 매년 국고에서 이를 지출하며 장래 증액을 요하는 경우를 제외하고 제국의회의 협찬을 요하지 아니한다.

제67조 헌법상의 대권에 근거하는 기정의 세출 및 법률의 결과에 의하거나 법률상 정부의 의무에 속하는 세출은 정부의 동의 없이 제국의회가 이를 폐제하거나 삭감할 수 없다.

제68조 특별한 수요가 있을 때에는 정부는 미리 연한을 정하여 계속비로서 제국의회의 협찬을 구할 수 있다.

제69조 예견하기 어려운 예산의 부족을 보충 또는 예산 이외에 발생한 필요한 경비에 충당하기 위하여 예비비를 두어야 한다.

제70조 ① 공공의 안전을 보호 유지하기 위하여 긴급한 필요가 있는 경우에 내외의 정세와 정황으로 인하여 정부가 제국의회를 소집할 수 없을 때에는 칙령에 의하여 재정상 필요한 처분을 할 수 있다.

② 전항의 경우에 있어서는 다음의 회기에 제국의회에 제출하여 그 승낙을 구할 것을 요한다.

제71조 제국의회에서 예산을 회의를 열어 결정하지 아니하거나 예산 성립에 이르지 못한 때에는 정부는 전년도의 예산을 시행하여야 한다.

제72조 ① 국가의 세출, 세입의 결산은 회계검사원이 이를 검사 확정하며, 정부는 그 검사보고와 함께 이를 제국의회에 제출하여야 한다.
② 회계검사원의 조직 및 직권은 법률에 의하여 이를 정한다.

제7장 보칙

제73조 ① 장래 이 헌법의 조항을 개정할 필요가 있을 때에는 칙명에 의하여 의안을 제국의회의 회의에 붙여야 한다.
② 이 경우에 양의원은 각각 그 총원 3분의 2 이상 출석하지 아니하면 의사를 열 수 없다. 출석의원 3분의 2 이상의 다수를 얻지 아니하면 개정의 의결을 할 수 없다.

제74조 ① 황실전범의 개정은 제국의회의 의논을 거칠 것을 요하지 아니한다.
② 황실전범에 의하여 이 헌법의 조규를 변경할 수 없다.

제75조 헌법 및 황실전범은 섭정을 두는 동안에 이를 변경할 수 없다.

제76조 ① 법률, 규칙, 명령 또는 어떠한 명칭을 사용하는가에 상관없이 이 헌법에 모순되지 아니하는 현행의 법령은 모두 준유(遵由)의 효력을 가진다.
② 세출상 정부의 의무와 관계가 있는 현재의 계약 또는 명령은 모두 제67조의 예에 의한다.

일본국헌법

공포문

짐은 일본국민의 총의에 의거하여 신일본건설의 초석이 정하여 짐에 이른 것을 심히 기뻐하며, 추밀고문의 자문 및 제국헌법 제73조에 의한 제국의회의 의결을 거친 제국헌법의 개정을 재가하고, 이제 이를 공포하게 한다.

1946년 11월 3일

공포 1946년(쇼와 21년) 11월 3일
시행 1947년(쇼와 22년) 5월 3일

전문

일본국민은 정당하게 선출된 국회의 대표자를 통하여 행동하고, 우리들과 우리들의 자손을 위하여 모든 국민과의 화합에 의한 성과와 우리나라 전 국토에 걸쳐 자유가 가져오는 혜택을 확보하며, 정부의 행위에 의하여 다시는 전쟁의 참화가 일어나는 일이 없도록 할 것을 결의하고, 이제 주권이 국민에게 있다는 것을 선언하며, 이 헌법을 확정한다. 무릇 국정은 국민의 엄숙한 신탁에 의한 것으로 그 권위는 국민으로부터 유래하며, 그 권력은 국민의 대표자가 이를 행사하고, 그 복리는 국민이 이를 향수한다. 이것은 인류보편의 원리이며, 이 헌법은 이러한 원리에 의거한 것이다. 우리들은 이에 반하는 일체의 헌법, 법령 및 조칙을 배제한다.

일본국민은 항구적인 평화를 염원하고, 인간상호의 관계를 지배하는 숭고한 이상을 깊이 자각하며 평화를 사랑하는 모든 국민의 공정과 신의를 신뢰하여 우리들의 안전과 생존을 보호·유지하고자 결의하였다. 우리들은 평화를 유지하고, 전제와 예속, 압박과 편협을 지상에서 영원히 제거하고자 노력하고 있는 국제사회에 명예로운 지위를 차지하고자 한다. 우리들은 전 세계 국민이 다 같이 공포와 결핍에서 벗어나, 평화로운 가운데 생존할 권리를 가진다는 것을 확인한다.

우리들은 어느 국가도 자국의 것에만 전념하여 타국을 무시하여서는 아니 되는 것으로 정치도덕의 법칙은 보편적인 것이며, 이 법칙에 따르는 것은 자국의 주권을 유지하고, 타국과 대등관계에 서고자 하는 각국의 책무라고 믿는다.

일본 국민은 국가의 명예를 걸고, 전력을 다하여 이 숭고한 이상과 목적을 달성할 것을 맹세한다.

제1장 천황

제1조 (천황의 지위 · 국민주권)

천황은 일본의 상징이며 일본국민통합의 상징으로, 이 지위는 주권이 있는 일본국민의 총의에 의거한다.

제2조 (황위의 세습과 계승)

황위는 세습되는 것으로 국회가 의결한 황실전범이 정하는 바에 의하여 이를 계승한다.

제3조 (천황의 국사행위와 내각의 책임)

천황의 국사에 관한 모든 행위에는 내각의 조언과 승인을 필요로 하며 내각이 그 책임을 진다.

제4조 (천황의 권능의 한계, 천황의 국사행위의 위임)

① 천황은 이 헌법이 정하는 국사에 관한 행위만을 하며, 국정에 관한 권능을 갖지 아니한다.
② 천황은 법률이 정하는 바에 의하여 그 국사에 관한 행위를 위임할 수 있다.

제5조 (섭정)

황실전범이 정하는 바에 의하여 섭정을 둘 때에는 섭정은 천황의 이름으로 그 국사에 관한 행위를 한다. 이 경우에는 전조 제1항의 규정을 준용한다.

제6조 (천황의 임명권)

① 천황은 국회의 지명에 의거하여 내각총리대신을 임명한다.
② 천황은 내각의 지명에 의거하여 최고재판소의 장인 재판관을 임명한다.

제7조 (천황의 국사행위)

천황은 내각의 조언과 승인에 의하여 국민을 위하여 다음의 국사에 관한 행위를 한다.

1. 헌법개정, 법률, 정령 및 조약의 공포
2. 국회의 소집
3. 중의원의 해산
4. 국회의원 총선거 시행의 공시
5. 국무대신 및 법률이 정하는 기타의 관리의 임면 및 전권위임장 및 대사와 공사의 신임장의 인증
6. 대사, 특사, 감형, 형 집행의 면제 및 복권의 인증
7. 영전의 수여
8. 비준서 및 법률이 정하는 기타 외교문서의 인증
9. 외국의 대사 및 공사의 접수
10. 의식 거행

제8조 (황실의 재산수수)

황실에 재산을 양도하거나, 또는 황실이 재산을 양수하거나, 혹은 하사하는 것은 국회의 의결에 의거하여야 한다.

제2장 전쟁의 포기

제9조 (전쟁포기, 군비 및 교전권의 부인)

① 일본국민은 정의와 질서를 기조로 하는 국제평화를 성실히 희구(希求)하며, 국권이 발동하는 전쟁과 무력에 의한 위협 또는 무력의 행사는 국제분쟁을 해결하는 수단으로는 영구히 이를 포기한다.
② 전항의 목적을 달성하기 위하여 육·해·공군 기타의 전력은 이것을 보유하지 아니한다. 국가의 교전권은 이를 인정하지 아니한다.

제3장 국민의 권리 및 의무

제10조 (일본국민의 요건)

일본국민이 되는 요건은 법률로 이를 정한다.

제11조 (국민의 기본적 인권의 향유와 성질)

국민은 모든 기본적 인권의 향유를 방해받지 아니한다. 이 헌법이 국민에게 보장하는 기본적 인권은 침해할 수 없는 영구의 권리로 현재 및 장래의 국민에게 주어진다.

제12조 (자유·권리의 보호·유지의무, 남용의 금지, 이용의 책임)

이 헌법이 국민에게 보장하는 자유 및 권리는 국민의 부단한 노력에 의하여 이를 보호·유지하여야 한다. 또한, 국민은 이를 남용하여서는 아니 되며, 항상 공공의 복지를 위하여 이를 이용할 책임을 진다.

제13조 (개인의 존중, 생명 · 자유 · 행복추구 권리의 존중)

모든 국민은 개인으로서 존중된다. 생명 · 자유 및 행복추구에 대한 국민의 권리에 관하여는 공공의 복지에 반하지 아니하는 한 입법 기타의 국정 상 최대의 존중을 필요로 한다.

제14조 (법 아래서의 평등, 귀족제도의 부인, 영전의 한계)

① 모든 국민은 법 아래에서 평등하여 인종, 신조, 성별, 사회적 신분 또는 문벌에 의하여 정치적, 경제적 또는 사회적 관계에 있어서 차별받지 아니한다.
② 화족 기타의 귀족제도는 이를 인정하지 아니한다.
③ 영예, 훈장 기타의 영전의 수여는 어떠한 특권도 수반하지 아니한다. 영전의 수여는 현재 이를 가지고 있거나, 또는 장래 이를 받는 자의 일대에 한하여 그 효력을 가진다.

제15조 (공무원의 선정 · 파면권, 공무원의 성질, 보통선거와 비밀투표의 보장)

① 공무원을 선정하고, 그리고 이를 파면하는 것은 국민고유의 권리이다.
② 모든 공무원은 전체의 봉사자로 일부의 봉사자가 아니니다.
③ 공무원의 선거에 관하여는 성년자에 의한 보통선거를 보장한다.
④ 모든 선거에 있어서 투표의 비밀은 이를 침해하여서는 아니 된다. 선거인은 그 선택에 관하여 공적으로나 사적으로 책임을 지지 아니한다.

제16조 (청원권)

누구든지 손해의 구제, 공무원의 파면, 법률, 명령 또는 규칙의 제정, 폐지 또는 개정 기타의 사항에 관하여 평온히 청원할 권리를 가지며, 누구든지 이러한 청원을 하였다고 어떠한 차별대우도 받지 아니한다.

제17조 (국가 및 공공단체의 배상책임)

누구든지 공무원의 불법행위에 의하여 손해를 입은 때에는 법률이 정하는 바에 의하여 국가 또는 공공단체에 그 배상을 청구할 수 있다.

제18조 (노예적 구속 및 강제노역으로부터의 자유)

누구든지 어떠한 노예적 구속도 받지 아니한다. 또한, 범죄로 인한 처벌의 경유를 제외하고는 그 뜻에 반하는 강제노역에 복역하지 아니한다.

제19조 (사상 및 양심의 자유)

사상 및 양심의 자유는 이를 침해하여서는 아니 된다.

제20조 (신교의 자유, 국가의 종교활동 금지)

① 신교의 자유는 누구에게도 이를 보장한다. 어떠한 종교단체도 국가로부터 특권을 받거나, 또는 권력을 행사하여서는 아니 된다.
② 누구든지 종교상의 행위, 축전, 의식 또는 행사에 참가하는 것을 강제 받지 아니한다.
③ 국가 및 그 기관은 종교교육 기타 어떠한 종교적 활동도 하여서는 아니 된다.

제21조 (집회 · 결사 · 표현의 자유, 검열의 금지, 통신의 비밀)

① 집회, 결사 및 언론, 출판, 기타 일체의 표현의 자유는 이를 보장한다.
② 검열은 이를 하여서는 아니 된다. 통신의 비밀은 이를 침해하여서는 아니 된다.

第22条 (거주 · 이전 · 직업선택의 자유, 외국 이주 · 국적이탈의 자유)

① 누구든지 공공의 복지에 반하지 아니하는 한 거주, 이전 및 직업선택의 자유를 가진다.
② 누구든지 외국에 이주하거나, 또는 국적을 이탈하는 자유를 침해 받지 아니한다.

第23条 (학문의 자유)

학문의 자유는 이를 보장한다.

第24条 (가족생활에서의 개인의 존엄과 양성의 평등)

① 혼인은 양성의 합의에만 의거하여 성립하고, 부부가 동등한 권리를 가지는 것을 기본으로 하여 상호협력에 의하여 유지되어야 한다.
② 배우자의 선택, 재산권, 상속, 주거의 선정, 이혼 그리고 혼인 및 가족에 관한 기타의 사항에 관하여서는 법률은 개인의 존엄과 양성의 본질적 평등에 입각하여 제정되어야 한다.

第25条 (생존권, 국가의 생존권 보장의무)

① 모든 국민은 건강하고 문화적인 최저한도의 생활을 영위할 권리를 가진다.
② 국가는 모든 생활부문에 관하여 사회복지, 사회보장 및 공중위생의 향상과 증진에 노력하여야 한다.

第26条 (교육을 받을 권리, 교육의 의무, 의무교육의 무상)

① 모든 국민은 법률이 정하는 바에 의하여 그 능력에 따라 균등하게 교육을 받을 권리를 가진다.
② 모든 국민은 법률이 정하는 바에 의하여 그 보호하는 자녀에게 보통교육을 받게 할 의무를 가진다. 의무교육은 이를 무상으로 한다.

第27条 (근로의 권리 · 의무, 근로조건의 기준, 아동혹사의 금지)

① 모든 국민은 근로의 권리를 가지며, 의무를 진다.
② 임금, 근로시간, 휴식 기타의 근로조건에 관한 기준은 법률로 이를 정한다.
③ 아동은 이를 혹사하여서는 아니 된다.

第28条 (근로자의 단결권 · 단체교섭권 기타 단체행동권)

근로자가 단결하는 권리 및 단체교섭 기타의 단체행동을 하는 권리는 이를 보장한다.

第29条 (재산권의 보장)

① 재산권은 이를 침해하여서는 아니 된다.
② 재산권의 내용은 공공의 복지에 적합하도록 법률로 이를 정한다.
③ 사유재산은 정당한 보상 하에 이를 공공을 위하여 사용할 수 있다.

第30条 (납세의 의무)

국민은 법률이 정하는 바에 의하여 납세의 의무를 가진다.

第31条 (법정절차의 보장)

누구든지 법률이 정하는 절차에 의하지 아니하면 그 생명 혹은 자유를 박탈당하거나, 또는 기타의 형벌을 부과 받지 아니한다.

第32条 (재판을 받을 권리)

누구든지 재판소에서 재판을 받을 권리를 박탈당하지 아니한다.

第33条 (체포에 대한 보장)

누구든지 현행법으로 체포되는 경우를 제외하

고는 권한을 가진 사법관헌이 발부하며, 그와 함께 이유가 되는 범죄를 명시한 영장에 의하지 아니하면 체포되지 아니한다.

제34조 (억류 · 구금에 대한 보장)

누구든지 이유를 즉시 통고받으며, 그와 동시에 즉시 변호인에게 의뢰할 권리가 주어지지 아니하면 억류 또는 구금되지 아니한다. 또한 누구든지 정당한 이유가 없으면 구금되지 아니하며, 요구가 있으면 그 이유는 즉시 본인 및 그 변호인이 출석하는 공개의 법정에서 제시되어야 한다.

제35조 (주거침입 · 수색 · 압수에 대한 보장)

① 누구든지 그 주거, 서류 및 소지품에 관하여 침입, 수색 및 압수를 받지 아니하는 권리는 제33조의 경우를 제외하고는 정당한 이유에 의거하여 발부하여야 하며, 그와 함께 수색하는 장소 및 압수하는 물건을 명시한 영장이 없으면 침해 받지 아니한다.
② 수색 또는 압수는 권한을 가진 사법관헌이 발부하는 각기 별도의 영장에 의하여 이를 행한다.

제36조 (고문 및 잔학한 형벌의 금지)

공무원에 의한 고문 및 잔학한 형벌은 절대로 이를 금한다.

제37조 (형사피고인의 여러 권리)

① 모든 형사사건에 있어서는 피고인은 공평한 재판소의 신속한 공개재판을 받을 권리를 가진다.
② 형사피고인은 모든 증인에 대하여 심문할 기회가 충분히 주어지며, 또한 공공비용으로 자기를 위하여 강제적 절차에 의하여 증인을 청구할 권리를 가진다.
③ 형사피고인은 어떠한 경우에도 자격을 가진 변호인을 의뢰할 수 있다. 피고인 스스로 이를 의뢰할 수 없을 때에는 국가에서 이를 붙인다.

제38조 (자기에게 불이익한 진술의 강요금지, 자백의 증거능력)

① 누구든지 자기에게 불리한 진술을 강요받지 아니한다.
② 강제, 고문 혹은 협박에 의한 자백 또는 부당하게 장기간 억류 혹은 구금된 후의 자백은 이를 증거로 할 수 없다.
③ 누구든지 자기에게 불리한 유일한 증거가 본인의 자백인 경우에는 유죄로 되거나, 또는 형벌을 부과 받지 아니한다.

제39조 (형벌법규의 불소급, 이중처벌의 금지)

누구든지 실행 시에 적법하였던 행위 또는 이미 무죄로 된 행위에 관하여는 형사상의 책임을 지지 아니한다. 또한 동일한 범죄에 관하여 재차 형사상의 책임을 지지 아니한다.

제40조 (형사보상)

누구든지 억류 또는 구금된 후에 무죄의 재판을 받은 때에는 법률이 정하는 바에 의하여 국가에 그 보상을 청구할 수 있다.

제4장 국회

제41조 (국회의 지위, 입법권)

국회는 국권의 최고기관으로 국가의 유일한 입법기관이다.

제42조 (양원제)

국회는 중의원(衆議院) 및 참의원(參議院)의

양의원(兩議院)으로 이를 구성한다.

제43조 (양의원의 조직)

① 양의원은 전 국민을 대표하는 선출된 의원으로 이를 조직한다.
② 양의원의 의원 정수는 법률로 이를 정한다.

제44조 (의원 및 선거인의 자격)

양의원의 의원 및 그 선거인의 자격은 법률로 이를 정한다. 다만, 인종·신조·성별·사회적 신분·문벌·교육·재산 또는 수입에 의하여 차별하여서는 아니 된다.

제45조 (중의원 의원의 임기)

중의원 의원의 임기는 4년으로 한다. 다만, 중의원 해산의 경우에는 그 기간만료 전에 종료한다.

제46조 (참의원 의원의 임기)

참의원 의원의 임기는 6년으로 하며, 3년마다 의원의 반수를 다시 선출한다.

제47조 (선거에 관한 사항)

선거구, 투표의 방법 기타 양의원의 의원선거에 관한 사항은 법률로 이를 정한다.

제48조 (양의원 의원의 겸직금지)

누구든지 동시에 양의원의 의원이 될 수 없다.

제49조 (의원의 세비)

양의원의 의원은 법률이 정하는 바에 의하여 국고에서 상당액의 세비를 받는다.

제50조 (의원의 불체포특권)

양의원의 의원은 법률이 정하는 경우를 제외하고 국회의 회기 중에 체포되지 아니하며, 회기 전에 체포된 의원은 그 의원(議院)의 요구가 있으면 회기 중에 이를 석방하여야 한다.

제51조 (의원의 발언·표결의 무책임)

양의원의 의원은 의원에서 행한 연설, 토론 또는 표결에 관하여 원외에서 책임을 지지 아니한다.

제52조 (정기국회)

국회의 정기국회(常會)는 매년 1회 이를 소집한다.

제53조 (임시국회)

내각은 국회의 임시국회(臨時會)의 소집을 결정할 수 있다. 어느 한 의원(議院)의 총의원 4분의 1 이상의 요구가 있으면 내각은 그 소집을 결정하여야 한다.

제54조 (중의원의 해산, 특별국회, 참의원의 긴급집회)

① 중의원이 해산된 때에는 해산일로부터 40일 이내에 중의원 의원의 총선거를 하며, 그 선거일로부터 30일 이내에 국회를 소집하여야 한다.
② 중의원이 해산된 때에는 참의원은 동시에 폐회된다. 다만, 내각은 국가에 긴급한 필요가 있을 때에는 참의원의 긴급집회를 요구할 수 있다.
③ 전항 단서인 긴급집회에서 채택된 조치는 임시의 것으로 다음 국회개회 후 10일 이내에 중의원의 동의가 없는 경우에는 그 효력을 잃는다.

제55조 (의원의 자격쟁송)

양의원은 각각 그 의원의 자격에 관한 쟁송을

재판한다. 다만, 의원의 의석을 상실하게 하려면 출석의원 3분의 2이상의 다수에 의한 의결을 필요로 한다.

第56조 (정족수 · 표결)

① 양의원의 각각 그 총의원 3분의 1 이상이 출석이 없으면 의사를 열고, 의결할 수 없다.
② 양의원의 의사는 이 헌법에 특별한 정함이 있는 경우를 제외하고 출석의원 과반수로 이를 의결하고, 가부동수인 때에는 의장이 결정하는 바에 의한다.

第57조 (회의의 공개, 비공개회의)

① 양의원의 회의는 공개로 한다. 다만, 출석의원 3분의 2 이상의 다수로 의결한 때에는 비공개회의(秘密會)를 열 수 있다.
② 양의원은 각각 그 회의의 기록을 보존하고, 비공개회의의 기록 중에서 특히 비밀을 요한다고 인정되는 것 이외에는 이를 공표하며, 그와 동시에 일반에게 반포하여야 한다.
③ 출석의원 5분의 1 이상의 요구가 있으면 각 의원의 표결은 이를 회의록에 기재하여야 한다.

第58조 (임원의 선임, 의원규칙, 징벌)

① 양의원은 각각 그 의장 기타의 임원을 선임한다.
② 양의원은 각각 그 회의 기타의 절차 및 내부의 규율에 관한 규칙을 정하며, 또한, 원내의 질서를 어지럽힌 의원을 징벌할 수 있다. 다만, 의원을 제명하려면 출석의원 3분의 2이상의 다수에 의한 의결을 필요로 한다.

第59조 (법률안의 의결, 중의원의 우월)

① 법률안은 이 헌법에 특별한 정함이 있는 경우를 제외하고 양의원에서 가결한 때에 법률이 된다.
② 중의원에서 가결하고, 참의원에서 이와 다른 의결을 한 법률안은 중의원에서 출석의원 3분의 2 이상의 다수로 다시 가결한 때에는 법률이 된다.
③ 전항의 규정은 법률이 정하는 바에 의하여 중의원이 양의원의 협의회를 열 것을 요구하는 것을 방해하지 아니한다.
④ 참의원이, 중의원이 가결한 법률안을 접수한 후에 국회휴회 중의 기간을 제외하고 60일 이내에 의결하지 아니할 때에는, 중의원은 참의원이 그 법률안을 부결한 것으로 볼 수 있다.

第60조 (중의원의 예산선의와 우월)

① 예산은 먼저 중의원에 제출하여야 한다.
② 예산에 관하여 참의원에서 중의원과 다른 의결을 한 경우에는 법률이 정하는 바에 의하여 양의원의 협의회를 열어도 의견이 일치하지 아니할 때, 또는 참의원이 중의원이 가결한 예산을 접수한 후에 국회휴회 중의 기간을 제외하고 30일 이내에 의결하지 아니할 때에는 중의원의 의결을 국회의 의결로 한다.

第61조 (조약의 국회승인과 중의원의 우월)

조약의 체결에 필요한 국회의 승인에 관하여는 전조 제2항의 규정을 준용한다.

第62조 (의원의 국정조사권)

양의원은 각각 국정에 관한 조사를 하고, 이에 관하여서 증인의 출두 및 증언 그리고 기록의 제출을 요구할 수 있다.

第63조 (국무대신의 의원출석)

내각총리대신 기타의 국무대신은 양의원의 하나에 의석을 가지고 있든 없든 관계없이 언제든지 의안에 관하여 발언하기 위하여 의원에 출석할 수 있다. 또한 답변 또는 설명을 위하여 출석을 요구받은 때에는 출석하여야 한다.

제64조 (탄핵재판소)

① 국회는 파면의 소추를 받은 재판관을 재판하기 위하여 양의원의 의원으로 조직하는 탄핵재판소를 둔다.
② 탄핵에 관한 사항은 법률로 이를 정한다.

제5장 내각

제65조 (행정권과 내각)

행정권은 내각에 속한다.

제66조 (내각의 조직)

① 내각은 법률이 정하는 바에 의하여 그 수장인 내각총리대신 및 기타의 국무대신으로 이를 조직한다.
② 내각총리대신, 기타의 국무대신은 문민이어야 한다.
③ 내각은 행정권의 행사에 관하여 국회에 대하여 연대하여 책임을 진다.

제67조 (내각총리대신의 지명, 중의원의 우월)

① 내각총리대신은 국회의원 중에서 국회의 의결로 이를 지명한다. 이 지명은 다른 모든 안건에 우선하여 이를 행한다.
② 중의원과 참의원이 다른 지명의 의결을 한 경우에 법률이 정하는 바에 의하여 양의원의 협의회를 열어도 의견이 일치하지 아니할 때, 또는 중의원이 지명의 의결을 한 후에 국회휴회 중의 기간을 제외하고 10일 이내에 참의원이 지명의 의결을 하지 아니할 때에는 중의원의 의결을 국회의 의결로 한다.

제68조 (국무대신의 임면)

① 내각총리대신은 국무대신을 임명한다. 다만, 그 과반수는 국회의원 중에서 선출되어야 한다.
② 내각총리대신은 임의로 국무대신을 파면할 수 있다.

제69조 (중의원의 내각불신임)

내각은 중의원에서 불신임결의안을 가결하거나 또는 신임결의안을 부결한 때에는 10일 이내에 중의원이 해산되지 아니하는 한 총사직하여야 한다.

제70조 (내각총리대신의 흠결 또는 총선거 후의 총사직)

내각총리대신이 없을 때 또는 중의원 의원 총선거 후에 처음으로 국회의 소집이 있은 때에 내각은 총사직하여야 한다.

제71조 (총사직 후 내각의 직무)

전 2조의 경우에는 내각은 새로 내각총리대신이 임명될 때까지 계속해서 그 직무를 행한다.

제72조 (내각총리대신의 직무)

내각총리대신은 내각을 대표하여 의안을 국회에 제출하고, 일반국무 및 외교관계에 관하여 국회에 보고하며, 그리고 행정각부를 지휘 감독한다.

제73조 (내각의 사무)

내각은 다른 일반 행정사무 외에 다음 사무를 행한다.

1. 법률을 성실히 집행하고, 국무를 총리하는 것.
2. 외교관계를 처리하는 것.
3. 조약을 체결하는 것. 다만, 사전에 시의(時宜)에 따라서는 사후에, 국회의 승인을 거칠 것을 필요로 한다.
4. 법률이 정하는 기준에 따라 관리에 관한 사무를 맡아서 처리하는 것.
5. 예산을 작성하여 국회에 제출하는 것.
6. 이 헌법 및 법률의 규정을 실시하기 위하여 정령을 제정하는 것. 다만, 정령에는 특히 그 법률의 위임이 있는 경우를 제외하고 벌칙을 둘 수 없다.
7. 대사·특사·감형·형집행의 면제 및 복권을 결정하는 것.

第74조 (법률 · 정령의 서명 · 연서)

법률 및 정령에는 모두 주임인 국무대신이 서명하고, 내각총리대신이 연서할 것을 필요로 한다.

第75조 (국무대신의 소추)

국무대신은 그 재임 중에 내각총리대신의 동의가 없으면 소추되지 아니한다. 다만, 이로 인하여 소추의 권리는 방해받지 아니한다.

第6장 사법

第76조 (사법권, 재판소, 특별재판소의 금지, 재판관의 독립)

① 모든 사법권은 최고재판소 및 법률이 정하는 바에 의하여 설치하는 하급재판소에 속한다.
② 특별재판소는 이를 설치할 수 없다. 행정기관은 종심으로서 재판을 할 수 없다.
③ 모든 재판관은 그 양심에 따라 독립하여 그 직권을 행하며, 이 헌법 및 법률에만 구속된다.

第77조 (재판소의 규칙제정권)

① 최고재판소는 소송에 관한 절차, 변호사, 재판소의 내부규율 및 사법사무처리에 관한 사항에 관하여 규칙을 정하는 권한을 가진다.
② 검찰관은 최고재판소가 정하는 규칙에 따라야 한다.
③ 최고재판소는 하급재판소에 관한 규칙을 정하는 권한을 하급재판소에 위임할 수 있다.

第78조 (재판관의 신분보장)

재판관은 재판에 의하여 심신의 장해로 직무를 수행할 수 없다고 결정된 경우를 제외하고 공공의 탄핵에 의하지 아니하면 파면되지 아니한다. 재판관의 징계처분은 행정기관이 이를 행할 수 없다.

第79조 (최고재판소의 구성, 최고재판소의 재판관)

① 최고재판소는 그 장인 재판관 및 법률이 정하는 인원수의 기타의 재판관으로 이를 구성하며, 그 장인 재판관 의외의 재판관은 내각에서 이를 임명한다.
② 최고재판소의 재판관의 임명은 그 임명 후 처음으로 행하여지는 중의원 의원 총선거 시 국민의 심사에 붙이고, 그 후 10년을 경과한 후 처음으로 행하여지는 중의원 의원 총선거 시에 거듭 심사 붙이며, 그 후에도 같은 방식으로 한다.
③ 전항의 경우에 있어서 투표자의 다수가 재판관의 파면을 원할 때에는 그 재판관은 파면된다.
④ 심사에 관한 사항은 법률로 이를 정한다.
⑤ 최고재판소의 재판관은 법률이 정하는 연령에 달한 때에 퇴직한다.

⑥ 최고재판소의 재판관은 모두 정기적으로 상당액의 보수를 받는다. 이 보수는 재임 중에 이를 감액할 수 없다.

제80조 (하급재판소의 재판관)

① 하급재판소의 재판관은 최고재판소가 지명한 자의 명부에 의하여 내각에서 이를 임명한다. 그 재판관은 임기를 10년으로 하며, 재임될 수 있다. 다만, 법률이 정하는 연령에 달한 때에는 퇴직한다.
② 하급재판소의 재판관은 모두 정기적으로 상당액의 보수를 받는다. 이 보수는 재임 중에 이를 감액할 수 없다.

제81조 (법령 등의 합헌성 심사권)

최고재판소는 일체의 법률, 명령, 규칙 또는 처분이 헌법에 적합한지 아닌지를 결정하는 권한을 가진 종심재판소이다.

제82조 (재판의 공개)

① 재판의 대심 및 판결은 공개법정에서 이를 행한다.
② 재판소가 재판관의 전원일치로 공공의 질서 또는 선량한 풍속을 해할 염려가 있다고 결정한 경우에는 대심은 공개하지 아니하고 이를 행할 수 있다. 다만, 정치범죄, 출판에 관한 범죄 또는 이 헌법 제3장에서 보장하는 국민의 권리가 문제가 되는 사건의 대심은 항상 이를 공개하여야 한다.

제7장 재정

제83조 (재정처리의 권한)

국가의 재정을 처리하는 권한은 국회의 의결에 의거하여 이를 행사하여야 한다.

제84조 (과세의 요건)

새롭게 조세를 부과하거나 또는 현행의 조세를 변경하려면 법률 또는 법률이 정하는 조건에 의할 것을 필요로 한다.

제85조 (국비지출과 국가의 채무부담)

국비를 지출하거나 또는 국가가 채무를 부담하려면 국회의 의결에 의거할 것을 필요로 한다.

제86조 (예산의 작성과 국회의 의결)

내각은 매 회계연도의 예산을 작성하고, 국회에 제출하여 그 심의를 받고 의결을 거쳐야 한다.

제87조 (예비비)

① 예견하기 어려운 예산의 부족에 충당하기 위하여 국회의 의결에 의거하여 예비비를 두며, 내각의 책임으로 이를 지출할 수 있다.
② 모든 예비비의 지출에 관하여는 내각은 사후에 국회의 승낙을 얻어야 한다.

제88조 (황실재산 · 황실비용)

모든 황실재산은 국가에 속한다. 모든 황실의 비용은 예산에 계상하여 국회의 의결을 거쳐야 한다.

제89조 (공공재산의 지출이용의 제한)

공금 기타의 공공의 재산은 종교상의 조직 혹은 단체의 사용, 편익 혹은 유지를 위하여 또는 공공의 지배에 속하지 아니하는 자선, 교육 혹은 박애의 사업에 대하여 이를 지출하거나 또는 그 이용에 제공하여서는 아니 된다.

제90조 (결산 · 회계검사원)

① 국가의 수입 지출의 결산은 모두 매년 회

계검사원이 이를 검사하고, 내각은 다음 연도에 그 검사보고와 함께 이를 국회에 제출하여야 한다.
② 회계검사원의 조직 및 권한은 법률로 이를 정한다.

제91조 (재정상황의 보고)

내각은 국회 및 국민에 대하여 정기적으로 적어도 매년 1회 국가의 재정상황에 관하여 보고하여야 한다.

제8장 지방자치

제92조 (지방자치의 기본원칙)

지방공공단체의 조직 및 운영에 관한 사항은 지방자치의 본뜻에 의거하여 법률로 이를 정한다.

제93조 (지방공공단체의 의회)

① 지방공공단체에는 법률이 정하는 바에 의하여 그 의사기관으로서 의회를 설치한다.
② 지방공공단체의 장, 그 의회의 의원 및 법률이 정하는 기타의 공무원은 그 지방공공단체의 주민이 직접 이를 선출한다.

제94조 (지방공공단체의 권능)

지방공공단체는 그 재산을 관리하고, 사무를 처리하며 그리고 행정을 집행하는 권능을 가지고, 법률의 범위 내에서 조례를 제정할 수 있다.

제95조 (특별법의 주민투표)

하나의 지방공공단체에만 적용되는 특별법은 법률이 정하는 바에 의하여 그 지방공공단체의 주민투표에서 그 과반수의 동의를 얻지 아니하면 국회는 이를 제정할 수 없다.

제9장 개정

제96조 (헌법개정의 절차)

① 이 헌법의 개정은 각 의원의 총의원 3분의 2 이상의 찬성으로 국회가 이를 발의하고, 국민에게 제안하여 그 승인을 거쳐야 한다. 이 승인에는 특별한 국민투표 또는 국회가 정하는 선거 시 행하여지는 투표에 있어서 그 과반수의 찬성을 필요로 한다.
② 헌법개정에 관하여 전항의 승인을 거친 때에는 천황은 국민의 이름으로 헌법과 일체를 이루는 것으로 하여 즉시 이를 공포한다.

제10장 최고법규

제97조 (기본적 인권의 본질)

이 헌법이 일본국민에게 보장하는 기본적 인권은 인류의 다년간에 걸친 자유획득의 노력의 성과로 이들 권리는 과거 수많은 시련을 이겨낸 것이며, 현재 및 장래의 국민에 대하여 침해할 수 없는 영구의 권리로서 신탁된 것이다.

제98조 (헌법의 최고법규성, 조약·국제법규의 준수)

① 이 헌법은 국가의 최고법규로 그 조규에 반하는 법률·명령·조칙 및 국무에 관한 기타의 행위의 전부 또는 일부는 그 효력을 갖지 아니한다.
② 일본이 체결한 조약 및 확립된 국제법규는 이를 성실히 준수할 것을 필요로 한다.

제99조 (헌법존중옹호의 의무)

천황 또는 섭정 및 국무대신, 국회의원, 재판관 기타의 공무원은 이 헌법을 존중하고 옹호할 의무를 진다.

제11장 보칙

제100조 (시행기일)

① 이 헌법은 공포일로부터 기산하여 6개월을 경과한 날로부터 이를 시행한다.
② 이 헌법을 시행하기 위하여 필요한 법률의 제정, 참의원 의원의 선거 및 국회소집의 절차 그리고 이 헌법을 시행하기 위하여 필요한 준비절차는 전항의 기일보다도 전에 이를 행할 수 있다.

제101조 (국회에 관한 경과규정)

이 헌법 시행 시에 참의원이 아직 성립하지 아니한 때에는 그 성립할 때까지의 동안에 중의원은 국회로서의 권한을 행한다.

제102조 (제1기 참의원 의원의 임기)

이 헌법에 의한 제1기 참의원 의원 가운데에서 그 반수의 자의 임기는 이를 3년으로 한다. 그 의원은 법률이 정하는 바에 의하여 이를 정한다.

제103조 (공무원에 관한 경과규정)

이 헌법 시행 시 현재 재직하는 국무대신, 중의원 의원 및 재판관 그리고 기타의 공무원으로 그 지위에 상응하는 지위가 이 헌법에서 인정되는 자는 법률로 특별히 정한 경우를 제외하고 이 헌법시행으로 인하여 당연히 그 지위를 상실하는 것은 아니다. 다만, 이 헌법에 의하여 후임자가 선출 또는 임명된 때에는 당연히 그 지위를 상실한다.

국외
제1편

CHAPTER

05

중국헌법

· 중국헌법 해설
· 중화인민공화국 헌법

중국헌법 해설

1. 중화인민공화국 헌법의 제정

중국의 현행헌법은 건국 이후 몇 번의 제정과 개정 과정을 거쳐 1982년 제정되어 네 번의 부분개정을 결쳐 현재에 이르게 되었다. 중화인민공화국의 최초 헌법제정은 1954년에 이루어졌기 때문에, 1949년 10월 1일 신 중국 성립부터 1954년까지 중국의 정체제도와 국가제도는 「중국인민정치협상회의공동강령(國人民政治協商會議共同綱領)」에 의해 실행되었다. 따라서 현행헌법에 대해 살펴보기 전에 현행헌법 제정 이전의 헌법제정을 포함한 공동강령이 생겨난 역사적 배경을 개괄적으로 이해할 필요가 있다.

(1) 1949년 중국인민정치협상회의공동강령

중국공산당이 이끄는 새로운 정부는 어떠한 국가를 건립하고, 정권 취득 이후에 그 성과를 어떻게 법률 형식으로 규정하는가 하는 문제를 목전에 두고 있었다. 그리고 건국 후의 대정 방침을 규정하여 전체 국민 모두가 지키도록 하는 준칙과 국민 경제건설의 전략정책을 지도하게 함으로써 전국 각 민족 인민으로 하여금 경제 건설의 회복을 가속화하는 것, 즉 근본법 성질의 문건 제정이 절실히 필요하였다. 그러나 당시 본토는 아직 완전히 해방되지 못했고 전쟁은 진행중이었으며, 반혁명세력이 여전히 맹위를 떨치고 있었다. 또한 사회질서는 아직 충분히 안정되지 않았을 뿐만 아니라, 인민군중의 조직상황과 자각의 정도가 필요적 수준에 도달하지 못한 상황이었다. 이에 보통선거로 전국인민대표대회를 소집하여 헌법을 제정하는 것은 불가능하다고 판단했다.

따라서, 1949년 9월 29일 신정부가 성립하기 전, 중국공산당의 주체로 각 민주당파, 인민단체, 인민해방군, 각 지구, 각 민족, 화교와 종교계 인사 등 각 방면의 대표가 참가한 중국인민정치협상회의 제1회 전체회의선거에서 중앙인민정부위원회가 탄생되었고, 중화인민공화국의 성립을 선언했으며, 「중국인민정치협상회의공동강령(약칭, 공동강령)」이 통과되었다.

공동강령은 인민대표대회가 중국 정권조직 형식으로 중화인민공화국 성립 후의 최고 국가권력기관이고 국가 입법권을 행사하는 유일한 기관이라 명확하게 규정하였다. 또한 외국 열강들이 과거 중국에서 가졌던 모든 특권을 취소하고, 관료 자본의 몰수, 그리고 토지개혁을 실시한다고 선포하였다. 동시에 중화인민공화국 성립 후의 각종 기본 국가정책과 국민의 기본적 권리를 규정하였다.

공동강령은 중화인민공화국 건국 전이기 때문에 중국인민정치협상회의가 전국인민대표대회 직권을 대행하여 제정되었고, 중화인민공화국 건국 초기에 임시헌법으로서의 역할을 하였다. 공동강령이 갖는 헌법적 의의는 새 중국의 정식 헌법 제정에 있어 구조상으로 중요한 경험을 제공하였다는 점이다.

(2) 1954년 헌법

건국 후 국가의 기틀이 잡히고 사회가 안정되자, 중국 공산당은 사회주의의 건설이라는 목표를 본격화하기 시작하였다. 그 일환으로 중국의 역사경험을 종합하고 다른 사회주의 국가들의 헌법을 본받은 새로운 헌법을 제정하고자 하였다. 1954년 9월 20일 제1기 전국인민대표대회 제1차 회의에서, 중국 건국 후 최초의 제1부 사회주의 유형 헌법이 통과되었는데, 이것이 바로 '1954년 헌법'이다.

"이 헌법은 1949년의 중국인민정치협상회의공동강령을 기초로 하였으며, 또 발전시켰다."고 서문에서 명확히 밝히고 있는 것에서도 알 수 있듯이, 1954년 헌법은 공동강령을 토대로 탄생한 것이다. 그러나 이 헌법은 공동강령과 달리 사회주의 건설이라는 국가 목표를 분명히 선언하면서 과도적 시기의 국가 임무를 밝혔다는 점에 특징이 있다. 그 주요 내용은 다음과 같다.

(가) 국가제도와 국가임무에 관한 규정

① 중화인민공화국은 노동자(工人)계급이 이끌고 농공연맹(工農聯盟)이 기초가 되는 인민민주국가라고 규정하였다.

② 중화인민공화국의 모든 권력은 인민에게 속하며, 인민이 국가권력을 행사하는 기관은 전국인민대표대회와 지방 각급인민대표대회임을 확인하고 있다.

③ 중국은 연방제가 아니라 단일제(單一制)의 국가형식을 취하며, 통일다민족국가 내에 민족구역자치제도를 실행한다는 기본제도를 규정하고 있다.

④ 사회주의 건설과 사회주의 개조의 기본노선을 확인하고, 사회주의 사회로 넘어가는 방법과 절차를 규정하였다. 즉, 국가의 임무는 사회주의공업화를 실현하고 농업·수공업 및 자본주의 상업의 사회주의 개조를 점진적으로 완성해 가는 것이라고 규정하고 있다.

(나) 경제제도에 관한 규정

이 헌법은 생산자체의 전민소유제(사회주의 공유제), 합작사소유제(노동군중 집단소유제), 개인노동자 소유제, 자본가 소유제의 네 가지 생산자료 소유제를 확인하고 점진적으로 전민소유제를 지향해 나갈 것을 규정하였다.

(다) 국가기구에 관한 규정

각급인민대표대회를 '국가권력기관'으로, 국무원과 지방 각급인민위원회를 국가권력기관의 '집행기관'으로, 인민법원을 국가의 '심판기관'으로, 인민검찰원을 국가의 '법률감독기관'으로 각각 규정하였다.

(라) 공민의 기본적 권리와 자유에 관한 규정

이 헌법은 중국헌법 발전 역사상 처음으로 법 앞에서의 만인평등과 민족평등, 남녀평등을 포함한 평등권을 확인하였고, 선거권과 피선거권을 포함한 정치적 권리, 언론·출판·집회·결사,

시위 등의 자유, 신체의 자유, 통신비밀의 보호, 노동권, 휴식권, 교육을 받을 권리, 종교신앙의 자유 등 공민의 기본적 권리와 자유를 광범위하게 규정하였다.

(마) 민족 문제에 관한 규정

우리 각 민족은 이미 단결하여 자유롭고 평등한 민족대가정을 이루었으니, 민족 간 우애를 돈독히 하여 서로 도와 제국주의를 반대하고, 각 민족 내부의 인민공적에 대항하며, 대민족주의와 지방민족주의에 항거하는 기초 위에 중국 민족단결을 계속 강화해 나갈 것이라 규정하면서, 민족 간의 차별금지, 각 민족 고유의 언어와 풍속의 발전을 보장하며, 소수민족 거주지역에는 구역자치를 실행하도록 규정하였다.

(3) 1975년 헌법

중국은, 1966년 "문화 대혁명"이 시작되고 얼마 지나지 않은 1967년, 상해에서는 "일월 폭풍"이 발생하고, 지방에서는 "혁명 위원회"가 성립되어 지방 정부의 직능을 대신하여 국가 기구 전부가 혼란 상태에 처하게 되었다. 그리고 중국 지도자 층 내부에는 왕홍원(王洪文, 중국공산당 중앙위원회 부주석), 장춘차오(張春橋, 정치국 상임위원 겸 국무원 부총리), 장칭(江青, 정치국 위원이면서 마오쩌뚱의 부인), 야우원위안(姚文元, 정치국 위원) 등 주요 인물 4명으로 구성된 소위 "사인방(四人幇)"이라는 사인 집단이 등장했다. 이들 사인방이 조종하는 "중앙 문화 대혁명" 그룹은 이 기회에 저우언라이(周恩來)가 이끄는 국무원의 정상적인 활동을 약화시켜, 자기들이 실제적인 국가 권력의 중심이 되려고 하였다.

이에, 1975년 1월 17일 제4기 전국인민대표대회 제1차 회의에서 새로운 제2부 헌법이 통과되었으며, 이것이 바로 1975년 헌법이다. 이 헌법은 중국의 "문화 대혁명"이란 특정한 시기에 제정되었기 때문에 "문혁 헌법"으로 불리고 있다.

이 헌법은 극단적인 좌경사조의 지배를 받은 것으로, 54년 헌법과는 비교할 수 없을 정도로 조악한 내용을 담고 있는 것으로 평가된다.

구체적으로 그 특징을 살펴보면, 첫째, 헌법의 지도사상을 '계급투쟁'의 계속적 전개에 두었고, 둘째, '무산계급 독재 하의 계속혁명'을 강조하여, 사인방 등의 소수 권력자에 의한 인권침해와 법질서의 파괴를 정당화하였으며, 셋째, 문화대혁명 기간 중의 국가기구 혼란상태를 추인하였고, 넷째, '중화인민공화국 공민은 법률상 평등하다'는 등의 규정을 삭제하여 공민의 기본권 범위를 대폭 축소하였으며, 다섯째, 조문 총수가 30조에 불과하여 원래 106조이던 54년 헌법에 비하여 76조나 줄어들었을 뿐만 아니라, 그 조차도 '마오쩌뚱(毛澤東) 어록'을 그대로 인용한 조문이 더러 있었다.

(4) 1978년 헌법

마오쩌둥 사망 후 1976년 10월 사인방의 축출과 함께, 1977년 8월 중국 공산당은 당의 제11차 전국대표대회에서 '문화 대혁명'의 종결을 선포하였다. 또한 사인방에 의해 파괴된 민주와 법제의 빠른 회복을 위해, 사인방의 헌법을 손 볼 필요성와 사회주의 현대화 강국 건설의 임무를 위해 헌법의 개정을 꾀하였다. 그리하여 화구어펑(華國峯) 정권 하에서 헌법개정 작업이 시작되었고, 1978년 3월 5일 전국인민대표대회 제1차 회의에서 '1978년 헌법'이 통과되었다.

이 헌법은 인민검찰원의 권한과 지위를 회복시키는 등 75년 헌법의 극단화된 오류를 일부 시정했으나, 화구어펑 정권의 보수성향으로 인해 '좌경사상'의 영향을 상당히 온존(溫存)시키는 한계를 보였다.

그 후 중국 공산당의 제11기 중앙위원회 제3회 총회에서 덩샤오핑(鄧小平)의 지도 하에 당 활동의 중점을 계급투쟁 일변도에서 이른바 '사회주의 현대화 건설'로 옮길 것을 천명하면서 78년 헌법에 남아 있는 좌경성향에 대하여 강한 비판을 제기함에 따라, 1979년 6월 제5기 전국인민대표대회 제1차 회의에서 '79년 헌법 수정결의안'이 통과되고, 다시 1980년 9월 제5기 전국인민대표대회 제3차 회의에서 '80년 헌법 수정결의안'이 통과되었다. 1980년의 개정으로 문화대혁명 당시 공민에게 부여되었던 4대 자유권 즉, '대명(大鳴), 대방(大放), 대변론(大辯論), 대자보(大字報)를 운용할 권리'라는 중국식 언론의 자유가 헌법에서 삭제되었다. 그러나 이 두 차례의 개정은 부분적인 조문개정에 그쳐 덩샤오핑의 개혁, 개방 정책을 뒷받침하는 데는 많은 한계를 가지고 있었다.

(5) 1982년 헌법

1981년 6월 중국공산당 제11회 제6차 전국대표대회에서는 건국 32년 동안의 사회주의 혁명 및 사회주의 건설의 경험과 교훈을 전면적으로 총결하여, "개혁, 개방, 활력"의 사회주의 현대화 강국 건설의 길이 중국 국정에 적합함을 인정하였다. 이러한 상황에서 1978년 헌법은 이미 현실생활 중의 변화와 사회의 진일보 발전에 필요한 요구를 반영하지 못하게 되었다. 또한, 1978년 헌법은 "문화 대혁명"의 영향을 철저히 제거하기 위한 일부분의 헌법 개정이었으며, 두 차례의 부분적인 개정작업이 있었지만 경제제도 개혁과 대외개방이란 새로운 형식에 적응하지 못하는 한계가 드러났다. 이에, 1980년 9월 10일 전국인민대표대회 제5회 제3차 회의에서는 중국공산당의 건의를 받아들여, 헌법에 대한 전면적인 개정결정이 내려졌고, 전문위원회(즉 헌법개정(修改)위원회)를 설립하였다.

헌법개정위원회는 1982년 2월 '중화인민공화국 헌법개정초안' 토론 원고를 제출, 다시 한 번 의견을 수집, 이를 개정한 이후 1982년 4월 전국인민대표대회 상무위원 제23차 회의에 상정, 이번 회의에서 헌법개정초안을 전국 각 민족 인민에게 교부하고 토론한다는 결정을 내렸다. 4개월간 전국인민의 토론을 거쳐 초안에 대해 또 한 번의 개정을 한 헌법개정위원회는 전국인민대표대회에 이 안의 심의를 제청하였다. 마침내 하나의 새로운 헌법안이 1982년 12월 4일 전국인민대표대회 제5회 제5차 회의에서 정식으로 통과되었으며, 그것이 바로 현행헌법이다. 이 헌법은 덩샤오핑이 이끄는 개혁과 개방을 뒷받침하고자 한 헌법이기 때문에 "개혁개방 헌법"으로 불리기도 한다.

현행헌법의 공포 실시 후, 중국의 사업 중심은 사회주의 현대화 건설로 집중·가속화 되었고, 국가의 경제체제 개혁과 정치체제 개혁의 실행을 위한 법률의 근거를 제공하였다. 그러나 개혁

개방의 실행은 사회생활에 커다란 변화를 초래했고, 헌법 구조상 사회생활의 변화와 상응하지 못하는 상황이 존재함이 분명히 드러나게 되었다. 이에 사회경제의 변용을 헌법에 반영하기 위하여 네 번(1988년 개정(제1조, 제2조), 1993년 개정(제3조~제11조), 1999년 개정(제12조~제17조), 2004년 개정(제18조~제31조))에 걸쳐 부분개정이 이루어졌다.

2. 현행헌법의 내용

현행헌법은 전문, 총강, 공민의 기본적 권리 및 의무, 국가기구, 그리고 국기 · 국가 · 국장 · 수도를 나누어 모두 제4장 제138조로 이루어지는데, 그 문장 구조상에 현저한 변화를 보인다. 즉, 이전 헌법은 국민의 기본적 권리 및 의무를 국가기구 뒤에 두었는데, 현행 헌법은 국민의 기본적 권리 및 의무에 대한 조항을 국가기구 조항 앞에 두고, 관련된 조문의 수를 늘였다. 이런 문장 구조상의 변화는 공민(국민) 개인의 법률상 지위가 높아지고, 권리 보장이 중시됨을 뜻한다.

그리고 1954년 헌법에서 규정한 법률 앞에 모든 사람은 평등하다는 원칙(제33조 제2항), 국가배상청구권(제41조 제3항), 상속권(제13조 제2항), 세금 납부의무(제56조) 등의 내용을 회복하며, 인격의 존엄(제38조), 권리와 의무의 분할 불가(제33조 제3항, 제51조), 부양과 부조의 의무(제49조 제3항), 의무 교육(제46조 제1항) 등과 같이 과거의 헌법에는 없었던 조항을 신설하였다.

3. 현행헌법의 특징

현행 중국헌법은 다른 국가의 헌법과 비교해서 다음과 같은 특징을 가진다.

(1) 사회주의 헌법

이 헌법은 사회체제로 사회주의를 채용하는 것을 미리 지정하여, 선거 등을 통한 체제 변경의 가능성을 처음부터 배제하고 있다(제1조 제1항, 제2항). 그 뿐만 아니라, 사회주의에 대해 이의를 제기하는 것으로 판단되는 언동을 금지하며, 형사처벌의 대상이 되도록 하고 있다(형법의 '국가의 안전에 위해를 가한 죄'에 해당됨). 체제선택의 문제가 헌법제정 이전에 역사 가운데 이미 해결된 것으로 헌법 전문에 규정하고 있다. 또, 중국이 사회주의의 길을 이후에도 계속 걸어가는 것은 전문 중에서 공산당의 지도, '마르크스 · 레닌주의, 마오쩌둥 사상, 덩샤오핑 이론, "세 가지 대표"의 중요사상', 인민민주주의 독재와 함께 이른바 '4개의 기본원칙'의 견지로써 표현하고 있다. 다시 말해, 이 헌법은 사회체제의 선택을 재검토하는 것에 대해 전혀 상정하고 있지 않다. 체제선택을 둘러싼 이런 방침은, 이 헌법이 규정하는 다음과 같은 구체적인 제도에도 나타나고 있다.

(가) 공산당에 의한 일당독재

헌법은 당연히 중국공산당을 유일불변의 정권당으로 규정하고 있으며, 이른바 다당협력제 아래 존속이 허락된 많은 민주당파는 공산당의 지도를 받아들이는 것을 전제한 '참정당(參政黨)'[1] '우당(友黨)'이기에, 실질적으로 공산당과 정권을 다투는 라이벌은 존재하지 않는다. 공산당의 지도로 시작하는 전술의 '4개의 기본원칙'은, 이 헌법이 보장하는 시민의 권리에 대한 체제적 틀을 만드는 헌법상의 근거가 되며, 공민(시민)의 권리는 원칙적으로 엄격한 제약 아래 둔다. 게다가, 어떤 행위가 헌법에 의한 제약의 대상이 되는지에 대해서는 사법심사가 아니라, 권력의 독점을 인정받은 공산당이 최종적으로 판단하게 된다. 일원적 정치권력은 필연적으로 이데올로기 측면의 다양성을 부정하는 것이 된다. 중국의 인권문제가 종종 국제적으로 비난 받는 것은 이러한 특이한 기본구조에도 원인이 있다.

현행 헌법에서는 공산당도 최고법규로써 헌법 범위 안에 활동해야 한다고 규정되어 있지만(전문, 제5조 제4항 및 제5항), 일당독재 아래서 헌법이 그 독재정당을 기속시킨다는 것은 근본적인 배리(背理)이다. 따라서 공산당이 노골적으로 헌법에 우위하는 것이 중국의 실태이며, "헌법은 있지만, 헌정(憲政)은 없다"고 비판을 받고 있는 이유이다. 지금까지 네 번의 헌법제정 및 부분개정이 전부 공산당에 의해 직접 실시되어 온 것에서도 알 수 있듯이, 최종적으로 헌법개정권을 행사한다면 공산당에게 불가능한 것은 없다.

(나) 기본적 정치 시스템으로서의 민주주의적 집중제

중국헌법에서 국가의 통치는 권력 분립제가 아니라, 민주주의적 집중제라고 불리는 독특한 원리를 따르고 있다. 주권자인 인민은 인민대표대회(이하, 인민대회라고 함)라는 국가권력기관을 통해서 주권을 행사하고 있다. 모든 국가권력은 최고국가권력기관인 전국인민대표대회(이하, 전국인민대회라고 함)가 집중적으로 행사하지만, 행정 · 재판 · 법률감독이라는 3개의 국가권능에 대해서는 인민대회에서 선출되어 그것에 대해 책임을 지는 국무원(정부) · 인민법원 · 인민검찰원(검찰기관)에 분담시키고 있다. 그러나 이것은 삼권분립과는 전혀 이질적인 원리에 기초를 두고 있으며, 전국인민대회는 전권적 지위에 있고, 상호견제와 균형을 도모하려는 관계가 아니다. 따라서 인민법원은 법령의 위헌여부를 판단할 위헌심사권을 갖고 있지 않다(제126조).

이처럼 인민대회로의 권력의 집중을 정당화하는 것은, 그것이 유일한 인민에 의한 '민주적'인 선거에 의해 선출된다는 점이다. 하지만 애초에 공산당 이외의 선택지가 없고, 더욱이 3중의 간접선거에 의해 선출되는 전국인민대회에 민주적 정당성이 있다고 주장하는 것은 위험한 발상이다. 현재 한 사람 한 사람의 인민이 직접 선거가 가능한 것은 말단의 향진급과 그 위의 현급의 인민대표까지이며, 그 위의 지구급의 시(또는 자치주), 성급, 전국레벨은 인민대회에 의한 간접선거에 의해 선출된다(제59조, 제97조). 각 급의 선거에서는 후보자 수를 법률로 한정하고 있어(전국인민대표대회 및 지방 각 급 인민대표대회 선거법), 누구나 자유롭게 입후보할 수 있는 것도 아니다. 즉, 중국헌법에 말하는 '선거'에는 실질적인 선택의 의미가 실종되어 있으므로, 단순히 이것을 선거라 번역하는 것은 오역의 비난을 면하기 힘들다는 생각이 든다.

(다) 생산수단의 공유제를 주체로 하는 경제시스템

1) 8개의 민주당파인 참정당은 다음과 같다. 중국국민당혁명위원회, 중국민주동맹, 중국민주건국회, 중국민주촉진회, 중국농공민주당, 중국치공당, 구삼학사, 타이완민주자치동맹

중국헌법이 사회주의 체제를 취하고 있음은 경제시스템과 관련한 많은 규정에서도 엿볼 수 있다. 특히 다양한 소유제의 공존을 인정하면서도, 공유제를 주체(主體)로 함을 명기하고 있는 점이 특징적이다(제6조 제2항). 공유제란 전민소유 및 집단소유를 가리키며, 사유제를 중심으로 하는 자본주의와는 다르다.

(라) 기본권을 둘러싼 관념

다른 나라 헌법의 인권보장에 해당하는 부분이 중국헌법에서는 '공민의 기본적 권리 및 의무'라는 제목으로 제2장에 규정되어 있다. 지금까지 중화인민공화국의 헌법에서는 '제2장 국가기구' 다음인 제3장에 기본권을 배치한 것과는 달리, 현행 헌법에서의 이와 같은 순서변경은 좀 더 공민의 권리를 보호하고 존중하려는 의도라 생각된다.

이 헌법 아래에서의 기본권은 사회주의 국가인 중화인민공화국의 구성원(公民)이 되는 것으로서 향유자격을 얻는다고 하여, 처음부터 외국인의 기본권은 상정되어 있지 않다. 그런 의미에서 공민의 권리에 대해 체제적 제약이 있는 것은 당연한 것이며, 권리의 향유와 동시에 의무의 이행(履行)에 대해 강조하는 것도 ('권리 · 의무일치의 원칙'이라 칭한다. 제33조 제4항) 사회주의 헌법으로서 중국헌법의 특징이다.

실제, 중국에서는 80년대 후반까지는 인권에 대해 논의하는 것 자체가 부르주아적 사고라고 하여 금기되었다. 그러나 톈안먼(天安門) 사건 후의 국제적 여론에 대한 반격을 의도하여 1991년 국무원 신문판공실에서 '중국의 인권상황'(이른바, 인권백서)이 발표된 것을 계기로, 금기는 완화되기 시작했다. 1997년 및 1998년에는 UN국제인권규약의 사회권 규약(2001년 비준), 자유권 규약(미비준)의 서명 · 가입을 거쳐, 2004년의 헌법개정으로 "국가는 인권을 존중하고 보호한다." (제33조 제3항)는 문장이 추가되었다.

(2) 전문에 기록한 역사이야기, 정치의 기본방침

전문에서는 제국주의 · 봉건주의 · 관료자본주의를 타도하여 인민을 주인공으로 하는 국가를 수립한 것이 공산당의 영도 덕분이라는 것을 강조하고 있다. 이처럼 헌법질서를 형성한 역사적 경위를 자세하게 써내려가는 수법은, 소비에트 헌법에서 유래한다. 이것은 헌법에 복수의 정치적 선택지를 거부하는 것을 정당화하기 위해 필요한 것이며, 헌법제정권력의 정통성의 근거를 나타내려는 것이다. 또한, 새롭게 왕조를 연 황제가 전 왕조의 정사를 편찬하는 것은 중국의 긴 역사 가운데 반복되어 온 것이며, 이것은 중국의 정치문화와 그 궤를 같이 한다.

그런데, 전문에는 신해혁명을 초래한 제제(帝制)를 쓰러트린 쑨원(孫文), 중화인민공화국을 성립으로 이끈 마오쩌둥(毛澤東), 개혁 · 개방의 총 설계사로 기려지는 덩샤오핑(鄧小平), 이렇게 세 명의 중국인 이름이 등장한다. 덩샤오핑 사상은 그가 죽은 후, 1999년의 부분개정에서 새롭게 추가되었다. 그러나 헌법에 카리스마적 정치지도자 개인의 이름을 규정해 버리는 것은 권력의 제어라는 의미에서 근대입헌주의와는 어울리지 않는다.

(3) 불충분한 헌법보장제도

종이에 쓰여진 헌법의 각 조항을 사회에서 실제로 기능·정착시키기 위해서는, 헌법의 실현을 보장하고 위헌성을 적절하게 시정하는 구체적인 장치가 반드시 필요하다. 헌법소송이나 위헌심사제라고 불리는 제도가 바로 그것이다.

중국헌법에서는 최고국가권력 기관에 설치된 전국인민대회 및 그 상설기관인 상무위원회가 헌법감독을 실시하도록 규정되어 있다(제62조 제2호, 제67조 제1호). 구체적으로는 법률, 행정법규·명령, 지방성 법규, 민족자치지방의 자치조례·단행조례의 헌법적합성을 심사하고, 헌법에 저촉된다고 판단되면, 그들의 변경이나 취소를 결정한다. 하지만 헌법개정권, 입법권을 가진 전국인민대회(및 그 상무위원회)에게 헌법통제권을 주는 이 제도는, 현실에서는 전혀 제 기능을 하지 못한다. 실제로 지금까지 위법이라 여겨진 법령은 1건도 나타나지 않았다.

이렇게 헌법보장제도가 불충분한 원인은 애초에 중국헌법이 전제로 하는 권력관에서 기인한다. 즉, 중국에서 국가권력은 선천적으로 인민의 권력이며, 국가권력과 인민 사이에 모순·대립은 없다고 여겨지기 때문에, 권력에 의한 기본권 침해의 잠재적 위험성에 대한 경계가 기본적으로 결여되어 있다. 즉, 이른바 권력 성선설적인 원리가 강하고, 헌법에 의해 자의적인 권력의 발동을 제어하자고 하는 것은 약하다.

그러나 위헌성이 방치되어 그것을 적시에 시정하는 제도가 적절하게 작동하지 않는 것은, 헌법의 권위를 크게 실추시키는 것이며, 법치국가를 목표(제5조 제1항, 1999년 헌법부분개정)로 하는 중국으로서 이것을 간과할 수 없다는 인식이 펴져가고 있다. 일찍이 이 헌법의 기초 단계부터 전국인민대회에 헌법위원회를 설치하든가, 전문적인 헌법재판소를 설치하는 등의 제안이 있었지만, 유난히 최근에 헌법감독의 제도적 변화에 대해 관심이 높아지고 있다. 학계에서는 여러 가지 제안을 내놓고 있고, 전국인민대회 상무위원회의 사무기구인 법제 공작위원회에서도 다양한 제도개혁을 모색하고 있다.

4. 네 번의 부분개정

현행 헌법은 1982년 제정된 이후, 사회경제의 변용을 헌법에 반영하기 위하여 네 번에 걸쳐 부분개정이 이루어졌다. 구체적으로는, 1987년의 제13회 공산당대회로 1988년 개정(제1조, 제2조), 1992년의 제14회 공산당대회로 1993년 개정(제3조~제11조), 1997년의 제15회 공산당대회로 1999년 개정(제12조~제17조), 2002년의 제16회 공산당대회로 2004년 개정(제18조~제31조)이 각각 행해졌다. 당 내에서 비밀리에 작성된 개정초안이 전국인민대회에 제안되어, 그것이 거의 그대로 채택되는 관행이 지금까지 유지되고 있다. 개정은 모두 수정조항을 헌법에 부가하는 방법을 통해, 지금까지 31개 조의 수정조항이 추가되었다. 본서에서 번역하는 헌법조문은 이 개정개소(個所)를 본문에 넣어 다시 쓴 '개정문본'이라 불리는 공식 텍스쳐이다.

지금까지의 개정에서는 경제 시스템이 계획경제에서 시장경제로 전환된 것과 함께, 실정에 맞지 않는 개소를 개정하는 것이 다수를 점하고 있다.

(1) 경제의 시장화에 관한 개정

당분간 중국은 사회주의 초급단계이기 때문에, 자본주의적 방법을 받아들여 경제발전을 가속하는 것을 허락한다는 논리를 내세워 개정하고 있다.

구체적으로는 소유제와 관련된 개정이다. 먼저, 사유재산 보호를 강조하는 개정(동 제22조 제1항)이 행해졌다. 또한, 최근 토지수용과 관련한 분쟁이 빈발하고 있는 것을 받아들여, '공공의 이익'을 위한 토지수용 · 징용에 대해서는 보상할 것을 규정했다(동 제22조 제3항). 토지사용권에 재산적 가치를 부여하고, 토지를 합리적으로 유통시키기 위해 토지사용권의 양도를 인정했다(동 제2조). 국영경제와 국영기업을 국유경제와 국유기업으로 고치고, 국가는 소유자이긴 하여도 직접경영에는 관여하지 않을 것을 표명했다(동 제5조, 제9조). 계획경제, 경제계획이라는 단어 역시 헌법에서 한꺼번에 제거했다(동 제7조).

이렇게 "공유제를 주체로 한다."는 애매한 슬로건이 남아있을 뿐, 경제 시스템 측면에서의 사회주의적 요소는 적어도 헌법규범의 레벨에서는 거의 사라졌다고 해도 좋다.

(2) 정치에 관련된 개정

국가의 새로운 공식 이데올로기로서 덩샤오핑 이론(동 제12조), "세 가지 대표"의 중요사상(동 제18조)이, 마르크스 · 레닌주의, 마오쩌둥 사상의 다음에 추가되었다(전문). 이것은 공산당이 ① 선진적인 사회생산력의 발전 요구, ② 선진문화의 전진방향, ③ 폭 넓게 인민의 근본적 이익을 대표한다는 선언이다. 경제의 시장화에 의해 이익상황이 다원화되고 있지만, 앞으로 이어갈 공산당이 다양한 주체의 요구 · 입장 · 이익을 독점으로 대변해 갈 것을 약속하는 것이며, 다원적 정치제도의 도입을 거부하는 선언이다.

또한, 공산당과 애국 통일 전선을 형성할 수 있는 주체로서 전문에 사회주의 노동자를 덧붙여, '사회주의 사업의 건설자'라는 익숙하지 않은 문언을 삽입했다(동 제19조). 이것은 자본가를 통일전선에 끌어들여, 독자의 이익을 주장하지 못하도록 할 의도로 보여 진다. 정치 시스템의 변화는 피하면서, 경제의 시장화만을 진행하고자 하는 공산당의 의향을 반영하고 있는 것이다.

(3) 기타 개정

그 밖의 주목할 만한 개정으로는 사회보장제도의 정비에 대해서 프로그램적 규정(동 제23조)을 두고 있는 점이다. 이것은 경제의 시장화 속에서 사회적인 안전망의 정비가 초미의 과제로 떠오르고 있는 것을 나타내는 것이다. 다만, 헌법의 조항에 구체적인 소송상의 청구권으로서의 성격은 없다.

이 외에도, '사회주의적 법치국가' 건설을 목표로 한 것을 명기(동 제13조), 지방인민대회의 임기를 3년에서 5년으로 변경한 개정(동 제11조, 제31조), '계엄'과 '계엄령'을 '긴급사태'와 '긴급사태선언'으로 변경(동 제26조, 제27조) 등의 개정이 있다.

중화인민공화국 헌법 (中華人民共和國憲法)

1988년 4월 12일 제7기 전국인민대표대회 제1차 회의에서 통과한 「중화인민공화국헌법개정안(中華人民共和國憲法修正案)」, 1993년 3월 29일 제8기 전국인민대표대회 제1차 회의에서 통과된 「중화인민공화국헌법개정안」, 1999년 3월 15일 제9기 전국인민대표대회 제2차 회의에서 통과된 「중화인민공화국개정안」, 2004년 3월 14일 제10기 전국인민대표대회 제2차 회의에서 통과된 「중화인민공화국헌법개정안」에 의거하여 개정함

전 문

중국은 세계에서 가장 유구한 역사를 가진 국가 중의 하나이다. 중국의 각 민족 인민은 공동으로 찬란하고 빛나는 문화를 창조하였고, 영광스러운 혁명 전통을 지니게 되었다.

1840년 이후, 봉건적인 중국은 점차 반식민지·반봉건적 국가로 변화했다. 중국인민은 국가의 독립과 민족의 해방, 민주주의와 자유를 위하여 헌신적으로 용감무쌍한 투쟁을 계속하여 왔다.

20세기에 들어와 중국에서는 천지개벽의 위대한 역사변혁이 일어났다. 1911년 쑨중산(孫中山) 선생이 지도한 신해혁명은 봉건적 군주제를 폐지하고 중화민국을 창건하였다. 그러나 제국주의와 봉건주의를 반대하는 중국인민의 역사적 임무는 아직 달성되지 못하였다. 마오쩌둥(毛澤東) 주석을 수령으로 하는 중국공산당이 이끌었던 중국의 여러 민족 인민은 오랜 기간에 걸친 곤란하고 곡절 많은 무장투쟁 및 그 밖의 형태의 투쟁을 거쳐 1949년에 드디어 제국주의, 봉건주의 및 관료자본주의의 지배를 물리치고 신민주주의 혁명의 위대한 승리를 전취하여 중화인민공화국을 수립하였다. 이제 중국인민은 국가의 권력을 장악하고 국가의 주인이 되었다.

중화인민공화국이 창건된 후 우리나라는 신민주주의로부터 사회주의 사회로의 이행을 점차 실현해 나갔다. 생산수단의 사적소유에 대한 사회주의적 개조는 이미 달성되었고, 사람이 사람을 착취하는 제도는 소멸되었다. 노동계급이 지도하는 노농(노동자와 농민)동맹을 기초로 한 인민민주전정(인민 민주독재), 즉 실질적으로는 무산계급전정(무산계급독재)가 공고히 발전되었다. 중국인민 및 중국인민해방군은 제국주의와 패권주의의 침략 파괴 및 무력도발을 물리치고, 국가의 독립과 안전을 지키고 국방을 강화하였다. 경제건설은 커다란 성과를 이룩하여 독립적이고 상대적으로 완전한 사회주의 시스템 구조가 기본적으로 형성되었고, 농업생산도 크게 향상되었다. 교육·과학·문화 등 사업은 커다란 발전을 이루었고, 사회주의 사상교육은 현저한 성과를 거두었으며, 광범위한 지역의 인민의 생활에 상당한 개선이 있었다.

중국 신민주주의 혁명의 승리와 사회주의 사업의 성과는 모두가 중국공산당이 이끈 중국 각 민족 인민이 마르크스-레닌주의, 마오쩌둥 사상의 지도 아래 진리를 견지하고 잘못을 시정하며 많은 어려움과 장애를 극복하여 획득한 것이다. 우리나라는 장기간 사회주의 초급단계에 놓여있게 될 것이다. 국가의 근본과업은 중국특색의 사회주의를 노선 건설에 전력을 다하여 사회주의 현대화 건설에 박차를 가하는 것이다. 중국 각 민족 인민은 계속하여 중국공산당의 지도하에 있을 것이다. 마르크스-레닌주의와 마오쩌둥 사상과 덩샤오핑(鄧

小平) 이론, '세 가지 대표'의 중요사상의 지도 아래, 인민민주주의 전제정치(人民民主專政) 및 사회주의 노선을 고수하며 개혁개방을 지속시켜, 사회주의의 각종제도를 끊임없이 개선하며 사회주의 시장경제를 발전시키고 사회주의적 민주주의를 발전시키고 사회주의 법제를 완비하며, 자력갱생 고군분투하여, 공업·농업·국방 및 과학기술의 현대화를 점진적으로 실현시키고 물질문명과 정치문명, 정신문명의 조화로운 발전을 추진함으로써 우리나라를 부강하고 민주적이며 문명의 사회주의 국가로 만들어 나갈 것이다.

우리나라에서 착취계급은 이미 소멸되었지만, 아직 일정한 범위에서 계급투쟁은 장기간에 걸쳐서 존재한다. 중국인민은 우리나라의 사회주의 제도를 적대시하고 파괴하는 국내외 적대세력 및 적대분자와 투쟁하여야 한다.

타이완(台湾)은 중화인민공화국의 신성한 영토의 일부분이다. 조국통일의 대업을 성취하는 것은 타이완 동포를 포함한 전 중국인민의 신성한 의무이다.

사회주의 건설 사업에는 노동자, 농민 및 지식분자에 의거하여 일체의 가능한 모든 역량을 결집하여야 한다. 장기간의 혁명과 건설 과정에서 중국공산당이 지도하는 각 민주당파 및 인민단체가 참가하며, 모든 사회주의의 노동자, 사회주의 사업의 건설자, 사회주의를 옹호하는 애국자와 조국통일을 옹호하는 애국자를 망라한 광범한 애국통일전선이 이미 결성되었으며, 이 통일전선은 계속하여 공고히 발전하게 될 것이다. 중국인민정치협상회의는 광범위한 대표성을 가지는 통일전선조직으로서 과거에 중요한 역사적 역할을 해왔고, 앞으로도 국가의 정치생활, 사회생활 및 대외우호활동에서 사회주의의 현대화 건설을 추진하고 국가의 통일과 단결을 지키는 투쟁에 있어 더욱 중요한 역할을 발휘할 것이다. 중국공산당이 이끄는 다당협력과 정치협상제도는 앞으로도 장기간 유지·발전될 것이다.

중화인민공화국은 전국의 각 민족 인민이 공동으로 창건한 통일의 다민족국가이다. 평등, 단결 및 상호원조의 사회주의 민족체계는 이미 확립되었고, 동시에 계승 및 강화될 것이다. 민족의 단결을 지키는 투쟁 중에서 대민족주의 특히 대 한족주의를 반대하고 또 지방민족주의를 반대한다. 국가는 전력을 다하여 전국 각 민족의 공동번영을 촉진한다.

중국의 혁명과 건설의 성과는 세계인민의 지지와 분리될 수 없다. 중국의 미래는 세계의 미래와 긴밀히 얽혀있다. 중국은 독립자주의 대외정책을 견지하고 주권과 영토보전의 상호존중, 상호불가침, 상호내정 불간섭, 호혜평등 및 평화공존이라는 5원칙을 견지하며, 각 국가와의 외교관계 및 경제 문화교류를 발전시킨다. 반제국주의 반패권주의, 반식민지주의를 견지하며 세계 각국 인민들과 단결을 강화하고 피억압민족과 개발도상국의 민족독립의 획득 유지 및 민족경제 발전을 위한 정의로운 투쟁을 지지하며, 세계평화와 인류의 진보를 촉진하기 위해서 노력한다.

본 헌법은 중국 각 민족인민의 분투성과를 법률의 형식으로 확인하고, 국가의 근본제도 및 임무를 정한 것이며, 국가의 근본법인 동시에 최고 효력을 갖는다. 전국 각 민족 인민 및 모든 국가기관과 군대, 정당, 사회단체와 기업·사업체는 모두 헌법의 존엄을 지키고 헌법의 실시를 보장하는 책무를 져야 한다.

제1장 총강

제1조 (사회주의 국가, 사회주의 체제)

① 중화인민공화국은 노동자 계급이 이끌고

노농연맹(勞農聯盟)을 기초로 하는 인민민주주의 전제정치(人民民主專政)의 사회주의 국가이다.
② 사회주의 제도는 중화인민공화국의 근본제도이며, 어떠한 조직이나 개인이 사회주의 제도를 파괴하는 것을 금지한다.

제2조 (인민주권)

① 중화인민공화국의 모든 권력은 인민에게 속한다.
② 인민이 국가권력을 행사하는 기관은 전국인민대표대회와 지방각급인민대표대회이다.
③ 인민은 법률이 정하는 바에 의하여, 여러 경로와 형식을 통하여 국가사무를 관리하고, 경제 · 문화 사업을 경영하며 사회사무를 관리한다.

제3조 (민주집중제)

① 중화인민공화국의 국가기구는 민주집중제(民主集中制) 원칙을 실행한다.
② 전국인민대표대회와 지방각급인민대표대회는 모두 민주적 선거방식을 통하여 구성되며, 인민에 대하여 책임지고 인민의 감독을 받는다.
③ 국가의 행정기관, 재판기관, 검찰기관은 모두 인민대표대회에 의하여 구성되며 인민대표대회에 대하여 책임을 지고 그 감독을 받는다.
④ 중앙 및 지방 국가기구의 직권구분은 중앙의 통일적인 지도 아래 지방의 능동성과 적극성 원칙이 충분히 발휘되도록 한다.

제4조 (소수민족)

① 중화인민공화국의 각 민족 인민은 모두 평등하다. 국가는 각 소수민족의 합법적 권리와 이익을 보장하고, 각 민족의 평등 · 단결 · 상호원조관계를 유지하고 발전시킨다. 어떤 민족도 차별과 억압을 받지 않으며, 민족의 단결을 파괴하고 민족의 분열을 조장하는 행위를 금지한다.
② 국가는 각 소수민족의 특징 및 필요에 따라 각 소수민족지구의 경제와 문화발전에 최선을 다한다.
③ 각 소수민족이 거주하는 지방은 지역자치를 실시하고, 자치기관을 설립하여 자치권을 행사한다. 각 민족자치지방은 모두 중화인민공화국에서 분리될 수 없는 부분이다.
④ 각 민족은 모두 각자의 언어와 문자를 사용하고 발전시킬 자유를 가지며, 자기의 풍속과 관습을 유지 또는 개혁할 자유를 가진다.

제5조 (법치국가, 헌법의 최고법규성)

① 중화인민공화국은 법에 의거하여 국가를 다스리고, 사회주의 법치국가를 건설한다.
② 국가는 사회주의 제도의 통일과 존엄을 수호한다.
③ 어떠한 법률, 행정법규 및 지방법규도 헌법에 저촉될 수 없다.
④ 모든 국가기관과 군대, 각 정당과 사회단체 및 각 기업과 비영리조직은 반드시 헌법과 법률을 준수하여야 한다. 헌법과 법률을 위반하는 모든 행위는 반드시 그 책임을 추궁하여야 한다.
⑤ 누구든지 헌법과 법률을 초월하는 특권을 가질 수 없다.

제6조 (사회주의 경제)

① 중화인민공화국의 사회주의 경제제도의 기초는 생산수단의 사회주의 공유제, 즉 전민소유제[2]와 노동자집단소유제이다. 사회주의 공유제는 사람이 사람을 착취하는 제도를 철폐

2) 인민이 공동으로 소유하는 것을 말하는데, 사실상 국가가 소유한다는 의미이다.

하고 각자의 능력에 따라 일하고 노동에 따라 분배하는 원칙을 실시한다.
② 국가는 사회주의 초급단계에 공동소유를 토대로 다양한 소유의 경제가 함께 발전하는 기본경제제도를 견지하며, 노동에 따른 분배를 토대로 다양한 분배방식을 병존시키는 분배제도를 채용한다.

제7조 (사회주의 전민소유제 경제)

국유경제, 즉 사회주의 전민소유제 경제는 국민경제의 주도적 역할을 한다. 국가는 국유경제의 강화와 발전을 보장한다.

제8조 (집단소유제 경제)

① 농촌에서의 집단경제조직은 호별 도급경영을 기초로 하여, 통일경영과 분산경영이 결합된 이중경영체제를 실시한다. 농촌의 생산, 공급과 판매, 신용, 소비 등 여러 가지 형태의 합작경제는 노동자의 사회주의집단소유제이다. 농촌의 집단경제조직에 참가하는 노동자는 법률이 정하는 범위 내에서 자경지(自留地), 자영림(自留山)[3], 가족부업을 경영하고 개인소유의 가축을 사육할 권리를 가진다.
② 도시(城, 鎮)의 수공업, 공업, 건축업, 운수업, 상업, 서비스업 등의 업종의 다양한 형태의 합작경제는 모두 사회주의 노동자집단소유제 경제이다.
③ 국가는 도시(城)와 농촌(鄕)의 집단경제조직의 합법적 권리 및 이익을 보호하고, 집단경제의 발전을 장려·지도·원조한다.

제9조 (천연자원의 소유·이용)

① 광물자원, 수류(水流), 산림, 산(山嶺), 초원, 황무지(荒地), 갯벌 등 자연자원은 모두 국유, 즉 전민소유에 속한다. 법률의 규정에 의하여 집단소유에 속하는 삼림, 산지, 초원, 황무지 및 갯벌은 여기에서 제외한다.
② 국가는 자연자원의 합리적 이용을 보장하며 희귀동물 및 식물을 보호한다. 누구든지 어떠한 수단으로도 자연자원을 불법점거 또는 파괴할 수 없다.

제10조 (토지의 소유·이용)

① 도시의 토지는 국가 소유에 속한다.
② 농촌 및 도시교외의 토지는 법률의 규정에 의하여 국가소유에 속하는 것을 제외하고 집단소유에 속한다. 택지와 자경지 및 자영림도 집단소유에 속한다.
③ 국가는 공공이익의 필요에 따라 법률이 정하는 바에 의하여 토지를 징수 또는 징용하고 보상할 수 있다.
④ 누구든지 토지를 불법점거, 매매, 또는 기타의 방식으로 불법양도 할 수 없다. 토지의 사용권은 법률이 정하는 바에 의하여 양도할 수 있다
⑤ 토지를 사용하는 모든 조직이나 개인은 반드시 합리적으로 이용하여야 한다.

제11조 (비공유제 경제)

① 법률이 규정한 범위 내에 있는 개인경제, 사영경제(私營經濟) 등의 비공유경제는 사회주의 시장경제의 중요한 구성부분이다.
② 국가는 개인경제, 사영경제 등 비공유경제의 합법적 권리와 이익을 보호한다. 국가는 비공유경제의 발전을 장려, 지지 및 인도하며, 비공유제 경제에 대하여 법에 의하여 감독과 관리를 실시한다.

3) 자경지 및 자영림은 농촌에서 농민 개인이 사용할 수 있도록 분배해준 일부 토지와 산을 말한다. 개인 소유를 보장하여 생산성을 극대화시키기 위한 것이다.

제12조 (사회주의적 공유재산)

① 사회주의 공공재산은 신성불가침이다.
② 국가는 사회주의 공공재산을 보호한다. 누구든지 어떠한 수단으로도 국가와 집단의 재산을 침해하거나 파괴할 수 없다.

제13조 (사유재산)

① 공민의 합법적인 사유재산은 불가침이다.
② 국가는 법률이 정하는 바에 의하여, 공민의 사유재산권 및 상속권을 보호한다.
③ 국가는 공공적 이익의 필요에 따라, 법률이 정하는 바에 의하여, 공민의 사유재산에 대해 수용과 징용에 아울러 보상할 수 있다.

제14조 (사회주의적 생산력, 인민생활, 사회보장 제도)

① 국가는 노동자의 적극성 향상과 기술수준의 향상을 기하며 선진적인 과학기술을 보급하며 경제의 관리체제와 기업의 경영관리제도를 개선하고 각종 형태의 사회주의 책임제를 실시하며, 노동조직을 개선하여 노동생산성과 경제효율을 부단히 향상시킴으로써 사회생산력을 발전시킨다.
② 국가는 절약을 장려하며 낭비를 반대한다.
③ 국가는 저축과 소비를 합리적으로 조정하고 국가, 집단 및 개인의 이익을 모두 고려하여 생산발전의 기초위에서 인민의 물질생활과 문화생활을 점진적으로 향상시킨다.
④ 국가는 경제발전 수준에 부응하는 사회보장제도를 구축하고 완비한다.

제15조 (사회주의적 시장경제)

① 국가는 사회주의 시장경제를 실시한다.
② 국가는 경제입법을 강화하며 거시적인 조정과 통제를 완벽하게 한다.
③ 국가는 법에 따라 누구든지 사회경제질서를 교란시키는 것을 금지시킨다.

제16조 (국유기업)

① 국유기업은 법률이 정한 범위 내에서 자주적인 경영권을 가진다.
② 국유기업은 법률이 정하는 바에 의하여, 직원 노동자 대표대회 및 그 외의 형태에 의해 민주적으로 관리를 실시한다.

제17조 (집단적 경제조직)

① 집단적 경제조직은 관련 법률 준수의 전제 하에서, 독립하여 경제활동에 종사할 자주권을 가진다.
② 집단적 경제조직은 민주적인 관리를 실시하며, 법률이 정하는 바에 의하여 관리인원을 선출 또는 파면하고 경영관리의 중대 사항을 결정한다.

제18조 (외자계 기업)

① 중화인민공화국은 외국기업 및 기타 경제조직이나 개인이 중화인민공화국법의 규정에 따라 중국에서의 투자를 허용하고, 중국의 기업과 기타 경제조직과 각종 형태의 경제 합작을 허용한다.
② 중국 국내의 외국기업과 기타 외국경제조직 및 중외합자경영의 기업은 모두 중화인민공화국 법률을 준수하여야 한다. 그 합법적인 권리 및 이익은 중화인민공화국의 법률의 보호를 받는다.

제19조 (교육사업)

① 국가는 사회주의 교육사업을 발전시키고 전국인민의 과학, 문화수준을 향상시킨다.
② 국가는 각종 학교를 설립하고 초등의무교육을 보급하며, 중등교육 · 직업교육 및 고등교육의 발전을 꾀하고 아울러 취학 전 교육을

발전시킨다.

③ 국가는 각종 교육시설을 확충하고 문맹을 퇴치하며 노동자, 농민, 공무원 및 기타 노동자에 대하여 정치, 문화, 과학, 기술 및 업무 교육을 실시하며 독학에 의한 인재가 되는 것을 장려한다.

④ 국가는 집단경제조직 및 국가의 기업, 비영리조직 및 그 밖의 사회조직이 법률이 정하는 바에 의하여 각종 교육사업을 운영하는 것을 장려한다.

⑤ 국가는 전국적으로 통용되는 표준어를 널리 보급한다.

제20조 (과학기술진흥)

국가는 자연과학 및 사회과학 사업을 발전시키고, 과학지식 및 기술지식을 보급하며 과학연구의 성과 및 기술적 발명 창조를 장려한다.

제21조 (의료 · 위생 · 체육사업)

① 국가는 의료위생사업을 발전시키고 현대의학과 중국의 전통의약사업을 발전시키며, 농촌의 집단경제조직, 국가 기업, 비영리조직 및 거주지 조직이 운영하는 각종 의료위생시설을 장려하고 지원하며, 대중적인 위생활동을 전개하여 인민의 건강을 보호한다.

② 국가는 체육사업을 발전시키고 대중적인 체육활동을 전개하여 인민의 체질을 강화시킨다.

제22조 (문화진흥)

① 국가는 인민과 사회주의를 위하여 봉사하는 문학예술사업, 신문 · 라디오 · 방송사업, 출판 · 발행사업, 도서관 · 박물관 · 문화관 및 기타 문화사업을 발전시켜 대중적 문화 활동을 전개한다.

② 국가는 명승고적, 귀중한 문화재와 기타 중요한 역사적 문화유산을 보호한다.

제23조 (지식인의 자리매김)

국가는 사회주의를 위하여 봉사하는 각종 분야의 전문인재를 양성하고, 지식층의 확대를 꾀하고, 여건을 개선하여, 사회주의적 현대화 건설에 있어서 충분히 역할을 발휘하게 한다.

제24조 (사회주의 정신문명, 이데올로기 교육)

① 국가는 이상교육, 도덕교육, 문화교육, 규율 및 법제교육의 보급을 통하여 그리고 도시 및 농촌 각 분야의 대중의 각종 수칙, 규약의 제정 및 집행을 통하여 사회주의적 정신문명의 건설을 강화한다.

② 국가는 조국, 인민, 노동, 과학, 사회주의를 사랑하는 공중도덕을 제창하고, 인민에게 애국주의, 집단주의 및 공산주의 교육을 실시하며, 변증법적 유물론과 사적 유물론 교육을 실시하여 자본주의 사상, 봉건주의 사상 기타 부패한 사상을 배척한다.

제25조 (계획출산)

국가는 계획출산을 추진하여 인구의 증가와 경제 및 사회의 발전계획과 서로 조화되도록 한다.

제26조 (환경관리)

① 국가는 생활환경 및 생태환경을 보호 및 개선하여, 오염과 기타 공해를 방지한다.

② 국가는 식목조림을 조직하고 장려하며, 임목 · 수목을 보호한다.

제27조 (국가기관, 공무원)

① 모든 국가기관은 간소화의 원칙과 업무책임제를 실시하고, 공무원(업무인원)의 교육과 인사고과제도를 실행하여, 업무의 질과 효율을 제고하며 관료주의를 반대한다.

② 모든 국가기관과 공무원은 인민의 지지에

의거하며, 항상 인민과 밀접한 관계를 유지하고, 인민의 의견과 건의를 경청하며 인민의 감독을 받고 인민을 위하며 봉사하도록 노력하여야 한다.

제28조 (사회질서, 국가안전의 유지)

국가는 사회질서를 수호하고 국가에 대한 반역 및 기타 국가안전을 해치는 범죄활동을 진압하며, 사회치안을 해치고 사회주의적 경제를 파괴하는 활동 및 기타의 범죄활동을 제제하며 범죄자를 징벌 · 개조한다.

제29조 (군대의 귀속 · 책무 · 강화)

① 중화인민공화국의 군대는 인민에게 속한다. 군대의 임무는 국방을 강화하고 침략에 대항하며, 조국을 보호하고 인민의 평화적 노동을 보위하며 국가건설사업에 참여하고 인민을 위한 봉사에 노력하는 것이다.
② 국가는 군대의 혁명화, 현대화 및 정규화의 건설을 강화하고 국방력을 증강한다.

제30조 (행정계획)

① 중화인민공화국의 행정구역은 다음과 같다.

1. 전국을 성(省), 자치구(自治區), 직할시(直轄市)로 나눈다.
2. 성(省), 자치구(自治區)를 자치주(自治州), 현(縣), 자치현(自治縣), 시(市)로 나눈다.
3. 현(縣), 자치현(自治縣)을 향(鄉), 민족향(民族鄉), 진(鎮)으로 나눈다.

② 직할시와 비교적 큰 시를 구(區), 현(縣)으로 나눈다. 자치주를 현, 자치현(自治縣), 시(市)로 나눈다.
③ 자치구(自治區), 자치주(自治州), 자치현(自治縣)은 모두 민족자치지방이다.

제31조 (특별행정구)

국가는 필요한 경우 특별행정구를 설치할 수 있다. 특별행정구에서 실행하는 제도는 구체적인 상황에 따라 전국인민대표대회가 법률로 정한다.

제32조 (외국인의 지위)

① 중화인민공화국은 중국영토 내에 있는 외국인의 합법적 권리 및 이익을 보호하며, 중국의 영토 내에 있는 외국인은 중화인민공화국의 법률을 준수하여야 한다.
② 중화인민공화국은 정치적 이유로 피난을 요청하는 외국인에 대하여 비호권을 부여할 수 있다.

제2장 공민의 기본적 권리 및 의무

제33조 (공민, 법 아래의 평등, 인권, 권리와 의무)

① 중화인민공화국의 국적을 가진 자는 모두 중화인민공화국 공민이다.
② 중화인민공화국의 공민은 법 앞에 평등하다.
③ 국가는 인권을 존중하고 보장한다.
④ 모든 공민은 헌법과 법률에 규정된 권리를 향유하며 동시에 헌법과 법률에 규정된 의무를 이행하여야 한다.

제34조 (선거권 · 피선거권)

중화인민공화국의 만 18세 이상의 공민은 민족, 인종, 성별, 직업, 출신가정, 종교, 교육정도, 재산상황, 거주기간에 관계없이 누구나 선거권과 피선거권을 가지다. 다만 법률에 의해 정치적 권리를 박탈당한 자는 제외한다.

제35조 (언론 · 출판 · 집회 · 결사 · 시위의 자유)

중화인민공화국의 공민은 언론 · 출판 · 집합 · 결사 · 데모 및 시위의 자유를 가진다.

제36조 (신앙의 자유)

① 중화인민공화국의 공민은 종교 신앙의 자유를 가진다.
② 누구든지 공민에게 종교를 믿거나 종교를 믿지 못하도록 강요할 수 없으며, 종교를 믿는 공민과 종교를 믿지 않는 공민을 차별할 수 없다.
③ 국가는 정상적인 종교 활동을 보호한다. 누구든지 종교를 이용하여 사회질서를 파괴하거나 공민의 신체, 건강에 해를 끼치고 국가의 교육제도를 방해하는 활동을 할 수 없다.
④ 종교단체와 종교사무는 외국세력의 지배를 받지 아니한다.

제37조 (인신의 자유)

① 중화인민공화국의 공민은 인신의 자유를 침해받지 아니한다.
② 누구든지 인민검찰원의 승인이나 결정 또는 인민법원의 결정을 거친 후 공안기관의 집행에 의하지 아니하고는 체포되지 아니한다.
③ 불법구금 및 기타 방법으로 공민의 인신자유를 불법으로 박탈 또는 제한하는 것을 금지하며, 공민의 신체를 불법으로 수색하는 것을 금지한다.

제38조 (인격의 존엄)

중화인민공화국의 공민은 인격의 존엄성을 침해받지 아니한다. 어떠한 방법으로도 공민에 대하여 모욕, 비방 및 무고, 모함하는 것을 금지한다.

제39조 (주거의 불가침)

중화인민공화국의 공민은 주택의 침해를 받지 아니한다. 공민의 주택에 대한 불법수색이나 불법침입을 금지한다.

제40조 (통신의 자유 · 비밀)

중화인민공화국 공민의 통신의 자유와 통신의 비밀은 법률의 보호를 받는다. 국가의 안전이나 형사범죄수사상의 필요로 공안기관이나 검찰기관에서 법률에 규정된 절차에 따라 통신에 대한 검사를 할 경우 이외에는 누구든지 어떠한 이유로도 공민의 통신의 자유와 통신의 비밀을 침해할 수 없다.

제41조 (비판 · 제안 · 청원 · 고소 · 고발의 권리, 국가배상)

① 중화인민공화국 공민은 어떤 국가기관이나 공무원에 대하여도 비판하고 건의할 권리를 가진다. 어떠한 국가기관이나 공무원의 위법, 독직행위에 대하여 관계 국가기관에 청원, 고소 또는 고발할 권리를 가진다. 다만, 사실을 날조하거나 왜곡하여 무고, 음해할 수 없다.
② 공민의 청원 고소 또는 고발에 대하여 관계 국가기관은 사실을 조사하여 책임을 지고 처리해야 한다. 누구든지 이를 억압하거나 보복할 수 없다.
③ 국가기관과 공무원이 공민의 권리를 침해함으로써 손해를 입은 공민은 법률이 정하는 바에 의하여 배상받을 권리가 있다.

제42조 (노동의 권리 · 의무)

① 중화인민공화국의 공민은 노동의 권리와 의무를 가진다.
② 국가는 각종 방법을 통하여 취업조건을 조성하고 노동보호를 강화하며, 노동조건을 개선하고 또한 생산성 향상의 기반 위에서 노동보수를 인상하고 복지와 대우를 향상시킨다.

③ 노동은 노동능력을 가진 모든 공민의 영광스러운 책무이다. 국유기업과 도시, 농촌의 집단경제조직의 노동자는 모두 국가의 주인이라는 자세로 각자의 노동에 임해야 한다. 국가는 사회주의적 노동경쟁을 제창하고 모범적인 노동자와 선진적인 활동가를 장려한다. 국가는 공민의 의무노동에 종사를 제창한다.
④ 국가는 취업 전 공민에 대하여 필요한 직업훈련을 실시한다.

제43조 (휴식의 자유)

① 중화인민공화국의 노동자는 휴식할 권리를 가진다.
② 국가는 노동자의 휴식 및 휴양을 위한 시설을 확충하고, 직원 노동자의 취업시간과 휴가제도를 확립한다.

제44조 (정년제도)

국가는 법률이 정하는 바에 의하여, 기업, 비영리 조직의 직원·노동자와 국가기관의 노동자에 대하여 정년퇴직제도를 실행한다. 정년퇴직자의 생활은 국가와 사회의 보장을 받는다.

제45조 (사회권적 권리)

① 중화인민공화국 공민이 노령, 질병, 또는 노동능력을 상실한 경우에는 국가와 사회로부터 물질적 원조를 받을 권리를 가진다. 국가는 공민이 이러한 권리를 향유하는데 필요한 사회보험, 사회구제 및 의료위생사업을 발전시킨다.
② 국가와 사회는 상이군인의 생활을 보장하고 열사의 유족을 보조하고 군인가족을 우대한다.
③ 국가와 사회는 맹인·청각장애자·농아와 기타 장애를 가진 공민을 배려하여 노동, 생활과 교육을 돕는다.

제46조 (교육을 받을 권리·의무)

① 중화인민공화국 공민은 교육을 받을 권리 및 의무를 가진다.
② 국가는 품성, 지력, 체질 등의 면에서 전면적으로 성장하도록 청년, 소년, 아동을 육성한다.

제47조 (문화 활동의 자유)

중화인민공화국 공민은 과학연구, 문화예술창조와 기타 문화 활동의 자유를 가진다. 국가는 교육, 과학, 기술, 문학, 예술과 기타 문화사업에 종사하는 공민의 인민 창조성에 유익한 활동에 대하여 격려와 지원을 행한다.

제48조 (남녀평등)

① 중화인민공화국의 여성은 정치, 경제, 문화, 사회 및 가정생활 등의 모든 면에서 남자와 동등한 권리를 가진다.
② 국가는 여성의 권리와 이익을 보호하고 남녀의 동일노동, 동일보수의 원칙을 실행하며 여성간부를 양성·등용한다.

제49조 (혼인·가족·모성·아동·고령자의 보호)

① 혼인·가족·모성과 아동은 국가의 보호를 받는다.
② 부부는 함께 계획출산을 실시할 의무를 가진다.
③ 부모는 미성년의 자녀를 양육·교육할 의무를 지니며, 성년인 자녀는 부모를 부양할 의무를 진다.
④ 혼인의 자유를 파괴하는 것을 금지하고 고령자, 여성 및 아동의 학대를 금지한다.

第50조 (화교 · 귀환화교 · 재외동포의 권리 · 이익)

중화인민공화국은 화교의 정당한 권리와 이익을 보호하며 귀환한 화교, 재외동교의 국내 가족의 합법적 권리 및 이익을 보호한다.

第51조 (자유 · 권리의 남용 금지)

중화인민공화국 공민은 자유와 권리를 행사함에 있어서 국가, 사회, 단체의 이익과 다른 공민의 합법적 자유와 권리를 해치지 못한다.

第52조 (국가통일 · 모든 민족 단결을 유지할 의무)

중화인민공화국 공민은 국가의 통일과 전국 각 민족의 단결을 수호할 의무를 지닌다.

第53조 (헌법 · 법률 등의 준수 의무)

중화인민공화국 공민은 반드시 헌법과 법률을 준수하고 국가의 비밀을 지키며 공공재산을 아끼고 사랑하며 노동 법률을 지키며 공공질서를 준수하고 사회공덕을 존중하여야 한다.

第54조 (조국의 안전 · 영예 · 이익을 유지할 의무)

중화인민공화국 공민은 조국의 안전, 영예 및 이익을 수호할 의무를 지니며, 조국의 안전, 영예 및 이익을 해치는 행위를 하지 못한다.

第55조 (병역에 복무할 의무)

① 조국을 보위하며 침략을 물리치는 것은 중화인민공화국의 시민 한 사람 한 사람의 신성한 책무이다.
② 법률이 정하는 바에 의하여, 병역에 복무하며 민병조직에 참가하는 것은 중화인민공화국 공민의 영광스러운 의무이다.

第56조 (납세의 의무)

중화인민공화국 공민은 법률이 정하는 바에 의하여 납세의 의무를 진다.

제3장 국가기구

제1절 전국인민대표대회

第57조 (전국인민대표대회의 지위 · 상설기관)

중화인민공화국 전국인민대표대회는 최고국가권력기관이다. 그 상설기관은 전국인민대표대회 상무위원회이다.

第58조 (입법권)

전국인민대표대회 및 전국인민대표대회 상무위원회는 국가입법권을 행사한다.

第59조 (전국인민대표대회의 대표)

① 전국인민대표대회는 성, 자치구, 직할시, 특별행정구 및 군대에서 선출한 대표로 구성한다. 각 소수민족은 적절한 정수 대표를 가진다.
② 전국인민대표대회의 선거는 전국인민대표대회 상무위원회가 주관한다.
③ 전국인민대표대회의 인원 및 대표선출 방법은 법률로 정한다.

第60조 (대표의 임기 · 개선)

① 전국인민대표대회 대표의 임기는 5년으로 한다.
② 전국인민대표대회 상무위원회는 전국인민대표대회 대표의 임기 만료 2개월 전에 차기 전국인민대표대회 대표선거를 완료해야 한다. 선거를 행할 수 없는 비상상태가 발생 했을 때에는 전국인민대표대회 상무위원회가 전체 인원의 3분의 2 이상의 다수로 선거를 연기하

고, 당해 전국인민대표대회의 임기를 연장할 수 있다. 비상사태가 종료되면 1년 내에 차기 전국인민대표대회 대표선거를 완료해야 한다.

제61조 (대회의 주최 · 주관)

① 전국인민대표대회 회의는 매년 1회 개최되고, 전국인민대표대회 상무위원회가 소집한다. 전국인민대표대회 상무위원회가 필요하다고 인정할 경우 또는 전국인민대표대회 대표의 5분의 1 이상의 요청이 있을 때에는 전국인민대표대회 회의를 임시로 소집할 수 있다.
② 전국인민대표대회 회의는 선거주석단이 주재한다.

제62조 (전국인민대표대회의 직권)

전국인민대표대회는 다음과 같은 직권을 행사한다.

1. 헌법의 개정
2. 헌법실시의 감독
3. 형사, 민사, 국가기구 및 기타 기본법률의 제정과 개정
4. 중화인민공화국 주석 · 부주석 선거
5. 중화인민공화국 주석의 제청에 의한 국무원 총리 인선의 결정. 국무원 총리의 제청에 의한 국무원 부총리, 국무위원, 각 부 부장, 각 위원회 주임, 회계검사장, 비서장 인선의 결정
6. 중앙군사위원회 주석 선거, 중앙군사위원회 주석의 제청에 의한 중앙군사위원회 기타 구성원 인선의 결정
7. 최고인민법원 원장 선출
8. 최고인민검찰원 검찰장 선출
9. 국민경제 및 사회발전계획과 그 집행 상황에 관한 보고 심사 및 승인
10. 국가예산과 그 집행 상황에 관한 보고 심사 및 승인
11. 전국인민대표대회 상무위원회의 부적절한 결정의 변경 또는 폐지
12. 성, 자치구 및 직할시의 설치 승인
13. 특별행정구의 설치 및 그 제도의 결정
14. 전쟁과 평화에 대한 문제의 결정
15. 최고국가권력기관이 행사하여야 할 기타 직권

제63조 (파면권한)

전국인민대표대회는 다음과 같은 인원을 파면할 권한을 가진다.

1. 중화인민공화국 주석 · 부주석
2. 국무원 총리, 부총리, 국무위원, 각 부 부장, 각 위원회 주임, 회계검사장, 비서장
3. 중앙군사위원회 주석 및 중앙군사위원회 기타 구성원
4. 최고인민법원 원장
5. 최고인민검찰원 검찰장

제64조 (헌법개정 절차)

① 헌법의 개정은 전국인민대표대회 상무위원회 5분의 1 이상의 전국인민대표대회 대표의 발의에 의해, 전국인민대표대회 전체대표의 3분의 2 이상의 다수로 통과된다.
② 법률 및 기타 의안은 전국인민대표대회 전체대표의 과반수로 통과한다.

제65조 (전국인민대표대회 상무위원회의 구성)

① 전국인민대표대회 상무위원회는 다음과 같은 인원으로 구성한다.
위원장,
부위원장 약간 명
비서장
위원 약간 명.
② 전국인민대표대회 상무위원회 구성원에는 적절한 정수의 소수민족대표가 포함되어야 한다.

③ 전국인민대표대회는 전국인민대표대회 상무위원회 구성원을 선출하고 파면할 권리를 가진다.
④ 전국인민대표대회 상무위원회의 구성원은 국가행정기관, 심판기관 및 검찰기관의 직무를 담당하지 못한다.

第66조 (전국인민대표대회 상무위원회의 임기, 위원장 · 부위원장의 다선금지)

① 전국인민대표대회 상무위원회 임기는 전국인민대표대회의 매기의 임기와 같으며, 차기 전국인민대표대회가 새로운 상무위원회를 선출할 때까지 그 직권을 행사한다.
② 위원장, 부위원장은 2기를 초과하여 연임할 수 없다.

第67조 (전국인민대표대회 상무위원회의 직권)

전국인민대표대회 상무위원회는 다음과 같은 직권을 행사한다.

1. 헌법의 해석, 헌법실시의 감독
2. 전국인민대표대회가 제정하여야 할 법률이외의 기타 법률의 제정과 개정
3. 전국인민대표대회 폐회기간 중 전국인민대표대회 제정의 법률에 대해 부분적 보완이나 개정. 다만 그 보완과 개정은 당해 법률의 기본원칙과 저촉되면 안됨.
4. 법률의 해석
5. 전국인민대표대회 폐회기간 중 국민경제 및 사회발전계획과 국가예산의 집행과정에 제기되는 조절방안의 심사 및 비준
6. 국무원, 중앙군사위원회, 최고인민법원 및 최고인민검찰원의 사무감찰
7. 국무원이 제정한 헌법, 법률과 저촉하는 행정법규, 결정 및 명령 취소
8. 성, 자치구, 직할시의 국가권력기관이 제정한 헌법, 법률, 행정법규에 저촉하는 지방성 법규와 결의 취소
9. 전국인민대표대회 폐회기간 중 국무원 총리의 제청에 의한 부장, 위원회 주임, 회계검사장, 비서장의 인선 결정
10. 전국인민대표대회 폐회기간 중 중앙군사위원회 주석의 제청에 의한 중앙군사위원회 기타 구성원의 인선 결정
11. 최고인민법원장의 제청에 의한 최고인민법원 부원장, 재판관, 재판위원회위원 및 군사법원장의 임면
12. 최고인민검찰원 검찰장의 제청에 의한 최고인민검찰원 부검찰장, 검찰관, 검찰위원회위원 및 군사검찰원 검찰장의 임면 및 성, 자치구, 직할시의 인민검찰원 검찰장의 임면
13. 외국 주재 전권 대사의 임면
14. 외국과 체결하는 조약 및 중요한 협정의 비준 또는 폐지의 결정
15. 군인 및 외교관의 직계제도 및 기타 전문직계제도의 결정
16. 국가의 훈장 및 영예 칭호 수여의 규정과 결정
17. 특사의 결정
18. 전국인민대표대회 폐회기간 중 국가가 무력침략을 당하거나 국제간의 공동침략방지 협정을 이행하여야 할 사태에 놓인 경우, 전쟁상태의 선포 결정
19. 전국 총동원 또는 국부 동원 결정
20. 전국 또는 일부의 성, 자치구, 직할시의 비상사태 돌입 결정
21. 전국인민대표대회가 수여한 기타 직권

第68조 (전국인민대표대회 상무위원회 위원장 등의 직권)

① 전국인민대표대회 상무위원회 위원장은 전국인민대표대회 상무위원회의 활동을 주관하

며, 전국인민대표대회 상무위원회 회의를 소집한다. 부위원장, 비서장, 위원장의 업무를 보좌한다.
② 위원장, 부위원장, 비서장은 위원장 회의를 구성하고 전국인민대표대회 상무위원회의 중요 일상 업무를 처리한다.

第69조 (전국인민대표대회와의 관계)

전국인민대표대회 상무위원회는 전국인민대표대회에 대하여 책임을 지며, 활동을 보고한다.

第70조 (각종 전문위원회)

① 전국인민대표대회는 민족위원회, 법률위원회, 재정경제위원회, 교육과학문화위생위원회, 외교위원회, 화교위원회 및 기타 필요한 전문위원회를 둔다. 전국인민대표대회 폐회기간 중 각 전문위원회는 전국인민대표대회 상무위원회의 지도를 받는다.
② 각 전문위원회는 전국인민대표대회 및 전국인민대표대회 상무위원회의 지도 아래, 관련 의안을 검토·심의 또는 입안한다.

第71조 (조사위원회)

① 전국인민대표대회 및 전국인민대표대회 상무위원회는 필요하다고 인정할 때에는 특정문제에 대한 조사위원회를 조직할 수 있고, 조사위원회의 보고에 근거하여 해당 결의를 행할 수 있다.
② 조사위원회가 조사를 행할 때 모든 관련 국가기관, 사회단체 및 공민은 조사에 필요한 자료를 조사위원회에 제공할 의무를 지닌다.

第72조 (의안제출권)

전국인민대표대회 대표 및 전국인민대표대회 상무위원회 구성원은 각각 전국인민대표대회 및 전국인민대표대회 상무위원회의 직권 범위에 속하는 의안을 법률이 정한 절차에 따라 제출할 권한을 가진다.

第73조 (질의안 제출권)

전국인민대표 대표는 전국인민대표대회 개최기간 중, 전국인민대표대회 상무위원회의 구성원은 상무위원회 개최기간 중, 법률이 정한 절차에 따라 국무원 또는 국무원 각 부, 각 위원회에 대한 질의안을 제출할 권한을 가진다. 질의를 받은 기관은 책임지고 해답하여야 한다.

第74조 (전국인민대표대회 대표의 불체포 특권)

전국인민대표 대표는 전국인민대표대회 회의 주석단의 허가 없이 또는 전국인민대표대회 폐회 중에는 전국인민대표 상무위원회의 허가 없이 체포 또는 형사재판을 받지 않는다.

第75조 (전국인민대표대회의 대표의 발언·표결에 대한 책임)

전국인민대표대회 대표는 전국인민대표대회의 각종 회의에서 행한 발언과 표결에 관하여 법적 책임을 지지 않는다.

第76조 (전국인민대표대회 대표의 책무)

① 전국인민대표대회 대표는 모범적으로 헌법과 법률을 준수하며 국가비밀을 지켜야 하며, 자신이 참여하는 생산, 업무 및 사회활동에 있어 헌법과 법률의 실시에 협조하여야 한다.
② 전국인민대표대회 대표는 원 선거단위 및 인민과 밀접한 연계를 유지해야 하고, 인민의 의견과 요구를 청취 및 반영하며 인민에 대한 봉사에 힘써야 한다.

第77조 (전국인민대표대회 대표에 대한 감독·파면)

전국인민대표대회 대표는 원 선거단위의 감독을 받는다. 원 선거단위는 법률이 정하는 바에 의하여, 그 선출된 대표를 파면할 권한을 가진다.

第78조 (전국인민대표대회 · 동 상무위원회의 조직 · 수속)

전국인민대표대회 및 전국인민대표대회 상무위원회의 조직과 업무절차는 법률로 정한다.

제2절 중화인민공화국 주석

第79조 (중화인민공화국 주석 · 부주석의 선출 · 임기)

① 중화인민공화국 주석 · 부주석은 전국인민대표대회에서 선출한다.
② 선거권과 피선거권을 가진 만 45세 이상의 중화인민공화국 공민은 중화인민공화국 주석 · 부주석으로 선출될 수 있다.
③ 중화인민공화국 주석 · 부주석의 임기는 해당 전국인민대표대회 각기의 임기와 같으며 2기를 초과하여 연임할 수 없다.

第80조 (중화인민공화국 주석의 직권)

중화인민공화국 주석은 전국인민대표대회의 결정 및 전국인민대표대회 상무위원회의 결정에 근거하여, 법률을 공포하고, 국무원 총리 · 부총리, 국무위원, 각 부 부장, 각 위원회주임, 회계검사장, 비서장을 임면하며, 국가의 훈장과 영예칭호를 수여하며, 특사령을 발포하고, 긴급사태 돌입을 선포하며 전쟁상태를 선포하며 동원령을 발포한다.

第81조(중화인민공화국 주석의 국사행위)

중화인민공화국 주석은 중화인민공화국을 대표하여 국사활동을 진행하고 외국의 사절을 접수한다. 전국인민대표대회 상무위원회의 결정에 의하여 외국 주재 전권대표의 파견과 소환, 외국과 체결한 조약 및 중요협정의 비준과 폐지를 행한다.

第82조 (중화인민공화국 부주석의 직권)

① 중화인민공화국 부주석은 주석의 활동을 보좌한다.
② 중화인민공화국 부주석은 주석의 위임을 받아, 주석 직권의 일부를 대행할 수 있다.

第83조 (중화인민공화국 주석 · 부주석의 임기 만료에 의한 교체)

중화인민공화국 주석 · 부주석의 직권행사는 차기 전국인민대표대회에서 선출된 주석 · 부주석의 취임으로 종료된다.

第84조 (중화인민공화국 주석 · 부주석의 궐위)

① 중화인민공화국 주석의 궐위 시에는 부주석이 그 직무를 대행한다.
② 중화인민공화국 부주석의 궐위 시에는 전국인민대표대회에서 보선한다.
③ 중화인민공화국 주석 · 부주석 모두 궐위 시에는 전국인민대표대회에서 보선한다. 보선되기까지는 전국인민대표대회 상무위원회 위원장이 임시로 주석의 직무를 대행한다.

제3절 국무원

第85조 (국무원의 지위)

중화인민공화국 국무원, 즉 중앙인민정부는 최고권력기관의 집행기관이며 최고국가행정기관이다.

第86조 (국무원의 구성 · 운영원리 · 조직)

① 국무원은 다음과 같은 인원으로 구성된다.

총리,
부총리 약간 명,
국무위원 약간 명,
각 부 부장,
각 위원회 주임,
회계검사장,
비서장.

② 국무원은 총리책임제를 실행한다. 각 부, 각 위원회는 부장, 주임책임제를 실행한다.

③ 국무원의 조직에 대해서는 법률로 정한다.

제87조 (국무원의 임기, 총리 · 부총리 · 국무위원의 다선금지)

① 국무원 매기의 임기는 해당 전국인민대표대회의 임기와 같다.

② 총리, 부총리, 국무위원은 2기를 초과하여 연임할 수 없다.

제88조 (국무원 구성원의 직원, 국무원 상무회의)

① 총리는 국무원의 활동을 지도한다. 부총리, 국무위원은 총리의 활동을 보좌한다.

② 총리, 부총리, 국무위원, 비서장은 국무원 상무회의를 구성한다.

③ 총리는 국무원 상무회의 및 국무원 전체회의를 소집하고 주재한다.

제89조 (국무원의 직권)

국무원은 다음과 같은 직권을 행사한다.

1. 헌법과 법률에 근거하여 행정조치를 규정하며 행정법규를 제정하고 결정과 명령을 발포한다.
2. 전국인민대표대회 또는 전국인민대표대회 상무위원회에 대해 의안을 제출한다.
3. 각 부, 각 위원회의 임무와 직책을 정하며 각 부, 각 위원회의 활동을 통일적으로 지도하며, 각 부 · 각 위원회에 속하지 않는 전국적인 행정업무를 지도한다.
4. 전국의 각급국가행정기관의 활동을 통일적으로 지도하고 중앙 및 성, 자치구, 직할시 국가행정기관의 직권에 대하여 구체적인 분담을 규정한다.
5. 국민경제 및 사회발전계획과 국가예산을 편성하고 집행한다.
6. 경제분야 업무 및 도시(省) · 농촌(鄕) 진흥을 지도하고 관리한다.
7. 교육, 과학, 문화, 위생, 체육 및 계획 출산 업무를 지도하고 관리한다.
8. 민정, 공안, 사법행정 및 감찰 등 업무를 지도하고 관리한다.
9. 대외사무의 관리, 외국과 조약 및 협정을 체결한다.
10. 국방건설 사업을 지도하고 관리한다.
11. 민족 사무를 지도 및 관리하며 소수민족의 평등한 권리 및 민족자치지방의 자치권을 보장한다.
12. 화교의 정당한 권리 및 이익을 보호하며 귀환화교 및 재외동포의 국내거주 가족의 합법적 권리 및 이익을 보호한다.
13. 각 부 · 각 위원회가 반포한 부적절한 명령, 지시 및 규칙을 변경 또는 폐지한다.
14. 지방 각급국가행정기관의 부적절한 결정과 명령을 변경 또는 폐지한다.
15. 성 · 자치구 · 직할시의 구역획정의 승인, 자치주 · 현 · 자치현 · 시의 설치 및 구역획정을 승인한다.
16. 법률의 규정에 따라 성 · 자치구 · 직할시의 일부지역을 긴급사태에 돌입하는 것을 결정한다.
17. 행정기구의 직원정원을 심사결정하며, 법률이 정하는 바에 의하여 행정직원의 임

면, 연수, 고과 및 상벌을 행한다.
18. 전국인민대표대회 및 전국인민대표대회 상무위원회가 수여한 기타 직권을 행사한다.

제90조 (국무원 각 부장 · 위원회 주석의 직권, 각 부 · 위원회의 규칙제정권)

① 국무원 각 부의 부장, 각 위원회 주임은 해당부문의 업무에 책임을 진다. 부무회의 또는 위원회회의, 위무회의를 소집하고 주재하며, 해당부문의 업무에 관련된 중대한 문제에 대하여 토의하고 결정한다.
② 각 부 · 각 위원회는 법률과 국무원의 행정법규, 결정, 명령에 근거하여 해당부문의 권한 내에서 명령, 지시 및 규정을 반포한다.

제91조 (회계검사기관)

① 국무원은 회계검사기관을 설치하고, 국무원 각 부문 및 지방각급정부의 재정지출, 국가의 재정금융기구 및 기업 · 비영리성 조직의 재무수지에 대하여 회계검사감독을 진행한다.
② 회계검사기관은 국무원 총리의 영도 아래 다른 행정기관, 사회단체 및 개인의 간섭을 받음 없이 법률이 정하는 바에 의하여 심계감독권을 독자적으로 행사한다.

제92조 (전국인민대표대회 · 동 상무위원회와의 관계)

국무원은 전국인민대표대회에 대해 책임을 지며, 활동을 보고한다. 전국인민대표대회 폐회기간 중에는 전국인민대표대회 상무위원회에 대해 책임을 지며 활동을 보고한다.

제4절 중앙군사위원회

제93조 (중앙군사위원회의 직권, 구성, 운영원리, 임기)

① 중화인민공화국 중앙군사위원회는 전국의 무장력을 지도한다.
② 중앙군사위원회는 다음과 같은 인원으로 구성된다.
주석,
부주석 약간 명,
위원 약간 명.
③ 중앙군사위원회는 주석책임제를 실시한다.
④ 중앙군사위원회 매기 임기는 전국인민대표대회 임기와 같다.

제94조 (전국인민대표대회 · 동 상무위원회와의 관계)

중앙군사위원회 주석은 전국인민대표대회 및 전국인민대표대회 상무위원회에 대해 책임을 진다.

제5절 지방각급인민대표대회 및 지방각급 인민정부

제95조 (지방각급 인민대표대회 · 인민정부의 설치, 조직, 자치구 · 자치주 · 자치현의 자치기관)

① 성 · 직할시 · 현 · 시 · 시가 관할하는 구 · 향 · 민족향 · 진에는 인민대표대회 및 인민정부를 설치한다.
② 지방각급인민대표대회 및 지방각급인민정부의 조직은 법률로 규정한다.
③ 자치구 · 자치주 · 자치현에는 자치기관을 설치한다. 자치기관의 조직 및 활동은 헌법 제3장 제5절 · 제6절이 규정하는 기본원칙에 준하여 법률로 정한다.

제96조 (지방각급인민대표대회의 지위, 상무위원회의 설치)

① 지방각급인민대표대회는 지방의 국가권력

기관이다.
② 현급 이상의 지방각급인민대표대회에는 상무위원회를 설치한다.

제97조 (지방각급인민대표대회 대표의 선출)

① 성·직할시·구를 설치한 시의 인민대표대회 대표는 직속하급 인민대표대회에 의해 선출된다. 현·구를 설치하지 않은 시·시가 관할하는 구·향·민족향·진 인민대표대회 대표는 선거민에 의해 직접 선출된다.
② 지방각급인민대표대회 대표의 정원 및 대표 선출방법은 법률로 정한다.

제98조 (지방각급인민대표대회의 임기)

지방각급인민대표대회 매기의 임기는 5년으로 한다.

제99조 (지방각급인민대표대회의 직권)

① 지방각급인민대표대회는 해당 행정구역 내에서 헌법, 법률, 행정법규의 준수 및 집행을 책임진다. 법률이 정한 권한에 따라 결의를 채택 및 발포하며 지방의 경제진흥, 문화진흥 및 공공사업건설 계획을 심사하고 결정한다.
② 현급 이상의 지방각급인민대표대회는 해당 지역 내의 국민경제 및 사회발전계획, 예산 및 그의 집행 상황에 관한 보고를 심사하고 승인한다. 해당 급 인민대표대회 상무위원회의 부적절한 결정을 변경 또는 폐지할 권한을 가진다.
③ 민족향의 인민대표대회는 법률이 정한 권한에 근거하여 민족의 특색에 적합한 구체적인 조치를 취할 수 있다.

제100조 (지방성 법규제정권)

성·직할시의 인민대표대회 및 그 상무위원회는 헌법, 법률, 행정법규와 저촉하지 않다는 전제하에서, 지방성 법규를 제정할 수 있고, 전국인민대표대회 상무위원회에 보고하여 등록하여야 한다.

제101조 (행정수장·법원장·검찰원 검찰장의 선출·파면)

① 지방각급인민대표대회는 매기 해당 인민정부의 성장(省長) 및 부성장, 시장과 부시장, 현장과 부현장, 구장과 부구장, 향장(鄕長)과 부향장, 진장(鎭長)과 부진장을 선출하며 파면할 권한을 가진다.
② 현급 이상의 지방각급인민대표대회는 해당급 인민법원장과 해당급 인민검찰원 검찰장을 선출하며 파면할 권한을 가진다. 인민검찰원 검찰장을 선출 또는 파면할 때에는 반드시 상급 인민검찰원 검찰장에게 보고하고 해당급 인민대표대회 상무위원회에 대해 승인하도록 제청하여야 한다.

제102조 (지방각급인민대표대회 대표에 대한 감독·파면)

① 성·직할시·구를 설치한 인민대표대회 대표는 원 선거단위의 감독을 받는다. 현·구를 설치하지 않은 시·시가 관할하는 구·향·민족 향·진의 인민대회대표는 선거민의 감독을 받는다.
② 지방각급인민대표대회 대표의 선거단위 및 선거민은 법률이 정한 절차에 따라 선출한 대표를 파면할 권한을 가진다.

제103조 (현급 이상의 인민대표대회 상무위원회의 구성)

① 현급 이상의 지방각급인민대표대회 상무위원회는 주임·부주임 약간 명 및 위원 약간 명으로 구성되어, 해당급 인민대표대회에 책임을 지며 업무를 보고한다.

② 현급 이상의 지방각급인민대표대회는 해당 급 인민대표대회 상부위원회의 구성원을 선출하며 파면할 권한을 가진다.
③ 현급 이상의 지방각급인민대표대회 상무위원회 구성원은 국가행정기관, 재판기관 및 검찰기관의 직무를 담당할 수 없다.

제104조 (현급 이상의 인민대표대회 상무위원회의 직권)

현급 이상의 지방각급인민대표대회 상무위원회는 해당 행정구역 내 각 영역 업무에 대해여 중대 사항을 토의하여 결정한다. 해당급 인민정부, 인민법원 및 인민검찰원의 활동을 감독한다. 해당급 인민정부의 부적절한 결정 및 명령을 취소한다. 하급인민대표대회의 부적절한 결의를 취소한다. 법률로 정한 권한에 따라 국가기관 공무원의 임면을 결정한다. 해당급 인민대표대회 폐회기간 중에는 상급인민대표대회 개별대표에 대하여 파면 및 보선을 행한다.

제105조 (지방각급인민정부의 지위)

① 지방각급인민정부는 지방각급국가권력기관의 집행기관이며 지방각급국가행정기관이다.
② 지방각급인민정부는 성장, 시장, 현장, 구장, 향장, 진장책임제를 실행한다.

제106조 (지방각급인민정부의 임기)

지방각급인민정부 매기의 임기는 해당 인민대표대회의 임기와 같다.

제107조 (지방각급인민정부 직권)

① 현급 이상의 지방각급인민정부는 법률로 정한 권한에 따라 해당 행정구역 내의 경제, 교육, 과학, 문화, 위생, 체육사업, 성향진흥사업 및 재정, 민정, 공안, 민족사무, 사법행정, 행정 감찰, 계획출산 등 행정사무를 관리하며, 결정 및 명령을 발포하고 행정 공무원의 임면, 연수, 고과 및 상벌을 행한다.
② 향·민족향·진의 인민정부는 해당 인민대표대회의 결의와 상급국가행정기관의 결정, 명령을 집행하며 해당 행정구역의 행정업무를 관리한다. 성·직할시의 인민정부는 향·민족향·진의 설치와 구역획정을 결정한다.

제108조 (현급 이상의 인민정부의 직권)

현급 이상의 지방각급인민정부는 소속된 각 업무부문 및 하급인민정부의 활동을 지도하며 소속된 각 업무부문 및 하급인민정부의 부적절한 결정을 취소할 권한을 가진다.

제109조 (지방각급회계검사기관)

현급 이상의 각급인민정부는 회계검사기관을 설치한다. 지방각급회계검사기관은 법률이 정하는 바에 의하여 독립된 회계검사 감독권을 행사하며, 해당급 인민정부 및 직상급회계검사기관에 대해 책임을 진다.

제110조 (지방각급인민정부와 동 인민대표대회의 관계)

지방각급인민정부는 해당 인민대표대회에 대해 책임을 지며 활동을 보고한다. 현급 이상의 지방각급인민정부는 해당 인민대표대회 폐회기간 중에 해당급 인민대표대회 상무위원에 대해 책임을 지며 활동을 보고한다.
지방각급인민정부는 직상급국가행정기관에 대해 책임을 지며 활동을 보고한다. 전국의 지방각급인민정부는 모두 국무원의 통일적 지도 아래에 있는 국가행정기관이며 모두 국무원에 종속한다.

제111조 (거민위원회·촌민 위원회의 지위·

구성 · 직권)

① 도시(城市)와 농촌에 주민의 거주지역 마다 설립된 거민위원회 또는 촌민위원회는 말단의 대중적 자치조직(基層群眾性自治組織)이다. 거민위원회 · 촌민위원회의 주임 · 부주임 및 위원은 주민이 선출한다. 거민위원회 · 촌민위원회와 말단 정권과의 상호관계는 법률로 정한다.

② 거민위원회 · 촌민위원회에는, 인민조정, 치안보위, 공공위생 등의 위원회를 설치하고 해당 거주지구의 공공사무 및 공익사업을 처리하며 민간분쟁을 조정하고 사회치안 유지에 협력하며 인민정부에 대해 대중의 의견 · 요구를 반영하여 제안을 행한다.

제6절 민족자치지방의 자치기관

제112조 (민족자치기관)

민족자치지방의 자치기관은 자치구, 자치주, 자치현의 인민대표대회 및 인민정부이다.

제113조 (민족자치기관의 구성)

① 자치구 · 자치주 · 자치현의 인민대표대회는 구역자치를 실행하는 민족의 대표 외에 해당 행정구역 내에 거주하는 기타 민족에도 적절한 정원의 대표를 할당해야 한다.

② 자치구 · 자치주 · 자치현의 인민대표대회 상무위원회 주임 또는 부주임은 구역자치를 실행하는 민족의 공민이 담임한다.

제114조 (구역자치민족 출신에 의한 자치)

자치구 주석, 자치주의 주장, 자치현의 현장은 구역자치를 실행하는 민족의 공민이 담임한다.

제115조 (민족자치기관의 직권)

자치구 · 자치주 · 자치현의 자치기관은 헌법 제3장 제5절에 규정된 국가기관의 직권을 행사하며 동시에 헌법 · 민족구역자치법 및 기타 법률로 정한 권한에 따라 자치권을 행사하며 해당 지방의 현실상황에 근거하여 국가의 법률, 정책을 관철 · 집행한다.

제116조 (자치조례 · 단행조례 제정권)

민족자치지방의 인민대표대회는 당해 지방 민족의 정치, 경제 및 문화적의 특징에 따라 자치조례 및 단행조례를 제정할 권한을 가진다. 자치구의 자치조례 및 단행조례는 전국인민대표대회 상무위원회에 보고하여 승인을 얻은 후, 효력이 발생한다. 자치주 · 자치현의 자치조례 및 단행조례는 성 또는 자치구 인민대표대회 상무위원회의 보고하여 승인을 받은 후, 효력이 발생하며 전국인민대표대회 상무위원회에 보고하고 등록한다.

제117조 (재정관리권)

민족자치지방의 자치기관은 지방재정을 관리할 자치권을 가진다. 국가재정제도에 의하여 민족자치지방에 귀속하는 재정수입은 민족자치지방의 자치기관이 자주적으로 배정하여 사용하여야 한다.

제118조 (경제진흥자주권)

① 민족자치지방의 자치기관은 국가계획의 지도 아래, 지역적인 경제진흥사업을 자주적으로 관리한다.

② 국가는 민족자치지방에서 자원 개발 및 기업건설의 경우 민족자치지방의 이익을 고려해야 한다.

제119조 (문화진흥권)

민족자치지방의 자치기관은 해당 지방의 교육·과학·문화·위생·체육사업을 자주적으로 관리하며, 민족의 문화유산을 보호하고 정리하여 민족문화를 발전 및 번영시킨다.

제120조 (공안부대조직권)

민족자치지방의 자치기관은 국가의 군사제도 및 해당 지역의 현실적 필요에 따라 국무원의 승인을 받아, 사회치안을 유지하는 해당 지방의 공안부대를 조직할 수 있다.

제121조 (민족어·문자의 사용)

민족자치지방의 자치기관은 직무를 집행할 때, 해당 민족자치지방의 자치조례의 규정에 따라 그 지역에서 통용하는 한 종류 또는 수 종류의 언어와 문자를 사용한다.

제122조 (국가의 지원조치)

① 국가는 재정·물자·기술 등의 방면에서 각 소수민족을 지원하고, 경제진흥 및 문화건설사업의 발전을 촉진시킨다.
② 국가는 민족자치지방을 지원하여, 각 지역의 민족에서 각 급의 간부, 여러 전문인재 및 기술 노동자를 대량으로 양성한다.

제7절 인민법원과 인민검찰원

제123조 (인민법원의 지위)

중화인민공화국 인민법원은 국가의 재판기관이다.

제124조 (인민법원의 체계·조직)

① 중화인민공화국은 최고인민법원, 지방각급인민법원 및 군사법원 등의 전문인민법원을 설치한다.
② 최고인민법원장의 매기의 임기는 해당 전국인민대표대회 임기와 동일하며, 2기를 초과하여 연임할 수 없다.
③ 인민법원의 조직은 법률로 정한다.

제125조 (재판 공개원칙, 변호를 받을 권리)

인민법원의 사건 심리는 법률로 정한 특별한 사정이 있는 경우를 제외하고 모두 공개한다. 피고인은 변호를 받을 권리를 가진다.

제126조 (재판권의 독립)

인민법원은 법률이 정하는 바에 의하여 독립하여 재판권을 사용하고, 행정기관·사회단체 및 개인의 간섭을 받지 않는다.

제127조 (최고인민법원의 지위·직권)

① 최고인민법원은 최고재판기관이다.
② 최고인민법원은 지방각급인민법원 및 전문인민법원의 재판업무를 감독하며, 상급인민법원은 하급인민법원의 재판업무를 감독한다.

제128조 (법원과 인민대표대회의 관계)

최고인민법원은 전국인민대표대회 및 전국인민대표대회 상무위원회에 대하여 책임을 진다. 지방각급인민법원은 자기를 선출한 국가권력기관에 대하여 책임을 진다.

제129조 (인민검찰원의 지위)

중화인민공화국 인민검찰원은 국가의 법률 감독기관이다.

제130조 (인민검찰원의 체계·조직)

① 중화인민공화국은 최고인민검찰원, 지방 각급인민검찰원 및 군사검찰원 등의 전문인민검찰원을 설치한다.

② 최고인민검찰원 검찰장의 임기는 해당 전국인민대표대회 임기와 동일하며 2기를 초과하여 연임할 수 없다.
③ 인민검찰원의 조직은 법률로 정한다.

제131조 (검찰권의 독립)

인민검찰원은 법률이 정하는 바에 의하여 독립하여 검찰권을 행사하고, 행정기관 · 사회단체 및 개인의 간섭을 받지 않는다.

제132조 (최고인민검찰원의 지위 · 직권)

① 최고인민검찰원은 최고검찰기관이다.
② 최고인민검찰원은 지방각급인민검찰원 및 전문인민감찰원의 활동을 지도하고, 상급 인민검찰원은 하급인민검찰원의 활동을 지도한다.

제133조 (검찰원과 인민대표대회의 관계)

최고인민검찰원은 전국인민대표대회 및 전국인민대표대회 상무위원회에 대하여 책임을 진다. 지방각급인민검찰원은 자기를 선출한 국가권력기관 및 상급인민검찰원에 대하여 책임을 진다.

제134조 (민족어에 의한 소송의 권리)

① 각 민족의 공민은 모두 해당 민족의 언어와 문자를 이용하여 소송할 권리를 가진다. 인민법원 및 인민검찰원은 해당지역에서 통용하는 언어와 문자를 알지 못하는 소송참가자를 위해 통역 · 번역을 해 주어야 한다.
② 소수민족이 집거하거나 또는 여러 민족이 함께 거주하고 있는 지역에서는 그 지역에서 통용하는 언어를 사용하여 심리를 하여야 한다. 소장 · 판결서 · 포고 및 기타 문서에는 필요에 따라 당해지역에서 통용하는 한 종류 또는 수 종류의 문자를 사용하여야 한다.

제135조 (인민법원 · 인민검찰원 · 공안기관의 상호관계)

인민법원 · 인민검찰원 및 공안기관은 형사사건을 처리함에 있어서 분담하여 책임을 지며, 상호 협력 및 상호 제약함으로서 정확하고 효과적으로 법률을 집행하도록 담보하여야 한다.

제4장 국기 · 국가 · 국장 · 수도

제136조 (국기 · 국가)

① 중화인민공화국의 국기는 오성홍기이다.
② 중화인민공화국의 국가는 「의용군행진곡」이다.

제137조 (국장)

중화인민공화국의 국가 휘장은 중앙에 오성이 비춰진 천안문을 주위에는 벼이삭과 톱니바퀴를 배치한다.

제138조 (수도)

중화인민공화국의 수도는 북경이다

※ 조문 내용 가운데 밑줄 부분은 2004년에 개정 또는 추가된 내용이다.

국내
제2편

CHAPTER

01

대한민국헌법

· 대한민국헌법 해설
· 대한민국임시헌장
· 대한민국헌법

대한민국헌법 해설

1. 임시정부 헌법

1. 상해 임시정부와 헌법(대한민국임시헌장)

(1) 대한민국 임시헌장의 성립배경

대한제국[1)]이 1910년 을사보호조약과 한일합병에 의하여 주권을 상실한 후, 해외이주 교민들과 독립 운동가들은 국내는 물론 노령 · 간도 · 상해 · 하와이 · 미주 등 국외에서 무력항쟁 및 독립운동에 직접 참여하거나 간접적으로 이들 운동을 지원하는데 많은 노력을 기울였다. 거족적 민족 독립운동인 1919년 3 · 1운동은 동년 4월 중국 상해[2)]에서 수립된 임시정부의 사상적 배경이란 사실에 추호의 의문이 있을 수 없다. 일본에서의 2.8 독립선언과 3.1독립선언이 있은 후 이에 호응하는 국내외 많은 애국지사들이 상해로 모여 조직적인 독립운동을 모색하게 된다. 상해 임시정부[3)]는 1919년 4월 13일에 한국 최초의 기본법의 성격을 지닌 '대한민국임시헌장'을 제정하였다. 3 · 1운동의 독립의지를 결집하여 망명지 상해에서 국내외 대표로 구성된 임시의정원에 의해 만들어진 대한민국임시헌장은 한국 최초의 근대헌법이라 할 수 있다.

(2) 대한민국임시헌장의 법적 성격

"대한민국임시헌장"은 형식적으로는 국가의 기본법의 성격을 지니고 있으나, 실질적으로는 독립을 위한 조직적 저항운동단체의 기본법의 성격을 지님을 부정하기 어렵다.[4)] "대한민국임시헌장"을 전 국민을 상대로 국가권력을 행사할 수 있는 국가의 기본법으로 보기에는 어려움이 있기 때문이다. 그러나 "대한민국임시헌장"은 제정의 주체, 목적, 과정, 내용을 감안할 때 한국 최초의

---

1) 1899년 제정된 우리나라 최초의 성문헌법이라고 할 수 있는 대한국국제(國制)는 국호를 조선에서 대한국으로 변경하고, 나라의 성격을 제국이라고 하였다. 대한국국제 제1조는 '대한국은 세계만국이 공인한 자주독립국이다', 제2조는 '대한제국의 정치는 전제정치이다'고 규정하고 있다.

2) 당시 상해는 중국영토이었지만 프랑스 조차(租借)지역이어서 비교적 활동이 자유스러웠다.

3) 임시정부와 망명정부는 개념상 구별된다. 망명정부란 정통적 정부가 본국 밖으로 망명해서 영토회복을 기도하는 경우를 지칭한다. 상해임시정부는 1919년에 조직되었는데, 3개의 임시정부는 상해임시정부로 통합되어 하나로 운영되었고, 1945년 해방될 때까지 27년을 독립을 위해 노력해 왔다. 상해임시정부는 우리 민족 유일의 독립운동 투쟁단체이었지만 세계 여러 나라로부터 전 국가(대한제국)의 완전한 망명정부로 승인을 받는데 실패하여 임시정부에 그치고 말았다.

4) 1927년 3차 개정헌법 제1조는 '대한민국의 국권은 인민에게 있음. 광복완성 전에는 국권이 광복운동자 전체에 있음'이라고 규정하였고, 이 후 주권을 광복운동자에게 한정하는 조항으로 발전하고 있다. 이 규정은 광복운동의 전문성, 단일성을 확보하기 위하여 광복운동자의 사명감을 보여주는 것이지만, 다툼의 소지를 주게 되고, 근대 헌법국가라는 관점에서 보면 일관성을 상실한 조항으로 보여 진다.

근대헌법으로 이해되어야 한다. 3·1운동에서 표출된 한국인의 독립의지는 임시정부를 정당화시키는 이념적 토대가 되었고, 3·1운동이 있은 후 30여일 만에 국민의 신임에 의해 만들어진 임시정부는 3·1운동에 참여한 한국인의 제헌권에 기초하여 헌법을 만든 것이기 때문이다. 임시정부 헌법은 임시정부의 임시헌법이었지만, 인민의 제헌권에 기초한 헌법으로 임시정부의 헌법국가로서의 출발을 의미 있게 해준 헌법이라 할 수 있다.

(3) 대한민국임시헌장의 주요 내용

"대한민국임시헌장"은 국호를 대한민국[5]으로, 국가형태를 민주공화국으로, 국무총리를 임시정부의 수반으로 하였고, 평등권, 종교의 자유, 언론의 자유, 이전의 자유, 신체의 자유, 소유권, 선거권, 기본의무 등을 그 내용으로 하였다. 대한민국임시헌장은 민주공화제를 선포함으로써 기존의 군주정의 정치질서를 거부하고 새로운 정치질서를 수립하였다.[6]

2. 대한민국임시정부 헌법의 개정

대한민국임시정부 헌법은 5차례에 걸쳐 개정되었다.

(1) 제1차 개정

1) 배경

대한민국임시헌장은 1919년 9월 11일 개정되었다. 대한민국의 독립을 추진한 단체가 많이 있었지만 그 중 대표적 조직은 국외에서는 노령(露領)과 상해임시정부가 대표적이었고, 국내에는 한성정부가 존재하였다. 3개로 분산되어 있는 조직을 하나로 묶는 것이 독립운동의 효율을 증대시키고 혼선을 방지할 수 있기에 항일독립운동조직의 통합성이 요구되었다.

상해임시정부가 노령의 국민의회를 흡수하고 상해임시정부를 개조하여 한성정부와 일체화함으로써 그 정통을 계승하는 형식으로 절차를 밟아 통합하게 되었다. 그것이 제1차 임시헌법개정이다. 이로써 상해임시정부는 유일한 한국의 임시정부로서 1919년부터 1945년 해방을 맞이할 때까지 독립운동의 최고기관으로서 외교의 주체가 되고 한민족의 상징이 되어 27년간 민족적 주체성을 이어왔다.[7]

---

5) '대한'은 일본에게 빼앗긴 국호이니 다시 찾아 독립했다는 의미를 살리자는 의견이 지배적이었다. 반면 대한은 망한 국호이며 일본에 합병된 국호이니 사용하지 말자는 적극적 반대의견도 있었다고 한다(김영수, 대한민국 임시정부헌법론, 삼영사, 1980, 83면).

6) 임시헌장 제8조는 '대한민국은 구황실을 우대한다.'는 규정을 두었다. 구황실 우대조항은 민주공화제와 모순되는 조항이지만 한국인의 군주정에 대한 심정적 측면과 이를 독립운동에 활용하려는 실용적 측면에서 이 조항이 채택되었다고 한다(오향미, "대한민국임시정부의 입헌주의", 국제정치학회논총 제49집, 2009, 291면 이하).

7) 김영수, 대한민국 임시정부헌법론, 삼영사, 1980, 104면.

2) 대한민국임시헌법의 주요내용

1919년 9월 11일에 개정된 제1차 개정헌법(대한민국임시헌법)은 본문 58개조로, 근대 입헌주의 헌법의 체제를 갖추었고, 이후 개정된 어느 임시헌법보다도 헌법전으로서의 체제가 갖추어진 헌법이라 할 수 있다.[8] 대한민국임시헌법은 대통령제를 채택하였고, 주권재민, 영토조항, 권력분립, 신서의 비밀, 청원권 등을 신설하였고, 임시대통령, 임시의정원, 국무원을 두었다. 국무원은 국무총리와 각부총장으로 구성되었다.

(2) 제2차 개정

1) 배경

대통령의 독재를 방지하고 광복운동과 같은 중대한 과제를 한 사람의 판단에 맡길 수 없다는 우려에서 집단지도체제를 모색하여 의원내각제로 개정하게 된다.

2) 대한민국임시헌법의 주요 내용

새로 개정된 대한민국임시헌법은 전문없이 제1장 대한민국(§1~3), 제2장 임시정부(§4~17), 제3장 임사의정원(§18~26), 제4장 광복운동자(§27~28), 제5장 회계(§29~31), 제6장 보칙(§32~35) 등 본문 35개조로 구성되어, 통일헌법전(1919년 9월의 헌법)보다 그 규모와 짜임새가 모자라고 조잡하지만 광복운동을 수행하던 임사정부의 현실적 요구를 고려한다면 보다 실용적 규범이라 할 수 있다. 1919년의 통일헌법전은 명분과 그 형식적 체제에 집념한 나머지 이상적인 헌법으로서 3권분립과 같은 가공적인 규정도 있었고, 정부형태는 대통령제와 의원내각제를 절충하여 정국운영에 많은 차질을 가져왔으며, 또한 대통령과 국무총리의 임기규정이 없기 때문에 많은 문제점을 야기시켰다.

이에, 제2차 개정헌법(대한민국임시헌법)은 그러한 헌법전의 허점을 보완하고 광복운영의 수행을 위하여 의원내각제를 채택하였고, 국무령과 국무원으로 조직된 국무회의가 최고권한을 가지도록 하였다.

(3) 제3차 개정

1) 배경

제2차 개정헌법(대한민국임시약헌)은 국무령과 국무원으로 조직된 국무회의의 결정으로 행정과 사법을 통할하였는데, 국무령제를 폐지하고 모든 국무위원이 동등한 자격으로 구성된 국무위원집

8) 국내외에 수립된 임시정부들 중 비교적 실체가 뚜렷한 임시정부는 러시아령의 '대한국민의회', 상해의 '대한민국임시정부', 서울의 '한성정부'였는데, 3개로 분산되어 있는 임시정부는 독립운동에 혼선을 주게 되고 대외적 이미지도 좋지 않아 하나로 통합된다. 통합은 상해 임시정부헌법의 제1차 개정의 형식으로 이루어지게 되는데, 상해임시정부는 국민의회(러시아)를 흡수하고 상해정부를 한성정부형태로 개조하는 내용을 담고 있다. 이때부터 상해 임시정부만 존재하게 된다.

단지도제로 헌법을 개정하게 된다. 국무회의의 주석은 존재하나 국무위원과 권리나 책임에서 동등하였고, 국무위원들이 호선함으로써 아무런 특권도 주어지지 않았다. 일종의 회의제 정부형태를 띠고 있었다.

2) 대한민국임시약헌의 주요 내용

제2차 개정이 있은지 2년도 채 못 되어 1927년 3월 5일 제3차 헌법개정이 이루어지는데, 집단지도체제로의 정부조직을 변경하고 동시에 1925년 헌법을 토대로 많은 부분을 보완시정하였다고 볼 수 있다. 제3차 개정헌법(대한민국임시약헌)은 국무령제도를 폐지하고 국무위원으로 구성된 국무회의가 최고권한을 가지는 집단지도체제로 정부조직을 변경하였다. 제3차 개정도 제2차 개정헌법과 만찬가지로 임시헌법의 전문은 없으며 본문은 제1장 총강(§1~4), 제2장 임시의정원(§5~27), 제3장 임시정부(§28~45), 제4장 회계(§46~48), 제5장 보칙(§49~50) 등 50개조로 구성되어 있다. 제1차 개정헌법보다 규모가 적으나 제2차개정헌법을 보완하여 15개 조항이나 늘어나게 되었으며, 1925년 헌법의 광복운동의 장을 없애고, 광복운동자의 선거권 대향규정은 임시의정원의 장에, 의무규정은 총강의 장에 넣었기 때문에 전헌법보다 1장이 적지만 광복운동자의 의미규정에는 변화가 없다.

(4) 제4차 개정

1) 배경

대한민국임시약헌(제3차 개정 헌법)은 14년간 수난기를 겪기도 했지만 집단지도체제의 명맥을 유지해왔다. 일제의 대륙침공이 강화되면서 1937년 중일전쟁이 발발하였고 1940년 9월 임시정부도 중경으로 피난하게 된다. 임시정부는 항전체제를 재정비하게 되었고 지도체제를 강화할 필요가 있어 주석의 권한을 강화하는 주석제 헌법개정이 이루어진다.

2) 대한민국임시약헌의 주요 내용

임시약헌은 중경에서 정부가 전약헌을 일부수정하여 제32회 임시의정원에 제출·심의하여 통과된 것이 대한민국임시약헌인데, 이것이 제4차 개헌이다.

본 임시약헌은 전문이 없고, 제1장 총강(§1~3), 제2장 임시의정원(§4~22), 제3장 임시정부(§23~37), 제4장 회계(§38~40), 제5장 보칙(§41~42) 등 본문 42개조로 구성되어 제3차 개정임시약헌(구약헌)보다 8개조가 줄었지만 체제상 일부개정만 있었고 거의 달라진 것은 없다.

신임시약헌인 제4차 개정헌법(대한민국임시약헌)은 주석제를 도입하여 주석의 권한을 강화한 점이 주요 골자라 할 수 있다. 즉 집단지도체제하에서는 정부의 수반이 없다는 문제점이 드러나게 되어, 주석의 권한을 강화하고 임시의정원에서 선출하도록 하는 주석제를 도입하게 된 것이다. 따라서 임시정부는 주석과 국무위원으로 조직되었다. 임시약헌은 의원내각제요소가 가미된 주석제 정부형태라 할 수 있다.

(5) 제5차 개정

1) 배경

임시정부가 중경에 자리 잡은 후 급변하는 국제정세에 대처하기 위하여 조직의 전시체제로의 완비가 요구되었다. 1941년 12월 일본이 태평양전쟁을 발발함으로써 임시정부는 대일항전을 대비하기 위한 기구강화가 필요하게 된다. 제5차 헌법개정은 임시정부 마지막 헌법개정이며, 그 결과 만들어진 대한민국임시약헌은 민주적 헌법으로 평가된다.

2) 대한민국임시약헌의 주요 내용

1944년 4월 22일 제5차 개정헌법이 행해진다. 제5차 개정헌법(대한민국임시약헌)은 임시정부의 마지막 헌법으로서, 본문 62개조로 임시헌법 중 가장 방대한 내용을 담은 헌법전이다. 전문에서 3·1운동의 독립정신이 건국의 정신적 기반임을 명백히 하였고, 제1장 총강(§1~4), 제2장 인민의 권리·의무(§5~8), 제3장 임시의정원(§9~28), 제4장 임시정부(§29~60), 제7장 보칙(§61~62) 등 본문 62개조로 구성되어 있다.

특히, 전문을 새로 규정한 것이 그 특징이라 할 수 있는데, 이것은 통일정부헌법(제1차개헌)에 전문이 있었고 그 이후 처음 있는 일이다. 그리고 기본권제한의 일반적 법률유보조항을 두었으며, 주석의 권한을 강화하고 부주석을 신설하였다. 또한 심판원의 조직을 구체화하고, 심판위원의 신분보장을 규정하였으며,[9] 심판원규정을 '구 약헌'과 달리 임시정부의 장에 두지 않고 독립된 장에서 규율하고 있다.

2. 대한민국헌법

(1) 건국헌법

1) 제정

대한민국 초대국회는 5·10 선거에서 선출된 임기 2년의 198인의 의원으로 구성된 제헌국회였다. 제헌국회는 헌법기초위원회를 구성하여 헌법제정에 착수하였다. 유진오 안[10]을 중심으로 헌법초안이 만들어졌는데 당시 국회의장이었던 이승만의 반대[11] 등 우여곡절 끝에 1948년 6월 헌법초안이 국회에 상정되었다. 1948년 7월 17일 국회의장 이승만이 이에 서명함으로써 대한민국

---

9) 심판원은 지금의 법원이며 심판위원은 법관을 말한다.

10) 유진오의 헌법초안은 의원내각제, 양원제, 대법원에 위헌법률심사권 부여 등을 그 주요내용으로 하고 있다. 유진오는 개인적으로 헌법위원회제도를 선호하고 있었기에, 그가 '사법부 법전편찬위원회'에 제출한 헌법초안에는 헌법위원회제도를 두었었다. 그러나 그가 중심이 되어 '국회 헌법기초위원회'에 제출한 헌법초안에는 대법원에 위헌법률심사권을 부여하도록 하였다. '유진오 안'이란 후자를 말하는 것이다.

11) 이승만 대통령 측은 대통령제, 단원제, 헌법위원회제를 지지하였다. 이들의 강력한 반대로 결국 이승만의 구상이 헌법초안으로 확정되어 국회 본회의에 제출되게 된다.

헌법이 제정 공포되었다. 건국헌법에 의거하여 대통령과 부통령이 선출되었고 국무총리와 대법원장이 국회의 인준을 받아 정부가 수립되었으며, 1948년 8월 15일 역사적인 대한민국정부수립 선포식이 거행되었다.

2) 내용

건국헌법은 전문, 본문 제10장, 제103조로 구성되었다. 헌법이념으로 자유를 강조하고 있으나 광범위하게 실질적 평등을 실현하고자 하였다. 대통령제를 기본구조로 하면서, 의원내각제의 요소가 가미된 정부형태를 채택하였다.

(가) 총강

건국헌법은 '국호를 대한으로 하는 민주공화국 헌법'[12)]으로서, 대한제국과 3 · 1운동으로 세워진 대한민국 임시정부의 법통[13)]을 이어받은 한반도 유일의 합법정부 헌법이었다. 건국헌법은 한반도와 부속도서를 그 영토로 한다고 하여 한반도 전역을 지배하는 헌법이었다. 한편 북한은 조선과 민주주의와 인민공화국의 조합으로 국호를 '조선민주주의 인민공화국'으로 하는 헌법을 1948년 9월 제정하게 된다. 북한은 영토조항을 두지 않은 대신 수도조항을 두었는데, 서울을 그 수도로 하였다(북한헌법 §103). 그 후 1972년 12월 28일 헌법개정을 하면서 24년간 유지하였던 서울-수도조항을 삭제하고 평양을 수도로 규정하였다.

(나) 기본권

자유권을 보장하면서 양심, 종교, 학문 · 예술의 자유를 제외하고는 개별적 법률유보조항을 두었고, 동시에 일반적 법률유보조항까지 두었다(§ 28). 또 생존권규정을 두었다(§ 19).

(다) 권력구조

① 대통령과 정부

㉠ 대통령과 부통령을 임기 4년으로 1차에 한하여 중임할 수 있도록 하였고(§55), 국회에서 선출하였으며(§53), ㉡ 대통령의 법률안거부권(§40) 및 법률안제출권(§39)을 허용하였고, ㉢ 대통령은 긴급명령권, 긴급재정처분권(§57), 계엄선포권(§64)을 행사할 수 있었고, ㉣ 부통령이 대통령의 권한을 선 대행하고, 국무총리가 대행하며(§52), ㉤ 국무총리는 대통령이 임명하며 국회의 승인을 얻어야 한다(§69), ㉥ 국무원은 대통령과 국무총리 기타의 국무위원으로 조직되는 합의체로서

---

12) 유진오 헌법초안은 "조선은 민주공화국이다"로 되어 있는데, 국호를 무엇으로 할 것인가에 관해 헌법기초위원회의 투표결과 대한민국 17표, 고려공화국 7표, 조선공화국 2표로, 건국헌법은 대한민국을 국호로 채택하였다.

13) 반면 북한은 임시정부를 전면부정하면서, 김일성 그룹의 무장투쟁 및 해방이후의 사회변혁을 강조하였다는 점에서 남한과 차이가 크다고 하겠다(박명림, "남한과 북한의 헌법제정과 국가정체성 연구", 국제정치논총 제49집, 2009, 258면).

대통령의 권한에 속한 중요정책을 의결할 수 있었다(§68).

② 국회

㉠ 국회는 단원제로, ㉡ 임기 4년(제헌국회는 2년)의 국회의원으로 구성되며(§33), ㉢ 법률제정, 예산안심의결정, 국정감사권 및 탄핵소추권을 행사하고, ㉣ 국회의장은 의결에 있어서 표결권을 가지며, 가부동수인 경우에는 결정권을 가졌다(§37).

③ 법원

㉠ 법관은 징계처분에 의하여도 파면이 가능하였다(§80). ㉡ 대법원장은 대통령이 임명하였으며, 국회의 승인을 얻도록 하였다(§78). ㉢ 헌법위원회는 부통령을 위원장으로 하고, 대법관 5인과 국회의원 5인으로 구성하며, 위헌법률심판을 담당하였다(§81). ㉣ 탄핵재판소는 부통령이 재판장이 되며, 대법관 5인, 국회의원 5인으로 구성되었고, 대통령·부통령에 대한 탄핵은 대법원장이 재판장의 직무를 대행하였다(§47).

(라) 경제질서

경제질서는 통제경제에 가까운 혼합경제질서에 입각하였다. 혼합경제란 계획경제와 구별되지만 자본주의 시장경제질서와도 구별되는 경제질서를 말한다. 건국헌법(§84)은 '대한민국의 경제질서는 모든 국민에게 생활의 기본적 수요를 충족할 수 있게 하는 사회정의의 실현과 균형 있는 국민경제의 발전을 기함을 기본으로 한다. 각인의 경제상 자유는 이 한계내에서 보장된다'고 규정하고 있다. 이는 개인의 경제상 자유와 창의를 기본으로 하면서 균형 있는 국민경제발전을 위해 경제에 대한 규제와 조정을 할 수 있는 현행 헌법(§119)의 경제질서와 비교할 때 '원칙과 예외'에 있어 차이가 있다. 건국헌법은 현행 헌법의 사회적 시장경제질서보다 더 통제경제적 성격을 지닌 경제질서였다. 건국헌법의 통제경제적 성격의 경제질서는 이익분배균점권(§18), '중요기업 및 공공성 기업의 국 · 공유'(§87), '사영기업의 국 · 공유이전'(88) 등에 잘 나타나 있다.[14] 이것은 당시 좌우의 극심한 이념적 대립과 갈등 속에서 선택된 불가피한 타협의 산물로 보인다.

(마) 특징

① 대통령과 국무총리, 국무위원으로 구성되는 합의체의결기관으로 국무원을 두었는데(§ 68), 대통령제 정부형태와 조화되기 어려운 의원내각제 요소를 혼합시키고 있다. ② 실질적 평등을 실현하고자 하는 헌법제정자의 강한 의도가 엿보인다. 사기업에 있어서 근로자의 이익분배균점권[15]을 인정한 것이나, 자연자원의 원칙적 국유화를 선언하고 있는 점,[16] 통제경제를 주축으로

---

14) 건국헌법 제18조는 '영리를 목적으로 하는 사기업에 있어서는 근로자는 법률의 정하는 바에 의하여 이익의 분배에 균점할 권리가 있다.', 제87조는 '중요한 운수, 통신, 금융, 보험, 전기, 수리, 수도, 가스 및 공공성을 가진 기업은 국영 또는 공영으로 한다.', 제88조는 '국방상 또는 국민생활상 긴절한 필요에 의하여 사영기업을 국유 또는 공유로 이전하거나 또는 그 경영을 통제, 관리함은 법률이 정하는 바에 의하여 행한다.'고 규정하고 있다.

하였던 점,[17] 그리고 근로자의 지위를 강조한 점 등이다. ③ 헌법개정을 국회의 의결로 가능하도록 한 것은 헌법의 현실적응성을 높이려는 시도로 보인다. ④ 헌법에 정당조항이 없었으며, 통일조항도 존재하지 않았다.

(2) 제1차 헌법개정(1952. 7. 7. 발췌개헌)

1) 과정

1950년 1월 한국민주당은 의원내각제로의 개헌안을 제출하였으나 부결되었다(제 1 차 개정안). 1950년 2월 실시된 국회의원선거에서 이승만 정부를 반대하는 정치세력이 국회의 다수를 형성하게 되자, 이승만 정부는 이승만 대통령의 국회에서의 재선이 불가능하다고 판단하여, 대통령선출을 직선제로 개정하는 헌법개정안을 1951년 11월 제출하였으나, 이 역시 부결되었다(제 2 차 개정안).[18] 1952년 4월 야당이 다시 의원내각제로의 개헌안을 제출하자(제 3 차 개정안), 이승만 정부는 대통령직선제와 양원제를 내용으로 하는 개헌안을 다시 제출하였다(제 4 차 개정안). 정부 측 개헌안의 대통령직선제와 야당 측 개헌안의 국무원불신임제가 발췌된 개헌안이 통과되었다.

2) 내용

(가) 대통령과 부통령을 국민직선제로 한다(§53).

(나) 국회를 양원제로 하고, 민의원 임기는 4년, 참의원은 6년으로(§33), 참의원의 의장은 부통령이 되며, 참의원의장은 양원합동회의의 의장이 된다(§36).

(다) 참의원의장이 당선된 대통령과 부통령을 공표하고, 최고득표자가 2인 이상인 경우 양원합동회의에서 다수결로 당선자를 결정하며, 대통령과 부통령은 국무총리와 국회의원을 겸할 수 없다(§53).

(라) 국무총리와 국무위원은 국무원의 권한에 속하는 일반국무에 대하여 연대책임을, 각자의 행위에 관하여는 개별책임을 진다(§70).

(마) 민의원은 국무원불신임결의를 할 수 있다(§70조의2).

3) 문제점

---

15) 영리를 목적으로 하는 사기업에 있어서는 근로자는 법률의 정하는 바에 의하여 이익의 분배에 균점할 권리가 있다(§ 18).

16) 광물 기타 중요한 지하자원, 수산자원, 수력과 경제상 이용할 수 있는 자연력은 국유로 한다(§ 85).

17) 건국헌법 제84조는 '대한민국의 경제질서는 모든 국민에게 생활의 기본적 수요를 충족할 수 있게 하는 사회정의의 실현과 균형 있는 국민경제의 발전을 기함을 기본으로 삼는다. 각인의 경제상 자유는 이 한계 내에서 보장된다'고 규정한다. 사회정의와 균형 있는 국민경제발전을 기본으로 하고, 개인의 경제적 자유는 이 범위내에서 허용된다는 것으로 현행 헌법과 정반대의 입장을 취하고 있다.

18) 정부가 제출한 직선제개헌안은 부결되었는데 정부안에 찬성한 국회의원이 불과 19명에 불과한 것을 보면 당시 이승만 정부와 국회의 관계를 짐작할 수 있다.

6·25사변으로 인한 부산 피난시절, 비상계엄이 선포된 상태에서 1개월여의 정치파동[19]을 겪은 후 발췌개정안이 기립표결로 국회에서 통과되었다. 발췌개헌안 자체에 대하여 공고절차가 없었으므로 헌법개정의 공고절차를 위반하였고 국회에서 토론의 자유가 보장되지 않았으며 의결이 강제되었다는 점에서(기립 공개표결) 헌법개정절차가 무시된 헌법개정이라 할 수 있다. 아울러 대통령제의 본질적 요소인 대통령직선제를 도입하면서 의원내각제의 본질인 국무원불신임제도를 함께 둔 것은 체계정당성에 반한다고 할 것이다. 또한 대통령에게 국가원수의 지위와 행정부수반의 지위를 지니도록 하면서, 대통령이 구성원으로 되는 국무원을 둔다는 것과 동시에 국무원에 대한 불신임제도를 둔 것도 모순이 아닐 수 없다.

(3) 제2차 헌법개정(1954. 11. 27. 사사오입개헌)

1) 과정

제1차 직선제개헌으로 1952년 8월 이승만은 다시 대통령에 당선되었고, 1953년 1월 이승만 정부는 자유시장경제체제로의 개헌안을 제출하였다가 철회한 바 있다. 그 후 1954년 5월 이승만 대통령이 이끄는 자유당이 국회의원선거에서 과반을 점하게 되자, 자유당은 이승만 대통령의 장기집권[20]을 획책하는 개헌안을 1954년 정기국회에 제출하였다. 1954년 11월 국회표결결과는 찬성 135표였는데, 이는 헌법개정에 필요한 136표에 한 표 부족한 것으로 투표 당일 부결이 선포되었다. 이틀 뒤 다시 국회에서 4사5입의 이론[21]으로 이틀 전의 부결선포를 취소하고 가결을 선포하였다.

2) 내용

(가) 초대 대통령의 중임제한을 철폐하였다. 헌법본문은 그대로 두고, 헌법부칙에다 대통령 중임제한조항은 초대 대통령에게는 적용하지 않는다는 내용을 두었다.

(나) 주권의 제약, 영토의 변경을 가져올 국가안위에 관한 중대사항은 국회의 가결을 거친 후 국민투표에 부의하며, 민의원선거권자 50만 이상의 찬성을 얻어야 한다(§7의2).

(다) 민의원에서 개별 국무위원에 대한 불신임결의를 하였을 때에는 당해 국무위원은 즉시 사직하여야 한다(§ 70의2).

(라) 대통령이 궐위된 때에는 부통령이 대통령이 되고 잔임기간 중 재임한다(§55).

(마) 참의원은 대법관 등의 공무원 임명에 대한 인준권을 가진다(§42의2).

(바) 군법회의를 두었고(§ 83의2), 자유시장경제체제로 전환하였다.[22]

---

19) 국회로 등원하는 국회의원들을 버스에 그대로 태운 채 헌병을 시켜 공병대 크레인으로 끌어간 국회의원 집단연행사건이 피난수도 부산 한복판 국회의사당 앞에서 벌어졌다.

20) 당시 헌법은 대통령에게 1차 중임만 허락하고 있었기에, 장기집권을 위해서는 1차에 한하여 중임할 수 있다는 걸림돌을 제거할 필요가 있었다.

21) 재적의원 203인의 3분의 2 이상은 '135.33'으로 헌법개정에는 136표의 찬성이 요구된다. 203의 3분의 2는 사사오입이론에 의하면 135이므로, 135표로도 가결될 수 있다는 주장이다.

(사) 국무총리제를 삭제하였다.

(아) 헌법개정의 한계에 대한 명문규정을 두었다.

(자) 헌법개정의 제안은 민의원 선거권자 50만인 이상의 찬성으로 할 수 있도록 하였다(§98).

3) 문제점

의결정족수에 미달하는 절차상 흠이 있었고, 초대 대통령에 한하여 중임제한을 철폐한다는 것도 평등의 원칙에 어긋나는 위헌적인 개헌이었다.

(4) 제3차 헌법개정(1960. 6. 15. 제 2 공화국의 성립[23])

1) 과정

1956년 5월 제 3 대 정 · 부통령 선거에서 대통령에 이승만, 부통령에 장면이 당선된다. 부통령 장면은 야당인 민주당 소속이어서 이승만의 자유당과의 불화는 피할 수 없었다. 1960년 3월 15일 제 4 대 정 · 부통령선거가 행해졌는데, 대통령에 이승만, 부통령에 이기붕이 계획대로[24] 당선되었다. 이것이 그 유명한 3 · 15부정선거이다. 3 · 15부정선거는 4 · 19혁명으로 이어지게 되고,[25] 1960년 4월 26일 이승만 대통령이 하야하고 5월 2일에 당시 외무부장관이었던 허정이 대통령 직무대행이 되어, 허정 과도정부가 설립된다. 국회는 헌법개정기초위원회가 작성한 개헌안을 통과시키게 되는데 이것이 제 2 공화국 헌법이다. 제 3 차 헌법개정은 제 1 공화국 헌법규정에 따라 구

---

22) 제2차 개정헌법은 건국헌법 제88조의 '중요기업 및 공공성 기업의 국 · 공유'규정을 삭제하였고, '사영기업의 국 · 공유 이전'도 법률로 특별히 정한 경우에 한정하도록 하여, 경제적 평등보다 경제적 자유를 중시하는 시장경제체제를 선언하였던바, 이는 전후 경제적 복구 및 활성화를 위한 당연한 선택으로 볼 수 있다.

23) 우리 헌법의 시대구분을 하면서 사용되는 제 1, 제 2 공화국 등의 분류와 관련하여, 제 1 공화국, 제 2 공화국(4 · 19 이후), 제 3 공화국(5 · 16 이후), 제 4 공화국(유신헌법), 제 5 공화국, 제 6 공화국(현행)으로 분류하는 제 1 견해가 있고(김철수, 전게서, 113면), 1948년 8월부터 1961년 5월까지를 제 1 공화국, 1961년 5 · 16 이후 1988년 2월까지를 군사정부시대로, 1988년 2월 25일 이후는 제 2 공화국으로 분류하는 제 2 견해(권영성, 전게서, 98면), 제 1 견해와 동일하나 현행 헌법을 제 5 공화국 헌법으로 분류하는 견해(허영, 전게서, 99면) 등 다양한 견해가 제시되어 있다. 공화국 구별은 프랑스 헌정사의 시대구분방법을 모방한 것인데(프랑스에서는 공화정이 중단되었다가 부활할 때마다 제 몇 공화정이라 부른다), 우리의 경우 프랑스처럼 분명한 기준에 따르고 있지는 못하다. 4 · 19혁명으로 독재권력(사실상의 군주)을 무너뜨리고 새로운 공화국을 만들었으니 제 2 공화국으로 명명할 수 있다고 보며, 제 5 공화국 헌법이 스스로 제 5 공화국 헌법임을 전문에서 밝히고 있는 점 등을 감안할 때, 제 1 견해에 따르기로 한다.

24) 제 3 대 부통령선거에서는 자유당의 이기붕이 낙선되었으나, 제 4 대 부통령 선거에서는 온갖 부정선거를 획책하여 이기붕이 부통령으로 당선된다. 이승만 대통령은 유력한 야당의 대통령후보(제 3 대 선거에서는 신익희, 제 4 대 선거에서는 조병옥)가 선거 전에 급사함으로써 쉽게 대통령에 재선되었다.

25) 4 · 19혁명의 성공은 국민의 저항권행사에 대한 인식을 달리하게 해 주었고, 국민의 주권의식과 민주의식을 비약적으로 제고시켜 주었다.

국회에 의해 통과되었다. 제3차 개헌 후 구 국회는 자진 해산하였고 제2공화국 헌법에 따라 총선거가 실시되고 새로운 국회와 정부가 구성되었다.

2) 내용

(가) 정당조항을 신설하면서, 정당해산을 헌법재판소결정에 따르게 하였다(§13).

(나) 자유권에 대한 법률유보조항을 삭제하였고, 기본권제한에 대한 일반적 법률유보조항을 두었으며, 기본권의 본질적 내용을 침해할 수 없다는 조항을 두었다(§28②). 또 표현의 자유의 사전허가나 검열을 금지하였다(§28).

(다) 선거연령을 20세로 인하하였다(§25).

(라) 공무원의 신분 및 정치적 중립성을 보장하였고(§27), 경찰의 중립을 보장하는 규정을 두었다(§75).

(마) 국회는 민의원과 참의원으로써 구성하고(§31), 민의원 임기는 4년, 참의원 임기는 6년으로 한다. 3년마다 의원 2분의 1을 개선한다(§33).

(바) 각원은 헌법 또는 국회법에 특별한 규정이 없는 한 그 재적의원의 과반수의 출석과 출석의원의 과반수로써 의결을 행한다(§37). 국회의 의결을 요하는 의안에 관하여 양원의 의결이 일치하지 아니할 때에는 의안을 민의원의 재의에 부하고 각원에서 의결된 것 중 민의원에서 재적의원 과반수의 출석과 출석의원 3분의 2 이상의 찬성으로 다시 의결된 것을 국회의 의결로 한다. 예산안에 관하여 참의원이 민의원과 다른 의결을 하였을 때에는 민의원의 재의에 부하고 그 새로운 의결을 국회의 의결로 한다. 각원의 의장은 의결에 있어서 표결권을 가지며 가부동수인 경우에 결정권을 가진다.

(사) 대통령은 국가원수이며, 국가를 대표한다(§51). 대통령은 양원합동회의에서 선거하고(§53), 임기는 5년, 1차 중임(§55)이 허용되었다. 대통령이 직무를 수행할 수 없을 경우에는 참의원의장, 민의원의장, 국무총리의 순으로 권한을 대행하였다(§52).

(아) 대통령은 '헌법과 법률이 정하는 바에 의하여', 국군통수권을 가지며(§61), 공무원의 임면을 확인한다(§62). 또 국무회의의 의결에 불구하고 계엄선포가 부당하다고 여길 때에는 계엄선포를 거부할 수 있다. 즉 계엄선포거부권을 갖는다(§64). 의례적 대통령에게 부여된 실질적 권한이다.

(자) 대통령은 '국무회의 의결에 따라', 조약체결, 계엄선포, 긴급재정처분, 선전포고, 외교사절의 신임접수, 사면 등을 행한다. 대통령은 국무회의의 의결에 의하여 긴급재정처분을 할 수 있고, 위 처분을 집행하기 위하여 필요한 경우 총리는 긴급재정명령을 발할 수 있었다(§57).

(차) 행정권은 국무원에 속하며, 국무원은 국무총리와 국무위원으로 조직되고(§68), 국무원은 민의원에 대하여 연대책임을 진다(§69). 국무총리는 대통령이 지명하여 민의원에 동의를 얻어야 하며, 2차에 걸쳐 민의원이 대통령의 지명에 동의하지 아니한 때에는 국무총리는 민의원에서 선거한다(§69).

(카) 국무총리와 국무위원의 과반수는 의원이어야 하며(§69), 국무총리는 국무회의를 소집하고

의장이 되고, 국무총리는 국무회의의 의결을 거쳐 국무원령을 발할 수 있다(§70). 동시에 국무총리는 국무원을 대표한다(§70).

(타) 헌법에 관한 최종적 해석권을 가진 헌법재판소를 신설하였다(§83③). 대법원장과 대법관은 법관의 자격이 있는 선거인단에서 선출하도록 하였다(§78). 중앙선거관리위원회(당시는 중앙선거위원회)를 신설하면서 헌법기관화 하였다(§75②).

(파) 자치단체장 중 시·읍·면의 장은 주민이 직접 선출토록 하였다(§97).

3) 평가

제2공화국 헌법은 구 헌법의 개정절차에 따랐으며, 구 헌법의 근본규범의 변경 없이 헌법개정이 이루어졌기 때문에 제 2 공화국 헌법의 성립은 헌법의 전면개정에 해당한다고 하겠다. 따라서 제2공화국 헌법의 성립을 혁명에 의한 새 헌법의 제정으로 보기는 어렵다. 헌정사상 처음으로 합헌적 개정절차에 의하여 의원내각제 정부형태로의 개정이 이루어졌다.

(5) 제 4 차 헌법개정(1960. 11. 29. 부칙 개정)

1) 과정

3·15 부정선거의 원흉과 부정선거에 항거한 자들을 살상한 자에 대한 심판이 행해졌는데, 법원에서는 적용법조가 없어 일부에 무죄판결이 내려지는 상황이 발생하자, 이들을 처벌할 수 있는 헌법적 근거를 마련하기 위하여 제4차 헌법개정이 이루어지게 된다.

2) 내용

제4차 개헌은 형벌불소급의 원칙에 대한 예외로서 3·15 부정선거의 주모자들을 처벌하기 위한 헌법적 근거를 마련하기 위한 것이었다. 헌법 부칙에 신설된 내용을 보면, (가) 1960년 3·15 부정선거에 관련하여 부정행위를 한 자 및 그 부정행위에 항의하는 국민에 대하여 살상 기타의 불법행위를 한 자를 처벌하기 위한 특별법을 제정할 수 있도록 하였다. (나) 1960년 4월 26일 이전에 반민주행위자에 대한 공민권제한과 부정축재자 처벌을 위한 특별법을 제정할 수 있도록 하였다. (다) 이들 사건을 처리하기 위하여 특별재판소와 특별검찰부를 둘 수 있다는 것을 그 내용으로 하고 있다.

3) 문제점

제4차 개정은 소급입법에 의하여 참정권과 재산권을 제한할 수 있게 한 점에서 위헌 여부의 논란이 많았다. 제4차 헌법개정 후, 부정선거관련자처벌법, 공민권제한법, 부정축재특별처벌법, 특별재판소및특별검찰부조직법 등이 제정되었으나, 5·16 쿠데타로 완결을 보지 못하였다. 이는 건국 헌법에서 반민족행위자를 소급 처벌할 수 있는 규정을 둔 후, 두 번째 일이다.

(6) 제5차 헌법개정(1962. 12. 26. 제 3 공화국의 성립)

1) 과정

1961년 5월 16일 박정희 소장을 중심으로 한 정치군인들이 쿠데타를 일으켜 3권을 장악하였다. 이들 군사쿠데타의 주역들은 군사혁명위원회를 조직하고 비상계엄을 선포하였다. 당시 장면 총리는 군사혁명위원회에 정권을 이양하였다.[26] 동년 6월 6일에 국가재건최고회의(군사혁명위원회는 국가재건최고회의로 명칭이 바뀜)는 국가재건비상조치법을 제정 · 공포하였고, 제 2 공화국 헌법은 국가재건비상조치법에 저촉되지 않는 범위 내에서만 효력을 가지도록 하였으며, 국가재건최고회의는 국회의 권한을 행사하였다. 혁명정부는 헌법심의위원회를 발족시켜 헌법개정을 준비하게 하고, 제 2 공화국 헌법개정절차에 의하지 않고 국가재건비상조치법에 따라 헌법을 개정하기로 하여, 제 5 차 개정안은 국가재건최고회의의 의결을 거쳐 국민투표에 의하여 확정되고, 1962년 12월 26일에 공포되었다.

2) 내용

(가) 헌법전문이 최초로 개정되었다(제7차, 8차, 9차 개헌 때도 개정됨).
(나) 인간의 존엄권 조항이 신설되었다(§8).
(다) 대통령제로 환원되면서, 임기 4년, 1차중임의 직선 대통령제를 도입하였다.
(라) 국회를 단원제로 구성하였다.
(마) 헌법재판소를 폐지하여, 위헌법률심사권을 대법원에 부여하였다(§102).
(바) 대통령과 국회의원의 입후보에 정당의 추천을 요하도록 하며(§ 36), 국회의원의 당적변경의 경우 의원직을 상실토록 하는 극단적인 정당국가를 지향하였다(§38).
(사) 대법원장 및 대법원판사임명에 법관추천회의의 제청에 의하도록 하였다(§99).
(아) 헌법개정에 필수적 국민투표제를 도입하였다(§121).
(자) 탄핵심판위원회를 설치하였고(§62), 경제 · 과학심의회의(§118)와 국가안전보장회의의 설치를 규정(§87)하였다.

3) 문제점

헌법개정이란 기존 헌법의 개정조항에 따른 개정을 말하는데, 제5차 개정은 구 헌법(제2 공화국 헌법)에 의한 개정이 아니라 국가재건비상조치법에 의한 개정이기 때문에 엄밀한 의미의 헌법개정으로 보기 어렵다. 구 헌법에 의하면 국회의결이 요구되었는데 제5차 개정은 국회의 의결절차가 없었기 때문이다. 좀 더 정확히 말하면 헌법개정을 위한 국회가 존재하지 않았다. 국회가 헌법개정초안 작성에 관여한 바 없고, 국회가 아닌 국가재건최고회의가 만든 국민투표법에 의한 개정이라면 이를 민정헌법이라 보기도 어렵다. 제2공화국 헌법을 폐지하고 제3공화국 헌법을 제정한 것으로 보는 것이 타당하다.

---

26) 이로써 제 2 공화국은 출범 후 1년도 못되어 종말을 고하게 되었다. 정치인의 무능력, 국민의 지나친 욕구, 정치사회적 혼란의 연속 등은 결국 군사 쿠데타로 이어져, 군의 정치적 개입을 허락하는 선례를 낳게 되었고 그로인해 한국의 민주주의는 퇴보하게 된다.

(7) 제6차 헌법개정(1969. 10. 21. 삼선개헌)

1) 과정

1963년 10월 실시된 제5대 대통령선거에 이어 1967년 5월 실시된 제6대 대통령선거에서 박정희 후보가 윤보선 후보를 누르고 대통령에 당선되게 된다. 당시 여당인 민주공화당은 박정희 대통령의 3선을 가능토록 하기 위하여 대통령의 연임회수를 연장하는 것을 주요 내용으로 하는 개헌안을 1969년 8월 7일 국회에 제출하였다. 여 · 야간의 극한대립이 있었으나 동년 9월 1일 국회를 통과하고 10월 21일 공포 · 시행되었다.

2) 내용

(가) 대통령의 연임을 3기까지 허용한다(§69).
(나) 대통령에 대한 탄핵소추의 정족수를 가중한다(§61②).
(다) 국회의원 정수의 상한을 250명으로 늘린다(§36).
(라) 국회의원의 국무위원겸직을 허용한다(§39).

3) 문제점

집권연장을 목적으로 한 헌법개정이 이루어지게 된다. 대통령의 연임을 3기까지 허용함으로써 장기집권의 계기를 만들어 주었다. 당시 여당 내에서도 많은 반대가 있었기에 국회 제 3 별관에서 기습적으로 개정안을 통과시켰는데, 이 또한 헌정사의 옳지 못한 선례를 남겨 주었다.

(8) 제7차 헌법개정(1972. 12. 27. 제 4 공화국의 성립)

1) 과정

제 6 차 개헌후 1971년 4월 제 7 대 대통령선거에서 박정희 후보는 김대중 후보를 누르고 세 번째로 대통령에 당선되게 된다. 당시 박정희 정부는 민심으로부터 외면당하자, 도리어 언론을 억압하고 근로자를 탄압하였고, 독재체제를 강화하여 3기 이후를 대비하였다. 박정희 정부는 국가위기를 극복한다는 명목하에 1971년 12월 27일 국가보위에관한특별조치법을 제정하였는데 이 법은 초헌법적인 국가긴급권의 행사를 가능케 한 것이었다. 1972년 7 · 4 남북공동성명이 발표되었고,[27] 이 공동성명은 평화적 통일, 군사충돌방지, 남북교류 등 남북의 긴장완화를 도모하는 것이었는데, 갑자기 남부교류가 중단되면서, 1972년 10월 17일에는 국가보위에관한특별조치법에 의거하여 비상조치가 단행되었다. 10 · 17 비상조치로 국회가 해산되었고 정치활동이 중지되었으며, 국회의 권한을 비상국무회의가 대행토록 하였다. 동시에 1972년 10월 27일까지 조국의 평화적

---

27) 7 · 4공동성명은 남북한 비밀접촉과 왕래로 이루어진 것인데, 당시 남한의 중앙정보부장이 북한을 비밀리에 방문하여 성사시킨 것이다. 그 후 북한의 부주석이 남한을 방문하기도 하였다. 그런데 1972년 남한과 북한은 모두 자신의 체제를 강화하는 헌법개정을 단행하였다. 무엇을 위해 비밀 접촉과 왕래를 하였는지 짐작과 추측만 무성한 대목이다.

통일을 지향하는 헌법개정안을 공고하며, 공고 후 1개월 내에 국민투표를 실시하도록 하였다. 이에 따라 1972년 12월 27일에는 이른바 유신헌법이 공포되었다.

2) 내용

전문, 본문 제126조, 부칙으로 구성된 유신헌법의 특징은 국민의 기본권을 극도로 제약하고, 행정, 입법, 사법권을 무력화시키며 대통령을 절대군주로 만들었다는 데 있다.

(가) 기본권을 극도로 제약한 내용을 보면,

① 기본권을 보장하면서 법률에 의하지 아니하고는 기본권을 침해받지 않는다고 규정함으로써 모든 기본권을 실정권으로 약화시켰다.
② 기본권의 본질적 내용침해금지규정을 삭제하였다.
③ 구속적부심제를 폐지하였다.
④ 임의성 없는 자백의 증거능력 부인조항을 삭제하였다. ㉤ 재산권의 수용 등에 따른 보상을 법률에 위임하였다(§20).
⑤ 군인·군무원 등의 이중배상청구를 금지하였다(§20).
⑥ 근로 3 권의 범위를 크게 제한하였다(§29).

(나) 대통령을 절대군주화한 내용을 보면,

① 대통령은 임기 6년이며, 중임이나 연임제한규정을 두지 아니하였다(§47).
② 대통령은 통일주체국민회의에서 토론 없이 무기명으로 선출되었다(§39).
③ 대통령은 긴급조치권(§59), 국회해산권(§59), 국회의원 정수의 3분의 1의 추천권(§40), 국민투표부의권(§49)을 가진다.
④ 헌법개정을 이원화하여 대통령이 제안한 헌법개정안은 국회의 의결 없이 바로 국민투표에 회부하여 확정하였고 국회의원이 제안한 헌법개정안은 국회의 의결을 거쳐 통일주체국민회의에서 의결하도록 하였다(§124②).

(다) 국회를 무력화한 내용을 보면,

① 통일주체국민회의라는 대의 아닌 대의기구를 만들어 국회의 대표기관의 성격을 희석시켰다.
② 통일주체국민회의에서 국회의원 정수의 3분의 1을 선출하도록 하였고(대통령이 국회의원 정수의 3분의 1을 추천한 것에 대하여), 국회가 제안한 개헌안을 의결토록 하였다(§124②).
③ 국회의 회기단축, 국정감사권을 부인하였다.

(라) 법원을 무력화한 내용을 보면,

① 대통령이 모든 법관의 임명권을 행사할 수 있도록 하였다(§109).
② 법관을 징계처분에 의하여도 파면할 수 있도록 하였다(§104).
③ 헌법재판권을 대법원에서 헌법위원회로 이관하였다(§109).

3) 문제점

박정희 정부의 1972. 10. 17. 비상조치는 당시 헌법으로는 발동의 법적근거가 없었고 상위 헌법을 정지시키고 헌법을 침해하는 것이므로 '사실상'[28] 쿠데타에 해당한다. 또한 제7차 헌법개정은 구 헌법에 따른 개정이 아니므로 실질적으로 헌법제정에 해당한다. 국회를 해산하였기에 헌법개정안에 대한 국회의 심의 없이 입법권을 대행한 비상국무회의에서 통과되었고 국가를 공포분위기로 만든 상태, 즉 국민의 찬반투표가 사실상 허용되지 않는 가운데에 국민투표로 확정되었다. 절차상 명백한 하자가 있는 헌법개정이었다. 또한 유신헌법은 이러한 절차상의 문제점 외에도 대통령에게 국권의 모든 힘을 집중시킨 절대적 대통령제를 채택함으로써 대통령은 3권 위에 군림하는 절대군주의 지위를 지니도록 하였는데 이는 권력분립의 기본정신에도 정면 배치된다. 유신헌법은 영구집권을 위한 문서에 불과하였고 과연 헌법으로 부를 수 있을까가 의문시되는 헌법 아닌 헌법이었다.

(9) 제8차 헌법개정(1980. 10. 27. 제5공화국의 성립)

1) 과정

1979년 10월 26일 박대통령이 급서하게 되자(10·26사태), 최규하 총리가 대통령 권한을 대행하였다. 1979년 11월 10일 최규하 대통령 권한대행은 담화를 통해 새로운 헌법질서의 수립을 약속하였는데, 새 헌법에 따른 대통령선출이 이상적이나 이것이 시간적으로 어렵게 되자, 대통령으로 선출되더라도 그 임기를 채우지 아니하고 개헌을 한 후 새 헌법에 따른 대통령을 선출하겠다 하여 최규하 권한대행이 통일주체국민회의에서 1979년 12월 6일 제10대 대통령으로 선출되었다. 유신체제가 붕괴되면서 정치활동의 제한을 받았던 많은 정치인들이 해금되어 '서울의 봄'이 찾아왔는데, 봄날은 그리 길지 못했다. 군사쿠데타 세력(신군부세력)은 1979년 12월 소위 12·12사태[29]로 군을 장악하고, 1980년 5월 17일 비상계엄을 전국으로 확대시켰으며,[30] 이에 항의하는 5·18 광주민주화운동에 대하여 무차별 학살을 자행하였다. 이 후 5·31. 국가보위비상대책위원회가 설치되었고, 당시 보안사령관이면서 중앙정보부장을 겸한 전두환 장군이 국가보위비상대책위원회 상임위원장이 되었다. 1980년 8월 최규하 대통령이 사임하고, 동년 8월 27일 전두환 국보위 상임위원장이 통일주체국민회의에서 제11대 대통령으로 선출되었다. 제5공화국 헌법은 국민투표를 거쳐 1980년 10월 27일 공포되었고 즉일로 시행되었다. 새 헌법에 따라 국회는 해산되었고, 대신 국가보위입법회의가 만들어졌으며, 국가보위입법회의[31]는 새 헌법에 의한 국회가 구

---

28) 쿠데타는 불법으로 권력을 장악하는 것인데, 권력을 장악한 자가 불법으로 권력을 연장하는 것도 (사실상) 쿠데타로 보아야 한다.

29) 군사쿠데타의 주역인 전두환 소장 등이 당시 상관이던 정승화 육군참모총장을 체포한 사건을 말한다.

30) 박 대통령 서거로 제주도를 제외한 전국에 비상계엄이 선포되었는데, 신군부세력은 1980. 5. 17. 당시의 최규하 대통령으로 하여금 전국으로 비상계엄을 확대하는 조치를 얻어내었다. 얻어낸 방법은 추측만 무성할 뿐이다.

31) 국가보위입법회의가 제정한 법률의 경우, 그 내용의 위헌 여부는 다툴 수 있으나, 제정기관의 하자를

성될 때까지 입법권을 행사하였다.

2) 내용

전문, 본문 제131조, 부칙 제10조로 구성되었다. 유신헌법의 독소조항을 상당부분 제거하거나 완화시키고 있다.

그 주요 내용을 보며,

(가) 헌법총강부분에 전통문화의 창달(§ 82), 재외국민보호(§ 2), 정당보조금(§ 7)규정을 신설하였다.

(나) 기본권 조항은 대체로 제 3 공화국 헌법으로 복귀하였다고 할 수 있다. 기본권에 대한 개별적 법률유보조항을 삭제하였고, 구속적부심제도(§ 11⑤)를 부활하였다. 행복추구권(§ 9), 연좌제금지(§ 12), 사생활의 비밀과 자유(§ 16), 환경권(§ 33), 적정임금제도가 신설되었다(§ 30①). 또한 언론·출판의 사회적 책임(§ 20), 평생교육진흥(§ 29), 형사피고인의 무죄추정(§ 26)이 새롭게 규정되었다.

(다) 통일주체국민회의를 폐지하였고, 대통령을 대통령선거인단에서 간선으로 선출하도록 하였다(§ 39).

(라) 대통령의 권한을 유신헌법에 비하여 대폭 축소하였다. 과거 남용의 폐단이 컸던 긴급조치권을 폐지하고 상대적으로 효력이 약한 비상조치권으로 변경하였다(§ 51).

(마) 대통령의 임기를 7년으로 하고, 장기집권의 폐해를 방지하기 위해 단임제로 하였다.

(바) 국회의 지위를 회복하기 위해, 통일주체국민회의를 폐지하고, 헌법개정에 국회의 의결을 거치도록 하였다. 즉 대통령이 제안한 개헌안도 모두 국회의 의결을 거치도록 하였다. 대통령이 국회의원의 3분의 1을 추천하는 제도를 폐지하고, 회기제한을 완화시켰다. 또한 국정조사권을 신설하였다(§ 97).

(사) 법원의 지위를 회복하기 위해, 대법원장이 일반법관의 임명권을 가지도록 하였고, 징계처분에 의한 법관면직 규정을 삭제하였다.

(아) 대법원에 전담부 설치근거 및 행정심판의 헌법적 근거를 명시하였다(§ 108).

(자) 경제질서에 대한 공법적 규제를 확대하였다. 즉 독과점의 규제와 조정(§ 120), 소비자보호(§ 125), 국가표준제도(§ 128), 중소기업의 보호·육성(§ 124), 농·어민·중소기업의 자조조직의 육성 및 정치적 중립성보장을 규정하였다(§ 124).

(차) 헌법개정의 경우 국회의 의결을 반드시 경유하도록 하였고 국민투표로만 확정할 수 있게 하였다(§ 129).

3) 문제점

제5공화국 헌법의 성립은 10·26 사태 이후 새로운 민주 헌정질서를 갈망한 국민의 요구에 부응하지 못하고, 제 2 의 군사쿠데타로 헌정사의 오점을 남긴, 빛이 바랜 헌법제정이었다. 제5공화

이유로 한 위헌 여부는 다툴 수 없다(헌결 91헌바15; 헌결 90헌바23).

국 헌법의 성립은 제4공화국 헌법의 개정절차에 따라 개정되었으므로 헌법개정이라 할 수 있고, 제5공화국 헌법 스스로 제9차 헌법개정이라고 했으며, 동시에 국민주권 등 근본규범에 변경이 없었고, 또한 전면개정의 형태를 취했기 때문에 헌법개정으로 볼 수 있는 측면이 다분히 있다 하더라도 헌법개정으로 보기는 어렵다. 새로운 정치주도세력에 의한 새 헌법의 제정으로 보는 것이 타당하다.

(10) 제9차 헌법개정(1987. 10. 29. 제6공화국의 성립)

1) 과정

제5공화국 출범 후, 광주사태에 대한 해명을 요구하고 전두환 정부의 정통성부재를 다투는 시위가 끊이지 않게 되자, 정부는 더욱 권위주의적으로 흐르면서 국민의 기본권을 유린하였다. 그러나 국민들의 저항운동은 더 커지기만 하였고 대통령 직선제 개헌을 요구하는 민주화의 열기는 더욱 고조되었다. 전두환 대통령은 이러한 국민의 민주화요구를 무시한 채 1987년 4·13 호헌조치[32]를 발표하였다. 이에 전 국민이 4·13 호헌조치의 철회와 함께 민주화운동을 전개하였는데 1987년 6월 10일 대규모 전국적인 시위가 이루어졌고(소위 6·10 항쟁), 드디어 당시 민정당 대표위원이었던 노태우에 의해 대통령직선제 개헌을 약속하는 소위 6·29선언이 발표되었다. 국민의 민주화를 요구하는 6월 항쟁은 독재정권에 대한 승리로 이어졌다. 이에 따라 여·야간의 8인 정치회담을 구성하여 헌법개정을 논의하였고, 전문과 본문 제130조 및 부칙 제6조에 달하는 개헌안을 확정하고 국민투표를 거쳐 1987년 10월 29일에 새헌법이 공포되었다. 이로서 우리 헌정사상 최초로 여·야간의 합의개헌에 성공하게 된다.

2) 내용

전문, 본문 제10장, 제130조, 부칙 제6조로 구성되었다.
제6공화국 헌법의 주요내용은 다음과 같다.

(가) 헌법총강

① 헌법전문에서 대한민국이 상해임시정부의 법통을 계승하고 있음과 4·19의 저항정신을 존중함을 명시하였다.
② 재외국민의 보호에 대하여 국가의무를 규정하였다.
③ 국군의 정치적 중립성을 선언하였다.
④ 정당의 조직·활동 뿐 아니라 목적까지도 민주적일 것을 추가하였고, 위헌정당의 해산을 헌법재판소에 제소토록 하였다.

(나) 기본권

32) 88 올림픽준비 등을 이유로 개헌은 올림픽 이후로 미룬다는 내용의 대통령담화를 일컫는다.

① 신체의 자유를 대폭 강화하고, 구속적부심사의 범위를 확대하며, 표현의 자유에 대한 허가제나 검열제를 불허하고, 과학기술자의 권리보호를 신설하며, 손실보상의 정당한 보상을 규정하였다.
② 최저임금제도를 실시하고, 단체행동권에 대한 법률유보를 삭제함으로써 단체행동권을 보장하였다.
③ 여자 · 노인 · 청소년 · 생활무능력자의 복지향상을 보장하고, 국가의 재해예방노력의무를 신설하였고, 쾌적한 주거환경을 보장하고, 모성보호규정을 신설하였다.
④ 형사피해자의 재판상진술권을 신설하였으며, 형사보상청구권의 범위를 피의자에게까지 확대하고, 형사피해자에 대한 국가구조제도를 신설하였다.

(다) 국회의 지위와 권한

① 임시회 소집요구권을 국회의원 재적 3분의 1에서 4분의 1로 완화함으로써 국회의 자율적 활동을 보장하였다.
② 정기회의 회기를 90일에서 100일로 늘리고, 회기제한규정을 삭제하였다.
③ 국정감사권을 부활시켰다.
④ 국회의 국무총리 · 국무위원에 대한 해임의결권을 해임건의권으로 변경하였다.
⑤ 대통령선거에서 최고득표자가 2인 이상인 경우에는 국회에서 선출하도록 하였다.

(라) 대통령과 정부의 지위와 권한

① 대통령선거를 국민직선제로 하고, 임기를 5년 단임제로 하였다.
② 대통령후보자가 1인일 때에도 선거권자 총수의 3분의 1 이상의 득표를 얻어야 당선되며, 5년 이상의 국내거주요건을 삭제하였다.
③ 대통령의 비상조치권을 긴급명령권이나 긴급재정 · 경제처분 및 명령권으로 축소시켰고, 국회해산권을 삭제하였다.

(마) 법원의 지위와 권한

① 판사를 대법관과 법관으로 구분하며, 대법관 임명에 국회의 동의를 얻도록 하였다.
② 대법관이 아닌 법관은 대법원장이 임명하되, 대법관회의의 동의를 얻도록 하였다.
③ 헌법재판소를 신설하여, 법률의 위헌여부심판을 독점하도록 하였다.

(바) 경제질서

자유시장경제체제의 근간을 유지하면서, 경제에 대한 규제와 조정을 할 수 있도록 하였다. 균형 있는 지역경제의 육성과 국토개발, 중소기업과 농어민에 대한 보호와 육성, 대외무역의 육성과 규제와 조정 등을 통한 경제민주화의 실현을 기하고 있다.

(사) 지방자치

헌법 부칙에서 실시에 관한 유보조항을 삭제함으로써, 지방의회가 구성되었고, 자치단체장과 지방의원을 선출함으로써 본격적인 지방자치시대에 들어가게 되었다.

3) 평가

현행 헌법은 제5공화국 헌법에 따른 개정이며 개헌주도 세력이 구 헌법상의 국회이었기에 헌법개정에 해당된다는 주장도 가능하다. 그러나 제6공화국 헌법은 형식적으로는 헌법개정에 속하나 실질적으로는 헌법제정으로 보아야 한다. 1987년 '6 · 10 항쟁'을 통한 국민적 저항과 그 결과 이루어진 '6 · 29 선언'의 명예혁명적 성격을 감안해 볼 때, 제6공화국 헌법의 성립은 새로운 헌법의 제정으로 보기에 충분하다.

제9차 개헌은 국민의 염원이었던 민주화를 실현하였다. 대통령직선제를 도입하였고, 비대해진 대통령의 권한을 축소하였으며 약화된 국회와 사법부의 헌법적 지위와 권한을 회복하였고, 헌법재판소를 두어 헌법기관에 대한 실질적 통제장치를 마련하였다.

대한민국임시헌장

[시행 1919.4.11.]
[임시정부법령 제1호, 1919.4.11., 제정]

제0조 신인일치로 중외협응하야 한성에 기의한지 삼십유일에 평화적 독립을 삼백여주에 광복하고 국민의 신임으로 완전히 다시 조직한 임시정부는 항구완전한 자주독립의 복리로 아자손려민에 세전키 위하여 임시의정원의 결의로 임시헌장을 선포하노라.
선 서 문
존경하고 경애하는 아이천만 동포 국민이여, 민국 원년 삼월일일 아 대한민족이 독립선언함으로부터 남과 여와 노와 소와 모든 계급과 모든 종파를 물론하고 일치코 단결하야 동양의 독일인 일본의 비인도적 폭행하에 극히 공명하게 극히 인욕하게 아 민족의 독립과 자유를 갈망하는 사와 정의와 인도를 애호하는 국민성을 표현한지라 금에 세계의 동정이 흡연히 아 집중하였도다. 차시를 당하야 본정부일 전국민의 위임을 수하야 조직되었나니 본정부일전국민으로 더불어 전심코 육력하야 임시헌법과 국제도덕의 명하는바를 준수하야 국토광복과 방기확고의 대사명을 과하기를 자에 선언하노라. 국민 동포이여 분기할지어다. 우리의 유하는 일적의 혈이 자손만대의 자유와 복락의 가이요. 신의 국의 건설의 귀한 기초이니라. 우리의 인도일마침내 일본의 야만을 교화할지요. 우리의 정의일마침내 일본의 폭력을 승할지니 동포여 기하야 최후의 일인까지 투쟁할지어다.

정 강
1. 민족평등 국가평등 급 인류평등의 대의를 선전함.
2. 외국인의 생명재산을 보호함.
3. 일절 정치범인을 특사함.
4. 외국에 대한 권리의무는 민국정부와 체결하는 조약에 일의함.
5. 절대독립을 서도함.
6. 임시정부의 법령을 위월하는 자는 적으로 인함.

대한민국 원년 사월 일
대한민국임시정부

제1조 대한민국은 민주공화제로 함.

제2조 대한민국은 임시정부가 임시의정원의 결의에 의하야 차를 통치함.

제3조 대한민국의 인민은 남녀 귀천 급 빈부의 계급이 무하고 일절 평등임.

제4조 대한민국의 인민은 신교 언론 저작 출판 결사 집회 신서 주소 이전 신체 급 소유의 자유를 향유함.

제5조 대한민국의 인민으로 공민 자격이 유한 자는 선거권 급 피선거권이 유함.

제6조 대한민국의 인민은 교육 납세 급 병역의 의무가 유함.

제7조 대한민국은 신의 의사에 의하여 건국한 정신을 세계에 발휘하며 진하야 인류의 문화 급 평화에 공헌하기 위하야 국제연맹에 가입함.

제8조 대한민국은 구황실을 우대함.

제9조 생명형 신체형 급 공창제를 전폐함.

제10조 임시정부는 국토회복후 만일개년내에 국회를 소집함.

부칙 〈제1호, 1919.4.11.〉

대한민국임시헌장(제1차 개정)

[시행 1919.9.11.] [임시정부법령 제2호, 1919.9.11., 폐지제정]

아대한인민은 아국이 독립국임과 아민족이 자유민임을 선언하도다. 차로써 세계만방에 고하야 인류평등의 대의를 극명하였으며 차로써 자손만대에 고하야 민족자존의 정권을 영유케 하였도다. 반만년 역사의 권위를 대하야 2천만 민족의 성충을 합하야 민족의 항구여일한 자유 발전을 위하야 조직된 대한민국의 인민을 대표한 임시의정원은 민의를 체하야 원년(1919) 4월 11일에 발포한 10개조의 임시헌장을 기본삼아 본임시헌법을 제정하야 써 공리를 창명하여 공익을 증진하며 국방 급 내치를 주비하며 정부의 기초를 견고하는 보장이 되게 하노라.

제1장 총령

제1조 대한민국은 대한인민으로 조직함.

제2조 대한민국의 주권은 대한인민 전체에 재함.

제3조 대한민국의 강토는 구한국의 판도로 함.

제4조 대한민국의 인민은 일체 평등함.

제5조 대한민국의 입법권은 의정원이 행정권은 국무원이 사법권은 법원이 행사 함.

제6조 대한민국의 주권행사는 헌법규범내에서 임시대통령에게 전임함.

제7조 대한민국은 구황실을 우대함.

제2장 인민의 권리와 의무

제8조 대한민국의 인민은 법률범위내에서 좌에 각항의 자유를 향유함.

1. 신교의 자유
2. 재산의 보유와 영농의 자유
3. 언론 저작 출판 집회 결사의 자유
4. 서신비밀의 자유
5. 거주이전의 자유

제9조 대한민국의 인민은 법률에 의하여 좌열 각항의 권리를 유함.

1. 법률에 의치 아니하면 체포 사찰 신문 처벌을 수치 아니하는 권
2. 법률에 의치 아니하면 가택의 침입 또는 수색을 수치 아니하는 권
3. 선거권 및 피선거권
4. 입법부에 청원하는 권
5. 법원에 소송하여 그 재판을 수하는 권
6. 행정관서에 소원하는 권
7. 문무관에 임명되는 권 또는 공무에 취하는 권

제10조 대한민국의 인민은 법률에 의하여 좌열 각항의 의무를 유함.

1. 납세의 의무
2. 병역의 복하는 의무
3. 보통교육을 수하는 의무

제3장 임시대통령

제11조 임시대통령은 국가를 대표하고 정무를 총감하며 법률을 공포함.

제12조 임시대통령은 임시의정원에서 기명단기식 투표로 선거하되 투표총수의 3분의 2 이상을 득한 자로 당선케 함. 단, 2회투표에도 결정치 못하는 시는 3회 투표에는 다수를 득한 자로 당선케 함.

제13조 임시대통령의 자격은 대한인민으로 공권상 제한이 무하고 연령 만40세 이상된 자로 함.

제14조 임시대통령은 취임할 시에 임시의정원에서 좌와 여히 선서함을 요함. 여는 일반 인민의 전에서 성실한 심력으로 대한민국 임시대통령의 의무를 이행하여 민국의 독립 급 내치 외교를 완성하여 국리민복을 증진케하며 헌법과 법률을 준수하고 또한 인민으로 하여금 준수케 하기를 선서하나 이다.

제15조 임시대통령의 직권은 좌와 여함.

1. 법률의 위임에 기하거나 혹은 법률을 집행하기 위하여 명령을 발포 또는 발포케 함.
2. 육해군을 통솔함.
3. 관제 관규를 제정하되 임시의정원의 결의를 요함.
4. 문무관을 임명함.
5. 임시의정원의 동의를 경하야 개전강화를 선고하고 조약을 체결함.
6. 법률에 의하여 계엄을 선고함.
7. 임시의정원 의회를 소집함.
8. 외국의 대사와 공사를 접수함.
9. 법률안을 임시의정원에 제출하되 국무원의 동의를 요함.
10. 긴급필요가 유한 경우에 임시의정원이 폐회된 시는 국무회의의 동의를 득하여 법률에 대한 명령을 발하되 차기의회에 승낙을 요함. 단, 승낙을 득하지 못할 시는 장래에 향하여 기효력을 실함을 공포함.
11. 중대한 사건에 관하여 인민의 의견서를 수합함.
12. 대사 특사 감형 복권을 선고함. 단, 대사는 임시의정원의 동의를 요함.

제16조 임시대통령은 임시의정원의 승낙이 무히 국경을 천리함을 부득함.

제17조 임시대통령이 유고한 시는 임시의정원에서 임시대통령 대리 1인을 선거하여 대리케 함.

제4장 임시의정원

제18조 임시의정원은 제19조에 규정한 의원으로 조직함.

제19조 임시의정원 의원의 자격은 대한민국 인민으로 중등이상 교육을 수한 만33세 이상된 자로 함.

제20조 임시의정원 의원은 경기 충청 경상 전라 함경 평안 각도 급 중령교민 아령교민에 각 6인 강원 황해 각도 급 미주교민에게 각 3인을 선거함. 전항에 임시 선거 방법은 내무부령으로 차를 정함.

제21조 임시의정원의 직권은 좌와 여함.

1. 일체 법률안을 의결함.
2. 임시정부의 예산결산을 의결함.
3. 전국의 조세 화폐제 도량형의 준칙을 의결함.
4. 공채모집과 국고부담에 관한 사항을 의결함.
5. 임시대통령을 선거함.
6. 국무원 급 주외대사 공사 임명에 동의함.
7. 선전 강화와 조약체결에 동의함.
8. 임시정부의 자순사건을 부답함
9. 인민의 청원을 수리함.
10. 법률안을 제출함.
11. 법률 기타 사건에 관한 의견을 임시정부에 건의함을 득함.
12. 질문서를 국무원에게 제출하여 출석답변을 요구함을 득함.
13. 임시정부에 자순하여 관리의 수회와 기타 위법한 사건을 사판함을 득함.
14. 임시대통령의 위법 또는 범죄행위가 유함

을 인할 시는 총원 5분의 4이상의 출석, 출석원 4분의 3 이상의 가결로 탄핵 또는 심판함을 득함.

15. 국무원 실직 혹 위법이 유함을 인할 시는 총원 4분의 3 이상의 출석, 출석원 3분의 2 이상의 가결로 탄핵함을 득함.

제22조 임시의정원은 매년 2월에 임시대통령이 소집함. 필요가 유할 시에 임시소집함을 득함.

제23조 임시의정원의 회기는 1개월로 정하되 필요가 유할 시는 원의 결의혹은 임시대통령의 요구에 의하여 신축함을 득함.

제24조 임시의정원의 의사는 출석원과반수로 결하되 가부동수될 시는 의장이 차를 결함

제25조 임시의정원의 회의는 공개하되 원의 결의 또는 정부의 요구에 의하여 비밀히 함을 득함.

제26조 임시의정원의 의결한 법률 기타 사건은 임시대통령이 차를 공포 또는 시행함. 법률은 자달후 15일 이내로 공포함을 요함.

제27조 임시의정원의 의결한 법률 기타 사건을 임시대통령이 불가함을 인할 시는 자달후 10일 이내에 이유를 성명하여 재의를 요구하되 기재의사항에 대하여 출석원 4분의 3 이상이 전의를 고집할 시는 제26조에 의함.

제28조 임시의정원 의장 부의장은 기명단수식투표로 의원이 호선하여 투표총수의 과반을 득한 자로 당선케 함.

제29조 임시의정원은 총의원 반수 이상이 출석치 아니하면 개회를 부득함.

제30조 부결된 의안은 동회기에 재차 제출함을 부득함.

제31조 임시의정원의 의원은 원내의 언론 급 표결에 관하여 원외에서 책임을 부치 아니함. 단, 의원이 기 언론을 연설 인쇄 필기 기타 방법으로 공포할 시는 일반법률에 의하여 처분함.

제32조 임시의정원 의원은 내우외환의 범죄나 혹 현행범이 아니면 회기중에 원의 허락이 무히 체포함을 부득함.

제33조 임시의정원은 헌법 급 기타 법률에 규정한 외에 내부에 관한 제반규칙을 자정함을 득함.

제34조 임시의정원은 완전한 국회가 성립되는 일에 해산하고 기직권은 국회가 차를 행함.

제5장 국무원

제35조 국무원은 국무원을 조직하여 행정사무를 일체 처변하고 그 책임을 부함.

제36조 국무원에서 의정할 사항은 좌와 여함.

1. 법률 명령 관제 관규에 관한 사항
2. 예산 결산 또는 예산외 지출에 관한 사항
3. 군사에 관한 사항
4. 조약과 선전 강화에 관한 사항
5. 고급관리 진퇴에 관한 사항
6. 각부 권한쟁의 급 주임불명에 관한 사항
7. 국무회의의 경유를 요하는 사항.

제37조 국무총리와 각부총장과 노동국총판을 국무원이라 칭하며 임시대통령을 보좌하며 법률 급 명령에 의하여 주관행정사무를 집행함.

제38조 행정사무는 내무 외무 법무 재무 교통의 각부와 노동국을 치하여 각기 분장함.

제39조 국무원은 임시대통령이 법률안을 제출하거나 법률을 공포하거나 혹은 명령을 발포

할 시에 반드시 차에 부서함.

제40조 국무원 급 정부위원은 임시의정원에 출석하여 발언함을 득함.

제41조 국무원이 제21조 제15항의 경우를 당할 시는 임시대통령이 면직하되 임시 의정원에 1차 재의를 청구함을 득함.

제6장 법원

제42조 법원은 사법관으로 조직함.

제43조 법원의 편제 급 사법관의 자격은 법률로써 차를 정함.

제44조 법원은 법률에 의하여 민사소송 급 형사소송을 재판함. 행정소송과 기타 특별소송은 법률로써 차를 정함.

제45조 사법관은 독립하여 재판을 행하고 상급관청의 간섭을 수치 아니함.

제46조 사법관은 형법의 선고 또는 징계의 처분에 의치 아니하면 면직함을 부득함.

제47조 법원의 재판은 공개하되 안녕질서 또는 선풍량속에 방해가 유하다 할 시는 공개치 아니함을 득함.

제7장 재정

제48조 조세를 신과하거나 세율을 변경할 시는 법률로써 차를 정함.

제49조 현행의 조세는 경히 법률로써 개정한 자 외에는 구례에 의하여 징수함.

제50조 임시정부의 세입세출은 매년 예산을 임시의정원에 제출하여 의결함을 요함.

제51조 예산관항에 초과하거나 예산외의 지출을 유할 시는 차기임시의정원의 승인을 요함.

제52조 공공안전을 유지하기 위하여 긴급수용이 유한 경우에 임시의정원을 소집키 불능한 시는 임시정부는 재정상 긴급 필요의 처분을 행하고 제51조에 의함.

제53조 결산은 회계검사원이 차를 검사한 후 임시정부는 기 검사 보고와 공히 임시의정원에 제출하여 승인을 요함.

제54조 회계검사원의 조직 급 직권은 법률로써 차를 정함.

제8장 보칙

제55조 본임시헌법을 시행하여 국토회복후 한 일개년내에 임시대통령이 국회를 소집하되 기 국회의 조직 급 선거방법은 임시의정원이 차를 정함.

제56조 대한민국헌법은 국회에서 제정하되 헌법이 시행되기 전에는 본임시헌법이 헌법과 동일한 효력을 발함.

제57조 임시헌법은 임시의정원의 의원 3분의 2 이상이나 혹 임시대통령의 제의로 총원 5분의 4 이상의 출석과 출석원 4분의 3 이상의 가결로 개정함을 득함.

제58조 본임시헌법은 공포일로부터 시행하고 원년 4월 11일에 공포한 대한민국 임시헌법은 본헌법의 시행일로 폐지함.

부칙 〈제2호, 1919.9.11.〉

본임시헌법은 공포일로부터 시행하고 원년 4월 11일에 공포한 대한민국 임시헌법은 본헌법의 시행일로 폐지함.

대한민국임시헌법(제2차 개정)

[시행 1925.4.7.]
[임시정부법령 제3호, 1925.4.7., 폐지제정]

제1장 대한민국

제1조 대한민국은 민주공화국임.

제2조 대한민국은 임시정부가 통치함.

제3조 대한민국은 광복운동중에서 광복운동자가 전인민을 대표함.

제2장 임시정부

제4조 임시정부는 국무령과 국무원으로 조직한 국무회의의 결정으로 행정과 사법을 통판함. 국무원은 10인 이내 5인 이상으로 함.

제5조 국무령은 국무회의를 대표하여 그 결정을 집행 우는 집행케 하고 임시의정원에 대하여 책임을 부함.

제6조 국무원은 국무회의의 일원으로 일체 국무를 의정함.

제7조 법률을 공포하며 명령을 발하며 법안을 제출하며 기타 중요문건을 발할 때는 국무령과 국무원의 연서로 함.

제8조 행정각부의 부서는 국무회의에서 정함.

제9조 행정각부의 책임주무자는 국무회의에서 호선함. 각부 책임자는 법령과 국무회의 결정에 의하여 주관사무를 집행함.

제10조 직원의 임면은 국무회의의 결정으로 국무령이 정함.

제11조 임시정부는 헌법 급 법률에 저촉되지 아니하는 범위내에서 행정상 필요한 명령을 발함을 득함.

제12조 임시정부는 임시의정원 폐원중에 긴급한 필요가 있을 때는 법률에 대한 명령을 발함을 득함.

제13조 임시정부는 임시의정원에서 선거하되 투표총수 3분지 2 이상을 득한 자로함. 단, 2회투표에도 결정치 못한 때 3회에는 다수로 함.

제14조 국무령의 임기는 3개년으로 정하되 재선됨을 득함.

제15조 국무령이 유고한 때는 국무회의에서 대리 1인을 호선하여 그 직무를 대변케 함. 단, 국무령이 결원이 된 때는 국무령대리는 국무령의 명의까지 대리하되 지체없이 임시의정원에 요구하여 후임을 선거케 함.

제16조 국무원은 국무령의 추천으로 임시의정원에서 선임함. 단, 임시의정원 폐회중의 국무령 보결은 국무회의에서 자행하고 지체없이 임시 의정원에 청하여 함투표결을 요함.

제17조 국무원의 면직은 국무회의에서 자행함.

제3장 임시의정원

제18조 임시의정원은 의원으로 조직한 입법기관임.

제19조 임시의정원 의원은 법률의 정한 바에 의하여 지방의회에서 선거함. 지방의회가 성립되지 아니한 지방에는 지방의회가 성립되기까지 그 지방에 본부를 유한 광복운동단체로 지방의회를 대케 함을 득함.

제20조 임시의정원은 매년 11월에 임시의정원

이 자행 소집함. 임시정부의 요구나 의원 3분지 1 이상의 청구가 있을 때는 임시 소집함을 득함.

제21조 임시의정원의 회기는 1개년 이내로 정하되 원의 의결 혹은 임시정부의 요구에 의하여 1개월 이내로 연장함을 득함.

제22조 임시의정원은 의원 3분지 1 이상의 출석이 아니면 개의를 득치 못하고 출석의원 과반수의 찬동이 아니면 의안의 가부를 결치 못함.

제23조 임시의정원이 의결한 법률 급 기타 사건은 임시정부가 차를 공포 우는 시행함. 법률은 자달후 10일 이내에 공포함.

제24조 임시의정원이 의결한 법률 급 기타 사건을 임시정부가 부합함으로 인할 때에는 자달후 7일이내에 이유를 부하여 재의를 요구함을 득하되 기재의안에 대하여 전의를 고집할 때에는 제23조에 의함.

제25조 임시의정원은 의장 부의장 각 1인을 선거하되 헌법 급 기타 법률범위내에서 제반 내규를 정함.

제26조 임시의정원은 별조의 규정이 유한 이외에 좌의 직권을 유함.

1. 법률안을 의결함.
2. 선전 강화와 조약 체결과 국사 파견에 동의함.
3. 광복방약 급 기타에 관한 의견을 임시의정원에 건의함.
4. 국무령 급 국무원의 실직 혹 위법 우는 범법행위에 대하여 심판처벌함.

제4장 광복운동자

제27조 광복운동자는 법령을 준수하며 재정을 부담하며 병역에 복하며 징발에 응하는 의무를 유함.

제28조 광복운동자는 지방의회를 조직하며 임시의정원 의원을 선거하며 임시정부 급 임시의정원에 청원함을 득함.

제5장 회계

제29조 조세와 세율은 법률로써 정함.

제30조 임시정부의 세입세출의 예산 결산과 국채와 기타 국고부담이 될만한 사건은 임시의정원의 의결을 요함.

제31조 임시정부의 회계는 임시의정원이 매년 1차 이상 검사함.

제6장 보칙

제32조 임시정부는 국토광복후 1년 이내에 국회를 소집하여 헌법을 제정하되 국회성립전에는 본임시헌법이 헌법을 대함.

제33조 본임시헌법에 의한 임시의정원이 성립되기 전에는 임시헌법에 의하여 성립된 임시의정원이 임시의정원 잠행조례에 의하여 그 직권을 대행함.

제34조 본임시헌법은 임시의정원 의원 3분지 1 이상이나 임시정부의 제의로 의원 과반수 출석과 출석원 3분지 2 이상의 가결로 개정함을 득함.

제35조 본임시헌법은 대한민국 7년 4월 7일부터 시행하고 동시에 원년 9월 11일에 공포

한 임시헌법은 폐지함.

부칙 〈제3호, 1925.4.7.〉

본임시헌법은 대한민국 7년 4월 7일부터 시행하고 동시에 원년 9월 11일에 공포한 임시헌법은 폐지함.

대한민국임시약헌(제3차 개정)

[시행 1927.4.11.]
[임시정부법령 제4호, 1927.3.5., 폐지제정]

제1장 총강

제1조 대한민국은 민주공화국이며 국권은 인민에게 있다. 단, 광복완성전에는 국권은 광복운동자 전체에게 있는 것으로 한다.

제2조 대한민국의 최고권력은 임시의정원에 있다. 단, 광복운동자가 대단결한 정당이 완성될 때는 최고권력은 그 당에 있는 것으로 한다.

제3조 대한민국의 인민은 법률상 일체의 자유와 권리를 가진다.

제4조 대한민국의 인민은 조국을 광복하고 사회를 개혁하며 약헌 및 법률을 지키고 병역과 조세 기타 일체의 의무를 부담한다.

제2장 임시의정원

제5조 임시의정원은 대한민국의 직접선거한 의원으로서 조직한다. 단, 내지의 각선거구에서 의원을 선거할 수 없는 경우에는 그 선거구에 원적을 두며 임시정부 소재지에 교거하는 광복운동자가 당해 각구 선거인의 선거권을 대행할 수 있다.

제6조 임시의정원 의원은 경기, 충청, 경상, 전라, 함경, 평안 각도 급 중령교민에서 각 5인 강원, 황해 각도 급 미주교민에서 각각 3인을 선거한다.

제7조 생략

제8조 생략

제9조 임시의정원은 매년 10월 제1 화요일에 정부소재지에서 소집한다. 개회기일은 당원 스스로 정한다. 단, 원의 결의 혹은 정부의 요구나 총의원 3분의 1 이상의 요구 또는 상임위원회의 요구가 있을 경우에는 임시의회를 소집할 수 있다.

제10조 임시의정원은 총의원 3분의 1 이상의 출석으로 개회하고 출석인원 과반수의 찬동에 의하여 결정한다. 단, 일단 부결된 의안은 같은 회기내에 재차 제출할 수 없다.

제11조 생략

제12조 생략

제13조 생략

제14조 생략

제15조 생략

제16조 생략

제17조 생략

제18조 생략

제19조 생략

제20조 임시의정원의 의사는 공개한다. 단, 의장 혹은 의원 5인의 제의 또는 정부의 요구가 있을 경우에는 원의 결의로서 비밀히 할 수 있다.

제21조 임시의정원 의장은 원을 대표하고 회의를 소집하고 원의 의사를 정리하며 원의 행정을 변리하며 원내의 경찰권을 집행하며 원의 회계를 처리하고 의원신청에 의해서 5인 이내의 방청자를 허가한다.

제22조 생략

제23조 생략

제24조 생략

제25조 생략

제26조 생략

제27조 생략

제3장 임시정부

제28조 임시정부는 국무위원으로서 조직한 국무회의의 결의로서 국무회의를 총판한다. 국무위원은 5인 이상 11인 이하로 한다.

제29조 국무회의는 그 결정한 사항을 집행하거나 또는 정부로 하여금 집행케 하고 임시의정원에 대하여 책임을 진다.

제30조 국무회의는 약헌 및 법률의 규범내에서 필요한 명령을 발하고 규정을 정한다. 법률을 대신하는 명령을 발할 때는 상임위원회의 동의를 거쳐서 차기 의회의 추인을 받아야 한다. 추인을 받지 못할 경우에는 이후 효력이 없음을 즉시 공포해야 한다.

제31조 국무회의에서 의결할 사항은 다음과 같다. 광복운동방략, 법률, 명령, 예산, 결산, 예산의 초과 또는 예산외의 지출, 조약의 체결, 선전, 강화, 국사의 파견, 외국대표원의 접수 기타 일체의 사항

제32조 생략

제33조 국무위원의 임기는 3개년으로 하고 재선될 수 있다.

제34조 국무위원이 계속해서 2개월간 직무를 떠날 경우에는 자연 해직된 것으로 한다.

제35조 국무위원 및 정부위원은 임시의정원 및 기타의 각위원회에 출석하여 발언할 권리가 있다.

제36조 국무회의에서 주석은 국무위원이 호선한다.

제37조 국무회의의 의결은 총의원 과반수로 한다.

제38조 국무회의의 회의규정 및 소속직원은 국무회의에서 정한다.

제39조 임시정부에 부 및 소속직원을 두고 행정사무를 처리케 한다. 광복운동중에는 필요에 의하여 각부의 행서를 적당한 지방에 둘 수 있다.

제40조 내무, 외무, 군무, 법무, 재무 등의 각부를 두고 필요에 따라서 그의 수를 증감할 수 있다. 각부 또는 행서의 조직 및 그의 직무범위에 관한 규정은 상임 위원회의 동의를 받아 국무회의에서 정한다.

제41조 행정각부의 책임 주무원은 국무회의에서 호선한다.

제42조 행정각부의 책임 주무원은 법률규정 및 국무회의의 결의에 의해서 주관사무를 처리 집행하고 임시의정원에 대하여 책임을 진다.

제43조 행정각부의 직원은 주무원의 추천에 의하여 국무회의에서 임명 또는 면직한다.

제44조 생략

제45조 법원 및 군법회의의 조직과 직무 권한에 관한 규정은 법률로서 정한다.

제4장 회계 생략

제46조 생략

제47조 생략

제48조 생략

제5장 보칙

제49조 본약헌은 임시의정원에서 총의원 3분의 1 이상 혹은 정부의 제안으로 총의원 4분의 3의 출석과 출석인원 3분의 2의 찬동으로 결정한다. 광복운동의 대단결한 당이 완성한 경우에는 그 당에서 개정하는 것으로 한다.

제50조 본약헌은 대한민국 9년 4월 11일부터 시행함과 동시에 대한민국 7년 4월 7일에 공포한 임시헌법을 폐지한다.

부칙 〈제4호, 1927.3.5.〉

본약헌은 대한민국 9년 4월 11일부터 시행함과 동시에 대한민국 7년 4월 7일에 공포한 임시헌법을 폐지한다.

대한민국임시약헌(제4차 개정)

[시행 1940.10.9.]
[임시정부법령 제5호, 1940.10.9., 전부개정]

제1장 총강

제1조 대한민국의 주권은 국민에게 있되, 광복완성전에는 광복운동자 전체에게 있다.

제2조 대한민국의 인민은 일체 평등하며, 또한 법률의 범위내에서 자유 및 권리를 가진다.

제3조 대한민국의 국민은 조국광복, 사회개혁, 헌법 및 법령의 준수, 병역의 복무, 납세의 일체 의무를 진다.

제2장 임시의정원

제4조 임시의정원은 대한민국 국민의 직접선거에 의하여 선출된 의원으로 구성한다. 다만, 국내 각선거구에서 선거실시가 불능할 때에는 임시정부의 소재지에 교거하고, 각당해선거구에 원적을 가진 광복운동자가 각당해구선거인의 선거권을 대행한다.

제5조 임시의정원 의원의 수는 57인으로 하되 경기, 충청, 경상, 전라, 함경, 평안 각도 및 중국령의 교민은 각각 6인을 선출하고 강원, 황해각도와 미국령의 교민은 각각 3인을 선출한다.

제6조 대한민국의 국민으로서 만 18세에 달하고 공민권이 있는 자는 선거권을 가지며 또한 23세에 달하고 선거권이 있는 자는 피선거권을 가진다.

제7조 임시의정원 의원의 규정에 관하여는 선거법이 제정되기 전에는 국무위원회의의 의결로써 이를 규정한다.

제8조 임시의정원은 매년 10월중순에 임시정부의 소재지에서 정기회의를 개최하며, 그 기간은 자체에서 정한다. 다만 원의 결의 및 정부의 요구 또는 총의원 3분의 1 이상의 요구가 있을 때에는 임시의회를 소집한다.

제9조 임시의정원은 총의원 3분의 1 이상의 출석과 출석원 과반수의 찬성으로써 의안을 결정한다.

제10조 임시의정원은 의원 또는 정부가 제출한 모든 법률안 및 국가의 예산, 결산을 의결하고, 국무위원회 주석 및 국무위원을 선거하며, 또한 주외사절의 임면 및 조약의 체결과 선전, 강화를 동의함에는 총의원 과반수의 출석과 출석의원 3분의 2 이상의 찬성이 있어야 한다. 다만, 국무위원회 주석 및 국무위원선거에 있어서는 2차의 투표에도 결정이 나지 않을 때에는 다수로써 이를 결정한다.

제11조 임시의정원이 의결한 법률 및 기타 안건은 정부가 이를 공포하고 또한 이를 시행한다.

제12조 임시의정원은 의장, 부의장 각 1인을 선거하며, 또한 제반 내규를 제정한다. 의장, 부의장의 선거에는 총의원 과반수의 출석과 출석원 3분의 2의 찬성이 있어야 한다. 2차의 투표에도 결정이 나지 않을 때에는 다수로써 이를 결정한다.

제13조 임시의정원은 의원의 당선증서를 심사하며, 또한 의원의 자격 및 선거의 의의에 대하여 최고판결권을 가진다.

제14조 임시의정원은 국무위원회 주석 및 국무위원 또는 주외사절이 독직 또는 위법 그리

고 내란외환등의 범죄행위가 있다고 총의원 과반수의 출석과 출석원 3분의 2의 가결로써 심판하여 면직하게 할 수 있다.

제15조 임시의정원의 의사는 공개한다. 다만 의장 또는 의원 5인 이상의 제의나 정부의 요구가 있을 때에는 의결로써 비밀로 할 수 있다.

제16조 임시의정원 의장은 의원을 대표하여 회의를 소집하며, 원내의 의사를 정리하며, 원의 행정을 변리하며, 원내 경찰권을 집행하며, 원의 회계를 처리하며, 또한 5일 이내의 의원의 청가 및 방청을 허가한다.

제17조 의원이 의안을 제출할 때에는 법률 및 심사안은 5인 이상 기타 안건은 3인 이상의 연서가 있어야 한다.

제18조 의원이 만약 이유없이 개회후 7일까지 당선증서를 제출하지 아니하거나 연속 2주일을 결석할 때에는 그 직무는 자연히 해임되며 의원사직의 청허여부는 원의로서 한다.

제19조 의원은 회기중에 원의 허가없이는 자유의 방해를 받지 아니하며 원내의 발언 및 표결에 관하여 원외에서 그 책임을 지지 아니한다.

제20조 의원은 3인이상의 연서로 정부 또는 지정한 국무위원에 대하여 질문권을 가지며, 국무위원은 5일이내에 구두, 서면으로 답변하여야 하며 답변을 하지 아니할 때에는 그 이유를 명시하여야 한다. 다만, 질문의원의 요구가 있을 때에는 출석하여 답변하여야 한다.

제21조 의원의 징계에는 발언 또는 출석의 정지 및 제명이 있으며, 총의원 과반수의 출석과 출석원 3분의 2의 결의로써 처벌한다.

제22조 의원이 위법을 하였을 때에는 5인 이상의 의원의 제의로 심사하여 전조의 표결수에 의하여 면직한다.

제3장 임시정부

제23조 임시정부는 국무위원회 주석 및 국무위원으로 조직하며, 국무위원의 수는 6인이상 10인이내로 한다.

제24조 국무위원회는 국무를 의결하고 집행하며, 또한 행정각부를 두어 각 당해 행정사무를 처리하며 그리고 각부의 조직조례를 제정하여 이를 시행한다.

제25조 국무위원회 및 행정각부는 헌법 및 법률의 범위내에서 필요한 명령 및 결정한 규정을 발포한다.

제26조 국무위원회의 직권은 다음과 같다.

1. 광복운동 방략 및 건국방안을 의결한다.
2. 법률 및 명령에 관한 사항을 의결한다.
3. 예산, 결산, 예산초과 및 예산외의 지출안을 의결한다.
4. 선전, 강화 및 조약체결에 관한 모든 안을 의결한다.
5. 행정각부에 관한 사항을 의결한다.
6. 국무위원의 사직을 처리한다.
7. 고급관리 및 주외사절과 정부대표를 임면한다.
8. 외국사절을 접수한다.
9. 임시의정원에 보고 및 제안을 작성 제출한다.
10. 국무위원회의 회의규정 및 행정각부의 부서설치와 직원을 결정한다.

제27조 국무위원회의 주석의 직권은 다음과 같다.

1. 국무위원회를 소집한다.
2. 국무위원회의 회의시에 주석이 된다.

3. 임시정부를 대표한다.
4. 국군을 통감한다.
5. 국무위원의 부서로 법률을 공포하고 명령을 발한다.
6. 필요하다고 인정할 때에는 행정각부의 명령을 정지한다.
7. 국무위원회의 결의로 긴급명령을 발한다.
8. 신임장을 접수한다.
9. 정치범을 특사한다.
10. 국무위원회의 회의중 가부동수일 때에는 이를 표결한다. 다만 긴급명령을 발할 때에는 차기회의의 추인을 받아야 하며, 부결되었을 때에는 효력을 상실하였음을 즉시 공포하여야 한다.

제28조 국무위원회 주석 및 국무위원의 임기는 3년으로 하되, 재선될 수 있다. 국무위원회 주석이 유고할 때에는 국무위원회에서 대리 1인을 호선한다.

제29조 국무위원회 주석 및 국무위원과 정부위원은 임시의정원 및 각위원회에 출석하여 발언할 수 있다.

제30조 국무위원회는 총위원 과반수의 찬동으로 의결한다.

제31조 국무위원회는 비서장 1인을 두어 국무위원회의 사무 및 회의에 관한 사항을 관리하게 한다.

제32조 각부는 내무, 외무, 군무, 법무, 재무를 두되, 다만 시의에 따라 각부를 증감할 수 있다.

제34조 국무위원회 주석 및 행정각부의 부장은 법률규정 및 국무위원회의 결정에 따라서 주관사무를 처리 집행하고 또한 임시의정원에 대하여 책임을 진다.

제35조 행정각부의 직원은 각당해부장의 추천으로 국무위원회에서 임면한다.

제36조 지방행정조직은 자치행정의 원칙에 따라서 정하며, 자치단체의 조직 및 권한은 법률로 정한다.

제37조 군법회의에 관한 법률 및 조직과 그 직무권한은 법률로 규정한다.

제4장 회계

제38조 조세 및 세율은 법률로 규정한다.

제39조 국가세입 세출의 예산, 결산 및 국채와 기타 국고의 부담이 되는 경우에는 임시의정원의 의결을 얻어야 한다. 예산의 초과 또는 예산외의 지출은 차기의회의 승인을 얻어야 한다.

제40조 국가의 회계는 회계검사원에서 검사한다.

제5장 보칙

제41조 본약헌은 임시의정원에서 총의원 3분의 1 이상이 또는 정부가 제안하여 총의원 4분의 3 이상의 출석과 출석원 3분의 2의 찬동으로 개정한다.

제42조 본약헌은 대한민국 9년 4월 11일에 공포한 약헌에 의하여 대한민국 22년 10월 9일부터 개정 시행한다.

부칙 〈제5호, 1940.10.9.〉

본약헌은 대한민국 9년 4월 11일에 공포한 약헌에 의하여 대한민국 22년 10월 9일부터 개정 시행한다.

대한민국임시약헌(제5차 개정)

[시행 1944.4.22.]
[임시정부법령 제6호, 1944.4.22., 폐지]

대한민국 22년 10월 9일부터 시행한 임시약헌은 폐지함.

부칙 〈제6호, 1944.4.22.〉

본헌장은 공포일로부터 시행하고 대한민국 22년 10월 9일부터 시행한 임시약헌은 폐지함.

대한민국헌법(건국헌법)

[시행 1948.7.17.]
[헌법 제1호, 1948.7.17., 제정]

전문 유구한 역사와 전통에 빛나는 우리들 대한국민은 기미 삼일운동으로 대한민국을 건립하여 세계에 선포한 위대한 독립정신을 계승하여 이제 민주독립국가를 재건함에 있어서 정의인도와 동포애로써 민족의 단결을 공고히 하며 모든 사회적 폐습을 타파하고 민주주의 제제도를 수립하여 정치, 경제, 사회, 문화의 모든 영역에 있어서 각인의 기회를 균등히 하고 능력을 최고도로 발휘케 하며 각인의 책임과 의무를 완수케하여 안으로는 국민생활의 균등한 향상을 기하고 밖으로는 항구적인 국제평화의 유지에 노력하여 우리들과 우리들의 자손의 안전과 자유와 행복을 영원히 확보할 것을 결의하고 우리들의 정당 또 자유로히 선거된 대표로써 구성된 국회에서 단기 4281년 7월 12일 이 헌법을 제정한다.

제1장 총강

제1조 대한민국은 민주공화국이다.

제2조 대한민국의 주권은 국민에게 있고 모든 권력은 국민으로부터 나온다.

제3조 대한민국의 국민되는 요건은 법률로써 정한다.

제4조 대한민국의 영토는 한반도와 그 부속도서로 한다.

제5조 대한민국은 정치, 경제, 사회, 문화의 모든 영역에 있어서 각인의 자유, 평등과 창의를 존중하고 보장하며 공공복리의 향상을 위하여 이를 보호하고 조정하는 의무를 진다.

제6조 대한민국은 모든 침략적인 전쟁을 부인한다. 국군은 국토방위의 신성한 의무를 수행함을 사명으로 한다.

제7조 비준공포된 국제조약과 일반적으로 승인된 국제법규는 국내법과 동일한 효력을 가진다.
외국인의 법적지위는 국제법과 국제조약의 범위내에서 보장된다.

제2장 국민의 권리의무

제8조 모든 국민은 법률앞에 평등이며 성별, 신앙 또는 사회적 신분에 의하여 정치적, 경제적, 사회적 생활의 모든 영역에 있어서 차별을 받지 아니한다.
사회적 특수계급의 제도는 일체 인정되지 아니하며 여하한 형태로도 이를 창설하지 못한다.
훈장과 기타 영전의 수여는 오로지 그 받은 자의 영예에 한한 것이며 여하한 특권도 창설되지 아니한다.

제9조 모든 국민은 신체의 자유를 가진다. 법률에 의하지 아니하고는 체포, 구금, 수색, 심문, 처벌과 강제노역을 받지 아니한다.
체포, 구금, 수색에는 법관의 영장이 있어야 한다. 단, 범죄의 현행·범인의 도피 또는 증거인멸의 염려가 있을 때에는 수사기관은 법률의 정하는 바에 의하여 사후에 영장의 교부를 청구할 수 있다.
누구든지 체포, 구금을 받은 때에는 즉시 변호인의 조력을 받을 권리와 그 당부의 심사를 법원에 청구할 권리가 보장된다.

제10조 모든 국민은 법률에 의하지 아니하고는 거주와 이전의 자유를 제한받지 아니하며

주거의 침입 또는 수색을 받지 아니한다.

제11조 모든 국민은 법률에 의하지 아니하고는 통신의 비밀을 침해받지 아니한다.

제12조 모든 국민은 신앙과 양심의 자유를 가진다.
국교는 존재하지 아니하며 종교는 정치로부터 분리된다.

제13조 모든 국민은 법률에 의하지 아니하고는 언론, 출판, 집회, 결사의 자유를 제한받지 아니한다.

제14조 모든 국민은 학문과 예술의 자유를 가진다. 저작자, 발명가와 예술가의 권리는 법률로써 보호한다.

제15조 재산권은 보장된다. 그 내용과 한계는 법률로써 정한다.
재산권의 행사는 공공복리에 적합하도록 하여야 한다.
공공필요에 의하여 국민의 재산권을 수용, 사용 또는 제한함은 법률의 정하는 바에 의하여 상당한 보상을 지급함으로써 행한다.

제16조 모든 국민은 균등하게 교육을 받을 권리가 있다. 적어도 초등교육은 의무적이며 무상으로 한다.
모든 교육기관은 국가의 감독을 받으며 교육제도는 법률로써 정한다.

제17조 모든 국민은 근로의 권리와 의무를 가진다.
근로조건의 기준은 법률로써 정한다.
여자와 소년의 근로는 특별한 보호를 받는다.

제18조 근로자의 단결, 단체교섭과 단체행동의 자유는 법률의 범위내에서 보장된다.
영리를 목적으로 하는 사기업에 있어서는 근로자는 법률의 정하는 바에 의하여 이익의 분배에 균점할 권리가 있다.

제19조 노령, 질병 기타 근로능력의 상실로 인하여 생활유지의 능력이 없는 자는 법률의 정하는 바에 의하여 국가의 보호를 받는다.

제20조 혼인은 남녀동권을 기본으로 하며 혼인의 순결과 가족의 건강은 국가의 특별한 보호를 받는다.

제21조 모든 국민은 국가 각기관에 대하여 문서로써 청원을 할 권리가 있다.
청원에 대하여 국가는 심사할 의무를 진다.

제22조 모든 국민은 법률의 정한 법관에 의하여 법률에 의한 재판을 받을 권리가 있다.

제23조 모든 국민은 행위시의 법률에 의하여 범죄를 구성하지 아니하는 행위에 대하여 소추를 받지 아니하며 또 동일한 범죄에 대하여 두 번 처벌되지 아니한다.

제24조 형사피고인은 상당한 이유가 없는 한 지체없이 공개재판을 받을 권리가 있다.
형사피고인으로서 구금되었던 자가 무죄판결을 받은 때에는 법률의 정하는 바에 의하여 국가에 대하여 보상을 청구할 수 있다.

제25조 모든 국민은 법률의 정하는 바에 의하여 공무원을 선거할 권리가 있다.

제26조 모든 국민은 법률의 정하는 바에 의하여 공무를 담임할 권리가 있다.

제27조 공무원은 주권을 가진 국민의 수임자이며 언제든지 국민에 대하여 책임을 진다.
국민은 불법행위를 한 공무원의 파면을 청원할 권리가 있다.
공무원의 직무상 불법행위로 인하여 손해를 받은 자는 국가 또는 공공단체에 대하여 배상을 청구할 수 있다. 단, 공무원 자신의 민사상이나 형사상의 책임이 면제되는 것은 아니다.

제28조 국민의 모든 자유와 권리는 헌법에 열거되지 아니한 이유로써 경시되지는 아니한다.
국민의 자유와 권리를 제한하는 법률의 제정은 질서유지와 공공복리를 위하여 필요한 경우에 한한다.

제29조 모든 국민은 법률의 정하는 바에 의하여 납세의 의무를 진다.

제30조 모든 국민은 법률의 정하는 바에 의하여 국토방위의 의무를 진다.

제3장 국회

제31조 입법권은 국회가 행한다.

제32조 국회는 보통, 직접, 평등, 비밀선거에 의하여 공선된 의원으로써 조직한다.
국회의원의 선거에 관한 사항은 법률로써 정한다.

제33조 국회의원의 임기는 4년으로 한다.

제34조 국회의 정기회는 매년 1회 12월 20일에 집회한다. 당해일이 공휴일인 때에는 그 익일에 집회한다.

제35조 임시긴급의 필요가 있을 때에는 대통령 또는 국회의 재적의원 4분지 1이상의 요구에 의하여 의장은 국회의 임시회의 집회를 공고한다.
국회폐회중에 대통령 또는 부통령의 선거를 행할 사유가 발생한 때에는 국회는 지체없이 당연히 집회한다.

제36조 국회는 의장 1인 부의장 2인을 선거한다.

제37조 국회는 헌법 또는 국회법에 특별한 규정이 없는 한 그 재적의원의 과반수의 출석과 출석의원의 과반수로써 의결을 행한다.
의장은 의결에 있어서 표결권을 가지며 가부동수인 경우에는 결정권을 가진다.

제38조 국회의 회의는 공개한다. 단, 국회의 결의에 의하여 비밀회로 할 수 있다.

제39조 국회의원과 정부는 법률안을 제출할 수 있다.

제40조 국회에서 의결된 법률안은 정부로 이송되어 15일 이내에 대통령이 공포한다. 단, 이의가 있는 때에는 대통령은 이의서를 부하여 국회로 환부하고 국회는 재의에 부한다.
재의의 결과 국회의 재적의원 3분지 2이상의 출석과 출석의원 3분지 2이상의 찬성으로 전과 동일한 의결을 한 때에는 그 법률안은 법률로써 확정된다. 법률안이 정부로 이송된 후 15일이내에 공포 또는 환부되지 아니하는 때에도 그 법률안은 법률로써 확정된다.
대통령은 본조에 의하여 확정된 법률을 지체없이 공포하여야 한다.
법률은 특별한 규정이 없는 한 공포일로부터 20일을 경과함으로써 효력을 발생한다.

제41조 국회는 예산안을 심의결정한다

제42조 국회는 국제조직에 관한 조약, 상호원조에 관한 조약, 강화조약, 통상조약, 국가 또는 국민에게 재정적 부담을 지우는 조약, 입법사항에 관한 조약의 비준과 선전포고에 대하여 동의권을 가진다.

제43조 국회는 국정을 감사하기 위하여 필요한 서류를 제출케 하며 증인의 출석과 증언 또는 의견의 진술을 요구할 수 있다.

제44조 국무총리, 국무위원과 정부위원은 국

회에 출석하여 의견을 진술하고 질문에 응답할 수 있으며 국회의 요구가 있을 때에는 출석답변하여야 한다.

제45조 국회는 의원의 자격을 심사하고 의사에 관한 규칙을 제정하고 의원의 징벌을 결정할 수 있다.
의원을 제명함에는 재적의원 3분지 2이상의 찬성이 있어야 한다.

제46조 대통령, 부통령, 국무총리, 국무위원, 심계원장, 법관 기타 법률이 정하는 공무원의 그 직무수행에 관하여 헌법 또는 법률에 위배한 때에는 국회는 탄핵의 소추를 결의할 수 있다.
국회의 탄핵소추의 발의는 의원 50인이상의 연서가 있어야 하며 그 결의는 재적의원 3분지 2이상의 출석과 출석의원 3분지 2이상의 찬성이 있어야 한다.

제47조 탄핵사건을 심판하기 위하여 법률로써 탄핵재판소를 설치한다.
탄핵재판소는 부통령이 재판장의 직무를 행하고 대법관 5인과 국회의원 5인이 심판관이 된다. 단, 대통령과 부통령을 심판할 때에는 대법원장이 재판장의 직무를 행한다.
탄핵판결은 심판관 3분지 2이상의 찬성이 있어야 한다.
탄핵판결은 공직으로부터 파면함에 그친다. 단, 이에 의하여 민사상이나 형사상의 책임이 면제되는 것은 아니다.

제48조 국회의원은 지방의회의 의원을 겸할 수 없다.

제49조 국회의원은 현행범을 제한 외에는 회기중 국회의 동의없이 체포 또는 구금되지 아니하며 회기전에 체포 또는 구금되었을 때에는 국회의 요구가 있으면 회기중 석방된다.

제50조 국회의원은 국회내에서 발표한 의견과 표결에 관하여 외부에 대하여 책임을 지지 아니한다.

제4장 정부

제1절 대통령

제51조 대통령은 행정권의 수반이며 외국에 대하여 국가를 대표한다.

제52조 대통령이 사고로 인하여 직무를 수행할 수 없을 때에는 부통령이 그 권한을 대행하고 대통령, 부통령 모두 사고로 인하여 그 직무를 수행할 수 없을 때에는 국무총리가 그 권한을 대행한다.

제53조 대통령과 부통령은 국회에서 무기명투표로써 각각 선거한다.
전항의 선거는 재적의원 3분지 2이상의 출석과 출석의원 3분지 2이상의 찬성투표로써 당선을 결정한다. 단, 3분지 2이상의 득표자가 없는 때에는 2차투표를 행한다. 2차투표에도 3분지 2이상의 득표자가 없는 때에는 최고득표자 2인에 대하여 결선투표를 행하여 다수득표자를 당선자로 한다.
대통령과 부통령은 국무총리 또는 국회의원을 겸하지 못한다.

제54조 대통령은 취임에 제하여 국회에서 좌의 선서를 행한다.
「나는 국헌을 준수하며 국민의 복리를 증진하며 국가를 보위하여 대통령의 직무를 성실히 수행할 것을 국민에게 엄숙히 선서한다.」

제55조 대통령과 부통령의 임기는 4년으로 한다. 단, 재선에 의하여 1차중임할 수 있다.
부통령은 대통령재임중 재임한다.

제56조 대통령, 부통령의 임기가 만료되는 때에는 늦어도 그 임기가 만료되기 30일전에 그 후임자를 선거한다.
대통령 또는 부통령이 궐위된 때에는 즉시 그 후임자를 선거한다.

제57조 내우, 외환, 천재, 지변 또는 중대한 재정, 경제상의 위기에 제하여 공공의 안녕질서를 유지하기 위하여 긴급한 조치를 할 필요가 있는 때에는 대통령은 국회의 집회를 기다릴 여유가 없는 경우에 한하여 법률의 효력을 가진 명령을 발하거나 또는 재정상 필요한 처분을 할 수 있다.
전항의 명령 또는 처분은 지체없이 국회에 보고하여 승인을 얻어야 한다.
만일 국회의 승인을 얻지 못한 때에는 그때부터 효력을 상실하며 대통령은 지체없이 차를 공포하여야 한다.

제58조 대통령은 법률에서 일정한 범위를 정하여 위임을 받은 사항과 법률을 실시하기 위하여 필요한 사항에 관하여 명령을 발할 수 있다.

제59조 대통령은 조약을 체결하고 비준하며 선전포고와 강화를 행하고 외교사절을 신임접수한다.

제60조 대통령은 중요한 국무에 관하여 국회에 출석하여 발언하거나 또는 서한으로 의견을 표시한다.

제61조 대통령은 국군을 통수한다.
국군의 조직과 편성은 법률로써 정한다.

제62조 대통령은 헌법과 법률이 정하는 바에 의하여 공무원을 임면한다.

제63조 대통령은 법률의 정하는 바에 의하여 사면, 감형과 복권을 명한다.
일반사면을 명함에는 국회의 동의를 얻어야 한다.

제64조 대통령은 법률의 정하는 바에 의하여 계엄을 선포한다.

제65조 대통령은 훈장 기타 영예를 수여한다.

제66조 대통령의 국무에 관한 행위는 문서로 하여야 하며 모든 문서에는 국무총리와 관계국무위원의 부서가 있어야 한다. 군사에 관한 것도 또한 같다.

제67조 대통령은 내란 또는 외환의 죄를 범한 때 이외에는 재직중 형사상의 소추를 받지 아니한다.

제2절 국무원

제68조 국무원은 대통령과 국무총리 기타의 국무위원으로 조직되는 합의체로서 대통령의 권한에 속한 중요 국책을 의결한다.

제69조 국무총리는 대통령이 임명하고 국회의 승인을 얻어야 한다. 국회의원총선거후 신국회가 개회되었을 때에는 국무총리임명에 대한 승인을 다시 얻어야 한다.
국무위원은 대통령이 임명한다.
국무위원의 총수는 국무총리를 합하여 8인이상 15인이내로 한다.
군인은 현역을 면한 후가 아니면 국무총리 또는 국무위원에 임명될 수 없다.

제70조 대통령은 국무회의의 의장이 된다.
국무총리는 대통령을 보좌하며 국무회의의 부의장이 된다.

제71조 국무회의의 의결은 과반수로써 행한다.
의장은 의결에 있어서 표결권을 가지며 가부

동수인 경우에는 결정권을 가진다.

제72조 좌의 사항은 국무회의의 의결을 경하여야한다.

1. 국정의 기본적 계획과 정책
2. 조약안, 선전, 강화 기타 중요한 대외정책에 관한 사항
3. 헌법개정안, 법률안, 대통령령안
4. 예산안, 결산안, 재정상의 긴급처분안, 예비비지출에 관한 사항
5. 임시국회의 집회요구에 관한 사항
6. 계엄안, 해엄안
7. 군사에 관한 중요사항
8. 영예수여, 사면, 감형, 복권에 관한 사항
9. 행정각부간의 연락사항과 권한의 획정
10. 정부에 제출 또는 회부된 청원의 심사
11. 대법관, 검찰총장, 심계원장, 국립대학총장, 대사, 공사, 국군총사령관, 국군참모총장, 기타 법률에 의하여 지정된 공무원과 중요 국영기업의 관리자의 임면에 관한 사항
12. 행정각부의 중요한 정책의 수립과 운영에 관한 사항
13. 기타 국무총리 또는 국무위원이 제출하는 사항

제3절 행정각부

제73조 행정각부장관은 국무위원중에서 대통령이 임명한다.
국무총리는 대통령의 명을 승하여 행정각부장관을 통리감독하며 행정각부에 분담되지 아니한 행정사무를 담임한다.

제74조 국무총리 또는 행정각부장관은 그 담임한 직무에 관하여 직권 또는 특별한 위임에 의하여 총리령 또는 부령을 발할 수 있다.

제75조 행정각부의 조직과 직무범위는 법률로써 정한다.

제5장 법원

제76조 사법권은 법관으로써 조직된 법원이 행한다.
최고법원인 대법원과 하급법원의 조직은 법률로써 정한다.
법관의 자격은 법률로써 정한다.

제77조 법관은 헌법과 법률에 의하여 독립하여 심판한다.

제78조 대법원장인 법관은 대통령이 임명하고 국회의 승인을 얻어야 한다.

제79조 법관의 임기는 10년으로 하되 법률의 정하는 바에 의하여 연임할 수 있다.

제80조 법관은 탄핵, 형벌 또는 징계처분에 의하지 아니하고는 파면, 정직 또는 감봉되지 아니한다.

제81조 대법원은 법률의 정하는 바에 의하여 명령, 규칙과 처분이 헌법과 법률에 위반되는 여부를 최종적으로 심사할 권한이 있다.
법률이 헌법에 위반되는 여부가 재판의 전제가 되는 때에는 법원은 헌법위원회에 제청하여 그 결정에 의하여 재판한다.
헌법위원회는 부통령을 위원장으로 하고 대법관 5인과 국회의원 5인의 위원으로 구성한다.
헌법위원회에서 위헌결정을 할 때에는 위원 3분지 2이상의 찬성이 있어야 한다.
헌법위원회의 조직과 절차는 법률로써 정한다.

제82조 대법원은 법원의 내부규율과 사무처리에 관한 규칙을 제정할 수 있다.

제83조 재판의 대심과 판결은 공개한다. 단,

안녕질서를 방해하거나 풍속을 해할 염려가 있는 때에는 법원의 결정으로써 공개를 아니할 수 있다.

제6장 경제

제84조 대한민국의 경제질서는 모든 국민에게 생활의 기본적 수요를 충족할 수 있게 하는 사회정의의 실현과 균형있는 국민경제의 발전을 기함을 기본으로 삼는다. 각인의 경제상 자유는 이 한계내에서 보장된다.

제85조 광물 기타 중요한 지하자원, 수산자원, 수력과 경제상 이용할 수 있는 자연력은 국유로 한다. 공공필요에 의하여 일정한 기간 그 개발 또는 이용을 특허하거나 또는 특허를 취소함은 법률의 정하는 바에 의하여 행한다.

제86조 농지는 농민에게 분배하며 그 분배의 방법, 소유의 한도, 소유권의 내용과 한계는 법률로써 정한다.

제87조 중요한 운수, 통신, 금융, 보험, 전기, 수리, 수도, 까스 및 공공성을 가진 기업은 국영 또는 공영으로 한다. 공공필요에 의하여 사영을 특허하거나 또는 그 특허를 취소함은 법률의 정하는 바에 의하여 행한다.
대외무역은 국가의 통제하에 둔다.

제88조 국방상 또는 국민생활상 긴절한 필요에 의하여 사영기업을 국유 또는 공유로 이전하거나 또는 그 경영을 통제, 관리함은 법률이 정하는 바에 의하여 행한다.

제89조 제85조 내지 제88조에 의하여 특허를 취소하거나 권리를 수용 사용 또는 제한하는 때에는 제15조제3항의 규정을 준용한다

제7장 재정

제90조 조세의 종목과 세율은 법률로써 정한다.

제91조 정부는 국가의 총수입과 총지출을 회계연도마다 예산으로 편성하여 매년 국회의 정기회개회초에 국회에 제출하여 그 의결을 얻어야 한다.
특별히 계속지출의 필요가 있을 때에는 연한을 정하여 계속비로서 국회의 의결을 얻어야 한다.
국회는 정부의 동의없이는 정부가 제출한 지출결산 각항의 금액을 증가하거나 또는 신비목을 설치할 수 없다.

제92조 국채를 모집하거나 예산외의 국가의 부담이 될 계약을 함에는 국회의 의결을 얻어야 한다.

제93조 예측할 수 없는 예산외의 지출 또는 예산초과지출에 충당하기 위한 예비비는 미리 국회의 의결을 얻어야 한다.
예비비의 지출은 차기국회의 승인을 얻어야 한다.

제94조 국회는 회계연도가 개시되기까지에 예산을 의결하여야 한다. 부득이한 사유로 인하여 예산이 의결되지 못한 때에는 국회는 1개월이내에 가예산을 의결하고 그 기간내에 예산을 의결하여야 한다.

제95조 국가의 수입지출의 결산은 매년 심계원에서 검사한다.
정부는 심계원의 검사보고와 함께 결산을 차연도의 국회에 제출하여야 한다.
심계원의 조직과 권한은 법률로써 정한다.

제8장 지방자치

제96조 지방자치단체는 법령의 범위내에서 그 자치에 관한 행정사무와 국가가 위임한 행정사무를 처리하며 재산을 관리한다.
지방자치단체는 법령의 범위내에서 자치에 관한 규정을 제정할 수 있다.

제97조 지방자치단체의 조직과 운영에 관한 사항은 법률로써 정한다.
지방자치단체에는 각각 의회를 둔다.
지방의회의 조직, 권한과 의원의 선거는 법률로써 정한다.

제9장 헌법개정

제98조 헌법개정의 제안은 대통령 또는 국회의 재적의원 3분지 1이상의 찬성으로써 한다.
헌법개정의 제의는 대통령이 이를 공고하여야 한다.
전항의 공고기간은 30일이상으로 한다.
헌법개정의 의결은 국회에서 재적의원 3분지 2이상의 찬성으로써 한다.
헌법개정이 의결된 때에는 대통령은 즉시 공포한다.

제10장 부칙

제99조 이 헌법은 이 헌법을 제정한 국회의 의장이 공포한 날로부터 시행한다. 단, 법률의 제정이 없이는 실현될 수 없는 규정은 그 법률이 시행되는 때부터 시행된다.

제100조 현행법령은 이 헌법에 저촉되지 아니하는 한 효력을 가진다.

제101조 이 헌법을 제정한 국회는 단기 4278년 8월 15일 이전의 악질적인 반민족행위를 처벌하는 특별법을 제정할 수 있다.

제102조 이 헌법을 제정한 국회는 이 헌법에 의한 국회로서의 권한을 행하며 그 의원의 임기는 국회개회일로부터 2년으로 한다.

제103조 이 헌법시행시에 재직하고 있는 공무원은 이 헌법에 의하여 선거 또는 임명된 자가 그 직무를 계승할 때까지 계속하여 직무를 행한다.

부칙 〈제1호, 1948.7.17.〉

대한민국국회의장은 대한민국국회에서 제정된 대한민국 헌법을 이에 공포한다.

단기 4281년 7월 17일

대한민국국회의장 이승만

대한민국헌법(제1차 개정헌법)

[시행 1952.7.7.]
[헌법 제2호, 1952.7.7., 일부개정]

유구한 역사와 전통에 빛나는 우리들 대한국민은 기미 삼일운동으로 대한민국을 건립하여 세계에 선포한 위대한 독립정신을 계승하여 이제 민주독립국가를 재건함에 있어서 정의인도와 동포애로써 민족의 단결을 공고히 하며 모든 사회적 폐습을 타파하고 민주주의 제제도를 수립하여 정치, 경제, 사회, 문화의 모든 영역에 있어서 각인의 기회를 균등히 하고 능력을 최고도로 발휘케 하며 각인의 책임과 의무를 완수케하여 안으로는 국민생활의 균등한 향상을 기하고 밖으로는 항구적인 국제평화의 유지에 노력하여 우리들과 우리들의 자손의 안전과 자유와 행복을 영원히 확보할 것을 결의하고 우리들의 정당 또 자유로히 선거된 대표로서 구성된 국회에서 단기 4281년 7월 12일 이 헌법을 제정한다.

제1장 총강

제1조 대한민국은 민주공화국이다.

제2조 대한민국의 주권은 국민에게 있고 모든 권력은 국민으로부터 나온다.

제3조 대한민국의 국민되는 요건은 법률로써 정한다.

제4조 대한민국의 영토는 한반도와 그 부속도서로 한다.

제5조 대한민국은 정치, 경제, 사회, 문화의 모든 영역에 있어서 각인의 자유, 평등과 창의를 존중하고 보장하며 공공복리의 향상을 위하여 이를 보호하고 조정하는 의무를 진다.

제6조 대한민국은 모든 침략적인 전쟁을 부인한다. 국군은 국토방위의 신성한 의무를 수행함을 사명으로 한다.

제7조 비준공포된 국제조약과 일반적으로 승인된 국제법규는 국내법과 동일한 효력을 가진다.
외국인의 법적지위는 국제법과 국제조약의 범위내에서 보장된다.

제2장 국민의 권리의무

제8조 모든 국민은 법률앞에 평등이며 성별, 신앙 또는 사회적 신분에 의하여 정치적, 경제적, 사회적 생활의 모든 영역에 있어서 차별을 받지 아니한다.
사회적 특수계급의 제도는 일체 인정되지 아니하며 여하한 형태로도 이를 창설하지 못한다.
훈장과 기타 영전의 수여는 오로지 그 받은 자의 영예에 한한 것이며 여하한 특권도 창설되지 아니한다.

제9조 모든 국민은 신체의 자유를 가진다. 법률에 의하지 아니하고는 체포, 구금, 수색, 심문, 처벌과 강제노역을 받지 아니한다.
체포, 구금, 수색에는 법관의 영장이 있어야 한다. 단, 범죄의 현행·범인의 도피 또는 증거인멸의 염려가 있을 때에는 수사기관은 법률의 정하는 바에 의하여 사후에 영장의 교부를 청구할 수 있다.
누구든지 체포, 구금을 받은 때에는 즉시 변호인의 조력을 받을 권리와 그 당부의 심사를 법원에 청구할 권리가 보장된다.

제10조 모든 국민은 법률에 의하지 아니하고

는 거주와 이전의 자유를 제한받지 아니하며 주거의 침입 또는 수색을 받지 아니한다.

제11조 모든 국민은 법률에 의하지 아니하고는 통신의 비밀을 침해받지 아니한다.

제12조 모든 국민은 신앙과 양심의 자유를 가진다.
국교는 존재하지 아니하며 종교는 정치로부터 분리된다.

제13조 모든 국민은 법률에 의하지 아니하고는 언론, 출판, 집회, 결사의 자유를 제한받지 아니한다.

제14조 모든 국민은 학문과 예술의 자유를 가진다. 저작자, 발명가와 예술가의 권리는 법률로써 보호한다.

제15조 재산권은 보장된다. 그 내용과 한계는 법률로써 정한다.
재산권의 행사는 공공복리에 적합하도록 하여야 한다.
공공필요에 의하여 국민의 재산권을 수용, 사용 또는 제한함은 법률의 정하는 바에 의하여 상당한 보상을 지급함으로써 행한다.

제16조 모든 국민은 균등하게 교육을 받을 권리가 있다. 적어도 초등교육은 의무적이며 무상으로 한다.
모든 교육기관은 국가의 감독을 받으며 교육제도는 법률로써 정한다.

제17조 모든 국민은 근로의 권리와 의무를 가진다.
근로조건의 기준은 법률로써 정한다.
여자와 소년의 근로는 특별한 보호를 받는다.

제18조 근로자의 단결, 단체교섭과 단체행동의 자유는 법률의 범위내에서 보장된다.
영리를 목적으로 하는 사기업에 있어서는 근로자는 법률의 정하는 바에 의하여 이익의 분배에 균점할 권리가 있다.

제19조 노령, 질병 기타 근로능력의 상실로 인하여 생활유지의 능력이 없는 자는 법률의 정하는 바에 의하여 국가의 보호를 받는다.

제20조 혼인은 남녀동권을 기본으로 하며 혼인의 순결과 가족의 건강은 국가의 특별한 보호를 받는다.

제21조 모든 국민은 국가 각기관에 대하여 문서로써 청원을 할 권리가 있다.
청원에 대하여 국가는 심사할 의무를 진다.

제22조 모든 국민은 법률의 정한 법관에 의하여 법률에 의한 재판을 받을 권리가 있다.

제23조 모든 국민은 행위시의 법률에 의하여 범죄를 구성하지 아니하는 행위에 대하여 소추를 받지 아니하며 또 동일한 범죄에 대하여 두 번 처벌되지 아니한다.

제24조 형사피고인은 상당한 이유가 없는 한 지체없이 공개재판을 받을 권리가 있다.
형사피고인으로서 구금되었던 자가 무죄판결을 받은 때에는 법률의 정하는 바에 의하여 국가에 대하여 보상을 청구할 수 있다.

제25조 모든 국민은 법률의 정하는 바에 의하여 공무원을 선거할 권리가 있다.

제26조 모든 국민은 법률의 정하는 바에 의하여 공무를 담임할 권리가 있다.

제27조 공무원은 주권을 가진 국민의 수임자이며 언제든지 국민에 대하여 책임을 진다.
국민은 불법행위를 한 공무원의 파면을 청원할 권리가 있다.
공무원의 직무상 불법행위로 인하여 손해를 받은 자는 국가 또는 공공단체에 대하여 배상을 청구할 수 있다. 단, 공무원 자신의 민사상이나 형사상의 책임이 면제되는 것은 아니다.

제28조 국민의 모든 자유와 권리는 헌법에 열거되지 아니한 이유로써 경시되지는 아니한다.
국민의 자유와 권리를 제한하는 법률의 제정은 질서유지와 공공복리를 위하여 필요한 경우에 한한다.

제29조 모든 국민은 법률의 정하는 바에 의하여 납세의 의무를 진다.

제30조 모든 국민은 법률의 정하는 바에 의하여 국토방위의 의무를 진다.

제3장 국회

제31조 입법권은 국회가 행한다.
국회는 민의원과 참의원으로써 구성한다.

제32조 양원은 국민의 보통, 평등, 직접, 비밀투표에 의하여 선거된 의원으로써 조직한다.
누구든지 양원의 의원을 겸할 수 없다.
국회의원의 정수와 선거에 관한 사항은 법률로써 정한다.

제33조 민의원의원의 임기는 4년으로 한다.
참의원의원의 임기는 6년으로 하고 2년마다 의원의 3분지 1을 개선한다.

제34조 국회의 정기회는 매년 1회 12월 20일에 집회한다. 당해일이 공휴일인 때에는 그 익일에 집회한다.

제35조 임시긴급의 필요가 있을 때에는 대통령, 민의원의 재적의원 4분지 1이상 또는 참의원의 재적의원 2분지 1이상의 요구에 의하여 양원의 의장은 국회의 임시회의 집회를 공고한다.

제36조 민의원은 의장 1인, 부의장 2인을 선거한다.
참의원은 부통령을 의장으로 하고 부의장 2인을 선거한다.
참의원의장은 양원합동회의의 의장이 된다.

제37조 각원은 헌법 또는 국회법에 특별한 규정이 없는 한 그 재적의원의 과반수의 출석과 출석의원의 과반수로써 의결을 행한다.
법률안 기타 의안에 관하여 양원의 의결이 일치되지 아니할 때에는 각원의 재적의원 과반수가 출석한 양원합동회의에서 출석의원 과반수로써 의결한다.
민의원의장은 의결에 있어서 표결권을 가진다.
양원의 의장은 의결에 있어서 가부동수인 경우에 결정권을 가진다.

제38조 국회의 회의는 공개한다. 단, 각원 또는 양원합동회의의 결의에 의하여 비밀회로 할 수 있다.

제39조 국회의원과 정부는 법률안을 제출할 수 있다.
법률안, 예산안 기타 의안은 먼저 민의원에 제출하여야 한다. 단, 국무총리와 대법원장인 법관의 임명에 관한 의안은 참의원에 먼저 제출할 수 있다.
일원에서 부결된 의안은 타원에 이송할 수 없다.

제40조 국회에서 의결된 법률안은 정부로 이송되어 15일이내에 대통령이 공포한다.
이송된 법률안에 대하여 이의가 있는 때에는 대통령은 이의서를 부하여 양원중의 일원에 환부하여 국회의 재의에 부한다. 국회에서 각원이 그 재적의원 3분지 2이상의 출석과 출석의원 3분지 2이상의 찬성으로써 전과 같이 가결한 때에는 그 법률안은 법률로서 확정된다.
법률안이 정부로 이송된 후 15일이내에 국회에 환부되지 아니하는 때에는 그 법률안은 법률로서 확정된다.
대통령은 전2항에 의하여 확정된 법률을 지체없이 공포하여야 한다.
법률은 특별한 규정이 없는 때에는 공포일로부터 20일후에 효력이 발생한다.

제41조 국회는 예산안을 심의결정한다

제42조 국회는 국제조직에 관한 조약, 상호원조에 관한 조약, 강화조약, 통상조약, 국가 또는 국민에게 재정적 부담을 지우는 조약, 입법사항에 관한 조약의 비준과 선전포고에 대하여 동의권을 가진다.

제43조 국회는 국정을 감사하기 위하여 필요한 서류를 제출케 하며 증인의 출석과 증언 또는 의견의 진술을 요구할 수 있다.

제44조 국무총리, 국무위원과 정부위원은 국회에 출석하여 의견을 진술하고 질문에 응답할 수 있으며 국회의 요구가 있을 때에는 출석답변하여야 한다.

제45조 각원은 의원의 자격을 심사하고 의사에 관한 규칙을 제정하고 의원의 징벌을 결정할 수 있다.
의원을 제명함에는 각원의 재적의원 3분지 2 이상의 찬성이 있어야 한다.

제46조 대통령, 부통령, 국무총리, 국무위원, 심계원장, 법관 기타 법률이 정하는 공무원이 그 직무수행에 관하여 헌법 또는 법률에 위배한 때에는 국회는 탄핵의 소추를 결의할 수 있다.
국회의 탄핵소추는 민의원의원 50인이상의 발의가 있어야 하며 그 결의는 양원합동회의에서 각원의 재적의원 3분지 2이상의 출석과 출석의원 3분지 2이상의 찬성이 있어야 한다.

제47조 탄핵사건을 심판하기 위하여 법률로써 탄핵재판소를 설치한다.
탄핵재판소는 부통령이 재판장의 직무를 행하고 대법관5인과 참의원의원 5인이 심판관이 된다. 단, 대통령과 부통령을 심판할 때에는 대법원장이 재판장의 직무를 행한다.
탄핵판결은 심판관 3분지 2이상의 찬성이 있어야 한다.
탄핵판결은 공직으로부터 파면함에 그친다. 단, 이에 의하여 민사상이나 형사상의 책임이 면제되는 것은 아니다.

제48조 국회의원은 지방의회의 의원을 겸할 수 없다.

제49조 국회의원은 현행범을 제외한 외에는 회기중 그 원의 동의없이 체포 또는 구금되지 아니하며 회기전에 체포 또는 구금되었을 때에는 그 원의 요구가 있으면 회기중 석방된다.

제50조 국회의원은 국회내에서 발표한 의견과 표결에 관하여 외부에 대하여 책임을 지지 아니한다.

제4장 정부

제1절 대통령

제51조 대통령은 행정권의 수반이며 외국에 대하여 국가를 대표한다.

제52조 대통령이 사고로 인하여 직무를 수행할 수 없을 때에는 부통령이 그 권한을 대행하고 대통령, 부통령 모두 사고로 인하여 그 직무를 수행할 수 없을 때에는 국무총리가 그 권한을 대행한다.

제53조 대통령과 부통령은 국민의 보통, 평등, 직접, 비밀투표에 의하여 각각 선거한다.
국회폐회중에 대통령과 부통령을 선거할 때에는 그 선거보고를 받기 위하여 양원의 의장은 국회의 집회를 공고하여야 한다.
대통령과 부통령의 선거에 관한 개표보고는 특별시와 도의 선거위원회가 입후보자의 득표수를 명기하여 봉함한 후 참의원의장에게 송부하여야 한다.
참의원의장은 즉시 각원의 재적의원 과반수가 출석한 공개된 양원합동회의에서 전항의 득표수를 계산하여 당선된 대통령과 부통령을 공표하여야 한다.
대통령과 부통령의 당선은 최고득표수로써 결정한다.
최고득표자가 2인이상인 때에는 전항의 양원합동회의에서 다수결로써 당선자를 결정한다.
대통령과 부통령의 선거에 관한 사항은 법률로써 정한다.
대통령과 부통령은 국무총리 또는 국회의원을 겸할 수 없다.

제54조 대통령은 취임에 제하여 양원합동회의에서 좌의 선서를 행한다.
「나는 국헌을 준수하며 국민의 복리를 증진하며 국가를 보위하여 대통령의 직무를 성실히 수행할 것을 국민에게 엄숙히 선서한다」

제55조 대통령과 부통령의 임기는 4년으로 한다. 단, 재선에 의하여 1차중임할 수 있다.
부통령은 대통령재임중 재임한다.

제56조 대통령, 부통령의 임기가 만료되는 때에는 늦어도 그 임기가 만료되기 30일전에 그 후임자를 선거한다.
대통령 또는 부통령이 궐위된 때에는 즉시 그 후임자를 선거한다.

제57조 내우, 외환, 천재, 지변 또는 중대한 재정, 경제상의 위기에 제하여 공공의 안녕질서를 유지하기 위하여 긴급한 조치를 할 필요가 있는 때에는 대통령은 국회의 집회를 기다릴 여유가 없는 경우에 한하여 법률의 효력을 가진 명령을 발하거나 또는 재정상 필요한 처분을 할 수 있다.
전항의 명령 또는 처분은 지체없이 국회에 보고하여 승인을 얻어야 한다.
만일 국회의 승인을 얻지 못한 때에는 그때부터 효력을 상실하며 대통령은 지체없이 차를 공포하여야 한다.

제58조 대통령은 법률에서 일정한 범위를 정하여 위임을 받은 사항과 법률을 실시하기 위하여 필요한 사항에 관하여 명령을 발할 수 있다.

제59조 대통령은 조약을 체결하고 비준하며 선전포고와 강화를 행하고 외교사절을 신임접수한다.

제60조 대통령은 중요한 국무에 관하여 국회에 출석하여 발언하거나 또는 서한으로 의견을 표시한다.

제61조 대통령은 국군을 통수한다.
국군의 조직과 편성은 법률로써 정한다.

제62조 대통령은 헌법과 법률이 정하는 바에 의하여 공무원을 임면한다.

제63조 대통령은 법률의 정하는 바에 의하여 사면, 감형과 복권을 명한다.
일반사면을 명함에는 국회의 동의를 얻어야 한다.

제64조 대통령은 법률의 정하는 바에 의하여 계엄을 선포한다.

제65조 대통령은 훈장 기타 영예를 수여한다.

제66조 대통령의 국무에 관한 행위는 문서로 하여야 하며 모든 문서에는 국무총리와 관계 국무위원의 부서가 있어야 한다. 군사에 관한 것도 또한 같다.

제67조 대통령은 내란 또는 외환의 죄를 범한 때 이외에는 재직중 형사상의 소추를 받지 아니한다.

제2절 국무원

제68조 국무원은 대통령과 국무총리 기타의 국무위원으로 조직되는 합의체로서 대통령의 권한에 속한 중요 국책을 의결한다.

제69조 국무총리는 대통령이 임명하고 국회의 승인을 얻어야 한다.

민의원의원총선거후 신국회가 개회되었을 때에는 국무총리임명에 대한 승인을 다시 얻어야 한다.

국무총리가 궐위된 때에는 10일이내에 전항의 승인을 요구하여야 한다.

국무위원은 국무총리의 제청에 의하여 대통령이 임면한다.

국무위원총수는 8인이상 15인이내로 한다.

군인은 현역을 면한 후가 아니면 국무총리 또는 국무위원에 임명될 수 없다.

제70조 대통령은 국무회의의 의장이 된다.

국무총리는 대통령을 보좌하며 국무회의의 부의장이 된다.

국무총리와 국무위원은 국회에 대하여 국무원의 권한에 속하는 일반국무에 관하여는 연대책임을 지고 각자의 행위에 관하여는 개별책임을 진다.

제70조의2 민의원에서 국무원불신임결의를 하였거나 민의원의원총선거후 최초에 집회된 민의원에서 신임결의를 얻지 못한 때에는 국무원은 총사직을 하여야 한다.

국무원의 신임 또는 불신임결의는 그 발의로부터 24시간이상이 경과된 후에 재적의원 과반수의 찬성으로 행한다.

민의원은 국무원의 조직완료 또는 총선거 즉후의 신임결의로부터 1년이내에는 국무원불신임결의를 할 수 없다. 단, 재적의원 3분지 2 이상의 찬성에 의한 국무원불신임결의는 언제든지 할 수 있다.

총사직한 국무원은 신국무원의 조직이 완료될 때까지 그 직무를 행한다.

제71조 국무회의의 의결은 과반수로써 행한다. 의장은 의결에 있어서 표결권을 가지며 가부동수인 경우에는 결정권을 가진다.

제72조 좌의 사항은 국무회의의 의결을 경하여야한다.

1. 국정의 기본적 계획과 정책
2. 조약안, 선전, 강화 기타 중요한 대외정책에 관한 사항
3. 헌법개정안, 법률안, 대통령령안
4. 예산안, 결산안, 재정상의 긴급처분안, 예비비지출에 관한 사항
5. 임시국회의 집회요구에 관한 사항
6. 계엄안, 해엄안
7. 군사에 관한 중요사항
8. 영예수여, 사면, 감형, 복권에 관한 사항
9. 행정각부간의 연락사항과 권한의 획정
10. 정부에 제출 또는 회부된 청원의 심사
11. 대법관, 검찰총장, 심계원장, 국립대학총장, 대사, 공사, 국군총사령관, 국군참모총장, 기타 법률에 의하여 지정된 공무원과 중요 국영기업의 관리자의 임면에 관한 사항
12. 행정각부의 중요한 정책의 수립과 운영에

관한 사항
13. 기타 국무총리 또는 국무위원이 제출하는 사항

제3절 행정각부

제73조 행정각부의 장은 국무위원이어야 하며 국무총리의 제청에 의하여 대통령이 임면한다.
국무총리는 대통령의 명을 승하여 행정각부장관을 통리감독하며 행정각부에 분담되지 아니한 행정사무를 담임한다.

제74조 국무총리 또는 행정각부장관은 그 담임한 직무에 관하여 직권 또는 특별한 위임에 의하여 총리령 또는 부령을 발할 수 있다.

제75조 행정각부의 조직과 직무범위는 법률로써 정한다.

제5장 법원

제76조 사법권은 법관으로써 조직된 법원이 행한다.
최고법원인 대법원과 하급법원의 조직은 법률로써 정한다.
법관의 자격은 법률로써 정한다.

제77조 법관은 헌법과 법률에 의하여 독립하여 심판한다.

제78조 대법원장인 법관은 대통령이 임명하고 국회의 승인을 얻어야 한다.

제79조 법관의 임기는 10년으로 하되 법률의 정하는 바에 의하여 연임할 수 있다.

제80조 법관은 탄핵, 형벌 또는 징계처분에 의하지 아니하고는 파면, 정직 또는 감봉되지 아니한다.

제81조 대법원은 법률의 정하는 바에 의하여 명령규칙과 처분이 헌법과 법률에 위반되는 여부를 최종적으로 심사할 권한이 있다.
법률이 헌법에 위반되는 여부가 재판의 전제가 되는 때에는 법원은 헌법위원회에 제청하여 그 결정에 의하여 재판한다.
헌법위원회는 부통령을 위원장으로 하고 대법관 5인 민의원의원 3인과 참의원의원 2인의 위원으로 구성한다.
헌법위원회에서 위헌결정을 할 때에는 위원 3분지 2이상의 찬성이 있어야 한다.
헌법위원회의 조직과 절차는 법률로써 정한다.

제82조 대법원은 법원의 내부규율과 사무처리에 관한 규칙을 제정할 수 있다.

제83조 재판의 대심과 판결은 공개한다. 단, 안녕질서를 방해하거나 풍속을 해할 염려가 있는 때에는 법원의 결정으로써 공개를 아니할 수 있다.

제6장 경제

제84조 대한민국의 경제질서는 모든 국민에게 생활의 기본적 수요를 충족할 수 있게 하는 사회정의의 실현과 균형있는 국민경제의 발전을 기함을 기본으로 삼는다. 각인의 경제상 자유는 이 한계내에서 보장된다.

제85조 광물 기타 중요한 지하자원, 수산자원, 수력과 경제상 이용할 수 있는 자연력은 국유로 한다. 공공필요에 의하여 일정한 기간 그 개발 또는 이용을 특허하거나 또는 특허를 취소함은 법률의 정하는 바에 의하여 행한다.

제86조 농지는 농민에게 분배하며 그 분배의 방법, 소유의 한도, 소유권의 내용과 한계는 법률로써 정한다.

제87조 중요한 운수, 통신, 금융, 보험, 전기, 수리, 수도, 까스 및 공공성을 가진 기업은 국영 또는 공영으로 한다. 공공필요에 의하여 사영을 특허하거나 또는 그 특허를 취소함은 법률의 정하는 바에 의하여 행한다.
대외무역은 국가의 통제하에 둔다.

제88조 국방상 또는 국민생활상 긴절한 필요에 의하여 사영기업을 국유 또는 공유로 이전하거나 또는 그 경영을 통제, 관리함은 법률이 정하는 바에 의하여 행한다.

제89조 제85조 내지 제88조에 의하여 특허를 취소하거나 권리를 수용 사용 또는 제한하는 때에는 제15조제3항의 규정을 준용한다

제7장 재정

제90조 조세의 종목과 세율은 법률로써 정한다.

제91조 정부는 국가의 총수입과 총지출을 회계연도마다 예산으로 편성하여 매년 국회의 정기회개회초에 국회에 제출하여 그 의결을 얻어야 한다.
특별히 계속지출의 필요가 있을 때에는 연한을 정하여 계속비로서 국회의 의결을 얻어야 한다.
국회는 정부의 동의없이는 정부가 제출한 지출결산 각항의 금액을 증가하거나 또는 신비목을 설치할 수 없다.

제92조 국채를 모집하거나 예산외의 국가의 부담이 될 계약을 함에는 국회의 의결을 얻어야 한다.

제93조 예측할 수 없는 예산외의 지출 또는 예산초과지출에 충당하기 위한 예비비는 미리 국회의 의결을 얻어야 한다.
예비비의 지출은 차기국회의 승인을 얻어야 한다.

제94조 국회는 회계연도가 개시되기까지에 예산을 의결하여야 한다. 부득이한 사유로 인하여 예산이 의결되지 못한 때에는 국회는 1개월이내에 가예산을 의결하고 그 기간내에 예산을 의결하여야 한다.

제95조 국가의 수입지출의 결산은 매년 심계원에서 검사한다.
정부는 심계원의 검사보고와 함께 결산을 차연도의 국회에 제출하여야 한다.
심계원의 조직과 권한은 법률로써 정한다.

제8장 지방자치

제96조 지방자치단체는 법령의 범위내에서 그 자치에 관한 행정사무와 국가가 위임한 행정사무를 처리하며 재산을 관리한다.
지방자치단체는 법령의 범위내에서 자치에 관한 규정을 제정할 수 있다.

제97조 지방자치단체의 조직과 운영에 관한 사항은 법률로써 정한다.
지방자치단체에는 각각 의회를 둔다.
지방의회의 조직, 권한과 의원의 선거는 법률로써 정한다.

제9장 헌법개정

제98조 헌법개정의 제안은 대통령, 민의원의 재적의원 3분지 1이상 또는 참의원의 재적의원 3분지 2이상의 찬성으로써 한다.
헌법개정의 제의는 대통령이 이를 공고하여야 한다.
전항의 공고기간은 30일이상으로 한다.
헌법개정의 의결은 양원에서 각각 그 재적의

원 3분지 2이상의 찬성으로써 한다.
헌법개정이 의결된 때에는 대통령은 즉시 공포한다.

제10장 부칙

제99조 이 헌법은 이 헌법을 제정한 국회의 의장이 공포한 날로부터 시행한다. 단, 법률의 제정이 없이는 실현될 수 없는 규정은 그 법률이 시행되는 때부터 시행된다.

제100조 현행법령은 이 헌법에 저촉되지 아니하는 한 효력을 가진다.

제101조 이 헌법을 제정한 국회는 단기 4278년 8월 15일 이전의 악질적인 반민족행위를 처벌하는 특별법을 제정할 수 있다.

제102조 이 헌법을 제정한 국회는 이 헌법에 의한 국회로서의 권한을 행하며 그 의원의 임기는 국회개회일로부터 2년으로 한다.

제103조 이 헌법시행시에 재직하고 있는 공무원은 이 헌법에 의하여 선거 또는 임명된 자가 그 직무를 계승할 때까지 계속하여 직무를 행한다.

부칙 〈제2호, 1952.7.7.〉

이 헌법은 공포한 날로부터 시행한다. 단, 참의원에 관한 규정과 참의원의 존재를 전제로 한 규정은 참의원이 구성된 날로부터 시행한다.
본법 시행후 참의원이 구성될 때까지는 양원합동회의에서 행할 사항은 민의원이 행하고 참의원의장이 행할 사항은 민의원의장이 행한다.
참의원이 구성될 때까지는 민의원의 의결로써 국회의 의결로 한다.
이 헌법시행시의 국회의원은 민의원의원으로 하고 그 임기는 국회의원의 임기의 잔기로써 종료한다.
이 헌법이 시행된 후 처음으로 선거된 참의원의원은 특별시와 도마다 그 득표수의 순차에 따라 제1부, 제2부, 제3부로 나눈다. 제1부의 의원의 임기는 6년, 제2부의 의원의 임기는 4년, 제3부의 의원의 임기는 2년으로 한다.
표수가 같은 때에는 연령순에 의한다.

대한민국헌법(제2차 개정헌법)

[시행 1954.11.29.]
[헌법 제3호, 1954.11.29., 일부개정]

유구한 역사와 전통에 빛나는 우리들 대한국민은 기미 삼일운동으로 대한민국을 건립하여 세계에 선포한 위대한 독립정신을 계승하여 이제 민주독립국가를 재건함에 있어서 정의인도와 동포애로써 민족의 단결을 공고히 하며 모든 사회적 폐습을 타파하고 민주주의 제제도를 수립하여 정치, 경제, 사회, 문화의 모든 영역에 있어서 각인의 기회를 균등히 하고 능력을 최고도로 발휘케 하며 각인의 책임과 의무를 완수케하여 안으로는 국민생활의 균등한 향상을 기하고 밖으로는 항구적인 국제평화의 유지에 노력하여 우리들과 우리들의 자손의 안전과 자유와 행복을 영원히 확보할 것을 결의하고 우리들의 정당 또 자유로히 선거된 대표로서 구성된 국회에서 단기 4281년 7월 12일 이 헌법을 제정한다.

제1장 총강

제1조 대한민국은 민주공화국이다.

제2조 대한민국의 주권은 국민에게 있고 모든 권력은 국민으로부터 나온다.

제3조 대한민국의 국민되는 요건은 법률로써 정한다.

제4조 대한민국의 영토는 한반도와 그 부속도서로 한다.

제5조 대한민국은 정치, 경제, 사회, 문화의 모든 영역에 있어서 각인의 자유, 평등과 창의를 존중하고 보장하며 공공복리의 향상을 위하여 이를 보호하고 조정하는 의무를 진다.

제6조 대한민국은 모든 침략적인 전쟁을 부인한다. 국군은 국토방위의 신성한 의무를 수행함을 사명으로 한다.

제7조 비준공포된 국제조약과 일반적으로 승인된 국제법규는 국내법과 동일한 효력을 가진다.
외국인의 법적지위는 국제법과 국제조약의 범위내에서 보장된다.

제7조의2 대한민국의 주권의 제약 또는 영토의 변경을 가져올 국가안위에 관한 중대사항은 국회의 가결을 거친 후에 국민투표에 부하여 민의원의원선거권자 3분지 2이상의 투표와 유효투표 3분지 2이상의 찬성을 얻어야 한다.
전항의 국민투표의 발의는 국회의 가결이 있은 후 1개월이내에 민의원의원선거권자 50만인이상의 찬성으로써 한다.
국민투표에서 찬성을 얻지 못한 때에는 제1항의 국회의 가결사항은 소급하여 효력을 상실한다.
국민투표의 절차에 관한 사항은 법률로써 정한다.

제2장 국민의 권리의무

제8조 모든 국민은 법률앞에 평등이며 성별, 신앙 또는 사회적 신분에 의하여 정치적, 경제적, 사회적 생활의 모든 영역에 있어서 차별을 받지 아니한다.
사회적 특수계급의 제도는 일체 인정되지 아니하며 여하한 형태로도 이를 창설하지 못한다.
훈장과 기타 영전의 수여는 오로지 그 받은 자의 영예에 한한 것이며 여하한 특권도 창설되지 아니한다.

제9조 모든 국민은 신체의 자유를 가진다. 법률에 의하지 아니하고는 체포, 구금, 수색, 심문, 처벌과 강제노역을 받지 아니한다.
체포, 구금, 수색에는 법관의 영장이 있어야 한다. 단, 범죄의 현행·범인의 도피 또는 증거인멸의 염려가 있을 때에는 수사기관은 법률의 정하는 바에 의하여 사후에 영장의 교부를 청구할 수 있다.
누구든지 체포, 구금을 받은 때에는 즉시 변호인의 조력을 받을 권리와 그 당부의 심사를 법원에 청구할 권리가 보장된다.

제10조 모든 국민은 법률에 의하지 아니하고는 거주와 이전의 자유를 제한받지 아니하며 주거의 침입 또는 수색을 받지 아니한다.

제11조 모든 국민은 법률에 의하지 아니하고는 통신의 비밀을 침해받지 아니한다.

제12조 모든 국민은 신앙과 양심의 자유를 가진다.
국교는 존재하지 아니하며 종교는 정치로부터 분리된다.

제13조 모든 국민은 법률에 의하지 아니하고는 언론, 출판, 집회, 결사의 자유를 제한받지 아니한다.

제14조 모든 국민은 학문과 예술의 자유를 가진다. 저작자, 발명가와 예술가의 권리는 법률로써 보호한다.

제15조 재산권은 보장된다. 그 내용과 한계는 법률로써 정한다.
재산권의 행사는 공공복리에 적합하도록 하여야 한다.
공공필요에 의하여 국민의 재산권을 수용, 사용 또는 제한함은 법률의 정하는 바에 의하여 상당한 보상을 지급함으로써 행한다.

제16조 모든 국민은 균등하게 교육을 받을 권리가 있다. 적어도 초등교육은 의무적이며 무상으로 한다.
모든 교육기관은 국가의 감독을 받으며 교육제도는 법률로써 정한다.

제17조 모든 국민은 근로의 권리와 의무를 가진다.
근로조건의 기준은 법률로써 정한다.
여자와 소년의 근로는 특별한 보호를 받는다.

제18조 근로자의 단결, 단체교섭과 단체행동의 자유는 법률의 범위내에서 보장된다.
영리를 목적으로 하는 사기업에 있어서는 근로자는 법률의 정하는 바에 의하여 이익의 분배에 균점할 권리가 있다.

제19조 노령, 질병 기타 근로능력의 상실로 인하여 생활유지의 능력이 없는 자는 법률의 정하는 바에 의하여 국가의 보호를 받는다.

제20조 혼인은 남녀동권을 기본으로 하며 혼인의 순결과 가족의 건강은 국가의 특별한 보호를 받는다.

제21조 모든 국민은 국가 각기관에 대하여 문서로써 청원을 할 권리가 있다.
청원에 대하여 국가는 심사할 의무를 진다.

제22조 모든 국민은 법률의 정한 법관에 의하여 법률에 의한 재판을 받을 권리가 있다.

제23조 모든 국민은 행위시의 법률에 의하여 범죄를 구성하지 아니하는 행위에 대하여 소추를 받지 아니하며 또 동일한 범죄에 대하여 두 번 처벌되지 아니한다.

제24조 형사피고인은 상당한 이유가 없는 한 지체없이 공개재판을 받을 권리가 있다.
형사피고인으로서 구금되었던 자가 무죄판결을 받은 때에는 법률의 정하는 바에 의하여 국가에 대하여 보상을 청구할 수 있다.

제25조 모든 국민은 법률의 정하는 바에 의하여 공무원을 선거할 권리가 있다.

제26조 모든 국민은 법률의 정하는 바에 의하여 공무를 담임할 권리가 있다.

제27조 공무원은 주권을 가진 국민의 수임자이며 언제든지 국민에 대하여 책임을 진다.
국민은 불법행위를 한 공무원의 파면을 청원할 권리가 있다.
공무원의 직무상 불법행위로 인하여 손해를 받은 자는 국가 또는 공공단체에 대하여 배상을 청구할 수 있다. 단, 공무원 자신의 민사상이나 형사상의 책임이 면제되는 것은 아니다.

제28조 국민의 모든 자유와 권리는 헌법에 열거되지 아니한 이유로써 경시되지는 아니한다.
국민의 자유와 권리를 제한하는 법률의 제정은 질서유지와 공공복리를 위하여 필요한 경우에 한한다.

제29조 모든 국민은 법률의 정하는 바에 의하여 납세의 의무를 진다.

제30조 모든 국민은 법률의 정하는 바에 의하여 국토방위의 의무를 진다.

제3장 국회

제31조 입법권은 국회가 행한다.
국회는 민의원과 참의원으로써 구성한다.

제32조 양원은 국민의 보통, 평등, 직접, 비밀투표에 의하여 선거된 의원으로써 조직한다.
누구든지 양원의 의원을 겸할 수 없다.
국회의원의 정수와 선거에 관한 사항은 법률로써 정한다.

제33조 ① 민의원의원의 임기는 4년으로 한다.
② 참의원의원의 임기는 6년으로 하고 3년마다 의원의 2분지1을 개선한다.

제34조 국회의 정기회는 매년 1회 법률의 정하는 바에 의하여 집회한다.

제35조 임시긴급의 필요가 있을 때에는 대통령, 민의원의 재적의원 4분지 1이상 또는 참의원의 재적의원 2분지 1이상의 요구에 의하여 양원의 의장은 국회의 임시회의 집회를 공고한다.

제36조 민의원은 의장 1인, 부의장 2인을 선거한다.
참의원은 부통령을 의장으로 하고 부의장 2인을 선거한다.
참의원의장은 양원합동회의의 의장이 된다.

제37조 ① 각원은 헌법 또는 국회법에 특별한 규정이 없는 한 그 재적의원의 과반수의 출석과 출석의원의 과반수로써 의결을 행한다.
② 의안에 관하여 양원의 가부의결이 상반할 때 또는 의결내용이 일치하지 아니할 때에는 각원의 재적의원 과반수가 출석한 양원합동회의에서 출석의원 과반수로써 의결한다. 단, 예산안에 관하여 참의원이 민의원과 다른 의결을 하였을 때에는 민의원의 재의에 부하고 그 의결을 국회의 의결로 한다.
③ 민의원의장은 의결에 있어서 표결권을 가진다.
④ 양원의 의장은 의결에 있어서 가부동수인 경우에 결정권을 가진다.

제38조 국회의 회의는 공개한다. 단, 각원 또는 양원합동회의의 결의에 의하여 비밀회로 할 수 있다.

제39조 ① 국회의원과 정부는 법률안을 제출할 수 있다.

② 예산안은 먼저 민의원에 제출하여야 한다.
③ 법률안은 민의원에서 부결된 때에는 참의원 또는 양원합동회의에 이송할 수 없다.
④ 양원중의 일원이 타원에서 이송된 의안을 받은 날로부터 국회 휴회중의 기간을 제외하고 60일이내에 의결하지 아니할 때에는 이송한 원은 그 의안이 이송을 받은 원에서 부결된 것으로 간주할 수 있다.

제40조 ① 국회에서 의결된 법률안은 정부로 이송되어 15일이내에 대통령이 공포한다.
② 이송된 법률안에 대하여 이의가 있는 때에는 대통령은 이의서를 부하여 국회에 환부하고 국회의 재의에 부한다. 국회에서 각원의 재적의원 3분지 2이상이 출석한 양원합동회의에서 출석의원 과반수의 찬성으로써 전과 같이 가결한 때에는 그 법률안은 법률로서 확정한다.
③ 대통령은 전2항에 의하여 확정된 법률을 지체없이 공포하여야 한다.
④ 법률은 특별한 규정이 없는 때에는 공포일로부터 20일후에 효력이 발생한다.

제41조 국회는 예산안을 심의결정한다

제42조 국회는 국제조직에 관한 조약, 상호원조에 관한 조약, 강화조약, 통상조약, 국가 또는 국민에게 재정적 부담을 지우는 조약, 입법사항에 관한 조약의 비준과 선전포고에 대하여 동의권을 가진다.

제42조의2 참의원은 대법관, 검찰총장, 심계원장, 대사, 공사 기타 법률에 의하여 지정된 공무원의 임명에 대한 인준권을 가진다.
국회의 폐회 또는 휴회중에 전항의 공무원이 임명되었을 때에는 다음에 집회된 참의원에서 그 사후인준을 얻어야 한다.

제43조 국회는 국정을 감사하기 위하여 필요한 서류를 제출케 하며 증인의 출석과 증언 또는 의견의 진술을 요구할 수 있다.

제44조 국무위원과 정부위원은 국회에 출석하여 의견을 진술하고 질문에 응답할 수 있으며 국회의 요구가 있을 때에는 출석답변하여야 한다.

제45조 각원은 의원의 자격을 심사하고 의사에 관한 규칙을 제정하고 의원의 징벌을 결정할 수 있다.
의원을 제명함에는 각원의 재적의원 3분지 2 이상의 찬성이 있어야 한다.

제46조 ① 대통령, 부통령, 국무위원, 심계원장, 법관 기타 법률이 정하는 공무원이 그 직무수행에 관하여 헌법 또는 법률에 위배한 때에는 국회는 탄핵의 소추를 결의할 수 있다.
② 국회의 탄핵소추는 민의원의원 30인 이상의 발의가 있어야 하며 그 결의는 양원에서 각각 그 재적의원 과반수의 찬성이 있어야 한다.

제47조 탄핵사건을 심판하기 위하여 법률로써 탄핵재판소를 설치한다.
탄핵재판소는 부통령이 재판장의 직무를 행하고 대법관 5인과 참의원의원 5인이 심판관이 된다. 단, 대통령과 부통령을 심판할 때에는 대법원장이 재판장의 직무를 행한다.
탄핵판결은 심판관 3분지 2 이상의 찬성이 있어야 한다.
탄핵판결은 공직으로부터 파면함에 그친다. 단, 이에 의하여 민사상이나 형사상의 책임이 면제되는 것은 아니다.

제48조 국회의원은 지방의회의 의원을 겸할 수 없다.

제49조 국회의원은 현행범을 제외한 외에는 회기중 그 원의 동의없이 체포 또는 구금되지

아니하며 회기전에 체포 또는 구금되었을 때에는 그 원의 요구가 있으면 회기중 석방된다.

제50조 국회의원은 국회내에서 발표한 의견과 표결에 관하여 외부에 대하여 책임을 지지 아니한다.

제4장 정부

제1절 대통령

제51조 대통령은 행정권의 수반이며 외국에 대하여 국가를 대표한다.

제52조 대통령이 사고로 인하여 직무를 수행할 수 없을 때에는 부통령이 그 권한을 대행하고 대통령, 부통령 모두 사고로 인하여 그 직무를 수행할 수 없을 때에는 법률이 정하는 순위에 따라 국무위원이 그 권한을 대행한다.

제53조 ① 대통령과 부통령은 국민의 보통, 평등, 직접, 비밀투표에 의하여 각각 선거한다.
② 국회폐회중에 대통령과 부통령을 선거할 때에는 그 선거보고를 받기 위하여 양원의 의장은 국회의 집회를 공고하여야 한다.
③ 대통령과 부통령의 선거에 관한 개표보고는 특별시와 도의 선거위원회가 입후보자의 득표수를 명기하여 봉함한 후 참의원의장에게 송부하여야 한다.
④ 참의원의장은 즉시 각원의 재적의원 과반수가 출석한 공개된 양원합동회의에서 전항의 득표수를 계산하여 당선된 대통령과 부통령을 공표하여야 한다.
⑤ 대통령과 부통령의 당선은 최고득표수로써 결정한다.
⑥ 최고득표자가 2인 이상인 때에는 전항의 양원합동회의에서 다수결로써 당선자를 결정한다.
⑦ 대통령과 부통령의 선거에 관한 사항은 법률로써 정한다.
⑧ 대통령과 부통령은 국회의원을 겸할 수 없다.

제54조 대통령은 취임에 제하여 양원합동회의에서 좌의 선서를 행한다.
「나는 국헌을 준수하며 국민의 복리를 증진하며 국가를 보위하여 대통령의 직무를 성실히 수행할 것을 국민에게 엄숙히 선서한다」

제55조 대통령과 부통령의 임기는 4년으로 한다. 단, 재선에 의하여 1차중임할 수 있다.
대통령이 궐위된 때에는 부통령이 대통령이 되고 잔임기간중 재임한다.
부통령이 궐위된 때에는 즉시 그 후임자를 선거하되 잔임기간중 재임한다.
대통령, 부통령이 모두 궐위된 때에는 제52조에 의한 법률이 규정한 순위에 따라 국무위원이 대통령의 권한을 대행하되 궐위된 날로부터 3개월 이내에 대통령과 부통령을 선거하여야 한다.

제56조 ① 대통령, 부통령의 임기가 만료되는 때에는 늦어도 그 임기가 만료되기 30일전에 그 후임자를 선거한다.
② 삭제

제57조 내우, 외환, 천재, 지변 또는 중대한 재정, 경제상의 위기에 제하여 공공의 안녕질서를 유지하기 위하여 긴급한 조치를 할 필요가 있는 때에는 대통령은 국회의 집회를 기다릴 여유가 없는 경우에 한하여 법률의 효력을 가진 명령을 발하거나 또는 재정상 필요한 처분을 할 수 있다.
전항의 명령 또는 처분은 지체없이 국회에 보고하여 승인을 얻어야 한다.
만일 국회의 승인을 얻지 못한 때에는 그때부터 효력을 상실하며 대통령은 지체없이 차를 공포하여야 한다.

제58조 대통령은 법률에서 일정한 범위를 정하여 위임을 받은 사항과 법률을 실시하기 위하여 필요한 사항에 관하여 명령을 발할 수 있다.

제59조 대통령은 조약을 체결하고 비준하며 선전포고와 강화를 행하고 외교사절을 신임접수한다.

제60조 대통령은 중요한 국무에 관하여 국회에 출석하여 발언하거나 또는 서한으로 의견을 표시한다.

제61조 대통령은 국군을 통수한다.
국군의 조직과 편성은 법률로써 정한다.

제62조 대통령은 헌법과 법률이 정하는 바에 의하여 공무원을 임면한다.

제63조 대통령은 법률의 정하는 바에 의하여 사면, 감형과 복권을 명한다.
일반사면을 명함에는 국회의 동의를 얻어야 한다.

제64조 대통령은 법률의 정하는 바에 의하여 계엄을 선포한다.

제65조 대통령은 훈장 기타 영예를 수여한다.

제66조 대통령의 국무에 관한 행위는 문서로 하여야 하며 모든 문서에는 관계국무위원의 부서가 있어야 한다. 군사에 관한 것도 또한 같다.

제67조 대통령은 내란 또는 외환의 죄를 범한 때 이외에는 재직중 형사상의 소추를 받지 아니한다.

제2절 국무원

제68조 국무원은 대통령과 국무위원으로 조직되는 합의체로서 대통령의 권한에 속한 중요국책을 의결한다.

제69조 국무위원은 대통령이 임명한다.
국무위원총수는 8인이상 15인이내로 한다.
군인은 현역을 면한 후가 아니면 국무위원에 임명될 수 없다.

제70조 대통령은 국무회의를 소집하고 그 의장이 된다.
대통령은 필요하다고 인정할 때에는 제52조에 의한 법률이 규정한 순위에 따라 국무위원으로 하여금 국무회의의 의장의 직무를 대행하게 할 수 있다.

제70조의2 민의원에서 국무위원에 대하여 불신임결의를 하였을 때에는 당해 국무위원은 즉시 사직하여야 한다.
전항의 불신임결의는 그 발의로부터 24시간 이상이 경과된 후에 재적의원 과반수의 찬성으로 한다.

제71조 국무회의의 의결은 과반수로써 행한다.
의장은 의결에 있어서 표결권을 가지며 가부동수인 경우에는 결정권을 가진다.

제72조 좌의 사항은 국무회의의 의결을 경하여야한다.

1. 국정의 기본적 계획과 정책
2. 조약안, 선전, 강화 기타 중요한 대외정책에 관한 사항
3. 헌법개정안, 법률안, 대통령령안
4. 예산안, 결산안, 재정상의 긴급처분안, 예비비지출에 관한 사항
5. 임시국회의 집회요구에 관한 사항
6. 계엄안, 해엄안
7. 군사에 관한 중요사항
8. 영예수여, 사면, 감형, 복권에 관한 사항
9. 행정각부간의 연락사항과 권한의 획정

10. 정부에 제출 또는 회부된 청원의 심사
11. 대법관, 검찰총장, 심계원장, 국립대학총장, 대사, 공사, 각군참모총장, 기타 법률에 의하여 지정된 공무원과 중요 국영기업의 관리자의 임면에 관한 사항
12. 행정각부의 중요한 정책의 수립과 운영에 관한 사항
13. 기타 국무위원이 제출하는 사항

제3절 행정각부

제73조 ① 행정각부의 장은 국무위원이어야 하며 대통령이 임면한다.
② 삭제

제74조 행정각부장관은 그 담임한 직무에 관하여 직권 또는 특별한 위임에 의하여 부령을 발할 수 있다.

제75조 행정각부의 조직과 직무범위는 법률로써 정한다.

제5장 법원

제76조 사법권은 법관으로써 조직된 법원이 행한다.
최고법원인 대법원과 하급법원의 조직은 법률로써 정한다.
법관의 자격은 법률로써 정한다.

제77조 법관은 헌법과 법률에 의하여 독립하여 심판한다.

제78조 대법원장인 법관은 대통령이 임명하고 국회의 승인을 얻어야 한다.

제79조 법관의 임기는 10년으로 하되 법률의 정하는 바에 의하여 연임할 수 있다.

제80조 법관은 탄핵, 형벌 또는 징계처분에 의하지 아니하고는 파면, 정직 또는 감봉되지 아니한다.

제81조 대법원은 법률의 정하는 바에 의하여 명령규칙과 처분이 헌법과 법률에 위반되는 여부를 최종적으로 심사할 권한이 있다.
법률이 헌법에 위반되는 여부가 재판의 전제가 되는 때에는 법원은 헌법위원회에 제청하여 그 결정에 의하여 재판한다.
헌법위원회는 부통령을 위원장으로 하고 대법관 5인 민의원의원 3인과 참의원의원 2인의 위원으로 구성한다.
헌법위원회에서 위헌결정을 할 때에는 위원 3분지 2이상의 찬성이 있어야 한다.
헌법위원회의 조직과 절차는 법률로써 정한다.

제82조 대법원은 법원의 내부규율과 사무처리에 관한 규칙을 제정할 수 있다.

제83조 재판의 대심과 판결은 공개한다. 단, 안녕질서를 방해하거나 풍속을 해할 염려가 있는 때에는 법원의 결정으로써 공개를 아니할 수 있다.

제83조의2 군사재판을 관할하기 위하여 군법회의를 둘 수 있다. 단, 법률이 정하는 재판사항의 상고심은 대법원에서 관할한다.
군법회의의 조직, 권한과 심판관의 자격은 법률로써 정한다.

제6장 경제

제84조 대한민국의 경제질서는 모든 국민에게 생활의 기본적 수요를 충족할 수 있게 하는 사회정의의 실현과 균형있는 국민경제의 발전을 기함을 기본으로 삼는다. 각인의 경제상

자유는 이 한계내에서 보장된다.

제85조 광물 기타 중요한 지하자원, 수산자원, 수력과 경제상 이용할 수 있는 자연력은 법률이 정하는 바에 의하여 일정한 기간 그 채취, 개발 또는 이용을 특허할 수 있다.

제86조 농지는 농민에게 분배하며 그 분배의 방법, 소유의 한도, 소유권의 내용과 한계는 법률로써 정한다.

제87조 대외무역은 법률의 정하는 바에 의하여 국가의 통제하에 둔다.

제88조 국방상 또는 국민생활상 긴절한 필요로 인하여 법률로써 특히 규정한 경우를 제외하고는 사영기업을 국유 또는 공유로 이전하거나 그 경영을 통제 또는 관리할 수 없다.

제89조 제86조의 규정에 의하여 농지를 수용하거나 전조의 규정에 의하여 사영기업을 국유 또는 공유로 이전할 때에는 제15조제3항의 규정을 준용한다.

제7장 재정

제90조 조세의 종목과 세율은 법률로써 정한다.

제91조 정부는 국가의 총수입과 총지출을 회계연도마다 예산으로 편성하여 매년 국회의 정기회개회초에 국회에 제출하여 그 의결을 얻어야 한다.
특별히 계속지출의 필요가 있을 때에는 연한을 정하여 계속비로서 국회의 의결을 얻어야 한다.
국회는 정부의 동의없이는 정부가 제출한 지출결산 각항의 금액을 증가하거나 또는 신비목을 설치할 수 없다.

제92조 국채를 모집하거나 예산외의 국가의 부담이 될 계약을 함에는 국회의 의결을 얻어야 한다.

제93조 예측할 수 없는 예산외의 지출 또는 예산초과지출에 충당하기 위한 예비비는 미리 국회의 의결을 얻어야 한다.
예비비의 지출은 차기국회의 승인을 얻어야 한다.

제94조 국회는 회계연도가 개시되기까지에 예산을 의결하여야 한다. 부득이한 사유로 인하여 예산이 의결되지 못한 때에는 국회는 1개월이내에 가예산을 의결하고 그 기간내에 예산을 의결하여야 한다.

제95조 국가의 수입지출의 결산은 매년 심계원에서 검사한다.
정부는 심계원의 검사보고와 함께 결산을 차연도의 국회에 제출하여야 한다.
심계원의 조직과 권한은 법률로써 정한다.

제8장 지방자치

제96조 지방자치단체는 법령의 범위내에서 그 자치에 관한 행정사무와 국가가 위임한 행정사무를 처리하며 재산을 관리한다.
지방자치단체는 법령의 범위내에서 자치에 관한 규정을 제정할 수 있다.

제97조 지방자치단체의 조직과 운영에 관한 사항은 법률로써 정한다.
지방자치단체에는 각각 의회를 둔다.
지방의회의 조직, 권한과 의원의 선거는 법률로써 정한다.

제9장 헌법개정

제98조 ① 헌법개정의 제안은 대통령, 민의원

또는 참의원의 재적의원 3분지 1이상 또는 민의원의원선거권자 50만인이상의 찬성으로써 한다.
② 헌법개정의 제의는 대통령이 이를 공고하여야 한다.
③ 전항의 공고기간은 30일이상으로 한다.
④ 헌법개정의 의결은 양원에서 각각 그 재적의원 3분지 2이상의 찬성으로써 한다.
⑤ 헌법개정이 의결된 때에는 대통령은 즉시 공포한다. 단, 제7조의 2의 경우에 국민투표로써 헌법개정이 부결되었을 때에는 그 결과가 판명된 즉시 소급하여 효력을 상실한 뜻을 공포한다.
⑥ 제1조, 제2조와 제7조의 2의 규정은 개폐할 수 없다.

제10장 부칙

제99조 이 헌법은 이 헌법을 제정한 국회의 의장이 공포한 날로부터 시행한다. 단, 법률의 제정이 없이는 실현될 수 없는 규정은 그 법률이 시행되는 때부터 시행된다.

제100조 현행법령은 이 헌법에 저촉되지 아니하는 한 효력을 가진다.

제101조 이 헌법을 제정한 국회는 단기 4278년 8월 15일 이전의 악질적인 반민족행위를 처벌하는 특별법을 제정할 수 있다.

제102조 이 헌법을 제정한 국회는 이 헌법에 의한 국회로서의 권한을 행하며 그 의원의 임기는 국회개회일로부터 2년으로 한다.

제103조 이 헌법시행시에 재직하고 있는 공무원은 이 헌법에 의하여 선거 또는 임명된 자가 그 직무를 계승할 때까지 계속하여 직무를 행한다.

부칙 〈제3호, 1954.11.29.〉

이 헌법은 공포한 날부터 시행한다.
이 헌법이 시행된 후 처음으로 선거된 참의원의원은 각선거구마다 그 득표수의 순차에 따라 제1부, 제2부로 균분하고 제1부의 의원의 임기는 6년, 제2부의 의원의 임기는 3년으로 한다.
득표수가 같은 때에는 연령순에 의한다.
이 헌법공포당시의 대통령에 대하여는 제55조 제1항 단서의 제한을 적용하지 아니한다.

대한민국헌법(제3차 개정헌법)

[시행 1960.6.15.]
[헌법 제4호, 1960.6.15., 일부개정]

유구한 역사와 전통에 빛나는 우리들 대한국민은 기미 삼일운동으로 대한민국을 건립하여 세계에 선포한 위대한 독립정신을 계승하여 이제 민주독립국가를 재건함에 있어서 정의인도와 동포애로써 민족의 단결을 공고히 하며 모든 사회적 폐습을 타파하고 민주주의 제제도를 수립하여 정치, 경제, 사회, 문화의 모든 영역에 있어서 각인의 기회를 균등히 하고 능력을 최고도로 발휘케 하며 각인의 책임과 의무를 완수케하여 안으로는 국민생활의 균등한 향상을 기하고 밖으로는 항구적인 국제평화의 유지에 노력하여 우리들과 우리들의 자손의 안전과 자유와 행복을 영원히 확보할 것을 결의하고 우리들의 정당 또 자유로히 선거된 대표로서 구성된 국회에서 단기 4281년 7월 12일 이 헌법을 제정한다.

제1장 총강

제1조 대한민국은 민주공화국이다.

제2조 대한민국의 주권은 국민에게 있고 모든 권력은 국민으로부터 나온다.

제3조 대한민국의 국민되는 요건은 법률로써 정한다.

제4조 대한민국의 영토는 한반도와 그 부속도서로 한다.

제5조 대한민국은 정치, 경제, 사회, 문화의 모든 영역에 있어서 각인의 자유, 평등과 창의를 존중하고 보장하며 공공복리의 향상을 위하여 이를 보호하고 조정하는 의무를 진다.

제6조 대한민국은 모든 침략적인 전쟁을 부인한다.
국군은 국토방위의 신성한 의무를 수행함을 사명으로 한다.

제7조 비준공포된 국제조약과 일반적으로 승인된 국제법규는 국내법과 동일한 효력을 가진다.
외국인의 법적지위는 국제법과 국제조약의 범위내에서 보장된다.

제7조의2 대한민국의 주권의 제약 또는 영토의 변경을 가져올 국가안위에 관한 중대사항은 국회의 가결을 거친 후에 국민투표에 부하여 민의원의원선거권자 3분지 2이상의 투표와 유효투표 3분지 2이상의 찬성을 얻어야 한다.
전항의 국민투표의 발의는 국회의 가결이 있은 후 1개월이내에 민의원의원선거권자 50만인이상의 찬성으로써 한다.
국민투표에서 찬성을 얻지 못한 때에는 제1항의 국회의 가결사항은 소급하여 효력을 상실한다.
국민투표의 절차에 관한 사항은 법률로써 정한다.

제2장 국민의 권리의무

제8조 모든 국민은 법률앞에 평등이며 성별, 신앙 또는 사회적 신분에 의하여 정치적, 경제적, 사회적 생활의 모든 영역에 있어서 차별을 받지 아니한다.

사회적 특수계급의 제도는 일체 인정되지 아니하며 여하한 형태로도 이를 창설하지 못한다. 훈장과 기타 영전의 수여는 오로지 그 받은 자의 영예에 한한 것이며 여하한 특권도 창설되지 아니한다.

제9조 모든 국민은 신체의 자유를 가진다. 법률에 의하지 아니하고는 체포, 구금, 수색, 심문, 처벌과 강제노역을 받지 아니한다.
체포, 구금, 수색에는 법관의 영장이 있어야 한다. 단, 범죄의 현행범인의 도피 또는 증거인멸의 염려가 있을 때에는 수사기관은 법률의 정하는 바에 의하여 사후에 영장의 교부를 청구할 수 있다.
누구든지 체포, 구금을 받은 때에는 즉시 변호인의 조력을 받을 권리와 그 당부의 심사를 법원에 청구할 권리가 보장된다.

제10조 모든 국민은 거주와 이전의 자유를 제한받지 아니하며 주거의 침입 또는 수색을 받지 아니한다.

제11조 모든 국민은 통신의 비밀을 침해받지 아니한다.

제12조 모든 국민은 신앙과 양심의 자유를 가진다.
국교는 존재하지 아니하며 종교는 정치로부터 분리된다.

제13조 모든 국민은 언론, 출판의 자유와 집회, 결사의 자유를 제한받지 아니한다. 정당은 법률의 정하는 바에 의하여 국가의 보호를 받는다. 단, 정당의 목적이나 활동이 헌법의 민주적 기본질서에 위배될 때에는 정부가 대통령의 승인을 얻어 소추하고 헌법재판소가 판결로써 그 정당의 해산을 명한다.

제14조 모든 국민은 학문과 예술의 자유를 가진다. 저작자, 발명가와 예술가의 권리는 법률로써 보호한다.

제15조 재산권은 보장된다. 그 내용과 한계는 법률로써 정한다.
재산권의 행사는 공공복리에 적합하도록 하여야 한다.
공공필요에 의하여 국민의 재산권을 수용, 사용 또는 제한함은 법률이 정하는 바에 의하여 상당한 보상을 지급함으로써 행한다.

제16조 모든 국민은 균등하게 교육을 받을 권리가 있다. 적어도 초등교육은 의무적이며 무상으로 한다.
모든 교육기관은 국가의 감독을 받으며 교육제도는 법률로써 정한다.

제17조 모든 국민은 근로의 권리와 의무를 가진다.
근로조건의 기준은 법률로써 정한다.
여자와 소년의 근로는 특별한 보호를 받는다.

제18조 근로자의 단결, 단체교섭과 단체행동의 자유는 법률의 범위내에서 보장된다.
영리를 목적으로 하는 사기업에 있어서는 근로자는 법률의 정하는 바에 의하여 이익의 분배에 균점할 권리가 있다.

제19조 노령, 질병 기타 근로능력의 상실로 인하여 생활유지의 능력이 없는 자는 법률의 정하는 바에 의하여 국가의 보호를 받는다.

제20조 혼인은 남녀동권을 기본으로 하며 혼인의 순결과 가족의 건강은 국가의 특별한 보호를 받는다.

제21조 모든 국민은 국가 각기관에 대하여 문서로써 청원을 할 권리가 있다.
청원에 대하여 국가는 심사할 의무를 진다.

제22조 모든 국민은 법률의 정한 법관에 의하여 법률에 의한 재판을 받을 권리가 있다.

제23조 모든 국민은 행위시의 법률에 의하여 범죄를 구성하지 아니하는 행위에 대하여 소추를 받지 아니하며 또 동일한 범죄에 대하여

두 번 처벌되지 아니한다.

제24조 형사피고인은 상당한 이유가 없는 한 지체없이 공개재판을 받을 권리가 있다.
형사피고인으로서 구금되었던 자가 무죄판결을 받은 때에는 법률의 정하는 바에 의하여 국가에 대하여 보상을 청구할 수 있다.

제25조 모든 국민은 20세에 달하면 법률의 정하는 바에 의하여 공무원을 선거할 권리가 있다.

제26조 모든 국민은 법률의 정하는 바에 의하여 공무를 담임할 권리가 있다.

제27조 ① 공무원은 주권을 가진 국민의 수임자이며 언제든지 국민에 대하여 책임을 진다. 국민은 불법행위를 한 공무원의 파면을 청원할 권리가 있다.
② 공무원의 정치적 중립성과 신분은 법률의 정하는 바에 의하여 보장된다.
③ 공무원의 직무상 불법행위로 인하여 손해를 받은 자는 국가 또는 공공단체에 대하여 배상을 청구할 수 있다. 단, 공무원 자신의 민사상이나 형사상의 책임이 면제되는 것은 아니다.

제28조 ① 국민의 모든 자유와 권리는 헌법에 열거되지 아니한 이유로써 경시되지는 아니한다.
② 국민의 모든 자유와 권리는 질서유지와 공공복리를 위하여 필요한 경우에 한하여 법률로써 제한할 수 있다. 단, 그 제한은 자유와 권리의 본질적인 내용을 훼손하여서는 아니되며 언론, 출판에 대한 허가나 검열과 집회, 결사에 대한 허가를 규정할 수 없다.

제29조 모든 국민은 법률의 정하는 바에 의하여 납세의 의무를 진다.

제30조 모든 국민은 법률의 정하는 바에 의하여 국토방위의 의무를 진다.

제3장 국회

제31조 입법권은 국회가 행한다.
국회는 민의원과 참의원으로써 구성한다.

제32조 ① 양원은 국민의 보통, 평등, 직접, 비밀투표에 의하여 선거된 의원으로써 조직한다.
② 누구든지 양원의 의원을 겸할 수 없다.
③ 민의원의원의 정수와 선거에 관한 사항은 법률로써 정한다.
④ 참의원의원은 특별시와 도를 선거구로 하여 법률의 정하는 바에 의하여 선거하며 그 정수는 민의원의원정수의 4분지 1을 초과하지 못한다.

제33조 ① 민의원의원의 임기는 4년으로 한다. 단, 민의원이 해산된 때에는 그 임기는 해산과 동시에 종료한다.
② 참의원의원의 임기는 6년으로 하고 3년마다 의원의 2분지 1을 개선한다.

제34조 국회의 정기회는 매년 1회 법률의 정하는 바에 의하여 집회한다.

제35조 임시긴급의 필요가 있을 때에는 대통령, 민의원의 재적의원 4분지 1이상 또는 참의원의 재적의원 2분지 1이상의 요구에 의하여 양원의 의장은 국회의 임시회의 집회를 공고한다,

제35조의2 민의원이 해산된 때에는 해산된 날로부터 20일이후 30일이내에 민의원의원의 총선거를 실시하여야 한다.
민의원이 해산된 때에는 참의원은 동시에 폐회된다. 단, 국무총리는 긴급한 필요가 있을 때에는 참의원의 집회를 요구할 수 있다.

제36조 ① 민의원은 의장 1인, 부의장 2인을 선거한다.
② 참의원은 의장 1인, 부의장 1인을 선거한다.
③ 참의원의장은 양원합동회의의 의장이 된다.

제37조 ① 각원은 헌법 또는 국회법에 특별한 규정이 없는 한 그 재적의원의 과반수의 출석과 출석의원의 과반수로써 의결을 행한다.
② 국회의 의결을 요하는 의안에 관하여 양원의 의결이 일치하지 아니할 때에는 의안을 민의원의 재의에 부하고 각원에서 의결된 것 중 민의원에서 재적의원 과반수의 출석과 출석의원 3분지 2이상의 찬성으로 다시 의결된 것을 국회의 의결로 한다.
③ 예산안에 관하여 참의원이 민의원과 다른 의결을 하였을 때에는 민의원의 재의에 부하고 그 새로운 의결을 국회의 의결로 한다.
④ 각원의 의장은 의결에 있어서 표결권을 가지며 가부동수인 경우에 결정권을 가진다.

제38조 국회의 회의는 공개한다. 단, 각원의 결의에 의하여 비밀회로 할 수 있다.

제39조 국회의원과 정부는 법률안을 제출할 수 있다.
법률안과 예산안은 먼저 민의원에 제출하여야 한다.
참의원이 국회의 의결을 요하는 의안을 받은 날로부터 60일이내에 의결하지 아니할 때에는 이를 부결한 것으로 간주한다. 단, 예산안에 있어서는 이 기간을 20일로 한다.

제40조 국회에서 의결된 법률은 정부로 이송되어 10일이내에 대통령이 공포하여야 한다.
법률은 특별한 규정이 없을 때에는 공포일로부터 20일후에 효력을 발생한다.

제40조의2 참의원은 대법관, 검찰총장, 심계원장, 대사, 공사 기타 법률에 의하여 지정된 공무원의 임명에 대한 인준권을 가진다.
국회의 폐회 또는 휴회중에 전항의 공무원이 임명되었을 때에는 다음에 집회된 참의원에서 그 사후인준을 얻어야 한다.

제41조 국회는 예산안을 심의결정한다.

제42조 국회는 국제조직에 관한 조약, 상호원조에 관한 조약, 강화조약, 통상조약, 국가 또는 국민에게 재정적 부담을 지우는 조약, 입법사항에 관한 조약의 비준과 선전포고에 대하여 동의권을 가진다.

제42조의2 삭제

제43조 국회는 국정을 감사하기 위하여 필요한 서류를 제출케하며 증인의 출석과 증언 또는 의견의 진술을 요구할 수 있다.

제44조 국무총리, 국무위원과 정부위원은 국회에 출석하여 의견을 진술하고 질문에 응답할 수 있으며 국회의 요구가 있을 때에는 출석답변하여야 한다.

제45조 각원은 의원의 자격을 심사하고 의사에 관한 규칙을 제정하고 의원의 징벌을 결정할 수 있다.
의원을 제명함에는 각원의 재적의원 3분지 2 이상의 찬성이 있어야 한다.

제46조 ① 대통령, 헌법재판소심판관, 법관, 중앙선거위원회위원 심계원장, 기타 법률이 정하는 공무원이 그 직무수행에 관하여 헌법 또는 법률에 위배한 때에는 국회는 탄핵의 소추를 결의할 수 있다.
② 국회의 탄핵소추는 민의원의원 30인이상의 발의가 있어야 하며 그 결의는 양원에서 각각 그 재적의원 과반수의 찬성이 있어야 한다.

제47조 탄핵소추의 결의를 받은 자는 탄핵판결이 있을 때까지 그 권한행사가 정지된다.

탄핵판결은 공직으로부터 파면함에 그친다. 단, 이에 의하여 민사상이나 형사상의 책임이 면제되는 것은 아니다.

제48조 국회의원은 지방의회의 의원을 겸할 수 없다.

제49조 국회의원은 현행범을 제한 외에는 회기중 그 원의 동의없이 체포 또는 구금되지 아니하며 회기전에 체포 또는 구금되었을 때에는 그 원의 요구가 있으면 회기중 석방된다.

제50조 국회의원은 국회내에서 발표한 의견과 표결에 관하여 외부에 대하여 책임을 지지 아니한다.

제4장 대통령

제1절 삭제

제51조 대통령은 국가의 원수이며 국가를 대표한다.

제52조 대통령이 궐위되거나 사고로 인하여 직무를 수행할 수 없을 때에는 참의원의장, 민의원의장, 국무총리의 순위로 그 권한을 대행한다.

제53조 대통령은 양원합동회의에서 선거하고 재적국회의원 3분지 2이상의 투표를 얻어 당선된다.
1차투표에서 당선자가 없을 때에는 2차투표를 행하고 2차투표에서도 당선자가 없을 때에는 재적의원 3분지 2이상의 출석과 출석의원 과반수의 투표를 얻은 자를 당선자로 한다.
대통령은 정당에 가입할 수 없으며 대통령직외에 공직 또는 사직에 취임하거나 영업에 종사할 수 없다.

제54조 대통령은 취임에 제하여 양원합동회의에서 좌의 선서를 행한다.
「나는 국헌을 준수하며 국민의 복리를 증진하며 국가를 보위하여 대통령의 직무를 성실히 수행할 것을 국민에게 엄숙히 선서한다」

제55조 대통령의 임기는 5년으로 하고 재선에 의하여 1차에 한하여 중임할 수 있다.

제56조 대통령이 궐위된 때에는 즉시 그 후임자를 선거한다.
대통령의 임기가 만료되는 때에는 그 임기가 만료되기 전 30일까지에 그 후임자를 선거한다.

제57조 내우, 외환, 천재, 지변 또는 중대한 재정, 경제상의 위기에 제하여 공공의 안녕질서를 유지하기 위하여 긴급한 조치를 할 필요가 있을 때에는 대통령은 국회의 집회를 기다릴 여유가 없는 때에 한하여 국무회의의 의결에 의하여 재정상 필요한 처분을 할 수 있다.
전항의 처분을 집행하기 위하여 필요한 때에는 국무총리는 법률의 효력을 가진 명령을 발할 수 있다.

제58조 제57조의 처분이나 명령은 지체없이 국회에 보고하여 그 승인을 얻어야 하며 민의원이 해산된 때에는 참의원의 승인을 얻어야 한다.
전항의 승인을 얻지 못한 때에는 처분이나 명령은 그때로부터 효력을 상실한다.

제59조 대통령은 국무회의의 의결에 의하여 조약을 비준하며 선전포고와 강화를 행하고 외교사절을 신임접수한다.

제60조 대통령은 국회에 출석하여 발언하거나 또는 서한으로 의견을 표시한다.

제61조 ① 대통령은 헌법과 법률의 정하는 바에 의하여 국군을 통수한다.

② 국군의 조직과 편성은 법률로써 정한다.

제62조 대통령은 헌법과 법률의 정하는 바에 의하여 공무원의 임면을 확인한다.

제63조 대통령은 국무회의의 의결에 의하여 사면, 감형과 복권을 명한다.
일반사면을 명함에는 국회의 동의를 얻어야 한다.
사면, 감형과 복권에 관하여 필요한 사항은 법률로써 정한다.

제64조 대통령은 국무회의의 의결에 의하여 계엄을 선포한다.
계엄의 선포가 부당하다고 인정될 때에는 대통령은 국무회의의 의결에 불구하고 그 선포를 거부할 수 있다.
계엄이 선포되었을 때에는 법률의 정하는 바에 의하여 국민의 권리와 행정기관이나 법원의 권한에 관하여 특별한 조치를 할 수 있다.

제65조 대통령은 국무회의의 의결에 의하여 훈장 기타 영예를 수여한다.

제66조 대통령의 국무에 관한 행위는 문서로 하여야 하며 모든 문서에는 국무총리와 관계 국무위원의 부서가 있어야 한다. 군사에 관한 것도 또한 같다.〈개정 1954.11.29., 1960.6.15.〉

제67조 대통령은 내란 또는 외환의 죄를 범한때 이외에는 재직중 형사상의 소추를 받지 아니한다.

제5장 정부

제1절 국무원

제68조 행정권은 국무원에 속한다.
국무원은 국무총리와 국무위원으로 조직한다.
국무원은 민의원에 대하여 연대책임을 진다.

제69조 국무총리는 대통령이 지명하여 민의원의 동의를 얻어야 한다. 단, 대통령이 민의원에서 동의를 얻지 못한 날로부터 5일 이내에 다시 지명하지 아니하거나 2차에 걸쳐 민의원이 대통령의 지명에 동의를 하지 아니한 때에는 국무총리는 민의원에서 이를 선거한다.
전항의 동의나 선거에는 민의원의원재적 과반수의 투표를 얻어야 한다.
대통령이 국무총리를 지명한 때에는 민의원은 그 지명을 받은 때로부터 24시간이후 48시간 이내에 동의에 대한 표결을 하여야 하며 제1항단서에 의하여 국무총리를 선거할 때에는 그 사유가 발생한 날로부터 5일이내에 선거를 하여야 한다.
대통령은 민의원의원총선거후 처음으로 민의원이 집회한 날로부터 5일이내에 국무총리를 지명하여야 한다.
국무위원은 국무총리가 임면하여 대통령이 이를 확인한다.
국무총리와 국무위원의 과반수는 국회의원이어야 한다. 단, 민의원이 해산된 때에는 예외로 한다.
국무위원의수는 8인이상 15인이내로 한다.
군인은 현역을 면한 후가 아니면 국무위원에 임명될 수 없다.

제70조 국무총리는 국무회의를 소집하고 의장이 된다.
국무총리는 법률에서 일정한 범위를 정하여 위임을 받은 사항과 법률을 실시하기 위하여 필요한 사항에 관하여 국무회의의 의결을 거쳐 국무원령을 발할 수 있다.
국무총리는 국무원을 대표하여 의안을 국회에 제출하고 행정각부를 지휘감독한다.
국무총리가 사고로 인하여 직무를 수행할 수 없을 때에는 법률의 정하는 순위에 따라 국무위원이 그 권한을 대행한다.

제70조의2 삭제

제71조 국무원은 민의원에서 국무원에 대한 불신임결의안을 가결한 때에는 10일이내에 민의원해산을 결의하지 않는 한 총사직하여야 한다.

국무원은 민의원이 조약비준에 대한 동의를 부결하거나 신연도 총예산안을 그 법정기일내에 의결하지 아니한 때에는 이를 국무원에 대한 불신임결의로 간주할 수 있다.

민의원의 국무원에 대한 불신임결의는 재적의원 과반수의 찬성을 얻어야 한다.

국무원에 대한 불신임결의안은 발의된 때로부터 24시간이후 72시간이내에 표결하여야 한다. 이 시간내에 표결되지 아니한 때에는 불신임결의안은 제출되지 아니한 것으로 간주한다.

국무원은 국무총리가 궐위되거나 민의원의원 총선거후 처음으로 민의원이 집회한 때에는 총사직하여야 한다.

제1항과 전항의 경우에 국무원은 후임국무총리가 선임될때까지 계속하여 그 직무를 집행한다.

제72조 좌의 사항은 국무회의의 의결을 경하여야한다.

1. 국정의 기본적 계획과 정책
2. 조약안, 선전, 강화 기타 중요한 대외정책에 관한 사항
3. 헌법개정안, 법률안, 국무원령안
4. 예산안, 결산안, 재정상의 긴급처분안, 예비비지출에 관한 사항
5. 임시국회의 집회요구에 관한 사항
6. 계엄안, 해엄안
7. 군사에 관한 중요사항
8. 영예수여, 사면, 감형, 복권에 관한 사항
9. 행정각부간의 연락사항과 권한의 획정
10. 정부에 제출 또는 회부된 청원의 심사
11. 검찰총장, 심계원장, 국립대학총장, 대사, 공사,각군참모총장 기타 법률에 의하여 지정된 공무원과 중요 국영기업의 관리자의 임면에 관한 사항
12. 행정각부의 중요한 정책의 수립과 운영에 관한 사항
13. 민의원해산과 국무원총사직에 관한 사항
14. 정당해산에 관한 소추
15. 기타 국무총리 또는 국무위원이 제출하는 사항

제2절 행정각부

제73조 ① 행정각부의 장은 국무위원이어야 하며 국무총리가 임면한다.
② 삭제

제74조 행정각부장관은 그 담임한 직무에 관하여 직권 또는 특별한 위임에 의하여 부령을 발할 수 있다.

제75조 ① 행정각부의 조직과 직무범위는 법률로써 정한다.
② 전항의 법률에는 경찰의 중립을 보장하기에 필요한 기구에 관하여 규정을 두어야 한다.

제6장 중앙선거위원회

제75조의2 선거의 관리를 공정하게 하기 위하여 중앙선거위원회를 둔다.

중앙선거위원회는 대법관중에서 호선한 3인과 정당에서 추천한 6인의 위원으로 조직하고 위원장은 대법관인 위원중에서 호선한다.

중앙선거위원회의 조직, 권한 기타 필요한 사항은 법률로써 정한다.

제7장 법원

제76조 사법권은 법관으로써 조직된 법원이 행한다.
최고법원인 대법원과 하급법원의 조직은 법률로써 정한다.
법관의 자격은 법률로써 정한다.

제77조 법관은 헌법과 법률에 의하여 독립하여 심판한다.

제78조 대법원장과 대법관은 법관의 자격이 있는 자로써 조직되는 선거인단이 이를 선거하고 대통령이 확인한다.
전항의 선거인단의 정수, 조직과 선거에 관하여 필요한 사항은 법률로써 정한다.

제1항이외의 법관은 대법관회의의 결의에 따라 대법원장이 임명한다.

제79조 법관의 임기는 10년으로 하되 법률의 정하는 바에 의하여 연임할 수 있다.

제80조 법관은 탄핵, 형벌 또는 징계처분에 의하지 아니하고는 파면, 정직 또는 감봉되지 아니한다.

제81조 ① 대법원은 법률의 정하는 바에 의하여 명령규칙과 처분이 헌법과 법률에 위반되는 여부를 최종적으로 심사할 권한이 있다.
② 삭제
③ 삭제
④ 삭제
⑤ 삭제

제82조 대법원은 법원의 내부규율과 사무처리에 관한 규칙을 제정할 수 있다.

제83조 재판의 대심과 판결은 공개한다. 단, 안녕질서를 방해하거나 풍속을 해할 염려가 있는 때에는 법원의 결정으로써 공개를 아니할 수 있다.

제83조의2 군사재판을 관할하기 위하여 군법회의를 둘 수 있다. 단, 법률이 정하는 재판사항의 상고심은 대법원에서 관할한다.
군법회의의 조직, 권한과 심판관의 자격은 법률로써 정한다.

제8장 헌법재판소

제83조의3 헌법재판소는 다음 각호의 사항을 관장한다.

1. 법률의 위헌여부 심사
2. 헌법에 관한 최종적 해석
3. 국가기관간의 권한쟁의
4. 정당의 해산
5. 탄핵재판
6. 대통령, 대법원장과 대법관의 선거에 관한 소송

제83조의4 헌법재판소의 심판관은 9인으로 한다.
심판관은 대통령, 대법원, 참의원이 각 3인식 선임한다.
심판관의 임기는 6년으로 하고 2년마다 3인식 개임한다.
심판관은 정당에 가입하거나 정치에 관여할 수 없다.
법률의 위헌판결과 탄핵판결은 심판관 6인이상의 찬성이 있어야 한다.
헌법재판소의 조직, 심판관의 자격, 임명방법과 심판의 절차에 관하여 필요한 사항은 법률로써 정한다.

제9장 경제

제84조 대한민국의 경제질서는 모든 국민에게 생활의 기본적 수요를 충족할 수 있게 하는 사회정의의 실현과 균형있는 국민경제의 발전을 기함을 기본으로 삼는다. 각인의 경제상 자유는 이 한계내에서 보장된다.

제85조 광물 기타 중요한 지하자원, 수산자원, 수력과 경제상 이용할 수 있는 자연력은 법률이 정하는 바에 의하여 일정한 기간 그 채취, 개발 또는 이용을 특허할 수 있다.

제86조 농지는 농민에게 분배하며 그 분배의 방법, 소유의 한도, 소유권의 내용과 한계는 법률로써 정한다.

제87조 대외무역은 법률의 정하는 바에 의하여 국가의 통제하에 둔다.

제88조 국방상 또는 국민생활상 긴절한 필요로 인하여 법률로써 특히 규정한 경우를 제외하고는 사영기업을 국유 또는 공유로 이전하거나 그 경영을 통제 또는 관리할 수 없다.

제89조 제86조의 규정에 의하여 농지를 수용하거나 전조의 규정에 의하여 사영기업을 국유 또는 공유로 이전할 때에는 제15조제3항의 규정을 준용한다.

제10장 재정

제90조 조세의 종목과 세율은 법률로써 정한다.

제91조 정부는 국가의 총수입과 총지출을 회계연도마다 예산으로 편성하여 매년 국회의 정기회개회초에 국회에 제출하여 그 의결을 얻어야 한다.
특별히 계속지출의 필요가 있을 때에는 연한을 정하여 계속비로서 국회의 의결을 얻어야 한다.
국회는 정부의 동의없이는 정부가 제출한 지출결산 각항의 금액을 증가하거나 또는 신비목을 설치할 수 없다.

제92조 국채를 모집하거나 예산외의 국가의 부담이 될 계약을 함에는 국회의 의결을 얻어야 한다.

제93조 예측할 수 없는 예산외의 지출 또는 예산초과지출에 충당하기 위한 예비비는 미리 국회의 의결을 얻어야 한다.
예비비의 지출은 차기국회의 승인을 얻어야 한다.

제94조 국회는 회계연도가 개시되기까지에 예산을 의결하여야 한다.
국회가 전항의 기간내에 예산을 의결하지 아니한 때에는 정부는 국회에서 예산이 의결될 때까지 다음 각호의 경비를 전연도 예산에 준하여 세입의 범위내에서 지출할 수 있다.

1. 공무원의 봉급과 사무처리에 필요한 기본적 경비
2. 법률에 의하여 설치된 기관과 시설의 유지비와 법률상 지출의 의무있는 경비
3. 전연도 예산에서 승인된 계속사업비

전항의 경우에 민의원의원총선거가 실시된 때에는 정부는 다시 예산안을 제출하여야 하며 국회는 민의원이 최초로 집회한 날로부터 2월이내에 예산을 심의결정하여야 한다. 이 경우에 제39조제2항단서의 기간은 10일로 한다.

제95조 국가의 수입지출의 결산은 매년 심계원에서 검사한다.
정부는 심계원의 검사보고와 함께 결산을 차연도의 국회에 제출하여야 한다.
심계원의 조직과 권한은 법률로써 정한다.

제11장 지방자치

제96조 지방자치단체는 법령의 범위내에서 그 자치에 관한 행정사무와 국가가 위임한 행정사무를 처리하며 재산을 관리한다.
지방자치단체는 법령의 범위내에서 자치에 관한 규정을 제정할 수 있다.

제97조 ① 지방자치단체의 조직과 운영에 관한 사항은 법률로써 정한다.
② 지방자치단체의 장의 선임방법은 법률로써 정하되 적어도 시, 읍, 면의 장은 그 주민이 직접 이를 선거한다.
③ 지방자치단체에는 각각 의회를 둔다.
④ 지방의회의 조직, 권한과 의원의 선거는 법률로써 정한다.

제12장 헌법개정

제98조 ① 헌법개정의 제안은 대통령, 민의원 또는 참의원의 재적의원 3분지 1이상 또는 민의원의원선거권자 50만인이상의 찬성으로써 한다.
② 헌법개정의 제의는 대통령이 이를 공고하여야 한다.
③ 전항의 공고기간은 30일이상으로 한다.
④ 헌법개정의 의결은 양원에서 각각 그 재적의원 3분지 2이상의 찬성으로써 한다.
⑤ 헌법개정이 의결된 때에는 대통령은 즉시 공포한다. 단, 제7조의 2의 경우에 국민투표로써 헌법개정이 부결되었을 때에는 그 결과가 판명된 즉시 소급하여 효력을 상실한 뜻을 공포한다.
⑥ 제1조, 제2조와 제7조의 2의 규정은 개폐할 수 없다.

부칙 〈제4호, 1960.6.15.〉

이 헌법은 공포한 날로부터 시행한다.
이 헌법중 참의원에 관한 규정은 참의원이 구성된 날로부터 시행한다.
이 헌법 시행후 참의원이 구성될 때까지는 민의원의 의결로써 국회의 의결로 하며 참의원의 권한에 속하는 사항은 민의원에서 이를 대행한다.
이 헌법 시행당시의 민의원의원의 임기는 이 헌법시행후 처음으로 실시되는 민의원의원총선거를 실시하는 전일까지로 한다.
이 헌법 시행후 최초의 민의원의원총선거는 이 헌법시행일로부터 45일이내에 실시한다.
이 헌법 시행후 최초의 참의원의원선거는 이 헌법시행일로부터 6월이내에 실시한다.
전항의 규정에 의하여 선거된 참의원의원은 각선거구마다 그 득표수의 순차에 따라 제1부와 제2부로 균분하고 제1부의 의원의 임기는 6년, 제2부의 의원의 임기는 3년으로 한다. 득표수가 같은때에는 연령순에 의한다.
이 헌법 시행후 최초의 대통령은 이 헌법시행후 처음으로 집회한 민의원에서 집회한 날로부터 5일이내에 선거하고 선거에 관하여는 제53조의 규정을 준용한다.
전항의 규정에 의하여 선거된 대통령은 선거된 날로부터 5일이내에 국무총리를 지명하여야 한다.
이 헌법 시행당시의 수석국무위원과 국무위원은 이 헌법에 의한 국무총리와 국무위원으로 간주하며 전항의 국무총리가 선임될 때까지 이 헌법에 의한 직무를 집행한다.
이 헌법 시행당시의 공무원과 국영기업체의 관리자는 이 헌법에 의하여 임명된 것으로 간주한다.
이 헌법 시행당시의 대법원장과 대법관의 임기는 이 헌법에 의하여 대법원장과 대법관이 선임되는 전일까지로 한다.
이 헌법 시행당시의 대통령령은 이 헌법에 의한 국무원령으로 간주한다.
이 헌법에 의하여 헌법재판소와 중앙선거위원회가 구성될 때까지는 종전의 규정에 의한 헌법위원회, 탄핵재판소와 중앙선거위원회가 그 직무를 행한다.
이 헌법 시행후 처음으로 선임되는 헌법재판소심판관은 선임자의 정하는 바에 따라 제1부, 제2부와 제3부로 구분하고 제1부심판관의 임기는 6년, 제2부심판관의 임기는 4년, 제3부심판관의 임기는 2년으로 한다.

대한민국헌법(제4차 개정헌법)

[시행 1960.11.29.]
[헌법 제5호, 1960.11.29., 일부개정]

유구한 역사와 전통에 빛나는 우리들 대한국민은 기미 삼일운동으로 대한민국을 건립하여 세계에 선포한 위대한 독립정신을 계승하여 이제 민주독립국가를 재건함에 있어서 정의인도와 동포애로써 민족의 단결을 공고히 하며 모든 사회적 폐습을 타파하고 민주주의 제제도를 수립하여 정치, 경제, 사회, 문화의 모든 영역에 있어서 각인의 기회를 균등히 하고 능력을 최고도로 발휘케 하며 각인의 책임과 의무를 완수케하여 안으로는 국민생활의 균등한 향상을 기하고 밖으로는 항구적인 국제평화의 유지에 노력하여 우리들과 우리들의 자손의 안전과 자유와 행복을 영원히 확보할 것을 결의하고 우리들의 정당 또 자유로히 선거된 대표로서 구성된 국회에서 단기 4281년 7월 12일 이 헌법을 제정한다.

제1장 총강

제1조 대한민국은 민주공화국이다.

제2조 대한민국의 주권은 국민에게 있고 모든 권력은 국민으로부터 나온다.

제3조 대한민국의 국민되는 요건은 법률로써 정한다.

제4조 대한민국의 영토는 한반도와 그 부속도서로 한다.

제5조 대한민국은 정치, 경제, 사회, 문화의 모든 영역에 있어서 각인의 자유, 평등과 창의를 존중하고 보장하며 공공복리의 향상을 위하여 이를 보호하고 조정하는 의무를 진다.

제6조 대한민국은 모든 침략적인 전쟁을 부인한다.
국군은 국토방위의 신성한 의무를 수행함을 사명으로 한다.

제7조 비준공포된 국제조약과 일반적으로 승인된 국제법규는 국내법과 동일한 효력을 가진다.
외국인의 법적 지위는 국제법과 국제조약의 범위내에서 보장된다.

제7조의2 대한민국의 주권의 제약 또는 영토의 변경을 가져올 국가안위에 관한 중대사항은 국회의 가결을 거친 후에 국민투표에 부하여 민의원의원선거권자 3분지 2이상의 투표와 유효투표 3분지 2이상의 찬성을 얻어야 한다.
전항의 국민투표의 발의는 국회의 가결이 있은 후 1개월이내에 민의원의원선거권자 50만인이상의 찬성으로써 한다.
국민투표에서 찬성을 얻지 못한 때에는 제1항의 국회의 가결사항은 소급하여 효력을 상실한다.
국민투표의 절차에 관한 사항은 법률로써 정한다.

제2장 국민의 권리의무

제8조 모든 국민은 법률앞에 평등이며 성별, 신앙 또는 사회적 신분에 의하여 정치적, 경제적, 사회적 생활의 모든 영역에 있어서 차별을 받지 아니한다.
사회적 특수계급의 제도는 일체 인정되지 아니하며 여하한 형태로도 이를 창설하지 못한다. 훈장과 기타영전의 수여는 오로지 그 받은 자의 영예에 한한 것이며 여하한 특권도 창설되지 아니한다.

제9조 모든 국민은 신체의 자유를 가진다. 법률에 의하지 아니하고는 체포, 구금, 수색, 심문, 처벌과 강제노역을 받지 아니한다.
체포, 구금, 수색에는 법관의 영장이 있어야 한다. 단, 범죄의 현행범인의 도피 또는 증거인멸의 염려가 있을 때에는 수사기관은 법률의 정하는 바에 의하여 사후에 영장의 교부를 청구할 수 있다.
누구든지 체포, 구금을 받은 때에는 즉시 변호인의 조력을 받을 권리와 그 당부의 심사를 법원에 청구할 권리가 보장된다.

제10조 모든 국민은 거주와 이전의 자유를 제한받지 아니하며 주거의 침입 또는 수색을 받지 아니한다.

제11조 모든 국민은 통신의 비밀을 침해받지 아니한다.

제12조 모든 국민은 신앙과 양심의 자유를 가진다.
국교는 존재하지 아니하며 종교는 정치로부터 분리된다.

제13조 모든 국민은 언론, 출판의 자유와 집회, 결사의 자유를 제한받지 아니한다.
정당은 법률의 정하는 바에 의하여 국가의 보호를 받는다. 단, 정당의 목적이나 활동이 헌법의 민주적 기본질서에 위배될 때에는 정부가 대통령의 승인을 얻어 소추하고 헌법재판소가 판결로써 그 정당의 해산을 명한다.

제14조 모든 국민은 학문과 예술의 자유를 가진다.
저작자, 발명가와 예술가의 권리는 법률로써 보호한다.

제15조 재산권은 보장된다. 그 내용과 한계는 법률로써 정한다.
재산권의 행사는 공공복리에 적합하도록 하여야 한다.
공공필요에 의하여 국민의 재산권을 수용, 사용 또는 제한함은 법률이 정하는 바에 의하여 상당한 보상을 지급함으로써 행한다.

제16조 모든 국민은 균등하게 교육을 받을 권리가 있다. 적어도 초등교육은 의무적이며 무상으로 한다.
모든 교육기관은 국가의 감독을 받으며 교육제도는 법률로써 정한다.

제17조 모든 국민은 근로의 권리와 의무를 가진다.
근로조건의 기준은 법률로써 정한다.
여자와 소년의 근로는 특별한 보호를 받는다.

제18조 근로자의 단결, 단체교섭과 단체행동의 자유는 법률의 범위내에서 보장된다.
영리를 목적으로 하는 사기업에 있어서는 근로자는 법률의 정하는 바에 의하여 이익의 분배에 균점할 권리가 있다.

제19조 노령, 질병 기타 근로능력의 상실로 인하여 생활유지의 능력이 없는 자는 법률의 정하는 바에 의하여 국가의 보호를 받는다.

제20조 혼인은 남녀동권을 기본으로 하며 혼인의 순결과 가족의 건강은 국가의 특별한 보호를 받는다.

제21조 모든 국민은 국가 각기관에 대하여 문서로써 청원을 할 권리가 있다.
청원에 대하여 국가는 심사할 의무를 진다.

제22조 모든 국민은 법률의 정한 법관에 의하여 법률에 의한 재판을 받을 권리가 있다.

제23조 모든 국민은 행위시의 법률에 의하여 범죄를 구성하지 아니하는 행위에 대하여 소추를 받지 아니하며 또 동일한 범죄에 대하여 두 번 처벌되지 아니한다.

제24조 형사피고인은 상당한 이유가 없는 한 지체없이 공개재판을 받을 권리가 있다.
형사피고인으로서 구금되었던 자가 무죄판결을 받은 때에는 법률의 정하는 바에 의하여 국가에 대하여 보상을 청구할 수 있다.

제25조 모든 국민은 20세에 달하면 법률의 정하는 바에 의하여 공무원을 선거할 권리가 있다.

제26조 모든 국민은 법률의 정하는 바에 의하여 공무를 담임할 권리가 있다.

제27조 ① 공무원은 주권을 가진 국민의 수임자이며 언제든지 국민에 대하여 책임을 진다. 국민은 불법행위를 한 공무원의 파면을 청원할 권리가 있다.
② 공무원의 정치적 중립성과 신분은 법률의 정하는 바에 의하여 보장된다.
③ 공무원의 직무상 불법행위로 인하여 손해를 받은 자는 국가 또는 공공단체에 대하여 배상을 청구할 수 있다. 단, 공무원 자신의 민사상이나 형사상의 책임이 면제되는 것은 아니다.

제28조 ① 국민의 모든 자유와 권리는 헌법에 열거되지 아니한 이유로써 경시되지는 아니한다.
② 국민의 모든 자유와 권리는 질서유지와 공공복리를 위하여 필요한 경우에 한하여 법률로써 제한할 수 있다. 단, 그 제한은 자유와 권리의 본질적인 내용을 훼손하여서는 아니되며 언론, 출판에 대한 허가나 검열과 집회, 결사에 대한 허가를 규정할 수 없다.

제29조 모든 국민은 법률의 정하는 바에 의하여 납세의 의무를 진다.

제30조 모든 국민은 법률의 정하는 바에 의하여 국토방위의 의무를 진다.

제3장 국회

제31조 입법권은 국회가 행한다.
국회는 민의원과 참의원으로써 구성한다.

제32조 ① 양원은 국민의 보통, 평등, 직접, 비밀투표에 의하여 선거된 의원으로써 조직한다.
② 누구든지 양원의 의원을 겸할 수 없다.
③ 민의원의원의 정수와 선거에 관한 사항은 법률로써 정한다.
④ 참의원의원은 특별시와 도를 선거구로 하여 법률의 정하는 바에 의하여 선거하며 그 정수는 민의원의원정수의 4분지 1을 초과하지 못한다.

제33조 ① 민의원의원의 임기는 4년으로 한다. 단, 민의원이 해산된 때에는 그 임기는 해산과 동시에 종료한다.
② 참의원의원의 임기는 6년으로 하고 3년마다 의원의 2분지 1을 개선한다.

제34조 국회의 정기회는 매년 1회 법률의 정하는 바에 의하여 집회한다.

제35조 임시긴급의 필요가 있을 때에는 대통령, 민의원의 재적의원 4분지 1이상 또는 참의원의 재적의원 2분지 1이상의 요구에 의하여 양원의 의장은 국회의 임시회의 집회를 공고한다,

제35조의2 민의원이 해산된 때에는 해산된 날로부터 20일이후 30일이내에 민의원의원의 총선거를 실시하여야 한다.
민의원이 해산된 때에는 참의원은 동시에 폐회된다. 단, 국무총리는 긴급한 필요가 있을 때에는 참의원의 집회를 요구할 수 있다.

제36조 ① 민의원은 의장 1인, 부의장 2인을 선거한다.

② 참의원은 의장 1인, 부의장 1인을 선거한다.
③ 참의원의장은 양원합동회의의 의장이 된다.

제37조 ① 각원은 헌법 또는 국회법에 특별한 규정이 없는 한 그 재적의원의 과반수의 출석과 출석의원의 과반수로써 의결을 행한다.
② 국회의 의결을 요하는 의안에 관하여 양원의 의결이 일치하지 아니할 때에는 의안을 민의원의 재의에 부하고 각원에서 의결된 것 중 민의원에서 재적의원 과반수의 출석과 출석의원 3분지 2이상의 찬성으로 다시 의결된 것을 국회의 의결로 한다.
③ 예산안에 관하여 참의원이 민의원과 다른 의결을 하였을 때에는 민의원의 재의에 부하고 그 새로운 의결을 국회의 의결로 한다.
④ 각원의 의장은 의결에 있어서 표결권을 가지며 가부동수인 경우에 결정권을 가진다.

제38조 국회의 회의는 공개한다. 단, 각원의 결의에 의하여 비밀회로 할 수 있다.

제39조 국회의원과 정부는 법률안을 제출할 수 있다.
법률안과 예산안은 먼저 민의원에 제출하여야 한다.
참의원이 국회의 의결을 요하는 의안을 받은 날로부터 60일이내에 의결하지 아니할 때에는 이를 부결한 것으로 간주한다. 단, 예산안에 있어서는 이 기간을 20일로 한다.

제40조 국회에서 의결된 법률은 정부로 이송되어 10일이내에 대통령이 공포하여야 한다.
법률은 특별한 규정이 없을 때에는 공포일로부터 20일후에 효력을 발생한다.

제40조의2 참의원은 대법관, 검찰총장, 심계원장, 대사, 공사 기타 법률에 의하여 지정된 공무원의 임명에 대한 인준권을 가진다.
국회의 폐회 또는 휴회중에 전항의 공무원이 임명되었을 때에는 다음에 집회된 참의원에서 그 사후인준을 얻어야 한다.

제41조 국회는 예산안을 심의결정한다

제42조 국회는 국제조직에 관한 조약, 상호원조에 관한 조약, 강화조약, 통상조약, 국가 또는 국민에게 재정적 부담을 지우는 조약, 입법사항에 관한 조약의 비준과 선전포고에 대하여 동의권을 가진다.

제42조의2 삭제

제43조 국회는 국정을 감사하기 위하여 필요한 서류를 제출케하며 증인의 출석과 증언 또는 의견의 진술을 요구할 수 있다.

제44조 국무총리, 국무위원과 정부위원은 국회에 출석하여 의견을 진술하고 질문에 응답할 수 있으며 국회의 요구가 있을 때에는 출석답변하여야 한다.

제45조 각원은 의원의 자격을 심사하고 의사에 관한 규칙을 제정하고 의원의 징벌을 결정할 수 있다.
의원을 제명함에는 각원의 재적의원 3분지 2이상의 찬성이 있어야 한다.

제46조 ① 대통령, 헌법재판소심판관, 법관, 중앙선거위원회위원 심계원장, 기타 법률이 정하는 공무원이 그 직무수행에 관하여 헌법 또는 법률에 위배한 때에는 국회는 탄핵의 소추를 결의할 수 있다.
② 국회의 탄핵소추는 민의원의원 30인이상의 발의가 있어야 하며 그 결의는 양원에서 각각 그 재적의원 과반수의 찬성이 있어야 한다.

제47조 탄핵소추의 결의를 받은 자는 탄핵판결이 있을 때까지 그 권한행사가 정지된다.
탄핵판결은 공직으로부터 파면함에 그친다.
단, 이에 의하여 민사상이나 형사상의 책임이

면제되는 것은 아니다.

제48조 국회의원은 지방의회의 의원을 겸할 수 없다.

제49조 국회의원은 현행범을 제한 외에는 회기중 그 원의 동의없이 체포 또는 구금되지 아니하며 회기전에 체포 또는 구금되었을 때에는 그 원의 요구가 있으면 회기중 석방된다.

제50조 국회의원은 국회내에서 발표한 의견과 표결에 관하여 외부에 대하여 책임을 지지 아니한다.

제4장 대통령

제1절 삭제

제51조 대통령은 국가의 원수이며 국가를 대표한다.

제52조 대통령이 궐위되거나 사고로 인하여 직무를 수행할 수 없을 때에는 참의원의장, 민의원의장, 국무총리의 순위로 그 권한을 대행한다.

제53조 대통령은 양원합동회의에서 선거하고 재적국회의원 3분지 2이상의 투표를 얻어 당선된다.
1차투표에서 당선자가 없을 때에는 2차투표를 행하고 2차투표에서도 당선자가 없을 때에는 재적의원 3분지 2이상의 출석과 출석의원 과반수의 투표를 얻은 자를 당선자로 한다.
대통령은 정당에 가입할 수 없으며 대통령직외에 공직 또는 사직에 취임하거나 영업에 종사할 수 없다.

제54조 대통령은 취임에 제하여 양원합동회의에서 좌의 선서를 행한다.
「나는 국헌을 준수하며 국민의 복리를 증진하며 국가를 보위하여 대통령의 직무를 성실히 수행할 것을 국민에게 엄숙히 선서한다」

제55조 대통령의 임기는 5년으로 하고 재선에 의하여 1차에 한하여 중임할 수 있다.

제56조 대통령이 궐위된 때에는 즉시 그 후임자를 선거한다.
대통령의 임기가 만료되는 때에는 그 임기가 만료되기 전 30일까지에 그 후임자를 선거한다

제57조 내우, 외환, 천재, 지변 또는 중대한 재정, 경제상의 위기에 제하여 공공의 안녕질서를 유지하기 위하여 긴급한 조치를 할 필요가 있을 때에는 대통령은 국회의 집회를 기다릴 여유가 없는 때에 한하여 국무회의의 의결에 의하여 재정상 필요한 처분을 할 수 있다.
전항의 처분을 집행하기 위하여 필요한 때에는 국무총리는 법률의 효력을 가진 명령을 발할 수 있다.

제58조 제57조의 처분이나 명령은 지체없이 국회에 보고하여 그 승인을 얻어야 하며 민의원이 해산된 때에는 참의원의 승인을 얻어야 한다.
전항의 승인을 얻지 못한 때에는 처분이나 명령은 그때로부터 효력을 상실한다.

제59조 대통령은 국무회의의 의결에 의하여 조약을 비준하며 선전포고와 강화를 행하고 외교사절을 신임접수한다.

제60조 대통령은 국회에 출석하여 발언하거나 또는 서한으로 의견을 표시한다.

제61조 ① 대통령은 헌법과 법률의 정하는 바에 의하여 국군을 통수한다.
② 국군의 조직과 편성은 법률로써 정한다.

제62조 대통령은 헌법과 법률의 정하는 바에 의하여 공무원의 임면을 확인한다.

제63조 대통령은 국무회의의 의결에 의하여 사면, 감형과 복권을 명한다.
일반사면을 명함에는 국회의 동의를 얻어야 한다.
사면, 감형과 복권에 관하여 필요한 사항은 법률로써 정한다.

제64조 대통령은 국무회의의 의결에 의하여 계엄을 선포한다.
계엄의 선포가 부당하다고 인정될 때에는 대통령은 국무회의의 의결에 불구하고 그 선포를 거부할 수 있다.
계엄이 선포되었을 때에는 법률의 정하는 바에 의하여 국민의 권리와 행정기관이나 법원의 권한에 관하여 특별한 조치를 할 수 있다.

제65조 대통령은 국무회의의 의결에 의하여 훈장 기타 영예를 수여한다.

제66조 대통령의 국무에 관한 행위는 문서로 하여야 하며 모든 문서에는 국무총리와 관계 국무위원의 부서가 있어야 한다. 군사에 관한 것도 또한 같다.

제67조 대통령은 내란 또는 외환의 죄를 범한때 이외에는 재직중 형사상의 소추를 받지 아니한다.

제5장 정부

제1절 국무원

제68조 행정권은 국무원에 속한다.
국무원은 국무총리와 국무위원으로 조직한다.
국무원은 민의원에 대하여 연대책임을 진다.

제69조 국무총리는 대통령이 지명하여 민의원의 동의를 얻어야 한다. 단, 대통령이 민의원에서 동의를 얻지 못한 날로부터 5일 이내에 다시 지명하지 아니하거나 2차에 걸쳐 민의원이 대통령의 지명에 동의를 하지 아니한 때에는 국무총리는 민의원에서 이를 선거한다.
전항의 동의나 선거에는 민의원의원재적 과반수의 투표를 얻어야 한다.
대통령이 국무총리를 지명한 때에는 민의원은 그 지명을 받은 때로부터 24시간이후 48시간 이내에 동의에 대한 표결을 하여야 하며 제1항단서에 의하여 국무총리를 선거할 때에는 그 사유가 발생한 날로부터 5일이내에 선거를 하여야 한다.
대통령은 민의원의원총선거후 처음으로 민의원이 집회한 날로부터 5일이내에 국무총리를 지명하여야 한다.

국무위원은 국무총리가 임면하여 대통령이 이를 확인한다.
국무총리와 국무위원의 과반수는 국회의원이어야 한다. 단, 민의원이 해산된 때에는 예외로 한다.
국무위원의수는 8인이상 15인이내로 한다.
군인은 현역을 면한 후가 아니면 국무위원에 임명될 수 없다.

제70조 국무총리는 국무회의를 소집하고 의장이 된다.
국무총리는 법률에서 일정한 범위를 정하여 위임을 받은 사항과 법률을 실시하기 위하여 필요한 사항에 관하여 국무회의의 의결을 거쳐 국무원령을 발할 수 있다.
국무총리는 국무원을 대표하여 의안을 국회에 제출하고 행정각부를 지휘감독한다.
국무총리가 사고로 인하여 직무를 수행할 수 없을 때에는 법률의 정하는 순위에 따라 국무위원이 그 권한을 대행한다.

제70조의2 삭제

제71조 국무원은 민의원에서 국무원에 대한

불신임결의안을 가결한 때에는 10일이내에 민의원해산을 결의하지 않는 한 총사직하여야 한다.
국무원은 민의원이 조약비준에 대한 동의를 부결하거나 신연도 총예산안을 그 법정기일내에 의결하지 아니한 때에는 이를 국무원에 대한 불신임결의로 간주할 수 있다.
민의원의 국무원에 대한 불신임결의는 재적의원 과반수의 찬성을 얻어야 한다.
국무원에 대한 불신임결의안은 발의된 때로부터 24시간이후 72시간이내에 표결하여야 한다. 이 시간내에 표결되지 아니한 때에는 불신임결의안은 제출되지 아니한 것으로 간주한다.
국무원은 국무총리가 궐위되거나 민의원의원 총선거후 처음으로 민의원이 집회한 때에는 총사직하여야 한다.

제1항과 전항의 경우에 국무원은 후임 국무총리가 선임될때까지 계속하여 그 직무를 집행한다.

제72조 좌의 사항은 국무회의의 의결을 경하여야한다.

1. 국정의 기본적 계획과 정책
2. 조약안, 선전, 강화 기타 중요한 대외정책에 관한 사항
3. 헌법개정안, 법률안, 국무원령안
4. 예산안, 결산안, 재정상의 긴급처분안, 예비비지출에 관한 사항
5. 임시국회의 집회요구에 관한 사항
6. 계엄안, 해엄안
7. 군사에 관한 중요사항
8. 영예수여, 사면, 감형, 복권에 관한 사항
9. 행정각부간의 연락사항과 권한의 획정
10. 정부에 제출 또는 회부된 청원의 심사
11. 검찰총장, 심계원장, 국립대학총장, 대사, 공사,각군참모총장 기타 법률에 의하여 지정된 공무원과 중요 국영기업의 관리자의 임면에 관한 사항
12. 행정각부의 중요한 정책의 수립과 운영에 관한 사항
13. 민의원해산과 국무원총사직에 관한 사항
14. 정당해산에 관한 소추
15. 기타 국무총리 또는 국무위원이 제출하는 사항

제2절 행정각부

제73조 ① 행정각부의 장은 국무위원이어야 하며 국무총리가 임면한다.
② 삭제

제74조 행정각부장관은 그 담임한 직무에 관하여 직권 또는 특별한 위임에 의하여 부령을 발할 수 있다.

제75조 ① 행정각부의 조직과 직무범위는 법률로써 정한다.
② 전항의 법률에는 경찰의 중립을 보장하기에 필요한 기구에 관하여 규정을 두어야 한다.

제6장 중앙선거위원회

제75조의2 선거의 관리를 공정하게 하기 위하여 중앙선거위원회를 둔다.
중앙선거위원회는 대법관중에서 호선한 3인과 정당에서 추천한 6인의 위원으로 조직하고 위원장은 대법관인 위원중에서 호선한다.
중앙선거위원회의 조직, 권한 기타 필요한 사항은 법률로써 정한다.

제7장 법원

제76조 사법권은 법관으로써 조직된 법원이 행한다.
최고법원인 대법원과 하급법원의 조직은 법률로써 정한다.
법관의 자격은 법률로써 정한다.

제77조 법관은 헌법과 법률에 의하여 독립하여 심판한다.

제78조 대법원장과 대법관은 법관의 자격이 있는 자로써 조직되는 선거인단이 이를 선거하고 대통령이 확인한다.
전항의 선거인단의 정수, 조직과 선거에 관하여 필요한 사항은 법률로써 정한다.
제1항이외의 법관은 대법관회의의 결의에 따라 대법원장이 임명한다.

제79조 법관의 임기는 10년으로 하되 법률의 정하는 바에 의하여 연임할 수 있다.

제80조 법관은 탄핵, 형벌 또는 징계처분에 의하지 아니하고는 파면, 정직 또는 감봉되지 아니한다.

제81조 ① 대법원은 법률의 정하는 바에 의하여 명령규칙과 처분이 헌법과 법률에 위반되는 여부를 최종적으로 심사할 권한이 있다.
② 삭제
③ 삭제
④ 삭제
⑤ 삭제

제82조 대법원은 법원의 내부규율과 사무처리에 관한 규칙을 제정할 수 있다.

제83조 재판의 대심과 판결은 공개한다. 단, 안녕질서를 방해하거나 풍속을 해할 염려가 있는 때에는 법원의 결정으로써 공개를 아니할 수 있다.

제83조의2 군사재판을 관할하기 위하여 군법회의를 둘 수 있다. 단, 법률이 정하는 재판사항의 상고심은 대법원에서 관할한다.
군법회의의 조직, 권한과 심판관의 자격은 법률로써 정한다.

제8장 헌법재판소

제83조의3 헌법재판소는 다음 각호의 사항을 관장한다.

1. 법률의 위헌여부 심사
2. 헌법에 관한 최종적 해석
3. 국가기관간의 권한쟁의
4. 정당의 해산
5. 탄핵재판
6. 대통령, 대법원장과 대법관의 선거에 관한 소송

제83조의4 헌법재판소의 심판관은 9인으로 한다.
심판관은 대통령, 대법원, 참의원이 각 3인식 선임한다.
심판관의 임기는 6년으로 하고 2년마다 3인식 개임한다.
심판관은 정당에 가입하거나 정치에 관여할 수 없다.
법률의 위헌판결과 탄핵판결은 심판관 6인이상의 찬성이 있어야 한다.
헌법재판소의 조직, 심판관의 자격, 임명방법과 심판의 절차에 관하여 필요한 사항은 법률로써 정한다.

제9장 경제

제84조 대한민국의 경제질서는 모든 국민에게 생활의 기본적 수요를 충족할 수 있게 하는

사회정의의 실현과 균형있는 국민경제의 발전을 기함을 기본으로 삼는다. 각인의 경제상 자유는 이 한계내에서 보장된다.

제85조 광물 기타 중요한 지하자원, 수산자원, 수력과 경제상 이용할 수 있는 자연력은 법률이 정하는 바에 의하여 일정한 기간 그 채취, 개발 또는 이용을 특허할 수 있다.

제86조 농지는 농민에게 분배하며 그 분배의 방법, 소유의 한도, 소유권의 내용과 한계는 법률로써 정한다.

제87조 대외무역은 법률의 정하는 바에 의하여 국가의 통제하에 둔다.

제88조 국방상 또는 국민생활상 긴절한 필요로 인하여 법률로써 특히 규정한 경우를 제외하고는 사영기업을 국유 또는 공유로 이전하거나 그 경영을 통제 또는 관리할 수 없다.

제89조 제86조의 규정에 의하여 농지를 수용하거나 전조의 규정에 의하여 사영기업을 국유 또는 공유로 이전할 때에는 제15조제3항의 규정을 준용한다.

제10장 재정

제90조 조세의 종목과 세율은 법률로써 정한다.

제91조 정부는 국가의 총수입과 총지출을 회계연도마다 예산으로 편성하여 매년 국회의 정기회개회초에 국회에 제출하여 그 의결을 얻어야 한다.
특별히 계속지출의 필요가 있을 때에는 연한을 정하여 계속비로서 국회의 의결을 얻어야 한다.
국회는 정부의 동의없이는 정부가 제출한 지출결산 각항의 금액을 증가하거나 또는 신비목을 설치할 수 없다.

제92조 국채를 모집하거나 예산외의 국가의 부담이 될 계약을 함에는 국회의 의결을 얻어야 한다.

제93조 예측할 수 없는 예산외의 지출 또는 예산초과지출에 충당하기 위한 예비비는 미리 국회의 의결을 얻어야 한다.
예비비의 지출은 차기국회의 승인을 얻어야 한다.

제94조 국회는 회계연도가 개시되기까지에 예산을 의결하여야 한다.
국회가 전항의 기간내에 예산을 의결하지 아니한 때에는 정부는 국회에서 예산이 의결될 때까지 다음 각호의 경비를 전연도 예산에 준하여 세입의 범위내에서 지출할 수 있다.

1. 공무원의 봉급과 사무처리에 필요한 기본적 경비
2. 법률에 의하여 설치된 기관과 시설의 유지비와 법률상 지출의 의무있는 경비
3. 전연도 예산에서 승인된 계속사업비
   전항의 경우에 민의원의원총선거가 실시된 때에는 정부는 다시 예산안을 제출하여야 하며 국회는 민의원이 최초로 집회한 날로부터 2월이내에 예산을 심의결정하여야 한다. 이 경우에 제39조제2항단서의 기간은 10일로 한다.

제95조 국가의 수입지출의 결산은 매년 심계원에서 검사한다.
정부는 심계원의 검사보고와 함께 결산을 차연도의 국회에 제출하여야 한다.
심계원의 조직과 권한은 법률로써 정한다.

제11장 지방자치

제96조 지방자치단체는 법령의 범위내에서 그

자치에 관한 행정사무와 국가가 위임한 행정사무를 처리하며 재산을 관리한다.
지방자치단체는 법령의 범위내에서 자치에 관한 규정을 제정할 수 있다.

제97조 지방자치단체의 조직과 운영에 관한 사항은 법률로써 정한다.
지방자치단체의 장의 선임방법은 법률로써 정하되 적어도 시, 읍, 면의 장은 그 주민이 직접 이를 선거한다.
지방자치단체에는 각각 의회를 둔다.
지방의회의 조직, 권한과 의원의 선거는 법률로써 정한다.

제12장 헌법개정

제98조 ① 헌법개정의 제안은 대통령, 민의원 또는 참의원의 재적의원 3분지 1이상 또는 민의원의원선거권자 50만인이상의 찬성으로써 한다.
② 헌법개정의 제의는 대통령이 이를 공고하여야 한다.
③ 전항의 공고기간은 30일이상으로 한다.
④ 헌법개정의 의결은 양원에서 각각 그 재적의원 3분지 2이상의 찬성으로써 한다.
⑤ 헌법개정이 의결된 때에는 대통령은 즉시 공포한다. 단, 제7조의 2의 경우에 국민투표로써 헌법개정이 부결되었을 때에는 그 결과가 판명된 즉시 소급하여 효력을 상실한 뜻을 공포한다.
⑥ 제1조, 제2조와 제7조의 2의 규정은 개폐할 수 없다.

부칙 〈제5호, 1960.11.29.〉

이 헌법은 공포한 날로부터 시행한다.

대한민국헌법(제5차 개정헌법)

[시행 1963.12.17.]
[헌법 제6호, 1962.12.26., 전부개정]

유구한 역사와 전통에 빛나는 우리 대한국민은 3·1운동의 숭고한 독립정신을 계승하고 4·19의거와 5·16혁명의 이념에 입각하여 새로운 민주공화국을 건설함에 있어서, 정의·인도와 동포애로써 민족의 단결을 공고히 하며 모든 사회적 폐습을 타파하고 민주주의 제 제도를 확립하여 정치·경제·사회·문화의 모든 영역에 있어서 각인의 기회를 균등히 하고 의무를 완수하게 하여, 안으로는 국민생활의 균등한 향상을 기하고 밖으로는 항구적인 세계평화에 이바지함으로써 우리들과 우리들의 자손의 안전과 자유와 행복을 영원히 확보할 것을 다짐하여, 1948년 7월 12일에 제정된 헌법을 이제 국민투표에 의하여 개정한다.

제1장 총강

제1조 ① 대한민국은 민주공화국이다.
② 대한민국의 주권은 국민에게 있고, 모든 권력은 국민으로부터 나온다.

제2조 대한민국의 국민의 요건은 법률로 정한다.

제3조 대한민국의 영토는 한반도와 부속도서로 한다.

제4조 대한민국은 국제평화의 유지에 노력하고 침략적 전쟁을 부인한다.

제5조 ① 이 헌법에 의하여 체결·공포된 조약과 일반적으로 승인된 국제법규는 국내법과 같은 효력을 가진다.
② 외국인에 대하여는 국제법과 조약에 정한 바에 의하여 그 지위를 보장한다.

제6조 ① 공무원은 국민전체에 대한 봉사자이며, 국민에 대하여 책임을 진다.
② 공무원의 신분과 정치적 중립성은 법률이 정하는 바에 의하여 보장된다.

제7조 ① 정당의 설립은 자유이며, 복수정당제는 보장된다.
② 정당은 그 조직과 활동이 민주적이어야 하며, 국민의 정치적 의사형성에 참여하는데 필요한 조직을 가져야 한다.
③ 정당은 국가의 보호를 받는다. 다만, 정당의 목적이나 활동이 민주적 기본질서에 위배될 때에는 정부는 대법원에 그 해산을 제소할 수 있고, 정당은 대법원의 판결에 의하여 해산된다.

제2장 국민의 권리와 의무

제8조 모든 국민은 인간으로서의 존엄과 가치를 가지며, 이를 위하여 국가는 국민의 기본적 인권을 최대한으로 보장할 의무를 진다.

제9조 ① 모든 국민은 법 앞에 평등하다. 누구든지 성별·종교 또는 사회적 신분에 의하여 정치적·경제적·사회적·문화적 생활의 모든 영역에 있어서 차별을 받지 아니한다.
② 사회적 특수계급의 제도는 인정되지 아니하며, 어떠한 형태로도 이를 창설할 수 없다.
③ 훈장등의 영전은 이를 받은 자에게만 효력이 있고, 어떠한 특권도 이에 따르지 아니한다.

제10조 ① 모든 국민은 신체의 자유를 가진다. 누구든지 법률에 의하지 아니하고는 체포·구금·수색·압수·심문 또는 처벌을 받지 아니하며, 형의 선고에 의하지 아니하고는 강제노역을 당하지 아니한다.

② 모든 국민은 고문을 받지 아니하며, 형사상 자기에게 불리한 진술을 강요당하지 아니한다.
③ 체포·구금·수색·압수에는 검찰관의 신청에 의하여 법관이 발부한 영장을 제시하여야 한다. 다만, 현행범인인 경우와 장기 3년이상의 형에 해당하는 죄를 범하고 도피 또는 증거인멸의 염려가 있을 때에는 사후에 영장을 청구할 수 있다.
④ 누구든지 체포·구금을 받은 때에는 즉시 변호인의 조력을 받을 권리를 가진다. 다만, 법률이 정하는 경우에 형사피고인이 스스로 변호인을 구할 수 없을 때에는 국가가 변호인을 붙인다.
⑤ 누구든지 체포·구금을 받은 때에는 적부의 심사를 법원에 청구할 권리를 가진다. 사인으로부터 신체의 자유의 불법한 침해를 받은 때에도 법률이 정하는 바에 의하여 구제를 법원에 청구할 권리를 가진다.
⑥ 피고인의 자백이 고문·폭행·협박·구속의 부당한 장기화 또는 기망 기타의 방법에 의하여 자의로 진술된 것이 아니라고 인정될 때, 또는 피고인의 자백이 그에게 불리한 유일한 증거인 때에는, 이를 유죄의 증거로 삼거나 이를 이유로 처벌할 수 없다.

제11조 ① 모든 국민은 행위시의 법률에 의하여 범죄를 구성하지 아니하는 행위로 소추되지 아니하며, 동일한 범죄에 대하여 거듭 처벌받지 아니한다.
② 모든 국민은 소급입법에 의하여 참정권의 제한 또는 재산권의 박탈을 받지 아니한다.

제12조 모든 국민은 거주·이전의 자유를 가진다.

제13조 모든 국민은 직업선택의 자유를 가진다.

제14조 모든 국민은 주거의 침입을 받지 아니한다. 주거에 대한 수색이나 압수에는 법관의 영장을 제시하여야 한다.

제15조 모든 국민은 통신의 비밀을 침해받지 아니한다.

제16조 ① 모든 국민은 종교의 자유를 가진다.
② 국교는 인정되지 아니하며, 종교와 정치는 분리된다.

제17조 모든 국민은 양심의 자유를 가진다.

제18조 ① 모든 국민은 언론·출판의 자유와 집회·결사의 자유를 가진다.
② 언론·출판에 대한 허가나 검열과 집회·결사에 대한 허가는 인정되지 아니한다. 다만, 공중도덕과 사회윤리를 위하여는 영화나 연예에 대한 검열을 할 수 있다.
③ 신문이나 통신의 발행시설기준은 법률로 정할 수 있다.
④ 옥외집회에 대하여는 그 시간과 장소에 관한 규제를 법률로 정할 수 있다.
⑤ 언론·출판은 타인의 명예나 권리 또는 공중도덕이나 사회윤리를 침해하여서는 아니된다.

제19조 ① 모든 국민은 학문과 예술의 자유를 가진다.
② 저작자·발명가와 예술가의 권리는 법률로써 보호한다.

제20조 ① 모든 국민의 재산권은 보장된다. 그 내용과 한계는 법률로 정한다.
② 재산권의 행사는 공공복리에 적합하도록 하여야 한다.
③ 공공필요에 의한 재산권의 수용·사용 또는 제한은 법률로써 하되 정당한 보상을 지급하여야 한다.

제21조 모든 국민은 20세가 되면 법률이 정하는 바에 의하여 공무원선거권을 가진다.

제22조 모든 국민은 법률이 정하는 바에 의하여 공무담임권을 가진다.

제23조 ① 모든 국민은 법률이 정하는 바에 의하여 국가기관에 문서로 청원할 권리를 가진다.
② 국가는 청원에 대하여 심사할 의무를 진다.

제24조 ① 모든 국민은 헌법과 법률에 정한 법관에 의하여 법률에 의한 재판을 받을 권리를 가진다.
② 군인 또는 군속이 아닌 국민은 대한민국의 영역안에서는 군사에 관한 간첩죄의 경우와, 초병·초소·유해음식물공급·포로에 관한 죄중 법률에 정한 경우, 및 비상계엄이 선포된 경우를 제외하고는, 군법회의의 재판을 받지 아니한다.
③ 모든 국민은 신속한 재판을 받을 권리를 가진다. 형사피고인은 상당한 이유가 없는 한 지체없이 공개재판을 받을 권리를 가진다.

제25조 형사피고인으로서 구금되었던 자가 무죄판결을 받은 때에는 법률이 정하는 바에 의하여 국가에 보상을 청구할 수 있다.

제26조 공무원의 직무상 불법행위로 손해를 받은 국민은 국가 또는 공공단체에 배상을 청구할 수 있다. 그러나, 공무원 자신의 책임은 면제되지 아니한다.

제27조 ① 모든 국민은 능력에 따라 균등하게 교육을 받을 권리를 가진다.
② 모든 국민은 그 보호하는 어린이에게 초등교육을 받게 할 의무를 진다.
③ 의무교육은 무상으로 한다.
④ 교육의 자주성과 정치적 중립성은 보장되어야 한다.
⑤ 교육제도와 그 운영에 관한 기본적인 사항은 법률로 정한다.

제28조 ① 모든 국민은 근로의 권리를 가진다. 국가는 사회적·경제적 방법으로 근로자의 고용의 증진에 노력하여야 한다.
② 모든 국민은 근로의 의무를 진다. 국가는 근로의 의무의 내용과 조건을 민주주의원칙에 따라 법률로 정한다.
③ 근로조건의 기준은 법률로 정한다.
④ 여자와 소년의 근로는 특별한 보호를 받는다.

제29조 ① 근로자는 근로조건의 향상을 위하여 자주적인 단결권·단체교섭권 및 단체행동권을 가진다.
② 공무원인 근로자는 법률로 인정된 자를 제외하고는 단결권·단체교섭권 및 단체행동권을 가질 수 없다.

제30조 ① 모든 국민은 인간다운 생활을 할 권리를 가진다.
② 국가는 사회보장의 증진에 노력하여야 한다.
③ 생활능력이 없는 국민은 법률이 정하는 바에 의하여 국가의 보호를 받는다.

제31조 모든 국민은 혼인의 순결과 보건에 관하여 국가의 보호를 받는다.

제32조 ① 국민의 자유와 권리는 헌법에 열거되지 아니한 이유로 경시되지 아니한다.
② 국민의 모든 자유와 권리는 질서유지 또는 공공복리를 위하여 필요한 경우에 한하여 법률로써 제한할 수 있으며, 제한하는 경우에도 자유와 권리의 본질적인 내용을 침해할 수 없다.

제33조 모든 국민은 법률이 정하는 바에 의하여 납세의 의무를 진다.

제34조 모든 국민은 법률이 정하는 바에 의하여 국방의 의무를 진다.

제3장 통치기구

제1절 국회

제35조 입법권은 국회에 속한다.

제36조 ① 국회는 국민의 보통·평등·직접·비밀선거에 의하여 선출된 의원으로 구성한다.
② 국회의원의 수는 150인이상 200인이하의 범위안에서 법률로 정한다.
③ 국회의원 후보가 되려하는 자는 소속정당의 추천을 받아야 한다.
④ 국회의원의 선거에 관한 사항은 법률로 정한다.

제37조 국회의원의 임기는 4년으로 한다.

제38조 국회의원은 임기중 당적을 이탈하거나 변경한 때 또는 소속정당이 해산된 때에는 그 자격이 상실된다. 다만, 합당 또는 제명으로 소속이 달라지는 경우에는 예외로 한다.

제39조 국회의원은 대통령·국무총리·국무위원·지방의회의원 기타 법률이 정하는 공사의 직을 겸할 수 없다.

제40조 국회의원은 그 지위를 남용하여 국가·공공단체 또는 법률이 정하는 기업체와의 계약 또는 그 처분에 의하여 재산상의 권리나 이익 또는 직위를 취득하거나 타인을 위하여 그 취득을 알선할 수 없다.

제41조 ① 국회의원은 현행범인인 경우를 제외하고는 회기중 국회의 동의 없이 체포 또는 구금되지 아니한다.
② 국회의원이 회기전에 체포 또는 구금된 때에는 현행범인이 아닌 한 국회의 요구가 있으면 회기중 석방된다.

제42조 국회의원은 국회에서 직무상 행한 발언과 표결에 관하여 국회외에서 책임을 지지 아니한다.

제43조 ① 국회의 정기회는 법률이 정하는 바에 의하여 매년 1회 집회된다.
② 긴급한 필요가 있을 때에는 대통령 또는 국회재적의원 4분의 1이상의 요구에 의하여 국회의장은 국회의 임시회의 집회를 공고한다.
③ 정기회의 회기는 120일을, 임시회의 회기는 30일을 초과할 수 없다.

제44조 국회는 의장 1인과 부의장 2인을 선거한다.

제45조 국회는 헌법 또는 법률에 특별한 규정이 없는 한 그 재적의원 과반수의 출석과 출석의원 과반수의 찬성으로 의결한다. 가부동수인 때에는 부결된 것으로 본다.

제46조 국회의 회의는 공개한다. 다만, 출석의원 과반수의 찬성으로 공개하지 아니할 수 있다.

제47조 국회에 제출된 법률안 기타의 의안은 회기중에 의결되지 못한 이유로 폐기되지 아니한다. 다만, 국회의원의 임기가 만료된 때에는 예외로 한다.

제48조 국회의원과 정부는 법률안을 제출할 수 있다.

제49조 ① 국회에서 의결된 법률안은 정부에 이송되어 15일이내에 대통령이 공포한다.
② 법률안에 이의가 있을 때에는 대통령은 전항의 기간안에 이의서를 붙여 국회로 환부하고 그 재의를 요구할 수 있다. 국회의 폐회중에도 또한 같다.
③ 대통령은 법률안의 일부에 대하여, 또는 법률안을 수정하여 재의를 요구할 수 없다.
④ 재의의 요구가 있을 때에는 국회는 재의에 붙이고 재적의원 과반수의 출석과 출석의원 3

분의 2이상의 찬성으로 전과 같은 의결을 하면 그 법률안은 법률로서 확정된다.
⑤ 대통령이 제1항의 기간안에 공포나 재의의 요구를 하지 아니한 때에도 그 법률안은 법률로서 확정된다.
⑥ 대통령은 제4항과 제5항의 규정에 의하여 확정된 법률을 지체없이 공포하여야 한다. 전항에 의하여 법률이 확정된 후 또는 제4항에 의한 확정법률이 정부에 이송된 후 5일이내에 대통령이 공포하지 아니할 때에는 국회의장이 이를 공포한다.
⑦ 법률은 특별한 규정이 없는 한 공포한 날로부터 20일을 경과함으로써 효력을 발생한다.

제50조 ① 국회는 국가의 예산안을 심의·확정한다.
② 정부는 회계연도마다 예산안을 편성하여 회계연도 개시 120일전까지 국회에 제출하고, 국회는 회계연도 개시 30일전까지 이를 의결하여야 한다.
③ 전항의 기간안에 예산안이 의결되지 못한 때에는 정부는 국회에서 예산안이 의결될 때까지 다음 각호의 경비를 세입의 범위안에서 전연도 예산에 준하여 지출할 수 있다.

1. 공무원의 보수와 사무처리에 필요한 기본경비
2. 헌법이나 법률에 의하여 설치된 기관 또는 시설의 유지비와 법률상 지출의 의무가 있는 경비
3. 이미 예산상 승인된 계속비

제51조 ① 한 회계연도를 넘어 계속하여 지출할 필요가 있을 때에는 정부는 연한을 정하여 계속비로서 국회의 의결을 얻어야 한다.
② 예측할 수 없는 예산외의 지출 또는 예산초과지출에 충당하기 위한 예비비는 미리 국회의 의결을 얻어야 한다. 예비비의 지출은 차기국회의 승인을 얻어야 한다.

제52조 예산성립후에 생긴 사유로 인하여 예산에 변경을 가할 필요가 있을 때에는, 정부는 추가경정예산안을 편성하여 국회에 제출할 수 있다.

제53조 국회는 정부의 동의없이 정부가 제출한 지출예산 각항의 금액을 증가하거나 새 비목을 설치할 수 없다.

제54조 국채를 모집하거나 예산외에 국가의 부담이 될 계약을 체결하려 할 때에는, 정부는 미리 국회의 의결을 얻어야 한다.

제55조 조세의 종목과 세율은 법률로 정한다.

제56조 ① 국회는 상호원조 또는 안전보장에 관한 조약, 국제조직에 관한 조약, 통상조약, 어업조약, 강화조약, 국가나 국민에게 재정적 부담을 지우는 조약, 외국군대의 지위에 관한 조약 또는 입법사항에 관한 조약의 체결·비준에 대한 동의권을 가진다.
② 선전포고, 국군의 외국에의 파견 또는 외국군대의 대한민국영역안에서의 주류에 대하여도 국회는 동의권을 가진다.

제57조 국회는 국정을 감사하며, 이에 필요한 서류의 제출, 증인의 출석과 증언이나 의견의 진술을 요구할 수 있다. 다만, 재판과 진행중인 범죄수사·소추에 간섭할 수 없다.

제58조 국무총리·국무위원 또는 정부위원은 국회나 그 위원회에 출석하여 국정처리상황을 보고하거나 의견을 진술하고 질문에 응답할 수 있으며, 국회나 그 위원회 또는 국회의원 30인이상의 요구가 있을 때에는 출석·답변하여야 한다.

제59조 ① 국회는 국무총리 또는 국무위원의

해임을 대통령에게 건의할 수 있다.
② 전항의 건의는 재적의원 과반수의 찬성이 있어야 한다.
③ 제1항과 제2항에 의한 건의가 있을 때에는 대통령은 특별한 사유가 없는 한 이에 응하여야 한다.

제60조 ① 국회는 법률에 저촉되지 아니하는 범위안에서 의사와 내부규율에 관한 규칙을 제정할 수 있다.
② 국회는 의원의 자격을 심사하며 의원을 징계할 수 있다.
③ 의원을 제명하려면 재적의원 3분의 2이상의 찬성이 있어야 한다.
④ 제2항과 제3항의 처분에 대하여는 법원에 제소할 수 없다.

제61조 ① 대통령·국무총리·국무위원·행정각부의 장·법관·중앙선거관리위원회위원·감사위원 기타 법률에 정한 공무원이 그 직무집행에 있어서 헌법이나 법률을 위배한 때에는 국회는 탄핵의 소추를 의결할 수 있다.
② 전항의 탄핵소추는 국회의원 30인이상의 발의가 있어야 하며, 그 의결은 재적의원 과반수의 찬성이 있어야 한다.
③ 탄핵소추의 의결을 받은 자는 탄핵결정이 있을 때까지 그 권한행사가 정지된다.

제62조 ① 탄핵사건을 심판하기 위하여 탄핵심판위원회를 둔다.
② 탄핵심판위원회는 대법원장을 위원장으로 하고 대법원판사 3인과 국회의원 5인의 위원으로 구성한다. 다만, 대법원장을 심판할 경우에는 국회의장이 위원장이 된다.
③ 탄핵결정에는 구성원 6인이상의 찬성이 있어야 한다.
④ 탄핵결정은 공직으로부터 파면함에 그친다. 그러나, 이에 의하여 민사상이나 형사상의 책임이 면제되지는 아니한다.
⑤ 탄핵심판에 관한 사항은 법률로 정한다.

제2절 정부

제1관 대통령

제63조 ① 행정권은 대통령을 수반으로 하는 정부에 속한다.
② 대통령은 외국에 대하여 국가를 대표한다.

제64조 ① 대통령은 국민의 보통·평등·직접·비밀선거에 의하여 선출한다. 다만, 대통령이 궐위된 경우에 잔임 기간이 2년미만인 때에는 국회에서 선거한다.
② 대통령으로 선거될 수 있는 자는 국회의원의 피선거권이 있고 선거일 현재 계속하여 5년이상 국내에 거주하고 40세에 달하여야 한다. 이 경우에 공무로 외국에 파견된 기간은 국내 거주기간으로 본다.
③ 대통령후보가 되려 하는 자는 소속정당의 추천을 받아야 한다.
④ 대통령선거에 관한 사항은 법률로 정한다.

제65조 ① 국민이 대통령을 선거하는 경우에 최고득표자가 2인이상인 때에는 국회의 재적의원 과반수가 출석한 공개회의에서 다수표를 얻은 자를 당선자로 한다.
② 대통령 후보자가 1인일 때에는 그 득표수가 선거권자 총수의 3분의 1이상이 아니면 대통령으로 당선될 수 없다.

제66조 ① 국회가 대통령을 선거하는 경우에는 재적의원 3분의 2이상의 출석과 출석의원 3분의 2이상의 찬성을 얻은 자를 대통령 당선자로 한다.
② 전항의 득표자가 없는 때에는 2차 투표를 하고, 2차 투표에도 전항의 득표자가 없는 때

에는 최고득표자가 1인이면 최고득표자와 차점자에 대하여, 최고득표자가 2인이상이면 최고득표자에 대하여, 결선투표를 함으로써 다수득표자를 대통령 당선자로 한다.

제67조 ① 대통령의 임기가 만료되는 때에는 임기만료 70일 내지 40일전에 후임자를 선거한다.
② 대통령이 궐위된 때에는 즉시 후임자를 선거한다. 대통령 당선자가 사망하거나 판결 기타의 사유로 그 자격을 상실한 때에도 또한 같다.

제68조 ① 대통령은 취임에 즈음하여 다음의 선서를 한다.
"나는 국헌을 준수하고 국가를 보위하며 국민의 자유와 복리의 증진에 노력하여 대통령으로서의 직책을 성실히 수행할 것을 국민앞에 엄숙히 선서합니다."
② 전항의 선서에는 국회의원과 대법원의 법관이 참석한다.

제69조 ① 대통령의 임기는 4년으로 한다.
② 대통령이 궐위된 경우의 후임자는 전임자의 잔임기간 중 재임한다.
③ 대통령은 1차에 한하여 중임할 수 있다.

제70조 대통령이 궐위되거나 사고로 인하여 직무를 수행할 수 없을 때에는 국무총리, 법률에 정한 국무위원의 순위로 그 권한을 대행한다.

제71조 대통령은 조약을 체결·비준하고 외교사절을 신임접수 또는 파견하며 선전포고와 강화를 한다.

제72조 ① 대통령은 헌법과 법률이 정하는 바에 의하여 국군을 통수한다.
② 국군의 조직과 편성은 법률로 정한다.

제73조 ① 내우·외환·천재·지변 또는 중대한 재정·경제상의 위기에 있어서 공공의 안녕질서를 유지하기 위하여 긴급한 조치가 필요하고 국회의 집회를 기다릴 여유가 없을 때에 한하여, 대통령은 최소한으로 필요한 재정·경제상의 처분을 하거나 이에 관하여 법률의 효력을 가지는 명령을 발할 수 있다.
② 국가의 안위에 관계되는 중대한 교전상태에 있어서 국가를 보위하기 위하여 긴급한 조치가 필요하고 국회의 집회가 불가능한 때에 한하여, 대통령은 법률의 효력을 가지는 명령을 발할 수 있다.
③ 제1항과 제2항의 명령 또는 처분은 지체없이 국회에 보고하여 그 승인을 얻어야 한다.
④ 전항의 승인을 얻지 못한 때에는 그 명령 또는 처분은 그 때부터 효력을 상실한다. 다만, 그 명령에 의하여 개정 또는 폐지되었던 법률은 그 명령이 승인을 얻지 못한 때부터 당연히 효력을 회복한다.
⑤ 대통령은 제3항과 제4항의 사유를 지체없이 공포하여야 한다.

제74조 대통령은 법률에서 구체적으로 범위를 정하여 위임받은 사항과 법률을 집행하기 위하여 필요한 사항에 관하여 대통령령을 발할 수 있다.

제75조 ① 대통령은 전시·사변 또는 이에 준하는 국가비상사태에 있어서 병력으로써 군사상의 필요 또는 공공의 안녕질서를 유지할 필요가 있을 때에는 법률이 정하는 바에 의하여 계엄을 선포할 수 있다.
② 계엄은 비상계엄과 경비계엄으로 한다.
③ 계엄이 선포된 때에는 법률이 정하는 바에 의하여 영장제도, 언론·출판·집회·결사의 자유, 정부나 법원의 권한에 관하여 특별한 조치를 할 수 있다.
④ 계엄을 선포한 때에는 대통령은 지체없이

국회에 통고하여야 한다.
⑤ 국회가 계엄의 해제를 요구한 때에는 대통령은 이를 해제하여야 한다.

제76조 대통령은 헌법과 법률이 정하는 바에 의하여 공무원을 임명한다.

제77조 ① 대통령은 법률이 정하는 바에 의하여 사면·감형·복권을 명할 수 있다.
② 일반사면을 명하려면 국회의 동의를 얻어야 한다.
③ 사면·감형·복권에 관한 사항은 법률로 정한다.

제78조 대통령은 법률이 정하는 바에 의하여 훈장 기타의 영전을 수여한다.

제79조 대통령은 국회에 출석하여 발언하거나 서한으로 의견을 표시할 수 있다.

제80조 대통령의 국법상 행위는 문서로써 하며, 이 문서에는 국무총리와 관계국무위원이 부서한다. 군사에 관한 것도 또한 같다.

제81조 대통령은 국무총리·국무위원·행정각부의 장 기타 법률이 정하는 공사의 직을 겸하거나 영업에 종사할 수 없다.

제82조 대통령은 내란 또는 외환의 죄를 범한 경우를 제외하고는 재직중 형사상의 소추를 받지 아니한다.

제2관 국무회의

제83조 ① 국무회의는 정부의 권한에 속하는 중요한 정책을 심의한다.
② 국무회의는 대통령·국무총리와 10인이상 20인이하의 국무위원으로 구성한다.

제84조 ① 국무총리는 대통령이 임명하고, 국무위원은 국무총리의 제청으로 대통령이 임명한다.
② 군인은 현역을 면한 후가 아니면 국무총리 또는 국무위원으로 임명될 수 없다.
③ 국무총리는 국무위원의 해임을 대통령에게 건의할 수 있다.

제85조 ① 대통령은 국무회의의 의장이 된다.
② 국무총리는 대통령을 보좌하고 국무회의의 부의장이 된다.

제86조 다음 사항은 국무회의의 심의를 거쳐야 한다.

1. 국정의 기본적 계획과 정부의 일반정책
2. 선전·강화 기타 중요한 대외정책
3. 조약안·법률안과 대통령령안
4. 예산안·결산·국유재산처분의 기본계획, 국가의 부담이 될 계약 기타 재정에 관한 중요사항
5. 계엄과 해엄
6. 군사에 관한 중요사항
7. 국회의 임시회 집회의 요구
8. 영전수여
9. 사면·감형과 복권
10. 행정각부간의 권한의 획정
11. 정부안의 권한의 위임 또는 배정에 관한 기본계획
12. 국정처리 상황의 평가·분석
13. 행정각부의 중요한 정책의 수립과 조정
14. 정당해산의 제소
15. 정부에 제출 또는 회부된 정부의 정책에 관계되는 청원의 심사
16. 검찰총장·국립대학교총장·대사·각군참모총장·해병대사령관·공사 기타 법률에 정한 공무원과 중요한 국영기업체관리자의 임명
17. 기타 대통령·국무총리 또는 국무위원이

제출한 사항

제87조 ① 국가안전보장에 관련되는 대외정책·군사정책과 국내정책의 수립에 관하여 국무회의의 심의에 앞서 대통령의 자문에 응하기 위하여 국가안전보장회의를 둔다.
② 국가안전보장회의는 대통령이 주재한다.
③ 국가안전보장회의의 조직·직무범위 기타 필요한 사항은 법률로 정한다.

제3관 행정각부

제88조 행정각부의 장은 국무위원중에서 국무총리의 제청으로 대통령이 임명한다.

제89조 국무총리는 행정에 관하여 대통령의 명을 받아 행정각부를 통할한다.

제90조 국무총리 또는 행정각부의 장은 소관사무에 관하여 법률이나 대통령령의 위임 또는 직권으로 총리령 또는 부령을 발할 수 있다.

제91조 행정각부의 설치·조직과 직무범위는 법률로 정한다.

제4관 감사원

제92조 국가의 세입·세출의 결산, 국가 및 법률에 정한 단체의 회계 검사와 행정기관 및 공무원의 직무에 관한 감찰을 하기 위하여 대통령소속하에 감사원을 둔다.

제93조 ① 감사원은 원장을 포함한 5인이상 11인이하의 감사위원으로 구성한다.
② 원장은 국회의 동의를 얻어 대통령이 임명하며, 그 임기는 4년으로 하되 1차에 한하여 연임될 수 있다.
③ 원장이 궐위된 경우에 임명된 후임자의 임기는 전임자의 잔임기간으로 한다.
④ 감사위원은 원장의 제청으로 대통령이 임명하며, 그 임기는 4년으로 하되 법률이 정하는 바에 의하여 연임될 수 있다.

제94조 감사원은 세입·세출의 결산을 매년 검사하여 대통령과 차연도 국회에 그 결과를 보고하여야 한다.

제95조 감사원의 조직·직무범위·감사위원의 자격·감사대상공무원의 범위 기타 필요한 사항은 법률로 정한다.

제3절 법원

제96조 ① 사법권은 법관으로 조직된 법원에 속한다.
② 법원은 최고법원인 대법원과 각급법원으로 조직된다.
③ 법관의 자격은 법률로 정한다.

제97조 ① 대법원에 부를 둘 수 있다.
② 대법원의 법관의 수는 16인이하로 한다.
③ 대법원과 각급법원의 조직은 법률로 정한다.

제98조 법관은 이 헌법과 법률에 의하여 그 양심에 따라 독립하여 심판한다.

제99조 ① 대법원장인 법관은 법관추천회의의 제청에 의하여 대통령이 국회의 동의를 얻어 임명한다. 대통령은 법관추천회의의 제청이 있으면 국회에 동의를 요청하고, 국회의 동의를 얻으면 임명하여야 한다.
② 대법원판사인 법관은 대법원장이 법관추천회의의 동의를 얻어 제청하고 대통령이 임명한다. 이 경우에 제청이 있으면 대통령은 이를 임명하여야 한다.
③ 대법원장과 대법원판사가 아닌 법관은 대법원판사회의의 의결을 거쳐 대법원장이 임명

한다.
④ 법관추천회의는 법관 4인, 변호사 2인, 대통령이 지명하는 법률학교수 1인, 법무부장관과 검찰총장으로 구성한다.
⑤ 법관추천회의에 관하여 필요한 사항은 법률로 정한다.

제100조 ① 대법원장인 법관의 임기는 6년으로 하며 연임될 수 없다.
② 법관의 임기는 10년으로 하며 법률이 정하는 바에 의하여 연임될 수 있다.
③ 법관의 정년은 65세로 한다.

제101조 ① 법관은 탄핵 또는 형벌에 의하지 아니하고는 파면되지 아니하며, 징계처분에 의하지 아니하고는 정직·감봉 또는 불리한 처분을 받지 아니한다.
② 법관이 중대한 심신상의 장해로 직무를 수행할 수 없을 때에는 법률이 정하는 바에 의하여 퇴직하게 할 수 있다.

제102조 ① 법률이 헌법에 위반되는 여부가 재판의 전제가 된 때에는 대법원은 이를 최종적으로 심사할 권한을 가진다.
② 명령·규칙·처분이 헌법이나 법률에 위반되는 여부가 재판의 전제가 된 때에는 대법원은 이를 최종적으로 심사할 권한을 가진다.

제103조 정당해산을 명하는 판결은 대법원 법관 정수의 5분의 3이상의 찬성을 얻어야 한다.

제104조 대법원은 법률에 저촉되지 아니하는 범위안에서 소송에 관한 절차, 법원의 내부규율과 사무처리에 관한 규칙을 제정할 수 있다.

제105조 재판의 심리와 판결은 공개한다. 다만, 심리는 안녕질서를 방해하거나 선량한 풍속을 해할 염려가 있을 때에는 법원의 결정으로 공개하지 아니할 수 있다.

제106조 ① 군사재판을 관할하기 위하여 특별법원으로서 군법회의를 둘 수 있다.
② 군법회의의 상고심은 대법원에서 관할한다.
③ 비상계엄하의 군사재판은 군인·군속의 범죄나 군사에 관한 간첩죄의 경우와, 초병·초소·유해음식물공급·포로에 관한 죄 중 법률에 정한 경우에 한하여 단심으로 할 수 있다.

제4절 선거관리

제107조 ① 선거관리의 공정을 기하기 위하여 선거관리위원회를 둔다.
② 중앙선거관리위원회는 대통령이 임명하는 2인, 국회에서 선출하는 2인과 대법원 판사회의에서 선출하는 5인의 위원으로 구성한다. 위원장은 위원중에서 호선한다.
③ 위원의 임기는 5년으로 하며 연임될 수 있다.
④ 위원은 정당에 가입하거나 정치에 관여할 수 없다.
⑤ 위원은 탄핵 또는 형벌에 의하지 아니하고는 파면되지 아니한다.
⑥ 중앙선거관리위원회는 법령의 범위안에서 선거의 관리에 관한 규칙을 제정할 수 있다.
⑦ 각급선거관리위원회의 조직·직무범위 기타 필요한 사항은 법률로 정한다.

제108조 ① 선거운동은 각급선거관리위원회의 관리하에 법률에 정한 범위안에서 하되 균등한 기회가 보장되어야 한다.
② 선거에 관한 경비는 법률이 정하는 경우를 제외하고는 정당 또는 후보자에게 부담시킬 수 없다.

제5절 지방자치

제109조 ① 지방자치단체는 주민의 복리에

관한 사무를 처리하고 재산을 관리하며 법령의 범위안에서 자치에 관한 규정을 제정할 수 있다.
② 지방자치단체의 종류는 법률로 정한다.

제110조 ① 지방자치단체에는 의회를 둔다.
② 지방의회의 조직·권한·의원선거와 지방자치단체의 장의 선임방법 기타 지방자치단체의 조직과 운영에 관한 사항은 법률로 정한다.

제4장 경제

제111조 ① 대한민국의 경제질서는 개인의 경제상의 자유와 창의를 존중함을 기본으로 한다.
② 국가는 모든 국민에게 생활의 기본적 수요를 충족시키는 사회정의의 실현과 균형있는 국민경제의 발전을 위하여 필요한 범위안에서 경제에 관한 규제와 조정을 한다.

제112조 광물 기타 중요한 지하자원·수산자원·수력과 경제상 이용할 수 있는 자연력은 법률이 정하는 바에 의하여 일정한 기간 그 채취·개발 또는 이용을 특허할 수 있다.

제113조 농지의 소작제도는 법률이 정하는 바에 의하여 금지된다.

제114조 국가는 농지와 산지의 효율적 이용을 위하여 법률이 정하는 바에 의하여 그에 관한 필요한 제한과 의무를 과할 수 있다.

제115조 국가는 농민·어민과 중소기업자의 자조를 기반으로 하는 협동조합을 육성하고 그 정치적 중립성을 보장한다.

제116조 국가는 대외무역을 육성하며 이를 규제·조정할 수 있다.

제117조 국방상 또는 국민경제상 긴절한 필요로 인하여 법률에 정한 경우를 제외하고는, 사영기업을 국유 또는 공유로 이전하거나 그 경영을 통제 또는 관리할 수 없다.

제118조 ① 국민경제의 발전과 이를 위한 과학진흥에 관련되는 중요한 정책수립에 관하여 국무회의의 심의에 앞서 대통령의 자문에 응하기 위하여 경제·과학심의회의를 둔다.
② 경제·과학심의회의는 대통령이 주재한다.
③ 경제·과학심의회의의 조직·직무범위 기타 필요한 사항은 법률로 정한다.

제5장 헌법개정

제119조 ① 헌법개정의 제안은 국회의 재적의원 3분의 1이상 또는 국회의원선거권자 50만인이상의 찬성으로써 한다.
② 제안된 헌법개정안은 대통령이 30일이상의 기간 이를 공고하여야 한다.

제120조 ① 국회는 헌법개정안이 공고된 날로부터 60일이내에 이를 의결하여야 한다.
② 헌법개정안에 대한 국회의 의결은 재적의원 3분의 2이상의 찬성을 얻어야 한다.

제121조 ① 헌법개정안은 국회가 의결한 후 60일이내에 국민투표에 붙여 국회의원선거권자 과반수의 투표와 투표자 과반수의 찬성을 얻어야 한다.
② 헌법개정안이 전항의 찬성을 얻은 때에는 헌법개정은 확정되며 대통령은 즉시 이를 공포하여야 한다.

부칙 〈제6호, 1962.12.26.〉

제1조 ① 이 헌법은 이 헌법에 의한 국회가 처음으로 집회한 날로부터 시행한다. 다만, 이 헌법을 시행하기 위하여 필요한 법률의 제정과 이 헌법에 의한 대통령·국회의원의 선거

기타 준비는 이 헌법시행전에 할 수 있다.
② 국가재건비상조치법은 이 헌법의 시행과 동시에 그 효력을 상실한다.

제2조 이 헌법에 의한 최초의 대통령과 국회의원의 선거 및 최초의 국회의 집회는 이 헌법의 공포일로부터 1년이내에 한다. 이에 의하여 선거된 대통령과 국회의원의 임기는 최초의 국회의 집회일로부터 개시되고 1967년 6월 30일에 종료된다.

제3조 국가재건비상조치법에 의거한 법령과 조약은 이 헌법에 위배되지 아니하는 한 그 효력을 지속한다.

제4조 ① 특수범죄처벌에관한특별법·부정선거관련자처벌법·정치활동정화법 및 부정축재처리법과 이에 관련되는 법률은 그 효력을 지속하며 이에 대하여 이의를 할 수 없다.
② 정치활동정화법 및 부정축재처리법과 이에 관련되는 법률은 이를 개폐할 수 없다.

제5조 국가재건비상조치법 또는 이에 의거한 법령에 의하여 행하여진 재판·예산 또는 처분은 그 효력을 지속하며 이 헌법을 이유로 제소할 수 없다.

제6조 이 헌법시행당시의 공무원과 정부가 임명한 기업체의 임원은 이 헌법에 의하여 임명된 것으로 본다. 다만, 이 헌법에 의하여 선임방법이 변경된 공무원은 이 헌법에 의하여 후임자가 선임될 때까지 그 직무를 행한다.

제7조 ① 이 헌법시행당시에 이 헌법에 의하여 새로 설치될 기관의 권한에 속하는 직무를 행하고 있는 기관은 이 헌법에 의하여 새로운 기관이 설치될 때까지 계속하여 그 직무를 행한다.
② 이 헌법에 의하여 새로 설치되는 기관은 이 헌법시행후 1년이내에 구성되어야 한다.
③ 이 헌법에 의한 최초의 지방의회의 구성시기에 관하여는 법률로 정한다.

제8조 국토수복후의 국회의원의 수는 따로 법률로 정한다.

제9조 이 헌법시행당시의 대통령령·국무원령과 각령은 이 헌법에 의한 대통령령으로 본다.

대한민국헌법(제6차 개정헌법)

[시행 1969.10.21.] [헌법 제7호, 1969.10.21., 일부개정]

유구한 역사와 전통에 빛나는 우리 대한국민은 3·1운동의 숭고한 독립정신을 계승하고 4·19의거와 5·16혁명의 이념에 입각하여 새로운 민주공화국을 건설함에 있어서, 정의·인도와 동포애로써 민족의 단결을 공고히 하며 모든 사회적 폐습을 타파하고 민주주의 제 제도를 확립하여 정치·경제·사회·문화의 모든 영역에 있어서 각인의 기회를 균등히 하고 의무를 완수하게 하여, 안으로는 국민생활의 균등한 향상을 기하고 밖으로는 항구적인 세계평화에 이바지함으로써 우리들과 우리들의 자손의 안전과 자유와 행복을 영원히 확보할 것을 다짐하여, 1948년 7월 12일에 제정된 헌법을 이제 국민투표에 의하여 개정한다.

제1장 총강

제1조 ① 대한민국은 민주공화국이다.
② 대한민국의 주권은 국민에게 있고, 모든 권력은 국민으로부터 나온다.

제2조 대한민국의 국민의 요건은 법률로 정한다.

제3조 대한민국의 영토는 한반도와 부속도서로 한다.

제4조 대한민국은 국제평화의 유지에 노력하고 침략적 전쟁을 부인한다.

제5조 ① 이 헌법에 의하여 체결·공포된 조약과 일반적으로 승인된 국제법규는 국내법과 같은 효력을 가진다.
② 외국인에 대하여는 국제법과 조약에 정한 바에 의하여 그 지위를 보장한다.

제6조 ① 공무원은 국민전체에 대한 봉사자이며, 국민에 대하여 책임을 진다.
② 공무원의 신분과 정치적 중립성은 법률이 정하는 바에 의하여 보장된다.

제7조 ① 정당의 설립은 자유이며, 복수정당제는 보장된다.
② 정당은 그 조직과 활동이 민주적이어야 하며, 국민의 정치적 의사형성에 참여하는데 필요한 조직을 가져야 한다.
③ 정당은 국가의 보호를 받는다. 다만, 정당의 목적이나 활동이 민주적 기본질서에 위배될 때에는 정부는 대법원에 그 해산을 제소할 수 있고, 정당은 대법원의 판결에 의하여 해산된다.

제2장 국민의 권리와 의무

제8조 모든 국민은 인간으로서의 존엄과 가치를 가지며, 이를 위하여 국가는 국민의 기본적 인권을 최대한으로 보장할 의무를 진다.

제9조 ① 모든 국민은 법 앞에 평등하다. 누구든지 성별·종교 또는 사회적 신분에 의하여 정치적·경제적·사회적·문화적 생활의 모든 영역에 있어서 차별을 받지 아니한다.
② 사회적 특수계급의 제도는 인정되지 아니하며, 어떠한 형태로도 이를 창설할 수 없다.
③ 훈장등의 영전은 이를 받은 자에게만 효력이 있고, 어떠한 특권도 이에 따르지 아니한다.

제10조 ① 모든 국민은 신체의 자유를 가진다. 누구든지 법률에 의하지 아니하고는 체포·구금·수색·압수·심문 또는 처벌을 받지 아니하며, 형의 선고에 의하지 아니하고는 강제노역을 당하지 아니한다.

② 모든 국민은 고문을 받지 아니하며, 형사상 자기에게 불리한 진술을 강요당하지 아니한다.
③ 체포·구금·수색·압수에는 검찰관의 신청에 의하여 법관이 발부한 영장을 제시하여야 한다. 다만, 현행범인인 경우와 장기 3년이상의 형에 해당하는 죄를 범하고 도피 또는 증거인멸의 염려가 있을 때에는 사후에 영장을 청구할 수 있다.
④ 누구든지 체포·구금을 받은 때에는 즉시 변호인의 조력을 받을 권리를 가진다. 다만, 법률이 정하는 경우에 형사피고인이 스스로 변호인을 구할 수 없을 때에는 국가가 변호인을 붙인다.
⑤ 누구든지 체포·구금을 받은 때에는 적부의 심사를 법원에 청구할 권리를 가진다. 사인으로부터 신체의 자유의 불법한 침해를 받은 때에도 법률이 정하는 바에 의하여 구제를 법원에 청구할 권리를 가진다.
⑥ 피고인의 자백이 고문·폭행·협박·구속의 부당한 장기화 또는 기망 기타의 방법에 의하여 자의로 진술된 것이 아니라고 인정될 때, 또는 피고인의 자백이 그에게 불리한 유일한 증거인 때에는, 이를 유죄의 증거로 삼거나 이를 이유로 처벌할 수 없다.

제11조 ① 모든 국민은 행위시의 법률에 의하여 범죄를 구성하지 아니하는 행위로 소추되지 아니하며, 동일한 범죄에 대하여 거듭 처벌받지 아니한다.
② 모든 국민은 소급입법에 의하여 참정권의 제한 또는 재산권의 박탈을 받지 아니한다.

제12조 모든 국민은 거주·이전의 자유를 가진다.

제13조 모든 국민은 직업선택의 자유를 가진다.

제14조 모든 국민은 주거의 침입을 받지 아니한다. 주거에 대한 수색이나 압수에는 법관의 영장을 제시하여야 한다.

제15조 모든 국민은 통신의 비밀을 침해받지 아니한다.

제16조 ① 모든 국민은 종교의 자유를 가진다.
② 국교는 인정되지 아니하며, 종교와 정치는 분리된다.

제17조 모든 국민은 양심의 자유를 가진다.

제18조 ① 모든 국민은 언론·출판의 자유와 집회·결사의 자유를 가진다.
② 언론·출판에 대한 허가나 검열과 집회·결사에 대한 허가는 인정되지 아니한다. 다만, 공중도덕과 사회윤리를 위하여는 영화나 연예에 대한 검열을 할 수 있다.
③ 신문이나 통신의 발행시설기준은 법률로 정할 수 있다.
④ 옥외집회에 대하여는 그 시간과 장소에 관한 규제를 법률로 정할 수 있다.
⑤ 언론·출판은 타인의 명예나 권리 또는 공중도덕이나 사회윤리를 침해하여서는 아니된다.

제19조 ① 모든 국민은 학문과 예술의 자유를 가진다.
② 저작자·발명가와 예술가의 권리는 법률로써 보호한다.

제20조 ① 모든 국민의 재산권은 보장된다. 그 내용과 한계는 법률로 정한다.
② 재산권의 행사는 공공복리에 적합하도록 하여야 한다.
③ 공공필요에 의한 재산권의 수용·사용 또는 제한은 법률로써 하되 정당한 보상을 지급하여야 한다.

제21조 모든 국민은 20세가 되면 법률이 정하는 바에 의하여 공무원선거권을 가진다.

제22조 모든 국민은 법률이 정하는 바에 의하여 공무담임권을 가진다.

제23조 ① 모든 국민은 법률이 정하는 바에 의하여 국가기관에 문서로 청원할 권리를 가진다.
② 국가는 청원에 대하여 심사할 의무를 진다.

제24조 ① 모든 국민은 헌법과 법률에 정한 법관에 의하여 법률에 의한 재판을 받을 권리를 가진다.
② 군인 또는 군속이 아닌 국민은 대한민국의 영역안에서는 군사에 관한 간첩죄의 경우와, 초병·초소·유해음식물공급·포로에 관한 죄중 법률에 정한 경우, 및 비상계엄이 선포된 경우를 제외하고는, 군법회의의 재판을 받지 아니한다.
③ 모든 국민은 신속한 재판을 받을 권리를 가진다. 형사피고인은 상당한 이유가 없는 한 지체없이 공개재판을 받을 권리를 가진다.

제25조 형사피고인으로서 구금되었던 자가 무죄판결을 받은 때에는 법률이 정하는 바에 의하여 국가에 보상을 청구할 수 있다.

제26조 공무원의 직무상 불법행위로 손해를 받은 국민은 국가 또는 공공단체에 배상을 청구할 수 있다. 그러나, 공무원 자신의 책임은 면제되지 아니한다.

제27조 ① 모든 국민은 능력에 따라 균등하게 교육을 받을 권리를 가진다.
② 모든 국민은 그 보호하는 어린이에게 초등교육을 받게 할 의무를 진다.
③ 의무교육은 무상으로 한다.
④ 교육의 자주성과 정치적 중립성은 보장되어야 한다.
⑤ 교육제도와 그 운영에 관한 기본적인 사항은 법률로 정한다.

제28조 ① 모든 국민은 근로의 권리를 가진다. 국가는 사회적·경제적 방법으로 근로자의 고용의 증진에 노력하여야 한다.
② 모든 국민은 근로의 의무를 진다. 국가는 근로의 의무의 내용과 조건을 민주주의원칙에 따라 법률로 정한다.
③ 근로조건의 기준은 법률로 정한다.
④ 여자와 소년의 근로는 특별한 보호를 받는다.

제29조 ① 근로자는 근로조건의 향상을 위하여 자주적인 단결권·단체교섭권 및 단체행동권을 가진다.
② 공무원인 근로자는 법률로 인정된 자를 제외하고는 단결권·단체교섭권 및 단체행동권을 가질 수 없다.

제30조 ① 모든 국민은 인간다운 생활을 할 권리를 가진다.
② 국가는 사회보장의 증진에 노력하여야 한다.
③ 생활능력이 없는 국민은 법률이 정하는 바에 의하여 국가의 보호를 받는다.

제31조 모든 국민은 혼인의 순결과 보건에 관하여 국가의 보호를 받는다.

제32조 ① 국민의 자유와 권리는 헌법에 열거되지 아니한 이유로 경시되지 아니한다.
② 국민의 모든 자유와 권리는 질서유지 또는 공공복리를 위하여 필요한 경우에 한하여 법률로써 제한할 수 있으며, 제한하는 경우에도 자유와 권리의 본질적인 내용을 침해할 수 없다.

제33조 모든 국민은 법률이 정하는 바에 의하여 납세의 의무를 진다.

제34조 모든 국민은 법률이 정하는 바에 의하여 국방의 의무를 진다.

제3장 통치기구

제1절 국회

제35조 입법권은 국회에 속한다.

제36조 ① 국회는 국민의 보통·평등·직접·비밀선거에 의하여 선출된 의원으로 구성한다.
② 국회의원의 수는 150인이상 250인이하의 범위안에서 법률로 정한다.〈개정 1969.10. 21.〉
③ 국회의원 후보가 되려하는 자는 소속정당의 추천을 받아야 한다.
④ 국회의원의 선거에 관한 사항은 법률로 정한다.

제37조 국회의원의 임기는 4년으로 한다.

제38조 국회의원은 임기중 당적을 이탈하거나 변경한 때 또는 소속정당이 해산된 때에는 그 자격이 상실된다. 다만, 합당 또는 제명으로 소속이 달라지는 경우에는 예외로 한다.

제39조 국회의원은 법률이 정하는 공사의 직을 겸할 수 없다.

[전문개정 1969.10.21.]

제40조 국회의원은 그 지위를 남용하여 국가·공공단체 또는 법률이 정하는 기업체와의 계약 또는 그 처분에 의하여 재산상의 권리나 이익 또는 직위를 취득하거나 타인을 위하여 그 취득을 알선할 수 없다.

제41조 ① 국회의원은 현행범인인 경우를 제외하고는 회기중 국회의 동의 없이 체포 또는 구금되지 아니한다.
② 국회의원이 회기전에 체포 또는 구금된 때에는 현행범인이 아닌 한 국회의 요구가 있으면 회기중 석방된다.

제42조 국회의원은 국회에서 직무상 행한 발언과 표결에 관하여 국회외에서 책임을 지지 아니한다.

제43조 ① 국회의 정기회는 법률이 정하는 바에 의하여 매년 1회 집회된다.
② 긴급한 필요가 있을 때에는 대통령 또는 국회재적의원 4분의 1이상의 요구에 의하여 국회의장은 국회의 임시회의 집회를 공고한다.
③ 정기회의 회기는 120일을, 임시회의 회기는 30일을 초과할 수 없다.

제44조 국회는 의장 1인과 부의장 2인을 선거한다.

제45조 국회는 헌법 또는 법률에 특별한 규정이 없는 한 그 재적의원 과반수의 출석과 출석의원 과반수의 찬성으로 의결한다. 가부동수인 때에는 부결된 것으로 본다.

제46조 국회의 회의는 공개한다. 다만, 출석의원 과반수의 찬성으로 공개하지 아니할 수 있다.

제47조 국회에 제출된 법률안 기타의 의안은 회기중에 의결되지 못한 이유로 폐기되지 아니한다. 다만, 국회의원의 임기가 만료된 때에는 예외로 한다.

제48조 국회의원과 정부는 법률안을 제출할 수 있다.

제49조 ① 국회에서 의결된 법률안은 정부에 이송되어 15일이내에 대통령이 공포한다.
② 법률안에 이의가 있을 때에는 대통령은 전항의 기간안에 이의서를 붙여 국회로 환부하고 그 재의를 요구할 수 있다. 국회의 폐회중에도 또한 같다.
③ 대통령은 법률안의 일부에 대하여, 또는 법률안을 수정하여 재의를 요구할 수 없다.

④ 재의의 요구가 있을 때에는 국회는 재의에 붙이고 재적의원 과반수의 출석과 출석의원 3분의 2이상의 찬성으로 전과 같은 의결을 하면 그 법률안은 법률로서 확정된다.
⑤ 대통령이 제1항의 기간안에 공포나 재의의 요구를 하지 아니한 때에도 그 법률안은 법률로서 확정된다.
⑥ 대통령은 제4항과 제5항의 규정에 의하여 확정된 법률을 지체없이 공포하여야 한다. 전항에 의하여 법률이 확정된 후 또는 제4항에 의한 확정법률이 정부에 이송된 후 5일이내에 대통령이 공포하지 아니할 때에는 국회의장이 이를 공포한다.
⑦ 법률은 특별한 규정이 없는 한 공포한 날로부터 20일을 경과함으로써 효력을 발생한다.

제50조 ① 국회는 국가의 예산안을 심의·확정한다.
② 정부는 회계연도마다 예산안을 편성하여 회계연도 개시 120일전까지 국회에 제출하고, 국회는 회계연도 개시 30일전까지 이를 의결하여야 한다.
③ 전항의 기간안에 예산안이 의결되지 못한 때에는 정부는 국회에서 예산안이 의결될 때까지 다음 각호의 경비를 세입의 범위안에서 전연도 예산에 준하여 지출할 수 있다.

1. 공무원의 보수와 사무처리에 필요한 기본경비
2. 헌법이나 법률에 의하여 설치된 기관 또는 시설의 유지비와 법률상 지출의 의무가 있는 경비
3. 이미 예산상 승인된 계속비

제51조 ① 한 회계연도를 넘어 계속하여 지출할 필요가 있을 때에는 정부는 연한을 정하여 계속비로서 국회의 의결을 얻어야 한다.
② 예측할 수 없는 예산외의 지출 또는 예산초과지출에 충당하기 위한 예비비는 미리 국회의 의결을 얻어야 한다. 예비비의 지출은 차기국회의 승인을 얻어야 한다.

제52조 예산성립후에 생긴 사유로 인하여 예산에 변경을 가할 필요가 있을 때에는, 정부는 추가경정예산안을 편성하여 국회에 제출할 수 있다.

제53조 국회는 정부의 동의없이 정부가 제출한 지출예산 각항의 금액을 증가하거나 새 비목을 설치할 수 없다.

제54조 국채를 모집하거나 예산외에 국가의 부담이 될 계약을 체결하려 할 때에는, 정부는 미리 국회의 의결을 얻어야 한다.

제55조 조세의 종목과 세율은 법률로 정한다.

제56조 ① 국회는 상호원조 또는 안전보장에 관한 조약, 국제조직에 관한 조약, 통상조약, 어업조약, 강화조약, 국가나 국민에게 재정적 부담을 지우는 조약, 외국군대의 지위에 관한 조약 또는 입법사항에 관한 조약의 체결·비준에 대한 동의권을 가진다.
② 선전포고, 국군의 외국에의 파견 또는 외국군대의 대한민국영역안에서의 주류에 대하여도 국회는 동의권을 가진다.

제57조 국회는 국정을 감사하며, 이에 필요한 서류의 제출, 증인의 출석과 증언이나 의견의 진술을 요구할 수 있다. 다만, 재판과 진행중인 범죄수사·소추에 간섭할 수 없다.

제58조 국무총리·국무위원 또는 정부위원은 국회나 그 위원회에 출석하여 국정처리상황을 보고하거나 의견을 진술하고 질문에 응답할 수 있으며, 국회나 그 위원회 또는 국회의원 30인이상의 요구가 있을 때에는 출석·답변하여야 한다.

제59조 ① 국회는 국무총리 또는 국무위원의 해임을 대통령에게 건의할 수 있다.
② 전항의 건의는 재적의원 과반수의 찬성이 있어야 한다.
③ 제1항과 제2항에 의한 건의가 있을 때에는 대통령은 특별한 사유가 없는 한 이에 응하여야 한다.

제60조 ① 국회는 법률에 저촉되지 아니하는 범위안에서 의사와 내부규율에 관한 규칙을 제정할 수 있다.
② 국회는 의원의 자격을 심사하며 의원을 징계할 수 있다.
③ 의원을 제명하려면 재적의원 3분의 2이상의 찬성이 있어야 한다.
④ 제2항과 제3항의 처분에 대하여는 법원에 제소할 수 없다.

제61조 ① 대통령·국무총리·국무위원·행정각부의장·법관·중앙선거관리위원회위원·감사위원 기타 법률에 정한 공무원이 그 직무집행에 있어서 헌법이나 법률을 위배한 때에는 국회는 탄핵의 소추를 의결할 수 있다.
② 전항의 탄핵소추는 국회의원 30인이상의 발의가 있어야 하며, 그 의결은 재적의원 과반수의 찬성이 있어야 한다. 다만, 대통령에 대한 탄핵소추는 국회의원 50인이상의 발의와 재적의원 3분의 2이상의 찬성이 있어야 한다.〈개정 1969.10.21.〉
③ 탄핵소추의 의결을 받은 자는 탄핵결정이 있을 때까지 그 권한행사가 정지된다.

제62조 ① 탄핵사건을 심판하기 위하여 탄핵심판위원회를 둔다.
② 탄핵심판위원회는 대법원장을 위원장으로 하고 대법원판사 3인과 국회의원 5인의 위원으로 구성한다. 다만, 대법원장을 심판할 경우에는 국회의장이 위원장이 된다.
③ 탄핵결정에는 구성원 6인이상의 찬성이 있어야 한다.
④ 탄핵결정은 공직으로부터 파면함에 그친다. 그러나, 이에 의하여 민사상이나 형사상의 책임이 면제되지는 아니한다.
⑤ 탄핵심판에 관한 사항은 법률로 정한다.

제2절 정부

제1관 대통령

제63조 ① 행정권은 대통령을 수반으로 하는 정부에 속한다.
② 대통령은 외국에 대하여 국가를 대표한다.

제64조 ① 대통령은 국민의 보통·평등·직접·비밀선거에 의하여 선출한다. 다만, 대통령이 궐위된 경우에 잔임 기간이 2년미만인 때에는 국회에서 선거한다.
② 대통령으로 선거될 수 있는 자는 국회의원의 피선거권이 있고 선거일 현재 계속하여 5년이상 국내에 거주하고 40세에 달하여야 한다. 이 경우에 공무로 외국에 파견된 기간은 국내 거주기간으로 본다.
③ 대통령후보가 되려 하는 자는 소속정당의 추천을 받아야 한다.
④ 대통령선거에 관한 사항은 법률로 정한다.

제65조 ① 국민이 대통령을 선거하는 경우에 최고득표자가 2인이상인 때에는 국회의 재적의원 과반수가 출석한 공개회의에서 다수표를 얻은 자를 당선자로 한다.
② 대통령 후보자가 1인일 때에는 그 득표수가 선거권자 총수의 3분의 1이상이 아니면 대통령으로 당선될 수 없다.

제66조 ① 국회가 대통령을 선거하는 경우에는 재적의원 3분의 2이상의 출석과 출석의원

3분의 2이상의 찬성을 얻은 자를 대통령 당선자로 한다.
② 전항의 득표자가 없는 때에는 2차 투표를 하고, 2차 투표에도 전항의 득표자가 없는 때에는 최고득표자가 1인이면 최고득표자와 차점자에 대하여, 최고득표자가 2인이상이면 최고득표자에 대하여, 결선투표를 함으로써 다수득표자를 대통령 당선자로 한다.

제67조 ① 대통령의 임기가 만료되는 때에는 임기만료 70일 내지 40일전에 후임자를 선거한다.
② 대통령이 궐위된 때에는 즉시 후임자를 선거한다. 대통령 당선자가 사망하거나 판결 기타의 사유로 그 자격을 상실한 때에도 또한 같다.

제68조 ① 대통령은 취임에 즈음하여 다음의 선서를 한다.
"나는 국헌을 준수하고 국가를 보위하며 국민의 자유와 복리의 증진에 노력하여 대통령으로서의 직책을 성실히 수행할 것을 국민앞에 엄숙히 선서합니다."
② 전항의 선서에는 국회의원과 대법원의 법관이 참석한다.

제69조 ① 대통령의 임기는 4년으로 한다.
② 대통령이 궐위된 경우의 후임자는 전임자의 잔임기간중 재임한다.
③ 대통령의 계속 재임은 3기에 한한다.

제70조 대통령이 궐위되거나 사고로 인하여 직무를 수행할 수 없을 때에는 국무총리, 법률에 정한 국무위원의 순위로 그 권한을 대행한다.

제71조 대통령은 조약을 체결·비준하고 외교사절을 신임접수 또는 파견하며 선전포고와 강화를 한다.

제72조 ① 대통령은 헌법과 법률이 정하는 바에 의하여 국군을 통수한다.
② 국군의 조직과 편성은 법률로 정한다.

제73조 ① 내우·외환·천재·지변 또는 중대한 재정·경제상의 위기에 있어서 공공의 안녕질서를 유지하기 위하여 긴급한 조치가 필요하고 국회의 집회를 기다릴 여유가 없을 때에 한하여, 대통령은 최소한으로 필요한 재정·경제상의 처분을 하거나 이에 관하여 법률의 효력을 가지는 명령을 발할 수 있다.
② 국가의 안위에 관계되는 중대한 교전상태에 있어서 국가를 보위하기 위하여 긴급한 조치가 필요하고 국회의 집회가 불가능한 때에 한하여, 대통령은 법률의 효력을 가지는 명령을 발할 수 있다.
③ 제1항과 제2항의 명령 또는 처분은 지체없이 국회에 보고하여 그 승인을 얻어야 한다.
④ 전항의 승인을 얻지 못한 때에는 그 명령 또는 처분은 그 때부터 효력을 상실한다. 다만, 그 명령에 의하여 개정 또는 폐지되었던 법률은 그 명령이 승인을 얻지 못한 때부터 당연히 효력을 회복한다.
⑤ 대통령은 제3항과 제4항의 사유를 지체없이 공포하여야 한다.

제74조 대통령은 법률에서 구체적으로 범위를 정하여 위임받은 사항과 법률을 집행하기 위하여 필요한 사항에 관하여 대통령령을 발할 수 있다.

제75조 ① 대통령은 전시·사변 또는 이에 준하는 국가비상사태에 있어서 병력으로써 군사상의 필요 또는 공공의 안녕질서를 유지할 필요가 있을 때에는 법률이 정하는 바에 의하여 계엄을 선포할 수 있다.
② 계엄은 비상계엄과 경비계엄으로 한다.
③ 계엄이 선포된 때에는 법률이 정하는 바에

의하여 영장제도, 언론·출판·집회·결사의 자유, 정부나 법원의 권한에 관하여 특별한 조치를 할 수 있다.
④ 계엄을 선포한 때에는 대통령은 지체없이 국회에 통고하여야 한다.
⑤ 국회가 계엄의 해제를 요구한 때에는 대통령은 이를 해제하여야 한다.

제76조 대통령은 헌법과 법률이 정하는 바에 의하여 공무원을 임명한다.

제77조 ① 대통령은 법률이 정하는 바에 의하여 사면·감형·복권을 명할 수 있다.
② 일반사면을 명하려면 국회의 동의를 얻어야 한다.
③ 사면·감형·복권에 관한 사항은 법률로 정한다.

제78조 대통령은 법률이 정하는 바에 의하여 훈장 기타의 영전을 수여한다.

제79조 대통령은 국회에 출석하여 발언하거나 서한으로 의견을 표시할 수 있다.

제80조 대통령의 국법상 행위는 문서로써 하며, 이 문서에는 국무총리와 관계국무위원이 부서한다. 군사에 관한 것도 또한 같다.

제81조 대통령은 국무총리·국무위원·행정각부의 장 기타 법률이 정하는 공사의 직을 겸하거나 영업에 종사할 수 없다.

제82조 대통령은 내란 또는 외환의 죄를 범한 경우를 제외하고는 재직중 형사상의 소추를 받지 아니한다.

제2관 국무회의

제83조 ① 국무회의는 정부의 권한에 속하는 중요한 정책을 심의한다.
② 국무회의는 대통령·국무총리와 10인이상 20인이하의 국무위원으로 구성한다.

제84조 ① 국무총리는 대통령이 임명하고, 국무위원은 국무총리의 제청으로 대통령이 임명한다.
② 군인은 현역을 면한 후가 아니면 국무총리 또는 국무위원으로 임명될 수 없다.
③ 국무총리는 국무위원의 해임을 대통령에게 건의할 수 있다.

제85조 ① 대통령은 국무회의의 의장이 된다.
② 국무총리는 대통령을 보좌하고 국무회의의 부의장이 된다.

제86조 다음 사항은 국무회의의 심의를 거쳐야 한다.

1. 국정의 기본적 계획과 정부의 일반정책
2. 선전·강화 기타 중요한 대외정책
3. 조약안·법률안과 대통령령안
4. 예산안·결산·국유재산처분의 기본계획, 국가의 부담이 될 계약 기타 재정에 관한 중요사항
5. 계엄과 해엄
6. 군사에 관한 중요사항
7. 국회의 임시회 집회의 요구
8. 영전수여
9. 사면·감형과 복권
10. 행정각부간의 권한의 획정
11. 정부안의 권한의 위임 또는 배정에 관한 기본계획
12. 국정처리 상황의 평가·분석
13. 행정각부의 중요한 정책의 수립과 조정
14. 정당해산의 제소
15. 정부에 제출 또는 회부된 정부의 정책에 관계되는 청원의 심사
16. 검찰총장·국립대학교총장·대사·각군참모총장·해병대사령관·공사 기타 법률에

정한 공무원과 중요한 국영기업체관리자의 임명

17. 기타 대통령·국무총리 또는 국무위원이 제출한 사항

제87조 ① 국가안전보장에 관련되는 대외정책·군사정책과 국내정책의 수립에 관하여 국무회의의 심의에 앞서 대통령의 자문에 응하기 위하여 국가안전보장회의를 둔다.
② 국가안전보장회의는 대통령이 주재한다.
③ 국가안전보장회의의 조직·직무범위 기타 필요한 사항은 법률로 정한다.

제3관 행정각부

제88조 행정각부의 장은 국무위원중에서 국무총리의 제청으로 대통령이 임명한다.

제89조 국무총리는 행정에 관하여 대통령의 명을 받아 행정각부를 통할한다.

제90조 국무총리 또는 행정각부의 장은 소관사무에 관하여 법률이나 대통령령의 위임 또는 직권으로 총리령 또는 부령을 발할 수 있다.

제91조 행정각부의 설치·조직과 직무범위는 법률로 정한다.

제4관 감사원

제92조 국가의 세입·세출의 결산, 국가 및 법률에 정한 단체의 회계 검사와 행정기관 및 공무원의 직무에 관한 감찰을 하기 위하여 대통령소속하에 감사원을 둔다.

제93조 ① 감사원은 원장을 포함한 5인이상 11인이하의 감사위원으로 구성한다.
② 원장은 국회의 동의를 얻어 대통령이 임명하며, 그 임기는 4년으로 하되 1차에 한하여 연임될 수 있다.
③ 원장이 궐위된 경우에 임명된 후임자의 임기는 전임자의 잔임기간으로 한다.
④ 감사위원은 원장의 제청으로 대통령이 임명하며, 그 임기는 4년으로 하되 법률이 정하는 바에 의하여 연임될 수 있다.

제94조 감사원은 세입·세출의 결산을 매년 검사하여 대통령과 차연도 국회에 그 결과를 보고하여야 한다.

제95조 감사원의 조직·직무범위·감사위원의 자격·감사대상공무원의 범위 기타 필요한 사항은 법률로 정한다.

제3절 법원

제96조 ① 사법권은 법관으로 구성된 법원에 속한다.
② 법원은 최고법원인 대법원과 각급법원으로 조직된다.
③ 법관의 자격은 법률로 정한다.

제97조 ① 대법원에 부를 둘 수 있다.
② 대법원의 법관의 수는 16인이하로 한다.
③ 대법원과 각급법원의 조직은 법률로 정한다.

제98조 법관은 이 헌법과 법률에 의하여 그 양심에 따라 독립하여 심판한다.

제99조 ① 대법원장인 법관은 법관추천회의의 제청에 의하여 대통령이 국회의 동의를 얻어 임명한다. 대통령은 법관추천회의의 제청이 있으면 국회에 동의를 요청하고, 국회의 동의를 얻으면 임명하여야 한다.
② 대법원판사인 법관은 대법원장이 법관추천회의의 동의를 얻어 제청하고 대통령이 임명한다. 이 경우에 제청이 있으면 대통령은 이

를 임명하여야 한다.
③ 대법원장과 대법원판사가 아닌 법관은 대법원판사회의의 의결을 거쳐 대법원장이 임명한다.
④ 법관추천회의는 법관 4인, 변호사 2인, 대통령이 지명하는 법률학교수 1인, 법무부장관과 검찰총장으로 구성한다.
⑤ 법관추천회의에 관하여 필요한 사항은 법률로 정한다.

제100조 ① 대법원장인 법관의 임기는 6년으로 하며 연임될 수 없다.
② 법관의 임기는 10년으로 하며 법률이 정하는 바에 의하여 연임될 수 있다.
③ 법관의 정년은 65세로 한다.

제101조 ① 법관은 탄핵 또는 형벌에 의하지 아니하고는 파면되지 아니하며, 징계처분에 의하지 아니하고는 정직·감봉 또는 불리한 처분을 받지 아니한다.
② 관이 중대한 심신상의 장해로 직무를 수행할 수 없을 때에는 법률이 정하는 바에 의하여 퇴직하게 할 수 있다.

제102조 ① 법률이 헌법에 위반되는 여부가 재판의 전제가 된 때에는 대법원은 이를 최종적으로 심사할 권한을 가진다.
② 명령·규칙·처분이 헌법이나 법률에 위반되는 여부가 재판의 전제가 된 때에는 대법원은 이를 최종적으로 심사할 권한을 가진다.

제103조 정당해산을 명하는 판결은 대법원법관 정수의 5분의 3이상의 찬성을 얻어야 한다.

제104조 대법원은 법률에 저촉되지 아니하는 범위안에서 소송에 관한 절차, 법원의 내부규율과 사무처리에 관한 규칙을 제정할 수 있다.

제105조 재판의 심리와 판결은 공개한다. 다만, 심리는 안녕질서를 방해하거나 선량한 풍속을 해할 염려가 있을 때에는 법원의 결정으로 공개하지 아니할 수 있다.

제106조 ① 군사재판을 관할하기 위하여 특별법원으로서 군법회의를 둘 수 있다.
② 군법회의의 상고심은 대법원에서 관할한다.
③ 비상계엄하의 군사재판은 군인·군속의 범죄나 군사에 관한 간첩죄의 경우와, 초병·초소·유해음식물공급·포로에 관한 죄중 법률에 정한 경우에 한하여 단심으로 할 수 있다.

제4절 선거관리

제107조 ① 선거관리의 공정을 기하기 위하여 선거관리위원회를 둔다.
② 중앙선거관리위원회는 대통령이 임명하는 2인, 국회에서 선출하는 2인과 대법원 판사회의에서 선출하는 5인의 위원으로 구성한다. 위원장은 위원중에서 호선한다.
③ 위원의 임기는 5년으로 하며 연임될 수 있다.
④ 위원은 정당에 가입하거나 정치에 관여할 수 없다.
⑤ 위원은 탄핵 또는 형벌에 의하지 아니하고는 파면되지 아니한다.
⑥ 중앙선거관리위원회는 법령의 범위안에서 선거의 관리에 관한 규칙을 제정할 수 있다.
⑦ 각급선거관리위원회의 조직·직무범위 기타 필요한 사항은 법률로 정한다.

제108조 ① 선거운동은 각급선거관리위원회의 관리하에 법률에 정한 범위안에서 하되 균등한 기회가 보장되어야 한다.
② 선거에 관한 경비는 법률이 정하는 경우를 제외하고는 정당 또는 후보자에게 부담시킬 수 없다.

제5절 지방자치

제109조 ① 지방자치단체는 주민의 복리에 관한 사무를 처리하고 재산을 관리하며 법령의 범위안에서 자치에 관한 규정을 제정할 수 있다.
② 지방자치단체의 종류는 법률로 정한다.

제110조 ① 지방자치단체에는 의회를 둔다.
② 지방의회의 조직·권한·의원선거와 지방자치단체의 장의 선임방법 기타 지방자치단체의 조직과 운영에 관한 사항은 법률로 정한다.

제4장 경제

제111조 ① 대한민국의 경제질서는 개인의 경제상의 자유와 창의를 존중함을 기본으로 한다.
② 국가는 모든 국민에게 생활의 기본적 수요를 충족시키는 사회정의의 실현과 균형있는 국민경제의 발전을 위하여 필요한 범위안에서 경제에 관한 규제와 조정을 한다.

제112조 광물 기타 중요한 지하자원·수산자원·수력과 경제상 이용할 수 있는 자연력은 법률이 정하는 바에 의하여 일정한 기간 그 채취·개발 또는 이용을 특허할 수 있다.

제113조 농지의 소작제도는 법률이 정하는 바에 의하여 금지된다.

제114조 국가는 농지와 산지의 효율적 이용을 위하여 법률이 정하는 바에 의하여 그에 관한 필요한 제한과 의무를 과할 수 있다.

제115조 국가는 농민·어민과 중소기업자의 자조를 기반으로 하는 협동조합을 육성하고 그 정치적 중립성을 보장한다.

제116조 국가는 대외무역을 육성하며 이를 규제·조정할 수 있다.

제117조 국방상 또는 국민경제상 긴절한 필요로 인하여 법률에 정한 경우를 제외하고는, 사영기업을 국유 또는 공유로 이전하거나 그 경영을 통제 또는 관리할 수 없다.

제118조 ① 국민경제의 발전과 이를 위한 과학진흥에 관련되는 중요한 정책수립에 관하여 국무회의의 심의에 앞서 대통령의 자문에 응하기 위하여 경제·과학심의회의를 둔다.
② 경제·과학심의회의는 대통령이 주재한다.
③ 경제·과학심의회의의 조직·직무범위 기타 필요한 사항은 법률로 정한다.

제5장 헌법개정

제119조 ① 헌법개정의 제안은 국회의 재적의원 3분의 1이상 또는 국회의원선거권자 50만인이상의 찬성으로써 한다.
② 제안된 헌법개정안은 대통령이 30일이상의 기간 이를 공고하여야 한다.

제120조 ① 국회는 헌법개정안이 공고된 날로부터 60일이내에 이를 의결하여야 한다.
② 헌법개정안에 대한 국회의 의결은 재적의원 3분의 2이상의 찬성을 얻어야 한다.

제121조 ① 헌법개정안은 국회가 의결한 후 60일이내에 국민투표에 붙여 국회의원선거권자 과반수의 투표와 투표자 과반수의 찬성을 얻어야 한다.
② 헌법개정안이 전항의 찬성을 얻은 때에는 헌법개정은 확정되며 대통령은 즉시 이를 공포하여야 한다.

부칙 〈제7호, 1969.10.21.〉

이 헌법은 공포한 날로부터 시행한다.

대한민국헌법(제7차 개정헌법)

[시행 1972.12.27.]
[헌법 제8호, 1972.12.27., 전부개정]

유구한 역사와 전통에 빛나는 우리 대한국민은 3·1운동의 숭고한 독립정신과 4·19의거 및 5·16혁명의 이념을 계승하고 조국의 평화적 통일의 역사적 사명에 입각하여 자유민주적 기본질서를 더욱 공고히 하는 새로운 민주공화국을 건설함에 있어서, 정치·경제·사회·문화의 모든 영역에 있어서 각인의 기회를 균등히 하고 능력을 최고도로 발휘하게 하며 책임과 의무를 완수하게 하여, 안으로는 국민생활의 균등한 향상을 기하고 밖으로는 항구적인 세계평화에 이바지함으로써 우리들과 우리들의 자손의 안전과 자유와 행복을 영원히 확보할 것을 다짐하면서, 1948년 7월 12일에 제정되고 1962년 12월 26일에 개정된 헌법을 이제 국민투표에 의하여 개정한다.

제1장 총강

제1조 ① 대한민국은 민주공화국이다.
② 대한민국의 주권은 국민에게 있고, 국민은 그 대표자나 국민투표에 의하여 주권을 행사한다.

제2조 대한민국의 국민의 요건은 법률로 정한다.

제3조 대한민국의 영토는 한반도와 부속도서로 한다.

제4조 대한민국은 국제평화의 유지에 노력하고 침략적 전쟁을 부인한다.

제5조 ① 이 헌법에 의하여 체결·공포된 조약과 일반적으로 승인된 국제법규는 국내법과 같은 효력을 가진다.
② 외국인에 대하여는 국제법과 조약에 정한 바에 의하여 그 지위를 보장한다.

제6조 ① 공무원은 국민전체에 대한 봉사자이며, 국민에 대하여 책임을 진다.
② 공무원의 신분과 정치적 중립성은 법률이 정하는 바에 의하여 보장된다.

제7조 ① 정당의 설립은 자유이며, 복수정당제는 보장된다.
② 정당은 그 조직과 활동이 민주적이어야 하며, 국민의 정치적 의사형성에 참여 하는데 필요한 조직을 가져야 한다.
③ 정당은 법률이 정하는 바에 의하여 국가의 보호를 받는다. 다만, 정당의 목적이나 활동이 민주적 기본질서에 위배되거나 국가의 존립에 위해가 될 때에는 정부는 헌법위원회에 그 해산을 제소할 수 있고, 정당은 헌법위원회의 결정에 의하여 해산된다.

제2장 국민의 권리와 의무

제8조 모든 국민은 인간으로서의 존엄과 가치를 가지며, 이를 위하여 국가는 국민의 기본적 인권을 최대한으로 보장할 의무를 진다.

제9조 ① 모든 국민은 법 앞에 평등하다. 누구든지 성별·종교 또는 사회적 신분에 의하여 정치적·경제적·사회적·문화적 생활의 모든 영역에 있어서 차별을 받지 아니한다.
② 사회적 특수계급의 제도는 인정되지 아니하며, 어떠한 형태로도 이를 창설할 수 없다.
③ 훈장 등의 영전은 이를 받은 자에게만 효력이 있고, 어떠한 특권도 이에 따르지 아니한다.

제10조 ① 모든 국민은 신체의 자유를 가진다. 누구든지 법률에 의하지 아니하고는 체

포·구금·압수·수색·심문·처벌·강제노역과 보안처분을 받지 아니한다.
② 모든 국민은 고문을 받지 아니하며, 형사상 자기에게 불리한 진술을 강요당하지 아니한다.
③ 체포·구금·압수·수색에는 검사의 요구에 의하여 법관이 발부한 영장을 제시하여야 한다. 다만, 현행범인인 경우와 죄를 범하고 도피 또는 증거인멸의 염려가 있을 때에는 사후에 영장을 요구할 수 있다.
④ 누구든지 체포·구금을 받은 때에는 즉시 변호인의 조력을 받을 권리를 가진다. 다만, 법률이 정하는 경우에 형사피고인이 스스로 변호인을 구할 수 없을 때에는 국가가 변호인을 붙인다.

제11조 ① 모든 국민은 행위시의 법률에 의하여 범죄를 구성하지 아니하는 행위로 소추되지 아니하며, 동일한 범죄에 대하여 거듭 처벌받지 아니한다.
② 모든 국민은 소급입법에 의하여 참정권의 제한 또는 재산권의 박탈을 받지 아니한다.

제12조 모든 국민은 법률에 의하지 아니하고는 거주·이전의 자유를 제한받지 아니한다.

제13조 모든 국민은 법률에 의하지 아니하고는 직업선택의 자유를 제한받지 아니한다.

제14조 모든 국민은 법률에 의하지 아니하고는 주거의 자유를 침해받지 아니한다. 주거에 대한 압수나 수색에는 검사의 요구에 의하여 법관이 발부한 영장을 제시하여야 한다.

제15조 모든 국민은 법률에 의하지 아니하고는 통신의 비밀을 침해받지 아니한다.

제16조 ① 모든 국민은 종교의 자유를 가진다.
② 국교는 인정하지 아니하며, 종교와 정치는 분리된다.

제17조 모든 국민은 양심의 자유를 가진다.

제18조 모든 국민은 법률에 의하지 아니하고는 언론·출판·집회·결사의 자유를 제한받지 아니한다.

제19조 ① 모든 국민은 학문과 예술의 자유를 가진다.
② 저작자·발명가와 예술가의 권리는 법률로써 보호한다.

제20조 ① 모든 국민의 재산권은 보장된다. 그 내용과 한계는 법률로 정한다.
② 재산권의 행사는 공공복리에 적합하도록 하여야 한다.
③ 공공필요에 의한 재산권의 수용·사용 또는 제한 및 그 보상의 기준과 방법은 법률로 정한다.

제21조 모든 국민은 20세가 되면 법률이 정하는 바에 의하여 선거권을 가진다.

제22조 모든 국민은 법률이 정하는 바에 의하여 공무담임권을 가진다.

제23조 ① 모든 국민은 법률이 정하는 바에 의하여 국가기관에 문서로 청원할 권리를 가진다.
② 국가는 청원에 대하여 심사할 의무를 진다.

제24조 ① 모든 국민은 헌법과 법률에 정한 법관에 의하여 법률에 의한 재판을 받을 권리를 가진다.
② 군인 또는 군속이 아닌 국민은 대한민국의 영역안에서는 군사에 관한 간첩죄의 경우와, 초병·초소·유해음식물공급·포로에 관한 죄중 법률에 정한 경우 및 비상계엄이 선포되거나 대통령이 법원의 권한에 관하여 긴급조치를 한 경우를 제외하고는 군법회의의 재판을 받지 아니한다.

③ 모든 국민은 신속한 재판을 받을 권리를 가진다. 형사피고인은 상당한 이유가 없는 한 지체없이 공개재판을 받을 권리를 가진다.

제25조 형사피고인으로서 구금되었던 자가 무죄판결을 받은 때에는 법률이 정하는 바에 의하여 국가에 보상을 청구할 수 있다.

제26조 ① 공무원의 직무상 불법행위로 손해를 받은 국민은 법률이 정하는 바에 의하여 국가 또는 공공단체에 배상을 청구할 수 있다. 그러나, 공무원 자신의 책임은 면제되지 아니한다.
② 군인·군속·경찰공무원 기타 법률로 정한 자가 전투·훈련등 직무집행과 관련하여 받은 손해에 대하여는 법률이 정한 보상 이외에 국가나 공공단체에 공무원의 직무상 불법행위로 인한 배상은 청구할 수 없다.

제27조 ① 모든 국민은 능력에 따라 균등하게 교육을 받을 권리를 가진다.
② 모든 국민은 그 보호하는 자녀에게 적어도 초등교육과 법률이 정하는 교육을 받게 할 의무를 진다.
③ 의무교육은 무상으로 한다.
④ 교육의 자주성과 정치적 중립성은 보장되어야 한다.
⑤ 교육제도와 그 운영에 관한 기본적인 사항은 법률로 정한다.

제28조 ① 모든 국민은 근로의 권리를 가진다. 국가는 사회적·경제적 방법으로 근로자의 고용의 증진에 노력하여야 한다.
② 모든 국민은 근로의 의무를 진다. 국가는 근로의 의무의 내용과 조건을 민주주의원칙에 따라 법률로 정한다.
③ 근로조건의 기준은 법률로 정한다.
④ 여자와 소년의 근로는 특별한 보호를 받는다.

제29조 ① 근로자의 단결권·단체교섭권 및 단체행동권은 법률이 정하는 범위안에서 보장된다.
② 공무원인 근로자는 법률로 인정된 자를 제외하고는 단결권·단체교섭권 또는 단체행동권을 가질 수 없다.
③ 공무원과 국가·지방자치단체·국영기업체·공익사업체 또는 국민경제에 중대한 영향을 미치는 사업체에 종사하는 근로자의 단체행동권은 법률이 정하는 바에 의하여 이를 제한하거나 인정하지 아니할 수 있다.

제30조 ① 모든 국민은 인간다운 생활을 할 권리를 가진다.
② 국가는 사회보장의 증진에 노력하여야 한다.
③ 생활능력이 없는 국민은 법률이 정하는 바에 의하여 국가의 보호를 받는다.

제31조 모든 국민은 혼인의 순결과 보건에 관하여 국가의 보호를 받는다.

제32조 ① 국민의 자유와 권리는 헌법에 열거되지 아니한 이유로 경시되지 아니한다.
② 국민의 자유와 권리를 제한하는 법률의 제정은 국가안전보장·질서유지 또는 공공복리를 위하여 필요한 경우에 한한다.

제33조 모든 국민은 법률이 정하는 바에 의하여 납세의 의무를 진다.

제34조 모든 국민은 법률이 정하는 바에 의하여 국방의 의무를 진다.

제3장 통일주체국민회의

제35조 통일주체국민회의는 조국의 평화적 통일을 추진하기 위한 온 국민의 총의에 의한 국민적 조직체로서 조국통일의 신성한 사명을 가진 국민의 주권적 수임기관이다.

제36조 ① 통일주체국민회의는 국민의 직접선거에 의하여 선출된 대의원으로 구성한다.
② 통일주체국민회의 대의원의 수는 2,000인 이상 5,000인이하의 범위안에서 법률로 정한다.
③ 대통령은 통일주체국민회의의 의장이 된다.
④ 통일주체국민회의 대의원의 선거에 관한 사항은 법률로 정한다.

제37조 ① 통일주체국민회의 대의원으로 선거될 수 있는 자는 국회의원의 피선거권이 있고 선거일 현재 30세에 달한 자로서 조국의 평화적 통일을 위하여 국민주권을 성실히 행사할 수 있는 자라야 한다.
② 통일주체국민회의 대의원으로 선거될 수 있는 자의 자격에 관하여는 법률로 정한다.
③ 통일주체국민회의 대의원은 정당에 가입할 수 없으며, 국회의원과 법률이 정하는 공직을 겸할 수 없다.
④ 통일주체국민회의 대의원의 임기는 6년으로 한다.

제38조 ① 대통령은 통일에 관한 중요정책을 결정하거나 변경함에 있어서, 국론통일을 위하여 필요하다고 인정할 때에는 통일주체국민회의의 심의에 붙일 수 있다.
② 제1항의 경우에 통일주체국민회의에서 재적대의원 과반수의 찬성을 얻은 통일정책은 국민의 총의로 본다.

제39조 ① 대통령은 통일주체국민회의에서 토론없이 무기명투표로 선거한다.
② 통일주체국민회의에서 재적대의원 과반수의 찬성을 얻은 자를 대통령당선자로 한다.
③ 제2항의 득표자가 없는 때에는 2차 투표를 하고, 2차 투표에도 제2항의 득표자가 없는 때에는 최고득표자가 1인이면 최고득표자와 차점자에 대하여, 최고득표자가 2인이상이면 최고득표자에 대하여, 결선투표를 함으로써 다수득표자를 대통령당선자로 한다.

제40조 ① 통일주체국민회의는 국회의원 정수의 3분의 1에 해당하는 수의 국회의원을 선거한다.
② 제1항의 국회의원의 후보자는 대통령이 일괄 추천하며, 후보자 전체에 대한 찬반을 투표에 붙여 재적대의원 과반수의 출석과 출석대의원 과반수의 찬성으로 당선을 결정한다.
③ 제2항의 찬성을 얻지 못한 때에는 대통령은 당선의 결정이 있을 때까지 계속하여 후보자의 전부 또는 일부를 변경한 후보자명부를 다시 작성하여 통일주체국민회의에 제출하고 그 선거를 요구하여야 한다.
④ 대통령이 제2항의 후보자를 추천하는 경우에, 통일주체국민회의에서 선거할 국회의원 정수의 5분의 1의 범위안에서 순위를 정한 예비후보자명부를 제출하여 제2항의 의결을 얻으면, 예비후보자는 명부에 기재된 순위에 따라 궐위된 통일주체국민회의선출 국회의원의 직을 승계한다.

제41조 ① 통일주체국민회의는 국회가 발의·의결한 헌법개정안을 최종적으로 의결·확정한다.
② 제1항의 의결은 재적대의원 과반수의 찬성을 얻어야 한다.

제42조 통일주체국민회의의 조직·운영 기타 필요한 사항은 법률로 정한다.

제4장 대통령

제43조 ① 대통령은 국가의 원수이며, 외국에 대하여 국가를 대표한다.
② 대통령은 국가의 독립·영토의 보전·국가의 계속성과 헌법을 수호할 책무를 진다.
③ 대통령은 조국의 평화적 통일을 위한 성실

한 의무를 진다.
④ 행정권은 대통령을 수반으로 하는 정부에 속한다.

제44조 대통령으로 선거될 수 있는 자는 국회의원의 피선거권이 있고 선거일 현재 계속하여 5년이상 국내에 거주하고 40세에 달하여야 한다. 이 경우에 공무로 외국에 파견된 기간은 국내거주기간으로 본다.

제45조 ① 대통령의 임기가 만료되는 때에는 통일주체국민회의는 늦어도 임기만료 30일전에 후임자를 선거한다.
② 대통령이 궐위된 때에는 통일주체국민회의는 3월이내에 후임자를 선거한다. 다만, 잔임기간이 1년미만인 때에는 후임자를 선거하지 아니한다.
③ 대통령이 궐위된 경우의 후임자는 전임자의 잔임기간중 재임한다.

제46조 대통령은 취임에 즈음하여 다음의 선서를 한다.
"나는 국헌을 준수하고 국가를 보위하며 국민의 자유와 복리의 증진에 노력하고 조국의 평화적 통일을 위하여 대통령으로서의 직책을 성실히 수행할 것을 국민앞에 엄숙히 선서합니다."

제47조 대통령의 임기는 6년으로 한다.

제48조 대통령이 궐위되거나 사고로 인하여 직무를 수행할 수 없을 때에는 국무총리, 법률에 정한 국무위원의 순위로 그 권한을 대행한다.

제49조 대통령은 필요하다고 인정할 때에는 국가의 중요한 정책을 국민투표에 붙일 수 있다.

제50조 대통령은 조약을 체결·비준하고 외교사절을 신임·접수 또는 파견하며 선전포고와 강화를 한다.

제51조 ① 대통령은 헌법과 법률이 정하는 바에 의하여 국군을 통수한다.
② 국군의 조직과 편성은 법률로 정한다.

제52조 대통령은 법률에서 구체적으로 범위를 정하여 위임받은 사항과 법률을 집행하기 위하여 필요한 사항에 관하여 대통령령을 발할 수 있다.

제53조 ① 대통령은 천재·지변 또는 중대한 재정·경제상의 위기에 처하거나, 국가의 안전보장 또는 공공의 안녕질서가 중대한 위협을 받거나 받을 우려가 있어, 신속한 조치를 할 필요가 있다고 판단할 때에는 내정·외교·국방·경제·재정·사법등 국정전반에 걸쳐 필요한 긴급조치를 할 수 있다.
② 대통령은 제1항의 경우에 필요하다고 인정할 때에는 이 헌법에 규정되어 있는 국민의 자유와 권리를 잠정적으로 정지하는 긴급조치를 할 수 있고, 정부나 법원의 권한에 관하여 긴급조치를 할 수 있다.
③ 제1항과 제2항의 긴급조치를 한 때에는 대통령은 지체없이 국회에 통고하여야 한다.
④ 제1항과 제2항의 긴급조치는 사법적 심사의 대상이 되지 아니한다.
⑤ 긴급조치의 원인이 소멸한 때에는 대통령은 지체없이 이를 해제하여야 한다.
⑥ 국회는 재적의원 과반수의 찬성으로 긴급조치의 해제를 대통령에게 건의할 수 있으며, 대통령은 특별한 사유가 없는 한 이에 응하여야 한다.

제54조 ① 대통령은 전시·사변 또는 이에 준하는 국가비상사태에 있어서 병력으로써 군사상의 필요 또는 공공의 안녕질서를 유지할 필요가 있을 때에는 법률이 정하는 바에 의하여 계엄을 선포할 수 있다.

② 계엄은 비상계엄과 경비계엄으로 한다.
③ 비상계엄이 선포된 때에는 법률이 정하는 바에 의하여 영장제도, 언론·출판·집회·결사의 자유, 정부나 법원의 권한에 관하여 특별한 조치를 할 수 있다.
④ 계엄을 선포한 때에는 대통령은 지체없이 국회에 통고하여야 한다.
⑤ 국회가 재적의원 과반수의 찬성으로 계엄의 해제를 요구한 때에는 대통령은 이를 해제하여야 한다.

제55조 대통령은 헌법과 법률이 정하는 바에 의하여 공무원을 임명한다.

제56조 ① 대통령은 법률이 정하는 바에 의하여 사면·감형·복권을 명할 수 있다.
② 일반사면을 명하려면 국회의 동의를 얻어야 한다.
③ 사면·감형·복권에 관한 사항은 법률로 정한다.

제57조 대통령은 법률이 정하는 바에 의하여 훈장 기타의 영전을 수여한다.

제58조 대통령은 국회에 출석하여 발언하거나 서한으로 의견을 표시할 수 있다.

제59조 ① 대통령은 국회를 해산할 수 있다.
② 국회가 해산된 경우 국회의원총선거는 해산된 날로부터 30일이후 60일이전에 실시한다.

제60조 대통령의 국법상 행위는 문서로써 하며, 이 문서에는 국무총리와 관계국무위원이 부서한다. 군사에 관한 것도 또한 같다.

제61조 대통령은 국무총리·국무위원·행정각부의 장 기타 법률이 정하는 공사의 직을 겸할 수 없다.

제62조 대통령은 내란 또는 외환의 죄를 범한 경우를 제외하고는 재직중 형사상의 소추를 받지 아니한다.

제5장 정부

제1절 국무총리와 국무위원

제63조 ① 국무총리는 국회의 동의를 얻어 대통령이 임명한다.
② 국무총리는 대통령을 보좌하고 행정에 관하여 대통령의 명을 받아 행정각부를 통할한다.
③ 군인은 현역을 면한 후가 아니면 국무총리로 임명될 수 없다.

제64조 ① 국무위원은 국무총리의 제청으로 대통령이 임명한다.
② 국무위원은 국정에 관하여 대통령을 보좌하며 국무회의의 구성원으로서 국정을 심의한다.
③ 국무총리는 국무위원의 해임을 대통령에게 건의할 수 있다.
④ 군인은 현역을 면한 후가 아니면 국무위원으로 임명될 수 없다.

제2절 국무회의

제65조 ① 국무회의는 정부의 권한에 속하는 중요한 정책을 심의한다.
② 국무회의는 대통령·국무총리와 15인이상 25인이하의 국무위원으로 구성한다.
③ 대통령은 국무회의의 의장이 되고, 국무총리는 부의장이 된다.

제66조 다음 사항은 국무회의의 심의를 거쳐야 한다.

1. 국정의 기본적 계획과 정부의 일반정책
2. 선전·강화 기타 중요한 대외정책
3. 헌법개정안·국민투표안·조약안·법률안과 대통령령안

4. 예산안 · 결산 · 국유재산처분의 기본계획 · 국가의 부담이 될 계약 기타 재정에 관한 중요사항
5. 대통령의 긴급조치 또는 계엄과 그 해제
6. 군사에 관한 중요사항
7. 국회의 해산
8. 국회의 임시회 집회의 요구
9. 영전수여
10. 사면 · 감형과 복권
11. 행정각부간의 권한의 획정
12. 정부안의 권한의 위임 또는 배정에 관한 기본계획
13. 국정처리상황의 평가 · 분석
14. 행정각부의 중요한 정책의 수립과 조정
15. 정당해산의 제소
16. 정부에 제출 또는 회부된 정부의 정책에 관계되는 청원의 심사
17. 검찰총장 · 국립대학교총장 · 대사 · 각군참모총장 · 해병대사령관 기타 법률에 정한 공무원과 국영기업체 관리자의 임명
18. 기타 대통령 · 국무총리 또는 국무위원이 제출한 사항

제67조 ① 국가안전보장에 관련되는 대외정책 · 군사정책과 국내정책의 수립에 관하여 국무회의의 심의에 앞서 대통령의 자문에 응하기 위하여 국가안전보장회의를 둔다.
② 국가안전보장회의는 대통령이 주재한다.
③ 국가안전보장회의의 조직 · 직무범위 기타 필요한 사항은 법률로 정한다.

제3절 행정각부

제68조 행정각부의 장은 국무위원중에서 국무총리의 제청으로 대통령이 임명한다.

제69조 국무총리 또는 행정각부의 장은 소관사무에 관하여 법률이나 대통령령의 위임 또는 직권으로 총리령 또는 부령을 발할 수 있다.

제70조 행정각부의 설치 · 조직과 직무범위는 법률로 정한다.

제4절 감사원

제71조 국가의 세입 · 세출의 결산, 국가 및 법률에 정한 단체의 회계검사와 행정기관 및 공무원의 직무에 관한 감찰을 하기 위하여 대통령소속하에 감사원을 둔다.

제72조 ① 감사원은 원장을 포함한 5인이상 11인이하의 감사위원으로 구성한다.
② 원장은 국회의 동의를 얻어 대통령이 임명하며, 그 임기는 4년으로 한다.
③ 원장이 궐위된 경우에 임명된 후임자의 임기는 전임자의 잔임기간으로 한다.
④ 감사위원은 원장의 제청으로 대통령이 임명하며, 그 임기는 4년으로 한다.

제73조 감사원은 세입 · 세출의 결산을 매년 검사하여 대통령과 차연도 국회에 그 결과를 보고하여야 한다.

제74조 감사원의 조직 · 직무범위 · 감사위원의 자격 · 감사대상공무원의 범위 기타 필요한 사항은 법률로 정한다.

제6장 국회

제75조 입법권은 국회에 속한다.

제76조 ① 국회는 국민의 보통 · 평등 · 직접 · 비밀선거에 의하여 선출된 의원 및 통일주체국민회의가 선거하는 의원으로 구성한다.

② 국회의원의 수는 법률로 정한다.
③ 국회의원의 선거에 관한 사항은 법률로 정한다.

제77조 국회의원의 임기는 6년으로 한다. 다만, 통일주체국민회의가 선거한 국회의원의 임기는 3년으로 한다.

제78조 국회의원은 법률이 정하는 공사의 직을 겸할 수 없다.

제79조 ① 국회의원은 현행범인인 경우를 제외하고는 회기중 국회의 동의없이 체포 또는 구금되지 아니한다.
② 국회의원이 회기전에 체포 또는 구금된 때에는 현행범인이 아닌 한 국회의 요구가 있으면 회기중 석방된다.

제80조 국회의원은 국회에서 직무상 행한 발언과 표결에 관하여 국회외에서 책임을 지지 아니한다.

제81조 국회의원은 그 지위와 특권을 남용하여서는 아니된다.

제82조 ① 국회의 정기회는 법률이 정하는 바에 의하여 매년 1회 집회되며, 국회의 임시회는 대통령 또는 국회재적의원 3분의 1이상의 요구에 의하여 집회된다.
② 정기회의 회기는 90일을, 임시회의 회기는 30일을 초과할 수 없다.
③ 국회는 정기회·임시회를 합하여 년 150일을 초과하여 개회할 수 없다. 다만, 대통령이 집회를 요구한 임시회의 일수는 이에 산입하지 아니한다.
④ 대통령이 임시회의 집회를 요구할 때에는 기간과 집회요구의 이유를 명시하여야 한다.
⑤ 대통령의 요구에 의하여 집회된 임시회에서는 정부가 제출한 의안에 한하여 처리하며, 국회는 대통령이 집회요구시에 정한 기간에 한하여 개회한다.

제83조 국회는 의장 1인과 부의장 2인을 선거한다.

제84조 국회는 헌법 또는 법률에 특별한 규정이 없는 한 그 재적의원 과반수의 출석과 출석의원 과반수의 찬성으로 의결한다. 가부동수인 때에는 부결된 것으로 본다.

제85조 ① 국회의 회의는 공개한다. 다만, 출석의원 과반수의 찬성이 있거나 의장이 국가의 안전보장을 위하여 필요하다고 인정할 때에는 공개하지 아니할 수 있다.
② 공개하지 아니한 회의의 내용은 공표되어서는 아니된다.

제86조 국회에 제출된 법률안 기타의 의안은 회기중에 의결되지 못한 이유로 폐기되지 아니한다. 다만, 통일주체국민회의에서 선거되지 아니한 국회의원의 임기가 만료되거나 국회가 해산된 때에는 예외로 한다.

제87조 국회의원과 정부는 법률안을 제출할 수 있다.

제88조 ① 국회에서 의결된 법률안은 정부에 이송되어 15일이내에 대통령이 공포한다.
② 법률안에 이의가 있을 때에는 대통령은 제1항의 기간안에 이의서를 붙여 국회로 환부하고 그 재의를 요구할 수 있다. 국회의 폐회중에도 또한 같다.
③ 대통령은 법률안의 일부에 대하여 또는 법률안을 수정하여 재의를 요구할 수 없다.
④ 재의의 요구가 있을 때에는 국회는 재의에 붙이고 재적의원 과반수의 출석과 출석의원 3분의 2이상의 찬성으로 전과 같은 의결을 하면 그 법률안은 법률로서 확정된다.
⑤ 대통령이 제1항의 기간안에 공포나 재의의 요구를 하지 아니한 때에도 그 법률안은 법률

로서 확정된다.
⑥ 대통령은 제4항과 제5항의 규정에 의하여 확정된 법률을 지체없이 공포하여야 한다. 제5항에 의하여 법률이 확정된 후 또는 제4항에 의한 확정법률이 정부에 이송된 후 5일이내에 대통령이 공포하지 아니할 때에는 국회의장이 이를 공포한다.
⑦ 법률은 특별한 규정이 없는 한 공포한 날로부터 20일을 경과함으로써 효력을 발생한다.

제89조 ① 국회는 국가의 예산안을 심의·확정한다.
② 정부는 회계연도마다 예산안을 편성하여 회계연도 개시 90일전까지 국회에 제출하고, 국회는 회계연도 개시 30일전까지 이를 의결하여야 한다.
③ 제2항의 기간안에 예산안이 의결되지 못한 때에는 정부는 국회에서 예산안이 의결될 때까지 다음 각호의 경비를 세입의 범위안에서 전연도 예산에 준하여 지출할 수 있다.

1. 공무원의 보수와 사무처리에 필요한 기본경비
2. 헌법이나 법률에 의하여 설치된 기관 또는 시설의 유지비와 법률상 지출의 의무가 있는 경비
3. 이미 예산상 승인된 계속비

제90조 ① 한 회계연도를 넘어 계속하여 지출할 필요가 있을 때에는 정부는 연한을 정하여 계속비로서 국회의 의결을 얻어야 한다.
② 예측할 수 없는 예산외의 지출 또는 예산초과지출에 충당하기 위한 예비비는 미리 국회의 의결을 얻어야 한다. 예비비의 지출은 차기국회의 승인을 얻어야 한다.

제91조 예산성립후에 생긴 사유로 인하여 예산에 변경을 가할 필요가 있을 때에는 정부는 추가경정예산안을 편성하여 국회에 제출할 수 있다.

제92조 국회는 정부의 동의없이 정부가 제출한 지출예산 각항의 금액을 증가하거나 새 비목을 설치할 수 없다.

제93조 국채를 모집하거나 예산외에 국가의 부담이 될 계약을 체결하려 할 때에는 정부는 미리 국회의 의결을 얻어야 한다.

제94조 조세의 종목과 세율은 법률로 정한다.

제95조 ① 국회는 상호원조 또는 안전보장에 관한 조약, 국제조직에 관한 조약, 통상조약, 어업조약, 강화조약, 국가나 국민에게 재정적 부담을 지우는 조약, 외국군대의 지위에 관한 조약 또는 입법사항에 관한 조약의 체결·비준에 대한 동의권을 가진다.
② 선전포고, 국군의 외국에의 파견 또는 외국군대의 대한민국영역안에서의 주류에 대하여도 국회는 동의권을 가진다.

제96조 ① 국무총리·국무위원 또는 정부위원은 국회나 그 위원회에 출석하여 국정처리상황을 보고하거나 의견을 진술하고 질문에 응답할 수 있다.
② 국회나 그 위원회의 요구가 있을 때에는 국무총리·국무위원 또는 정부위원은 출석·답변하여야 하며, 국무총리 또는 국무위원이 출석요구를 받은 때에는 국무위원 또는 정부위원으로 하여금 출석·답변하게 할 수 있다.

제97조 ① 국회는 국무총리 또는 국무위원에 대하여 개별적으로 그 해임을 의결할 수 있다.
② 제1항의 해임의결은 국회재적의원 3분의 1 이상의 발의에 의하여 국회재적의원 과반수의 찬성이 있어야 한다.
③ 제2항의 의결이 있을 때에는 대통령은 국무총리 또는 당해 국무위원을 해임하여야 한다. 다만, 국무총리에 대한 해임의결이 있을

때에는 대통령은 국무총리와 국무위원 전원을 해임하여야 한다.

제98조 ① 국회는 법률에 저촉되지 아니하는 범위안에서 의사와 내부규율에 관한 규칙을 제정할 수 있다.
② 국회는 의원의 자격을 심사하며 의원을 징계할 수 있다.
③ 의원을 제명하려면 국회재적의원 3분의 2 이상의 찬성이 있어야 한다.
④ 제2항과 제3항의 처분에 대하여는 법원에 제소할 수 없다.

제99조 ① 대통령·국무총리·국무위원·행정각부의 장·헌법위원회위원·법관·중앙선거관리위원회위원·감사위원 기타 법률에 정한 공무원이 그 직무집행에 있어서 헌법이나 법률을 위배한 때에는 국회는 탄핵의 소추를 의결할 수 있다.
② 제1항의 탄핵소추는 국회재적의원 3분의 1 이상의 발의가 있어야 하며, 그 의결은 국회재적의원 과반수의 찬성이 있어야 한다. 다만, 대통령에 대한 탄핵소추는 국회재적의원 과반수의 발의와 국회재적의원 3분의 2이상의 찬성이 있어야 한다.
③ 탄핵소추의 의결을 받은 자는 탄핵결정이 있을 때까지 그 권한행사가 정지된다.
④ 탄핵결정은 공직으로부터 파면함에 그친다. 그러나, 이에 의하여 민사상이나 형사상의 책임이 면제되지는 아니한다.

제7장 법원

제100조 ① 사법권은 법관으로 구성된 법원에 속한다.
② 법원은 최고법원인 대법원과 각급 법원으로 조직된다.
③ 법관의 자격은 법률로 정한다.

제101조 ① 대법원에 부를 둘 수 있다.
② 대법원의 법관의 수는 16인이하로 한다.
③ 대법원과 각급 법원의 조직은 법률로 정한다.

제102조 법관은 이 헌법과 법률에 의하여 그 양심에 따라 독립하여 심판한다.

제103조 ① 대법원장인 법관은 대통령이 국회의 동의를 얻어 임명한다.
② 대법원장이 아닌 법관은 대법원장의 제청에 의하여 대통령이 임명한다.
③ 대법원장인 법관의 임기는 6년으로 한다.
④ 대법원장이 아닌 법관의 임기는 10년으로 한다.
⑤ 법관은 법률이 정하는 바에 의하여 연임될 수 있다.
⑥ 법관은 법률이 정하는 연령에 달한 때에는 퇴직한다.

제104조 ① 법관은 탄핵·형벌 또는 징계처분에 의하지 아니하고는 파면·정직·감봉되거나 불리한 처분을 받지 아니한다.
② 법관이 중대한 심신상의 장해로 직무를 수행할 수 없을 때에는 법률이 정하는 바에 의하여 퇴직하게 할 수 있다.

제105조 ① 법률이 헌법에 위반되는 여부가 재판의 전제가 된 때에는 법원은 헌법위원회에 제청하여 그 결정에 의하여 재판한다.
② 명령·규칙·처분이 헌법이나 법률에 위반되는 여부가 재판의 전제가 된 때에는 대법원은 이를 최종적으로 심사할 권한을 가진다.

제106조 대법원은 법률에 저촉되지 아니하는 범위안에서 소송에 관한 절차, 법원의 내부규율과 사무처리에 관한 규칙을 제정할 수 있다.

제107조 재판의 심리와 판결은 공개한다. 다

만, 심리는 국가의 안전보장 또는 안녕질서를 방해하거나 선량한 풍속을 해할 염려가 있을 때에는 법원의 결정으로 공개하지 아니할 수 있다.

제108조 ① 군사재판을 관할하기 위하여 특별법원으로서 군법회의를 둘 수 있다.
② 군법회의의 상고심은 대법원에서 관할한다.
③ 비상계엄하의 군사재판은 군인·군속의 범죄나 군사에 관한 간첩죄의 경우와, 초병·초소·유해음식물공급·포로에 관한 죄중 법률에 정한 경우에 한하여 단심으로 할 수 있다.

제8장 헌법위원회

제109조 ① 헌법위원회는 다음 사항을 심판한다.

1. 법원의 제청에 의한 법률의 위헌여부
2. 탄핵
3. 정당의 해산

② 헌법위원회는 9인의 위원으로 구성하며, 대통령이 임명한다.
③ 제2항의 위원중 3인은 국회에서 선출하는 자를, 3인은 대법원장이 지명하는 자를 임명한다.
④ 헌법위원회의 위원장은 위원중에서 대통령이 임명한다.

제110조 ① 헌법위원회 위원의 임기는 6년으로 한다.
② 헌법위원회 위원은 정당에 가입하거나 정치에 관여할 수 없다.
③ 헌법위원회 위원은 탄핵 또는 형벌에 의하지 아니하고는 파면되지 아니한다.
④ 헌법위원회 위원의 자격은 법률로 정한다.

제111조 ① 헌법위원회에서 법률의 위헌결정, 탄핵의 결정 또는 정당해산의 결정을 할 때에는 위원 6인이상의 찬성이 있어야 한다.
② 헌법위원회의 조직과 운영 기타 필요한 사항은 법률로 정한다.

제9장 선거관리

제112조 ① 선거와 국민투표의 공정한 관리 및 정당에 관한 사무를 처리하게 하기 위하여 선거관리위원회를 둔다.
② 중앙선거관리위원회는 9인의 위원으로 구성하며, 대통령이 임명한다.
③ 제2항의 위원중 3인은 국회에서 선출하는 자를, 3인은 대법원장이 지명하는 자를 임명한다.
④ 중앙선거관리위원회의 위원장은 위원중에서 대통령이 임명한다.
⑤ 위원의 임기는 5년으로 한다.
⑥ 위원은 정당에 가입하거나 정치에 관여할 수 없다.
⑦ 위원은 탄핵 또는 형벌에 의하지 아니하고는 파면되지 아니한다.
⑧ 중앙선거관리위원회는 법령의 범위안에서 선거관리·국민투표관리 또는 정당사무에 관한 규칙을 제정할 수 있다.
⑨ 각급 선거관리위원회의 조직·직무범위 기타 필요한 사항은 법률로 정한다.

제113조 ① 선거운동은 각급 선거관리위원회의 관리하에 법률에 정한 범위안에서 하되 균등한 기회가 보장되어야 한다.
② 선거에 관한 경비는 법률이 정하는 경우를 제외하고는 정당 또는 후보자에게 부담시킬 수 없다.

제10장 지방자치

제114조 ① 지방자치단체는 주민의 복리에

관한 사무를 처리하고 재산을 관리하며 법령의 범위안에서 자치에 관한 규정을 제정할 수 있다.
② 지방자치단체의 종류는 법률로 정한다.

제115조 ① 지방자치단체에는 의회를 둔다.
② 지방의회의 조직·권한·의원선거와 지방자치단체의 장의 선임방법 기타 지방자치단체의 조직과 운영에 관한 사항은 법률로 정한다.

제11장 경제

제116조 ① 대한민국의 경제질서는 개인의 경제상의 자유와 창의를 존중함을 기본으로 한다.
② 국가는 모든 국민에게 생활의 기본적 수요를 충족시키는 사회정의의 실현과 균형있는 국민경제의 발전을 위하여 필요한 범위안에서 경제에 관한 규제와 조정을 한다.

제117조 ① 광물 기타 중요한 지하자원, 수산자원, 수력과 경제상 이용할 수 있는 자연력은 법률이 정하는 바에 의하여 일정한 기간 그 채취·개발 또는 이용을 특허할 수 있다.
② 국토와 자원은 국가의 보호를 받으며, 국가는 그 균형있는 개발과 이용을 위한 계획을 수립한다.

제118조 농지의 소작제도는 법률이 정하는 바에 의하여 금지된다.

제119조 국가는 농지와 산지 기타 국토의 효율적인 이용·개발과 보전을 위하여 법률이 정하는 바에 의하여 그에 관한 필요한 제한과 의무를 과할 수 있다.

제120조 ① 국가는 농민·어민의 자조를 기반으로 하는 농어촌개발을 위하여 계획을 수립하며, 지역사회의 균형있는 발전을 기한다.
② 농민·어민과 중소기업자의 자조조직은 육성된다.

제121조 국가는 대외무역을 육성하며 이를 규제·조정할 수 있다.

제122조 국방상 또는 국민경제상 긴절한 필요로 인하여 법률에 정한 경우를 제외하고는, 사영기업을 국유 또는 공유로 이전하거나 그 경영을 통제 또는 관리할 수 없다.

제123조 ① 국민경제의 발전과 이를 위한 과학기술은 창달·진흥되어야 한다.
② 대통령은 경제·과학기술의 창달·진흥을 위하여 필요한 자문기구를 둘 수 있다.

제12장 헌법개정

제124조 ① 헌법의 개정은 대통령 또는 국회재적의원 과반수의 발의로 제안된다.
② 대통령이 제안한 헌법개정안은 국민투표로 확정되며, 국회의원이 제안한 헌법개정안은 국회의 의결을 거쳐 통일주체국민회의의 의결로 확정된다.
③ 헌법개정이 확정되면 대통령은 즉시 이를 공포하여야 한다.

제125조 ① 국회에 제안된 헌법개정안은 20일이상의 기간 이를 공고하여야 하며, 공고된 날로부터 60일이내에 의결하여야 한다.
② 헌법개정안에 대한 국회의 의결은 재적의원 3분의 2이상의 찬성을 얻어야 한다.
③ 제2항의 의결을 거친 헌법개정안은 지체없이 통일주체국민회의에 회부되고 그 의결로 헌법개정이 확정된다. 통일주체국민회의에 회부된 헌법개정안은 회부된 날로부터 20일이내에 의결되어야 한다.

제126조 ① 대통령이 제안한 헌법개정안은

20일이상의 기간 이를 공고하여야 하며, 공고된 날로부터 60일이내에 국민투표에 붙여야 한다.
② 국민투표에 붙여진 헌법개정안은 국회의원 선거권자 과반수의 투표와 투표자 과반수의 찬성을 얻어 헌법개정이 확정된다.

부칙 〈제8호, 1972.12.27.〉

제1조 이 헌법은 공포한 날로부터 시행한다. 다만, 이 헌법을 시행하기 위하여 필요한 법률의 제정과 이 헌법에 의한 대통령·통일주체국민회의 대의원 및 국회의원의 선거와 기타 이 헌법시행에 관한 준비는 이 헌법시행전에 할 수 있다.

제2조 ① 이 헌법에 의하여 통일주체국민회의에서 선거된 최초의 대통령의 임기는 이 헌법시행일로부터 개시된다.
② 이 헌법에 의하여 선거된 최초의 통일주체국민회의 대의원의 임기는 통일주체국민회의의 최초의 집회일로부터 개시되고 1978년 6월 30일에 종료된다.

제3조 이 헌법에 의한 최초의 국회의원총선거는 이 헌법시행일로부터 6월이내에 실시한다.

제4조 1972년 10월 17일부터 이 헌법에 의한 국회의 최초의 집회일까지 비상국무 회의가 대행한 국회의 권한은 이 헌법시행당시의 헌법과 이 헌법에 의한 국회가 행한 것으로 본다.

제5조 이 헌법시행당시의 공무원과 정부가 임명한 기업체의 임원은 이 헌법에 의하여 임명된 것으로 본다. 다만, 이 헌법에 의하여 선임방법이나 임명권자가 변경된 공무원은 이 헌법에 의하여 후임자가 선임될 때까지 그 직무를 행하며, 이 경우 전임자인 공무원의 임기는 후임자가 선임되는 전일까지로 한다.

제6조 ① 이 헌법시행당시의 법령과 조약은 이 헌법에 위배되지 아니하는 한 그 효력을 지속한다.
② 이 헌법시행당시의 대통령령·국무원령과 각령은 이 헌법에 의한 대통령령으로 본다.

제7조 비상국무회의에서 제정한 법령과 이에 따라 행하여진 재판과 예산 기타 처분 등은 그 효력을 지속하며 이 헌법 기타의 이유로 제소하거나 이의를 할 수 없다.

제8조 이 헌법시행당시에 이 헌법에 의하여 새로 설치된 기관의 권한에 속하는 직무를 행하고 있는 기관은 이 헌법에 의하여 새로운 기관이 설치될 때까지 계속하여 그 직무를 행한다.

제9조 1972년 10월 17일부터 이 헌법시행일까지 대통령이 행한 특별선언과 이에 따른 비상조치에 대하여는 제소하거나 이의를 할 수 없다.

제10조 이 헌법에 의한 지방의회는 조국통일이 이루어질 때까지 구성하지 아니한다.

제11조 ① 특수범죄처벌에관한특별법·부정선거관련자처벌법·정치활동정화법 및 부정축재처리법과 이에 관련되는 법률은 그 효력을 지속하며 이에 대하여 이의를 할 수 없다.
② 정치활동정화법 및 부정축재처리법과 이에 관련되는 법률은 이를 개폐할 수 없다.

대한민국헌법(제8차 개정헌법)

[시행 1980.10.27.]
[헌법 제9호, 1980.10.27., 전부개정]

유구한 민족사, 빛나는 문화, 그리고 평화애호의 전통을 자랑하는 우리 대한국민은 3·1운동의 숭고한 독립정신을 계승하고 조국의 평화적 통일과 민족중흥의 역사적 사명에 입각한 제5민주공화국의 출발에 즈음하여 정의·인도와 동포애로써 민족의 단결을 공고히 하고, 모든 사회적 폐습과 불의를 타파하며, 자유민주적 기본질서를 더욱 확고히 하여 정치·경제·사회·문화의 모든 영역에 있어서 각인의 기회를 균등히 하고, 능력을 최고도로 발휘하게 하며, 자유와 권리에 따르는 책임과 의무를 완수하게 하여, 안으로는 국민생활의 균등한 향상을 기하고 밖으로는 항구적인 세계평화와 인류공영에 이바지함으로써 우리들과 우리들의 자손의 안전과 자유와 행복을 영원히 확보하는 새로운 역사를 창조할 것을 다짐하면서 1948년 7월 12일에 제정되고 1960년 6월 15일, 1962년 12월 26일과 1972년 12월 27일에 개정된 헌법을 이제 국민투표에 의하여 개정한다.

제1장 총강

제1조 ① 대한민국은 민주공화국이다.
② 대한민국의 주권은 국민에게 있고, 모든 권력은 국민으로부터 나온다.

제2조 ① 대한민국의 국민의 요건은 법률로 정한다.
② 재외국민은 국가의 보호를 받는다.

제3조 대한민국의 영토는 한반도와 부속도서로 한다.

제4조 ① 대한민국은 국제평화의 유지에 노력하고 침략적 전쟁을 부인한다.
② 국군은 국가의 안전보장과 국토방위의 신성한 의무를 수행함을 사명으로 한다.

제5조 ① 헌법에 의하여 체결·공포된 조약과 일반적으로 승인된 국제법규는 국내법과 같은 효력을 가진다.
② 외국인에 대하여는 국제법과 조약에 정한 바에 의하여 그 지위를 보장한다.

제6조 ① 공무원은 국민전체에 대한 봉사자이며, 국민에 대하여 책임을 진다.
② 공무원의 신분과 정치적 중립성은 법률이 정하는 바에 의하여 보장된다.

제7조 ① 정당의 설립은 자유이며, 복수정당제는 보장된다.
② 정당은 그 조직과 활동이 민주적이어야 하며, 국민의 정치적 의사형성에 참여하는데 필요한 조직을 가져야 한다.
③ 정당은 법률이 정하는 바에 의하여 국가의 보호를 받으며, 국가는 법률이 정하는 바에 의하여 정당의 운영에 필요한 자금을 보조할 수 있다.
④ 정당의 목적이나 활동이 민주적 기본질서에 위배될 때에는 정부는 헌법위원회에 그 해산을 제소할 수 있고, 정당은 헌법위원회의 결정에 의하여 해산된다.

제8조 국가는 전통문화의 계승·발전과 민족문화의 창달에 노력하여야 한다.

제2장 국민의 권리와 의무

제9조 모든 국민은 인간으로서의 존엄과 가치를 가지며, 행복을 추구할 권리를 가진다. 국

가는 개인이 가지는 불가침의 기본적 인권을 확인하고 이를 보장할 의무를 진다.

제10조 ① 모든 국민은 법 앞에 평등하다. 누구든지 성별·종교 또는 사회적 신분에 의하여 정치적·경제적·사회적·문화적 생활의 모든 영역에 있어서 차별을 받지 아니한다.
② 사회적 특수계급의 제도는 인정되지 아니하며, 어떠한 형태로도 이를 창설할 수 없다.
③ 훈장등의 영전은 이를 받은 자에게만 효력이 있고, 어떠한 특권도 이에 따르지 아니한다.

제11조 ① 모든 국민은 신체의 자유를 가진다. 누구든지 법률에 의하지 아니하고는 체포·구금·압수·수색·심문·처벌과 보안처분을 받지 아니하며, 형의 선고에 의하지 아니하고는 강제노역을 당하지 아니한다.
② 모든 국민은 고문을 받지 아니하며, 형사상 자기에게 불리한 진술을 강요당하지 아니한다.
③ 체포·구금·압수·수색에는 검사의 신청에 의하여 법관이 발부한 영장을 제시하여야 한다. 다만, 현행범인인 경우와 장기 3년이상의 형에 해당하는 죄를 범하고 도피 또는 증거인멸의 염려가 있을 때에는 사후에 영장을 청구할 수 있다.
④ 누구든지 체포·구금을 당한 때에는 즉시 변호인의 조력을 받을 권리를 가진다. 다만, 법률이 정하는 경우에 형사피고인이 스스로 변호인을 구할 수 없을 때에는 국가가 변호인을 붙인다.
⑤ 누구든지 체포·구금을 당한 때에는 법률이 정하는 바에 의하여 적부의 심사를 법원에 청구할 권리를 가진다.
⑥ 피고인의 자백이 고문·폭행·협박·구속의 부당한 장기화 또는 기망 기타의 방법에 의하여 자의로 진술된 것이 아니라고 인정될 때 또는 정식재판에 있어서 피고인의 자백이 그에게 불리한 유일한 증거일 때에는 이를 유죄의 증거로 삼거나 이를 이유로 처벌할 수 없다.

제12조 ① 모든 국민은 행위시의 법률에 의하여 범죄를 구성하지 아니하는 행위로 소추되지 아니하며, 동일한 범죄에 대하여 거듭 처벌받지 아니한다.
② 모든 국민은 소급입법에 의하여 참정권의 제한 또는 재산권의 박탈을 받지 아니한다.
③ 모든 국민은 자기의 행위가 아닌 친족의 행위로 인하여 불이익한 처우를 받지 아니한다.

제13조 모든 국민은 거주·이전의 자유를 가진다.

제14조 모든 국민은 직업선택의 자유를 가진다.

제15조 모든 국민은 주거의 자유를 침해받지 아니한다. 주거에 대한 압수나 수색에는 검사의 신청에 의하여 법관이 발부한 영장을 제시하여야 한다.

제16조 모든 국민은 사생활의 비밀과 자유를 침해받지 아니한다.

제17조 모든 국민은 통신의 비밀을 침해받지 아니한다.

제18조 모든 국민은 양심의 자유를 가진다.

제19조 ① 모든 국민은 종교의 자유를 가진다.
② 국교는 인정되지 아니하며, 종교와 정치는 분리된다.

제20조 ① 모든 국민은 언론·출판의 자유와 집회·결사의 자유를 가진다.
② 언론·출판은 타인의 명예나 권리 또는 공중도덕이나 사회윤리를 침해하여서는 아니된

다. 언론·출판이 타인의 명예나 권리를 침해한 때에는 피해자는 이에 대한 피해의 배상을 청구할 수 있다.

제21조 ① 모든 국민은 학문과 예술의 자유를 가진다.
② 저작자·발명가와 예술가의 권리는 법률로써 보호한다.

제22조 ① 모든 국민의 재산권은 보장된다. 그 내용과 한계는 법률로 정한다.
② 재산권의 행사는 공공복리에 적합하도록 하여야 한다.
③ 공공필요에 의한 재산권의 수용·사용 또는 제한은 법률로써 하되, 보상을 지급하여야 한다. 보상은 공익 및 관계자의 이익을 정당하게 형량하여 법률로 정한다.

제23조 모든 국민은 20세가 되면 법률이 정하는 바에 의하여 선거권을 가진다.

제24조 모든 국민은 법률이 정하는 바에 의하여 공무담임권을 가진다.

제25조 ① 모든 국민은 법률이 정하는 바에 의하여 국가기관에 문서로 청원할 권리를 가진다.
② 국가는 청원에 대하여 심사할 의무를 진다.

제26조 ① 모든 국민은 헌법과 법률에 정한 법관에 의하여 법률에 의한 재판을 받을 권리를 가진다.
② 군인 또는 군무원이 아닌 국민은 대한민국의 영역 안에서는 중대한 군사상 기밀·초병·초소·유해음식물공급·포로·군용물·군사시설에 관한 죄 중 법률에 정한 경우와, 비상계엄이 선포되거나 대통령이 법원의 권한에 관하여 비상조치를 한 경우를 제외하고는 군법회의의 재판을 받지 아니한다.
③ 모든 국민은 신속한 재판을 받을 권리를 가진다. 형사피고인은 상당한 이유가 없는 한 지체없이 공개재판을 받을 권리를 가진다.
④ 형사피고인은 유죄의 판결이 확정될 때까지는 무죄로 추정된다.

제27조 형사피고인으로서 구금되었던 자가 무죄판결을 받은 때에는 법률이 정하는 바에 의하여 국가에 정당한 보상을 청구할 수 있다.

제28조 ① 공무원의 직무상 불법행위로 손해를 받은 국민은 법률이 정하는 바에 의하여 국가 또는 공공단체에 정당한 배상을 청구할 수 있다. 그러나, 공무원 자신의 책임은 면제되지 아니한다.
② 군인·군무원·경찰공무원 기타 법률로 정하는 자가 전투·훈련등 직무집행과 관련하여 받은 손해에 대하여는 법률이 정하는 보상외에 국가 또는 공공단체에 공무원의 직무상 불법행위로 인한 배상은 청구할 수 없다.

제29조 ① 모든 국민은 능력에 따라 균등하게 교육을 받을 권리를 가진다.
② 모든 국민은 그 보호하는 자녀에게 적어도 초등교육과 법률이 정하는 교육을 받게 할 의무를 진다.
③ 의무교육은 무상으로 한다.
④ 교육의 자주성·전문성 및 정치적 중립성은 법률이 정하는 바에 의하여 보장된다.
⑤ 국가는 평생교육을 진흥하여야 한다.
⑥ 학교교육 및 평생교육을 포함한 교육제도와 그 운영, 교육재정 및 교원의 지위에 관한 기본적인 사항은 법률로 정한다.

제30조 ① 모든 국민은 근로의 권리를 가진다. 국가는 사회적·경제적 방법으로 근로자의 고용의 증진과 적정임금의 보장에 노력하여야 한다.
② 모든 국민은 근로의 의무를 진다. 국가는 근로의 의무의 내용과 조건을 민주주의원칙에

따라 법률로 정한다.
③ 근로조건의 기준은 인간의 존엄성을 보장하도록 법률로 정한다.
④ 여자와 소년의 근로는 특별한 보호를 받는다.
⑤ 국가유공자·상이군경 및 전몰군경의 유가족은 법률이 정하는 바에 의하여 우선적으로 근로의 기회를 부여받는다.

제31조 ① 근로자는 근로조건의 향상을 위하여 자주적인 단결권·단체교섭권 및 단체행동권을 가진다. 다만, 단체행동권의 행사는 법률이 정하는 바에 의한다.
② 공무원인 근로자는 법률로 인정된 자를 제외하고는 단결권·단체교섭권 및 단체행동권을 가질 수 없다.
③ 국가·지방자치단체·국공영기업체·방위산업체·공익사업체 또는 국민경제에 중대한 영향을 미치는 사업체에 종사하는 근로자의 단체행동권은 법률이 정하는 바에 의하여 이를 제한하거나 인정하지 아니할 수 있다.

제32조 ① 모든 국민은 인간다운 생활을 할 권리를 가진다.
② 국가는 사회보장·사회복지의 증진에 노력할 의무를 진다.
③ 생활능력이 없는 국민은 법률이 정하는 바에 의하여 국가의 보호를 받는다.

제33조 모든 국민은 깨끗한 환경에서 생활할 권리를 가지며, 국가와 국민은 환경보전을 위하여 노력하여야 한다.

제34조 ① 혼인과 가족생활은 개인의 존엄과 양성의 평등을 기초로 성립되고 유지되어야 한다.
② 모든 국민은 보건에 관하여 국가의 보호를 받는다.

제35조 ① 국민의 자유와 권리는 헌법에 열거되지 아니한 이유로 경시되지 아니한다.
② 국민의 모든 자유와 권리는 국가안전보장·질서유지 또는 공공복리를 위하여 필요한 경우에 한하여 법률로써 제한할 수 있으며, 제한하는 경우에도 자유와 권리의 본질적인 내용을 침해할 수 없다.

제36조 모든 국민은 법률이 정하는 바에 의하여 납세의 의무를 진다.

제37조 ① 모든 국민은 법률이 정하는 바에 의하여 국방의 의무를 진다.
② 누구든지 병역의무의 이행으로 불이익한 처우를 받지 아니한다.

제3장 정부

제1절 대통령

제38조 ① 대통령은 국가의 원수이며, 외국에 대하여 국가를 대표한다.
② 대통령은 국가의 독립·영토의 보전·국가의 계속성과 헌법을 수호할 책무를 진다.
③ 대통령은 조국의 평화적 통일을 위한 성실한 의무를 진다.
④ 행정권은 대통령을 수반으로 하는 정부에 속한다.

제39조 ① 대통령은 대통령선거인단에서 무기명투표로 선거한다.
② 대통령에 입후보하려는 자는 정당의 추천 또는 법률이 정하는 수의 대통령선거인의 추천을 받아야 한다.
③ 대통령선거인단에서 재적대통령선거인 과반수의 찬성을 얻은 자를 대통령당선자로 한다.
④ 제3항의 득표자가 없을 때에는 2차투표를 하고, 2차투표에도 제3항의 득표자가 없을 때에는 최고득표자가 1인이면 최고득표자와 차

점자에 대하여, 최고득표자가 2인이상이면 최고득표자에 대하여 결선투표를 함으로써 다수득표자를 대통령당선자로 한다.
⑤ 대통령의 선거에 관한 사항은 법률로 정한다.

제40조 ① 대통령선거인단은 국민의 보통·평등·직접·비밀선거에 의하여 선출된 대통령선거인으로 구성한다.
② 대통령선거인의 수는 법률로 정하되, 5,000인이상으로 한다.
③ 대통령선거인의 선거에 관한 사항은 법률로 정한다.

제41조 ① 대통령선거인으로 선출될 수 있는 자는 국회의원의 피선거권이 있고, 선거일 현재 30세에 달하여야 한다. 다만, 국회의원과 공무원은 대통령선거인이 될 수 없다.
② 대통령선거인은 현행범인인 경우를 제외하고는 체포 또는 구금되지 아니한다.
③ 대통령선거인은 정당에 소속할 수 있다.
④ 대통령선거인은 선거인이 된 후 처음 실시되는 국회의원의 선거에 있어서 국회의원으로 선출될 수 없다.
⑤ 대통령선거인은 당해 대통령선거인단이 선거한 대통령의 임기개시일까지 그 신분을 가진다.

제42조 대통령으로 선거될 수 있는 자는 국회의원의 피선거권이 있고, 선거일 현재 계속하여 5년이상 국내에 거주하고 40세에 달하여야 한다. 이 경우에 공무로 외국에 파견된 기간은 국내거주기간으로 본다.

제43조 ① 대통령의 임기가 만료되는 때에는 대통령선거인단은 늦어도 임기만료 30일전에 후임자를 선거한다.
② 대통령이 궐위된 때에는 새로이 대통령선거인단을 구성하여 3월이내에 후임자를 선거한다.

제44조 대통령은 취임에 즈음하여 다음의 선서를 한다.
"나는 헌법을 준수하고 국가를 보위하며 민족문화의 발전 및 국민의 자유와 복리의 증진에 노력하고 조국의 평화적 통일을 위하여 대통령으로서의 직책을 성실히 수행할 것을 국민앞에 엄숙히 선서합니다."

제45조 대통령의 임기는 7년으로 하며, 중임할 수 없다.

제46조 대통령이 궐위되거나 사고로 인하여 직무를 수행할 수 없을 때에는 국무총리, 법률에 정한 국무위원의 순위로 그 권한을 대행한다.

제47조 대통령은 필요하다고 인정할 때에는 외교·국방·통일 기타 국가안위에 관한 중요정책을 국민투표에 붙일 수 있다.

제48조 대통령은 조약을 체결·비준하고, 외교사절을 신임·접수 또는 파견하며, 선전포고와 강화를 한다.

제49조 ① 대통령은 헌법과 법률이 정하는 바에 의하여 국군을 통수한다.
② 국군의 조직과 편성은 법률로 정한다.

제50조 대통령은 법률에서 구체적으로 범위를 정하여 위임받은 사항과 법률을 집행하기 위하여 필요한 사항에 관하여 대통령령을 발할 수 있다.

제51조 ① 대통령은 천재·지변 또는 중대한 재정·경제상의 위기에 처하거나, 국가의 안전을 위협하는 교전상태나 그에 준하는 중대한 비상사태에 처하여 국가를 보위하기 위하여 급속한 조치를 할 필요가 있다고 판단할 때에는 내정·외교·국방·경제·재정·사법 등 국정전반에 걸쳐 필요한 비상조치를 할 수 있다.

② 대통령은 제1항의 경우에 필요하다고 인정할 때에는 헌법에 규정되어 있는 국민의 자유와 권리를 잠정적으로 정지할 수 있고, 정부나 법원의 권한에 관하여 특별한 조치를 할 수 있다.
③ 제1항과 제2항의 조치를 한 때에는 대통령은 지체없이 국회에 통고하여 승인을 얻어야 하며, 승인을 얻지 못한 때에는 그때부터 그 조치는 효력을 상실한다.
④ 제1항과 제2항의 조치는 그 목적을 달성할 수 있는 최단기간내에 한정되어야 하고, 그 원인이 소멸한 때에는 대통령은 지체없이 이를 해제하여야 한다.
⑤ 국회가 재적의원 과반수의 찬성으로 비상조치의 해제를 요구한 때에는 대통령은 이를 해제하여야 한다.

제52조 ① 대통령은 전시·사변 또는 이에 준하는 국가비상사태에 있어서 병력으로써 군사상의 필요에 응하거나 공공의 안녕질서를 유지할 필요가 있을 때에는 법률이 정하는 바에 의하여 계엄을 선포할 수 있다.
② 계엄은 비상계엄과 경비계엄으로 한다.
③ 비상계엄이 선포된 때에는 법률이 정하는 바에 의하여 영장제도, 언론·출판·집회·결사의 자유, 정부나 법원의 권한에 관하여 특별한 조치를 할 수 있다.
④ 계엄을 선포한 때에는 대통령은 지체없이 국회에 통고하여야 한다.
⑤ 국회가 재적의원 과반수의 찬성으로 계엄의 해제를 요구한 때에는 대통령은 이를 해제하여야 한다.

제53조 대통령은 헌법과 법률이 정하는 바에 의하여 공무원을 임명한다.

제54조 ① 대통령은 법률이 정하는 바에 의하여 사면·감형·복권을 명할 수 있다.
② 일반사면을 명하려면 국회의 동의를 얻어야 한다.
③ 사면·감형·복권에 관한 사항은 법률로 정한다.

제55조 대통령은 법률이 정하는 바에 의하여 훈장 기타의 영전을 수여한다.

제56조 대통령은 국회에 출석하여 발언하거나 서한으로 의견을 표시할 수 있다.

제57조 ① 대통령은 국가의 안정 또는 국민전체의 이익을 위하여 필요하다고 판단할 상당한 이유가 있을 때에는 국회의장의 자문 및 국무회의의 심의를 거친 후 그 사유를 명시하여 국회를 해산할 수 있다. 다만, 국회가 구성된 후 1년이내에는 해산할 수 없다.
② 대통령은 같은 사유로 2차에 걸쳐 국회를 해산할 수 없다.
③ 국회가 해산된 경우 국회의원 총선거는 해산된 날로부터 30일이후 60일이내에 실시한다.

제58조 대통령의 국법상 행위는 문서로써 하며, 이 문서에는 국무총리와 관계 국무위원이 부서한다. 군사에 관한 것도 또한 같다.

제59조 대통령은 국무총리·국무위원·행정각부의 장 기타 법률이 정하는 공사의 직을 겸할 수 없다.

제60조 대통령은 내란 또는 외환의 죄를 범한 경우를 제외하고는 재직중 형사상의 소추를 받지 아니한다.

제61조 전직대통령의 신분과 예우에 관하여는 법률로 정한다.

제2절 행정부

제1관 국무총리와 국무위원

제62조 ① 국무총리는 국회의 동의를 얻어 대통령이 임명한다.
② 국무총리는 대통령을 보좌하고, 행정에 관하여 대통령의 명을 받아 행정각부를 통할한다.
③ 군인은 현역을 면한 후가 아니면 국무총리로 임명될 수 없다.

제63조 ① 국무위원은 국무총리의 제청으로 대통령이 임명한다.
② 국무위원은 국정에 관하여 대통령을 보좌하며, 국무회의의 구성원으로서 국정을 심의한다.
③ 국무총리는 국무위원의 해임을 대통령에게 건의할 수 있다.
④ 군인은 현역을 면한 후가 아니면 국무위원으로 임명될 수 없다.

제2관 국무회의

제64조 ① 국무회의는 정부의 권한에 속하는 중요한 정책을 심의한다.
② 국무회의는 대통령·국무총리와 15인이상 30인이하의 국무위원으로 구성한다.
③ 대통령은 국무회의의 의장이 되고, 국무총리는 부의장이 된다.

제65조 다음 사항은 국무회의의 심의를 거쳐야 한다.

1. 국정의 기본계획과 정부의 일반정책
2. 선전·강화 기타 중요한 대외정책
3. 헌법개정안·국민투표안·조약안·법률안과 대통령령안
4. 예산안·결산·국유재산처분의 기본계획·국가의 부담이 될 계약 기타 재정에 관한 중요사항
5. 대통령의 비상조치 또는 계엄과 그 해제
6. 군사에 관한 중요사항
7. 국회의 해산
8. 국회의 임시회 집회의 요구
9. 영전수여
10. 사면·감형과 복권
11. 행정각부간의 권한의 획정
12. 정부안의 권한의 위임 또는 배정에 관한 기본계획
13. 국정처리상황의 평가·분석
14. 행정각부의 중요한 정책의 수립과 조정
15. 정당해산의 제소
16. 정부에 제출 또는 회부된 정부의 정책에 관계되는 청원의 심사
17. 합동참모의장·각군참모총장·검찰총장·국립대학교총장·대사 기타 법률에 정한 공무원과 국영기업체 관리자의 임명
18. 기타 대통령·국무총리 또는 국무위원이 제출한 사항

제66조 ① 국정의 중요한 사항에 관한 대통령의 자문에 응하기 위하여 국가원로로 구성되는 국정자문회의를 둘 수 있다.
② 국정자문회의의 의장은 직전대통령이 된다. 다만, 직전대통령이 없을 때에는 대통령이 지명한다.
③ 국정자문회의의 조직·직무범위 기타 필요한 사항은 법률로 정한다.

제67조 ① 국가안전보장에 관련되는 대외정책·군사정책과 국내정책의 수립에 관하여 국무회의의 심의에 앞서 대통령의 자문에 응하기 위하여 국가안전보장회의를 둔다.
② 국가안전보장회의는 대통령이 주재한다.
③ 국가안전보장회의의 조직·직무범위 기타 필요한 사항은 법률로 정한다.

제68조 ① 평화통일정책의 수립에 관한 대통령의 자문에 응하기 위하여 평화통일정책자문회의를 둘 수 있다.
② 평화통일정책자문회의의 조직·직무범위 기타 필요한 사항은 법률로 정한다.

제3관 행정각부

제69조 행정각부의 장은 국무위원 중에서 국무총리의 제청으로 대통령이 임명한다.

제70조 국무총리 또는 행정각부의 장은 소관사무에 관하여 법률이나 대통령의 위임 또는 직권으로 총리령 또는 부령을 발할 수 있다.

제71조 행정각부의 설치·조직과 직무범위는 법률로 정한다.

제4관 감사원

제72조 국가의 세입·세출의 결산, 국가 및 법률에 정한 단체의 회계검사와 행정기관 및 공무원의 직무에 관한 감찰을 하기 위하여 대통령소속하에 감사원을 둔다.

제73조 ① 감사원은 원장을 포함한 5인이상 11인이하의 감사위원으로 구성한다.
② 원장은 국회의 동의를 얻어 대통령이 임명하고, 그 임기는 4년으로 하며, 1차에 한하여 중임할 수 있다.
③ 원장이 궐위된 경우에 임명된 후임자의 임기는 전임자의 잔임기간으로 한다.
④ 감사위원은 원장의 제청으로 대통령이 임명하고, 그 임기는 4년으로 하며, 1차에 한하여 중임할 수 있다.

제74조 감사원은 세입·세출의 결산을 매년 검사하여 대통령과 차연도 국회에 그 결과를 보고하여야 한다.

제75조 감사원의 조직·직무범위·감사위원의 자격·감사대상공무원의 범위 기타 필요한 사항은 법률로 정한다.

제4장 국회

제76조 입법권은 국회에 속한다.

제77조 ① 국회는 국민의 보통·평등·직접·비밀선거에 의하여 선출된 의원으로 구성한다.
② 국회의원의 수는 법률로 정하되, 200인이상으로 한다.
③ 국회의원의 선거구와 비례대표제 기타 선거에 관한 사항은 법률로 정한다.

제78조 국회의원의 임기는 4년으로 한다.

제79조 국회의원은 법률이 정하는 직을 겸할 수 없다.

제80조 ① 국회의원은 현행범인인 경우를 제외하고는 회기중 국회의 동의없이 체포 또는 구금되지 아니한다.
② 국회의원이 회기전에 체포 또는 구금된 때에는 현행범인이 아닌 한 국회의 요구가 있으면 회기중 석방된다.

제81조 국회의원은 국회에서 직무상 행한 발언과 표결에 관하여 국회외에서 책임을 지지 아니한다.

제82조 ① 국회의원은 청렴의 의무가 있다.
② 국회의원은 국가이익을 우선하여 양심에 따라 직무를 행한다.
③ 국회의원은 그 지위를 남용하여 국가·공공단체 또는 기업체와의 계약이나 그 처분에 의하여 재산상의 권리·이익 또는 직위를 취

득하거나 타인을 위하여 그 취득을 알선할 수 없다.

제83조 ① 국회의 정기회는 법률이 정하는 바에 의하여 매년 1회집회되며, 국회의 임시회는 대통령 또는 국회재적의원 3분의 1이상의 요구에 의하여 집회된다.
② 정기회의 회기는 90일을, 임시회의 회기는 30일을 초과할 수 없다.
③ 국회는 정기회·임시회를 합하여 년 150일을 초과하여 개회할 수 없다. 다만, 대통령이 집회를 요구한 임시회의 일수는 이에 산입하지 아니한다.
④ 대통령이 임시회의 집회를 요구할 때에는 기간과 집회요구의 이유를 명시하여야 한다.
⑤ 대통령의 요구에 의하여 집회된 임시회에서는 정부가 제출한 의안에 한하여 처리하며, 국회는 대통령이 집회요구시에 정한 기간에 한하여 개회한다.

제84조 국회는 의장 1인과 부의장 2인을 선거한다.

제85조 국회는 헌법 또는 법률에 특별한 규정이 없는 한 그 재적의원 과반수의 출석과 출석의원 과반수의 찬성으로 의결한다. 가부동수인 때에는 부결된 것으로 본다.

제86조 ① 국회의 회의는 공개한다. 다만, 출석의원 과반수의 찬성이 있거나 의장이 국가의 안전보장을 위하여 필요하다고 인정할 때에는 공개하지 아니할 수 있다.
② 공개하지 아니한 회의의 내용은 공표되어서는 아니된다.

제87조 국회에 제출된 법률안 기타의 의안은 회기중에 의결되지 못한 이유로 폐기되지 아니한다. 다만, 국회의원의 임기가 만료되거나 국회가 해산된 때에는 예외로 한다.

제88조 국회의원과 정부는 법률안을 제출할 수 있다.

제89조 ① 국회에서 의결된 법률안은 정부에 이송되어 15일이내에 대통령이 공포한다.
② 법률안에 이의가 있을 때에는 대통령은 제1항의 기간내에 이의서를 붙여 국회로 환부하고, 그 재의를 요구할 수 있다. 국회의 폐회중에도 또한 같다.
③ 대통령은 법률안의 일부에 대하여 또는 법률안을 수정하여 재의를 요구할 수 없다.
④ 재의의 요구가 있을 때에는 국회는 재의에 붙이고, 재적의원 과반수의 출석과 출석의원3분의 2이상의 찬성으로 전과 같은 의결을 하면 그 법률안은 법률로서 확정된다.
⑤ 대통령이 제1항의 기간내에 공포나 재의의 요구를 하지 아니한 때에도 그 법률안은 법률로서 확정된다.
⑥ 대통령은 제4항과 제5항의 규정에 의하여 확정된 법률을 지체없이 공포하여야 한다. 제5항에 의하여 법률이 확정된 후 또는 제4항에 의한 확정법률이 정부에 이송된 후 5일이내에 대통령이 공포하지 아니할 때에는 국회의장이 이를 공포한다.
⑦ 법률은 특별한 규정이 없는 한 공포한 날로부터 20일을 경과함으로써 효력을 발생한다.

제90조 ① 국회는 국가의 예산안을 심의·확정한다.
② 정부는 회계연도마다 예산안을 편성하여 회계연도 개시 90일전까지 국회에 제출하고, 국회는 회계연도 개시 30일전까지 이를 의결하여야 한다.
③ 새로운 회계연도가 개시될 때까지 예산안이 의결되지 못한 때에는 정부는 국회에서 예산안이 의결될 때까지 다음의 목적을 위한 경비는 전연도 예산에 준하여 집행할 수 있다.

1. 헌법이나 법률에 의하여 설치된 기관 또는 시설의 유지·운영
2. 법률상 지출의무의 이행
3. 이미 예산으로 승인된 사업의 계속

제91조 ① 한 회계연도를 넘어 계속하여 지출할 필요가 있을 때에는 정부는 연한을 정하여 계속비로서 국회의 의결을 얻어야 한다.
② 예비비는 총액으로 국회의 의결을 얻어야 한다. 예비비의 지출은 차기국회의 승인을 얻어야 한다.

제92조 정부는 예산에 변경을 가할 필요가 있을 때에는 추가경정예산안을 편성하여 국회에 제출할 수 있다.

제93조 국회는 정부의 동의없이 정부가 제출한 지출예산 각항의 금액을 증가하거나 새 비목을 설치할 수 없다.

제94조 국채를 모집하거나 예산외에 국가의 부담이 될 계약을 체결하려 할 때에는 정부는 미리 국회의 의결을 얻어야 한다.

제95조 조세의 종목과 세율은 법률로 정한다.

제96조 ① 국회는 상호원조 또는 안전보장에 관한 조약, 중요한 국제조직에 관한 조약, 우호통상항해조약, 주권의 제약에 관한 조약, 강화조약, 국가나 국민에게 중대한 재정적 부담을 지우는 조약 또는 입법사항에 관한 조약의 체결·비준에 대한 동의권을 가진다.
② 선전포고, 국군의 외국에의 파견 또는 외국군대의 대한민국영역안에서의 주류에 대하여도 국회는 동의권을 가진다.

제97조 국회는 특정한 국정사안에 관하여 조사할 수 있으며, 그에 직접 관련된 서류의 제출, 증인의 출석과 증언이나 의견의 진술을 요구할 수 있다. 다만, 재판과 진행중인 범죄수사·소추에 간섭할 수 없다.

제98조 ① 국무총리·국무위원 또는 정부위원은 국회나 그 위원회에 출석하여 국정처리상황을 보고하거나 의견을 진술하고 질문에 응답할 수 있다.
② 국회나 그 위원회의 요구가 있을 때에는 국무총리·국무위원 또는 정부위원은 출석·답변하여야 하며, 국무총리 또는 국무위원이 출석요구를 받은 때에는 국무위원 또는 정부위원으로 하여금 출석·답변하게 할 수 있다.

제99조 ① 국회는 국무총리 또는 국무위원에 대하여 개별적으로 그 해임을 의결할 수 있다. 다만, 국무총리에 대한 해임의결은 국회가 임명동의를 한 후 1년이내에는 할 수 없다.
② 제1항의 해임의결은 국회재적의원 3분의 1 이상의 발의에 의하여 국회재적의원 과반수의 찬성이 있어야 한다.
③ 제2항의 의결이 있을 때에는 대통령은 국무총리 또는 당해 국무위원을 해임하여야 한다. 다만, 국무총리에 대한 해임의결이 있을 때에는 대통령은 국무총리와 국무위원 전원을 해임하여야 한다.

제100조 ① 국회는 법률에 저촉되지 아니하는 범위안에서 의사와 내부규율에 관한 규칙을 제정할 수 있다.
② 국회는 의원의 자격을 심사하며, 의원을 징계할 수 있다.
③ 의원을 제명하려면 국회재적의원 3분의 2 이상의 찬성이 있어야 한다.
④ 제2항과 제3항의 처분에 대하여는 법원에 제소할 수 없다.

제101조 ① 대통령·국무총리·국무위원·행정각부의 장·헌법위원회 위원·법관·중앙선거관리위원회 위원·감사위원 기타 법률에 정한 공무원이 그 직무집행에 있어서 헌법이나

법률을 위배한 때에는 국회는 탄핵의 소추를 의결할 수 있다.
② 제1항의 탄핵소추는 국회재적의원 3분의 1 이상의 발의가 있어야 하며, 그 의결은 국회재적의원 과반수의 찬성이 있어야 한다. 다만, 대통령에 대한 탄핵소추는 국회재적의원 과반수의 발의와 국회재적의원 3분의 2이상의 찬성이 있어야 한다.
③ 탄핵소추의 의결을 받은 자는 탄핵결정이 있을 때까지 그 권한행사가 정지된다.
④ 탄핵결정은 공직으로부터 파면함에 그친다. 그러나, 이에 의하여 민사상이나 형사상의 책임이 면제되지는 아니한다.

제5장 법원

제102조 ① 사법권은 법관으로 구성된 법원에 속한다.
② 법원은 최고법원인 대법원과 각급 법원으로 조직된다.
③ 법관의 자격은 법률로 정한다.

제103조 ① 대법원에 부를 둘 수 있다.
② 대법원에 행정·조세·노동·군사 등을 전담하는 부를 둘 수 있다.
③ 대법원에 대법원판사를 둔다. 다만, 법률이 정하는 바에 의하여 대법원판사가 아닌 법관을 둘 수 있다.
④ 대법원과 각급 법원의 조직은 법률로 정한다.

제104조 법관은 헌법과 법률에 의하여 그 양심에 따라 독립하여 심판한다.

제105조 ① 대법원장은 국회의 동의를 얻어 대통령이 임명한다.
② 대법원판사는 대법원장의 제청에 의하여 대통령이 임명한다.
③ 대법원장과 대법원판사가 아닌 법관은 대법원장이 임명한다.

제106조 ① 대법원장의 임기는 5년으로 하며, 중임할 수 없다.
② 대법원판사의 임기는 5년으로 하며, 법률이 정하는 바에 의하여 연임할 수 있다.
③ 대법원장과 대법원판사가 아닌 법관의 임기는 10년으로 하며, 법률이 정하는 바에 의하여 연임할 수 있다.
④ 법관의 정년은 법률로 정한다.

제107조 ① 법관은 탄핵 또는 형벌에 의하지 아니하고는 파면되지 아니하며, 징계처분에 의하지 아니하고는 정직·감봉 또는 불리한 처분을 받지 아니한다.
② 법관이 중대한 심신상의 장해로 직무를 수행할 수 없을 때에는 법률이 정하는 바에 의하여 퇴직하게 할 수 있다.

제108조 ① 법률이 헌법에 위반되는 여부가 재판의 전제가 된 경우에 법원은 법률이 헌법에 위반되는 것으로 인정할 때에는 헌법위원회에 제청하여 그 결정에 의하여 재판한다.
② 명령·규칙·처분이 헌법이나 법률에 위반되는 여부가 재판의 전제가 된 경우에는 대법원은 이를 최종적으로 심사할 권한을 가진다.
③ 재판의 전심절차로서 행정심판을 할 수 있다. 행정심판의 절차는 법률로 정하되, 사법절차가 준용되어야 한다.

제109조 대법원은 법률에 저촉되지 아니하는 범위안에서 소송에 관한 절차, 법원의 내부규율과 사무처리에 관한 규칙을 제정할 수 있다.

제110조 재판의 심리와 판결은 공개한다. 다만, 심리는 국가의 안전보장 또는 안녕질서를 방해하거나 선량한 풍속을 해할 염려가 있을 때에는 법원의 결정으로 공개하지 아니할 수

있다.

제111조 ① 군사재판을 관할하기 위하여 특별법원으로서 군법회의를 둘 수 있다.
② 군법회의의 상고심은 대법원에서 관할한다.
③ 군법회의의 조직·권한 및 재판관의 자격은 법률로 정한다.
④ 비상계엄하의 군사재판은 군인·군무원의 범죄나 군사에 관한 간첩죄의 경우와, 초병·초소·유해음식물공급·포로에 관한 죄중 법률에 정한 경우에 한하여 단심으로 할 수 있다.

제6장 헌법위원회

제112조 ① 헌법위원회는 다음 사항을 심판한다.

1. 법원의 제청에 의한 법률의 위헌여부
2. 탄 핵
3. 정당의 해산

② 헌법위원회는 9인의 위원으로 구성하며, 위원은 대통령이 임명한다.
③ 제2항의 위원중 3인은 국회에서 선출하는 자를, 3인은 대법원장이 지명하는 자를 임명한다.
④ 헌법위원회의 위원장은 위원중에서 대통령이 임명한다.

제113조 ① 헌법위원회 위원의 임기는 6년으로 하며, 법률이 정하는 바에 의하여 연임할 수 있다.
② 헌법위원회 위원은 정당에 가입하거나 정치에 관여할 수 없다.
③ 헌법위원회 위원은 탄핵 또는 형벌에 의하지 아니하고는 파면되지 아니한다.
④ 헌법위원회 위원의 자격은 법률로 정한다.

제114조 ① 헌법위원회에서 법률의 위헌결정, 탄핵의 결정 또는 정당해산의 결정을 할 때에는 위원 6인이상의 찬성이 있어야 한다.
② 헌법위원회의 조직과 운영 기타 필요한 사항은 법률로 정한다.

제7장 선거관리

제115조 ① 선거와 국민투표의 공정한 관리 및 정당에 관한 사무를 처리하기 위하여 선거관리위원회를 둔다.
② 중앙선거관리위원회는 대통령이 임명하는 3인, 국회에서 선출하는 3인과 대법원장이 지명하는 3인의 위원으로 구성한다. 위원장은 위원중에서 호선한다.
③ 위원의 임기는 5년으로 한다.
④ 위원은 정당에 가입하거나 정치에 관여할 수 없다.
⑤ 위원은 탄핵 또는 형벌에 의하지 아니하고는 파면되지 아니한다.
⑥ 중앙선거관리위원회는 법령의 범위안에서 선거관리·국민투표관리 또는 정당사무에 관한 규칙을 제정할 수 있다.
⑦ 각급 선거관리위원회의 조직·직무범위 기타 필요한 사항은 법률로 정한다.

제116조 ① 각급 선거관리위원회는 선거인명부의 작성등 선거사무에 관하여 관계 행정기관에 필요한 지시를 할 수 있다.
② 제1항의 지시를 받은 당해 행정기관은 이에 응하여야 한다.

제117조 ① 선거운동은 각급 선거관리위원회의 관리하에 법률이 정하는 범위안에서 하되, 균등한 기회가 보장되어야 한다.
② 선거에 관한 경비는 법률이 정하는 경우를 제외하고는 정당 또는 후보자에게 부담시킬 수 없다.

제8장 지방자치

제118조 ① 지방자치단체는 주민의 복리에 관한 사무를 처리하고 재산을 관리하며, 법령의 범위안에서 자치에 관한 규정을 제정할 수 있다.
② 지방자치단체의 종류는 법률로 정한다.

제119조 ① 지방자치단체에 의회를 둔다.
② 지방의회의 조직·권한·의원선거와 지방자치단체의 장의 선임방법 기타 지방자치단체의 조직과 운영에 관한 사항은 법률로 정한다.

제9장 경제

제120조 ① 대한민국의 경제질서는 개인의 경제상의 자유와 창의를 존중함을 기본으로 한다.
② 국가는 모든 국민에게 생활의 기본적 수요를 충족시키는 사회정의의 실현과 균형있는 국민경제의 발전을 위하여 필요한 범위안에서 경제에 관한 규제와 조정을 한다.
③ 독과점의 폐단은 적절히 규제·조정한다.

제121조 ① 광물 기타 중요한 지하자원·수산자원·수력과 경제상 이용할 수 있는 자연력은 법률이 정하는 바에 의하여 일정한 기간 그 채취·개발 또는 이용을 특허할 수 있다.
② 국토와 자원은 국가의 보호를 받으며, 국가는 그 균형있는 개발과 이용을 위하여 필요한 계획을 수립한다.

제122조 농지의 소작제도는 법률이 정하는 바에 의하여 금지된다. 다만, 농업생산성의 제고와 농지의 합리적인 이용을 위한 임대차 및 위탁경영은 법률이 정하는 바에 의하여 인정된다.

제123조 국가는 농지와 산지 기타 국토의 효율적이고 균형있는 이용·개발과 보전을 위하여 법률이 정하는 바에 의하여 그에 관한 필요한 제한과 의무를 과할 수 있다.

제124조 ① 국가는 농민·어민의 자조를 기반으로 하는 농어촌개발을 위하여 필요한 계획을 수립하며, 지역사회의 균형있는 발전을 기한다.
② 국가는 중소기업의 사업활동을 보호·육성하여야 한다.
③ 국가는 농민·어민과 중소기업의 자조조직을 육성하여야 하며, 그 정치적 중립성을 보장한다.

제125조 국가는 건전한 소비행위를 계도하고 생산품의 품질향상을 촉구하기 위한 소비자보호운동을 법률이 정하는 바에 의하여 보장한다.

제126조 국가는 대외무역을 육성하며, 이를 규제·조정할 수 있다.

제127조 국방상 또는 국민경제상 긴절한 필요로 인하여 법률에 정한 경우를 제외하고는, 사영기업을 국유 또는 공유로 이전하거나 그 경영을 통제 또는 관리할 수 없다.

제128조 ① 국가는 국민경제의 발전에 노력하고 과학기술을 창달·진흥하여야 한다.
② 국가는 국가표준제도를 확립한다.
③ 대통령은 제1항의 목적을 달성하기 위하여 필요한 자문기구를 둘 수 있다.

제10장 헌법개정

제129조 ① 헌법개정은 대통령 또는 국회재적의원 과반수의 발의로 제안된다.
② 대통령의 임기연장 또는 중임변경을 위한 헌법개정은 그 헌법개정제안 당시의 대통령에 대하여는 효력이 없다.

제130조 제안된 헌법개정안은 대통령이 20일 이상의 기간 이를 공고하여야 한다.

제131조 ① 국회는 헌법개정안이 공고된 날로부터 60일이내에 의결하여야 하며, 국회의 의결은 재적의원 3분의 2이상의 찬성을 얻어야 한다.
② 헌법개정안은 국회가 의결한 후 30일이내에 국민투표에 붙여 국회의원선거권자 과반수의 투표와 투표자 과반수의 찬성을 얻어야 한다.
③ 헌법개정안이 제2항의 찬성을 얻은 때에는 헌법개정은 확정되며, 대통령은 즉시 이를 공포하여야 한다.

부칙 〈제9호, 1980.10.27.〉

제1조 이 헌법은 공포한 날로부터 시행한다.

제2조 이 헌법에 의한 최초의 대통령과 국회의원의 선거는 1981년 6월 30일까지 실시한다.

제3조 이 헌법 시행당시의 대통령의 임기는 이 헌법에 의한 최초의 대통령이 선출됨과 동시에 종료된다.

제4조 이 헌법 시행과 동시에 이 헌법 시행당시의 통일주체국민회의는 폐지되고 그 대의원의 임기도 종료된다.

제5조 ① 이 헌법 시행당시의 국회의원의 임기는 이 헌법시행과 동시에 종료된다.
② 이 헌법에 의하여 선거된 최초의 국회의원의 임기는 국회의 최초의 집회일로부터 개시된다.

제6조 ① 국가보위입법회의는 이 헌법에 의한 국회의 최초의 집회일 전일까지 존속하며, 이 헌법시행일로부터 이 헌법에 의한 국회의 최초의 집회일 전일까지 국회의 권한을 대행한다.
② 국가보위입법회의는 각계의 대표자로 구성하되, 그 조직과 운영 기타 필요한 사항은 법률로 정한다.
③ 국가보위입법회의가 제정한 법률과 이에 따라 행하여진 재판 및 예산 기타 처분등은 그 효력을 지속하며, 이 헌법 기타의 이유로 제소하거나 이의를 할 수 없다.
④ 국가보위입법회의는 정치풍토의 쇄신과 도의정치의 구현을 위하여 이 헌법시행일이전의 정치적 또는 사회적 부패나 혼란에 현저한 책임이 있는 자에 대한 정치활동을 규제하는 률을 제정할 수 있다.

제7조 새로운 정치질서의 확립을 위하여 이 헌법 시행과 동시에 이 헌법 시행당시의 정당은 당연히 해산된다. 다만, 늦어도 이 헌법에 의한 최초의 대통령선거일 3월이전까지는 새로운 정당의 설립이 보장된다.

제8조 ① 이 헌법에 의하여 선거방법이나 임명권자가 변경된 공무원과 대법원장·대법원판사·감사원장·감사위원·헌법위원회위원은 이 헌법에 의하여 후임자가 선임될 때까지 그 직무를 행하며, 이 경우 전임자인 공무원의 임기는 후임자가 선임되는 전일까지로 한다.
② 이 헌법중 공무원의 임기 또는 중임제한에 관한 규정은 이 헌법에 의하여 그 공무원이 최초로 선출 또는 임명된 때로부터 적용한다.

제9조 이 헌법 시행당시의 법령과 조약은 이 헌법에 위배되지 아니하는 한 그 효력을 지속한다.

제10조 이 헌법에 의한 지방의회는 지방자치단체의 재정자립도를 감안하여 순차적으로 구성하되, 그 구성시기는 법률로 정한다.

대한민국헌법(제9차 개정헌법)

[시행 1988.2.25]
[헌법 제10호, 1987.10.29, 전부개정]

전문

유구한 역사와 전통에 빛나는 우리 대한국민은 3·1운동으로 건립된 대한민국임시정부의 법통과 불의에 항거한 4·19민주이념을 계승하고, 조국의 민주개혁과 평화적 통일의 사명에 입각하여 정의·인도와 동포애로써 민족의 단결을 공고히 하고, 모든 사회적 폐습과 불의를 타파하며, 자율과 조화를 바탕으로 자유민주적 기본질서를 더욱 확고히 하여 정치·경제·사회·문화의 모든 영역에 있어서 각인의 기회를 균등히 하고, 능력을 최고도로 발휘하게 하며, 자유와 권리에 따르는 책임과 의무를 완수하게 하여, 안으로는 국민생활의 균등한 향상을 기하고 밖으로는 항구적인 세계평화와 인류공영에 이바지함으로써 우리들과 우리들의 자손의 안전과 자유와 행복을 영원히 확보할 것을 다짐하면서 1948년 7월 12일에 제정되고 8차에 걸쳐 개정된 헌법을 이제 국회의 의결을 거쳐 국민투표에 의하여 개정한다.

제1장 총강

제1조 ① 대한민국은 민주공화국이다.
② 대한민국의 주권은 국민에게 있고, 모든 권력은 국민으로부터 나온다.

제2조 ① 대한민국의 국민이 되는 요건은 법률로 정한다.
② 국가는 법률이 정하는 바에 의하여 재외국민을 보호할 의무를 진다.

제3조 대한민국의 영토는 한반도와 그 부속도서로 한다.

제4조 대한민국은 통일을 지향하며, 자유민주적 기본질서에 입각한 평화적 통일 정책을 수립하고 이를 추진한다.

제5조 ① 대한민국은 국제평화의 유지에 노력하고 침략적 전쟁을 부인한다.
② 국군은 국가의 안전보장과 국토방위의 신성한 의무를 수행함을 사명으로 하며, 그 정치적 중립성은 준수된다.

제6조 ① 헌법에 의하여 체결·공포된 조약과 일반적으로 승인된 국제법규는 국내법과 같은 효력을 가진다.
② 외국인은 국제법과 조약이 정하는 바에 의하여 그 지위가 보장된다.

제7조 ① 공무원은 국민전체에 대한 봉사자이며, 국민에 대하여 책임을 진다.
② 공무원의 신분과 정치적 중립성은 법률이 정하는 바에 의하여 보장된다.

제8조 ① 정당의 설립은 자유이며, 복수정당제는 보장된다.
② 정당은 그 목적·조직과 활동이 민주적이어야 하며, 국민의 정치적 의사형성에 참여하는데 필요한 조직을 가져야 한다.
③ 정당은 법률이 정하는 바에 의하여 국가의 보호를 받으며, 국가는 법률이 정하는 바에 의하여 정당운영에 필요한 자금을 보조할 수 있다.
④ 정당의 목적이나 활동이 민주적 기본질서에 위배될 때에는 정부는 헌법재판소에 그 해산을 제소할 수 있고, 정당은 헌법재판소의 심판에 의하여 해산된다.

제9조 국가는 전통문화의 계승·발전과 민족문화의 창달에 노력하여야 한다.

제2장 국민의 권리와 의무

제10조 모든 국민은 인간으로서의 존엄과 가치를 가지며, 행복을 추구할 권리를 가진다. 국가는 개인이 가지는 불가침의 기본적 인권을 확인하고 이를 보장할 의무를 진다.

제11조 ① 모든 국민은 법 앞에 평등하다. 누구든지 성별·종교 또는 사회적 신분에 의하여 정치적·경제적·사회적·문화적 생활의 모든 영역에 있어서 차별을 받지 아니한다.
② 사회적 특수계급의 제도는 인정되지 아니하며, 어떠한 형태로도 이를 창설할 수 없다.
③ 훈장등의 영전은 이를 받은 자에게만 효력이 있고, 어떠한 특권도 이에 따르지 아니한다.

제12조 ① 모든 국민은 신체의 자유를 가진다. 누구든지 법률에 의하지 아니하고는 체포·구속·압수·수색 또는 심문을 받지 아니하며, 법률과 적법한 절차에 의하지 아니하고는 처벌·보안처분 또는 강제노역을 받지 아니한다.
② 모든 국민은 고문을 받지 아니하며, 형사상 자기에게 불리한 진술을 강요당하지 아니한다.
③ 체포·구속·압수 또는 수색을 할 때에는 적법한 절차에 따라 검사의 신청에 의하여 법관이 발부한 영장을 제시하여야 한다. 다만, 현행범인인 경우와 장기 3년 이상의 형에 해당하는 죄를 범하고 도피 또는 증거인멸의 염려가 있을 때에는 사후에 영장을 청구할 수 있다.
④ 누구든지 체포 또는 구속을 당한 때에는 즉시 변호인의 조력을 받을 권리를 가진다. 다만, 형사피고인이 스스로 변호인을 구할 수 없을 때에는 법률이 정하는 바에 의하여 국가가 변호인을 붙인다.
⑤ 누구든지 체포 또는 구속의 이유와 변호인의 조력을 받을 권리가 있음을 고지받지 아니하고는 체포 또는 구속을 당하지 아니한다. 체포 또는 구속을 당한 자의 가족등 법률이 정하는 자에게는 그 이유와 일시·장소가 지체없이 통지되어야 한다.
⑥ 누구든지 체포 또는 구속을 당한 때에는 적부의 심사를 법원에 청구할 권리를 가진다.
⑦ 피고인의 자백이 고문·폭행·협박·구속의 부당한 장기화 또는 기망 기타의 방법에 의하여 자의로 진술된 것이 아니라고 인정될 때 또는 정식재판에 있어서 피고인의 자백이 그에게 불리한 유일한 증거일 때에는 이를 유죄의 증거로 삼거나 이를 이유로 처벌할 수 없다.

제13조 ① 모든 국민은 행위시의 법률에 의하여 범죄를 구성하지 아니하는 행위로 소추되지 아니하며, 동일한 범죄에 대하여 거듭 처벌받지 아니한다.
② 모든 국민은 소급입법에 의하여 참정권의 제한을 받거나 재산권을 박탈당하지 아니한다.
③ 모든 국민은 자기의 행위가 아닌 친족의 행위로 인하여 불이익한 처우를 받지 아니한다.

제14조 모든 국민은 거주·이전의 자유를 가진다.

제15조 모든 국민은 직업선택의 자유를 가진다.

제16조 모든 국민은 주거의 자유를 침해받지 아니한다. 주거에 대한 압수나 수색을 할 때에는 검사의 신청에 의하여 법관이 발부한 영장을 제시하여야 한다.

제17조 모든 국민은 사생활의 비밀과 자유를

침해받지 아니한다.

제18조 모든 국민은 통신의 비밀을 침해받지 아니한다.

제19조 모든 국민은 양심의 자유를 가진다.

제20조 ① 모든 국민은 종교의 자유를 가진다.
② 국교는 인정되지 아니하며, 종교와 정치는 분리된다.

제21조 ① 모든 국민은 언론·출판의 자유와 집회·결사의 자유를 가진다.
② 언론·출판에 대한 허가나 검열과 집회·결사에 대한 허가는 인정되지 아니한다.
③ 통신·방송의 시설기준과 신문의 기능을 보장하기 위하여 필요한 사항은 법률로 정한다.
④ 언론·출판은 타인의 명예나 권리 또는 공중도덕이나 사회윤리를 침해하여서는 아니된다. 언론·출판이 타인의 명예나 권리를 침해한 때에는 피해자는 이에 대한 피해의 배상을 청구할 수 있다.

제22조 ① 모든 국민은 학문과 예술의 자유를 가진다.
② 저작자·발명가·과학기술자와 예술가의 권리는 법률로써 보호한다.

제23조 ① 모든 국민의 재산권은 보장된다. 그 내용과 한계는 법률로 정한다.
② 재산권의 행사는 공공복리에 적합하도록 하여야 한다.
③ 공공필요에 의한 재산권의 수용·사용 또는 제한 및 그에 대한 보상은 법률로써 하되, 정당한 보상을 지급하여야 한다.

제24조 모든 국민은 법률이 정하는 바에 의하여 선거권을 가진다.

제25조 모든 국민은 법률이 정하는 바에 의하여 공무담임권을 가진다.

제26조 ① 모든 국민은 법률이 정하는 바에 의하여 국가기관에 문서로 청원할 권리를 가진다.
② 국가는 청원에 대하여 심사할 의무를 진다.

제27조 ① 모든 국민은 헌법과 법률이 정한 법관에 의하여 법률에 의한 재판을 받을 권리를 가진다.
② 군인 또는 군무원이 아닌 국민은 대한민국의 영역안에서는 중대한 군사상 기밀·초병·초소·유독음식물공급·포로·군용물에 관한 죄중 법률이 정한 경우와 비상계엄이 선포된 경우를 제외하고는 군사법원의 재판을 받지 아니한다.
③ 모든 국민은 신속한 재판을 받을 권리를 가진다. 형사피고인은 상당한 이유가 없는 한 지체없이 공개재판을 받을 권리를 가진다.
④ 형사피고인은 유죄의 판결이 확정될 때까지는 무죄로 추정된다.
⑤ 형사피해자는 법률이 정하는 바에 의하여 당해 사건의 재판절차에서 진술할 수 있다.

제28조 형사피의자 또는 형사피고인으로서 구금되었던 자가 법률이 정하는 불기소처분을 받거나 무죄판결을 받은 때에는 법률이 정하는 바에 의하여 국가에 정당한 보상을 청구할 수 있다.

제29조 ① 공무원의 직무상 불법행위로 손해를 받은 국민은 법률이 정하는 바에 의하여 국가 또는 공공단체에 정당한 배상을 청구할 수 있다. 이 경우 공무원 자신의 책임은 면제되지 아니한다.
② 군인·군무원·경찰공무원 기타 법률이 정하는 자가 전투·훈련등 직무집행과 관련하여 받은 손해에 대하여는 법률이 정하는 보상외에 국가 또는 공공단체에 공무원의 직무상 불

법행위로 인한 배상은 청구할 수 없다.

제30조 타인의 범죄행위로 인하여 생명·신체에 대한 피해를 받은 국민은 법률이 정하는 바에 의하여 국가로부터 구조를 받을 수 있다.

제31조 ① 모든 국민은 능력에 따라 균등하게 교육을 받을 권리를 가진다.
② 모든 국민은 그 보호하는 자녀에게 적어도 초등교육과 법률이 정하는 교육을 받게 할 의무를 진다.
③ 의무교육은 무상으로 한다.
④ 교육의 자주성·전문성·정치적 중립성 및 대학의 자율성은 법률이 정하는 바에 의하여 보장된다.
⑤ 국가는 평생교육을 진흥하여야 한다.
⑥ 학교교육 및 평생교육을 포함한 교육제도와 그 운영, 교육재정 및 교원의 지위에 관한 기본적인 사항은 법률로 정한다.

제32조 ① 모든 국민은 근로의 권리를 가진다. 국가는 사회적·경제적 방법으로 근로자의 고용의 증진과 적정임금의 보장에 노력하여야 하며, 법률이 정하는 바에 의하여 최저임금제를 시행하여야 한다.
② 모든 국민은 근로의 의무를 진다. 국가는 근로의 의무의 내용과 조건을 민주주의원칙에 따라 법률로 정한다.
③ 근로조건의 기준은 인간의 존엄성을 보장하도록 법률로 정한다.
④ 여자의 근로는 특별한 보호를 받으며, 고용·임금 및 근로조건에 있어서 부당한 차별을 받지 아니한다.
⑤ 연소자의 근로는 특별한 보호를 받는다.
⑥ 국가유공자·상이군경 및 전몰군경의 유가족은 법률이 정하는 바에 의하여 우선적으로 근로의 기회를 부여받는다.

제33조 ① 근로자는 근로조건의 향상을 위하여 자주적인 단결권·단체교섭권 및 단체행동권을 가진다.
② 공무원인 근로자는 법률이 정하는 자에 한하여 단결권·단체교섭권 및 단체행동권을 가진다.
③ 법률이 정하는 주요방위산업체에 종사하는 근로자의 단체행동권은 법률이 정하는 바에 의하여 이를 제한하거나 인정하지 아니할 수 있다.

제34조 ① 모든 국민은 인간다운 생활을 할 권리를 가진다.
② 국가는 사회보장·사회복지의 증진에 노력할 의무를 진다.
③ 국가는 여자의 복지와 권익의 향상을 위하여 노력하여야 한다.
④ 국가는 노인과 청소년의 복지향상을 위한 정책을 실시할 의무를 진다.
⑤ 신체장애자 및 질병·노령 기타의 사유로 생활능력이 없는 국민은 법률이 정하는 바에 의하여 국가의 보호를 받는다.
⑥ 국가는 재해를 예방하고 그 위험으로부터 국민을 보호하기 위하여 노력하여야 한다.

제35조 ① 모든 국민은 건강하고 쾌적한 환경에서 생활할 권리를 가지며, 국가와 국민은 환경보전을 위하여 노력하여야 한다.
② 환경권의 내용과 행사에 관하여는 법률로 정한다.
③ 국가는 주택개발정책등을 통하여 모든 국민이 쾌적한 주거생활을 할 수 있도록 노력하여야 한다.

제36조 ① 혼인과 가족생활은 개인의 존엄과 양성의 평등을 기초로 성립되고 유지되어야 하며, 국가는 이를 보장한다.
② 국가는 모성의 보호를 위하여 노력하여야 한다.

③ 모든 국민은 보건에 관하여 국가의 보호를 받는다.

제37조 ① 국민의 자유와 권리는 헌법에 열거되지 아니한 이유로 경시되지 아니한다.
② 국민의 모든 자유와 권리는 국가안전보장·질서유지 또는 공공복리를 위하여 필요한 경우에 한하여 법률로써 제한할 수 있으며, 제한하는 경우에도 자유와 권리의 본질적인 내용을 침해할 수 없다.

제38조 모든 국민은 법률이 정하는 바에 의하여 납세의 의무를 진다.

제39조 ① 모든 국민은 법률이 정하는 바에 의하여 국방의 의무를 진다.
② 누구든지 병역의무의 이행으로 인하여 불이익한 처우를 받지 아니한다.

제3장 국회

제40조 입법권은 국회에 속한다.

제41조 ① 국회는 국민의 보통·평등·직접·비밀선거에 의하여 선출된 국회의원으로 구성한다.
② 국회의원의 수는 법률로 정하되, 200인 이상으로 한다.
③ 국회의원의 선거구와 비례대표제 기타 선거에 관한 사항은 법률로 정한다.

제42조 국회의원의 임기는 4년으로 한다.

제43조 국회의원은 법률이 정하는 직을 겸할 수 없다.

제44조 ① 국회의원은 현행범인인 경우를 제외하고는 회기중 국회의 동의없이 체포 또는 구금되지 아니한다.
② 국회의원이 회기전에 체포 또는 구금된 때에는 현행범인이 아닌 한 국회의 요구가 있으면 회기중 석방된다.

제45조 국회의원은 국회에서 직무상 행한 발언과 표결에 관하여 국회외에서 책임을 지지 아니한다.

제46조 ① 국회의원은 청렴의 의무가 있다.
② 국회의원은 국가이익을 우선하여 양심에 따라 직무를 행한다.
③ 국회의원은 그 지위를 남용하여 국가·공공단체 또는 기업체와의 계약이나 그 처분에 의하여 재산상의 권리·이익 또는 직위를 취득하거나 타인을 위하여 그 취득을 알선할 수 없다.

제47조 ① 국회의 정기회는 법률이 정하는 바에 의하여 매년 1회 집회되며, 국회의 임시회는 대통령 또는 국회재적의원 4분의 1 이상의 요구에 의하여 집회된다.
② 정기회의 회기는 100일을, 임시회의 회기는 30일을 초과할 수 없다.
③ 대통령이 임시회의 집회를 요구할 때에는 기간과 집회요구의 이유를 명시하여야 한다.

제48조 국회는 의장 1인과 부의장 2인을 선출한다.

제49조 국회는 헌법 또는 법률에 특별한 규정이 없는 한 재적의원 과반수의 출석과 출석의원 과반수의 찬성으로 의결한다. 가부동수인 때에는 부결된 것으로 본다.

제50조 ① 국회의 회의는 공개한다. 다만, 출석의원 과반수의 찬성이 있거나 의장이 국가의 안전보장을 위하여 필요하다고 인정할 때에는 공개하지 아니할 수 있다.
② 공개하지 아니한 회의내용의 공표에 관하여는 법률이 정하는 바에 의한다.

제51조 국회에 제출된 법률안 기타의 의안은 회기중에 의결되지 못한 이유로 폐기되지 아니한다. 다만, 국회의원의 임기가 만료된 때에는 그러하지 아니하다.

제52조 국회의원과 정부는 법률안을 제출할 수 있다.

제53조 ① 국회에서 의결된 법률안은 정부에 이송되어 15일 이내에 대통령이 공포한다.
② 법률안에 이의가 있을 때에는 대통령은 제1항의 기간내에 이의서를 붙여 국회로 환부하고, 그 재의를 요구할 수 있다. 국회의 폐회중에도 또한 같다.
③ 대통령은 법률안의 일부에 대하여 또는 법률안을 수정하여 재의를 요구할 수 없다.
④ 재의의 요구가 있을 때에는 국회는 재의에 붙이고, 재적의원과반수의 출석과 출석의원 3분의 2 이상의 찬성으로 전과 같은 의결을 하면 그 법률안은 법률로서 확정된다.
⑤ 대통령이 제1항의 기간내에 공포나 재의의 요구를 하지 아니한 때에도 그 법률안은 법률로서 확정된다.
⑥ 대통령은 제4항과 제5항의 규정에 의하여 확정된 법률을 지체없이 공포하여야 한다. 제5항에 의하여 법률이 확정된 후 또는 제4항에 의한 확정법률이 정부에 이송된 후 5일 이내에 대통령이 공포하지 아니할 때에는 국회의장이 이를 공포한다.
⑦ 법률은 특별한 규정이 없는 한 공포한 날로부터 20일을 경과함으로써 효력을 발생한다.

제54조 ① 국회는 국가의 예산안을 심의 · 확정한다.
② 정부는 회계연도마다 예산안을 편성하여 회계연도 개시 90일전까지 국회에 제출하고, 국회는 회계연도 개시 30일전까지 이를 의결하여야 한다.
③ 새로운 회계연도가 개시될 때까지 예산안이 의결되지 못한 때에는 정부는 국회에서 예산안이 의결될 때까지 다음의 목적을 위한 경비는 전년도 예산에 준하여 집행할 수 있다.

1. 헌법이나 법률에 의하여 설치된 기관 또는 시설의 유지 · 운영
2. 법률상 지출의무의 이행
3. 이미 예산으로 승인된 사업의 계속

제55조 ① 한 회계연도를 넘어 계속하여 지출할 필요가 있을 때에는 정부는 연한을 정하여 계속비로서 국회의 의결을 얻어야 한다.
② 예비비는 총액으로 국회의 의결을 얻어야 한다. 예비비의 지출은 차기국회의 승인을 얻어야 한다.

제56조 정부는 예산에 변경을 가할 필요가 있을 때에는 추가경정예산안을 편성하여 국회에 제출할 수 있다.

제57조 국회는 정부의 동의없이 정부가 제출한 지출예산 각항의 금액을 증가하거나 새 비목을 설치할 수 없다.

제58조 국채를 모집하거나 예산외에 국가의 부담이 될 계약을 체결하려 할 때에는 정부는 미리 국회의 의결을 얻어야 한다.

제59조 조세의 종목과 세율은 법률로 정한다.

제60조 ① 국회는 상호원조 또는 안전보장에 관한 조약, 중요한 국제조직에 관한 조약, 우호통상항해조약, 주권의 제약에 관한 조약, 강화조약, 국가나 국민에게 중대한 재정적 부담을 지우는 조약 또는 입법사항에 관한 조약의 체결 · 비준에 대한 동의권을 가진다.
② 국회는 선전포고, 국군의 외국에의 파견 또는 외국군대의 대한민국 영역안에서의 주류에 대한 동의권을 가진다.

제61조 ① 국회는 국정을 감사하거나 특정한 국정사안에 대하여 조사할 수 있으며, 이에 필요한 서류의 제출 또는 증인의 출석과 증언이나 의견의 진술을 요구할 수 있다.
② 국정감사 및 조사에 관한 절차 기타 필요한 사항은 법률로 정한다.

제62조 ① 국무총리·국무위원 또는 정부위원은 국회나 그 위원회에 출석하여 국정처리상황을 보고하거나 의견을 진술하고 질문에 응답할 수 있다.
② 국회나 그 위원회의 요구가 있을 때에는 국무총리·국무위원 또는 정부위원은 출석·답변하여야 하며, 국무총리 또는 국무위원이 출석요구를 받은 때에는 국무위원 또는 정부위원으로 하여금 출석·답변하게 할 수 있다.

제63조 ① 국회는 국무총리 또는 국무위원의 해임을 대통령에게 건의할 수 있다.
② 제1항의 해임건의는 국회재적의원 3분의 1 이상의 발의에 의하여 국회재적의원 과반수의 찬성이 있어야 한다.

제64조 ① 국회는 법률에 저촉되지 아니하는 범위안에서 의사와 내부규율에 관한 규칙을 제정할 수 있다.
② 국회는 의원의 자격을 심사하며, 의원을 징계할 수 있다.
③ 의원을 제명하려면 국회재적의원 3분의 2 이상의 찬성이 있어야 한다.
④ 제2항과 제3항의 처분에 대하여는 법원에 제소할 수 없다.

제65조 ① 대통령·국무총리·국무위원·행정각부의 장·헌법재판소 재판관·법관·중앙선거관리위원회 위원·감사원장·감사위원 기타 법률이 정한 공무원이 그 직무집행에 있어서 헌법이나 법률을 위배한 때에는 국회는 탄핵의 소추를 의결할 수 있다.
② 제1항의 탄핵소추는 국회재적의원 3분의 1 이상의 발의가 있어야 하며, 그 의결은 국회재적의원 과반수의 찬성이 있어야 한다. 다만, 대통령에 대한 탄핵소추는 국회재적의원 과반수의 발의와 국회재적의원 3분의 2 이상의 찬성이 있어야 한다.
③ 탄핵소추의 의결을 받은 자는 탄핵심판이 있을 때까지 그 권한행사가 정지된다.
④ 탄핵결정은 공직으로부터 파면함에 그친다. 그러나, 이에 의하여 민사상이나 형사상의 책임이 면제되지는 아니한다.

제4장 정부

제1절 대통령

제66조 ① 대통령은 국가의 원수이며, 외국에 대하여 국가를 대표한다.
② 대통령은 국가의 독립·영토의 보전·국가의 계속성과 헌법을 수호할 책무를 진다.
③ 대통령은 조국의 평화적 통일을 위한 성실한 의무를 진다.
④ 행정권은 대통령을 수반으로 하는 정부에 속한다.

제67조 ① 대통령은 국민의 보통·평등·직접·비밀선거에 의하여 선출한다.
② 제1항의 선거에 있어서 최고득표자가 2인 이상인 때에는 국회의 재적의원 과반수가 출석한 공개회의에서 다수표를 얻은 자를 당선자로 한다.
③ 대통령후보자가 1인일 때에는 그 득표수가 선거권자 총수의 3분의 1 이상이 아니면 대통령으로 당선될 수 없다.
④ 대통령으로 선거될 수 있는 자는 국회의원의 피선거권이 있고 선거일 현재 40세에 달하여야 한다.

⑤ 대통령의 선거에 관한 사항은 법률로 정한다.

제68조 ① 대통령의 임기가 만료되는 때에는 임기만료 70일 내지 40일전에 후임자를 선거한다.
② 대통령이 궐위된 때 또는 대통령 당선자가 사망하거나 판결 기타의 사유로 그 자격을 상실한 때에는 60일 이내에 후임자를 선거한다.

제69조 대통령은 취임에 즈음하여 다음의 선서를 한다.

"나는 헌법을 준수하고 국가를 보위하며 조국의 평화적 통일과 국민의 자유와 복리의 증진 및 민족문화의 창달에 노력하여 대통령으로서의 직책을 성실히 수행할 것을 국민 앞에 엄숙히 선서합니다."

제70조 대통령의 임기는 5년으로 하며, 중임할 수 없다.

제71조 대통령이 궐위되거나 사고로 인하여 직무를 수행할 수 없을 때에는 국무총리, 법률이 정한 국무위원의 순서로 그 권한을 대행한다.

제72조 대통령은 필요하다고 인정할 때에는 외교·국방·통일 기타 국가안위에 관한 중요정책을 국민투표에 붙일 수 있다.

제73조 대통령은 조약을 체결·비준하고, 외교사절을 신임·접수 또는 파견하며, 선전포고와 강화를 한다.

제74조 ① 대통령은 헌법과 법률이 정하는 바에 의하여 국군을 통수한다.
② 국군의 조직과 편성은 법률로 정한다.

제75조 대통령은 법률에서 구체적으로 범위를 정하여 위임받은 사항과 법률을 집행하기 위하여 필요한 사항에 관하여 대통령령을 발할 수 있다.

제76조 ① 대통령은 내우·외환·천재·지변 또는 중대한 재정·경제상의 위기에 있어서 국가의 안전보장 또는 공공의 안녕질서를 유지하기 위하여 긴급한 조치가 필요하고 국회의 집회를 기다릴 여유가 없을 때에 한하여 최소한으로 필요한 재정·경제상의 처분을 하거나 이에 관하여 법률의 효력을 가지는 명령을 발할 수 있다.
② 대통령은 국가의 안위에 관계되는 중대한 교전상태에 있어서 국가를 보위하기 위하여 긴급한 조치가 필요하고 국회의 집회가 불가능한 때에 한하여 법률의 효력을 가지는 명령을 발할 수 있다.
③ 대통령은 제1항과 제2항의 처분 또는 명령을 한 때에는 지체없이 국회에 보고하여 그 승인을 얻어야 한다.
④ 제3항의 승인을 얻지 못한 때에는 그 처분 또는 명령은 그때부터 효력을 상실한다. 이 경우 그 명령에 의하여 개정 또는 폐지되었던 법률은 그 명령이 승인을 얻지 못한 때부터 당연히 효력을 회복한다.
⑤ 대통령은 제3항과 제4항의 사유를 지체없이 공포하여야 한다.

제77조 ① 대통령은 전시·사변 또는 이에 준하는 국가비상사태에 있어서 병력으로써 군사상의 필요에 응하거나 공공의 안녕질서를 유지할 필요가 있을 때에는 법률이 정하는 바에 의하여 계엄을 선포할 수 있다.
② 계엄은 비상계엄과 경비계엄으로 한다.
③ 비상계엄이 선포된 때에는 법률이 정하는 바에 의하여 영장제도, 언론·출판·집회·결사의 자유, 정부나 법원의 권한에 관하여 특별한 조치를 할 수 있다.
④ 계엄을 선포한 때에는 대통령은 지체없이 국회에 통고하여야 한다.

⑤ 국회가 재적의원 과반수의 찬성으로 계엄의 해제를 요구한 때에는 대통령은 이를 해제하여야 한다.

제78조 대통령은 헌법과 법률이 정하는 바에 의하여 공무원을 임면한다.

제79조 ① 대통령은 법률이 정하는 바에 의하여 사면·감형 또는 복권을 명할 수 있다.
② 일반사면을 명하려면 국회의 동의를 얻어야 한다.
③ 사면·감형 및 복권에 관한 사항은 법률로 정한다.

제80조 대통령은 법률이 정하는 바에 의하여 훈장 기타의 영전을 수여한다.

제81조 대통령은 국회에 출석하여 발언하거나 서한으로 의견을 표시할 수 있다.

제82조 대통령의 국법상 행위는 문서로써 하며, 이 문서에는 국무총리와 관계 국무위원이 부서한다. 군사에 관한 것도 또한 같다.

제83조 대통령은 국무총리·국무위원·행정각부의 장 기타 법률이 정하는 공사의 직을 겸할 수 없다.

제84조 대통령은 내란 또는 외환의 죄를 범한 경우를 제외하고는 재직중 형사상의 소추를 받지 아니한다.

제85조 전직대통령의 신분과 예우에 관하여는 법률로 정한다.

제2절 행정부

제1관 국무총리와 국무위원

제86조 ① 국무총리는 국회의 동의를 얻어 대통령이 임명한다.
② 국무총리는 대통령을 보좌하며, 행정에 관하여 대통령의 명을 받아 행정각부를 통할한다.
③ 군인은 현역을 면한 후가 아니면 국무총리로 임명될 수 없다.

제87조 ① 국무위원은 국무총리의 제청으로 대통령이 임명한다.
② 국무위원은 국정에 관하여 대통령을 보좌하며, 국무회의의 구성원으로서 국정을 심의한다.
③ 국무총리는 국무위원의 해임을 대통령에게 건의할 수 있다.
④ 군인은 현역을 면한 후가 아니면 국무위원으로 임명될 수 없다.

제2관 국무회의

제88조 ① 국무회의는 정부의 권한에 속하는 중요한 정책을 심의한다.
② 국무회의는 대통령·국무총리와 15인 이상 30인 이하의 국무위원으로 구성한다.
③ 대통령은 국무회의의 의장이 되고, 국무총리는 부의장이 된다.

제89조 다음 사항은 국무회의의 심의를 거쳐야 한다.

1. 국정의 기본계획과 정부의 일반정책
2. 선전·강화 기타 중요한 대외정책
3. 헌법개정안·국민투표안·조약안·법률안 및 대통령령안
4. 예산안·결산·국유재산처분의 기본계획·국가의 부담이 될 계약 기타 재정에 관한 중요사항
5. 대통령의 긴급명령·긴급재정경제처분 및 명령 또는 계엄과 그 해제
6. 군사에 관한 중요사항
7. 국회의 임시회 집회의 요구

8. 영전수여
9. 사면·감형과 복권
10. 행정각부간의 권한의 획정
11. 정부안의 권한의 위임 또는 배정에 관한 기본계획
12. 국정처리상황의 평가·분석
13. 행정각부의 중요한 정책의 수립과 조정
14. 정당해산의 제소
15. 정부에 제출 또는 회부된 정부의 정책에 관계되는 청원의 심사
16. 검찰총장·합동참모의장·각군참모총장·국립대학교총장·대사 기타 법률이 정한 공무원과 국영기업체관리자의 임명
17. 기타 대통령·국무총리 또는 국무위원이 제출한 사항

제90조 ① 국정의 중요한 사항에 관한 대통령의 자문에 응하기 위하여 국가원로로 구성되는 국가원로자문회의를 둘 수 있다.
② 국가원로자문회의의 의장은 직전대통령이 된다. 다만, 직전대통령이 없을 때에는 대통령이 지명한다.
③ 국가원로자문회의의 조직·직무범위 기타 필요한 사항은 법률로 정한다.

제91조 ① 국가안전보장에 관련되는 대외정책·군사정책과 국내정책의 수립에 관하여 국무회의의 심의에 앞서 대통령의 자문에 응하기 위하여 국가안전보장회의를 둔다.
② 국가안전보장회의는 대통령이 주재한다.
③ 국가안전보장회의의 조직·직무범위 기타 필요한 사항은 법률로 정한다.

제92조 ① 평화통일정책의 수립에 관한 대통령의 자문에 응하기 위하여 민주평화통일자문회의를 둘 수 있다.
② 민주평화통일자문회의의 조직·직무범위 기타 필요한 사항은 법률로 정한다.

제93조 ① 국민경제의 발전을 위한 중요정책의 수립에 관하여 대통령의 자문에 응하기 위하여 국민경제자문회의를 둘 수 있다.
② 국민경제자문회의의 조직·직무범위 기타 필요한 사항은 법률로 정한다.

제3관 행정각부

제94조 행정각부의 장은 국무위원 중에서 국무총리의 제청으로 대통령이 임명한다.

제95조 국무총리 또는 행정각부의 장은 소관사무에 관하여 법률이나 대통령령의 위임 또는 직권으로 총리령 또는 부령을 발할 수 있다.

제96조 행정각부의 설치·조직과 직무범위는 법률로 정한다.

제4관 감사원

제97조 국가의 세입·세출의 결산, 국가 및 법률이 정한 단체의 회계검사와 행정기관 및 공무원의 직무에 관한 감찰을 하기 위하여 대통령 소속하에 감사원을 둔다.

제98조 ① 감사원은 원장을 포함한 5인 이상 11인 이하의 감사위원으로 구성한다.
② 원장은 국회의 동의를 얻어 대통령이 임명하고, 그 임기는 4년으로 하며, 1차에 한하여 중임할 수 있다.
③ 감사위원은 원장의 제청으로 대통령이 임명하고, 그 임기는 4년으로 하며, 1차에 한하여 중임할 수 있다.

제99조 감사원은 세입·세출의 결산을 매년 검사하여 대통령과 차년도국회에 그 결과를 보고하여야 한다.

제100조 감사원의 조직 · 직무범위 · 감사위원의 자격 · 감사대상공무원의 범위 기타 필요한 사항은 법률로 정한다.

제5장 법원

제101조 ① 사법권은 법관으로 구성된 법원에 속한다.
② 법원은 최고법원인 대법원과 각급법원으로 조직된다.
③ 법관의 자격은 법률로 정한다.

제102조 ① 대법원에 부를 둘 수 있다.
② 대법원에 대법관을 둔다. 다만, 법률이 정하는 바에 의하여 대법관이 아닌 법관을 둘 수 있다.
③ 대법원과 각급법원의 조직은 법률로 정한다.

제103조 법관은 헌법과 법률에 의하여 그 양심에 따라 독립하여 심판한다.

제104조 ① 대법원장은 국회의 동의를 얻어 대통령이 임명한다.
② 대법관은 대법원장의 제청으로 국회의 동의를 얻어 대통령이 임명한다.
③ 대법원장과 대법관이 아닌 법관은 대법관회의의 동의를 얻어 대법원장이 임명한다.

제105조 ① 대법원장의 임기는 6년으로 하며, 중임할 수 없다.
② 대법관의 임기는 6년으로 하며, 법률이 정하 는 바에 의하여 연임할 수 있다.
③ 대법원장과 대법관이 아닌 법관의 임기는 10년으로 하며, 법률이 정하는 바에 의하여 연임할 수 있다.
④ 법관의 정년은 법률로 정한다.

제106조 ① 법관은 탄핵 또는 금고 이상의 형의 선고에 의하지 아니하고는 파면되지 아니하며, 징계처분에 의하지 아니하고는 정직 · 감봉 기타 불리한 처분을 받지 아니한다.
② 법관이 중대한 심신상의 장해로 직무를 수행할 수 없을 때에는 법률이 정하는 바에 의하여 퇴직하게 할 수 있다.

제107조 ① 법률이 헌법에 위반되는 여부가 재판의 전제가 된 경우에는 법원은 헌법재판소에 제청하여 그 심판에 의하여 재판한다.
② 명령 · 규칙 또는 처분이 헌법이나 법률에 위반되는 여부가 재판의 전제가 된 경우에는 대법원은 이를 최종적으로 심사할 권한을 가진다.
③ 재판의 전심절차로서 행정심판을 할 수 있다. 행정심판의 절차는 법률로 정하되, 사법절차가 준용되어야 한다.

제108조 대법원은 법률에 저촉되지 아니하는 범위안에서 소송에 관한 절차, 법원의 내부규율과 사무처리에 관한 규칙을 제정할 수 있다.

제109조 재판의 심리와 판결은 공개한다. 다만, 심리는 국가의 안전보장 또는 안녕질서를 방해하거나 선량한 풍속을 해할 염려가 있을 때에는 법원의 결정으로 공개하지 아니할 수 있다.

제110조 ① 군사재판을 관할하기 위하여 특별법원으로서 군사법원을 둘 수 있다.
② 군사법원의 상고심은 대법원에서 관할한다.
③ 군사법원의 조직 · 권한 및 재판관의 자격은 법률로 정한다.
④ 비상계엄하의 군사재판은 군인 · 군무원의 범죄나 군사에 관한 간첩죄의 경우와 초병 · 초소 · 유독음식물공급 · 포로에 관한 죄중 법률이 정한 경우에 한하여 단심으로 할 수 있다. 다만, 사형을 선고한 경우에는 그러하지 아니하다.

제6장 헌법재판소

제111조 ① 헌법재판소는 다음 사항을 관장한다.

1. 법원의 제청에 의한 법률의 위헌여부 심판
2. 탄핵의 심판
3. 정당의 해산 심판
4. 국가기관 상호간, 국가기관과 지방자치단체간 및 지방자치단체 상호간의 권한쟁의에 관한 심판
5. 법률이 정하는 헌법소원에 관한 심판

② 헌법재판소는 법관의 자격을 가진 9인의 재판관으로 구성하며, 재판관은 대통령이 임명한다.
③ 제2항의 재판관중 3인은 국회에서 선출하는 자를, 3인은 대법원장이 지명하는 자를 임명한다.
④ 헌법재판소의 장은 국회의 동의를 얻어 재판관중에서 대통령이 임명한다.

제112조 ① 헌법재판소 재판관의 임기는 6년으로 하며, 법률이 정하는 바에 의하여 연임할 수 있다.
② 헌법재판소 재판관은 정당에 가입하거나 정치에 관여할 수 없다.
③ 헌법재판소 재판관은 탄핵 또는 금고 이상의 형의 선고에 의하지 아니하고는 파면되지 아니한다.

제113조 ① 헌법재판소에서 법률의 위헌결정, 탄핵의 결정, 정당해산의 결정 또는 헌법소원에 관한 인용결정을 할 때에는 재판관 6인 이상의 찬성이 있어야 한다.
② 헌법재판소는 법률에 저촉되지 아니하는 범위안에서 심판에 관한 절차, 내부규율과 사무처리에 관한 규칙을 제정할 수 있다.
③ 헌법재판소의 조직과 운영 기타 필요한 사항은 법률로 정한다.

제7장 선거관리

제114조 ① 선거와 국민투표의 공정한 관리 및 정당에 관한 사무를 처리하기 위하여 선거관리위원회를 둔다.
② 중앙선거관리위원회는 대통령이 임명하는 3인, 국회에서 선출하는 3인과 대법원장이 지명하는 3인의 위원으로 구성한다. 위원장은 위원중에서 호선한다.
③ 위원의 임기는 6년으로 한다.
④ 위원은 정당에 가입하거나 정치에 관여할 수 없다.
⑤ 위원은 탄핵 또는 금고 이상의 형의 선고에 의하지 아니하고는 파면되지 아니한다.
⑥ 중앙선거관리위원회는 법령의 범위안에서 선거관리·국민투표관리 또는 정당사무에 관한 규칙을 제정할 수 있으며, 법률에 저촉되지 아니하는 범위안에서 내부규율에 관한 규칙을 제정할 수 있다.
⑦ 각급 선거관리위원회의 조직·직무범위 기타 필요한 사항은 법률로 정한다.

제115조 ① 각급 선거관리위원회는 선거인명부의 작성등 선거사무와 국민투표사무에 관하여 관계 행정기관에 필요한 지시를 할 수 있다.
② 제1항의 지시를 받은 당해 행정기관은 이에 응하여야 한다.

제116조 ① 선거운동은 각급 선거관리위원회의 관리하에 법률이 정하는 범위안에서 하되, 균등한 기회가 보장되어야 한다.
② 선거에 관한 경비는 법률이 정하는 경우를 제외하고는 정당 또는 후보자에게 부담시킬 수 없다.

제8장 지방자치

제117조 ① 지방자치단체는 주민의 복리에 관한 사무를 처리하고 재산을 관리하며, 법령의 범위안에서 자치에 관한 규정을 제정할 수 있다.
② 지방자치단체의 종류는 법률로 정한다.

제118조 ① 지방자치단체에 의회를 둔다.
② 지방의회의 조직·권한·의원선거와 지방자치단체의 장의 선임방법 기타 지방자치단체의 조직과 운영에 관한 사항은 법률로 정한다.

제9장 경제

제119조 ① 대한민국의 경제질서는 개인과 기업의 경제상의 자유와 창의를 존중함을 기본으로 한다.
② 국가는 균형있는 국민경제의 성장 및 안정과 적정한 소득의 분배를 유지하고, 시장의 지배와 경제력의 남용을 방지하며, 경제주체간의 조화를 통한 경제의 민주화를 위하여 경제에 관한 규제와 조정을 할 수 있다.

제120조 ① 광물 기타 중요한 지하자원·수산자원·수력과 경제상 이용할 수 있는 자연력은 법률이 정하는 바에 의하여 일정한 기간 그 채취·개발 또는 이용을 특허할 수 있다.
② 국토와 자원은 국가의 보호를 받으며, 국가는 그 균형있는 개발과 이용을 위하여 필요한 계획을 수립한다.

제121조 ① 국가는 농지에 관하여 경자유전의 원칙이 달성될 수 있도록 노력하여야 하며, 농지의 소작제도는 금지된다.
② 농업생산성의 제고와 농지의 합리적인 이용을 위하거나 불가피한 사정으로 발생하는 농지의 임대차와 위탁경영은 법률이 정하는 바에 의하여 인정된다.

제122조 국가는 국민 모두의 생산 및 생활의 기반이 되는 국토의 효율적이고 균형있는 이용·개발과 보전을 위하여 법률이 정하는 바에 의하여 그에 관한 필요한 제한과 의무를 과할 수 있다.

제123조 ① 국가는 농업 및 어업을 보호·육성하기 위하여 농·어촌종합개발과 그 지원등 필요한 계획을 수립·시행하여야 한다.
② 국가는 지역간의 균형있는 발전을 위하여 지역경제를 육성할 의무를 진다.
③ 국가는 중소기업을 보호·육성하여야 한다.
④ 국가는 농수산물의 수급균형과 유통구조의 개선에 노력하여 가격안정을 도모함으로써 농·어민의 이익을 보호한다.
⑤ 국가는 농·어민과 중소기업의 자조조직을 육성하여야 하며, 그 자율적 활동과 발전을 보장한다.

제124조 국가는 건전한 소비행위를 계도하고 생산품의 품질향상을 촉구하기 위한 소비자보호운동을 법률이 정하는 바에 의하여 보장한다.

제125조 국가는 대외무역을 육성하며, 이를 규제·조정할 수 있다.

제126조 국방상 또는 국민경제상 긴절한 필요로 인하여 법률이 정하는 경우를 제외하고는, 사영기업을 국유 또는 공유로 이전하거나 그 경영을 통제 또는 관리할 수 없다.

제127조 ① 국가는 과학기술의 혁신과 정보 및 인력의 개발을 통하여 국민경제의 발전에 노력하여야 한다.
② 국가는 국가표준제도를 확립한다.
③ 대통령은 제1항의 목적을 달성하기 위하여 필요한 자문기구를 둘 수 있다.

제10장 헌법개정

제128조 ① 헌법개정은 국회재적의원 과반수 또는 대통령의 발의로 제안된다.
② 대통령의 임기연장 또는 중임변경을 위한 헌법개정은 그 헌법개정 제안 당시의 대통령에 대하여는 효력이 없다.

제129조 제안된 헌법개정안은 대통령이 20일 이상의 기간 이를 공고하여야 한다.

제130조 ① 국회는 헌법개정안이 공고된 날로부터 60일 이내에 의결하여야 하며, 국회의 의결은 재적의원 3분의 2 이상의 찬성을 얻어야 한다.
② 헌법개정안은 국회가 의결한 후 30일 이내에 국민투표에 붙여 국회의원선거권자 과반수의 투표와 투표자 과반수의 찬성을 얻어야 한다.
③ 헌법개정안이 제2항의 찬성을 얻은 때에는 헌법개정은 확정되며, 대통령은 즉시 이를 공포하여야 한다.

부칙 〈제10호, 1987.10.29〉

제1조 이 헌법은 1988년 2월 25일부터 시행한다. 다만, 이 헌법을 시행하기 위하여 필요한 법률의 제정·개정과 이 헌법에 의한 대통령 및 국회의원의 선거 기타 이 헌법시행에 관한 준비는 이 헌법시행 전에 할 수 있다.

제2조 ① 이 헌법에 의한 최초의 대통령선거는 이 헌법시행일 40일 전까지 실시한다.
② 이 헌법에 의한 최초의 대통령의 임기는 이 헌법시행일로부터 개시한다.

제3조 ① 이 헌법에 의한 최초의 국회의원선거는 이 헌법공포일로부터 6월 이내에 실시하며, 이 헌법에 의하여 선출된 최초의 국회의원의 임기는 국회의원선거후 이 헌법에 의한 국회의 최초의 집회일로부터 개시한다.
② 이 헌법공포 당시의 국회의원의 임기는 제1항에 의한 국회의 최초의 집회일 전일까지로 한다.

제4조 ① 이 헌법시행 당시의 공무원과 정부가 임명한 기업체의 임원은 이 헌법에 의하여 임명된 것으로 본다. 다만, 이 헌법에 의하여 선임방법이나 임명권자가 변경된 공무원과 대법원장 및 감사원장은 이 헌법에 의하여 후임자가 선임될 때까지 그 직무를 행하며, 이 경우 전임자인 공무원의 임기는 후임자가 선임되는 전일까지로 한다.
② 이 헌법시행 당시의 대법원장과 대법원판사가 아닌 법관은 제1항 단서의 규정에 불구하고 이 헌법에 의하여 임명된 것으로 본다.
③ 이 헌법중 공무원의 임기 또는 중임제한에 관한 규정은 이 헌법에 의하여 그 공무원이 최초로 선출 또는 임명된 때로부터 적용한다.

제5조 이 헌법시행 당시의 법령과 조약은 이 헌법에 위배되지 아니하는 한 그 효력을 지속한다.

제6조 이 헌법시행 당시에 이 헌법에 의하여 새로 설치될 기관의 권한에 속하는 직무를 행하고 있는 기관은 이 헌법에 의하여 새로운 기관이 설치될 때까지 존속하며 그 직무를 행한다.

국내
제2편

CHAPTER

02

북한헌법

조선민주주의인민공화국헌법

· 북한헌법 해설
· 조선민주주의인민공화국헌법

북한헌법 해설

1. 1948년 북한헌법

(1) 제정과정

북한은 1948년 8월 25일 최고인민회의의 구성을 위한 최초의 대의원선거를 실시하였고, 최고인민회의 제1차 회의에서 헌법위원회를 구성하였다. 헌법위원회는 임시헌법을 기초로 헌법안을 작성하여, 1948년 9월 8일 '조선민주주의인민공화국 헌법'을 공포하였다. 이로써 북한의 건국헌법인 1948년 헌법이 탄생되었다.

(2) 내용

(가) 1948년 9월 8일 제정 공포된 북한헌법은 조선민주주의인민공화국의 헌법으로, '인민민주주의 헌법'이라고 한다. 전문 10장, 104조로 구성되었다.

(나) 헌법전문(북한은 우리의 전문을 서문이라고 한다)이 존재하지 않는다.

(다) 제1장 근본원칙에는 국호, 주권의 소재, 주권의 행사, 생산수단의 향유주체 등을, 제2장 공민의 기본적 권리와 의무에는 평등, 선거권 및 피선거권, 표현의 자유, 신앙의 자유, 교육을 받을 권리, 주택 및 서신의 자유, 혼인과 가정의 보호, 신체의 자유, 청원권 등의 기본권과 납세의 의무, 조국보위의 의무, 근로의 의무 등을 규정하고 있다. 제3장 최고주권기관에서는 대표기관으로 최고인민회의를, 제4장 국가중앙집행기관으로 내각과 성을, 제5장 지방행정기관, 제6장 재판소 및 검찰소, 제7장 국가예산, 제8장 민족보위, 제9장 국장, 국기 및 수부, 제10장 헌법 수정의 절차를 규정하고 있다.

(3) 특징

(가) 1948년 북한헌법은 사회주의 완성에 이르기까지의 과도기 헌법으로 여타 공산국가들의 인민민주주의 헌법과 마찬가지로 1936년 소련헌법의 절대적 영향 아래 제정되었다.

(나) 헌법전문이 존재 하지 않는데, 이는 건국 내지 제헌 헌법으로서는 매우 이례적인 경우에 해당된다. 헌법전문에는 헌법을 어떻게 왜 누가 만들었고 어떤 가치와 이념을 지향하고 있는가를 언급해야 하는데 이 부분이 생략되어 있다.

(다) 1948년 북한헌법은 사회주의 사회건설까지의 임시적 성격을 지니는 과도기적 헌법에 해당된다. 이는 먼저 자본주의 헌법의 핵심내용을 일부 수용하고 있음에서 알 수 있다. 1948년 북한헌법은 생산수단의 주체를 국가, 협동단체, 개인자연인, 개인법인으로 규정하고 있다. 이는 사개인과 사법인에게 생산수단의 소유를 인정한 것으로 자본주의 헌법의 특징이 반영되어 있음을 알 수 있다. 1948년 헌법 제8조는 상속을 허용하고 있다. 이는 사유재산

제도를 부정하는 공산주의 헌법과는 상당한 거리가 있으며, 건국 초기에 자본주의 요소를 모두 배제하는 것이 사실상 불가능했었기 때문으로 추론된다.

(라) 1948년 북한헌법의 이러한 성격은 자본주의로부터 사회주의의 이행기에 있어서 과도기적 헌법의 특징을 나타내는 것으로, 북한은 스스로 48년 헌법을 인민민주주의헌법이라고 규정하고 있다.

(마) 1948년 헌법은 수도를 서울로 규정하였다. 이는 대한민국 헌법이 대한민국의 영토를 한반도와 부속도서로 한 것에 대응하여, 영토조항 대신 수도조항을 둔 것으로 보여 진다.

2. 1972년 북한헌법

(1) 개정과정

북한은 1948년 헌법제정 이후 2016년 개정까지 12번의 헌법개정이 있었다. 1948년부터 1972년에 이르기까지 5차에 걸친 부분적으로 헌법을 개정하다가, 1972년 북한은 헌법을 전면 개정하기에 이른다. 개정의 형식을 지니고 있지만, 그 내용을 감안할 때 새로운 헌법의 제정으로 보는 것이 타당하다.

북한은 1972년 12월 27일 최고인민회의 제5기 제1차 회의에서 조선민주주의인민공화국 사회주의 헌법('사회주의 헌법', 1972년 헌법)을 제정한다. 북한은 1948년 헌법의 제명을 '조선민주주의 인민공화국 헌법'으로, 1972년 헌법의 제명은 '조선민주주의 인민공화국 사회주의 헌법'이라고 명시하고 있다.

(2) 내용

1972년 헌법은 전문 11장 149조로 구성되었다. 제1장 정치, 제2장 경제, 제3장 문화, 제4장 공민의 권리와 의무, 제5장 최고인민회의, 제6장 조선민주주의인민공화국 주석, 제7장 중앙인민위원회, 제8장 정무원, 제9장 지방인민위원회, 행정위원회, 제10장 재판소 및 검찰소, 제11장 국장, 국기, 수도로 되어 있다.

(3) 특징

(가) 1972년 헌법은 사회주의 단계로의 이행을 선언함에 따라, 북한을 사회주의 국가라고 명시하면서, 1948년 헌법의 자본주의적 제 요소를 모두 삭제하였다(제10조),

(나) 1972년 헌법은 국가와 협동단체에 대해서만 생산수단의 소유를 인정하고 있다. 개인자연인이나 개인법인의 사적소유가 완전히 폐지되었다. 개인소유는 개인적 소비를 위한 소유에만 국한되었다.

(다) 1972년 헌법은 종전의 통치이념인 맑스 레닌주의를 변형하여 맑스 레닌주의를 우리나라에 창조적으로 적용한 주체사상을 활동의 지침으로 한다고 함으로써 통치이념을 공산주의에

서 주체사상으로 변형을 꾀하였다(제4조).

(라) 1972년 헌법은 프롤레타리아 독재의 실시를 내세우고 있고(제10조), 전체주의 국가임을 선언하고 있다(제49조).

(마) 1972년 헌법은 국가수반으로서의 주석제를 도입하여 김일성의 1인 지배체제를 제도적으로 보장하였다. 주석은 국가의 수반으로 명실상부한 국가의 최고직위였다(제90조, 제91조, 제93조). 주석은 임기 4년으로 연임제한이 없었다. 국가주석제는 1972년 헌법의 뚜렷한 특징으로 초헌법적으로 유지되어 온 김일성 1인 지배체제의 헌법현실을 헌법규범화함으로써 그 체제를 강화하려는 것이다. 주석은 구가주권을 대표하고(제89조), 최고사령관, 국방위원회 위원장이 되며 국가의 무력을 지휘 통솔하였다(제93조).

(바) 1948년 헌법은 최고주권기관으로 최고인민회의를 두었고, 임기 4년의 최고인민회의 대의원들로 구성되었으며, 주석을 선출하였다.

(사) 북한의 수도를 서울에서 평양으로 수정하였다.

3. 1992년 헌법

(1) 개정과정

북한은 1992년 4월 9일 최고인민회의 제9기 제3차 회의에서 1972년 소위 사회주의 헌법을 개정하였다. 1972년의 사회주의 헌법을 시행해온지 20년 만에 대폭 개정한 헌법이다. 1972년 헌법이 김일성 독재권력 구축 후 이를 정당화하기 위한 것이라면 1992년 헌법은 김정일에게 권력을 승계하기 위한 과도기적 헌법의 성격이 강하다. 1992년 헌법개정은 북한의 내내외적 환경변화에 대처하기 위함이다. 소련이 무너지고 동유럽 여러 공사주의 국가의 민주화가 진행되었기에 이에 대한 대처가 절박했다. 1992년 헌법을 통상 '우리식 사회주의'헌법이라고 한다.

(2) 내용

1992년 헌법은 전문 7장, 171조로 구성되었다. 헌법의 명칭은 변경되지 않고 유지되었다. 제1장 정치, 제2장 경제, 제3장 문화, 제4장 국방, 제5장 공민의 기본권리와 의무, 제6장 국가기구(최고인민회의, 주석, 국방위원회, 중앙인민위원회, 정무원, 지방인민위원회, 지방행정경제위원회, 재판소와 검찰소), 제7장 국장, 국기, 국가, 수도로 되어 있다.

(3) 특징

(가) 1992년 헌법은 1972년의 사회주의 헌법 채택 20주년을 맞아, 대외적 환경변화에 대한 법적 대응의 성격을 지닌다. 북한은 대외적으로 소련을 위시한 동유럽의 민주화로 체제에 위협을 느끼게 되었고, 대내적으로는 김정일에게 부분적 권한양도를 통해 권력승계 작업을 구축할 필요성이 있었다.

(나) 1992년 헌법은 김정일 지도노선을 구축하고, 후계권력체제 기반을 공고히 하였다. 여타 사회주의체제의 몰락에 따른 대응논리로 우리식 사회주의를 표방하고(제1조) 체제고수를 위해 이를 강화하였다. 맑스 레닌주의를 우리나라에 창조적으로 적용한 주체사상을 활동의 지침으로 한다는 1972년 헌법 제4조를 폐기하였다.

(다) 주체사상의 독자성에 입각한 우리식 사회주의를 강조하였다(제1조, 제3조). 주체사상은 마르크스 레닌주의보다도 고차원의 사상체계라고 하면서 최고의 정치이념으로 승격시켰다. 동시에 프롤레타리아 국제주의 원칙을 폐기하였다. 사람중심의 사회주의를 강조하면서 우리식 사회주의의 공고성과 불패성을 강조하였다.

(라) 1992년 헌법은 1972년 헌법에서 삭제되었던 통일조항을 두었다(제9조). 평화통일과 민족대단결의 원칙에서 조국통일을 실현하기 위해 투쟁한다는 것이다. 이는 남북합의서 채택 후 만들어진 헌법이기에 평화통일 조항을 둔 것으로 보인다.

(마) 김정일의 후계구도를 공고히 하였다. 1992년 헌법은 국방을 강조하여 제5장의 공민의 권리의무보다 앞선 제4장에 배치하여 국방과 방위체계가 공민의 권리보다 우선함을 보이고 있다. 또한 국방위원회를 중앙인민위원회로부터 분리 신실하면서, 주석과 중앙인민위원회가 가지고 있던 군사 관련 제반기능과 권한을 국방위원회로 이관하였다(제113조). 또 국방위원회를 주석 바로 뒤에 배치하였다. 이를 통해 군정을 국방위원장 산하로 일원화하고 국방위원회 권한을 대폭 강화하였다. 1993년 김정일을 국방위원장으로 선출함으로써 김정일의 위상 강화와 군부장악을 법적으로 뒷받침하였다.

(바) 1992년 헌법개정 당시 김일성은 80 고령으로 지병으로 고생하였고 1992년 헌법 개정 후 2년 뒤인 1994년에 사망하였다. 1992년 헌법개정은 김일성 사후에 김정일 체제를 대비하는 사전 법적 포석의 의미를 지닌다.

4. 1998년 헌법(김일성 헌법)

(1) 개정과정

1994년 김일성이 사망하자 아들 김정일이 김일성의 유훈통치로 북한을 지배하여 왔는데, 1998년 9월 최고인민회의 제10기 제1차 회의에서 소위 김일성 헌법으로 명명되는 헌법개정이 이루어진다. 1998년 헌법은 김일성 사후 김정일이 실질적으로 정권을 장악한 상황에서 김정일의 통치이념과 스타일을 규범화하고 김정일 시대의 출범을 선언하는 의미를 지닌다.

(2) 내용

1998년 헌법은 전문 7장, 166조로 구성되었다. 헌법에 처음으로 전문(서문)을 두었다. 서문, 제1장 정치, 제2장 경제, 제3장 문화, 제4장 국방, 제5장 공민의 기본권리와 의무, 제6장 국가기구(최고인민회의, 국방위원회, 상임위원회, 내각, 지방인민회의, 지방인민위원회, 검찰소와 재판소), 제7장 국장, 국기, 국가, 수도로 되어 있다. 국가주석제도가 폐지되었다.

(2) 특징

(가) 1998년 헌법은 주석제를 폐지하였다. 이는 헌법전문이 김일성을 영원한 주석으로 모신다고 천명하고 있어 주석제 폐지는 불가피한 선택으로 보인다. 1998년 헌법은 1998헌법이 김일성 헌법임을 명시적으로 전문(서문)에서 밝히고 있다.

(나) 헌법전문이 신설되었다. 이는 김일성 유훈통치를 규범화하기 위한 것으로 북한헌법 역사에서 처음으로 전문을 도입하였다. 헌법전문에 김일성의 생애와 업적을 설명한 후 이 헌법이 김일성 헌법임을 선언하고 있다. 김일성 헌법이지만 실상은 정권기반이 부족한 김정일을 위한 헌법의 성격을 지닌다.

(다) 주석제가 폐지되면서 국방위원회가 실질적인 국가 최고기구로 자리매김을 한다. 김정일은 국방위원회 위원장으로서 북한의 국정전반을 장악하였다. 최고인민회의 상임위원회장은 명목상 북한을 대표하는 국가원수이지만 국방위원회 위원장이 군대를 포함하여 국정전반을 장악하였다.

(라) 1998년 헌법은 상임위원회제도를 신설하면서 정무원 대신 내각제도를 도입하였다. 1998년 헌법은 국가수반이 최고인민회의 상임위원장, 행정수반은 내각총리, 최고 통수권자은 국방위원회의 외관을 지니고 있지만 최고통치권자는 국가의 일체 무력을 지휘통솔하며 국방사업전반을 지도하는 국방위원회 위원장일 수밖에 없다.

(마) 1972년 헌법이 주체사상을 전면에 내세웠다면 1998년 헌법은 북한이 김일성 개인의 국가임을 공포한 것으로, 1998년 헌법은 1972년 헌법에서 시작된 것이지만 김일성주의를 국가의 헌법원리로 제도화한 헌법으로 보아야 한다.

5. 2009년 헌법

(1) 개정과정

북한은 2009년 4월 최고인민회의 제12기 제1차 회의를 통해 헌법을 일부 개정하였다. 1948년 헌법을 기준하면 제9차 개정에 해당하며, 1972년 사회주의 헌법을 채택한 이후부터는 3차 개정에 해당된다. 2009년 헌법의 기본골격은 1998년 헌법과 크게 다르지 않다.

(2) 내용

2009년 헌법은 제7장 172개조로 구성되었다. 서문, 제1장 정치, 제2장 경제, 제3장 문화, 제4장 국방, 제5장 공민의 기본권리와 의무, 제6장 국가기구(최고인민회의, 국방위원회 위원장, 국방위원회, 최고인민회의 상임위원회, 내각, 지방인민회의, 지방인민위원회, 검찰소와 재판소), 제7장 국장, 국기, 국가, 수도로 되어 있다.

(3) 특징

(가) 1998년 헌법개정이 김정일 체제를 구축하기 위한 준비단계의 작업이라면 2009년 헌법개정은 김정일 체제를 굳히기 위한 개정으로 보아야 한다. 2009년 헌법은 국방위원회 앞에 국방위원장을 신설하였고, 국방위원회위원장은 공화국의 최고영도자로서(제100조) 국가권력의 명실상부한 권력의 중심이 되었다. 국방위원장을 중심으로 한 권력구조의 개편을 통해 김정일 국방위원장의 일인지배체제를 공고히 하였다.

(나) 선군사상을 주체사상 외에 통치 이데올로기로 설정하면서, 선군정치의 법적 토대를 마련하였다(제3조). 선군사상을 주체사상과 함께 공화국활동의 지도적 지침으로 삼았다. 김정일의 선군사상을 김일성의 주체사상과 병렬적으로 명시하여 김정일이 김일성과 동일한 반열에 서 있다는 점을 과시하고 있다. 그러나 2009년 헌법은 김일성의 유훈통치의 범위를 완전하게 벗어나지 못하고 있다.

(다) 공산주의가 삭제되었다. 1998년 헌법 제29조의 "사회주의, 공산주의는 근로대중의 창조적 로동에 의하여 건설된다."가 2009년 헌법 제29조에서는 "사회주의는 근로대중의 창조적 로동에 의하여 건설된다."로 공산주의가 삭제되었다. 공산주의를 삭제한 것은 구 소련과 동구권 공산국가들이 민주화를 이루었기에 더 이상 공산주의를 표방하는 것이 적절치 않다고 판단한 것이 아닌가 한다.

6. 2012년 헌법(현행 헌법)

(1) 개정과정

북한은 2012년 4월 최고인민회의 제12기 제5차 회의에서 김정은으로의 권력승계를 위한 헌법개정을 단행하였다. 2012년 헌법은 김정일 사후 4개월 만에 이루어진 헌법개정으로 1948년 헌법을 기준하면 제9차 개정에 해당하며, 1972년 사회주의 헌법을 채택한 이후부터는 3차 개정에 해당된다. 사망한 김정일을 영원한 국방위원장으로 추대하여 3대 세습체제를 굳히고 동시에 핵보유국을 명시함으로써 핵폐기가 불가능함을 대내외적으로 천명하였다.

(2) 내용

2012년 헌법은 제7장 172개조로 구성되었다. 서문, 제1장 정치, 제2장 경제, 제3장 문화, 제4장 국방, 제5장 공민의 기본 권리와 의무, 제6장 국가기구(최고인민회의, 국방위원회 제1위원장, 국방위원회, 최고인민회의 상임위원회, 내각, 지방인민회의, 지방인민위원회, 검찰소와 재판소), 제7장 국장, 국기, 국가, 수도로 되어 있다.

(3) 특징

(가) 1998년 김일성 헌법을 김일성 김정일 헌법으로 변경하였다. 2012년 헌법서문은 1998년 헌

법서문에 등장한 위대한 수령 김일성에 이어 김정일을 위대한 영도자로 기술하면서, 2012년 헌법을 김일성- 김정일 헌법이라고 명시하고 있다. 서문은 김일성을 영원한 주석으로, 김정일을 영원한 국방위원장으로 추대하고 있다.

(나) 국가기구에서 국방위원회 제1위원장을 신설하였다. 기존의 국방위원장을 국방위원회 제1위원장으로 변경하였는데, 이는 헌법서문에서 김정일을 영원한 국방위원장으로 명명하였기 때문이다. 김정은이 국방위원장이 될 수 없으므로 국방위원회 제1위원장으로 변경한 것으로 보인다.

(다) 핵보유국을 명시하고 있다. 헌법서문에서 '김정일 동지가 선군정치로 ......핵보유국으로 전변시키시었으며'라 하면서, 북한이 핵보유국임을 명시적으로 밝히고 있다.

7. 2016년 헌법(현행 헌법)

(1) 개정과정

북한은 2012년 4월 김정은으로의 권력승계를 위한 헌법을 개정하였다. 그런데, 김정은의 지지기반이 어느 정도 자리를 잡게 되면서, 이제는 김정은의 체제를 강화 정비하기 위해 2016년 또다시 헌법을 개정하였다. 2012년 헌법은 김일성을 영원한 수령으로, 김정일을 영원한 국방위원장으로 규정하고 있었는데, 2016년 헌법은 김정일을 김일성과 동등하게 영원한 수령으로 밝히면서 지금의 북한 헌법이 김일성-김정일 헌법임을 분명히 하고 있다. 북한은 주

체혁명위업수행의 도약기의 요구에 맞게 김일성과 김정일을 주체조선의 영원한 수령으로 하고, 김정은으로 하여금 사회주의 강국건설을 힘 있게 수행할 수 있도록 강력한 법적담보를 마련하기 위함이다.

(2) 내용

2016년 헌법은 제7장 172개조로 구성되었다. 서문, 제1장 정치, 제2장 경제, 제3장 문화, 제4장 국방, 제5장 공민의 기본 권리와 의무, 제6장 국가기구(제1절 최고인민회의, 제2절 조선민주주의인민공화국 국무위원회 위원장, 제3절 국무위원회, 제4절 최고인민회의 상임위원회, 제5절 내각, 제6절 지방인민회의, 제7절 지방인민위원회, 제8절 검찰소와 재판소), 제7장 국장, 국기, 국가, 수도로 되어 있다.

(3) 특징

(가) 김일성과 김정일을 모두 영원한 수령으로 모시는 김일성-김정일 헌법의 확립이다. 2012년은 김일성을 영원한 수령으로 김정일을 영원한 국방위원장으로 규정하였는데, 두 사람을 모두 영원한 수령으로 만들었다. 두 사람의 사상과 업적을 옹호 고수하고 계승 발전시켜 주체혁명위업의 완성을 다짐하고 있다.

(나) 2012년 헌법은 김정일을 영원한 국방위원장으로 모신다고 규정하고 있어 김정은을 국방위원회 제1위원장으로 규정하였는데, 2016년 헌법은 국방위원회 제1위원장을 국무위원회 위원장으로 수정하였다. 김정일을 영원한 국방위원장에서 영원한 수령으로 수정하고, 김정은을 국방위원회 제1위원장에서 국무위원회 위원장으로 수정한 것이 2016년 개정의 핵심내용이다.

(다) 헌법의 구성체계와 기본내용, 혁명적 원칙은 그대로 계승하면서 주로 서문과 국가기구부분을 개정하였다.

(라) 국무위원회 위원장은 최고영도자로서(제100조), 조선민주주의인민공화국 전반적 무력의 최고사령관으로 되며 국가의 일체 무력을 지휘 통솔하며(제102조), 명령을 발한다(제103조).

(마) 기존의 국방위원회를 국무위원회로 고치고, 국무위원회는 국가주권의 최고 정책적 지도기관으로(제106조), 위원장, 부위원장, 위원들로 구성한다(제107조).

(바) 최고검찰소와 최고재판소를 중앙검찰소와 중앙재판소로 명칭을 변경하였다.

조선민주주의인민공화국 헌법 (1948년 헌법)

주체37(1948)년 9월 8일 최고인민회의
제1기 제1차 회의에서 채택

제1장 근본원칙

제1조 우리 나라는 조선민주주의인민공화국이다.

제2조 조선민주주의인민공화국의 주권은 인민에게 있다. 주권은 인민이 최고 주권기관인 최고인민회의와 지방주권기관인 인민위원회를 근거로 하여 행사한다.

제3조 주권의 일체 대표기관은 리인민위원회로부터 최고인민위원회에 이르기까지 인민의 자유의사에 의하여 선거한다. 주권기관의 선거는 조선민주주의인민공화국 공민이 일반적·평등적·직접적 선거 원칙에 의하여 비밀투표로 실시한다.

제4조 일체 주권기관의 대의원은 선거자 앞에서 자기사업활동에 대하여 책임을 진다. 선거자는 자기가 선거한 대의원이 그 신임을 잃은 경우에는 임기전에 소환할 수 있다.

제5조 조선민주주의인민공화국의 생산수단은 국가, 협동단체 또는 개인자연인이나 개인법인의 소유다. 광산, 기타 지하부원, 산림, 하해, 주요 기업, 은행, 철도, 운수, 항공, 체신기관, 수도, 자연력 및 전 일본국가·일본인 또는 친일분자의 일체 소유는 국가의 소유다. 대외무역은 국가 또는 국가의 감독밑에서 수행한다.

제6조 전 일본국가와 일본인의 소유토지 및 조선인 지주의 소유토지는 몰수한다. 소작제도는 영원히 폐지한다. 토지는 자기의 로력으로 경작하는 자만이 가질 수 있다. 토지소유의 최대한도는 5정보 또는 20정보로 한다. 토지소유의 최대한도는 지역 및 조건에 따라서 따로 법령으로 규정한다. 토지의 개인소유와 아울러 국가 및 협동단체도 토지를 소유할 수 있다. 국가 및 협동단체의 토지소유면적에는 제한이 없다. 국가는 로력농민의 리익을 특히 보호하며 경제적 정책이 허하는 여러 가지 방법으로 그들을 방조한다.

제7조 아직 토지개혁이 실시되지 아니한 조선 안의 지역에 있어서는 최고인민회의가 규정하는 시일에 이를 실시 한다.

제8조 법령에 규정한 토지, 축력, 농구, 기타 생산수단, 중소산업, 기업소, 중소상업기관, 원료, 제조품, 주택과 그 부속시설, 가정용품, 수입, 저금에 대한 개인소유는 법적으로 보호한다. 개인소유에 대한 상속권은 법적으로 보장한다. 개인경리의 창발력을 보장한다.

제9조 국가는 인민의 협동단체의 발전을 장려한다. 협동단체의 소유는 법적으로 보호한다.

제10조 국내의 일체의 경제적 자원과 자원이 될 수 있는 것을 인민의 리익에 합리적으로 리용하기 위하여 국가는 유일한 인민경제계획을 작성하며 그 계획에 의하여 국내의 경제·문화의 부흥과 발전을 지향한다. 국가는 인민경제계획을 실시함에 있어서 국가 및 협동단체의 소유를 근간으로 하고 개인경제부문을 이에 참가하게 한다.

제2장 공민의 기본적 권리 및 의무

제11조 조선민주주의인민공화국의 일체 공민은 성별·민족별·신앙·기술·재산·지식 정도의

여하를 불문하고 국가·정치·경제·사회·문화생활의 모든 부문에 있어서 동등한 권리를 가진다.

제12조 만 20세 이상의 일체 공민은 성별·민족별·신앙·거주기간·재산·지식정도의 여하를 불문하고 선거권이 있으며 어떤 주권기관에든지 피선될 수 있다. 조선인민구에 복무하는 공민도 다른 공민과 동등하게 선거권을 가지며 주권기관에 피선될 수 있다. 재판소의 판결에 의하여 선거권을 박탈당한 자, 정신병자 및 친일분자는 선거권 및 피선거권을 가지지 못한다.

제13조 공민은 언론·출판·결사·집회·군중대회 및 시위의 자유를 가진다. 공민은 민주주의정당, 직업동맹, 협동단체, 체육·문화·기술·과학 기타 단체를 조직할 수 있으며 이에 참가할 수 있다.

제14조 공민은 싱앙 및 종교의식거행의 자유를 가진다.

제15조 공민은 국가기관, 협동단체 및 개인기업소에서 동일한 로력에 대하여 동일한 보수를 받을 권리를 가진다.

제16조 공민은 휴식에 대한 권리를 가진다. 휴식에 대한 권리는 로동자 및 사무원에 대하여 8시단 로동일 및 유급휴가제를 보장한다.

제17조 사회보험제의 적용을 받을 수 있는 공민의 노쇠, 질병 또는 로동력을 상실한 경우에는 물질적 방조를 받을 수 있다. 이 권리는 국가가 실시하는 사회보험제에 의한 의료상 방조 또는 물질적 보호로 보장한다.

제18조 공민은 교육을 받을 권리를 가진다. 초등교육은 전반적으로 의무제다. 국가는 빈한한 공민의 자녀에 대하여 무료로 교육을 받도록 한다. 전문학교 및 대학의 대다수의 학생에 대하여 국비제를 실시한다. 교육용어는 국어로 한다.

제19조 공민은 중소산업 또는 상업을 자유로 경영할 수 있다.

제20조 공민은 과학 또는 예술활동의 자유를 가진다. 저작권 및 발명권은 법적으로 보호한다.

제21조 공민은 주택 및 신서의 비밀을 법적으로 보호한다.

제22조 녀자는 국가 정치, 경제, 사회, 문화생활의 모든 부문에 있어서 남자와 동등하다.

제23조 혼인 및 가정은 국가의 보호 밑에 있다. 결혼생활 이외에서 출생한 자녀에 대한 부모의 의무는 결혼생활에서 출생한 자녀에 대한 것과 동일하다. 결혼생활 이외에서 출생한 자녀는 결혼생활에서 출생한 자녀와 동등한 권리를 가진다. 혼인 및 가정에 대한 법적 관계는 따로 법령으로 규정한다.

제24조 공민은 일신의 불가침을 보장받는다. 일체 공민은 재판소의 결정 또는 검사의 승인이 없이는 체포되지 아니한다.

제25조 공민은 주권기관에 청원 또는 신소를 제출할 수 있다. 공민은 주권기관 공무원의 직무상 비법적 행위에 대하여 신소할 수 있으며 그 결과로 입은 손해에 대하여 배상을 청구할 수 있다.

제26조 조선민주주의인민공화국은 민주주의 원칙, 민족해방운동, 로력인민의 리익 또는 과학·문화의 자유를 위하여 투쟁하다가 망명하여 온 외국인을 보호하여 준다.

제27조 공민은 헌법 및 법령에 준수하여야 한다. 헌법에 규정한 법적 질서를 변경 또는

파괴하기 위하여 헌법에서 부여한 권리를 악용함은 국가에 대한 중대한 죄악이며 법적으로 처벌을 받는다.

제28조 공민은 조국을 보위하여야 한다. 조국의 보위는 공민의 최대의무인 동시에 최대 영예다. 조국과 인민을 배반하는 것은 최대의 죄악이며 엄정한 형벌에 의하여 처단된다.

제29조 공민은 그 경제적 형편에 따라서 조세를 납입하여야 한다.

제30조 공민은 로력하여야 한다. 로력은 조선인민의 영예다. 조선민주주의인민공화국에 있어서의 로력은 인민경제 및 문화발전의 기초가 된다.

제31조 조선민주주의인민공화국의 공민권을 가진 소수 민족은 조선 공민과 동등한 권리를 가진다. 그들은 자기 모국어를 사용할 권리를 가지며 민족문화를 발전시킬 수 있다.

제3장 최고주권기관

제1절 최고인민회의

제32조 최고인민회의는 조선민주주의인민공화국의 최고주권기관이다.

제33조 립법권은 오직 최고인민회의만이 행사한다.

제34조 최고인민회의는 일반적 · 평등적 · 직접적 선거원칙에 의하여 비밀투표로 선출한 대의원으로 구성한다.

제35조 최고인민회의 대의원은 인구 5만에 1명의 비률로 선출한다.

제36조 최고인민회의 대의원의 임기는 3년으로 한다.

제37조 최고인민회의는 국가 최고권력을 행사한다. 다만, 헌법에 의하여 최고인민회의 상임위원회 및 내각에 부여한 권한은 이를 제외한다. 다음의 권한은 최고인민위원회에만 속한다.

1. 헌법의 승인 또는 수정
2. 국내 · 국외정책에 관한 기본원칙의 수립
3. 최고인민회의 상임위원회의 선거
4. 내각의 조직
5. 법령의 채택 및 최고인민회의 휴회 중 최고인민회의 상임위원회가 채택한 주요한 정령의 승인
6. 인민경제계획의 승인
7. 국가예산의 승인
8. 도 · 시 · 군 · 리(읍 및 로동자구)구역의 신설 및 변경
9. 대사권의 행사
10. 최고재판소의 선거
11. 검사총장의 임명

제38조 최고인민회의는 정기회의 및 림시회의를 가진다. 정기회의는 1년에 2차 소집한다. 정기회의는 최고인민회의 상임위원회의 결정에 의하여 소집한다. 정기회의는 최고인민회의 상임위원회가 필요하다고 인정할 때 또는 대의원 3분의 1이상의 요청이 있을 때에 소집한다.

제39조 최고인민회의는 의장 및 부의장 2명을 선거한다. 의장은 최고인민회의에서 채택한 규정에 의하여 회의를 지도한다.

제40조 최고인민회의는 대의원 전원의 과반수 출석이 있어야 그 회의를 열 수 있다. 법령의 채택은 그 회의에 참석한 대의원의 다수가결로 한다.

제41조 최고인민회의에서 채택한 법령은 5일

이내에 최고인민회의 상임위원회 위원장 및 서기장이 서명하여 공포한다.

제42조 최고인민회의는 토의할 문제를 미리 심의하기 위하여 적당한 위원회를 조직할 수 있다. 이 위원회는 주권기관 및 그 소속기관을 검열할 수 있다.

제43조 최고인민회의의 승인을 받아야 할 법령초안을 작성 또는 심의하기 위하여 최고인민회의 안에 법제위원회를 조직한다.

제44조 최고인민회의 대의원은 대의원으로서의 불가침을 보장받는다. 대의원은 최고인민회의의 승인이 없이 또는 그 휴회 중에 있어서는 최고인민회의 상임위원회의 승인이 없이는 현행범인 경우를 제외하고는 체포하거나 처벌할 수 없다.

제45조 최고인민회의의 새 선거는 그 최고인민회의 임기가 끝나기 전에 최고인민회의 상임위원회가 이를 실시한다. 최고인민회의가 해산된 경우에는 해산일부터 2개월 이내에 새 선거를 실시하여야 한다.

제46조 최고인민회의는 비상한 사태가 생겼을 경우에는 이 사태가 계속될 때까지 헌법에 규정된 임기를 초과하여 자기 권한을 행사할 수 있다. 최고인민회의는 이 경우에 있어서 임기 전에 그 해산을 결정할 수도 있다.

제2절 최고인민회의 상임위원회

제47조 최고인민회의 상임위원회는 최고인민회의 휴회 중에 있어서는 최고주권기관이다.

제48조 최고인민회의 상임위원회는 최고인민회의에서 선거하며 위원장, 부위원장 2명, 서기장 및 위원 17명으로 구성한다.

제49조 최고인민회의 상임위원회는 다음의 임무를 가진다.

1. 최고인민회의의 소집
2. 헌법 및 법령의 실시에 대한 감독, 현행 법령의 해석 및 정령의 공포
3. 헌법 및 법령에 저촉되는 내각의 결정·지시의 폐지
4. 최고인민회의가 채택한 법령의 공포
5. 특사권의 행사
6. 최고인민회의 휴회 중 수상의 제의에 의한 상의 임면 및 이에 대한 다음번 최고인민회의의 승인의 요구
7. 훈장 또는 명예칭호의 수여
8. 외국과의 조약의 비준 및 폐기
9. 외국에 주재하는 대사·공사의 임명 및 소환
10. 외국사신의 신임장 및 해임장의 접수

제50조 최고인민회의 상임위원회는 자기 사업활동에 있어서 최고인민회의에 대하여 책임을 지며 최고인민회의는 최고인민회의 상임위원회 성원의 일부 또는 전부를 언제든지 개선할 수 있다.

제51조 최고인민회의를 해산한 경우에 있어서 최고인민회의 상임위원회는 새 최고인민회의 상임위원회가 선거될 때까지 자기 임무를 계속 수행한다.

제4장 국가중앙집행기관

제1절 내각

제52조 내각은 국가주권의 최고집행기관이다.

제53조 내각은 헌법 및 법령에 의거하여 결정 및 지시를 공포할 수 있다. 내각에서 공포한 결정 및 지시는 조선민주주의인민공화국 영토 안에서 의무적으로 집행된다.

제54조 내각은 각 성 및 직속기관의 사업활동을 통할하며 지도한다.

제55조 내각은 다음의 임무를 가진다.

1. 대외관계에 있어서의 전반적 지도 및 외국과의 조약체결
2. 대외무역의 관리
3. 지방주권기관의 지도
4. 화폐 및 신용제도의 조직
5. 유일국가예산의 편성 및 국가예산과 지방예산에 들어오는 조세와 수입의 편성
6. 국가산업 · 상업기관 · 농촌경리기관 및 국가운수 · 체신기관의 지도
7. 사회질서의 유지, 국가의 리익보호 및 공민의 권리보장에 관한 대책의 수립
8. 토지 · 부원 · 산림 및 하해의 리용에 관한 기본원칙의 수립
9. 교육 · 문화 · 과학 · 예술 및 보건에 관한 지도
10. 인민의 경제 및 문화생활의 수준을 향상시키기 위한 정치적 경제적 사회적 대책의 수립
11. 조선인민군 편성에 관한 지도, 조선인민군 고급장관의 임면
12. 상, 주요산업기관의 책임자 및 대학총장의 임면

제56조 내각은 각 성의 성령 · 규칙 또는 도인민위원회의 결정 · 지시가 헌법 · 법령 · 정령 또는 내각의 결정 · 지시에 저촉되는 경우에는 이를 폐지할 수 있다.

제57조 내각의 결정 채택은 다수가결로 한다. 내각에서 채택된 결정은 수상 및 관계상이 서명하여 공포한다.

제58조 내각은 다음의 성원으로 구성한다.

1. 수상
2. 부수상
3. 국가계획위원회 위원장
4. 국가건설위원회 위원장
5. 인민검열위원회 위원장
6. 상들
   1) 민족보위상
   2) 내무상
   3) 외무상
   4) 중공업상
   5) 경공업상
   6) 화학견재공업상
   7) 농업상
   8) 교통상
   9) 재정상
   10) 상업상
   11) 교육상
   12) 체신상
   13) 사법상
   14) 문화선전상
   15) 로동상
   16) 보건상
   17) 무역상
   18) 전기상
   19) 수산상
   20) 무임소상

내각은 그에 직속하는 사무국 및 필요한 경우에는 적당한 부서를 설치할 수 있다.

제59조 수상은 조선민주주의인민공화국 정부의 수석이다. 수상은 내각회의를 소집하며 지도한다. 부수상은 수상의 지도 밑에 있으며 수상이 유고할 때에는 부수상이 그를 대리한다. 부수상이 수상을 대리하는 경우에는 수상과 동등한 권한을 가진다.

제60조 내각은 자기 사업활동에 있어서 최고인민회의에 복종하며 그 휴회 중에는 최고인

민회의 상임위원회 앞에 책임을 진다.

제61조 수상, 부수상, 상은 최고인민회의 앞에 다음과 같은 선서를 한다.
≪나는 조선인민과 조선민주주의인민공화국에 충실히 복무하며 각원으로서의 자기활동에 있어서 오직 전체 인민과 국가의 복리를 위하여 투쟁하며 조선민주주의인민공화국 헌법과 법령을 엄중히 준수하며 조선민주주의인민공화국의 자주권과 민주주의적 자유를 보호하는데 자기의 모든 력량과 기능을 다할 것을 선서한다.≫

제62조 최고인민회의 대의원은 내각 또는 상에게 질의할 수 있다. 질의를 받은 내각 또는 상은 최고인민회의가 규정한 내부절차에 의하여 해답을 주어야 한다.

제2절 성

제63조 성은 국가주권의 부문적 집행기관이다.

제64조 성의 임무는 내각의 권한에 속하는 구각관리에 있어서 그에 해당한 부분을 지도함에 있다.

제65조 성의 수위는 상이다. 상은 결의권을 가진 내각의 성원이며 직무상 내각에 복종한다.

제66조 상은 자기 권한 안에서 의무적으로 실행되어야 할 성령 또는 규칙을 공포할 수 있다.

제67조 상이 유고할 때에는 부상이 대리한다. 부상은 상의 지도 밑에 있다.

제5장 지방주권기관

제68조 도·시·군·면·리에 있어서 국가주권의 지방기관은 각 인민위원회다.

제69조 각급 인민위원회는 일반적·평등적·직접적 선거원칙에 의하여 비밀투표로 선출한 대의원으로 구성한다. 각급 인민위원회의 선거는 따로 법령으로 규정한다.

제70조 각급 인민위원회는 헌법, 법령, 정령 및 내각의 결정·지시에 의거하여 자기 사업을 집행한다.

제71조 도인민위원회는 내각에, 시 또는 군인민위원회는 도인민위원회에, 면인민위원회는 군인민위원회에, 리인민위원회는 면인민위원회에 복종한다.

제72조 각급 인민위원회는 헌법, 법령, 정령 및 내각의 결정·지시에 의거하여 소관구역에서 의무적으로 실행되어야 할 결정·지시를 공포할 수 있다. 각급 인민위원회가 자기 권한 안에서 공포한 결정·지시가 헌법, 법령, 정령 및 내각의 결정·지시에 저촉되는 경우에는 상급주권기관이 이를 폐지할 수 있다.

제73조 각급 인민위원회는 지방예산을 가진다.

제74조 각급 인민위원회는 다음의 임무를 가진다.

1. 공민의 권리 및 소유권의 보호
2. 자기 권한에 속하는 국가소유의 보호
3. 사회질서의 유지
4. 상급기관이 공포한 법령·정령·결정 및 지시 실행의 보장
5. 자기 권한에 속하는 지방산업의 부흥 및 발전
6. 지방교통기관의 부흥 및 발전

7. 도로의 수리 및 신설
8. 지방예산의 편성 · 실행 및 조세의 징수
9. 교육 및 문화사업의 지도
10. 국립병원 의료망의 조직, 인민에 대한 의료상 방조, 기타 보건사업의 지도
11. 도시 · 농촌발전계획의 작성 · 실행, 주택건축 · 수도시설 및 청소사업의 지도
12. 경지면적의 조사 및 그 합리적 리용의 지도
13. 농업현물세의 징수
14. 자연적 재해 및 전염병에 관한 대책의 수립

제75조 각급 인민위원회는 전조의 임무를 자기 권한에 의거하여 소관구역에서 실시한다.

제76조 각급 인민위원회는 휴회 중에 있어서 그 임무를 수행하기 위하여 상무위원회를 조직한다. 상무위원회는 위원장, 부위원장, 서기장 및 위원으로 구성한다. 리인민위원회는 상무위원회를 두지 아니하고 위원장, 부원장 및 서기장을 둔다.

제77조 각급 인민위원회 상무위원회는 각각 그 인민위원회에서 선거한다. 상무위원회의 선거는 3분의 2 이상의 대의원이 참석한 회의에서 그 후보자에 대하여 과반수가 찬성함으로써 결정된다.

제78조 각급 인민위원회 상무위원회는 그 인민위원회의 집행기관이다. 상무위원회는 자기 사업활동에 있어서 그 인민위원회 앞에 책임을 진다. 각급 인민위원회는 상무위원회의 일부 또는 전부를 임기 전에 개선할 수 있다.

제79조 각급 인민위원회는 사업부문에 따라서 적당한 부서를 둔다. 이 부서는 따로 법령으로 규정한다.

제80조 도 · 시 · 군인민위원회 부서책임자는 그 인민위원회의 결정으로 임면한다. 부서책임자는 소속인민위원회에 복종하며 그 휴회중에는 소속인민위원회 상무위원회 및 동종의 상급부장 및 상에게 복종한다.

제81조 각급 인민위원회는 자기 임무를 실행하는 과정에 있어서 항상 지방인민을 광범히 참가하게 하며 그들이 창발력에 치중하여야 한다.

제6장 재판소 및 검찰소

제82조 재판은 최고재판소, 도 · 시 · 군재판소 및 특별재판소에서 수행한다. 판결은 조선민주주의인민공화국의 이름으로 선고하며 집행한다.

제83조 재판소는 선거에 의하여 구성한다. 최고재판소는 최고인민회의에서 선거한다. 도 · 시 · 군재판소는 비밀투표에 의하여 각각 그 인민위원회에서 선거한다. 특별재판소의 구성은 따로 법령으로 규정한다. 판사 또는 참심원의 해임은 그를 선거한 기관의 소환에 의하여서만 실현할 수 있다.

제84조 제1심 재판은 판사와 동등한 권리를 가진 참심원의 참여 밑에서 수행한다.

제85조 선거권을 가진 일체 공민은 판사 또는 참심원이 될 수 있다. 일본통치시대에 판사 또는 검사로 복무한 자는 판사 또는 검사가 될 수 없다.

제86조 재판은 공개하며 피소자의 변호권을 보장한다. 다만, 법령에 규정한 경우에 한하여 재판소의 결정으로 공개를 금지할 수 있다.

제87조 재판용어는 조선어로 한다. 조선어를 모르는 자에게 대하여는 통역을 통하여 기록

을 원만히 알려 주며 그들은 공판에 있어서 자기 모국어를 사용할 권리를 가진다.

제88조 판사는 재판에 있어서 독립적이며 오직 법령에만 복종한다.

제89조 최고재판소는 조선민주주의인민공화국의 최고재판기관이다. 최고재판소는 모든 재판소의 재판사업을 감독한다.

제90조 검사는 각 성 및 그 소속기관·단체·공무원 및 일체 공민이 법령을 정확하고 성실하게 준수하며 집행하는가를 감시한다.

제91조 검사는 각 성의 성령·규칙 및 지방 주권기관의 결정·지시가 헌법, 법령, 정령 및 내각의 결정·지시에 적응한가를 감시한다.

제92조 검찰소의 수위는 최고인민회의에서 임명하는 최고검찰소의 검사총장이다.

제93조 도·시·군검사는 검사총장이 임명한다.

제94조 검사는 지방주권기관에 종속되지 아니하고 자기 임무를 독립적으로 수행한다.

제7장 국가예산

제95조 국가예산의 근본목적은 일체 국가재산을 종합하여 위력있는 민족경제를 조직하며 문화 및 인민의 생활을 향상시키며 민족보위를 공고화하는데 있다.

제96조 국가예산은 매년 내각이 편성하여 최고인민회의의 승인을 받아야 한다.

제97조 국가의 수입 및 지출은 유일국가예산에 통합된다.

제98조 일체 주권기관은 국가예산에 규정하지 아니한 지출을 할 수 없다. 일체 주권기관은 재정규률에 복종하며 재정계통을 공고히 하여야 한다.

제99조 국가재정의 절약 및 합리적 리용은 재정활동의 근본원칙이다.

제8장 민족보위

제100조 조선민주주의인민공화국을 보위하기 위하여 조선인민군을 조직한다. 조선인민군의 사명은 조국의 자주권 및 인민의 자유를 옹호함에 있다.

제9장 국장, 국기 및 수부

제101조 조선민주주의인민공화국의 국장은 ≪조선민주주의인민공화국≫이라는 글자를 쓴 띠로 벼 이삭을 묶은 테두리 안에 웅장한 발전소가 있고 그 위로부터 빛발이 내리어 비치는 붉은 별이 있다.

제102조 조선민주주의인민공화국의 국기는 횡으로 가운데 붉고 아래 위로 희고 푸른 세 빛의 기폭에다가 깃대달린 편 붉은 폭의 흰 동그라미 안에 붉은 5각별이 있다. 기폭의 종횡비는 1대 2로 한다.

제103조 조선민주주의인민공화국의 수부는 서울시다.

제10장 헌법 수정의 절차

제104조 조선민주주의인민공화국 헌법의 수정은 최고인민회의에서만 수행할 수 있다. 헌법수정에 관한 법령초안은 최고인민회의 대의원 전원의 3분의 2 이상의 찬성이 있어야만 채택한다.

조선민주주의인민공화국 사회주의헌법(1972년 헌법)

주체61(1972)년 12월 27일
최고인민회의 제5기 제1차회의에서 채택

제1장 정 치

제1조 조선민주주의인민공화국은 전체 조선인민의 리익을 대표하는 자주적인 사회주의 국가이다.

제2조 조선민주주의인민공화국은 로동계급이 령도하는 로농동맹에 기초한 전체 인민의 정치사상적 통일과 사회주의적 생산관계와 자립적 민족경제의 토대에 의거한다.

제3조 조선민주주의인민공화국은 제국주의침략자들을 반대하며 조국의 광복과 인민의 자유와 행복을 위한 영광스러운 혁명투쟁에서 이룩된 빛나는 전통을 이어받은 혁명적인 정권이다.

제4조 조선민주주의인민공화국은 맑스-레닌주의를 우리 나라의 현실에 창조적으로 적용한 조선로동당의 주체사상을 자기 활동의 지침으로 삼는다.

제5조 조선민주주의인민공화국은 북반부에서 사회주의의 완전한 승리를 이룩하며 전국적 범위에서 외세를 물리치고 민주주의적 기초우에서 조국을 평화적으로 통일하며 완전한 민족적 독립을 달성하기 위하여 투쟁한다.

제6조 조선민주주의인민공화국에서는 계급적 대립과 인간에 의한 인간의 온갖 착취와 압박이 영원히 없어졌다. 국가는 착취와 압박에서 해방된 로동자, 농민, 병사, 근로 인테리의 리익을 옹호하며 보호한다.

제7조 조선민주주의인민공화국의 주권은 로동자, 농민, 병사, 근로인테리에게 있다. 근로인민은 자기의 대표기관인 최고인민회의와 지방 각급 인민회의를 통하여 주권을 행사한다.

제8조 군인민회의로부터 최고인민회의에 이르기까지의 각급 주권기관은 일반적, 평등적, 직접적 원칙에 의하여 비밀투표로 선거한다. 각급 주권기관의 대의원은 자기 사업에 대하여 선거자들 앞에 책임진다.

제9조 조선민주주의인민공화국에서 모든 국가기관들은 민주주의 중앙집권제 원칙에 의하여 조직되며 운영된다.

제10조 조선민주주의인민공화국은 프롤레타리아독재를 실시하며 계급로선과 군중로선을 관철한다.

제11조 국가는 내외적대분자들의 파괴책동으로부터 사회주의제도를 보위하며 사상혁명을 강화하여 온 사회를 혁명화, 로동계급화 한다.

제12조 국가는 모든 사업에서 우가 아래를 도와주고 대중의 의견을 존중히 하며 정치사업, 사람과의 사업을 앞세워 대중의 자각적 열성을 불러일으키는 위대한 청산리정신, 청산리방법을 관철한다.

제13조 조선민주주의인민공화국에서 천리마운동은 사회주의건설의 총로선이다. 국가는 천리마운동을 끊임없이 심화발전시켜 사회주의건설을 최대한으로 다그친다.

제14조 조선민주주의인민공화국은 전인민적, 전국가적방위체계에 의거하며 자위적 군사로선을 관철한다. 조선민주주의인민공화국의 무장력의 사명은 로동자, 농민을 비롯한 근로인

민의 리익을 옹호하며 사회주의제도와 혁명의 전취물을 보위하며 조국의 자유와 독립과 평화를 지키는 데 있다.

제15조 조선민주주의인민공화국은 해외에 있는 조선동포들의 민주주의적 민족권리와 국제법에서 공인된 합법적 권리를 옹호한다.

제16조 조선민주주의인민공화국은 대외관계에 완전한 평등권과 자주권을 행사한다. 국가는 우리나라를 우호적으로 대하는 모든 나라들과 완전한 평등과 자주성, 호상존중과 내정불간섭, 호혜의 원칙에서 국가적 및 정치, 경제, 문화적 관계를 맺는다. 국가는 맑스-레닌주의와 프롤레타리아 국제주의 원칙에서 사회주의나라들과 단결하고 제국주의를 반대하는 세계 모든 나라 인민들과 단결하며 그들의 민족해방투쟁과 혁명투쟁을 적극 지지성원한다.

제17조 조선민주주의인민공화국의 법은 로동자, 농민을 비롯한 근로인민의 의사와 리익을 반영하고 있으며 모든 국가기관, 기업소, 사회협동단체 및 공민들에 의하여 자각적으로 준수된다.

제2장 경 제

제18조 조선민주주의인민공화국에서 생산수단은 국가 및 협동단체의 소유이다.

제19조 국가소유는 전체 인민의 소유이다. 국가 소유권의 대상에는 제한이 없다. 나라의 모든 자연부원, 중요 공장과 기업소, 항만, 은행, 교통운수 및 체신기관은 국가만이 소유한다. 국가소유는 조선민주주의인민공화국의 경제발전에서 주도적 역할을 한다.

제20조 협동단체소유는 협동경리에 들어있는 근로자들의 집단적 소유이다. 토지, 부림짐승, 농기구, 고기배, 건물 등과 중소 공장, 기업소는 협동단체가 소유할 수 있다. 국가는 협동단체소유를 법적으로 보호한다.

제21조 국가는 사회주의적 협동경리제도를 공고발전시키며 협동단체에 들어 있는 전체성원들의 자원적의사에 따라 협동단체소유를 점차 전인민적 소유로 전환시킨다.

제22조 개인소유는 근로자들의 개인적 소비를 위한 소유이다. 근로자들의 개인소유는 로동에 의한 사회주의분배와 국가 및 사회의 추가적 혜택으로 이루어진다. 협동농장원들의 터밭경리를 비롯한 주민의 개인부업경리에서 나오는 생산물도 개인소유에 속한다. 국가는 근로자들의 개인소유를 법적으로 보호하며 그에 대한 상속권을 보장한다.

제23조 국가는 인민들의 물질문화생활을 끊임없이 높이는 것을 자기 활동의 최고원칙으로 삼는다. 조선민주주의인민공화국에서 끊임없이 늘어나는 사회의 물질적 부는 전적으로 근로자들의 복리증진에 돌려진다.

제24조 조선민주주의인먼공화국에 마련된 자립적 민족경제의 토대는 나라의 부강발전과 인민생활 향상의 물질적 담보이다. 조선민주주의인민공화국에서는 공업화의 력사적 과업이 빛나게 실현되였다. 국가는 공업화의 성과를 공고발진시키며 사회주의의 물질기술적 토대를 더욱 튼튼히 하기 위하여 투쟁한다.

제25조 국가는 기술혁명을 추진하여 중로동과 경로동의 차이, 농업로동과 공업로동의 차이를 없애고, 근로자들을 힘든 로동에서 해방하며 육체로동과 정신로동의 차이를 점차적으로 줄인다.

제26조 국가는 도시와 농촌의 차이, 로동계급과 농민의 계급적 차이를 없애기 위하여 군의

역할을 높이며 농촌에 대한 지도와 방조를 강화한다. 국가는 협동농장의 생산시설과 농촌 문화주택을 국가부담으로 건설하여 준다.

제27조 근로대중은 력사의 창조자이며 사회주의, 공산주의는 수백만 근로대중의 창조적 로동에 의하여 건설된다. 우리 나라 근로자들은 모두 다 로동에 참가하며 조국과 인민과 자신을 위하여 자각적 인성과 창발성을 내여 일한다. 국가는 근로자들의 정치사상의식을 끊임없이 높이면서 로동의 량과 질에 의한 사회주의분배원칙을 정확히 적용한다.

제28조 근로자들의 하루 로동시간은 8시간이다. 국가는 로동의 힘든 정도와 특수한 조건에 따라 하루 로동시간을 이보다 짧게 적용한다. 국가는 로동조직을 잘하고 로동규률을 강화하여 로동시간을 완전히 리용하도록 한다.

제29조 조선민주주의인민공화국에서 공민이 로동하는 나이는 만 16살부터이다.

제30조 국가는 생산자대중의 집체적 힘에 의거하여 경제를 과학적으로, 합리적으로 관리운영하는 선진적 사회주의경제관리형태인 대안의 사업체계와 농촌경리를 기업적 방법으로 지도하는 새로운 농업지도체계에 의하여 나라의 경제를 지도관리한다.

제31조 조선민주주의인민공주국의 인민경제는 계획경제이다. 국가는 사회주의적 경제발전법칙에 따라 축적과 소비의 균형을 옳게 잡으며 경제건설을 다그치고 인민생활을 끊임없이 높이며 국방력을 강화할 수 있도록 인민경제발전계획을 작성하여 실행한다. 국가는 계획의 일원화, 세부화 방침을 관철하여 생산장성의 높은 속도와 인민경제의 균형적 발전을 보장한다.

제32조 조선민주주의인민공화국은 인민경제발전계획에 따르는 국가예산을 편성하여 집행한다. 국가는 모든 부문에서 증산과 절약 투쟁을 강화하고 재정통제를 엄격히 실시하여 국가축적을 체계적으로 늘이며 사회주의적 소유를 확대 발전시킨다.

제33조 국가는 낡은 사회의 유물인 세금제도를 완전히 없앤다.

제34조 조선민주주의인민공화국에서 대외무역은 국가가 또는 국가의 감독 밑에서 한다. 국가는 완전한 평등과 호혜의 원칙에서 대외무역을 발전시킨다. 국가는 자립적 민족경제를 보호하기 위하여 관세정책을 실시한다.

제3장 문 화

제35조 조선민주주의인민공화국에서는 전체 인민이 다 공부하며 사회주의적 민족문화가 전면적으로 개화발전한다.

제36조 조선민주주의인민공화국은 문화혁명을 철저히 수행하여 모든 근로자들을 자연과 사회에 관한 깊은 지식과 높은 문화기술수준을 가진 사회주의, 공산주의 건설자로 만든다.

제37조 조선민주주의인민공화국은 사회주의 근로자들을 위하여 복무하는 참다운 인민적이며 혁명적인 문화를 건설한다. 국가는 사회주의적 민족문화건설에서 제국주의의 문화적 침투와 복고주의적 경향을 반대하며 민족문화유산을 보호하고 그것을 사회주의현실에 맞게 계승발전시킨다.

제38조 국가는 모든 분야에서 낡은 사회의 생활양식을 없애고 새로운 사회주의적 생활양식을 전면적으로 확립한다.

제39조 국가는 사회주의교육학의 원리를 구

현하여 후대들을 사회와 인민을 위하여 투쟁하는 견결한 혁명가로, 지덕체를 갖춘 공산주의적 새 인간으로 키운다.

제40조 국가는 인민교육사업과 민족간부양성사업을 다른 모든 사업에 앞세우며 일반교육과 기술교육, 교육과 생산로동을 밀접히 결합시킨다.

제41조 국가는 로동하는 나이에 이르기까지의 자라나는 모든 세대들에 대하여 전반적 10년제 고중의무교육을 실시한다. 국가는 모든 학생들을 무료로 공부시킨다.

제42조 국가는 학업을 전문으로 하는 교육체계와 일하면서 공부하는 여러 가지 형태의 교육체계를 발전시켜 유능한 기술자, 전문가들을 키워낸다. 대학 및 고등전문학교 학생들에게는 장학금을 준다.

제43조 국가는 모든 어린이들에 대하여 1년 동안 학교전 의무교육을 실시한다. 국가는 모든 학령전 어린이들을 탁아소, 유치원에서 국가와 사회의 부담으로 키운다.

제44조 국가는 과학연구사업에서 주체를 철저히 세우며 과학자들과 생산자들의 창조적 협조를 강화하여 나라의 과학기술발전을 촉진시킨다.

제45조 국가는 민족적 형식에 사회주의적 내용을 담은 주체적이며 혁명적인 문학예술을 발전시킨다. 국가는 작가, 예술인들의 창작활동을 장려하며 로동자, 농민을 비롯한 근로대중을 문예활동에 널리 참가시킨다.

제46조 국가는 우리 말을 제국주의자들과 그 앞잡이들의 민족어 말살정책으로부터 시켜내며 현대의 요구에 맞게 발전시킨다.

제47조 국가는 근로자들의 체력을 증진시킨다. 국가는 체육을 대중화하고 국방체육을 발전시켜 전체 인민을 로동과 국방에 튼튼히 준비시킨다.

제48조 국가는 전반적 무상치료제를 더욱 공고 발전시키며 예방의학적 방침을 관철하여 사람들의 생명을 보호하며 근로자들의 건강을 증진시킨다.

제4장 공민의 기본 권리와 의무

제49조 조선민주주의인민공화국에서 공민의 권리와 의무는 〈하나는 전체를 위하여, 전체는 하나를 위하여〉라는 집단주의원칙에 기초한다.

제50조 국가는 모든 공민에게 참다운 민주주의적 권리와 자유, 행복한 물질문화생활을 실질적으로 보장한다. 조선민주주의인민공화국에서 공민의 권리와 자유는 사회주의제도의 공고 발전과 함께 더욱 확대된다.

제51조 공민은 정치, 경제, 문화 등 국가사회생활의 모든 분야에서 누구나 다같은 권리를 가진다.

제52조 만 17살 이상의 모든 공민은 성별, 민족별, 직업, 거주기간, 재산 및 지식정도, 당별, 정견, 신앙에 관계없이 선거할 권리와 선거받을 권리를 가진다. 군대에 복무하는 공민도 선거할 권리와 선거받을 권리를 가진다. 재판소의 판결에 의하여 선거할 권리를 빼앗긴 자, 정신병자는 선거할 권리와 선거받을 권리를 가지지 못한다.

제53조 공민은 언론, 출판, 집회, 결사 및 시위의 자유를 가진다. 국가는 민주주의적 정당, 사회단체의 자유로운 활동조건을 보장한다.

제54조 공민은 신앙의 자유와 반종교선전의 자유를 가진다.

제55조 공민은 신소와 청원을 할 수 있다.

제56조 공민은 로동에 대한 권리를 가진다. 로동능력있는 모든 공민은 희망과 재능에 따라 직업을 선택하며 안정된 일자리와 로동조건을 보장받는다. 공민은 능력에 따라 일하며 로동의 량과 질에 따라 분배를 받는다.

제57조 공민은 휴식에 대한 권리를 가진다. 이 권리는 8시간 로동제, 유급휴가제, 국가비용에 의한 정휴양제, 계속 늘어나는 여러 가지 문화시설 등에 의하여 보장된다.

제58조 공민은 무상으로 치료받을 권리를 가지며 나이 많거나 병 또는 불구로 로동능력을 잃은 사람들, 돌볼 사람이 없는 늙은이들과 어린이들은 물질적 방조를 받을 권리를 가진다. 이 권리는 무상치료제, 계속 늘어나는 병원, 료양소를 비롯한 의료시설, 국가 사회 보험 및 사회보장제에 의하여 보장된다.

제59조 공민은 교육을 받을 권리를 가진다. 이 권리는 선진적인 교육제도와 무료의무교육을 비롯한 국가의 인민적인 교육시책에 의하여 보장된다.

제60조 공민은 과학과 문학예술활동의 자유를 가진다. 국가는 창의고안자와 발명가들에게 배려를 돌린다. 저작권과 발명권은 법적으로 보호한다.

제61조 혁명투사, 혁명렬사가족, 애국렬사가족, 인민군후방가족, 영예군인들은 국가와 사회의 특별한 보호를 받는다.

제62조 녀자는 남자와 똑같은 사회적 지위와 권리를 가진다. 국가는 산전산후휴가의 보장, 여러 어린이를 가진 어머니들을 위한 로동시간의 단축, 산원, 탁아소 및 유치원방의 확장, 그밖의 시책을 통하여 어머니들과 어린이들을 특별히 보호한다. 국가는 녀성들을 가정일의 무거운 부담에서 해방하며 그들이 사회에 진출할 온갖 조건을 보장한다.

제63조 결혼 및 가정은 국가의 보호를 받는다. 국가는 사회의 세포인 가정을 공고히 하는데 깊은 배려를 돌린다.

제64조 공민은 인신 및 주택의 불가침과 서신의 비밀을 보장받는다. 법에 근거하지 않고는 공민을 체포할 수 없다.

제65조 해외에 있는 모든 조선공민들은 조선민주주의인민공화국의 법적 보호를 받는다.

제66조 조선민주주의인민공화국은 평화와 민주주의, 민족적 독립과 사회주의를 위하여, 과학, 문화의 자유를 위하여 투쟁하다가 망명하여 온 다른 나라 사람들을 보호한다.

제67조 공민은 국가의 법과 사회주의적 생활규범, 사회주의적 행동준칙을 철저히 지켜야 한다.

제68조 공민은 집단주의정신을 높이 발양하여야 한다. 공민은 집단과 조직을 사랑하며 사회와 인민의 리익, 조국과 혁명의 리익을 위하여 몸바쳐 일하는 혁명적 기풍을 세워야 한다.

제69조 로동은 공민의 신성한 의무이며 영예이다. 공민은 로동에 자각적으로 성실히 참가하며 로동규률과 로동시간을 엄격히 지켜야 한다.

제70조 공민은 국가재산과 공동재산을 아끼고 사랑하며 온갖 탐오랑비현상을 반대하여 투쟁하며 나라의 살림살이를 주인답게 알뜰히 하여야 한다. 국가 및 사회협동단체 재산은

신성불가침이다.

제71조 공민은 제국주의자들과 우리 나라 사회주의제도를 반대하는 온갖 적대분자들의 책동에 대하여 혁명적 경각성을 높이며 국가비밀을 엄격히 지켜야 한다.

제72조 조국보위는 공민의 최대의 의무이며 영예다. 공민은 조국을 보위하여야 하며 법이 정한 데 따라 군대에 복무하여야 한다. 조국과 인민을 배반하는 것은 가장 큰 죄악이다. 조국과 인민을 배반하는 자는 법에 따라 엄중히 처벌한다.

제5장 최고인민회의

제73조 최고인민회의는 조선민주주의인민공화국의 최고주권기관이다. 립법권은 최고인민회의만이 행사한다.

제74조 최고인민회의는 일반적, 평등적, 직접적 선거원칙에 의하여 비밀투표로 선출한 대의원들로 구성한다.

제75조 최고인민회의의 임기는 4년으로 한다. 최고인민회의 새 선거는 최고인민회의 임기가 끝나기 전에 최고인민회의 상설회의 결정에 따라 진행한다. 불가피한 사정으로 선거를 하지 못할 때에는 선거를 할 때까지 그 임기를 연장한다.

제76조 최고인민회의는 다음과 같은 권한을 가진다.

1. 헌법 및 법령을 채택 또는 수정한다.
2. 국가의 대내외정책의 기본원칙을 세운다.
3. 조선민주주의인민공화국 주석을 선거한다.
4. 조선민주주의인민공화국 주석의 제의에 의하여 조선민주주의인민공화국 부주석, 중앙인민위원회 서기장, 위원들을 선거 및 소환한다.
5. 최고인민회의 상설회의 의원들을 선거 및 소환한다.
6. 조선민주주의인민공화국 주석의 제의에 의하여 정무원 총리를 선거 및 소환한다.
7. 조선민주주의인민공화국 주석의 제의에 의하여 국방위원회 부위원장을 선거 및 소환한다.
8. 중앙재판소 소장을 선거 및 소환하며 중앙검찰소 소장을 임명 및 해임한다.
9. 국가의 인민경제발전계획을 승인한다.
10. 국가예산을 승인한다.
11. 전쟁과 평화에 대한 문제를 결정한다.

제77조 최고인민회의는 정기회의와 림시회의를 가진다. 정기회의는 1년 1–2차 최고인민회의 상설회의가 소집한다. 림시회의는 최고인민회의 상설회의가 필요하다고 인정할 때 또는 대의원 전원의 3분의 1 이상의 요청이 있을 때 소집한다.

제78조 최고인민회의는 대의원 전원의 반수 이상이 참석하여야 성립된다.

제79조 최고인민회의는 의장과 부의장을 선거한다. 의장은 회의를 집행한다.

제80조 최고인민회의에서 토의할 의안은 조선민주주의인민공화국 주석, 중앙인민위원회, 최고인민회의 상설회의 및 정무원이 제출한다. 대의원들도 의안을 제출할 수 있다.

제81조 최고인민회의 제1차 회의는 대의원자격심사위원회를 선거하고 그 위원회가 제출한 보고에 근거하여 대의원 자격을 확인하는 결정을 채택한다.

제82조 최고인민회의 법령, 결정은 거수가결의 방법으로 그 회의에 참석한 대의원의 반수

이상이 찬성하여야 채택된다. 헌법은 최고인민회의 대의원 전원의 3분의 2 이상이 찬성하여야 채택 또는 수정된다.

제83조 최고인민회의는 예산심의위원회, 법안심의위원회 등 필요한 위원회들을 조직할 수 있다. 최고인민회의 위원들은 최고인민회의의 사업을 돕는다.

제84조 최고인민회의 대의원은 대의원으로서의 불가침권을 보장받는다. 최고인민회의 대의원은 최고인민회의, 그 휴회중에는 최고인민회의 상설회의의 승인없이 체포할 수 없다.

제85조 최고인민회의 상설회의는 최고인민회의 상무기관이다.

제86조 최고인민회의 상설회의는 의장, 부의장, 의원들로 구성한다. 최고인민회의 상설회의 의장, 부의장은 각각 최고인민회의 의장, 부의장이 겸임한다.

제87조 최고인민회의 상설회의는 다음과 같은 임무와 권한을 가진다.

1. 최고인민회의 휴회 중에 제기된 법안을 심의결정하고 다음번 최고인민회의의 승인을 받는다.
2. 최고인민회의 휴회 중에 현행 법령을 수정하고 다음번 최고인민회의의 승인을 받는다.
3. 현행 법령을 해석한다.
4. 최고인민회의를 소집한다.
5. 최고인민회의의 대의원선거사업을 실시한다.
6. 최고인민회의 대의원들과의 사업을 한다.
7. 최고인민회의 휴회 중에 최고인민회의 의원들과의 사업을 한다.
8. 지방인민회의 대의원선거사업을 조직한다.
9. 중앙재판소 판사, 인민참심원을 선거 및 소환한다.

제88조 최고인민회의 상설회의는 결정을 채택한다.

제6장 조선민주주의인민공화국 주석

제89조 조선민주주의인민공화국 주석은 국가의 수반이며 조선민주주의인민공화국 국가주권을 대표한다.

제90조 조선민주주의인민공화국 주석은 최고인민회의에서 선거한다. 조선민주주의인민공화국 주석의 임기는 4년으로 한다.

제91조 조선민주주의인민공화국 주석은 중앙인민위원회를 직접 지도한다.

제92조 조선민주주의인민공화국 주석은 필요에 따라 정무원회의를 소집하고 지도한다.

제93조 조신민주주의인민공화국 주석은 조선민주주의인민공화국 전반적 무력의 최고 사령관, 국방위원회 위원장으로 되며 국가의 일체 무력을 지휘통솔한다.

제94조 조선민주주의인민공화국 주석은 최고인민회의 법령, 중앙인민위원회 정령, 최고인민회의 상설회의 결정을 공포한다. 조선민주주의인민공화국 주석은 명령을 낸다.

제95조 조선민주주의인민공화국주석은 특사권을 행사한다.

제96조 조선민주주의인민공화국 주석은 다른 나라와 맺은 조약을 비준 및 폐기한다.

제97조 조선민주주의인민공화국 주석은 다른 나라 사신의 신임장, 소환장을 접수한다.

제98조 조선민주주의인민공화국 주석은 자기 사업에 대하여 최고인민회의 앞에 책임진다.

제99조 조선민주주의인민공화국 부주석은 주

석의 사업을 돕는다.

제7장 중앙인민위원회

제100조 중앙인민위원회는 조선민주주의인민공화국 국가주권의 최고지도기관이다.

제101조 중앙인민위원회 수위는 조선민주주의인민공화국 주석이다.

제102조 중앙인민위원회는 조선민주주의인민공화국 주석, 부주석, 중앙인민위원회 서기장, 위원들로 구성한다. 중앙인민위원회 임기는 4년으로 한다.

제103조 중앙인민위원회는 다음과 같은 임무와 권한을 가진다.

1. 국가의 대내의 정책을 세운다.
2. 정무원과 지방 인민회의 및 인민위원회 사업을 지도한다.
3. 사법 · 검찰 기관사업을 지도한다.
4. 국방 및 국가정치보위 사업을 지도한다.
5. 헌법, 최고인민회의 법령, 조선민주주의인민공화국 주석 명령, 중앙인민위원회 정령 · 결정 · 지시 집행정형을 감독하면 그와 어긋나는 국가기관의 결정, 지시를 폐지한다.
6. 정무원의 부문별 집행기관인 부를 내오거나 없앤다.
7. 정무원총리의 제의에 의하여 부총리, 각 부장, 그 밖의 정무원 성원들을 임명 및 해임한다.
8. 대사와 공사를 임명 및 소환한다.
9. 중요군사간부를 임명 및 해임하며 장령군사칭호를 수여한다.
10. 훈장, 명예칭호, 군사칭호 및 외교직급을 제정하며 훈장, 명예칭호를 수여한다.
11. 대사를 실시한다.
12. 행정구역을 새로 내오거나 고친다.
13. 유사시에 전시상태와 동령을 선포한다.

제104조 중앙인민위원회는 정령과 결정을 채택하며 지시를 낸다.

제105조 중앙인민위원회에는 대내정책위원회, 대외정책위원회, 국방위원회, 사법안전위원회 등 중앙인민위원회 사업을 돕는 부문별 위원회를 둔다. 중앙인민위원회 각 위원회 성원은 중앙인민위원회가 임명 및 해임한다.

제106조 중앙인민위원회는 자기 사업에 대하여 최고인민회의 앞에 책임진다.

제8장 정무원

제107조 정무원은 최고주권기관의 행정적 집행기관이다. 정무원은 조선민주주의인민공화국주석과 중앙인민위원회의 지도 밑에 사업한다.

제108조 정무원은 총리, 부총리, 부장들과 그 밖에 필요한 성원들로 구성한다.

제109조 정무원은 다음과 같은 임무와 권한을 가진다.

1. 각 부 · 정무원 직속기관 · 지방행정위원회 사업을 지도한다.
2. 정무원 직속기관을 내오거나 없앤다.
3. 국가의 인민경제발전계획을 작성하며 그 실행대책을 세운다.
4. 국가예산을 편성하며 그 집행대책을 세운다.
5. 공업, 농업, 대내외상업, 건설, 운수, 체신, 국토관리, 도시경영, 과학, 교육, 문화, 보건 등의 사업을 조직집행한다.

6. 화폐 및 은행 제도를 공고히 하기 위한 대책을 세운다.
7. 다른 나라와 조약을 맺으며 대외사업을 한다.
8. 인민무력건설에 대한 사업을 한다.
9. 사회질서의 유지 국가의 리익보호 및 공민의 권리보장을 위한 대책을 세운다.
10. 정무원 결정 · 지시에 어긋나는 국가관리기관의 결정 · 지시를 폐지한다.

제110조 정무원은 전원회의와 상무회의를 가진다. 정무원 전원회의는 정무원 성원 전원으로 고성하며 정무원 상무회의는 총리, 부총리와 그밖에 총리가 임명하는 정무원성원들로 구성된다.

제111조 정무원 전원회의는 국가관리사업에서 나서는 새롭고 중요한 문제들을 토의결정한다.

제112조 정무원은 결정을 채택하며 지시를 낸다.

제113조 정무원은 자기 사업에 대하여 최고인민회의, 조선민주주의인민공화국 주석, 중앙인민위원회 앞에 책임진다.

제114조 부는 정무원의 부문별 집행기관이다. 부는 지시를 낸다.

제9장 지방인민회의, 인민위원회 및 행정위원회

제115조 도(직할시) · 시(구역) · 군 인민회의는 지방주권기관이다.

제116조 지방인민회의는 일반적 · 평등적 · 직접적 선거원칙에 의하여 비밀투표로 선출한 대의원들로 구성된다.

제117조 도(직할시)인민회의 임기는 4년, 시(구역) · 군 인민회의 임기는 2년으로 한다.

제118조 지방인민회의는 다음과 같은 임무와 권한을 가진다.

1. 지방의 인민경제발전계획을 승인한다.
2. 지방예산을 승인한다.
3. 해당 인민위원회 위원장, 부위원장, 서기장, 위원들을 선거 및 소환한다.
4. 해당 행정위원회 위원장을 선거 및 소환한다.
5. 해당 재판소의 판사, 인민참심원을 선거 및 소환한다.
6. 해당 인민위원회와 하급 인민회의 및 인민위원회의 그릇된 결정 · 지시를 폐지한다.

제119조 지방인민회의는 정기회의와 림시회의를 가진다. 정기회의는 1년에 1~2차 해당 인민위원회가 소집한다. 림시회의는 해당 인민위원회가 필요하다고 인정할 때 또는 대의원 전원의 3분의 1이상의 요청이 있을때 소집한다.

제120조 지방인민회의는 대의원 전원의 반수이상의 참석하여야 성립된다.

제121조 지방인민회의는 의장을 선거한다.

제122조 도(직할시) · 시(구역) · 군 인민회의는 결정을 채택한다. 지방인민회의의 결정은 해당 인민위원회 위원장이 공포한다.

제123조 도(직할시) · 시(구역) · 군 인민회의는 해당 인민회의 휴회중의 지방주권이다.

제124조 지방인민회의는 위원장, 부위원장, 서기장, 위원들로 구성한다. 지방인민위원회 임기는 해당 인민회의 임기와 같다.

제125조 지방인민위원회는 다음과 같은 임무

와 권한을 가진다.

1. 인민회의를 소집한다.
2. 인민회의 대의원선거를 위한 사업을 한다.
3. 인민회의 대의원들과의 사업을 한다.
4. 해당 인민회의와 상급 인민위원회 결정집행을 위한 대책을 세운다.
5. 해당 행정위원회 사업을 지도한다.
6. 하급 인민위원회 사업을 지도한다.
7. 해당 지역안의 국가기관, 기업소 및 사회협동단체들의 사업을 지도한다.
8. 해당 행정위원회와 하급 인민위원회 및 행정위원회의 그릇된 결정 지시를 폐지하며 하급 인민회의의 그릇된 결정의 집행을 정지시킨다.
9. 해당 행정위원회 부위원장, 사무장, 위원들을 임명 및 해임한다.

제126조 지방인민위원회는 결정을 채택하며 지시를 낸다.

제127조 지방인민위원회는 자기 사업에 대하여 해당 인민회의와 상급 인민위원회 앞에 책임진다.

제128조 도(직할시)·시(구역)·군 행정위원회는 지방주권기관의 행정적 집행기관이다.

제129조 지방인민위원회는 위원장, 부위원장, 사무장, 위원들로 구성한다.

제130조 지방인민위원회는 다음과 같은 임무와 권한을 가진다.

1. 해당 지방의 모든 행정사업을 조직집행한다.
2. 해당 인민회의, 인민위원회 및 상급기관의 결정·지시를 집행한다.
3. 지방의 인민경제발전계획을 작성하며 그 집행대책을 세운다.
4. 지방예산을 편성하며 그 집행대책을 세운다.
5. 해당지방의 사회질서의 유지, 국가의 리익보호 및 공민의 권리보장을 위한 대책을 세운다.
6. 하급 행정위원회 사업을 지도한다.
7. 하급 행정위원회의 그릇된 결정·지시를 폐지한다.

제131조 지방행정위원회는 결정을 채택하며 지시를 낸다.

제132조 지방행정위원회는 자기 사업에 대하여 해당 인민회의와 인민위원회 앞에 책임진다. 지방행정위원회는 상급 행정위원회와 정부에 복종한다.

제10장 재판소 및 검찰소

제133조 재판은 중앙재판소, 도(직할시) 재판소. 인민재판소 및 특별재판소가 한다. 판결은 조선민주주의인민공화국의 이름으로 선고한다.

제134조 중앙재판소의 판사와 인민참심원은 최고인민회의 상설회의에서 선거한다. 도(직할시) 재판소, 인민재판소의 판사와 인민참심원은 해당 인민회의에서 선거한다. 판사, 인민참심원의 임기는 해당 인민회의 임기와 같다.

제135조 특별 재판소의 소장과 판사는 중앙재판소가 임명 및 해임한다. 특별재판소의 인민참심원은 해당 군무자회의 또는 종업원회의에서 선거한다.

제136조 재판소는 다음과 같은 임무를 수행한다.

1. 재판활동을 통하여 조선민주주의인민공화국에 세워진 로동자·농민의 주권과 사회주의제도, 국가사회협동단체 재산과 인민의 헌법적 권리 및 생명재산을 온갖 침해로부터 보호한다.
2. 모든 국가기관, 기업소, 사회협동단체 및 공민들이 국가의 법을 정확히 지키고 계급적 원쑤들과 온갖 법 위반자들을 반대하여 적극 투쟁하도록 한다.
3. 재산에 대한 판결, 판정을 집행하며 공증사업을 한다.

제137조 재판은 판사 1명과 인민참심원 2명으로 구성된 재판소가 한다. 특별한 경우에 판사 3명으로 구성하여 할 수 있다.

제138조 재판은 공개하며 피소자의 변호권을 보장한다. 법이 정한 데 따라 재판을 공개하지 않을 수 있다.

제139조 재판은 조선말로 한다. 다른 나라 사람들은 재판에서 자기 나라 말을 할 수 있다.

제140조 재판소는 재판에서 독자적이며 재판활동을 법에 철저히 의거하여 수행한다.

제141조 중앙재판소는 조선민주주의인민공화국의 최고재판기관이다. 중앙재판소는 모든 재판소의 재판사업을 감독한다.

제142조 중앙재판소는 다기 사업에 대하여 최고인민회의, 조선민주주의인민공화국 주석 및 중앙인민위원회 앞에 책임진다. 도(직할시) 재판소, 인민재판소는 자기 사업에 대하여 해당 인민회의 앞에 책임진다.

제143조 검찰사업은 중앙검찰소, 도(직할시)·시(구역)·군 검찰소 및 특별검찰소가 한다.

제144조 검찰소는 다음과 같은 임무를 수행한다.

1. 국가기관, 기업소, 사회협동단체 및 공민들이 국가의 법을 정확히 지키는가를 감시한다.
2. 국가기환의 결정·지시가 헌법, 최고인민회의 법령, 조선민주주의인민공화국 주석 명령, 중앙인민위원회 정령·결정·지시, 최고인민회의 상설회의 결정, 정무원의 결정, 지시에 어긋나지 않는가를 감시한다.
3. 범죄자와 법위반자를 적발하여 법적 책임을 추궁함으로써 로동자, 농민의 주권과 사회주의제도를 온갖 침해로부터 보위하며 국가·사회협동단체 재산과 인민의 헌법적 권리 및 생명재산을 보호한다.

제145조 검찰사업은 중앙검찰소가 통일적으로 지도하며 모든 검찰소는 상급 검찰소와 중앙검찰소에 복종한다. 검사는 중앙검찰소가 임명 및 해임한다.

제146조 중앙검찰소는 자기사업에 대하여 최고인민회의와 조선민주주의인민공화국 주석, 중앙인민위원회 앞에 책임진다.

제11장 국장, 국기 및 수도

제147조 조선민주주의인민공화국의 국장은 ≪조선민주주의인민공화국≫ 이라고 쓴 붉은 띠로 땋아올려 감은 벼이삭의 타원형 테두리 안에 웅장한 수력발전소가 있고 그 우에 찬연히 빛나는 붉은 오각별이 있다.

제148조 조선민주주의인민공화국의 국기는 기발의 가운데에 넓은 붉은 폭이 있고 그 아래 우에 가는 흰 폭이 있으며 그 다음에 푸른 폭이 있고 붉은 폭의 기대 달린 쪽 흰 동

그라미 안에 붉은 오각별이 있다. 기발의 세로와 가로의 비는 1:2이다.

第149조 조선민주주의인민공화국의 수도는 평양이다.

조선민주주의인민공화국 사회주의헌법(1992년 헌법)

주체61(1972)년 12월 27일 최고인민회의 제5기 제1차회의에서 채택
주체81(1992)년 4월 9일 최고인민회의 제9기 제3차회의에서 수정보충

제1장 정 치

제1조 조선민주주의인민공화국은 전체 조선인민의 리익을 대표하는 자주적인 사회주의국가이다.

제2조 조선민주주의인민공화국은 제국주의침략들을 반대하며 조국의 광복과 인민의 자유와 행복을 실현하기 위한 영광스러운 혁명투쟁에서 이룩한 빛나는 전통을 이어받은 혁명적인 정권이다.

제3조 조선민주주의인민공화국은 사람중심의 세계관이며 인민대중의 자주성을 실현하기 위한 혁명사상인 주체사상을 자기 활동의 지도적 지침으로 삼는다.

제4조 조선민주주의인민공화국의 주권은 로동자, 농민, 근로 인테리와 모든 근로인민에게 있다. 근로인민은 자기의 대표기관인 최고인민회의와 지방 각급인민회의를 통하여 주권을 행사한다.

제5조 조선민주주의인민공화국에서 모든 국가기관들은 민주주의중앙집권제 원칙에 의하여 조직되며 운영된다.

제6조 군인민회의로부터 최고인민회의에 이르기까지의 각급 주권기관은 일반적, 평등적, 직접적 원칙에 의하여 비밀투표로 선거한다.

제7조 각급 주권기관의 대의원은 선거자들과 밀접한 련계를 가지며 자기 사업에 대하여 선거자들 앞에 책임진다. 선거자들은 자기가 선거한 대의원이 신임을 잃을 경우는 언제든지 소환할 수 있다.

제8조 조선민주주의인민공화국의 사회제도는 근로인민대중이 모든 것의 주인으로 되고 있으며 사회의 모든 것이 근로인민대중을 위하여 복무하는 사람중심의 사회제도이다. 국가는 착취와 압박에서 해방되어 국가와 사회의 주인으로 된 로동자, 농민, 근로인테리의 리익을 옹호하며 보호한다.

제9조 조선민주주의인민공화국은 북반부에서 인민정권을 강화하고 사상, 기술, 문화의 3대혁명을 힘있게 벌려 사회주의의 완전한 승리를 이룩하며 자주, 평화통일, 민족대단결의 원칙에서 조국통일을 실현하기 위하여 투쟁한다.

제10조 조선민주주의인민공화국은 로동계급이 령도하는 로동동맹에 기초한 전체 인민의 정치사상적 통일에 의거한다. 국가는 사상혁명을 강화하여 사회의 모든 성원들을 혁명화, 노동계급화하며 온 사회를 동지적으로 결합된 하나의 집단으로 만든다.

제11조 조선민주주의인민공화국은 조선로동당의 령도밑에 모든 활동을 진행한다.

제12조 국가는 계급로선을 견지하며 인민민주주의독재를 강화하여 내외적대분자들의 파괴책동으로부터 인민주권과 사회주의제도를 굳건히 보위한다.

제13조 국가는 군중로선을 구현하며 모든 사업에서 우가 아래를 도와주고 대중속에 들어가 문제해결의 방도를 찾으며 정치사업, 사람과의 사업을 앞세워 대중의 자각적 열성을 불

러일으키는 청산리정신, 청산리방법을 관철한다.

제14조 국가는 3대혁명붉은기쟁취운동을 비롯한 대중운동을 힘있게 벌려 사회주의건설을 최대한으로 다그친다.

제15조 조선민주주의인민공화국은 해외에 있는 조선동포들의 민주주의적 민족권리와 국제법에서 공인된 합법적 권리를 옹호한다.

제16조 조선민주주의인민공화국은 자기 령역안에 있는 다른 나라 사람의 합법적 권리와 리익을 보장한다.

제17조 자주, 평화, 친선은 조선민주주의인민공화국의 대외정책의 기본리념이며 대외활동원칙이다. 국가는 우리나라를 우호적으로 대하는 모든 나라들과 완전한 평등과 자주성, 호상존중과 내정불간섭, 호혜의 원칙에서 국가적 또는 정치, 경제, 문화적 관계를 맺는다. 국가는 자주성을 옹호하는 세계인민들과 단결하며 온갖 형태의 침략과 내정간섭을 반대하고 나라의 자주권과 민족적, 계급적 해방을 실현하기 위한 모든 나라 인민들의 투쟁을 적극 지지 성원한다.

제18조 조선민주주의인민공화국의 법은 근로인민의 의사와 리익의 반영이며 국가관리의 기본무기이다. 법에 대한 존중과 엄격한 준수집행은 모든 기관, 기업소, 단체와 공민에게 있어서 의무적이다. 국가는 사회주의법률제도를 완비하고 사회주의법무생활을 강화한다.

제2장 경 제

제19조 조선민주주의인민공화국은 사회주의적 생산관계와 자립적 민족경제의 토대에 의거한다.

제20조 조선민주주의인민공화국에서 생산수단은 국가와 협동단체만이 소유한다.

제21조 국가소유는 전체 인민의 소유이다. 국가소유권의 대상에는 제한이 없다. 나라의 모든 자연부원, 중요 공장과 기업소, 항만, 은행, 교통운수와 체신 기관은 국가만이 소유한다. 국가는 나라의 경제발전에서 주도적 역할을 하는 국가소유를 우선적으로 보호하며 장성시킨다.

제22조 협동단체소유는 협동경리에 들어있는 근로자들의 집단적 소유이다. 토지, 부림짐승, 농기구, 고기배, 건물 같은 것과 중소공장, 기업소는 협동단체가 소유할 수 있다. 국가는 협동단체 소유를 보호한다.

제23조 국가는 농민들의 사상의식과 기술문화수준을 높이고 협동적 소유에 대한 전인민적 소유의 지도적 역할을 높이는 방향에서 두 소유를 유기적으로 결합시키며 협동경리에 대한 지도와 관리를 개선하여 사회주의적협동경리제도를 공고발전시키며 협동단체에 들어있는 전체 성원들의 자원적 의사에 따라 협동단체소유를 점차 전인민적 소유로 전환시킨다.

제24조 개인소유는 근로자들의 개인적이며 소비적인 목적을 위한 소유이다. 근로자들의 개인소유는 로동에 의한 사회주의 분배와 국가와 사회의 추가적 혜택으로 이루어진다. 협동농장원들의 터밭경리를 비롯한 주민의 개인부업경리에서 나오는 생산물도 개인소유에 속한다. 국가는 근로자들의 개인소유를 보호하며 그에 대한 상속권을 법적으로 보장한다.

제25조 조선민주주의인민공화국은 인민들의 물질문화생활을 끊임없이 높이는 것을 자기활동의 최고원칙으로 삼는다. 세금이 없어진 우리나라에서 끊임없이 늘어나는 사회의 물질적

부는 전적으로 근로자들의 복리증진에 돌려진다. 국가는 모든 근로자들에게 먹고, 입고, 쓰고 살 수 있는 온갖 조건을 마련하여 준다.

제26조 조선민주주의인민공화국에 마련된 자립적 민족경제는 인민의 행복한 사회주의 생활과 조국의 자주적 발전을 위한 튼튼한 밑천이다. 국가는 사회주의 자립적 민족경제건설로선을 틀어쥐고 인민경제의 주체화, 현대화, 과학화를 다그쳐 인민경제를 고도로 발전된 주체적인 경제로 만들며 완전한 사회주의사회에 맞는 물질기술적 토대를 쌓기 위하여 투쟁한다.

제27조 기술혁명은 사회주의경제를 발전시키기 위한 기본고리이다. 국가는 언제나 기술발전문제를 첫자리에 놓고 모든 경제활동을 진행하며 과학기술발전과 인민경제의 기술개조를 다그치고 대중적 기술혁신운동을 힘있게 벌려 근로자들을 어렵고 힘든 로동에서 해방하며 육체로동과 정신로동의 차이를 줄여나간다.

제28조 국가는 도시와 농촌의 차이, 로동계급과 농민의 계급적 차이를 없애기 위하여 농촌기술혁명을 다그쳐 농업을 공업화하며 군의 역할을 높이고 농촌에 대한 지도와 방조를 강화한다. 국가는 협동농장의 생산시설과 농촌문화주택을 국가부담으로 건설하여 준다.

제29조 사회주의, 공산주의는 근로대중의 창조적 로동에 의하여 건설된다. 조선민주주의인민공화국에서 로동은 착취와 압박에서 해방된 근로자들의 자주적이며 창조적인 로동이다. 국가는 실업을 모르는 우리 근로자들의 로동이 보다 즐거운 것으로, 사회의 집단과 자신을 위하여 자각적 열성과 창발성을 내어 일하는 보람찬 것으로 되게 한다.

제30조 근로자들의 하루 로동시간은 8시간이다. 국가는 로동의 힘든 정도와 특수한 조건에 따라 하루 로동시간을 이보다 짧게 정한다. 국가는 로동조직을 잘하고 로동규률을 강화하여 로동시간을 완전히 리용하도록 한다.

제31조 조선민주주의인민공화국에서 공민이 로동하는 나이는 16살부터이다. 국가는 로동하는 나이에 이르지 못한 소년들의 로동을 금지한다.

제32조 국가는 사회주의경제에 대한 지도와 관리에서 정치적 지도와 경제기술적 지도, 국가의 통일적 지도와 매개단위의 창발성, 유일적 지휘와 민주주의, 정치 도덕적 자극과 물질적 자극을 옳게 결합시키는 원칙을 확고히 견지한다.

제33조 국가는 생산자대중의 집체적 힘에 의거하여 경제를 과학적으로, 합리적으로 관리운영하는 사회주의경제관리형태인 대안의 사업체계와 농촌경리를 기업적 방법으로 지도하는 농업지도체계에 의하여 경제를 지도관리한다.

제34조 조선민주주의인민공화국의 인민경제는 계획경제이다. 국가는 사회주의 경제발전법칙에 따라 축적과 소비의 균형을 옳게 잡으며 경제건설을 다그치고 인민생활을 끊임없이 높이며 국방력을 강화할 수 있도록 인민경제발전계획을 세우고 실행한다. 국가는 계획의 일원화, 세부화 방침을 관철하여 생산장성의 높은 속도와 인민경제의 균형적 발전을 보장한다.

제35조 조선민주주의인민공화국은 인민경제발전계획에 따르는 국가예산을 편성하여 집행한다. 국가는 모든 부문에서 증산과 절약투쟁을 강화하고 재정통제를 엄격히 실시하여 국

가축적을 체계적으로 늘이며 사회주의적 소유를 확대 발전시킨다.

제36조 조선민주주의인민공화국에서 대외무역은 국가가 하거나 국가의 감독밑에서 한다. 국가는 완전한 평등과 호혜의 원칙에서 대외무역을 발전시킨다.

제37조 국가는 우리나라 기관, 기업소, 단체와 다른나라 법인 또는 개인들과의 기업 합영과 합작을 장려한다.

제38조 국가는 자립적 민족경제를 보호하기 위하여 관세정책을 실시한다.

제3장 문 화

제39조 조선민주주의인민공화국에서 개화발전하고 있는 사회주의적 문화는 근로자들의 창조적 능력을 높이며 건전한 문화정서적 수요를 충족시키는데 이바지한다.

제40조 조선민주주의인민공화국은 문화혁명을 철저히 수행하여 모든 사람들을 자연과 사회에 대한 깊은 지식과 높은 문화기술 수준을 가진 사회주의, 공산주의 건설자로 만들며 온 사회를 인테리화한다.

제41조 조선민주주의인민공화국은 사회주의 근로자들을 위하여 복무하는 참다운 인민적이며 혁명적인 문화를 건설한다. 국가는 사회주의적 민족문화건설에서 제국주의의 문화적 침투와 복고주의적 경향을 반대하며 민족문화유산을 보호하고 사회주의 현실에 맞게 계승 발전시킨다.

제42조 국가는 모든 분야에서 낡은 사회의 생활양식을 없애고 새로운 사회주의적생활양식을 전면적으로 확립한다.

제43조 국가는 사회주의교육학의 원리를 구현하여 후대들을 사회와 인민을 위하여 투쟁하는 견결한 혁명가로, 지덕체를 갖춘 공산주의적 새 인간으로 키운다.

제44조 국가는 인민교육사업과 민족간부양성사업을 다른 모든 사업에 앞세우며 일반교육과 기술교육, 교육과 생산로동을 밀접히 결합시킨다.

제45조 국가는 1년동안의 학교전의무교육을 포함한 전반적 11년제 의무교육을 현대과학기술발전추세와 사회주의건설의 현실적 요구에 맞게 높은 수준에서 발전시킨다.

제46조 국가는 학업을 전문으로 하는 교육체계와 일하면서 공부하는 여러가지 형태의 교육체계를 발전시키며 기술교육과 사회과학, 기초과학 교육의 과학리론수준을 높여 유능한 기술자, 전문가들을 키워낸다.

제47조 국가는 모든 학생들을 무료로 공부시키며 대학과 전문학교 학생들에게는 장학금을 준다.

제48조 국가는 사회교육을 강화하며 모든 근로자들이 학습할 수 있는 온갖 조건을 보장한다.

제49조 국가는 학령전 어린이들을 탁아소와 유치원에서 국가와 사회의 부담으로 키워준다.

제50조 국가는 과학연구사업에서 주체를 세우며 선진과학기술을 적극 받아들이고 새로운 과학기술분야를 개척하여 나라의 과학기술을 세계적 수준에 올려 세운다.

제51조 국가는 과학기술발전계획을 바로 세우고 철저히 수행하는 규률을 세우며 과학자, 기술자, 생산자들의 창조적 협조를 강화하여 나라의 과학기술발전을 촉진시킨다.

제52조 국가는 민족적 형식에 사회주의적 내용을 담은 주체적이며 혁명적인 문화예술을 발전시킨다. 국가는 창작가, 예술인들이 사상예술성이 높은 작품을 많이 창작하며 광범한 대중이 문예활동에 널리 참가하도록 한다.

제53조 국가는 정신적으로, 육체적으로 끊임없이 발전하려는 사람들의 요구에 맞게 현대적인 문화시설들을 충분히 갖추어주어 모든 근로자들이 사회주의적 문화정서생활을 마음껏 누리도록 한다.

제54조 국가는 우리말을 온갖 형태의 민족어말살책동으로부터 지켜내며 그것을 현대의 요구에 맞게 발전시킨다.

제55조 국가는 체육을 대중화, 생활화할데 대한 방침을 관철하여 전체인민을 로동과 국방을 튼튼히 준비시키며 우리나라 실정과 현대체육기술발전추세에 맞게 체육기술을 발전시킨다.

제56조 국가는 전반적 무상치료제를 공고발전시키며 의사담당구역제를 강화하고 예방의학적 방침을 관철하여 사람들의 생명을 보호하며 근로자들의 건강을 증진시킨다.

제57조 국가는 생산에 앞서 환경보호대책을 세우며 자연환경을 보존, 조성하고 환경오염을 방지하여 인민들에게 문화위생적인 생활환경과 로동조건을 마련하여 준다.

제4장 국 방

제58조 조선민주주의인민공화국은 전인민적, 전국가적 방위체계에 의거한다.

제59조 조선민주주의인민공화국 무장력의 사명은 근로인민의 리익을 옹호하며 외래침략으로부터 사회주의 제도와 혁명의 전취물을 보위하고 조국의 자유와 독립과 평화를 지키는데 있다.

제60조 국가는 군대와 인민을 정치사상적으로 무장시키는 기초우에서 전민무장화, 전국요새화, 전군간부화, 전군현대화를 기본내용으로 하는 자위적 군사로선을 관철한다.

제61조 국가는 군대안에서 군사규률과 군중규률을 강화하며 관병일치, 군민일치의 고상한 전통적 미풍을 높이 발양하도록 한다.

제5장 공민의 기본권리와 의무

제62조 조선민주주의인민공화국 공민이 되는 조건은 국적에 관한 법으로 규정한다. 공민은 거주지에 관계없이 조선민주주의인민공화국의 보호를 받는다.

제63조 조선민주주의인민공화국에서 공민의 권리와 의무는 〈하나는 전체를 위하여, 전체는 하나를 위하여〉라는 집단주의원칙에 기초한다.

제64조 국가는 모든 공민에게 참다운 민주주의적 권리와 자유, 행복한 물질문화생활을 실질적으로 보장한다. 조선민주주의인민공화국에서 공민의 권리와 자유는 사회주의제도의 공고발전과 함께 더욱 확대된다.

제65조 공민은 국가사회생활의 모든 분야에서 누구나 다같은 권리를 가진다.

제66조 17살 이상의 모든 공민은 성별, 민족별, 직업, 거주기간, 재산과 지식정도, 당별, 정견, 신앙에 관계없이 선거할 권리와 선거받을 권리를 가진다. 군대에 복무하는 공민도 선거할 권리와 선거받을 권리를 가진다. 재판

소의 판결에 의하여 선거할 권리를 빼앗긴 자, 정신병자는 선거할 권리와 선거받을 권리를 가지지 못한다.

제67조 공민은 언론, 출판, 집회, 시위와 결사의 자유를 가진다. 국가는 민주주의적 정당, 사회단체의 자유로운 활동조건을 보장한다.

제68조 공민은 신앙의 자유를 가진다. 이 권리는 종교건물을 짓거나 종교의식 같은 것을 허용하는 것으로 보장된다. 누구든지 종교를 외세를 끌어들이거나 국가사회질서를 해치는데 리용할 수 없다.

제69조 공민은 신소와 청원을 할 수 있다. 신소와 청원은 법이 정한 절차와 기간안에 심의 처리하여야 한다.

제70조 공민은 로동에 대한 권리를 가진다. 로동능력있는 모든 공민은 희망과 재능에 따라 직업을 선택하며 안정된 일자리와 로동조건을 보장받는다. 공민은 능력에 따라 일하며 로동의 량과 질에 따라 분배를 받는다.

제71조 공민은 휴식에 대한 권리를 가진다. 이 권리는 로동시간제, 공휴일제, 유급휴가제, 국가비용에 의한 정휴양제, 계속 늘어나는 여러가지 문화 시설들에 의하여 보장된다.

제72조 공민은 무상으로 치료받을 권리를 가지며 나이 많거나 병 또는 불구로 로동능력을 잃은 사람, 돌볼 사람이 없는 늙은이와 어린이는 물질적 방조를 받을 권리를 가진다. 이 권리는 무상치료제, 계속 늘어나는 병원, 료양소를 비롯한 의료시설, 국가 사회보험과 사회보장제에 의하여 보장된다.

제73조 공민은 교육을 받을 권리를 가진다. 이 권리는 선진적인 교육제도와 국가의 인민적인 교육시책에 의하여 보장된다.

제74조 공민은 과학과 문학예술 활동의 자유를 가진다. 국가는 발명가와 창의고안자에게 배려를 돌린다. 저작권과 발명권은 법적으로 보호한다.

제75조 혁명투사, 혁명렬사가족, 애국렬사가족, 인민군후방가족, 영예군인은 국가와 사회의 특별한 보호를 받는다.

제76조 녀자는 남자와 똑같은 사회적 지위와 권리를 가진다. 국가는 산전산후휴가의 보장, 여러 어린이를 가진 어머니를 위한 로동시간의 단축, 산원, 탁아소와 유치원망의 확장, 그밖의 시책을 통하여 어머니와 어린이를 특별히 보호한다. 국가는 녀성들이 사회에 진출할 온갖 조건을 지어준다.

제77조 결혼과 가정은 국가의 보호를 받는다. 국가는 사회의 기층생활단위인 가정을 공고히 하는데 깊은 배려를 돌린다.

제78조 공민은 인신과 주택의 불가침, 서신의 비밀을 보장받는다. 법에 근거하지 않고는 공민을 구속하거나 체포할 수 없으며 살림집을 수색할 수 없다.

제79조 조선민주주의인민공화국은 평화와 민주주의, 민족적 독립과 사회주의를 위하여, 과학, 문화의 자유를 위하여 투쟁하다가 망명하여온 다른 나라 사람을 보호한다.

제80조 공민은 인민의 정치사상적 통일과 단결을 견결히 수호하여야 한다.

제81조 공민은 국가의 법과 사회주의적 생활규범을 지키며 조선민주주의인민공화국의 공민된 영예와 존엄을 고수하여야 한다.

제82조 집단주의는 사회주의사회생활의 기초이다. 공민은 조직과 집단을 귀중히 여기며

사회와 인민을 위하여 몸바쳐 일하는 기풍을 높이 발휘하여야 한다.

제83조 로동은 공민의 신성한 의무이며 영예이다. 공민은 로동에 자각적으로 성실히 참가하며 로동규률과 로동시간을 엄격히 지켜야 한다.

제84조 공민은 국가재산과 공동재산을 아끼고 사랑하며 온갖 탐오랑비현상을 반대하여 투쟁하며 나라살림살이를 주인답게 알뜰히 하여야 한다. 국가와 사회협동단체 재산은 신성불가침이다.

제85조 공민은 언제나 혁명적 경각성을 높이며 국가의 안전을 위하여 몸바쳐 투쟁하여야 한다.

제86조 조국보위는 공민의 최대의 의무이며 영예이다. 공민은 조국을 보위하여야 하며 법이 정한데 따라 군대에 복무하여야 한다. 조국과 인민을 배반하는 것은 가장 큰 죄악이며 조국과 인민을 배반하는 자는 법에 따라 엄중히 처벌한다.

제6장 국가기구

제1절 최고인민회의

제87조 최고인민회의는 조선민주주의인민공화국의 최고주권기관이다. 최고인민회의 휴회중의 상무기관은 최고인민회의 상설회의이다.

제88조 립법권은 최고인민회의와 최고인민회의 상설회의가 행사한다.

제89조 최고인민회의는 일반적·평등적·직접적 선거원칙에 의하여 비밀투표로 선출한 대의원들로 구성한다.

제90조 최고인민회의 임기는 5년으로 한다. 최고인민회의 새 선거는 최고인민회의 임기가 끝나기 전에 최고인민회의 상설회의 결정에 따라 진행한다. 불가피한 사정으로 선거를 하지 못할 때에는 선거를 할 때까지 그 임기를 연장한다.

제91조 최고인민회의는 다음과 같은 권한을 가진다.

1. 헌법을 수정한다.
2. 법령을 제정 또는 수정한다.
3. 최고인민회의 휴회중에 최고인민회의 상설회의가 채택한 법을 승인한다.
4. 국가의 대내외정책의 기본원칙을 세운다.
5. 조선민주주의인민공화국 주석을 선거 또는 소환한다.
6. 조선민주주의인민공화국 주석의 제의에 의하여 조선민주주의인민공화국 부주석을 선거 또는 소환한다.
7. 조선민주주의인민공화국 국방위원회 위원장을 선거 또는 소환한다.
8. 조선민주주의인민공화국 국방위원회 위원장의 제의에 의하여 국방위원회 제1부위원장, 부위원장, 위원들을 선거 또는 소환한다.
9. 중앙인민위원회 서기장, 위원들을 선거 또는 소환한다.
10. 최고인민회의 상설회의 서기장, 의원들을 선거 또는 소환한다.
11. 최고인민회의 부문별 위원회 위원장, 부위원장, 위원들을 선거 또는 소환한다.
12. 중앙재판소 소장을 선거 또는 소환한다.
13. 중앙검찰소 소장을 임명 또는 해임한다.
14. 조선민주주의인민공화국 주석의 제의에 의하여 정무원총리를 선거 또는 소환한다.
15. 정무원총리의 제의에 의하여 정무원 부총리, 위원장, 부장, 그밖의 정무원성원들을

임명한다.

16. 국가의 인민경제발전계획과 그 실행정형에 관한 보고를 심의하고 승인한다.
17. 국가예산과 그 집행정형에 관한 보고를 심의하고 승인한다.
18. 필요에 따라 최고인민회의가 조직한 중앙국가기관들의 사업정형을 보고받고 대책을 세운다.
19. 최고인민회의에 제기되는 조약의 비준, 페기를 결정한다.
20. 전쟁과 평화에 관한 문제를 결정한다.

제92조 최고인민회의는 정기회의와 림시회의를 가진다. 정기회의는 1년에 1~2차 최고인민회의 상설회의가 소집한다. 림시회의는 최고인민회의 상설회의가 필요하다고 인정할 때 또는 대의원전원의 3분의 1 이상의 요청이 있을 때에 소집한다.

제93조 최고인민회의는 대의원전원의 3분의 2 이상이 참석하여야 성립된다.

제94조 최고인민회의는 의장과 부의장을 선거한다. 의장은 회의를 집행하며 대외관계에서 최고인민회의를 대표한다. 부의장은 의장의 사업을 돕는다.

제95조 최고인민회의에서 토의할 의안은 조선민주주의인민공화국 주석, 조선민주주의인민공화국 국방위원회, 최고인민회의 상설회의, 중앙인민위원회, 정무원과 최고인민회의 위원회들이 제출한다. 대의원들도 의안을 제출할 수 있다.

제96조 최고인민회의 제1차 회의는 대의원자격심사위원회를 선거하고 그 위원회가 제출한 보고에 근거하여 대의원자격을 확인하는 결정을 채택한다.

제97조 최고인민회의는 법령과 결정을 낸다. 최고인민회의가 내는 법령, 결정은 거수가결의 방법으로 그 회의에 참석한 대의원의 반수 이상이 찬성하여야 채택된다. 헌법은 최고인민회의 대의원전원의 3분의 2 이상이 찬성하여야 수정된다.

제98조 최고인민회의는 법제위원회, 예산위원회, 외교위원회, 통일정책위원회 같은 필요한 위원회를 둔다. 최고인민회의 위원회들은 위원장, 부위원장, 위원들로 구성한다. 최고인민회의 위원회들은 최고인민회의 사업을 도와 국가의 정책과 법안을 작성하거나 심의하며 그 집행을 위한 대책을 세운다. 최고인민회의 위원회들은 최고인민회의 휴회중에 최고인민회의 상설회의의 지도밑에 사업한다.

제99조 최고인민회의 대의원은 대의원으로서의 불가침권을 보장받는다. 최고인민회의 대의원은 최고인민회의, 그 휴회중에는 최고인민회의 상설회의의 승인없이 체포하거나 처벌할 수 없다.

제100조 최고인민회의 상설회의는 의장, 부의장, 서기장, 의원들로 구성한다. 최고인민회의 상설회의 의장, 부의장은 각각 최고인민회의 의장, 부의장이 겸임한다. 최고인민회의 상설회의 임기는 최고인민회의 임기와 같다.

제101조 최고인민회의 상설회의는 다음과 같은 임무와 권한을 가진다.

1. 최고인민회의 휴회중에 제기된 법안과 현행법령의 수정안을 심의채택하고 다음번 최고인민회의 승인을 받는다.
2. 새로운 법안과 법 수정안을 채택한 경우 그와 어긋나는 법규들을 폐지한다.
3. 현행법령을 해석한다.
4. 최고인민회의를 소집한다.
5. 최고인민회의 대의원선거를 위한 사업을

한다.

6. 최고인민회의 대의원들과의 사업을 한다.
7. 최고인민회의 위원회들과의 사업을 한다.
8. 지방인민회의 대의원선거사업을 조직한다.
9. 중앙재판소 판사, 인민참심원을 선거 또는 소환한다.
10. 다른 나라 국회, 국제의회기구들과의 사업을 비롯한 대외사업을 한다.

제102조 최고인민회의 상설회의는 결정과 지시를 낸다.

제103조 최고인민회의 상설회의는 최고인민회의 임기가 끝난후에도 새 최고인민회의 상설회의가 선거 될 때까지 자기 임무를 계속 수행한다.

제104조 최고인민회의 상설회의는 자기 사업에 대하여 최고인민회의 앞에 책임진다.

제2절 조선민주주의인민공화국 주석

제105조 조선민주주의인민공화국 주석은 국가의 수반이며 조선민주주의인민공화국을 대표한다.

제106조 조선민주주의인민공화국 주석의 임기는 최고인민회의 임기와 같다.

제107조 조선민주주의인민공화국 주석의 임무와 권한은 다음과 같다.

1. 중앙인민위원회사업을 지도한다.
2. 필요에 따라 정무원회의를 소집하고 지도한다.
3. 최고인민회의 법령, 최고인민회의 상설회의 결정, 중앙인민위원회 중요 정령과 결정을 공포한다.
4. 특사권을 행사한다.
5. 다른 나라와 맺은 조약의 비준 또는 폐기를 공포한다.
6. 다른 나라에 주재하는 외교대표의 임명 또는 소환을 발표한다.
7. 다른 나라 사신의 신임장, 소환장을 접수한다.

제108조 조선민주주의인민공화국 주석은 명령을 낸다.

제109조 조선민주주의인민공화국 주석은 자기 사업에 대하여 최고인민회의 앞에 책임진다.

제110조 조선민주주의인민공화국 부주석은 주석의 사업을 돕는다.

제3절 조선민준주의인민공화국 국방위원회

제111조 조선민주주의인민공화국 국방위원회는 조선민주주의인민공화국 국가주권의 최고 군사지도기관이다.

제112조 조선민주주의인민공화국 국방위원회는 위원장, 제1부위원장, 부위원장, 위원들로 구성한다. 국방위원회 임기는 최고인민회의 임기와 같다.

제113조 조선민주주의인민공화국 국방위원회 위원장은 일체 무력을 지휘통솔한다.

제114조 조선민주주의인민공화국 국방위원회는 다음과 같은 임무와 권한을 가진다.

1. 국가의 전반적무력과 국방건설사업을 지도한다.
2. 중요 군사간부를 임명 또는 해임한다.
3. 군사칭호를 제정하며 장령 이상의 군사칭호를 수여한다.

4. 유사시 전시상태와 동원령을 선포한다.

제115조 조선민주주의인민공화국 국방위원회는 결정과 명령을 낸다.

제116조 조선민주주의인민공화국 국방위원회는 자기 사업에 대하여 최고인민회의앞에 책임진다.

제4절 중앙인민위원회

제117조 중앙인민위원회는 조선민주주의인민공화국 국가주권의 최고지도기관이다.

제118조 중앙인민위원회 수위는 조선민주주의인민공화국 주석이다.

제119조 중앙인민위원회는 조선민주주의인민공화국 주석, 부주석, 중앙인민위원회 서기장, 위원들로 구성한다. 중앙인민위원회 임기는 최고인민회의 임기와 같다.

제120조 중앙인민위원회는 다음과 같은 임무와 권한을 가진다.

1. 국가의 정책과 그 집행을 위한 대책을 세운다.
2. 정무원과 지방인민회의와 인민위원회 사업을 지도한다.
3. 사법 · 검찰 기관사업을 지도한다.
4. 국가기관들의 법준수집행을 지도하며 법집행에서 제기되는 문제를 처리한다.
5. 헌법, 최고인민회의 법령, 결정, 최고인민회의 상설회의 결정, 지시, 조선민주주의인민공화국 주석명령, 조선민주주의인민공화국 국방위원회 결정, 명령, 중앙인민위원회 정령, 결정, 지시집행정형을 감독하며 그와 어긋나는 지방인민회의의 결정집행을 정지시키고 국가기관의 결정, 지시를 폐지한다.
6. 부문별 행정적 집행기관인 정무원 위원회, 부를 내오거나 없앤다.
7. 최고인민회의 휴회중에 정무원총리의 제의에 의하여 부총리, 위원장, 부장, 그밖의 정무원성원들을 임명 또는 해임한다.
8. 중앙인민위원회 부문별 위원회 성원들을 임명 또는 해임한다.
9. 다른 나라와 맺은 조약을 비준 또는 폐기한다.
10. 다른 나라에 주재하는 외교대표의 임명 또는 소환을 결정한다.
11. 훈장과 메달, 명예칭호, 외교직급을 제정하며 훈장과 메달, 명예칭호를 수여한다.
12. 대사권을 행사한다.
13. 행정구역을 새로 내오거나 고친다.

제121조 중앙인민위원회는 정령과 결정, 지시를 낸다.

제122조 중앙인민위원회는 자기 사업을 돕는 필요한 위원회를 둘 수 있다.

제123조 중앙인민위원회는 자기 사업체 대하여 최고인민회의 앞에 책임진다.

제5절 정무원

제124조 정무원은 최고주권기관의 행정적집행기관이다. 정무원은 조선민주주의인민공화국 주석과 중앙인민위원회의 지도 밑에 사업한다.

제125조 정무원은 총리, 부총리, 위원장, 부장들과 그밖에 필요한 성원들로 구성한다. 정무원의 임기는 최고인민회의 임기와 같다.

제126조 정무원은 다음과 같은 임무와 권한을 가진다.

1. 각 위원회, 부, 정무원직속기관, 지방행정경제위원회 사업을 지도한다.
2. 정무원직속기관을 내오거나 없앤다.
3. 국가의 인민경제발전계획을 작성하며 그 실행대책을 세운다.
4. 국가예산을 편성하며 그 집행대책을 세운다.
5. 공업, 농업, 건설, 운수, 체신, 상업, 무역, 국토관리, 도시경영, 교육, 과학, 문화, 보건, 환경보호, 관광 그밖의 여러부문의 사업을 조직집행한다.
6. 화폐와 은행제도를 공고히 하기 위한 대책을 세운다.
7. 다른 나라와 조약을 맺으며 대외사업을 한다.
8. 사회질서의 유지, 국가 및 협동단체의 소유와 리익의 보호, 공민의 권리보장을 위한 대책을 세운다.
9. 정무원 결정, 지시에 어긋나는 행정경제기관의 결정, 지시를 폐지한다.

제127조 정무원은 전원회의와 상무회의를 가진다. 정무원 전원회의는 정무원성원 전원으로 구성하며 정무원상무회의는 총리, 부총리와 그밖에 총리가 임명하는 정무원성원들로 구성한다.

제128조 정무원전원회의는 국가관리사업에서 나서는 새롭고 중요한 문제들을 토의 결정한다. 정무원상무회의는 정무원전원회의에서 위임한 문제들을 토의결정한다.

제129조 정무원은 결정과 지시를 낸다.

제130조 정무원은 자기 사업에 대하여 최고인민회의, 조선민주주의인민공화국 주석, 중앙인민위원회 앞에 책임진다.

제131조 새로 선거된 정무원총리는 정무원성원들을 대표하여 최고인민회의에서 조선민주주의인민공화국 주석앞에 선서를 한다.

제132조 정무원 위원회와 부는 정무원의 부문별 집행기관이다. 정무원 위원회, 부는 지시를 낸다.

제6절 지방인민회의와 인민위원회

제133조 도(직할시), 시(구역), 군 인민회의는 지방주권기관이다.

제134조 지방인민회의는 일반적, 평등적, 직접적 선거원칙에 의하여 비밀투표로 선출한 대의원들로 구성한다.

제135조 도(직할시), 시(구역), 군 인민회의 임기는 4년으로 한다.

제136조 지방인민회의는 다음과 같은 임무와 권한을 가진다.

1. 지방의 인민경제발전계획과 그 실행정형에 대한 보고를 심의하고 승인한다.
2. 지방예산과 그 집행정형에 대한 보고를 심의하고 승인한다.
3. 해당 지역에서 국가의 법을 집행하기 위한 대책을 세운다.
4. 해당 인민위원회 위원장, 부위원장, 서기장, 위원들을 선거 또는 소환한다.
5. 해당 행정경제위원회 위원장을 선거 또는 소환한다.
6. 해당 행정경제위원회 부위원장, 사무장, 위원들을 임명 또는 해임한다.
7. 해당 재판소의 판사, 인민참심원을 선거 또는 소환한다.
8. 해당 인민위원회와 하급 인민회의, 인민위원회의 그릇된 결정, 지시를 폐지한다.

제137조 지방인민회의는 정기회의와 림시회의를 가진다. 정기회의는 1년에 1-2차 해당 인민위원회가 소집한다. 림시회의는 해당 인

민위원회가 필요하다고 인정할 때 또는 대의원 전원이 3분의 1 이상의 요청이 있을 때 소집한다.

제138조 지방인민회의는 대의원 전원의 3분의 2 이상이 참석하여야 성립된다.

제139조 지방인민회의는 의장을 선거한다. 의장은 회의를 집행한다.

제140조 지방인민회의는 결정을 낸다. 지방인민회의 결정은 해당 인민위원회가 공포한다.

제141조 도(직할시), 시(구역), 군 인민위원회는 해당 인민회의 휴회중의 지방주권기관이다.

제142조 지방인민위원회는 위원장, 부위원장, 서기장, 위원들로 구성한다. 지방인민위원회 임기는 해당 인민회의 임기와 같다.

제143조 지방인민위원회는 다음과 같은 임무와 권한을 가진다.

1. 인민회의를 소집한다.
2. 인민회의 대의원선거를 위한 사업을 한다.
3. 인민회의 대의원들과의 사업을 한다.
4. 해당 인민회의와 상급 인민회의, 인민위원회 결정집행을 위한 대책을 세운다.
5. 해당 행정경제위원회 사업을 지도한다.
6. 하급 인민위원회 사업을 지도한다.
7. 해당 지역안의 기관, 기업소, 단체들의 사업을 지도한다.
8. 해당 행정경제위원회와 하급 인민위원회, 행정경제위원회의 그릇된 결정, 지시를 폐지하며 하급 인민회의의 그릇된 결정의 집행을 정지시킨다.
9. 인민회의 휴회중에 해당 행정경제위원회 부위원장, 사무장, 위원들을 임명 또는 해임한다.

제144조 지방인민위원회는 결정과 지시를 낸다.

제145조 지방인민위원회는 해당 인민회의 임기가 끝난후에도 새 인민위원회가 선거될 때까지 자기 임무를 계속 수행한다.

제146조 지방인민위원회는 해당 인민회의와 상급 인민회의, 인민위원회의 지도를 받으며 자기 사업에 대하여 그 앞에 책임진다.

제7절 지방행정경제위원회

제147조 도(직할시), 시(구역), 군 행정경제위원회는 지방주권기관의 행정적 집행기관이다.

제148조 지방행정경제위원회는 위원장, 부위원장, 사무장, 위원들로 구성한다. 지방행정경제위원회 임기는 해당 인민회의 임기와 같다.

제149조 지방행정경제위원회는 다음과 같은 임무와 권한을 가진다.

1. 해당 지방의 모든 행정경제사업을 조직집행한다.
2. 해당 인민회의, 인민위원회와 상급 인민회의, 인민위원회, 행정경제위원회와 정무원의 결정, 지시를 집행한다.
3. 지방의 인민경제발전계획을 작성하며 그 실행대책을 세운다.
4. 지방예산을 편성하며 그 집행대책을 세운다.
5. 해당지방의 사회질서와 유지, 국가 및 협동단체의 소유와 리익의 보호, 공민의 권리보장을 위한 대책을 세운다.
6. 하급 행정경제위원회 사업을 지도한다.
7. 하급 행정경제위원회의 그릇된 결정, 지시를 폐지한다.

제150조 지방행정경제위원회는 결정과 지시를 낸다.

제151조 지방행정경제위원회는 자기 사업에 대하여 해당 인민회의와 인민위원회 앞에 책임진다. 지방행정경제위원회는 상급 행정경제위원회와 정무원에 복종한다.

제8절 재판소와 검찰소

제152조 재판은 중앙재판소, 도(직할시) 재판소, 인민재판소와 특별재판소가 한다. 판결은 조선민주주의인민공화국의 이름으로 선고한다.

제153조 중앙재판소 소장의 임기는 최고인민회의 임기와 같다. 중앙재판소, 도(직할시) 재판소, 인민재판소의 판사, 인민참심원의 임기는 해당 인민회의 임기와 같다.

제154조 특별재판소의 소장과 판사는 중앙재판소가 임명 또는 해임한다. 특별재판소의 인민참심원은 해당 군무자회의 또는 종업원회의에서 선거한다.

제155조 재판소는 다음과 같은 임무를 수행한다.

1. 재판활동을 통하여 조선민주주의인민공화국의 주권과 사회주의제도, 국가와 사회협동단체 재산, 인민의 헌법적권리와 생명재산을 보호한다.
2. 모든 기관, 기업소, 단체와 공민들이 국가의 법을 정확히 지키고 계급적원쑤들과 온갖 법위반자들을 반대하여 적극 투쟁하도록 한다.
3. 재산에 대한 판결, 판정을 집행하며 공증사업을 한다.

제156조 재판은 판사 1명과 인민참심원 2명으로 구성된 재판소가 한다. 특별한 경우에는 판사 3명으로 구성하여 할 수 있다.

제157조 재판은 공개하며 피소자의 변호권을 보장한다. 법이 정한데 따라 재판을 공개하지 않을 수 있다.

제158조 재판은 조선말로 한다. 다른 나라 사람들은 재판에서 자기나라 말을 할 수 있다.

제159조 재판소는 재판에서 독자적이며 재판활동을 법에 의거하여 수행한다.

제160조 중앙재판소는 조선민주주의인민공화국의 최고재판기관이다. 중앙재판소는 모든 재판소의 재판사업을 감독한다. 중앙재판소는 중앙인민위원회의 지도를 받는다.

제161조 중앙재판소는 자기 사업에 대하여 최고인민회의와 조선민주주의인민공화국 주석, 중앙인민위원회 앞에 책임진다. 도(직할시) 재판소, 인민재판소는 자기 사업에 대하여 해당 인민회의앞에 책임진다.

제162조 검찰사업은 중앙검찰소, 도(직할시), 시(구역), 군검찰소와 특별검찰소가 한다.

제163조 중앙검찰소 소장의 임기는 최고인민회의 임기와 같다.

제164조 검사는 중앙검찰소가 임명 또는 해임한다.

제165조 검찰소는 다음과 같은 임무를 수행한다.

1. 기관, 기업소, 단체와 공민들이 국가의 법을 정확히 지키는가를 감시한다.
2. 국가기관의 결정, 지시가 헌법, 최고인민회의 법령, 결정, 최고인민회의 상설회의 결정, 지시, 조선민주주의인민공화국 주석명령, 조선민주주의인민공화국 국방위원회 결정, 명령, 중앙인민위원회 정령, 결정, 지시, 정무원 결정, 지시에 어긋나지 않는

가를 감시한다.

3. 범죄자를 비롯한 법위반자를 적발하고 법적책임을 추궁하는 것을 통하여 조선민주주의인민공화국의 주권과 사회주의제도, 국가와 사회협동단체 재산, 인민의 헌법적 권리와 생명재산을 보호한다.

제166조 검찰사업은 중앙검찰소가 통일적으로 지도하며 모든 검찰소는 상급 검찰소와 중앙검찰소에 복종한다. 중앙검찰소는 중앙인민위원회의 지도를 받는다.

제167조 중앙검찰소는 자기사업에 대하여 최고인민회의와 조선민주주의인민공화국 주석, 중앙인민위원회 앞에 책임진다.

제7장 국장, 국기, 국가, 수도

제168조 조선민주주의인민공화국의 국장은 〈조선민주주의인민공화국〉이라고 쓴 붉은 띠로 땋아올려 감은 벼이삭의 타원형 테두리안에 웅장한 수력발전소가 있고 그우에 혁명의 성산 백두산과 찬연히 빛나는 붉은 오각별이 있다.

제169조 조선민주주의인민공화국치 국기는 깃발의 가운데에 넓은 붉은 폭이 있고 그 아래우에 가는 흰 폭이 있으며 그 다음에 푸른 폭이 있고 붉은 폭의 기대달린쪽 흰 동그라미안에 붉은 오각별이 있다. 기발의 세로와 가로의 비는 1대 2이다.

제170조 조선민주주의인민공화국의 국가는 〈애국가〉이다.

제171조 조선민주주의인민공화국의 수도는 평양이다.

조선민주주의인민공화국 사회주의헌법(1998년 헌법)

주체61(1972)년 12월 27일 최고인민회의 제5기 제1차회의에서 채택
주체81(1992)년 4월 9일 최고인민회의 제9기 제3차회의에서 수정보충
주체87(1998)년 9월 5일 최고인민회의 제10기 제1차회의에서 수정보충

서 문

조선민주주의인민공화국은 위대한 수령 김일성동지의 사상과 령도를 구현한 주체의 사회주의조국이다.

위대한 수령 김일성동지는 조선민주주의인민공화국의 창건자이시며 사회주의조선의 시조이시다.

김일성동지께서는 영생불멸의 주체사상을 창시하시고 그 기치밑에 항일혁명투쟁을 조직령도하시여 영광스러운 혁명전통을 마련하시고 조국광복의 력사적위업을 이룩하시였으며 정치, 경제, 문화, 군사분야에서 자주독립국가건설의 튼튼한 토대를 닦은데 기초하여 조선민주주의인민공화국을 창건하시였다.

김일성동지께서는 주체적인 혁명로선을 내놓으시고 여러 단계의 사회혁명과 건설사업을 현명하게 령도하시여 공화국을 인민대중중심의 사회주의나라로, 자주, 자립, 자위의 사회주의국가로 강화발전시키시였다.

김일성동지께서는 국가건설과 국가활동의 근본원칙을 밝히시고 가장 우월한 국가사회제도와 정치방식, 사회관리체계와 관리방법을 확립하시였으며 사회주의조국의 부강번영과 주체혁명위업의 계승완성을 위한 확고한 토대를 마련하시였다.

김일성동지께서는 ≪이민위천≫을 좌우명으로 삼으시여 언제나 인민들과 함께 계시고 인민을 위하여 한평생을 바치시였으며 숭고한 인덕정치로 인민들을 보살피시고 이끄시여 온 사회를 일심단결된 하나의 대가정으로 전변시키시였다.

위대한 수령 김일성동지는 민족의 태양이시며 조국통일의 구성이시다. 김일성동지께서는 나라의 통일을 민족지상의 과업으로 내세우시고 그 실현을 위하여 온갖 로고와 심혈을 다 바치시였다. 김일성동지께서는 공화국을 조국통일의 강유력한 보루로 다지시는 한편 조국통일의 근본원칙과 방도를 제시하시고 조국통일운동을 전민족적인 운동으로 발전시키시여 온 민족의 단합된 힘으로 조국통일위업을 성취하기 위한 길을 열어놓으시였다.

위대한 수령 김일성동지께서는 조선민주주의인민공화국의 대외정책의 기본리념을 밝히시고 그에 기초하여 나라의 대외관계를 확대발전시키시였으며 공화국의 국제적권위를 높이 떨치게 하시였다. 김일성동지는 세계정치의 원로로서 자주의 새시대를 개척하시고 사회주의운동과 쁠럭불가담운동의 강화발전을 위하여, 세계평화와 인민들사이의 친선을 위하여 정력적으로 활동하시였으며 인류의 자주위업에 불멸의 공헌을 하시였다.

김일성동지는 사상리론과 령도예술의 천재이시고 백전백승의 강철의 령장이시였으며 위대한 혁명가, 정치가이시고 위대한 인간이시였다.

김일성동지의 위대한 사상과 령도업적은 조선혁명의 만년재보이며 조선민주주의인민공화국의 륭성번영을 위한 기본담보이다.

조선민주주의인민공화국과 조선인민은 조선로동당의 령도밑에 위대한 수령 김일성동지를

공화국의 영원한 주석으로 높이 모시며 김일성동지의 사상과 업적을 옹호고수하고 계승발전시켜 주체혁명위업을 끝까지 완성하여나갈것이다.

조선민주주의인민공화국 사회주의헌법은 위대한 수령 김일성동지의 주체적인 국가건설사상과 국가건설업적을 법화한 김일성헌법이다.

제1장 정 치

제1조 조선민주주의인민공화국은 전체 조선인민의 리익을 대표하는 자주적인 사회주의국가이다.

제2조 조선민주주의인민공화국은 제국주의침략자들을 반대하며 조국의 광복과 인민의 자유와 행복을 실현하기 위한 영광스러운 혁명투쟁에서 이룩한 빛나는 전통을 이어받은 혁명적인 국가이다.

제3조 조선민주주의인민공화국은 사람중심의 세계관이며 인민대중의 자주성을 실현하기 위한 혁명사상인 주체사상을 자기 활동의 지도적지침으로 삼는다.

제4조 조선민주주의인민공화국의 주권은 로동자, 농민, 근로인테리와 모든 근로인민에게 있다. 근로인민은 자기의 대표기관인 최고인민회의와 지방 각급 인민회의를 통하여 주권을 행사한다.

제5조 조선민주주의인민공화국에서 모든 국가기관들은 민주주의중앙집권제원칙에 의하여 조직되고 운영된다.

제6조 군인민회의로부터 최고인민회의에 이르기까지의 각급 주권기관은 일반적, 평등적, 직접적원칙에 의하여 비밀투표로 선거한다.

제7조 각급 주권기관의 대의원은 선거자들과 밀접한 련계를 가지며 자기 사업에 대하여 선거자들앞에 책임진다. 선거자들은 자기가 선거한 대의원이 신임을 잃은 경우에 언제든지 소환할수 있다.

제8조 조선민주주의인민공화국의 사회제도는 근로인민대중이 모든것의 주인으로 되고있으며 사회의 모든것이 근로인민대중을 위하여 복무하는 사람중심의 사회제도이다. 국가는 착취와 압박에서 해방되어 국가와 사회의 주인으로 된 로동자, 농민, 근로인테리와 모든 근로인민의 리익을 옹호하며 보호한다.

제9조 조선민주주의인민공화국은 북반부에서 인민정권을 강화하고 사상, 기술, 문화의 3대혁명을 힘있게 벌려 사회주의의 완전한 승리를 이룩하며 자주, 평화통일, 민족대단결의 원칙에서 조국통일을 실현하기 위하여 투쟁한다.

제10조 조선민주주의인민공화국은 로동계급이 령도하는 로농동맹에 기초한 전체 인민의 정치사상적통일에 의거한다. 국가는 사상혁명을 강화하여 사회의 모든 성원들을 혁명화, 로동계급화하며 온 사회를 동지적으로 결합된 하나의 집단으로 만든다.

제11조 조선민주주의인민공화국은 조선로동당의 령도밑에 모든 활동을 진행한다.

제12조 국가는 계급로선을 견지하며 인민민주주의독재를 강화하여 내외적대분자들의 파괴책동으로부터 인민주권과 사회주의제도를 굳건히 보위한다.

제13조 국가는 군중로선을 구현하며 모든 사업에서 우가 아래를 도와주고 대중속에 들어가 문제해결의 방도를 찾으며 정치사업, 사람과의 사업을 앞세워 대중의 자각적열성을 불러일으키는 청산리정신, 청산리방법을 관철한다.

제14조 국가는 3대혁명붉은기쟁취운동을 비롯한 대중운동을 힘있게 벌려 사회주의건설을 최대한으로 다그친다.

제15조 조선민주주의인민공화국은 해외에 있는 조선동포들의 민주주의적민족권리와 국제법에서 공인된 합법적권리와 리익을 옹호한다.

제16조 조선민주주의인민공화국은 자기 령역안에 있는 다른 나라 사람의 합법적권리와 리익을 보장한다.

제17조 자주, 평화, 친선은 조선민주주의인민공화국의 대외정책의 기본리념이며 대외활동원칙이다. 국가는 우리 나라를 우호적으로 대하는 모든 나라들과 완전한 평등과 자주성, 호상존중과 내정불간섭, 호혜의 원칙에서 국가적 또는 정치, 경제, 문화적관계를 맺는다. 국가는 자주성을 옹호하는 세계인민들과 단결하며 온갖 형태의 침략과 내정간섭을 반대하고 나라의 자주권과 민족적, 계급적해방을 실현하기 위한 모든 나라 인민들의 투쟁을 적극 지지성원한다.

제18조 조선민주주의인민공화국의 법은 근로인민의 의사와 리익의 반영이며 국가관리의 기본무기이다. 법에 대한 존중과 엄격한 준수집행은 모든 기관, 기업소, 단체와 공민에게 있어서 의무적이다. 국가는 사회주의법률제도를 완비하고 사회주의법무생활을 강화한다.

제2장 경 제

제19조 조선민주주의인민공화국은 사회주의적생산관계와 자립적민족경제의 토대에 의거한다.

제20조 조선민주주의인민공화국에서 생산수단은 국가와 사회협동단체가 소유한다.

제21조 국가소유는 전체인민의 소유이다. 국가소유권의 대상에는 제한이 없다. 나라의 모든 자연부원, 철도, 항공운수, 체신기관과 중요 공장, 기업소, 항만, 은행은 국가만이 소유한다. 국가는 나라의 경제발전에서 주도적역할을 하는 국가소유를 우선적으로 보호하며 장성시킨다.

제22조 사회협동단체소유는 해당 단체에 들어있는 근로자들의 집단적소유이다. 토지, 농기계, 배, 중소 공장, 기업소 같은것은 사회협동단체가 소유할수 있다. 국가는 사회협동단체소유를 보호한다.

제23조 국가는 농민들의 사상의식과 기술문화수준을 높이고 협동적 소유에 대한 전인민적소유의 지도적역할을 높이는 방향에서 두 소유를 유기적으로 결합시키며 협동경리에 대한 지도와 관리를 개선하여 사회주의적협동경리제도를 공고발전시키며 협동단체에 들어있는 전체 성원들의 자원적의사에 따라 협동단체소유를 점차 전인민적소유로 전환시킨다.

제24조 개인소유는 공민들의 개인적이며 소비적인 목적을 위한 소유이다. 개인소유는 로동에 의한 사회주의분배와 국가와 사회의 추가적혜택으로 이루어진다. 터밭경리를 비롯한 개인부업경리에서 나오는 생산물과 그밖의 합법적인 경리활동을 통하여 얻은 수입도 개인소유에 속한다. 국가는 개인소유를 보호하며 그에 대한 상속권을 법적으로 보장한다.

제25조 조선민주주의인민공화국은 인민들의 물질문화생활을 끊임없이 높이는것을 자기 활동의 최고원칙으로 삼는다. 세금이 없어진 우리 나라에서 늘어나는 사회의 물질적부는 전적으로 근로자들의 복리증진에 돌려진다. 국

가는 모든 근로자들에게 먹고 입고 쓰고 살수 있는 온갖 조건을 마련하여준다.

제26조 조선민주주의인민공화국에 마련된 자립적민족경제는 인민의 행복한 사회주의생활과 조국의 륭성번영을 위한 튼튼한 밑천이다. 국가는 사회주의 자립적민족경제건설로선을 틀어쥐고 인민경제의 주체화, 현대화, 과학화를 다그쳐 인민경제를 고도로 발전된 주체적인 경제로 만들며 완전한 사회주의사회에 맞는 물질기술적토대를 쌓기 위하여 투쟁한다.

제27조 기술혁명은 사회주의경제를 발전시키기 위한 기본고리이다. 국가는 언제나 기술발전문제를 첫자리에 놓고 모든 경제활동을 진행하며 과학기술발전과 인민경제의 기술개조를 다그치고 대중적기술혁신운동을 힘있게 벌려 근로자들을 어렵고 힘든 로동에서 해방하며 육체로동과 정신로동의 차이를 줄여나간다.

제28조 국가는 도시와 농촌의 차이, 로동계급과 농민의 계급적차이를 없애기 위하여 농촌기술혁명을 다그쳐 농업을 공업화, 현대화하며 군의 역할을 높이고 농촌에 대한 지도와 방조를 강화한다. 국가는 협동농장의 생산시설과 농촌문화주택을 국가부담으로 건설하여준다.

제29조 사회주의, 공산주의는 근로대중의 창조적로동에 의하여 건설된다. 조선민주주의인민공화국에서 로동은 착취와 압박에서 해방된 근로자들의 자주적이며 창조적인 로동이다. 국가는 실업을 모르는 우리 근로자들의 로동이 보다 즐거운 것으로, 사회와 집단과 자신을 위하여 자각적열성과 창발성을 내어 일하는 보람찬것으로 되게 한다.

제30조 근로자들의 하루로동시간은 8시간이다. 국가는 로동의 힘든 정도와 특수한 조건에 따라 하루로동시간을 이보다 짧게 정한다. 국가는 로동조직을 잘하고 로동규률을 강화하여 로동시간을 완전히 리용하도록 한다.

제31조 조선민주주의인민공화국에서 공민이 로동하는 나이는 16살부터이다. 국가는 로동하는 나이에 이르지 못한 소년들의 로동을 금지한다.

제32조 국가는 사회주의경제에 대한 지도와 관리에서 정치적지도와 경제기술적지도, 국가의 통일적지도와 매개 단위의 창발성, 유일적지휘와 민주주의, 정치도덕적자극과 물질적자극을 옳게 결합시키는 원칙을 확고히 견지한다.

제33조 국가는 생산자대중의 집체적힘에 의거하여 경제를 과학적으로, 합리적으로 관리운영하는 사회주의경제관리형태인 대안의 사업체계와 농촌경리를 기업적방법으로 지도하는 농업지도체계에 의하여 경제를 지도관리한다. 국가는 경제관리에서 대안의 사업체계의 요구에 맞게 독립채산제를 실시하며, 원가, 가격, 수익성 같은 경제적공간을 옳게 리용하도록 한다.

제34조 조선민주주의인민공화국의 인민경제는 계획경제이다. 국가는 사회주의경제발전법칙에 따라 축적과 소비의 균형을 옳게 잡으며 경제건설을 다그치고 인민생활을 끊임없이 높이며 국방력을 강화할수 있도록 인민경제발전계획을 세우고 실행한다. 국가는 계획의 일원화, 세부화를 실현하여 생산장성의 높은 속도와 인민경제의 균형적발전을 보장한다.

제35조 조선민주주의인민공화국은 인민경제발전계획에 따르는 국가예산을 편성하여 집행한다. 국가는 모든 부문에서 증산과 절약 투쟁을 강화하고 재정통제를 엄격히 실시하여

국가축적을 체계적으로 늘이며 사회주의적소유를 확대발전시킨다.

제36조 조선민주주의인민공화국에서 대외무역은 국가 또는 사회협동단체가 한다. 국가는 완전한 평등과 호혜의 원칙에서 대외무역을 발전시킨다.

제37조 국가는 우리 나라 기관, 기업소, 단체와 다른 나라 법인 또는 개인들과의 기업합영과 합작, 특수경제지대에서의 여러가지 기업창설운영을 장려한다.

제38조 국가는 자립적민족경제를 보호하기 위하여 관세정책을 실시한다.

제3장 문 화

제39조 조선민주주의인민공화국에서 개화발전하고있는 사회주의적 문화는 근로자들의 창조적능력을 높이며 건전한 문화정서적수요를 충족시키는데 이바지한다.

제40조 조선민주주의인민공화국은 문화혁명을 철저히 수행하여 모든 사람들을 자연과 사회에 대한 깊은 지식과 높은 문화기술수준을 가진 사회주의, 공산주의건설자로 만들며 온 사회를 인테리화한다.

제41조 조선민주주의인민공화국은 사회주의 근로자들을 위하여 복무하는 참다운 인민적이며 혁명적인 문화를 건설한다. 국가는 사회주의적민족문화건설에서 제국주의의 문화적침투와 복고주의적경향에 반대하며 민족문화유산을 보호하고 사회주의현실에 맞게 계승발전시킨다.

제42조 국가는 모든 분야에서 낡은 사회의 생활양식을 없애고 새로운 사회주의적생활양식을 전면적으로 확립한다.

제43조 국가는 사회주의교육학의 원리를 구현하여 후대들을 사회와 인민을 위하여 투쟁하는 견결한 혁명가로, 지덕체를 갖춘 공산주의적 새 인간으로 키운다.

제44조 국가는 인민교육사업과 민족간부양성사업을 다른 모든 사업에 앞세우며 일반교육과 기술교육, 교육과 생산노동을 밀접히 결합시킨다.

제45조 국가는 1년동안의 학교전의무교육을 포함한 전반적11년제의무교육을 현대과학기술발전추세와 사회주의건설의 현실적요구에 맞게 높은 수준에서 발전시킨다.

제46조 국가는 학업을 전문으로 하는 교육체계와 일하면서 공부하는 여러가지 형태의 교육체계를 발전시키며 기술교육과 사회과학, 기초과학교육의 과학리론수준을 높여 유능한 기술자, 전문가들을 키워낸다.

제47조 국가는 모든 학생들을 무료로 공부시키며 대학과 전문학교 학생들에게는 장학금을 준다.

제48조 국가는 사회교육을 강화하며 모든 근로자들이 학습할수 있는 온갖 조건을 보장한다.

제49조 국가는 학령전 어린이들을 탁아소와 유치원에서 국가와 사회의 부담으로 키워준다.

제50조 국가는 과학연구사업에서 주체를 세우며 선진과학기술을 적극 받아들이고 새로운 과학기술분야를 개척하여 나라의 과학기술을 세계적수준에 올려세운다.

제51조 국가는 과학기술발전계획을 바로세우

고 철저히 수행하는 규률을 세우며 과학자, 기술자들과 생산자들의 창조적협조를 강화하도록 한다.

제52조 국가는 민족적형식에 사회주의적내용을 담은 주체적이며 혁명적인 문학예술을 발전시킨다. 국가는 창작가, 예술인들이 사상예술성이 높은 작품을 많이 창작하며 광범한 대중이 문예활동에 널리 참가하도록 한다.

제53조 국가는 정신적으로, 육체적으로 끊임없이 발전하려는 사람들의 요구에 맞게 현대적인 문화시설들을 충분히 갖추어주어 모든 근로자들이 사회주의적문화정서생활을 마음껏 누리도록 한다.

제54조 국가는 우리 말을 온갖 형태의 민족어말살정책으로부터 지켜내며 그것을 현대의 요구에 맞게 발전시킨다.

제55조 국가는 체육을 대중화, 생활화하여 전체 인민을 로동과 국방에 튼튼히 준비시키며 우리 나라 실정과 현대 체육기술발전추세에 맞게 체육기술을 발전시킨다.

제56조 국가는 전반적무상치료제를 공고발전시키며 의사담당구역제와 예방의학제도를 강화하여 사람들의 생명을 보호하며 근로자들의 건강을 증진시킨다.

제57조 국가는 생산에 앞서 환경보호대책을 세우며 자연환경을 보존, 조성하고 환경오염을 방지하여 인민들에게 문화위생적인 생활환경과 로동조건을 마련하여 준다.

제4장 국 방

제58조 조선민주주의인민공화국은 전인민적, 전국가적 방위체계에 의거한다.

제59조 조선민주주의인민공화국 무장력의 사명은 근로인민의 리익을 옹호하며 외래침략으로부터 사회주의제도와 혁명의 전취물을 보위하고 조국의 자유와 독립과 평화를 지키는데 있다.

제60조 국가는 군대와 인민을 정치사상적으로 무장시키는 기초우에서 전군간부화, 전군현대화, 전민무장화, 전국요새화를 기본내용으로 하는 자위적군사로선을 관철한다.

제61조 국가는 군대안에서 군사규률과 군중규률을 강화하며 관병일치, 군민일치의 고상한 전통적 미풍을 높이 발양하도록 한다.

제5장 공민의 기본권리와 의무

제62조 조선민주주의인민공화국 공민이 되는 조건은 국적에 관한 법으로 규정한다. 공민은 거주지에 관계없이 조선민주주의인민공화국의 보호를 받는다.

제63조 조선민주주의인민공화국에서 공민의 권리와 의무는 ≪하나는 전체를 위하여, 전체는 하나를 위하여≫라는 집단주의원칙에 기초한다.

제64조 국가는 모든 공민에게 참다운 민주주의적 권리와 자유, 행복한 물질문화생활을 실질적으로 보장한다. 조선민주주의인민공화국에서 공민의 권리와 자유는 사회주의제도의 공고발전과 함께 더욱 확대된다.

제65조 공민은 국가사회생활의 모든 분야에서 누구나 다같은 권리를 가진다.

제66조 17살이상의 모든 공민은 성별, 민족별, 직업, 거주기간, 재산과 지식정도, 당별, 정견, 신앙에 관계없이 선거할 권리와 선거받

을 권리를 가진다. 군대에 복무하는 공민도 선거할 권리와 선거받을 권리를 가진다. 재판소의 판결에 의하여 선거할 권리를 빼앗긴자, 정신병자는 선거할 권리와 선거받을 권리를 가지지 못한다.

제67조 공민은 언론, 출판, 집회, 시위와 결사의 자유를 가진다. 국가는 민주주의적 정당, 사회단체의 자유로운 활동조건을 보장한다.

제68조 공민은 신앙의 자유를 가진다. 이 권리는 종교건물을 짓거나 종교의식 같은것을 허용하는것으로 보장된다. 종교를 외세를 끌어들이거나 국가사회질서를 해치는데 리용할 수 없다.

제69조 공민은 신소와 청원을 할 수 있다. 국가는 신소와 청원을 법이 정한데 따라 공정하게 심의처리하도록 한다.

제70조 공민은 로동에 대한 권리를 가진다. 로동능력있는 모든 공민은 희망과 재능에 따라 직업을 선택하며 안정된 일자리와 로동조건을 보장받는다. 공민은 능력에 따라 일하며 로동의 량과 질에 따라 분배를 받는다.

제71조 공민은 휴식에 대한 권리를 가진다. 이 권리는 로동시간제, 공휴일제, 유급휴가제, 국가비용에 의한 정휴양제, 계속 늘어나는 여러가지 문화시설들에 의하여 보장된다.

제72조 공민은 무상으로 치료받을 권리를 가지며 나이많거나 병 또는 불구로 로동능력을 잃은 사람, 돌볼 사람이 없는 늙은이와 어린이는 물질적방조를 받을 권리를 가진다. 이 권리는 무상치료제, 계속 늘어나는 병원, 료양소를 비롯한 의료시설, 국가사회보험과 사회보장제에 의하여 보장된다.

제73조 공민은 교육을 받을 권리를 가진다. 이 권리는 선진적인 교육제도와 국가의 인민적인 교육시책에 의하여 보장된다.

제74조 공민은 과학과 문학예술활동의 자유를 가진다. 국가는 발명가와 창의고안자에게 배려를 돌린다. 저작권과 발명권, 특허권은 법적으로 보호한다.

제75조 공민은 거주, 려행의 자유를 가진다.

제76조 혁명투사, 혁명렬사가족, 애국렬사가족, 인민군후방가족, 영예군인은 국가와 사회의 특별한 보호를 받는다.

제77조 녀자는 남자와 똑같은 사회적지위와 권리를 가진다. 국가는 산전산후휴가의 보장, 여러 어린이를 가진 어머니를 위한 로동시간의 단축, 산원, 탁아소와 유치원망의 확장 그밖의 시책을 통하여 어머니와 어린이를 특별히 보호한다. 국가는 녀성들이 사회에 진출할 온갖 조건을 지어준다.

제78조 결혼과 가정은 국가의 보호를 받는다. 국가는 사회의 기층생활단위인 가정을 공고히 하는데 깊은 관심을 돌린다.

제79조 공민은 인신과 주택의 불가침, 서신의 비밀을 보장받는다. 법에 근거하지 않고는 공민을 구속하거나 체포할수 없으며 살림집을 수색할수 없다.

제80조 조선민주주의인민공화국은 평화와 민주주의, 민족적독립과 사회주의를 위하여, 과학, 문화 활동의 자유를 위하여 투쟁하다가 망명하여온 다른 나라 사람을 보호한다.

제81조 공민은 인민의 정치사상적통일과 단결을 견결히 수호하여야 한다. 공민은 조직과 집단을 귀중히 여기며 사회와 인민을 위하여 몸바쳐 일하는 기풍을 높이 발휘하여야 한다.

제82조 공민은 국가의 법과 사회주의적생활규범을 지키며 조선민주주의인민공화국의 공민된 영예와 존엄을 고수하여야 한다.

제83조 로동은 공민의 신성한 의무이며 영예이다. 공민은 로동에 자각적으로 성실히 참가하며 로동규률과 로동시간을 엄격히 지켜야 한다.

제84조 공민은 국가재산과 사회협동단체재산을 아끼고 사랑하며 온갖 탐오랑비현상을 반대하여 투쟁하며 나라살림살이를 주인답게 알뜰히 하여야 한다. 국가와 사회협동단체 재산은 신성불가침이다.

제85조 공민은 언제나 혁명적경각성을 높이며 국가의 안전을 위하여 몸바쳐 투쟁하여야 한다.

제86조 조국보위는 공민의 최대의 의무이며 영예이다. 공민은 조국을 보위하여야 하며 법이 정한데 따라 군대에 복무하여야 한다.

제6장 국가기구

제1절 최고인민회의

제87조 최고인민회의는 조선민주주의인민공화국의 최고주권기관이다.

제88조 최고인민회의는 립법권을 행사한다. 최고인민회의 휴회중에는 최고인민회의 상임위원회도 립법권을 행사할수 있다.

제89조 최고인민회의는 일반적, 평등적, 직접적선거원칙에 의하여 비밀투표로 선거된 대의원들로 구성한다.

제90조 최고인민회의 임기는 5년으로 한다. 최고인민회의 새 선거는 최고인민회의 임기가 끝나기전에 최고인민회의 상임위원회의 결정에 따라 진행한다. 불가피한 사정으로 선거를 하지 못할 경우에는 선거를 할 때까지 그 임기를 연장한다.

제91조 최고인민회의는 다음과 같은 권한을 가진다.

1. 헌법을 수정, 보충한다.
2. 부문법을 제정 또는 수정, 보충한다.
3. 최고인민회의 휴회중에 최고인민회의 상임위원회가 채택한 중요 부문법을 승인한다.
4. 국가의 대내외정책의 기본원칙을 세운다.
5. 조선민주주의인민공화국 국방위원회 위원장을 선거 또는 소환한다.
6. 최고인민회의 상임위원회 위원장을 선거 또는 소환한다.
7. 조선민주주의인민공화국 국방위원회 위원장의 제의에 의하여 국방위원회 제1부위원장, 부위원장, 위원들을 선거 또는 소환한다.
8. 최고인민회의 상임위원회 부위원장, 명예부위원장, 서기장, 위원들을 선거 또는 소환한다.
9. 내각총리를 선거 또는 소환한다.
10. 내각총리의 제의에 의하여 내각부총리, 위원장, 상 그밖의 내각성원들을 임명한다.
11. 중앙검찰소 소장을 임명 또는 해임한다.
12. 중앙재판소 소장을 선거 또는 소환한다.
13. 최고인민회의 부문위원회 위원장, 부위원장, 위원들을 선거 또는 소환한다.
14. 국가의 인민경제발전계획과 그 실행정형에 관한 보고를 심의하고 승인한다.
15. 국가예산과 그 집행정형에 관한 보고를 심의하고 승인한다.
16. 필요에 따라 내각과 중앙기관들의 사업정형을 보고받고 대책을 세운다.
17. 최고인민회의에 제기되는 조약의 비준, 폐기를 결정한다.

제92조 최고인민회의는 정기회의와 림시회의를 가진다. 정기회의는 1년에 1~2차 최고인민회의 상임위원회가 소집한다. 림시회의는 최고인민회의 상임위원회가 필요하다고 인정할 때 또는 대의원전원의 3분의 1이상의 요청이 있을 때에 소집한다.

제93조 최고인민회의는 대의원전원의 3분의 2이상이 참석하여야 성립된다.

제94조 최고인민회의는 의장과 부의장을 선거한다. 의장은 회의를 사회한다.

제95조 최고인민회의에서 토의할 의안은 최고인민회의 상임위원회, 내각과 최고인민회의 부문위원회가 제출한다. 대의원들도 의안을 제출할수 있다.

제96조 최고인민회의 매기 제1차회의는 대의원자격심사위원회를 선거하고 그 위원회가 제출한 보고에 근거하여 대의원자격을 확인하는 결정을 채택한다.

제97조 최고인민회의는 법령과 결정을 낸다. 최고인민회의가 내는 법령과 결정은 거수가결의 방법으로 그 회의에 참석한 대의원의 반수이상이 찬성하여야 채택된다. 헌법은 최고인민회의 대의원전원의 3분의 2이상이 찬성하여야 수정, 보충된다.

제98조 최고인민회의는 법제위원회, 예산위원회 같은 부문위원회를 둔다. 최고인민회의 부문위원회는 위원장, 부위원장, 위원들로 구성한다. 최고인민회의 부문위원회는 최고인민회의 사업을 도와 국가의 정책안과 법안을 작성하거나 심의하며 그 집행을 위한 대책을 세운다. 최고인민회의 부문위원회는 최고인민회의 휴회중에 최고인민회의 상임위원회의 지도밑에 사업한다.

제99조 최고인민회의 대의원은 불가침권을 보장받는다. 최고인민회의 대의원은 현행범인 경우를 제외하고는 최고인민회의, 그 휴회중에 최고인민회의 상임위원회 승인없이 체포하거나 형사처벌을 할수 없다.

제2절 국방위원회

제100조 국방위원회는 국가주권의 최고군사지도기관이며 전반적국방관리기관이다.

제101조 국방위원회는 위원장, 제1부위원장, 부위원장, 위원들로 구성한다. 국방위원회 임기는 최고인민회의 임기와 같다.

제102조 조선민주주의인민공화국 국방위원회 위원장은 일체 무력을 지휘통솔하며 국방사업 전반을 지도한다.

제103조 국방위원회는 다음과 같은 임무와 권한을 가진다.

1. 국가의 전반적무력과 국방건설사업을 지도한다.
2. 국방부문의 중앙기관을 내오거나 없앤다.
3. 중요군사간부를 임명 또는 해임한다.
4. 군사칭호를 제정하며 장령이상의 군사칭호를 수여한다.
5. 나라의 전시상태와 동원령을 선포한다.

제104조 국방위원회는 결정과 명령을 낸다.

제105조 국방위원회는 자기 사업에 대하여 최고인민회의앞에 책임진다.

제3절 최고인민회의 상임위원회

제106조 최고인민회의 상임위원회는 최고인민회의 휴회중의 최고주권기관이다.

제107조 최고인민회의 상임위원회는 위원장, 부위원장, 서기장, 위원들로 구성한다.

제108조 최고인민회의 상임위원회는 약간명의 명예부위원장을 둘수 있다. 최고인민회의 상임위원회 명예부위원장은 최고인민회의 대의원가운데서 오랜 기간 국가건설사업에 참가하여 특출한 기여를 한 일군이 될수 있다.

제109조 최고인민회의 상임위원회 임기는 최고인민회의 임기와 같다. 최고인민회의 상임위원회는 최고인민회의 임기가 끝난후에도 새 상임위원회가 선거될 때까지 자기임무를 계속 수행한다.

제110조 최고인민회의 상임위원회는 다음과 같은 임무와 권한을 가진다.

1. 최고인민회의를 소집한다.
2. 최고인민회의 휴회중에 제기된 새로운 부문법안과 규정안, 현행 부문법과 규정의 수정, 보충안을 심의채택하며 채택실시하는 중요부문법을 다음번 최고인민회의의 승인을 받는다.
3. 불가피한 사정으로 최고인민회의 휴회기간에 제기되는 국가의 인민경제발전계획, 국가예산과 그 조절안을 심의하고 승인한다.
4. 헌법과 현행부문법, 규정을 해석한다.
5. 국가기관들의 법준수집행을 감독하고 대책을 세운다.
6. 헌법, 최고인민회의 법령, 결정, 국방위원회 결정, 명령, 최고인민회의 상임위원회 정령, 결정, 지시에 어긋나는 국가기관의 결정, 지시를 폐지하며 지방인민회의의 그릇된 결정집행을 정지시킨다.
7. 최고인민회의 대의원선거를 위한 사업을 하며 지방인민회의 대의원선거사업을 조직한다.
8. 최고인민회의 대의원들과의 사업을 한다.
9. 최고인민회의 부문위원회와의 사업을 한다.
10. 내각 위원회, 성을 내오거나 없앤다.
11. 최고인민회의 휴회중에 내각총리의 제의에 의하여 부총리, 위원장, 상, 그밖의 내각성원들을 임명 또는 해임한다.
12. 최고인민회의 상임위원회 부문위원회 성원들을 임명 또는 해임한다.
13. 중앙재판소 판사, 인민참심원을 선거 또는 소환한다.
14. 다른 나라와 맺은 조약을 비준 또는 폐기한다.
15. 다른 나라에 주재하는 외교대표의 임명 또는 소환을 결정하고 발표한다.
16. 훈장과 메달, 명예칭호, 외교직급을 제정하며 훈장과 메달, 명예칭호를 수여한다.
17. 대사권과 특사권을 행사한다.
18. 행정단위와 행정구역을 내오거나 고친다.

제111조 최고인민회의 상임위원회 위원장은 상임위원회 사업을 조직 지도한다. 최고인민회의 상임위원회 위원장은 국가를 대표하며 다른 나라 사신의 신임장, 소환장을 접수한다.

제112조 최고인민회의 상임위원회는 전원회의와 상무회의를 가진다.

제113조 최고인민회의 상임위원회 전원회의는 상임위원회의 임무와 권한을 실현하는데서 나서는 중요한 문제들을 토의결정한다.

제114조 최고인민회의 상임위원회는 정령과 결정, 지시를 낸다.

제115조 최고인민회의 상임위원회는 자기 사업을 돕는 부문위원회를 둘수 있다.

제116조 최고인민회의 상임위원회는 자기 사업에 대하여 최고인민회의앞에 책임진다.

제4절 내 각

제117조 내각은 최고주권의 행정적집행기관이며 전반적국가관리기관이다.

제118조 내각은 총리, 부총리, 위원장, 상과 그밖에 필요한 성원들로 구성한다. 내각의 임기는 최고인민회의 임기와 같다.

제119조 내각은 다음과 같은 임무와 권한을 가진다.

1. 국가의 정책을 집행하기 위한 대책을 세운다.
2. 헌법과 부문법에 기초하여 국가관리와 관련한 규정을 제정 또는 수정, 보충한다.
3. 내각의 위원회, 성, 내각 직속기관, 지방인민위원회의 사업을 지도한다.
4. 내각직속기관, 중요 행정경제기관, 기업소를 내오거나 없애며 국가관리기구를 개선하기 위한 대책을 세운다.
5. 국가의 인민경제발전계획을 작성하며 그 실행대책을 세운다.
6. 국가예산을 편성하며 그 집행대책을 세운다.
7. 공업, 농업, 건설, 운수, 체신, 상업, 무역, 국토관리, 도시경영, 교육, 과학, 문화, 보건, 체육, 로동행정, 환경보호, 관광, 그밖의 여러 부문의 사업을 조직집행한다.
8. 화폐와 은행 제도를 공고히 하기 위한 대책을 세운다.
9. 국가관리질서를 세우기 위한 검열, 통제사업을 한다.
10. 사회질서유지, 국가 및 사회협동단체의 소유와 리익의 보호, 공민의 권리보장을 위한 대책을 세운다.
11. 다른나라와 조약을 맺으며 대외사업을 한다.
12. 내각 결정, 지시에 어긋나는 행정경제기관의 결정, 지시를 페지한다.

제120조 내각총리는 내각사업을 조직지도한다. 내각총리는 조선민주주의인민공화국 정부를 대표한다.

제121조 내각은 전원회의와 상무회의를 가진다. 내각전원회의는 내각성원전원으로 구성하며 상무회의는 총리, 부총리와 그밖에 총리가 임명하는 내각성원들로 구성한다.

제122조 내각전원회의는 행정경제사업에서 나서는 새롭고 중요한 문제들을 토의결정한다. 상무회의는 내각전원회의에서 위임한 문제들을 토의결정한다.

제123조 내각은 결정과 지시를 낸다.

제124조 내각은 자기 사업을 돕는 비상설부문위원회를 둘수 있다.

제125조 내각은 자기 사업에 대하여 최고인민회의와 그 휴회중에 최고인민회의 상암위원회앞에 책임진다.

제126조 새로 선거된 내각총리는 내각성원들을 대표하여 최고인민회의에서 선서를 한다.

제127조 내각 위원회, 성은 내각의 부문별 집행기관이며 중앙의 부문별 관리기관이다.

제128조 내각 위원회, 성은 내각의 지도밑에 해당 부문의 사업을 통일적으로 장악하고 지도관리한다.

제129조 내각 위원회, 성은 위원회회의와 간부회의를 운영한다. 위원회, 성 위원회회의와 간부회의에서는 내각결정, 지시집행대책과 그밖의 중요한 문제들을 토의결정한다.

제130조 내각 위원회, 성은 지시를 낸다.

제5절 지방인민회의

제131조 도(직할시), 시(구역), 군 인민회의는 지방주권기관이다.

제132조 지방인민회의는 일반적, 평등적, 직접적 선거원칙에 의하여 비밀투표로 선거된 대의원들로 구성한다.

제133조 도(직할시), 시(구역), 군 인민회의 임기는 4년으로 한다. 지방인민회의 새 선거는 지방인민회의 임기가 끝나기전에 해당 지방인민위원회의 결정에 따라 진행한다. 불가피한 사정으로 선거를 하지 못할 경우에는 선거를 할 때까지 그 임기를 연장한다.

제134조 지방인민회의는 다음과 같은 임무와 권한을 가진다.

1. 지방의 인민경제발전계획과 그 실행정형에 대한 보고를 심의하고 승인한다.
2. 지방예산과 그 집행에 대한 보고를 심의하고 승인한다.
3. 해당 지역에서 국가의 법을 집행하기 위한 대책을 세운다.
4. 해당 인민위원회 위원장, 부위원장, 사무장, 위원들을 선거 또는 소환한다.
5. 해당 재판소의 판사, 인민참심원을 선거 또는 소환한다.
6. 해당 인민위원회와 하급인민회의, 인민위원회의 그릇된 결정, 지시를 폐지한다.

제135조 지방인민회의는 정기회의와 림시회의를 가진다. 정기회의는 1년에 1~2차 해당 인민위원회가 소집한다. 림시회의는 해당 인민위원회가 필요하다고 인정할 때 또는 대의원전원의 3분의 1이상의 요청이 있을 때 소집한다.

제136조 지방인민회의는 대의원전원의 3분의 2이상이 참석하여야 성립된다.

제137조 지방인민회의는 의장을 선거한다. 의장은 회의를 사회한다.

제138조 지방인민회의는 결정을 낸다.

제6절 지방인민위원회

제139조 도(직할시), 시(구역), 군 인민위원회는 해당 인민회의 휴회중의 지방주권기관이며, 해당 지방주권의 행정적집행기관이다.

제140조 지방인민위원회는 위원장, 부위원장, 사무장, 위원들로 구성한다. 지방인민위원회의 임기는 해당 인민회의 임기와 같다.

제141조 지방인민위원회는 다음과 같은 임무와 권한을 가진다.

1. 인민회의를 소집한다.
2. 인민회의 대의원선거를 위한 사업을 한다.
3. 인민회의 대의원들과의 사업을 한다.
4. 해당 인민회의와 상급 인민회의, 인민위원회, 내각과 내각 위원회, 성의 법령, 정령, 결정, 지시를 집행한다.
5. 해당 지방의 모든 행정사업을 조직집행한다.
6. 지방의 인민경제발전계획을 작성하며 그 실행대책을 세운다.
7. 지방예산을 편성하며 그 집행대책을 세운다.
8. 해당 지방의 사회질서유지, 국가 및 사회협동단체의 소유와 리익의 보호, 공민의 권리보장을 위한 대책을 세운다.
9. 해당 지방에서 국가관리질서를 세우기 위한 검열, 통제사업을 한다.
10. 하급인민위원회 사업을 지도한다.
11. 하급인민위원회의 그릇된 결정, 지시를 폐지하며 하급인민회의의 그릇된 결정의 집

행을 정지시킨다.

제142조 지방인민위원회는 전원회의와 상무회의를 가진다. 지방인민위원회 전원회의는 위원전원으로 구성하며 상무회의는 위원장, 부위원장, 사무장들로 구성한다.

제143조 지방인민위원회 전원회의는 자기의 임무와 권한을 실현하는데서 나서는 중요한 문제들을 토의결정한다. 상무회의는 전원회의가 위임한 문제들을 토의결정한다.

제144조 지방인민위원회는 결정과 지시를 낸다.

제145조 지방인민위원회는 자기 사업을 돕는 비상설부문위원회를 둘 수 있다.

제146조 지방인민위원회는 자기 사업에 대하여 해당 인민회의앞에 책임진다. 지방인민위원회는 상급인민위원회와 내각에 복종한다.

제7절 검찰소와 재판소

제147조 검찰사업은 중앙검찰소, 도(직할시), 시(구역), 군 검찰소와 특별검찰소가 한다.

제148조 중앙검찰소 소장의 임기는 최고인민회의 임기와 같다.

제149조 검사는 중앙검찰소가 임명 또는 해임한다.

제150조 검찰소는 다음과 같은 임무를 수행한다.

1. 기관, 기업소, 단체와 공민들이 국가의 법을 정확히 지키는가를 감시한다.
2. 국가기관의 결정, 지시가 헌법, 최고인민회의 법령, 결정, 국방위원회 결정, 명령, 최고인민회의 상임위원회 정령, 결정, 지시, 내각 결정, 지시에 어긋나지 않는가를 감시한다.
3. 범죄자를 비롯한 법위반자를 적발하고 법적책임을 추궁하는것을 통하여 조선민주주의인민공화국의 주권과 사회주의제도, 국가와 사회협동단체의 재산, 인민의 헌법적 권리와 생명재산을 보호한다.

제151조 검찰사업은 중앙검찰소가 통일적으로 지도하며 모든 검찰소는 상급검찰소와 중앙검찰소에 복종한다.

제152조 중앙검찰소는 자기 사업에 대하여 최고인민회의와 그 휴회중에 최고인민회의 상임위원회앞에 책임진다.

제153조 재판은 중앙재판소, 도(직할시)재판소, 인민재판소와 특별재판소가 한다.
판결은 조선민주주의인민공화국의 이름으로 선고한다.

제154조 중앙재판소 소장의 임기는 최고인민회의 임기와 같다. 중앙재판소, 도(직할시)재판소, 인민재판소의 판사, 인민참심원의 임기는 해당 인민회의 임기와 같다.

제155조 특별재판소의 소장과 판사는 중앙재판소가 임명 또는 해임한다. 특별재판소의 인민참심원은 해당 군무자회의 또는 종업원회의에서 선거한다.

제156조 재판소는 다음과 같은 임무를 수행한다.

1. 재판활동을 통하여 조선민주주의인민공화국의 주권과 사회주의제도, 국가와 사회협동단체 재산, 인민의 헌법적권리와 생명재산을 보호한다.
2. 모든 기관, 기업소, 단체와 공민들이 국가의 법을 정확히 지키고 계급적원쑤들과 온갖 법위반자들을 반대하여 적극 투쟁하도

록 한다.

3. 재산에 대한 판결, 판정을 집행하며 공증사업을 한다.

제157조 재판은 판사 1명과 인민참심원 2명으로 구성된 재판소가 한다. 특별한 경우에는 판사 3명으로 구성하여 할수 있다.

제158조 재판은 공개하며 피소자의 변호권을 보장한다. 법이 정한데 따라 재판을 공개하지 않을수 있다.

제159조 재판은 조선말로 한다. 다른 나라 사람들은 재판에서 자기 나라 말을 할수 있다.

제160조 재판소는 재판에서 독자적이며 재판활동을 법에 의거하여 수행한다.

제161조 중앙재판소는 조선민주주의인민공화국의 최고재판기관이다. 중앙재판소는 모든 재판소의 재판사업을 감독한다.

제162조 중앙재판소는 자기 사업에 대하여 최고인민회의와 그 휴회중에 최고인민회의 상임위원회앞에 책임진다.

제7장 국장, 국기, 국가, 수도

제163조 조선민주주의인민공화국의 국장은 ≪조선민주주의인민공화국≫이라고 쓴 붉은 띠로 땋아올려감은 벼이삭의 타원형테두리안에 웅장한 수력발전소가 있고 그우에 혁명의 성산 백두산과 찬연히 빛나는 붉은 오각별이 있다.

제164조 조선민주주의인민공화국의 국기는 기발의 가운데에 넓은 붉은폭이 있고 그아래우에 가는 흰폭이 있으며 그다음에 푸른폭이 있고 붉은폭의 기대달린쪽 흰 동그라미안에 붉은 오각별이 있다. 기발의 세로와 가로의 비는 1대 2이다.

제165조 조선민주주의인민공화국의 국가는 ≪애국가≫이다.

제166조 조선민주주의인민공화국의 수도는 평양이다.

조선민주주의인민공화국 사회주의헌법(2009년 헌법)

2009년 4월 9일 최고인민회의 제12기 제1차 회의에서 수정보충(제9차 개정)

서 문

조선민주주의인민공화국은 위대한 수령 김일성동지의 사상과 령도를 구현한 주체의 사회주의조국이다.

위대한 수령 김일성동지는 조선민주주의인민공화국의 창건자이시며 사회주의조선의 시조이시다.

김일성동지께서는 영생불멸의 주체사상을 창시하시고 그 기치밑에 항일혁명투쟁을 조직령도하시여 영광스러운 혁명전통을 마련하시고 조국광복의 력사적위업을 이룩하시였으며 정치, 경제, 문화, 군사분야에서 자주독립국가건설의 튼튼한 토대를 닦은데 기초하여 조선민주주의인민공화국을 창건하시였다.

김일성동지께서는 주체적인 혁명로선을 내놓으시고 여러 단계의 사회혁명과 건설사업을 현명하게 령도하시여 공화국을 인민대중중심의 사회주의나라로, 자주, 자립, 자위의 사회주의국가로 강화발전시키시였다.

김일성동지께서는 국가건설과 국가활동의 근본원칙을 밝히시고 가장 우월한 국가사회제도와 정치방식, 사회관리체계와 관리방법을 확립하시였으며 사회주의조국의 부강번영과 주체혁명위업의 계승완성을 위한 확고한 토대를 마련하시였다.

김일성동지께서는 ≪이민위천≫을 좌우명으로 삼으시여 언제나 인민들과 함께 계시고 인민을 위하여 한평생을 바치시였으며 숭고한 인덕정치로 인민들을 보살피시고 이끄시여 온 사회를 일심단결된 하나의 대가정으로 전변시키시였다.

위대한 수령 김일성동지는 민족의 태양이시며 조국통일의 구성이시다. 김일성동지께서는 나라의 통일을 민족지상의 과업으로 내세우시고 그 실현을 위하여 온갖 로고와 심혈을 다 바치시였다.

김일성동지께서는 공화국을 조국통일의 강유력한 보루로 다지시는 한편 조국통일의 근본원칙과 방도를 제시하시고 조국통일운동을 전민족적인 운동으로 발전시키시여 온 민족의 단합된 힘으로 조국통일위업을 성취하기 위한 길을 열어놓으시였다.

위대한 수령 김일성동지께서는 조선민주주의인민공화국의 대외정책의 기본리념을 밝히시고 그에 기초하여 나라의 대외관계를 확대발전 시키시였으며 공화국의 국제적권위를 높이 떨치게 하시였다.

김일성동지는 세계정치의 원로로서 자주의 새시대를 개척하시고 사회주의운동과 쁠럭불가담운동의 강화발전을 위하여, 세계평화와 인민들사이의 친선을 위하여 정력적으로 활동하시였으며 인류의 자주위업에 불멸의 공헌을 하시였다.

김일성동지는 사상리론과 령도예술의 천재이시고 백전백승의 강철의 령장이시였으며 위대한 혁명가, 정치가이시고 위대한 인간이시였다.

김일성동지의 위대한 사상과 령도업적은 조선혁명의 만년재보이며 조선민주주의인민공화국의 륭성번영을 위한 기본담보이다.

조선민주주의인민공화국과 조선인민은 조선로동당의 령도밑에 위대한 수령 김일성동지를 공화국의 영원한 주석으로 높이 모시며 김일성동지의 사상과 업적을 옹호고수하고 계승발전시켜 주체혁명위업을 끝까지 완성하여나갈 것이다.

조선민주주의인민공화국 사회주의헌법은 위대한 수령 김일성동지의 주체적인 국가건설사상과 국가건설업적을 법화한 김일성헌법이다.

제1장 정 치

제1조 조선민주주의인민공화국은 전체 조선인민의 리익을 대표하는 자주적인 사회주의국가이다.

제2조 조선민주주의인민공화국은 제국주의침략자들을 반대하며 조국의 광복과 인민의 자유와 행복을 실현하기 위한 영광스러운 혁명투쟁에서 이룩한 빛나는 전통을 이어받은 혁명적인 국가이다.

제3조 조선민주주의인민공화국은 사람중심의 세계관이며 인민대중의 자주성을 실현하기 위한 혁명사상인 주체사상, 선군사상을 자기 활동의 지도적지침으로 삼는다.

제4조 조선민주주의인민공화국의 주권은 로동자, 농민, 군인, 근로인테리를 비롯한 근로인민에게 있다. 근로인민은 자기의 대표기관인 최고인민회의와 지방 각급 인민회의를 통하여 주권을 행사한다.

제5조 조선민주주의인민공화국에서 모든 국가기관들은 민주주의중앙집권제원칙에 의하여 조직되고 운영된다.

제6조 군인민회의로부터 최고인민회의에 이르기까지의 각급 주권기관은 일반적, 평등적, 직접적원칙에 의하여 비밀투표로 선거한다.

제7조 각급 주권기관의 대의원은 선거자들과 밀접한 련계를 가지며 자기 사업에 대하여 선거자들앞에 책임진다. 선거자들은 자기가 선거한 대의원이 신임을 잃은 경우에 언제든지 소환할수 있다.

제8조 조선민주주의인민공화국의 사회제도는 근로인민대중이 모든것의 주인으로 되고있으며 사회의 모든것이 근로인민대중을 위하여 복무하는 사람중심의 사회제도이다. 국가는 착취와 압박에서 해방되여 국가와 사회의 주인으로 된 로동자, 농민, 군인, 근로인테리를 비롯한 근로인민의 리익을 옹호하며 인권을 존중하고 보호한다.

제9조 조선민주주의인민공화국은 북반부에서 인민정권을 강화하고 사상, 기술, 문화의 3대혁명을 힘있게 벌려 사회주의의 완전한 승리를 이룩하며 자주, 평화통일, 민족대단결의 원칙에서 조국통일을 실현하기 위하여 투쟁한다.

제10조 조선민주주의인민공화국은 로동계급이 령도하는 로농동맹에 기초한 전체 인민의 정치사상적통일에 의거한다. 국가는 사상혁명을 강화하여 사회의 모든 성원들을 혁명화, 로동계급화하며 온 사회를 동지적으로 결합된 하나의 집단으로 만든다.

제11조 조선민주주의인민공화국은 조선로동당의 령도밑에 모든 활동을 진행한다.

제12조 국가는 계급로선을 견지하며 인민민주주의독재를 강화하여 내외적대분자들의 파괴책동으로부터 인민주권과 사회주의제도를 굳건히 보위한다.

제13조 국가는 군중로선을 구현하며 모든 사업에서 우가 아래를 도와주고 대중속에 들어가 문제해결의 방도를 찾으며 정치사업, 사람과의 사업을 앞세워 대중의 자각적열성을 불러일으키는 청산리정신, 청산리방법을 관철한다.

제14조 국가는 3대혁명붉은기쟁취운동을 비롯한 대중운동을 힘있게 벌려 사회주의건설을 최대한으로 다그친다.

제15조 조선민주주의인민공화국은 해외에 있는 조선동포들의 민주주의적민족권리와 국제법에서 공인된 합법적권리와 리익을 옹호한다.

제16조 조선민주주의인민공화국은 자기 령역안에 있는 다른 나라 사람의 합법적권리와 리익을 보장한다.

제17조 자주, 평화, 친선은 조선민주주의인민공화국의 대외정책의 기본리념이며 대외활동원칙이다. 국가는 우리 나라를 우호적으로 대하는 모든 나라들과 완전한 평등과 자주성, 호상존중과 내정불간섭, 호혜의 원칙에서 국가적 또는 정치, 경제, 문화적관계를 맺는다. 국가는 자주성을 옹호하는 세계인민들과 단결하며 온갖 형태의 침략과 내정간섭을 반대하고 나라의 자주권과 민족적, 계급적해방을 실현하기 위한 모든 나라 인민들의 투쟁을 적극 지지성원한다.

제18조 조선민주주의인민공화국의 법은 근로인민의 의사와 리익의 반영이며 국가관리의 기본무기이다. 법에 대한 존중과 엄격한 준수집행은 모든 기관, 기업소, 단체와 공민에게 있어서 의무적이다. 국가는 사회주의법률제도를 완비하고 사회주의법무생활을 강화한다.

제2장 경 제

제19조 조선민주주의인민공화국은 사회주의적생산관계와 자립적민족경제의 토대에 의거한다.

제20조 조선민주주의인민공화국에서 생산수단은 국가와 사회협동단체가 소유한다.

제21조 국가소유는 전체 인민의 소유이다. 국가소유권의 대상에는 제한이 없다. 나라의 모든 자연부원, 철도, 항공운수, 체신기관과 중요공장, 기업소, 항만, 은행은 국가만이 소유한다. 국가는 나라의 경제발전에서 주도적역할을 하는 국가소유를 우선적으로 보호하며 장성시킨다.

제22조 사회협동단체소유는 해당 단체에 들어있는 근로자들의 집단적소유이다. 토지, 농기계, 배, 중소공장, 기업소 같은것은 사회협동단체가 소유할수 있다. 국가는 사회협동단체소유를 보호한다.

제23조 국가는 농민들의 사상의식과 기술문화수준을 높이고 협동적소유에 대한 전인민적소유의 지도적역할을 높이는 방향에서 두 소유를 유기적으로 결합시키며 협동경리에 대한 지도와 관리를 개선하여 사회주의적협동경리제도를 공고발전시키며 협동단체에 들어있는 전체 성원들의 자원적의사에 따라 협동단체소유를 점차 전인민적소유로 전환시킨다.

제24조 개인소유는 공민들의 개인적이며 소비적인 목적을 위한 소유이다. 개인소유는 로동에 의한 사회주의분배와 국가와 사회의 추가적혜택으로 이루어진다. 터밭경리를 비롯한 개인부업경리에서 나오는 생산물과 그밖의 합법적인 경리활동을 통하여 얻은 수입도 개인소유에 속한다. 국가는 개인소유를 보호하며 그에 대한 상속권을 법적으로 보장한다.

제25조 조선민주주의인민공화국은 인민들의 물질문화생활을 끊임없이 높이는것을 자기 활동의 최고원칙으로 삼는다. 세금이 없어진 우리 나라에서 늘어나는 사회의 물질적부는 전적으로 근로자들의 복리증진에 돌려진다. 국가는 모든 근로자들에게 먹고 입고 쓰고 살수 있는 온갖 조건을 마련하여준다.

제26조 조선민주주의인민공화국에 마련된 자립적민족경제는 인민의 행복한 사회주의생활과 조국의 륭성번영을 위한 튼튼한 밑천이다. 국가는 사회주의자립적민족경제건설로선을 틀어쥐고 인민경제의 주체화, 현대화, 과학화를 다그쳐 인민경제를 고도로 발전된 주체적인 경제로 만들며 완전한 사회주의사회에 맞는 물질기술적토대를 쌓기 위하여 투쟁한다.

제27조 기술혁명은 사회주의경제를 발전시키기 위한 기본고리이다. 국가는 언제나 기술발전문제를 첫자리에 놓고 모든 경제활동을 진행하며 과학기술발전과 인민경제의 기술개조를 다그치고 대중적 기술혁신운동을 힘있게 벌려 근로자들을 어렵고 힘든 로동에서 해방하며 육체로동과 정신로동의 차이를 줄여나간다.

제28조 국가는 도시와 농촌의 차이, 로동계급과 농민의 계급적차이를 없애기 위하여 농촌기술혁명을 다그쳐 농업을 공업화, 현대화하며 군의 역할을 높이고 농촌에 대한 지도와 방조를 강화한다. 국가는 협동농장의 생산시설과 농촌문화주택을 국가부담으로 건설하여 준다.

제29조 사회주의는 근로대중의 창조적로동에 의하여 건설된다. 조선민주주의인민공화국에서 로동은 착취와 압박에서 해방된 근로자들의 자주적이며 창조적인 로동이다. 국가는 실업을 모르는 우리 근로자들의 로동이 보다 즐거운것으로, 사회와 집단과 자신을 위하여 자각적열성과 창발성을 내여 일하는 보람찬것으로 되게 한다.

제30조 근로자들의 하루 로동시간은 8시간이다. 국가는 로동의 힘든 정도와 특수한 조건에 따라 하루 로동시간을 이보다 짧게 정한다. 국가는 로동조직을 잘하고 로동규률을 강화하여 로동시간을 완전히 리용하도록 한다.

제31조 조선민주주의인민공화국에서 공민이 로동하는 나이는 16살부터이다. 국가는 로동하는 나이에 이르지 못한 소년들의 로동을 금지한다.

제32조 국가는 사회주의경제에 대한 지도와 관리에서 정치적지도와 경제기술적지도, 국가의 통일적지도와 매개 단위의 창발성, 유일적 지휘와 민주주의, 정치도덕적자극과 물질적자극을 옳게 결합시키는 원칙을 확고히 견지한다.

제33조 국가는 생산자대중의 집체적힘에 의거하여 경제를 과학적으로, 합리적으로 관리운영하는 사회주의경제관리형태인 대안의 사업체계와 농촌경리를 기업적방법으로 지도하는 농업지도체계에 의하여 경제를 지도관리한다. 국가는 경제관리에서 대안의 사업체계의 요구에 맞게 독립채산제를 실시하며 원가, 가격, 수익성 같은 경제적공간을 옳게 리용하도록한다.

제34조 조선민주주의인민공화국의 인민경제는 계획경제이다. 국가는 사회주의경제발전법칙에 따라 축적과 소비의 균형을 옳게 잡으며 경제건설을 다그치고 인민생활을 끊임없이 높이며 국방력을 강화할수 있도록 인민경제발전계획을 세우고 실행한다. 국가는 계획의 일원화, 세부화를 실현하여 생산장성의 높은 속도와 인민경제의 균형적발전을 보장한다.

제35조 조선민주주의인민공화국은 인민경제발전계획에 따르는 국가예산을 편성하여 집행한다. 국가는 모든 부문에서 증산과 절약투쟁을 강화하고 재정통제를 엄격히 실시하여 국가축적을 체계적으로 늘이며 사회주의적소유를 확대 발전시킨다.

제36조 조선민주주의인민공화국에서 대외무역은 국가기관, 기업소, 사회협동단체가 한다.

국가는 완전한 평등과 호혜의 원칙에서 대외무역을 발전시킨다.

제37조 국가는 우리 나라 기관, 기업소, 단체와 다른 나라 법인 또는 개인들과의 기업합영과 합작, 특수경제지대에서의 여러가지 기업창설운영을 장려한다.

제38조 국가는 자립적민족경제를 보호하기 위하여 관세정책을 실시한다.

제3장 문 화

제39조 조선민주주의인민공화국에서 개화발전하고있는 사회주의적문화는 근로자들의 창조적능력을 높이며 건전한 문화정서적수요를 충족시키는데 이바지한다.

제40조 조선민주주의인민공화국은 문화혁명을 철저히 수행하여 모든 사람들을 자연과 사회에 대한 깊은 지식과 높은 문화기술수준을 가진 사회주의건설자로 만들며 온 사회를 인테리화한다.

제41조 조선민주주의인민공화국은 사회주의 근로자들을 위하여 복무하는 참다운 인민적이며 혁명적인 문화를 건설한다. 국가는 사회주의적민족문화건설에서 제국주의의 문화적침투와 복고주의적경향을 반대하며 민족문화유산을 보호하고 사회주의현실에 맞게 계승발전시킨다.

제42조 국가는 모든 분야에서 낡은 사회의 생활양식을 없애고 새로운 사회주의적생활양식을 전면적으로 확립한다.

제43조 국가는 사회주의교육학의 원리를 구현하여 후대들을 사회와 인민을 위하여 투쟁하는 견결한 혁명가로, 지덕체를 갖춘 주체형의 새 인간으로 키운다.

제44조 국가는 인민교육사업과 민족간부양성사업을 다른 모든 사업에 앞세우며 일반교육과 기술교육, 교육과 생산로동을 밀접히 결합시킨다.

제45조 국가는 1년동안의 학교전의무교육을 포함한 전반적11년제의무교육을 현대과학기술발전추세와 사회주의건설의 현실적요구에 맞게 높은 수준에서 발전시킨다.

제46조 국가는 학업을 전문으로 하는 교육체계와 일하면서 공부하는 여러가지 형태의 교육체계를 발전시키며 기술교육과 사회과학,기초과학교육의 과학리론수준을 높여 유능한 기술자, 전문가들을 키워낸다.

제47조 국가는 모든 학생들을 무료로 공부시키며 대학과 전문학교 학생들에게는 장학금을 준다.

제48조 국가는 사회교육을 강화하며 모든 근로자들이 학습할수 있는 온갖 조건을 보장한다.

제49조 국가는 학령전 어린이들을 탁아소와 유치원에서 국가와 사회의 부담으로 키워준다.

제50조 국가는 과학연구사업에서 주체를 세우며 선진과학기술을 적극 받아들이고 새로운 과학기술분야를 개척하여 나라의 과학기술을 세계적수준에 올려세운다.

제51조 국가는 과학기술발전계획을 바로세우고 철저히 수행하는 규률을 세우며 과학자, 기술자들과 생산자들의 창조적협조를 강화하도록 한다.

제52조 국가는 민족적형식에 사회주의적내용을 담은 주체적이며 혁명적인 문학예술을 발전시킨다. 국가는 창작가, 예술인들이 사상예

술성이 높은 작품을 많이 창작하며 광범한 대중이 문예활동에 널리 참가하도록 한다.

제53조 국가는 정신적으로, 육체적으로 끊임없이 발전하려는 사람들의 요구에 맞게 현대적인 문화시설들을 충분히 갖추어주어 모든 근로자들이 사회주의적문화정서생활을 마음껏 누리도록 한다.

제54조 국가는 우리 말을 온갖 형태의 민족어말살정책으로부터 지켜내며 그것을 현대의 요구에 맞게 발전시킨다.

제55조 국가는 체육을 대중화, 생활화하여 전체 인민을 로동과 국방에 튼튼히 준비시키며 우리 나라 실정과 현대체육기술발전추세에 맞게 체육기술을 발전시킨다.

제56조 국가는 전반적무상치료제를 공고발전시키며 의사담당구역제와 예방의학제도를 강화하여 사람들의 생명을 보호하며 근로자들의 건강을 증진시킨다.

제57조 국가는 생산에 앞서 환경보호대책을 세우며 자연환경을 보존, 조성하고 환경오염을 방지하여 인민들에게 문화위생적인 생활환경과 로동조건을 마련하여준다.

제4장 국 방

제58조 조선민주주의인민공화국은 전인민적, 전국가적방위체계에 의거한다.

제59조 조선민주주의인민공화국 무장력의 사명은 선군혁명로선을 관철하여 혁명의 수뇌부를 보위하고 근로인민의 리익을 옹호하며 외래침략으로부터 사회주의제도와 혁명의 전취물, 조국의 자유와 독립, 평화를 지키는데 있다.

제60조 국가는 군대와 인민을 정치사상적으로 무장시키는 기초우에서 전군간부화, 전군현대화, 전민무장화, 전국요새화를 기본내용으로 하는 자위적군사로선을 관철한다.

제61조 국가는 군대안에서 혁명적령군체계와 군풍을 확립하고 군사규률과 군중규률을 강화하며 관병일치, 군정배합, 군민일치의 고상한 전통적미풍을 높이 발양하도록 한다.

제5장 공민의 기본 권리와 의무

제62조 조선민주주의인민공화국 공민이 되는 조건은 국적에 관한 법으로 규정한다. 공민은 거주지에 관계없이 조선민주주의인민공화국의 보호를 받는다.

제63조 조선민주주의인민공화국에서 공민의 권리와 의무는 ≪하나는 전체를 위하여, 전체는 하나를 위하여≫라는 집단주의원칙에 기초한다.

제64조 국가는 모든 공민에게 참다운 민주주의적권리와 자유, 행복한 물질문화생활을 실질적으로 보장한다. 조선민주주의인민공화국에서 공민의 권리와 자유는 사회주의제도의 공고발전과 함께 더욱 확대된다.

제65조 공민은 국가사회생활의 모든 분야에서 누구나 다같은 권리를 가진다.

제66조 17살이상의 모든 공민은 성별, 민족별, 직업, 거주기간, 재산과 지식정도, 당별, 정견, 신앙에 관계없이 선거할 권리와 선거받을 권리를 가진다. 군대에 복무하는 공민도 선거할 권리와 선거받을 권리를 가진다. 재판소의 판결에 의하여 선거할 권리를 빼앗긴자, 정신병자는 선거할 권리와 선거받을 권리를 가지지 못한다.

제67조 공민은 언론, 출판, 집회, 시위와 결사의 자유를 가진다. 국가는 민주주의적정당, 사회단체의 자유로운 활동조건을 보장한다.

제68조 공민은 신앙의 자유를 가진다. 이 권리는 종교건물을 짓거나 종교의식 같은것을 허용하는것으로 보장된다. 종교를 외세를 끌어들이거나 국가사회질서를 해치는데 리용할수 없다.

제69조 공민은 신소와 청원을 할수 있다. 국가는 신소와 청원을 법이 정한데 따라 공정하게 심의처리하도록 한다.

제70조 공민은 로동에 대한 권리를 가진다. 로동능력있는 모든 공민은 희망과 재능에 따라 직업을 선택하며 안정된 일자리와 로동조건을 보장받는다. 공민은 능력에 따라 일하며 로동의 량과 질에 따라 분배를 받는다.

제71조 공민은 휴식에 대한 권리를 가진다. 이 권리는 로동시간제, 공휴일제, 유급휴가제, 국가비용에 의한 정휴양제, 계속 늘어나는 여러가지 문화시설들에 의하여 보장된다.

제72조 공민은 무상으로 치료받을 권리를 가지며 나이많거나 병 또는 불구로 로동능력을 잃은 사람, 돌볼 사람이 없는 늙은이와 어린이는 물질적방조를 받을 권리를 가진다. 이 권리는 무상치료제, 계속 늘어나는 병원, 료양소를 비롯한 의료시설, 국가사회보험과 사회보장제에 의하여 보장된다.

제73조 공민은 교육을 받을 권리를 가진다. 이 권리는 선진적인 교육제도와 국가의 인민적인 교육시책에 의하여 보장된다.

제74조 공민은 과학과 문학예술활동의 자유를 가진다. 국가는 발명가와 창의고안자에게 배려를 돌린다. 저작권과 발명권, 특허권은 법적으로 보호한다.

제75조 공민은 거주, 려행의 자유를 가진다.

제76조 혁명투사, 혁명렬사가족, 애국렬사가족, 인민군후방가족, 영예군인은 국가와 사회의 특별한 보호를 받는다.

제77조 녀자는 남자와 똑같은 사회적지위와 권리를 가진다. 국가는 산전산후휴가의 보장, 여러 어린이를 가진 어머니를 위한 로동시간의 단축, 산원, 탁아소와 유치원망의 확장, 그밖의 시책을 통하여 어머니와 어린이를 특별히 보호한다. 국가는 녀성들이 사회에 진출할 온갖 조건을 지어준다.

제78조 결혼과 가정은 국가의 보호를 받는다. 국가는 사회의 기층생활단위인 가정을 공고히 하는데 깊은 관심을 돌린다.

제79조 공민은 인신과 주택의 불가침, 서신의 비밀을 보장받는다. 법에 근거하지 않고는 공민을 구속하거나 체포할수 없으며 살림집을 수색할수 없다.

제80조 조선민주주의인민공화국은 평화와 민주주의, 민족적독립과 사회주의를 위하여 과학, 문화활동의 자유를 위하여 투쟁하다가 망명하여온 다른 나라 사람을 보호한다.

제81조 공민은 인민의 정치사상적통일과 단결을 견결히 수호하여야 한다. 공민은 조직과 집단을 귀중히 여기며 사회와 인민을 위하여 몸바쳐 일하는 기풍을 높이 발휘하여야 한다.

제82조 공민은 국가의 법과 사회주의적생활규범을 지키며 조선민주주의인민공화국의 공민된 영예와 존엄을 고수하여야 한다.

제83조 로동은 공민의 신성한 의무이며 영예이다. 공민은 로동에 자각적으로 성실히 참가

하며 로동규률과 로동시간을 엄격히 지켜야 한다.

제84조 공민은 국가재산과 사회협동단체재산을 아끼고 사랑하며 온갖 탐오랑비현상을 반대하여 투쟁하며 나라살림살이를 주인답게 알뜰히 하여야 한다. 국가와 사회협동단체재산은 신성불가침이다.

제85조 공민은 언제나 혁명적경각성을 높이며 국가의 안전을 위하여 몸바쳐 투쟁하여야 한다.

제86조 조국보위는 공민의 최대의 의무이며 영예이다. 공민은 조국을 보위하여야 하며 법이 정한데 따라 군대에 복무하여야 한다.

제6장 국가기구

제1절 최고인민회의

제87조 최고인민회의는 조선민주주의인민공화국의 최고주권기관이다.

제88조 최고인민회의는 립법권을 행사한다. 최고인민회의휴회중에는 최고인민회의 상임위원회도 립법권을 행사할수 있다.

제89조 최고인민회의는 일반적, 평등적, 직접적선거원칙에 의하여 비밀투표로 선거된 대의원들로 구성한다.

제90조 최고인민회의임기는 5년으로 한다. 최고인민회의 새 선거는 최고인민회의임기가 끝나기전에 최고인민회의 상임위원회의 결정에 따라 진행한다. 불가피한 사정으로 선거를 하지 못할 경우에는 선거를 할 때까지 그 임기를 연장한다.

제91조 최고인민회의는 다음과 같은 권한을 가진다.

1. 헌법을 수정, 보충한다.
2. 부문법을 제정 또는 수정, 보충한다.
3. 최고인민회의휴회중에 최고인민회의 상임위원회가 채택한 중요부문법을 승인한다.
4. 국가의 대내외정책의 기본원칙을 세운다.
5. 조선민주주의인민공화국 국방위원회 위원장을 선거 또는 소환한다.
6. 최고인민회의 상임위원회 위원장을 선거 또는 소환한다.
7. 조선민주주의인민공화국 국방위원회 위원장의 제의에 의하여 국방위원회 제1부위원장, 부위원장, 위원들을 선거 또는 소환한다.
8. 최고인민회의 상임위원회 부위원장, 명예부위원장, 서기장, 위원들을 선거 또는 소환한다.
9. 내각총리를 선거 또는 소환한다.
10. 내각총리의 제의에 의하여 내각 부총리, 위원장, 상, 그밖의 내각성원들을 임명한다.
11. 중앙검찰소 소장을 임명 또는 해임한다.
12. 중앙재판소 소장을 선거 또는 소환한다.
13. 최고인민회의 부문위원회 위원장, 부위원장, 위원들을 선거 또는 소환한다.
14. 국가의 인민경제발전계획과 그 실행정형에 관한 보고를 심의하고 승인한다.
15. 국가예산과 그 집행정형에 관한 보고를 심의하고 승인한다.
16. 필요에 따라 내각과 중앙기관들의 사업정형을 보고받고 대책을 세운다.
17. 최고인민회의에 제기되는 조약의 비준, 폐기를 결정한다.

제92조 최고인민회의는 정기회의와 림시회의를 가진다. 정기회의는 1년에 1~2차 최고인민회의 상임위원회가 소집한다. 림시회의는 최

고인민회의 상임위원회가 필요하다고 인정할 때 또는 대의원전원의 3분의 1이상의 요청이 있을 때에 소집한다.

제93조 최고인민회의는 대의원전원의 3분의 2이상이 참석하여야 성립된다.

제94조 최고인민회의는 의장과 부의장을 선거한다. 의장은 회의를 사회한다.

제95조 최고인민회의에서 토의할 의안은 조선민주주의인민공화국 국방위원회 위원장, 국방위원회, 최고인민회의 상임위원회, 내각과 최고인민회의의 부문위원회가 제출한다. 대의원들도 의안을 제출할수 있다.

제96조 최고인민회의 매기 제1차회의는 대의원자격심사위원회를 선거하고 그 위원회가 제출한 보고에 근거하여 대의원자격을 확인하는 결정을 채택한다.

제97조 최고인민회의는 법령과 결정을 낸다. 최고인민회의가 내는 법령과 결정은 거수가결의 방법으로 그 회의에 참석한 대의원의 반수이상이 찬성하여야 채택된다. 헌법은 최고인민회의 대의원전원의 3분의 2이상이 찬성하여야 수정, 보충된다.

제98조 최고인민회의는 법제위원회, 예산위원회 같은 부문위원회를 둔다. 최고인민회의 부문위원회는 위원장, 부위원장, 위원들로 구성한다. 최고인민회의 부문위원회는 최고인민회의사업을 도와 국가의 정책안과 법안을 작성하거나 심의하며 그 집행을 위한 대책을 세운다. 최고인민회의 부문위원회는 최고인민회의 휴회중에 최고인민회의 상임위원회의 지도밑에 사업한다.

제99조 최고인민회의 대의원은 불가침권을 보장받는다. 최고인민회의 대의원은 현행범인 경우를 제외하고는 최고인민회의, 그 휴회중에 최고인민회의 상임위원회의 승인없이 체포하거나 형사처벌을 할수 없다.

제2절 조선민주주의인민공화국 국방위원회 위원장

제100조 조선민주주의인민공화국 국방위원회 위원장은 조선민주주의인민공화국의 최고령도자이다.

제101조 조선민주주의인민공화국 국방위원회 위원장의 임기는 최고인민회의임기와 같다.

제102조 조선민주주의인민공화국 국방위원회 위원장은 조선민주주의인민공화국 전반적무력의 최고사령관으로 되며 국가의 일체 무력을 지휘통솔한다.

제103조 조선민주주의인민공화국 국방위원회 위원장은 다음과 같은 임무와 권한을 가진다.

1. 국가의 전반사업을 지도한다.
2. 국방위원회사업을 직접 지도한다.
3. 국방부문의 중요간부를 임명 또는 해임한다.
4. 다른 나라와 맺은 중요조약을 비준 또는 폐기한다.
5. 특사권을 행사한다.
6. 나라의 비상사태와 전시상태, 동원령을 선포한다.

제104조 조선민주주의인민공화국 국방위원회 위원장은 명령을 낸다.

제105조 조선민주주의인민공화국 국방위원회 위원장은 자기 사업에 대하여 최고인민회의앞에 책임진다.

제3절 국방위원회

제106조 국방위원회는 국가주권의 최고국방지도기관이다.

제107조 국방위원회는 위원장, 제1부위원장, 부위원장, 위원들로 구성한다.

제108조 국방위원회임기는 최고인민회의임기와 같다.

제109조 국방위원회는 다음과 같은 임무와 권한을 가진다.

1. 선군혁명로선을 관철하기 위한 국가의 중요정책을 세운다.
2. 국가의 전반적무력과 국방건설사업을 지도한다.
3. 조선민주주의인민공화국 국방위원회 위원장 명령, 국방위원회 결정, 지시집행정형을 감독하고 대책을 세운다.
4. 조선민주주의인민공화국 국방위원회 위원장 명령, 국방위원회 결정, 지시에 어긋나는 국가기관의 결정, 지시를 페지한다.
5. 국방부문의 중앙기관을 내오거나 없앤다.
6. 군사칭호를 제정하며 장령이상의 군사칭호를 수여한다.

제110조 국방위원회는 결정, 지시를 낸다.

제111조 국방위원회는 자기 사업에 대하여 최고인민회의앞에 책임진다.

제4절 최고인민회의 상임위원회

제112조 최고인민회의 상임위원회는 최고인민회의휴회중의 최고주권기관이다.

제113조 최고인민회의 상임위원회는 위원장, 부위원장, 서기장, 위원들로 구성한다.

제114조 최고인민회의 상임위원회는 약간명의 명예부위원장을 둘수 있다. 최고인민회의 상임위원회 명예부위원장은 최고인민회의 대의원가운데서 오랜 기간 국가건설사업에 참가하여 특출한 기여를 한 일군이 될수 있다.

제115조 최고인민회의 상임위원회임기는 최고인민회의임기와 같다. 최고인민회의 상임위원회는 최고인민회의임기가 끝난 후에도 새 상임위원회가 선거될 때까지 자기 임무를 계속 수행한다.

제116조 최고인민회의 상임위원회는 다음과 같은 임무와 권한을 가진다.

1. 최고인민회의를 소집한다.
2. 최고인민회의휴회중에 제기된 새로운 부문법안과 규정안, 현행부문법과 규정의 수정, 보충안을 심의채택하며 채택실시하는 중요부문법을 다음번 최고인민회의의 승인을 받는다.
3. 불가피한 사정으로 최고인민회의휴회기간에 제기되는 국가의 인민경제발전계획, 국가예산과 그 조절안을 심의하고 승인한다.
4. 헌법과 현행부문법, 규정을 해석한다.
5. 국가기관들의 법준수집행을 감독하고 대책을 세운다.
6. 헌법, 최고인민회의 법령, 결정, 조선민주주의인민공화국 국방위원회 위원장 명령, 국방위원회 결정, 지시, 최고인민회의 상임위원회 정령, 결정, 지시에 어긋나는 국가기관의 결정, 지시를 페지하며 지방인민회의의 그릇된 결정집행을 정지시킨다.
7. 최고인민회의 대의원선거를 위한 사업을 하며 지방인민회의 대의원선거사업을 조직한다.
8. 최고인민회의 대의원들과의 사업을 한다.
9. 최고인민회의 부문위원회와의 사업을 한다.

10. 내각 위원회, 성을 내오거나 없앤다.
11. 최고인민회의휴회중에 내각총리의 제의에 의하여 부총리, 위원장, 상, 그밖의 내각 성원들을 임명 또는 해임한다.
12. 최고인민회의 상임위원회 부문위원회 성원들을 임명 또는 해임한다.
13. 중앙재판소 판사, 인민참심원을 선거 또는 소환한다.
14. 다른 나라와 맺은 조약을 비준 또는 폐기한다.
15. 다른 나라에 주재하는 외교대표의 임명 또는 소환을 결정하고 발표한다.
16. 훈장과 메달, 명예칭호, 외교직급을 제정하며 훈장과 메달, 명예칭호를 수여한다.
17. 대사권을 행사한다.
18. 행정단위와 행정구역을 내오거나 고친다.
19. 다른 나라 국회, 국제의회기구들과의 사업을 비롯한 대외사업을 한다.

제117조 최고인민회의 상임위원회 위원장은 상임위원회사업을 조직지도한다. 최고인민회의 상임위원회 위원장은 국가를 대표하며 다른 나라 사신의 신임장, 소환장을 접수한다.

제118조 최고인민회의 상임위원회는 전원회의와 상무회의를 가진다. 전원회의는 위원전원으로 구성하며 상무회의는 위원장, 부위원장, 서기장들로 구성한다.

제119조 최고인민회의 상임위원회 전원회의는 상임위원회의 임무와 권한을 실현하는데서 나서는 중요한 문제들을 토의결정한다. 상무회의는 전원회의에서 위임한 문제들을 토의결정한다.

제120조 최고인민회의 상임위원회는 정령과 결정, 지시를 낸다.

제121조 최고인민회의 상임위원회는 자기 사업을 돕는 부문위원회를 둘수 있다.

제122조 최고인민회의 상임위원회는 자기 사업에 대하여 최고인민회의앞에 책임진다.

제5절 내각

제123조 내각은 최고주권의 행정적집행기관이며 전반적국가관리기관이다.

제124조 내각은 총리, 부총리, 위원장, 상과 그밖에 필요한 성원들로 구성한다. 내각의 임기는 최고인민회의임기와 같다.

제125조 내각은 다음과 같은 임무와 권한을 가진다.

1. 국가의 정책을 집행하기 위한 대책을 세운다.
2. 헌법과 부문법에 기초하여 국가관리와 관련한 규정을 제정 또는 수정, 보충한다.
3. 내각의 위원회, 성, 내각직속기관, 지방인민위원회의 사업을 지도한다.
4. 내각직속기관, 중요행정경제기관, 기업소를 내오거나 없애며 국가관리기구를 개선하기 위한 대책을 세운다.
5. 국가의 인민경제발전계획을 작성하며 그 실행대책을 세운다.
6. 국가예산을 편성하며 그 집행대책을 세운다.
7. 공업, 농업, 건설, 운수, 체신, 상업, 무역, 국토관리, 도시경영, 교육, 과학, 문화, 보건, 체육, 로동행정, 환경보호, 관광, 그밖의 여러 부문의 사업을 조직집행한다.
8. 화폐와 은행제도를 공고히 하기 위한 대책을 세운다.
9. 국가관리질서를 세우기 위한 검열, 통제사업을 한다.
10. 사회질서유지, 국가 및 사회협동단체의 소유와 리익의 보호, 공민의 권리보장을

위한 대책을 세운다.

11. 다른 나라와 조약을 맺으며 대외사업을 한다.
12. 내각 결정, 지시에 어긋나는 행정경제기관의 결정, 지시를 폐지한다.

제126조 내각총리는 내각사업을 조직지도한다. 내각총리는 조선민주주의인민공화국정부를 대표한다.

제127조 내각은 전원회의와 상무회의를 가진다. 내각전원회의는 내각성원전원으로 구성하며 상무회의는 총리, 부총리와 그밖에 총리가 임명하는 내각성원들로 구성한다.

제128조 내각전원회의는 행정경제사업에서 나서는 새롭고 중요한 문제들을 토의결정한다. 상무회의는 내각전원회의에서 위임한 문제들을 토의결정한다.

제129조 내각은 결정과 지시를 낸다.

제130조 내각은 자기 사업을 돕는 비상설부문위원회를 둘수 있다.

제131조 내각은 자기 사업에 대하여 최고인민회의와 그 휴회중에 최고인민회의 상임위원회앞에 책임진다.

제132조 새로 선거된 내각총리는 내각성원들을 대표하여 최고인민회의에서 선서를 한다.

제133조 내각 위원회, 성은 내각의 부문별집행기관이며 중앙의 부문별관리기관이다.

제134조 내각 위원회, 성은 내각의 지도밑에 해당 부문의 사업을 통일적으로 장악하고 지도관리한다.

제135조 내각 위원회, 성은 위원회회의와 간부회의를 운영한다. 위원회, 성 위원회회의와 간부회의에서는 내각 결정, 지시집행대책과 그밖의 중요한 문제들을 토의결정한다.

제136조 내각 위원회, 성은 지시를 낸다.

제6절 지방인민회의

제137조 도(직할시), 시(구역), 군인민회의는 지방주권기관이다.

제138조 지방인민회의는 일반적, 평등적, 직접적선거원칙에 의하여 비밀투표로 선거된 대의원들로 구성한다.

제139조 도(직할시), 시(구역), 군인민회의임기는 4년으로 한다. 지방인민회의 새 선거는 지방인민회의임기가 끝나기전에 해당 지방인민위원회의 결정에 따라 진행한다. 불가피한 사정으로 선거를 하지 못할 경우에는 선거를 할 때까지 그 임기를 연장한다.

제140조 지방인민회의는 다음과 같은 임무와 권한을 가진다.

1. 지방의 인민경제발전계획과 그 실행정형에 대한 보고를 심의하고 승인한다.
2. 지방예산과 그 집행에 대한 보고를 심의하고 승인한다.
3. 해당 지역에서 국가의 법을 집행하기 위한 대책을 세운다.
4. 해당 인민위원회 위원장, 부위원장, 사무장, 위원들을 선거 또는 소환한다.
5. 해당 재판소의 판사, 인민참심원을 선거 또는 소환한다.
6. 해당 인민위원회와 하급인민회의, 인민위원회의 그릇된 결정, 지시를 폐지한다.

제141조 지방인민회의는 정기회의와 림시회의를 가진다. 정기회의는 1년에 1~2차 해당 인민위원회가 소집한다. 림시회의는 해당 인

민위원회가 필요하다고 인정할 때 또는 대의원전원의 3분의 1이상의 요청이 있을 때 소집한다.

제142조 지방인민회의는 대의원전원의 3분의 2이상이 참석하여야 성립된다.

제143조 지방인민회의는 의장을 선거한다. 의장은 회의를 사회한다.

제144조 지방인민회의는 결정을 낸다.

제7절 지방인민위원회

제145조 도(직할시), 시(구역), 군인민위원회는 해당 인민회의휴회중의 지방주권기관이며 해당 지방주권의 행정적집행기관이다.

제146조 지방인민위원회는 위원장, 부위원장, 사무장, 위원들로 구성한다. 지방인민위원회 임기는 해당 인민회의임기와 같다.

제147조 지방인민위원회는 다음과 같은 임무와 권한을 가진다.

1. 인민회의를 소집한다.
2. 인민회의 대의원선거를 위한 사업을 한다.
3. 인민회의 대의원들과의 사업을 한다.
4. 해당 지방인민회의, 상급인민위원회 결정, 지시와 최고인민회의 법령, 결정, 조선민주주의인민공화국 국방위원회 위원장 명령, 국방위원회 결정, 지시, 최고인민회의 상임위원회 정령, 결정, 지시, 내각과 내각 위원회, 성의 결정, 지시를 집행한다.
5. 해당 지방의 모든 행정사업을 조직집행한다.
6. 지방의 인민경제발전계획을 작성하며 그 실행대책을 세운다.
7. 지방예산을 편성하며 그 집행대책을 세운다.
8. 해당 지방의 사회질서유지, 국가 및 사회협동단체의 소유와 리익의 보호, 공민의 권리보장을 위한 대책을 세운다.
9. 해당 지방에서 국가관리질서를 세우기 위한 검열, 통제사업을 한다.
10. 하급인민위원회사업을 지도한다.
11. 하급인민위원회의 그릇된 결정, 지시를 페지하며 하급인민회의의 그릇된 결정의 집행을 정지시킨다.

제148조 지방인민위원회는 전원회의와 상무회의를 가진다. 지방인민위원회 전원회의는 위원전원으로 구성하며 상무회의는 위원장, 부위원장, 사무장들로 구성한다.

제149조 지방인민위원회 전원회의는 자기의 임무와 권한을 실현하는데서 나서는 중요한 문제들을 토의결정한다. 상무회의는 전원회의가 위임한 문제들을 토의결정한다.

제150조 지방인민위원회는 결정과 지시를 낸다.

제151조 지방인민위원회는 자기 사업을 돕는 비상설부문위원회를 둘수 있다.

제152조 지방인민위원회는 자기 사업에 대하여 해당 인민회의앞에 책임진다. 지방인민위원회는 상급인민위원회와 내각, 최고인민회의 상임위원회에 복종한다.

제8절 검찰소와 재판소

제153조 검찰사업은 중앙검찰소, 도(직할시), 시(구역), 군검찰소와 특별검찰소가 한다.

제154조 중앙검찰소 소장의 임기는 최고인민회의임기와 같다.

제155조 검사는 중앙검찰소가 임명 또는 해임한다.

제156조 검찰소는 다음과 같은 임무를 수행한다.

1. 기관, 기업소, 단체와 공민들이 국가의 법을 정확히 지키는가를 감시한다.
2. 국가기관의 결정, 지시가 헌법, 최고인민회의 법령, 결정, 조선민주주의인민공화국 국방위원회 위원장 명령, 국무위원회 결정, 지시, 최고인민회의 상임위원회 정령, 결정, 지시, 내각 결정, 지시에 어긋나지 않는가를 감시한다.
3. 범죄자를 비롯한 법위반자를 적발하고 법적책임을 추궁하는것을 통하여 조선민주주의인민공화국의 주권과 사회주의제도, 국가와 사회협동단체재산, 인민의 헌법적권리와 생명재산을 보호한다.

제157조 검찰사업은 중앙검찰소가 통일적으로 지도하며 모든 검찰소는 상급검찰소와 중앙검찰소에 복종한다.

제158조 중앙검찰소는 자기 사업에 대하여 최고인민회의와 그 휴회중에 최고인민회의 상임위원회앞에 책임진다.

제159조 재판은 중앙재판소, 도(직할시)재판소, 시(구역), 군인민재판소와 특별재판소가 한다. 판결은 조선민주주의인민공화국의 이름으로 선고한다.

제160조 중앙재판소 소장의 임기는 최고인민회의임기와 같다. 중앙재판소, 도(직할시)재판소, 시(구역), 군인민재판소의 판사, 인민참심원의 임기는 해당 인민회의임기와 같다.

제161조 특별재판소의 소장과 판사는 중앙재판소가 임명 또는 해임한다. 특별재판소의 인민참심원은 해당 군무자회의 또는 종업원회의에서 선거한다.

제162조 재판소는 다음과 같은 임무를 수행한다.

1. 재판활동을 통하여 조선민주주의인민공화국의 주권과 사회주의제도, 국가와 사회협동단체재산, 인민의 헌법적권리와 생명재산을 보호한다.
2. 모든 기관, 기업소, 단체와 공민들이 국가의 법을 정확히 지키고 계급적원쑤들과 온갖 법위반자들을 반대하여 적극 투쟁하도록 한다.
3. 재산에 대한 판결, 판정을 집행하며 공증사업을 한다.

제163조 재판은 판사 1명과 인민참심원 2명으로 구성된 재판소가 한다. 특별한 경우에는 판사 3명으로 구성하여 할수 있다.

제164조 재판은 공개하며 피소자의 변호권을 보장한다. 법이 정한데 따라 재판을 공개하지 않을수 있다.

제165조 재판은 조선말로 한다. 다른 나라 사람들은 재판에서 자기 나라 말을 할수 있다.

제166조 재판소는 재판에서 독자적이며 재판활동을 법에 의거하여 수행한다.

제167조 중앙재판소는 조선민주주의인민공화국의 최고재판기관이다. 중앙재판소는 모든 재판소의 재판사업을 감독한다.

제168조 중앙재판소는 자기 사업에 대하여 최고인민회의와 그 휴회중에 최고인민회의 상임위원회앞에 책임진다.

제7장 국장, 국기, 국가, 수도

제169조 조선민주주의인민공화국의 국장은 ≪조선민주주의인민공화국≫이라고 쓴 붉은 띠로 땋아올려 감은 벼이삭의 타원형테두리안에 웅장한 수력발전소가 있고 그우에 혁명의 성산 백두산과 찬연히 빛나는 붉은 오각별이 있다.

제170조 조선민주주의인민공화국의 국기는 기발의 가운데에 넓은 붉은 폭이 있고 그 아래우에 가는 흰폭이 있으며 그 다음에 푸른 폭이 있고 붉은 폭의 기대달린쪽 흰 동그라미 안에 붉은 오각별이 있다. 기발의 세로와 가로의 비는 1대 2이다.

제171조 조선민주주의인민공화국의 국가는 ≪애국가≫이다.

제172조 조선민주주의인민공화국의 수도는 평양이다.

조선민주주의인민공화국 사회주의헌법(2010년 헌법)

2010년 4월 9일 개정

서 문

조선민주주의인민공화국은 위대한 수령 김일성동지의 사상과 령도를 구현한 주체의 사회주의조국이다.

위대한 수령 김일성동지는 조선민주주의인민공화국의 창건자이시며 사회주의조선의 시조이시다.

김일성동지께서는 영생불멸의 주체사상을 창시하시고 그 기치밑에 항일혁명투쟁을 조직령도하시여 영광스러운 혁명전통을 마련하시고 조국광복의 력사적위업을 이룩하시였으며 정치, 경제, 문화, 군사 분야에서 자주독립 국가건설의 튼튼한 토대를 닦은데 기초하여 조선민주주의인민공화국을 창건하시였다.

김일성동지께서는 주체적인 혁명로선을 내놓으시고 여러 단계의 사회혁명과 건설사업을 현명하게 령도하시여 공화국을 인민대중중심의 사회주의나라로, 자주, 자립, 자위의 사회주의국가로 강화발전시키시였다.

김일성동지께서는 국가건설과 국가활동의 근본원칙을 밝히시고 가장 우월한 국가사회제도와 정치방식, 사회관리체계와 관리방법을 확립하시였으며 사회주의조국의 부강번영과 주체혁명위업의 계승완성을 위한 확고한 토대를 마련하시였다.

김일성동지께서는 ≪이민위천≫을 좌우명으로 삼으시여 언제나 인민들과 함께 계시고 인민을 위하여 한평생을 바치시였으며 숭고한 인덕정치로 인민들을 보살피시고 이끄시여 온 사회를 일심단결된 하나의 대가정으로 전변시키시였다.

위대한 수령 김일성동지는 민족의 태양이시며 조국통일의 구성이시다. 김일성동지께서는 나라의 통일을 민족지상의 과업으로 내세우시고 그 실현을 위하여 온갖 로고와 심혈을 다 바치시였다. 김일성동지께서는 공화국을 조국통일의 강유력한 보루로 다지시는 한편 조국통일의 근본원칙과 방도를 제시하시고 조국통일운동을 전민족적인 운동으로 발전시키시여 온 민족의 단합된 힘으로 조국통일위업을 성취하기 위한 길을 열어놓으시였다.

위대한 수령 김일성동지께서는 조선민주주의인민공화국의 대외정책의 기본리념을 밝히시고 그에 기초하여 나라의 대외관계를 확대발전시키시였으며 공화국의 국제적권위를 높이 떨치게 하시였다. 김일성동지는 세계정치의 원로로서 자주의 새시대를 개척하시고 사회주의운동과 쁠럭불가담운동의 강화발전을 위하여, 세계평화와 인민들사이의 친선을 위하여 정력적으로 활동하시였으며 인류의 자주위업에 불멸의 공헌을 하시였다.

김일성동지는 사상리론과 령도예술의 천재이시고 백전백승의 강철의 령장이시였으며 위대한 혁명가, 정치가이시고 위대한 인간이시였다.

김일성동지의 위대한 사상과 령도업적은 조선혁명의 만년재보이며 조선민주주의인민공화국의 륭성번영을 위한 기본담보이다.

조선인민은 조선로동당의 령도밑에 위대한 수령 김일성동지를 공화국의 영원한 주석으로 높이 모시며 김일성동지의 사상과 업적을 옹호고수하고 계승발전시켜 주체혁명위업을 끝까지 완성하여나갈 것이다.

조선민주주의인민공화국 사회주의헌법은 위대한 수령 김일성동지의 주체적인 국가건설사상과 국가건설업적을 법화한 김일성헌법이다.

제1장 정치

제1조 조선민주주의인민공화국은 전체조선인민의 리익을 대표하는 자주적인 사회주의국가이다.

제2조 조선민주주의인민공화국은 제국주의침략자들을 반대하며 조국의 광복과 인민의 자유와 행복을 실현하기 위한 영광스러운 혁명투쟁에서 이룩한 빛나는 전통을 이어받은 혁명적인 국가이다.

제3조 조선민주주의인민공화국은 사람중심의 세계관이며 인민대중의 자주성을 실현하기 위한 혁명사상인 주체사상, 선군사상을 자기 활동의 지도적 지침으로 삼는다.

제4조 조선민주주의인민공화국의 주권은 로동자, 농민, 군인, 근로인테리를 비롯한 근로인민에게 있다. 근로인민은 자기의 대표기관인 최고인민회의와 지방 각급 인민회의를 통하여 주권을 행사한다.

제5조 조선민주주의인민공화국에서 모든 국가기관들은 민주주의중앙집권제원칙에 의하여 조직되고 운영된다.

제6조 군인민회의로부터 최고인민회의에 이르기까지의 각급 주권기관은 일반적, 평등적, 직접적원칙에 의하여 비밀투표로 선거한다.

제7조 각급 주권기관의 대의원은 선거자들과 밀접한 련계를 가지며 자기 사업에 대하여 선거자들앞에 책임진다. 선거자들은 자기가 선거한 대의원이 신임을 잃은 경우에 언제든지 소환할수 있다.

제8조 조선민주주의인민공화국의 사회제도는 근로인민대중이 모든것의 주인으로 되고 있으며 사회의 모든것이 근로인민대중을 위하여 복무하는 사람중심의 사회제도이다. 국가는 착취와 압박에서 해방되여 국가와 사회의 주인으로 된 로동자, 농민, 군인, 근로인테리를 비롯한 근로인민의 리익을 옹호하며 인권을 존중하고 보호한다.

제9조 조선민주주의인민공화국은 북반부에서 인민정권을 강화하고 사상, 기술, 문화의 3대혁명을 힘있게 벌려 사회주의의 완전한 승리를 이룩하며 자주, 평화통일, 민족대단결의 원칙에서 조국통일을 실현하기 위하여 투쟁한다.

제10조 조선민주주의인민공화국은 로동계급이 령도하는 로농동맹에 기초한 전체 인민의 정치사상적통일에 의거한다. 국가는 사상혁명을 강화하여 사회의 모든 성원들을 혁명화, 로동계급화하며 온 사회를 동지적으로 결합된 하나의 집단으로 만든다.

제11조 조선민주주의인민공화국은 조선로동당의 령도밑에 모든 활동을 진행한다.

제12조 국가는 계급로선을 견지하며 인민민주주의독재를 강화하여 내외적대분자들의 파괴책동으로부터 인민주권과 사회주의제도를 굳건히 보위한다.

제13조 국가는 군중로선을 구현하며 모든 사업에서 우가 아래를 도와주고 대중속에 들어가 문제해결의 방도를 찾으며 정치사업, 사람과의 사업을 앞세워 대중의 자각적열성을 불러일으키는 청산리정신, 청산리방법을 관철한다.

제14조 국가는 3대혁명붉은기쟁취운동을 비롯한 대중운동을 힘있게 벌려 사회주의건설을 최대한으로 다그친다.

제15조 조선민주주의인민공화국은 해외에 있는 조선동포들의 민주주의적민족권리와 국제

법에서 공인된 합법적권리와 리익을 옹호한다.

제16조 조선민주주의인민공화국은 자기 령역안에 있는 다른 나라 사람의 합법적권리와 리익을 보장한다.

제17조 자주, 평화, 친선은 조선민주주의인민공화국의 대외정책의 기본리념이며 대외활동원칙이다. 국가는 우리 나라를 우호적으로 대하는 모든 나라들과 완전한 평등과 자주성, 호상존중과 내정불간섭, 호혜의 원칙에서 국가적 또는 정치, 경제, 문화적관계를 맺는다. 국가는 자주성을 옹호하는 세계인민들과 단결하며 온갖 형태의 침략과 내정간섭을 반대하고 나라의 자주권과 민족적, 계급적해방을 실현하기 위한 모든 나라 인민들의 투쟁을 적극 지지성원한다.

제18조 조선민주주의인민공화국의 법은 근로인민의 의사와 리익의 반영이며 국가관리의 기본무기이다. 법에 대한 존중과 엄격한 준수집행은 모든 기관, 기업소, 단체와 공민에게 있어서 의무적이다. 국가는 사회주의법률제도를 완비하고 사회주의법무생활을 강화한다.

제2장 경 제

제19조 조선민주주의인민공화국은 사회주의적생산관계와 자립적민족경제의 토대에 의거한다.

제20조 조선민주주의인민공화국에서 생산수단은 국가와 사회협동단체가 소유한다.

제21조 국가소유는 전체 인민의 소유이다.
국가소유권의 대상에는 제한이 없다.
나라의 모든 자연부원, 철도, 항공운수, 체신기관과 중요공장, 기업소, 항만, 은행은 국가만이 소유한다. 국가는 나라의 경제발전에서 주도적역할을 하는 국가소유를 우선적으로 보호하며 장성시킨다.

제22조 사회협동단체소유는 해당 단체에 들어있는 근로자들의 집단적소유이다. 토지, 농기계, 배, 중소공장, 기업소 같은것은 사회협동단체가 소유할수 있다. 국가는 사회협동단체소유를 보호한다.

제23조 국가는 농민들의 사상의식과 기술문화수준을 높이고 협동적소유에 대한 전인민적소유의 지도적역할을 높이는 방향에서 두 소유를 유기적으로 결합시키며 협동경리에 대한 지도와 관리를 개선하여 사회주의적협동경리제도를 공고발전시키며 협동단체에 들어있는 전체 성원들의 자원적의사에 따라 협동단체소유를 점차 전인민적소유로 전환시킨다.

제24조 개인소유는 공민들의 개인적이며 소비적인 목적을 위한 소유이다. 개인소유는 로동에 의한 사회주의분배와 국가와 사회의 추가적혜택으로 이루어진다. 터밭경리를 비롯한 개인부업경리에서 나오는 생산물과 그밖의 합법적인 경리활동을 통하여 얻은 수입도 개인소유에 속한다. 국가는 개인소유를 보호하며 그에 대한 상속권을 법적으로 보장한다.

제25조 조선민주주의인민공화국은 인민들의 물질문화생활을 끊임없이 높이는것을 자기 활동의 최고원칙으로 삼는다. 세금이 없어진 우리 나라에서 늘어나는 사회의 물질적부는 전적으로 근로자들의 복리증진에 돌려진다. 국가는 모든 근로자들에게 먹고 입고 쓰고 살수 있는 온갖 조건을 마련하여준다.

제26조 조선민주주의인민공화국에 마련된 자립적민족경제는 인민의 행복한 사회주의생활과 조국의 륭성번영을 위한 튼튼한 밑천이다.

국가는 사회주의자립적민족경제건설로선을 틀어쥐고 인민경제의 주체화, 현대화, 과학화를 다그쳐 인민경제를 고도로 발전된 주체적인 경제로 만들며 완전한 사회주의사회에 맞는 물질기술적토대를 쌓기 위하여 투쟁한다.

제27조 기술혁명은 사회주의경제를 발전시키기 위한 기본고리이다. 국가는 언제나 기술발전문제를 첫자리에 놓고 모든 경제활동을 진행하며 과학기술발전과 인민경제의 기술개조를 다그치고 대중적기술혁신운동을 힘있게 벌려 근로자들을 어렵고 힘든 로동에서 해방하며 육체로동과 정신로동의 차이를 줄여나간다.

제28조 국가는 도시와 농촌의 차이, 로동계급과 농민의 계급적차이를 없애기 위하여 농촌기술혁명을 다그쳐 농업을 공업화, 현대화하며 군의 역할을 높이고 농촌에 대한 지도와 방조를 강화한다. 국가는 협동농장의 생산시설과 농촌문화주택을 국가부담으로 건설하여 준다.

제29조 사회주의는 근로대중의 창조적로동에 의하여 건설된다. 조선민주주의인민공화국에서 로동은 착취와 압박에서 해방된 근로자들의 자주적이며 창조적인 로동이다. 국가는 실업을 모르는 우리 근로자들의 로동이 보다 즐거운것으로, 사회와 집단과 자신을 위하여 자각적열성과 창발성을 내여 일하는 보람찬것으로 되게 한다.

제30조 근로자들의 하루 로동시간은 8시간이다. 국가는 로동의 힘든 정도와 특수한 조건에 따라 하루 로동시간을 이보다 짧게 정한다. 국가는 로동조직을 잘하고 로동규률을 강화하여 로동시간을 완전히 리용하도록 한다.

제31조 조선민주주의인민공화국에서 공민이 로동하는 나이는 16살부터이다. 국가는 로동하는 나이에 이르지 못한 소년들의 로동을 금지한다.

제32조 국가는 사회주의경제에 대한 지도와 관리에서 정치적지도와 경제기술적지도, 국가의 통일적지도와 매개 단위의 창발성, 유일적지휘와 민주주의, 정치도덕적자극과 물질적자극을 옳게 결합시키는 원칙을 확고히 견지한다.

제33조 국가는 생산자대중의 집체적힘에 의거하여 경제를 과학적으로, 합리적으로 관리운영하는 사회주의경제관리형태인 대안의 사업체계와 농촌경리를 기업적방법으로 지도하는 농업지도체계에 의하여 경제를 지도관리한다. 국가는 경제관리에서 대안의 사업체계의 요구에 맞게 독립채산제를 실시하며 원가, 가격, 수익성 같은 경제적공간을 옳게 리용하도록 한다.

제34조 조선민주주의인민공화국의 인민경제는 계획경제이다. 국가는 사회주의경제발전법칙에 따라 축적과 소비의 균형을 옳게 잡으며 경제건설을 다그치고 인민생활을 끊임없이 높이며 국방력을 강화할수 있도록 인민경제발전계획을 세우고 실행한다. 국가는 계획의 일원화, 세부화를 실현하여 생산장성의 높은 속도와 인민경제의 균형적발전을 보장한다.

제35조 조선민주주의인민공화국은 인민경제발전계획에 따르는 국가예산을 편성하여 집행한다. 국가는 모든 부문에서 증산과 절약투쟁을 강화하고 재정통제를 엄격히 실시하여 국가축적을 체계적으로 늘이며 사회주의적소유를 확대발전시킨다.

제36조 조선민주주의인민공화국에서 대외무역은 국가기관, 기업소, 사회협동단체가 한다.

국가는 완전한 평등과 호혜의 원칙에서 대외무역을 발전시킨다.

제37조 국가는 우리 나라 기관, 기업소, 단체와 다른 나라 법인 또는 개인들과의 기업합영과 합작, 특수경제지대에서의 여러가지 기업창설운영을 장려한다.

제38조 국가는 자립적민족경제를 보호하기 위하여 관세정책을 실시한다.

제3장 문화

제39조 조선민주주의인민공화국에서 개화발전하고있는 사회주의적문화는 근로자들의 창조적능력을 높이며 건전한 문화정서적수요를 충족시키는데 이바지한다.

제40조 조선민주주의인민공화국은 문화혁명을 철저히 수행하여 모든 사람들을 자연과 사회에 대한 깊은 지식과 높은 문화기술수준을 가진 사회주의건설자로 만들며 온 사회를 인테리화한다.

제41조 조선민주주의인민공화국은 사회주의 근로자들을 위하여 복무하는 참다운 인민적이며 혁명적인 문화를 건설한다. 국가는 사회주의적민족문화건설에서 제국주의의 문화적침투와 복고주의적경향을 반대하며 민족문화유산을 보호하고 사회주의현실에 맞게 계승발전시킨다.

제42조 국가는 모든 분야에서 낡은 사회의 생활양식을 없애고 새로운 사회주의적생활양식을 전면적으로 확립한다.

제43조 국가는 사회주의교육학의 원리를 구현하여 후대들을 사회와 인민을 위하여 투쟁하는 견결한 혁명가로, 지덕체를 갖춘 주체형의 새 인간으로 키운다.

제44조 국가는 인민교육사업과 민족간부양성사업을 다른 모든 사업에 앞세우며 일반교육과 기술교육, 교육과 생산로동을 밀접히 결합시킨다.

제45조 국가는 1년 동안의 학교전의무교육을 포함한 전반적11년제의무교육을 현대과학기술발전추세와 사회주의건설의 현실적 요구에 맞게 높은 수준에서 발전시킨다.

제46조 국가는 학업을 전문으로 하는 교육체계와 일하면서 공부하는 여러가지 형태의 교육체계를 발전시키며 기술교육과 사회과학, 기초과학교육의 과학리론수준을 높여 유능한 기술자, 전문가들을 키워낸다.

제47조 국가는 모든 학생들을 무료로 공부시키며 대학과 전문학교 학생들에게는 장학금을 준다.

제48조 국가는 사회교육을 강화하며 모든 근로자들이 학습할수 있는 온갖 조건을 보장한다.

제49조 국가는 학령전 어린이들을 탁아소와 유치원에서 국가와 사회의 부담으로 키워준다.

제50조 국가는 과학연구사업에서 주체를 세우며 선진과학기술을 적극 받아들이고 새로운 과학기술분야를 개척하여 나라의 과학기술을 세계적수준에 올려세운다.

제51조 국가는 과학기술발전계획을 바로세우고 철저히 수행하는 규률을 세우며 과학자, 기술자들과 생산자들의 창조적협조를 강화하도록 한다.

제52조 국가는 민족적형식에 사회주의적내용을 담은 주체적이며 혁명적인 문학예술을 발

전시킨다. 국가는 창작가, 예술인들이 사상예술성이 높은 작품을 많이 창작하며 광범한 대중이 문예활동에 널리 참가하도록 한다.

제53조 국가는 정신적으로, 육체적으로 끊임없이 발전하려는 사람들의 요구에 맞게 현대적인 문화시설들을 충분히 갖추어주어 모든 근로자들이 사회주의적문화정서생활을 마음껏 누리도록 한다.

제54조 국가는 우리 말을 온갖 형태의 민족어말살정책으로부터 지켜내며 그것을 현대의 요구에 맞게 발전시킨다.

제55조 국가는 체육을 대중화, 생활화하여 전체 인민을 로동과 국방에 튼튼히 준비시키며 우리나라 실정과 현대체육기술발전추세에 맞게 체육기술을 발전시킨다.

제56조 국가는 전반적무상치료제를 공고발전시키며 의사담당구역제와 예방의학제도를 강화하여 사람들의 생명을 보호하며 근로자들의 건강을 증진시킨다.

제57조 국가는 생산에 앞서 환경보호대책을 세우며 자연환경을 보존, 조성하고 환경오염을 방지하여 인민들에게 문화위생적인 생활환경과 로동조건을 마련하여준다.

제4장 국 방

제58조 조선민주주의인민공화국은 전인민적, 전국가적방위체계에 의거한다.

제59조 조선민주주의인민공화국 무장력의 사명은 선군혁명로선을 관철하여 혁명의 수뇌부를 보위하고 근로인민의 리익을 옹호하며 외래침략으로부터 사회주의제도와 혁명의 전취물, 조국의 자유와 독립, 평화를 지키는데 있다.

제60조 국가는 군대와 인민을 정치사상적으로 무장시키는 기초우에서 전군간부화, 전군현대화, 전민무장화, 전국요새화를 기본내용으로 하는 자위적군사로선을 관철한다.

제61조 국가는 군대안에서 혁명적령군체계와 군풍을 확립하고 군사규률과 군중규률을 강화하며 관병일치, 군정배합, 군민일치의 고상한 전통적미풍을 높이 발양하도록 한다.

제5장 공민의 기본 권리와 의무

제62조 조선민주주의인민공화국 공민이 되는 조건은 국적에 관한 법으로 규정한다. 공민은 거주지에 관계없이 조선민주주의인민공화국의 보호를 받는다.

제63조 조선민주주의인민공화국에서 공민의 권리와 의무는 ≪하나는 전체를 위하여, 전체는 하나를 위하여≫라는 집단주의원칙에 기초한다.

제64조 국가는 모든 공민에게 참다운 민주주의적권리와 자유, 행복한 물질문화생활을 실질적으로 보장한다. 조선민주주의인민공화국에서 공민의 권리와 자유는 사회주의제도의 공고발전과 함께 더욱 확대된다.

제65조 공민은 국가사회생활의 모든 분야에서 누구나 다같은 권리를 가진다.

제66조 17살이상의 모든 공민은 성별, 민족별, 직업, 거주기간, 재산과 지식정도, 당별, 정견, 신앙에 관계없이 선거할 권리와 선거받을 권리를 가진다. 군대에 복무하는 공민도 선거할 권리와 선거받을 권리를 가진다. 재판소의 판결에 의하여 선거할 권리를 빼앗긴자, 정신병자는 선거할 권리와 선거받을 권리를 가지지 못한다.

제67조 공민은 언론, 출판, 집회, 시위와 결사의 자유를 가진다. 국가는 민주주의적정당, 사회단체의 자유로운 활동조건을 보장한다.

제68조 공민은 신앙의 자유를 가진다. 이 권리는 종교건물을 짓거나 종교의식 같은것을 허용하는것으로 보장된다. 종교를 외세를 끌어들이거나 국가사회질서를 해치는데 리용할수 없다.

제69조 공민은 신소와 청원을 할수 있다. 국가는 신소와 청원을 법이 정한데 따라 공정하게 심의처리하도록 한다.

제70조 공민은 로동에 대한 권리를 가진다. 로동능력있는 모든 공민은 희망과 재능에 따라 직업을 선택하며 안정된 일자리와 로동조건을 보장받는다. 공민은 능력에 따라 일하며 로동의 량과 질에 따라 분배를 받는다.

제71조 공민은 휴식에 대한 권리를 가진다. 이 권리는 로동시간제, 공휴일제, 유급휴가제, 국가비용에 의한 정휴양제, 계속 늘어나는 여러가지 문화시설들에 의하여 보장된다.

제72조 공민은 무상으로 치료받을 권리를 가지며 나이많거나 병 또는 불구로 로동능력을 잃은 사람, 돌볼 사람이 없는 늙은이와 어린이는 물질적방조를 받을 권리를 가진다. 이 권리는 무상치료제, 계속 늘어나는 병원, 료양소를 비롯한 의료시설, 국가사회보험과 사회보장제에 의하여 보장된다.

제73조 공민은 교육을 받을 권리를 가진다. 이 권리는 선진적인 교육제도와 국가의 인민적인 교육시책에 의하여 보장된다.

제74조 공민은 과학과 문학예술활동의 자유를 가진다. 국가는 발명가와 창의고안자에게 배려를 돌린다. 저작권과 발명권, 특허권은 법적으로 보호한다.

제75조 공민은 거주, 려행의 자유를 가진다.

제76조 혁명투사, 혁명렬사가족, 애국렬사가족, 인민군후방가족, 영예군인은 국가와 사회의 특별한 보호를 받는다.

제77조 녀자는 남자와 똑같은 사회적지위와 권리를 가진다. 국가는 산전산후휴가의 보장, 여러 어린이를 가진 어머니를 위한 로동시간의 단축, 산원, 탁아소와 유치원망의 확장, 그밖의 시책을 통하여 어머니와 어린이를 특별히 보호한다. 국가는 녀성들이 사회에 진출할 온갖 조건을 지어준다.

제78조 결혼과 가정은 국가의 보호를 받는다. 국가는 사회의 기층생활단위인 가정을 공고히 하는데 깊은 관심을 돌린다.

제79조 공민은 인신과 주택의 불가침, 서신의 비밀을 보장받는다. 법에 근거하지 않고는 공민을 구속하거나 체포할수 없으며 살림집을 수색할수 없다.

제80조 조선민주주의인민공화국은 평화와 민주주의, 민족적독립과 사회주의를 위하여 과학, 문화활동의 자유를 위하여 투쟁하다가 망명하여온 다른 나라 사람을 보호한다.

제81조 공민은 인민의 정치사상적통일과 단결을 견결히 수호하여야 한다. 공민은 조직과 집단을 귀중히 여기며 사회와 인민을 위하여 몸바쳐 일하는 기풍을 높이 발휘하여야 한다.

제82조 공민은 국가의 법과 사회주의적생활규범을 지키며 조선민주주의인민공화국의 공민된 영예와 존엄을 고수하여야 한다.

제83조 로동은 공민의 신성한 의무이며 영예이다. 공민은 로동에 자각적으로 성실히 참가

하며 로동규률과 로동시간을 엄격히 지켜야 한다.

제84조 공민은 국가재산과 사회협동단체재산을 아끼고 사랑하며 온갖 탐오랑비현상을 반대하여 투쟁하며 나라살림살이를 주인답게 알뜰히 하여야 한다. 국가와 사회협동단체재산은 신성불가침이다.

제85조 공민은 언제나 혁명적경각성을 높이며 국가의 안전을 위하여 몸바쳐 투쟁하여야 한다.

제86조 조국보위는 공민의 최대의 의무이며 영예이다. 공민은 조국을 보위하여야 하며 법이 정한데 따라 군대에 복무하여야 한다.

제6장 국가기구

제1절 최고인민회의

제87조 최고인민회의는 조선민주주의인민공화국의 최고주권기관이다.

제88조 최고인민회의는 립법권을 행사한다. 최고인민회의휴회중에는 최고인민회의 상임위원회도 립법권을 행사할수 있다.

제89조 최고인민회의는 일반적, 평등적, 직접적선거원칙에 의하여 비밀투표로 선거된 대의원들로 구성한다.

제90조 최고인민회의임기는 5년으로 한다. 최고인민회의 새 선거는 최고인민회의임기가 끝나기전에 최고인민회의 상임위원회의 결정에 따라 진행한다. 불가피한 사정으로 선거를 하지 못할 경우에는 선거를 할 때까지 그 임기를 연장한다.

제91조 최고인민회의는 다음과 같은 권한을 가진다.

1. 헌법을 수정, 보충한다.
2. 부문법을 제정 또는 수정, 보충한다.
3. 최고인민회의휴회중에 최고인민회의 상임위원회가 채택한 중요부문법을 승인한다.
4. 국가의 대내외정책의 기본원칙을 세운다.
5. 조선민주주의인민공화국 국방위원회 위원장을 선거 또는 소환한다.
6. 최고인민회의 상임위원회 위원장을 선거 또는 소환한다.
7. 조선민주주의인민공화국 국방위원회 위원장의 제의에 의하여 국방위원회 제1부위원장, 부위원장, 위원들을 선거 또는 소환한다.
8. 최고인민회의 상임위원회 부위원장, 명예부위원장, 서기장, 위원들을 선거 또는 소환한다.
9. 내각총리를 선거 또는 소환한다.
10. 내각총리의 제의에 의하여 내각 부총리, 위원장, 상, 그밖의 내각성원들을 임명한다.
11. 최고검찰소 소장을 임명 또는 해임한다.
12. 최고재판소 소장을 선거 또는 소환한다.
13. 최고인민회의 부문위원회 위원장, 부위원장, 위원들을 선거 또는 소환한다.
14. 국가의 인민경제발전계획과 그 실행정형에 관한 보고를 심의하고 승인한다.
15. 국가예산과 그 집행정형에 관한 보고를 심의하고 승인한다.
16. 필요에 따라 내각과 중앙기관들의 사업정형을 보고받고 대책을 세운다.
17. 최고인민회의에 제기되는 조약의 비준, 페기를 결정한다.

제92조 최고인민회의는 정기회의와 림시회의를 가진다. 정기회의는 1년에 1~2차 최고인민회의 상임위원회가 소집한다. 림시회의는

최고인민회의 상임위원회가 필요하다고 인정할 때 또는 대의원전원의 3분의 1이상의 요청이 있을 때에 소집한다.

제93조 최고인민회의는 대의원전원의 3분의 2이상이 참석하여야 성립된다.

제94조 최고인민회의는 의장과 부의장을 선거한다. 의장은 회의를 사회한다.

제95조 최고인민회의에서 토의할 의안은 조선민주주의인민공화국 국방위원회 위원장, 국방위원회, 최고인민회의 상임위원회, 내각과 최고인민회의의 부문위원회가 제출한다. 대의원들도 의안을 제출할수 있다.

제96조 최고인민회의 매기 제1차회의는 대의원자격심사위원회를 선거하고 그 위원회가 제출한 보고에 근거하여 대의원자격을 확인하는 결정을 채택한다.

제97조 최고인민회의는 법령과 결정을 낸다. 최고인민회의가 내는 법령과 결정은 거수가결의 방법으로 그 회의에 참석한 대의원의 반수이상이 찬성하여야 채택된다. 헌법은 최고인민회의 대의원전원의 3분의 2이상이 찬성하여야 수정, 보충된다.

제98조 최고인민회의는 법제위원회, 예산위원회 같은 부문위원회를 둔다. 최고인민회의 부문위원회는 위원장, 부위원장, 위원들로 구성한다. 최고인민회의 부문위원회는 최고인민회의사업을 도와 국가의 정책안과 법안을 작성하거나 심의하며 그 집행을 위한 대책을 세운다. 최고인민회의 부문위원회는 최고인민회의 휴회중에 최고인민회의 상임위원회의 지도밑에 사업한다.

제99조 최고인민회의 대의원은 불가침권을 보장받는다. 최고인민회의 대의원은 현행범인 경우를 제외하고는 최고인민회의, 그 휴회중에 최고인민회의 상임위원회의 승인없이 체포하거나 형사처벌을 할수 없다.

제2절 조선민주주의인민공화국 국방위원회 위원장

제100조 조선민주주의인민공화국 국방위원회 위원장은 조선민주주의인민공화국의 최고령도자이다.

제101조 조선민주주의인민공화국 국방위원회 위원장의 임기는 최고인민회의임기와 같다.

제102조 조선민주주의인민공화국 국방위원회 위원장은 조선민주주의인민공화국 전반적무력의 최고사령관으로 되며 국가의 일체 무력을 지휘통솔한다.

제103조 조선민주주의인민공화국 국방위원회 위원장은 다음과 같은 임무와 권한을 가진다.

1. 국가의 전반사업을 지도한다.
2. 국방위원회사업을 직접 지도한다.
3. 국방부문의 중요간부를 임명 또는 해임한다.
4. 다른 나라와 맺은 중요조약을 비준 또는 폐기한다.
5. 특사권을 행사한다.
6. 나라의 비상사태와 전시상태, 동원령을 선포한다.

제104조 조선민주주의인민공화국 국방위원회 위원장은 명령을 낸다.

제105조 조선민주주의인민공화국 국방위원회 위원장은 자기 사업에 대하여 최고인민회의앞에 책임진다.

제3절 국방위원회

제106조 국방위원회는 국가주권의 최고국방지도기관이다.

제107조 국방위원회는 위원장, 제1부위원장, 부위원장, 위원들로 구성한다.

제108조 국방위원회임기는 최고인민회의임기와 같다.

제109조 국방위원회는 다음과 같은 임무와 권한을 가진다.

1. 선군혁명로선을 관철하기 위한 국가의 중요정책을 세운다.
2. 국가의 전반적무력과 국방건설사업을 지도한다.
3. 조선민주주의인민공화국 국방위원회 위원장 명령, 국방위원회 결정, 지시집행정형을 감독하고 대책을 세운다.
4. 조선민주주의인민공화국 국방위원회 위원장 명령, 국방위원회 결정, 지시에 5. 국방부문의 중앙기관을 내오거나 없앤다.
6. 군사칭호를 제정하며 장령이상의 군사칭호를 수여한다.

제110조 국방위원회는 결정, 지시를 낸다.

제111조 국방위원회는 자기 사업에 대하여 최고인민회의앞에 책임진다.

제4절 최고인민회의 상임위원회

제112조 최고인민회의 상임위원회는 최고인민회의휴회중의 최고주권기관이다.

제113조 최고인민회의 상임위원회는 위원장, 부위원장, 서기장, 위원들로 구성한다.

제114조 최고인민회의 상임위원회는 약간명의 명예부위원장을 둘수 있다. 최고인민회의 상임위원회 명예부위원장은 최고인민회의 대의원가운데서 오랜 기간 국가건설사업에 참가하여 특출한 기여를 한 일군이 될수 있다.

제115조 최고인민회의 상임위원회임기는 최고인민회의임기와 같다. 최고인민회의 상임위원회는 최고인민회의임기가 끝난 후에도 새 상임위원회가 선거될 때까지 자기 임무를 계속 수행한다.

제116조 최고인민회의 상임위원회는 다음과 같은 임무와 권한을 가진다.

1. 최고인민회의를 소집한다.
2. 최고인민회의휴회중에 제기된 새로운 부문법안과 규정안, 현행부문법과 규정의 수정, 보충안을 심의채택하며 채택실시하는 중요부문법을 다음번 최고인민회의의 승인을 받는다.
3. 불가피한 사정으로 최고인민회의휴회기간에 제기되는 국가의 인민경제발전계획, 국가예산과 그 조절안을 심의하고 승인한다.
4. 헌법과 현행부문법, 규정을 해석한다.
5. 국가기관들의 법준수집행을 감독하고 대책을 세운다.
6. 헌법, 최고인민회의 법령, 결정, 조선민주주의인민공화국 국방위원회 위원장 명령, 국방위원회 결정, 지시, 최고인민회의 상임위원회 정령, 결정, 지시에 어긋나는 국가기관의 결정, 지시를 폐지하며 지방인민회의의 그릇된 결정집행을 정지시킨다.
7. 최고인민회의 대의원선거를 위한 사업을 하며 지방인민회의 대의원선거사업을 조직한다.
8. 최고인민회의 대의원들과의 사업을 한다.
9. 최고인민회의 부문위원회와의 사업을 한다.
10. 내각 위원회, 성을 내오거나 없앤다.

11. 최고인민회의휴회중에 내각총리의 제의에 의하여 부총리, 위원장, 상, 그밖의 내각 성원들을 임명 또는 해임한다.
12. 최고인민회의 상임위원회 부문위원회 성원들을 임명 또는 해임한다.
13. 최고재판소 판사, 인민참심원을 선거 또는 소환한다.
14. 다른 나라와 맺은 조약을 비준 또는 폐기한다.
15. 다른 나라에 주재하는 외교대표의 임명 또는 소환을 결정하고 발표한다.
16. 훈장과 메달, 명예칭호, 외교직급을 제정하며 훈장과 메달, 명예칭호를 수여한다.
17. 대사권을 행사한다.
18. 행정단위와 행정구역을 내오거나 고친다.
19. 다른 나라 국회, 국제의회기구들과의 사업을 비롯한 대외사업을 한다.

제117조 최고인민회의 상임위원회 위원장은 상임위원회사업을 조직지도한다. 최고인민회의 상임위원회 위원장은 국가를 대표하며 다른 나라 사신의 신임장, 소환장을 접수한다.

제118조 최고인민회의 상임위원회는 전원회의와 상무회의를 가진다. 전원회의는 위원전원으로 구성하며 상무회의는 위원장, 부위원장, 서기장들로 구성한다.

제119조 최고인민회의 상임위원회 전원회의는 상임위원회의 임무와 권한을 실현하는데서 나서는 중요한 문제들을 토의결정한다. 상무회의는 전원회의에서 위임한 문제들을 토의결정한다.

제120조 최고인민회의 상임위원회는 정령과 결정, 지시를 낸다.

제121조 최고인민회의 상임위원회는 자기 사업을 돕는 부문위원회를 둘수 있다.

제122조 최고인민회의 상임위원회는 자기 사업에 대하여 최고인민회의앞에 책임진다.

제5절 내각

제123조 내각은 최고주권의 행정적집행기관이며 전반적국가관리기관이다.

제124조 내각은 총리, 부총리, 위원장, 상과 그밖에 필요한 성원들로 구성한다. 내각의 임기는 최고인민회의임기와 같다.

제125조 내각은 다음과 같은 임무와 권한을 가진다.

1. 국가의 정책을 집행하기 위한 대책을 세운다.
2. 헌법과 부문법에 기초하여 국가관리와 관련한 규정을 제정 또는 수정, 보충한다.
3. 내각의 위원회, 성, 내각직속기관, 지방인민위원회의 사업을 지도한다.
4. 내각직속기관, 중요행정경제기관, 기업소를 내오거나 없애며 국가관리기구를 개선하기 위한 대책을 세운다.
5. 국가의 인민경제발전계획을 작성하며 그 실행대책을 세운다.
6. 국가예산을 편성하며 그 집행대책을 세운다.
7. 공업, 농업, 건설, 운수, 체신, 상업, 무역, 국토관리, 도시경영, 교육, 과학, 문화, 보건, 체육, 로동행정, 환경보호, 관광, 그밖의 여러 부문의 사업을 조직집행한다.
8. 화폐와 은행제도를 공고히 하기 위한 대책을 세운다.
9. 국가관리질서를 세우기 위한 검열, 통제사업을 한다.
10. 사회질서유지, 국가 및 사회협동단체의 소유와 리익의 보호, 공민의 권리보장을 위

한 대책을 세운다.

11. 다른 나라와 조약을 맺으며 대외사업을 한다.
12. 내각 결정, 지시에 어긋나는 행정경제기관의 결정, 지시를 페지한다.

제126조 내각총리는 내각사업을 조직지도한다. 내각총리는 조선민주주의인민공화국정부를 대표한다.

제127조 내각은 전원회의와 상무회의를 가진다. 내각전원회의는 내각성원전원으로 구성하며 상무회의는 총리, 부총리와 그밖에 총리가 임명하는 내각성원들로 구성한다.

제128조 내각전원회의는 행정경제사업에서 나서는 새롭고 중요한 문제들을 토의결정한다. 상무회의는 내각전원회의에서 위임한 문제들을 토의결정한다.

제129조 내각은 결정과 지시를 낸다.

제130조 내각은 자기 사업을 돕는 비상설부문위원회를 둘수 있다.

제131조 내각은 자기 사업에 대하여 최고인민회의와 그 휴회중에 최고인민회의 상임위원회앞에 책임진다.

제132조 새로 선거된 내각총리는 내각성원들을 대표하여 최고인민회의에서 선서를 한다.

제133조 내각 위원회, 성은 내각의 부문별집행기관이며 중앙의 부문별관리기관이다.

제134조 내각 위원회, 성은 내각의 지도밑에 해당 부문의 사업을 통일적으로 장악하고 지도관리한다.

제135조 내각 위원회, 성은 위원회회의와 간부회의를 운영한다. 위원회, 성 위원회회의와 간부회의에서는 내각 결정, 지시집행대책과 그밖의 중요한 문제들을 토의결정한다.

제136조 내각 위원회, 성은 지시를 낸다.

제6절 지방인민회의

제137조 도(직할시), 시(구역), 군인민회의는 지방주권기관이다.

제138조 지방인민회의는 일반적, 평등적, 직접적선거원칙에 의하여 비밀투표로 선거된 대의원들로 구성한다.

제139조 도(직할시), 시(구역), 군인민회의임기는 4년으로 한다. 지방인민회의 새 선거는 지방인민회의임기가 끝나기전에 해당 지방인민위원회의 결정에 따라 진행한다. 불가피한 사정으로 선거를 하지 못할 경우에는 선거를 할 때까지 그 임기를 연장한다.

제140조 지방인민회의는 다음과 같은 임무와 권한을 가진다.

1. 지방의 인민경제발전계획과 그 실행정형에 대한 보고를 심의하고 승인한다.
2. 지방예산과 그 집행에 대한 보고를 심의하고 승인한다.
3. 해당 지역에서 국가의 법을 집행하기 위한 대책을 세운다.
4. 해당 인민위원회 위원장, 부위원장, 사무장, 위원들을 선거 또는 소환한다.
5. 해당 재판소의 판사, 인민참심원을 선거 또는 소환한다.
6. 해당 인민위원회와 하급인민회의, 인민위원회의 그릇된 결정, 지시를 페지한다.

제141조 지방인민회의는 정기회의와 림시회의를 가진다. 정기회의는 1년에 1~2차 해당 인민위원회가 소집한다. 림시회의는 해당 인

민위원회가 필요하다고 인정할 때 또는 대의원전원의 3분의 1이상의 요청이 있을 때 소집한다.

제142조 지방인민회의는 대의원전원의 3분의 2이상이 참석하여야 성립된다.

제143조 지방인민회의는 의장을 선거한다. 의장은 회의를 사회한다.

제144조 지방인민회의는 결정을 낸다.

제7절 지방인민위원회

제145조 도(직할시), 시(구역), 군인민위원회는 해당 인민회의휴회중의 지방주권기관이며 해당 지방주권의 행정적집행기관이다.

제146조 지방인민위원회는 위원장, 부위원장, 사무장, 위원들로 구성한다. 지방인민위원회 임기는 해당 인민회의임기와 같다.

제147조 지방인민위원회는 다음과 같은 임무와 권한을 가진다.

1. 인민회의를 소집한다.
2. 인민회의 대의원선거를 위한 사업을 한다.
3. 인민회의 대의원들과의 사업을 한다.
4. 해당 지방인민회의, 상급인민위원회 결정, 지시와 최고인민회의 법령, 결정, 조선민주주의인민공화국 국방위원회 위원장 명령, 국방위원회 결정, 지시, 최고인민회의 상임위원회 정령, 결정, 지시, 내각과 내각 위원회, 성의 결정, 지시를 집행한다.
5. 해당 지방의 모든 행정사업을 조직집행한다.
6. 지방의 인민경제발전계획을 작성하며 그 실행대책을 세운다.
7. 지방예산을 편성하며 그 집행대책을 세운다.
8. 해당 지방의 사회질서유지, 국가 및 사회협동단체의 소유와 리익의 보호, 공민의 권리보장을 위한 대책을 세운다.
9. 해당 지방에서 국가관리질서를 세우기 위한 검열, 통제사업을 한다.
10. 하급인민위원회사업을 지도한다.
11. 하급인민위원회의 그릇된 결정, 지시를 폐지하며 하급인민회의의 그릇된 결정의 집행을 정지시킨다.

제148조 지방인민위원회는 전원회의와 상무회의를 가진다. 지방인민위원회 전원회의는 위원전원으로 구성하며 상무회의는 위원장, 부위원장, 사무장들로 구성한다.

제149조 지방인민위원회 전원회의는 자기의 임무와 권한을 실현하는데서 나서는 중요한 문제들을 토의결정한다. 상무회의는 전원회의가 위임한 문제들을 토의결정한다.

제150조 지방인민위원회는 결정과 지시를 낸다.

제151조 지방인민위원회는 자기 사업을 돕는 비상설부문위원회를 둘수 있다.

제152조 지방인민위원회는 자기 사업에 대하여 해당 인민회의앞에 책임진다. 지방인민위원회는 상급인민위원회와 내각, 최고인민회의 상임위원회에 복종한다.

제8절 검찰소와 재판소

제153조 검찰사업은 최고검찰소, 도(직할시), 시(구역), 군검찰소와 특별검찰소가 한다.

제154조 최고검찰소 소장의 임기는 최고인민회의임기와 같다.

제155조 검사는 최고검찰소가 임명 또는 해임한다.

제156조 검찰소는 다음과 같은 임무를 수행한다.

1. 기관, 기업소, 단체와 공민들이 국가의 법을 정확히 지키는가를 감시한다.
2. 국가기관의 결정, 지시가 헌법, 최고인민회의 법령, 결정, 조선민주주의인민공화국 국방위원회 위원장 명령, 국방위원회 결정, 지시, 최고인민회의 상임위원회 정령, 결정, 지시, 내각 결정, 지시에 어긋나지 않는가를 감시한다.
3. 범죄자를 비롯한 법위반자를 적발하고 법적책임을 추궁하는것을 통하여 조선민주주의인민공화국의 주권과 사회주의제도, 국가와 사회협동단체재산, 인민의 헌법적권리와 생명재산을 보호한다.

제157조 검찰사업은 최고검찰소가 통일적으로 지도하며 모든 검찰소는 상급검찰소와 최고검찰소에 복종한다.

제158조 최고검찰소는 자기 사업에 대하여 최고인민회의와 그 휴회중에 최고인민회의 상임위원회앞에 책임진다.

제159조 재판은 최고재판소, 도(직할시)재판소, 시(구역), 군인민재판소와 특별재판소가 한다. 판결은 조선민주주의인민공화국의 이름으로 선고한다.

제160조 최고재판소 소장의 임기는 최고인민회의임기와 같다. 최고재판소, 도(직할시)재판소, 시(구역), 군인민재판소의 판사, 인민참심원의 임기는 해당 인민회의임기와 같다.

제161조 특별재판소의 소장과 판사는 최고재판소가 임명 또는 해임한다. 특별재판소의 인민참심원은 해당 군무자회의 또는 종업원회의에서 선거한다.

제162조 재판소는 다음과 같은 임무를 수행한다.

1. 재판활동을 통하여 조선민주주의인민공화국의 주권과 사회주의제도, 국가와 사회협동단체재산, 인민의 헌법적권리와 생명재산을 보호한다.
2. 모든 기관, 기업소, 단체와 공민들이 국가의 법을 정확히 지키고 계급적원쑤들과 온갖 법위반자들을 반대하여 적극 투쟁하도록 한다.
3. 재산에 대한 판결, 판정을 집행하며 공증사업을 한다.

제163조 재판은 판사 1명과 인민참심원 2명으로 구성된 재판소가 한다. 특별한 경우에는 판사 3명으로 구성하여 할수 있다.

제164조 재판은 공개하며 피소자의 변호권을 보장한다. 법이 정한데 따라 재판을 공개하지 않을수 있다.

제165조 재판은 조선말로 한다. 다른 나라 사람들은 재판에서 자기 나라 말을 할수 있다.

제166조 재판소는 재판에서 독자적이며 재판활동을 법에 의거하여 수행한다.

제167조 최고재판소는 조선민주주의인민공화국의 최고재판기관이다. 최고재판소는 모든 재판소의 재판사업을 감독한다.

제168조 최고재판소는 자기 사업에 대하여 최고인민회의와 그 휴회중에 최고인민회의 상임위원회앞에 책임진다.

제7장 국장, 국기, 국가, 수도

제169조 조선민주주의인민공화국의 국장은 ≪조선민주주의인민공화국≫이라고 쓴 붉은

띠로 땋아올려 감은 벼이삭의 타원형테두리안에 웅장한 수력발전소가 있고 그우에 혁명의 성산 백두산과 찬연히 빛나는 붉은 오각별이 있다.

제170조 조선민주주의인민공화국의 국기는 기발의 가운데에 넓은 붉은 폭이 있고 그 아래우에 가는 흰폭이 있으며 그 다음에 푸른 폭이 있고 붉은 폭의 기대달린쪽 흰 동그라미안에 붉은 오각별이 있다. 기발의 세로와 가로의 비는 1대 2이다.

제171조 조선민주주의인민공화국의 국가는 ≪애국가≫이다.

제172조 조선민주주의인민공화국의 수도는 평양이다.

조선민주주의인민공화국 사회주의헌법(2012년 헌법)

2012년 4월 13일 개정

서 문

조선민주주의인민공화국은 위대한 수령 김일성동지와 위대한 령도자 김정일동지의 사상과 령도를 구현한 주체의 사회주의조국이다.

위대한 수령 김일성동지는 조선민주주의인민공화국의 창건자이시며 사회주의조선의 시조이시다.

김일성동지께서는 영생불멸의 주체사상을 창시하시고 그 기치밑에 항일혁명투쟁을 조직령도하시여 영광스러운 혁명전통을 마련하시고 조국광복의 력사적위업을 이룩하시였으며 정치, 경제, 문화, 군사분야에서 자주독립국가건설의 튼튼한 토대를 닦은데 기초하여 조선민주주의인민공화국을 창건하시였다.

김일성동지께서는 주체적인 혁명로선을 내놓으시고 여러 단계의 사회혁명과 건설사업을 현명하게 령도하시여 공화국을 인민대중중심의 사회주의나라로, 자주, 자립, 자위의 사회주의국가로 강화발전시키시였다.

김일성동지께서는 국가건설과 국가활동의 근본원칙을 밝히시고 가장 우월한 국가사회제도와 정치방식, 사회관리체계와 관리방법을 확립하시였으며 사회주의조국의 부강번영과 주체혁명위업의 계승완성을 위한 확고한 토대를 마련하시였다.

위대한 령도자 김정일동지는 김일성동지의 사상과 위업을 받들어 우리 공화국을 김일성동지의 국가로 강화발전시키시고 민족의 존엄과 국력을 최상의 경지에 올려세우신 절세의 애국자, 사회주의조선의 수호자이시다.

김정일동지께서는 김일성동지께서 창시하신 영생불멸의 주체사상, 선군사상을 전면적으로 심화발전시키시고 자주시대의 지도사상으로 빛내이시였으며 주체의 혁명전통을 견결히 옹호고수하시고 순결하게 계승발전시키시여 조선혁명의 명맥을 굳건히 이어놓으시였다.

김정일동지께서는 세계사회주의체계의 붕괴와 제국주의련합세력의 악랄한 반공화국압살공세속에서 선군정치로 김일성동지의 고귀한 유산인 사회주의전취물을 영예롭게 수호하시고 우리 조국을 불패의 정치사상강국, 핵보유국, 무적의 군사강국으로 전변시키시였으며 강성국가건설의 휘황한 대통로를 열어놓으시였다.

김일성동지와 김정일동지께서는 ≪이민위천≫을 좌우명으로 삼으시여 언제나 인민들과 함께 계시고 인민을 위하여 한평생을 바치시였으며 숭고한 인덕정치로 인민들을 보살피시고 이끄시여 온 사회를 일심단결된 하나의 대가정으로 전변시키시였다.

위대한 수령 김일성동지와 위대한 령도자 김정일동지는 민족의 태양이시며 조국통일의 구성이시다.

김일성동지와 김정일동지께서는 나라의 통일을 민족지상의 과업으로 내세우시고 그 실현을 위하여 온갖 로고와 심혈을 다 바치시였다.

김일성동지와 김정일동지께서는 공화국을 조국통일의 강유력한 보루로 다지시는 한편 조국통일의 근본원칙과 방도를 제시하시고 조국통일운동을 전민족적인 운동으로 발전시키시여 온 민족의 단합된 힘으로 조국통일위업을 성취하기 위한 길을 열어놓으시였다.

위대한 수령 김일성동지와 위대한 령도자 김정일동지께서는 조선민주주의인민공화국의 대외정책의 기본리념을 밝히시고 그에 기초하여 나라의 대외관계를 확대발전시키시였으며 공화국의 국제적권위를 높이 떨치게 하시였다.

김일성동지와 김정일동지는 세계정치의 원로로서 자주의 새 시대를 개척하시고 사회주의운동과 쁠럭불가담운동의 강화발전을 위하여, 세계평화와 인민들사이의 친선을 위하여 정력적으로 활동하시였으며 인류의 자주위업에 불멸의 공헌을 하시였다.

김일성동지와 김정일동지는 사상리론과 령도예술의 천재이시고 백전백승의 강철의 령장이시였으며 위대한 혁명가, 정치가이시고 위대한 인간이시였다.

김일성동지와 김정일동지의 위대한 사상과 령도업적은 조선혁명의 만년재보이며 조선민주주의인민공화국의 륭성번영을 위한 기본담보이다.

조선민주주의인민공화국과 조선인민은 조선로동당의 령도밑에 위대한 수령 김일성동지를 공화국의 영원한 주석으로, 위대한 령도자 김정일동지를 공화국의 영원한 국방위원회 위원장으로 높이 모시어 김일성동지와 김정일동지의 사상과 업적을 옹호고수하고 계승발전시켜 주체혁명위업을 끝까지 완성하여나갈것이다.

조선민주주의인민공화국 사회주의헌법은 위대한 수령 김일성동지와 위대한 령도자 김정일동지의 주체적인 국가건설사상과 국가건설업적을 법화한 김일성-김정일헌법이다.

제1장 정치

제1조 조선민주주의인민공화국은 전체조선인민의 리익을 대표하는 자주적인 사회주의국가이다.

제2조 조선민주주의인민공화국은 제국주의침략자들을 반대하며 조국의 광복과 인민의 자유와 행복을 실현하기 위한 영광스러운 혁명투쟁에서 이룩한 빛나는 전통을 이어받은 혁명적인 국가이다.

제3조 조선민주주의인민공화국은 사람중심의 세계관이며 인민대중의 자주성을 실현하기 위한 혁명사상인 주체사상, 선군사상을 자기 활동의 지도적지침으로 삼는다.

제4조 조선민주주의인민공화국의 주권은 로동자, 농민, 군인, 근로인테리를 비롯한 근로인민에게 있다. 근로인민은 자기의 대표기관인 최고인민회의와 지방 각급 인민회의를 통하여 주권을 행사한다.

제5조 조선민주주의인민공화국에서 모든 국가기관들은 민주주의중앙집권제원칙에 의하여 조직되고 운영된다.

제6조 군인민회의로부터 최고인민회의에 이르기까지의 각급 주권기관은 일반적, 평등적, 직접적원칙에 의하여 비밀투표로 선거한다.

제7조 각급 주권기관의 대의원은 선거자들과 밀접한 련계를 가지며 자기 사업에 대하여 선거자들앞에 책임진다. 선거자들은 자기가 선거한 대의원이 신임을 잃은 경우에 언제든지 소환할수 있다.

제8조 조선민주주의인민공화국의 사회제도는 근로인민대중이 모든것의 주인으로 되고있으며 사회의 모든것이 근로인민대중을 위하여 복무하는 사람중심의 사회제도이다. 국가는 착취와 압박에서 해방되여 국가와 사회의 주인으로 된 로동자, 농민, 군인, 근로인테리를 비롯한 근로인민의 리익을 옹호하며 인권을 존중하고 보호한다.

제9조 조선민주주의인민공화국은 북반부에서 인민정권을 강화하고 사상, 기술, 문화의 3대혁명을 힘있게 벌려 사회주의의 완전한 승리

를 이룩하며 자주, 평화통일, 민족대단결의 원칙에서 조국통일을 실현하기 위하여 투쟁한다.

제10조 조선민주주의인민공화국은 로동계급이 령도하는 로농동맹에 기초한 전체 인민의 정치사상적통일에 의거한다. 국가는 사상혁명을 강화하여 사회의 모든 성원들을 혁명화, 로동계급화하며 온 사회를 동지적으로 결합된 하나의 집단으로 만든다.

제11조 조선민주주의인민공화국은 조선로동당의 령도밑에 모든 활동을 진행한다.

제12조 국가는 계급로선을 견지하며 인민민주주의독재를 강화하여 내외적대분자들의 파괴책동으로부터 인민주권과 사회주의제도를 굳건히 보위한다.

제13조 국가는 군중로선을 구현하며 모든 사업에서 우가 아래를 도와주고 대중속에 들어가 문제해결의 방도를 찾으며 정치사업, 사람과의 사업을 앞세워 대중의 자각적열성을 불러일으키는 청산리정신, 청산리방법을 관철한다.

제14조 국가는 3대혁명붉은기쟁취운동을 비롯한 대중운동을 힘있게 벌려 사회주의건설을 최대한으로 다그친다.

제15조 조선민주주의인민공화국은 해외에 있는 조선동포들의 민주주의적민족권리와 국제법에서 공인된 합법적권리와 리익을 옹호한다.

제16조 조선민주주의인민공화국은 자기 령역안에 있는 다른 나라 사람의 합법적권리와 리익을 보장한다.

제17조 자주, 평화, 친선은 조선민주주의인민공화국의 대외정책의 기본리념이며 대외활동원칙이다. 국가는 우리 나라를 우호적으로 대하는 모든 나라들과 완전한 평등과 자주성, 호상존중과 내정불간섭, 호혜의 원칙에서 국가적 또는 정치, 경제, 문화적관계를 맺는다. 국가는 자주성을 옹호하는 세계인민들과 단결하며 온갖 형태의 침략과 내정간섭을 반대하고 나라의 자주권과 민족적, 계급적해방을 실현하기 위한 모든 나라 인민들의 투쟁을 적극 지지성원한다.

제18조 조선민주주의인민공화국의 법은 근로인민의 의사와 리익의 반영이며 국가관리의 기본무기이다. 법에 대한 존중과 엄격한 준수집행은 모든 기관, 기업소, 단체와 공민에게 있어서 의무적이다. 국가는 사회주의법률제도를 완비하고 사회주의법무생활을 강화한다.

제2장 경 제

제19조 조선민주주의인민공화국은 사회주의적생산관계와 자립적민족경제의 토대에 의거한다.

제20조 조선민주주의인민공화국에서 생산수단은 국가와 사회협동단체가 소유한다.

제21조 국가소유는 전체 인민의 소유이다. 국가소유권의 대상에는 제한이 없다.나라의 모든 자연부원, 철도, 항공운수, 체신기관과 중요공장, 기업소, 항만, 은행은 국가만이 소유한다. 국가는 나라의 경제발전에서 주도적역할을 하는 국가소유를 우선적으로 보호하며 장성시킨다.

제22조 사회협동단체소유는 해당 단체에 들어있는 근로자들의 집단적소유이다. 토지, 농기계, 배, 중소공장, 기업소 같은것은 사회협동단체가 소유할수 있다. 국가는 사회협동단체소유를 보호한다.

第23조 국가는 농민들의 사상의식과 기술문화수준을 높이고 협동적소유에 대한 전인민적소유의 지도적역할을 높이는 방향에서 두 소유를 유기적으로 결합시키며 협동경리에 대한 지도와 관리를 개선하여 사회주의적협동경리제도를 공고발전시키며 협동단체에 들어있는 전체 성원들의 자원적의사에 따라 협동단체소유를 점차 전인민적소유로 전환시킨다.

第24조 개인소유는 공민들의 개인적이며 소비적인 목적을 위한 소유이다. 개인소유는 로동에 의한 사회주의분배와 국가와 사회의 추가적혜택으로 이루어진다. 터밭경리를 비롯한 개인부업경리에서 나오는 생산물과 그밖의 합법적인 경리활동을 통하여 얻은 수입도 개인소유에 속한다. 국가는 개인소유를 보호하며 그에 대한 상속권을 법적으로 보장한다.

第25조 조선민주주의인민공화국은 인민들의 물질문화생활을 끊임없이 높이는것을 자기 활동의 최고원칙으로 삼는다. 세금이 없어진 우리 나라에서 늘어나는 사회의 물질적부는 전적으로 근로자들의 복리증진에 돌려진다. 국가는 모든 근로자들에게 먹고 입고 쓰고 살수 있는 온갖 조건을 마련하여준다.

第26조 조선민주주의인민공화국에 마련된 자립적민족경제는 인민의 행복한 사회주의생활과 조국의 륭성번영을 위한 튼튼한 밑천이다. 국가는 사회주의자립적민족경제건설로선을 틀어쥐고 인민경제의 주체화, 현대화, 과학화를 다그쳐 인민경제를 고도로 발전된 주체적인 경제로 만들며 완전한 사회주의사회에 맞는 물질기술적토대를 쌓기 위하여 투쟁한다.

第27조 기술혁명은 사회주의경제를 발전시키기 위한 기본고리이다. 국가는 언제나 기술발전문제를 첫자리에 놓고 모든 경제활동을 진행하며 과학기술발전과 인민경제의 기술개조를 다그치고 대중적기술혁신운동을 힘있게 벌려 근로자들을 어렵고 힘든 로동에서 해방하며 육체로동과 정신로동의 차이를 줄여나간다.

第28조 국가는 도시와 농촌의 차이, 로동계급과 농민의 계급적차이를 없애기 위하여 농촌기술혁명을 다그쳐 농업을 공업화, 현대화하며 군의 역할을 높이고 농촌에 대한 지도와 방조를 강화한다. 국가는 협동농장의 생산시설과 농촌문화주택을 국가부담으로 건설하여준다.

第29조 사회주의는 근로대중의 창조적로동에 의하여 건설된다. 조선민주주의인민공화국에서 로동은 착취와 압박에서 해방된 근로자들의 자주적이며 창조적인 로동이다. 국가는 실업을 모르는 우리 근로자들의 로동이 보다 즐거운것으로, 사회와 집단과 자신을 위하여 자각적열성과 창발성을 내여 일하는 보람찬것으로 되게 한다.

第30조 근로자들의 하루 로동시간은 8시간이다. 국가는 로동의 힘든 정도와 특수한 조건에 따라 하루 로동시간을 이보다 짧게 정한다. 국가는 로동조직을 잘하고 로동규률을 강화하여 로동시간을 완전히 리용하도록 한다.

第31조 조선민주주의인민공화국에서 공민이 로동하는 나이는 16살부터이다. 국가는 로동하는 나이에 이르지 못한 소년들의 로동을 금지한다.

第32조 국가는 사회주의경제에 대한 지도와 관리에서 정치적지도와 경제기술적지도, 국가의 통일적지도와 매개 단위의 창발성, 유일적 지휘와 민주주의, 정치도덕적자극과 물질적자극을 옳게 결합시키는 원칙을 확고히 견지한다.

제33조 국가는 생산자대중의 집체적힘에 의거하여 경제를 과학적으로, 합리적으로 관리운영하는 사회주의경제관리형태인 대안의 사업체계와 농촌경리를 기업적방법으로 지도하는 농업지도체계에 의하여 경제를 지도관리한다. 국가는 경제관리에서 대안의 사업체계의 요구에 맞게 독립채산제를 실시하며 원가, 가격, 수익성 같은 경제적공간을 옳게 리용하도록 한다.

제34조 조선민주주의인민공화국의 인민경제는 계획경제이다. 국가는 사회주의경제발전법칙에 따라 축적과 소비의 균형을 옳게 잡으며 경제건설을 다그치고 인민생활을 끊임없이 높이며 국방력을 강화할수 있도록 인민경제발전계획을 세우고 실행한다. 국가는 계획의 일원화, 세부화를 실현하여 생산장성의 높은 속도와 인민경제의 균형적발전을 보장한다.

제35조 조선민주주의인민공화국은 인민경제발전계획에 따르는 국가예산을 편성하여 집행한다. 국가는 모든 부문에서 증산과 절약투쟁을 강화하고 재정통제를 엄격히 실시하여 국가축적을 체계적으로 늘이며 사회주의적소유를 확대발전시킨다.

제36조 조선민주주의인민공화국에서 대외무역은 국가기관, 기업소, 사회협동단체가 한다. 국가는 완전한 평등과 호혜의 원칙에서 대외무역을 발전시킨다.

제37조 국가는 우리 나라 기관, 기업소, 단체와 다른 나라 법인 또는 개인들과의 기업합영과 합작, 특수경제지대에서의 여러가지 기업창설운영을 장려한다.

제38조 국가는 자립적민족경제를 보호하기 위하여 관세정책을 실시한다.

제3장 문화

제39조 조선민주주의인민공화국에서 개화발전하고있는 사회주의적문화는 근로자들의 창조적능력을 높이며 건전한 문화정서적수요를 충족시키는데 이바지한다.

제40조 조선민주주의인민공화국은 문화혁명을 철저히 수행하여 모든 사람들을 자연과 사회에 대한 깊은 지식과 높은 문화기술수준을 가진 사회주의건설자로 만들며 온 사회를 인테리화한다.

제41조 조선민주주의인민공화국은 사회주의근로자들을 위하여 복무하는 참다운 인민적이며 혁명적인 문화를 건설한다. 국가는 사회주의적민족문화건설에서 제국주의의 문화적침투와 복고주의적경향을 반대하며 민족문화유산을 보호하고 사회주의현실에 맞게 계승발전시킨다.

제42조 국가는 모든 분야에서 낡은 사회의 생활양식을 없애고 새로운 사회주의적생활양식을 전면적으로 확립한다.

제43조 국가는 사회주의교육학의 원리를 구현하여 후대들을 사회와 인민을 위하여 투쟁하는 견결한 혁명가로, 지덕체를 갖춘 주체형의 새 인간으로 키운다.

제44조 국가는 인민교육사업과 민족간부양성사업을 다른 모든 사업에 앞세우며 일반교육과 기술교육, 교육과 생산로동을 밀접히 결합시킨다.

제45조 국가는 1년 동안의 학교전의무교육을 포함한 전반적11년제의무교육을 현대과학기술발전추세와 사회주의건설의 현실적 요구에 맞게 높은 수준에서 발전시킨다.

제46조 국가는 학업을 전문으로 하는 교육체

계와 일하면서 공부하는 여러가지 형태의 교육체계를 발전시키며 기술교육과 사회과학, 기초과학교육의 과학리론수준을 높여 유능한 기술자, 전문가들을 키워낸다.

제47조 국가는 모든 학생들을 무료로 공부시키며 대학과 전문학교학생들에게는 장학금을 준다.

제48조 국가는 사회교육을 강화하며 모든 근로자들이 학습할수 있는 온갖 조건을 보장한다.

제49조 국가는 학령전어린이들을 탁아소와 유치원에서 국가와 사회의 부담으로 키워준다.

제50조 국가는 과학연구사업에서 주체를 세우며 선진과학기술을 적극 받아들이고 새로운 과학기술분야를 개척하여 나라의 과학기술을 세계적수준에 올려세운다.

제51조 국가는 과학기술발전계획을 바로세우고 철저히 수행하는 규률을 세우며 과학자, 기술자들과 생산자들의 창조적협조를 강화하도록 한다.

제52조 국가는 민족적형식에 사회주의적내용을 담은 주체적이며 혁명적인 문학예술을 발전시킨다. 국가는 창작가, 예술인들이 사상예술성이 높은 작품을 많이 창작하며 광범한 대중이 문예활동에 널리 참가하도록 한다.

제53조 국가는 정신적으로, 육체적으로 끊임없이 발전하려는 사람들의 요구에 맞게 현대적인 문화시설들을 충분히 갖추어주어 모든 근로자들이 사회주의적문화정서생활을 마음껏 누리도록 한다.

제54조 국가는 우리 말을 온갖 형태의 민족어말살정책으로부터 지켜내며 그것을 현대의 요구에 맞게 발전시킨다.

제55조 국가는 체육을 대중화, 생활화하여 전체 인민을 로동과 국방에 튼튼히 준비시키며 우리나라 실정과 현대체육기술발전추세에 맞게 체육기술을 발전시킨다.

제56조 국가는 전반적무상치료제를 공고발전시키며 의사담당구역제와 예방의학제도를 강화하여 사람들의 생명을 보호하며 근로자들의 건강을 증진시킨다.

제57조 국가는 생산에 앞서 환경보호대책을 세우며 자연환경을 보존, 조성하고 환경오염을 방지하여 인민들에게 문화위생적인 생활환경과 로동조건을 마련하여준다.

제4장 국 방

제58조 조선민주주의인민공화국은 전인민적, 전국가적방위체계에 의거한다.

제59조 조선민주주의인민공화국 무장력의 사명은 선군혁명로선을 관철하여 혁명의 수뇌부를 보위하고 근로인민의 리익을 옹호하며 외래침략으로부터 사회주의제도와 혁명의 전취물, 조국의 자유와 독립, 평화를 지키는데 있다.

제60조 국가는 군대와 인민을 정치사상적으로 무장시키는 기초우에서 전군간부화, 전군현대화, 전민무장화, 전국요새화를 기본내용으로 하는 자위적군사로선을 관철한다.

제61조 국가는 군대안에서 혁명적령군체계와 군풍을 확립하고 군사규률과 군중규률을 강화하며 관병일치, 군정배합, 군민일치의 고상한 전통적미풍을 높이 발양하도록 한다.

제5장 공민의 기본 권리와 의무

제62조 조선민주주의인민공화국 공민이 되는 조건은 국적에 관한 법으로 규정한다. 공민은 거주지에 관계없이 조선민주주의인민공화국의 보호를 받는다.

제63조 조선민주주의인민공화국에서 공민의 권리와 의무는 ≪하나는 전체를 위하여, 전체는 하나를 위하여≫라는 집단주의원칙에 기초한다.

제64조 국가는 모든 공민에게 참다운 민주주의적권리와 자유, 행복한 물질문화생활을 실질적으로 보장한다. 조선민주주의인민공화국에서 공민의 권리와 자유는 사회주의제도의 공고발전과 함께 더욱 확대된다.

제65조 공민은 국가사회생활의 모든 분야에서 누구나 다같은 권리를 가진다.

제66조 17살이상의 모든 공민은 성별, 민족별, 직업, 거주기간, 재산과 지식정도, 당별, 정견, 신앙에 관계없이 선거할 권리와 선거받을 권리를 가진다. 군대에 복무하는 공민도 선거할 권리와 선거받을 권리를 가진다. 재판소의 판결에 의하여 선거할 권리를 빼앗긴자, 정신병자는 선거할 권리와 선거받을 권리를 가지지 못한다.

제67조 공민은 언론, 출판, 집회, 시위와 결사의 자유를 가진다. 국가는 민주주의적정당, 사회단체의 자유로운 활동조건을 보장한다.

제68조 공민은 신앙의 자유를 가진다. 이 권리는 종교건물을 짓거나 종교의식 같은것을 허용하는것으로 보장된다. 종교를 외세를 끌어들이거나 국가사회질서를 해치는데 리용할수 없다.

제69조 공민은 신소와 청원을 할수 있다. 국가는 신소와 청원을 법이 정한데 따라 공정하게 심의처리하도록 한다.

제70조 공민은 로동에 대한 권리를 가진다. 로동능력있는 모든 공민은 희망과 재능에 따라 직업을 선택하며 안정된 일자리와 로동조건을 보장받는다. 공민은 능력에 따라 일하며 로동의 량과 질에 따라 분배를 받는다.

제71조 공민은 휴식에 대한 권리를 가진다. 이 권리는 로동시간제, 공휴일제, 유급휴가제, 국가비용에 의한 정휴양제, 계속 늘어나는 여러가지 문화시설들에 의하여 보장된다.

제72조 공민은 무상으로 치료받을 권리를 가지며 나이많거나 병 또는 불구로 로동능력을 잃은 사람, 돌볼 사람이 없는 늙은이와 어린이는 물질적방조를 받을 권리를 가진다. 이 권리는 무상치료제, 계속 늘어나는 병원, 료양소를 비롯한 의료시설, 국가사회보험과 사회보장제에 의하여 보장된다.

제73조 공민은 교육을 받을 권리를 가진다. 이 권리는 선진적인 교육제도와 국가의 인민적인 교육시책에 의하여 보장된다.

제74조 공민은 과학과 문학예술활동의 자유를 가진다. 국가는 발명가와 창의고안자에게 배려를 돌린다. 저작권과 발명권, 특허권은 법적으로 보호한다.

제75조 공민은 거주, 려행의 자유를 가진다.

제76조 혁명투사, 혁명렬사가족, 애국렬사가족, 인민군후방가족, 영예군인은 국가와 사회의 특별한 보호를 받는다.

제77조 녀자는 남자와 똑같은 사회적지위와 권리를 가진다. 국가는 산전산후휴가의 보장, 여러 어린이를 가진 어머니를 위한 로동시간

의 단축, 산원, 탁아소와 유치원망의 확장, 그 밖의 시책을 통하여 어머니와 어린이를 특별히 보호한다. 국가는 녀성들이 사회에 진출할 온갖 조건을 지어준다.

제78조 결혼과 가정은 국가의 보호를 받는다. 국가는 사회의 기층생활단위인 가정을 공고히 하는데 깊은 관심을 돌린다.

제79조 공민은 인신과 주택의 불가침, 서신의 비밀을 보장받는다. 법에 근거하지 않고는 공민을 구속하거나 체포할수 없으며 살림집을 수색할수 없다.

제80조 조선민주주의인민공화국은 평화와 민주주의, 민족적독립과 사회주의를 위하여, 과학, 문화활동의 자유를 위하여 투쟁하다가 망명하여온 다른 나라 사람을 보호한다.

제81조 공민은 인민의 정치사상적통일과 단결을 견결히 수호하여야 한다. 공민은 조직과 집단을 귀중히 여기며 사회와 인민을 위하여 몸바쳐 일하는 기풍을 높이 발휘하여야 한다.

제82조 공민은 국가의 법과 사회주의적생활규범을 지키며 조선민주주의인민공화국의 공민된 영예와 존엄을 고수하여야 한다.

제83조 로동은 공민의 신성한 의무이며 영예이다. 공민은 로동에 자각적으로 성실히 참가하며 로동규률과 로동시간을 엄격히 지켜야 한다.

제84조 공민은 국가재산과 사회협동단체재산을 아끼고 사랑하며 온갖 탐오랑비현상을 반대하여 투쟁하며 나라살림살이를 주인답게 알뜰히 하여야 한다. 국가와 사회협동단체재산은 신성불가침이다.

제85조 공민은 언제나 혁명적경각성을 높이며 국가의 안전을 위하여 몸바쳐 투쟁하여야 한다.

제86조 조국보위는 공민의 최대의 의무이며 영예이다. 공민은 조국을 보위하여야 하며 법이 정한데 따라 군대에 복무하여야 한다.

제6장 국가기구

제1절 최고인민회의

제87조 최고인민회의는 조선민주주의인민공화국의 최고주권기관이다.

제88조 최고인민회의는 립법권을 행사한다. 최고인민회의 휴회중에는 최고인민회의 상임위원회도 립법권을 행사할수 있다.

제89조 최고인민회의는 일반적, 평등적, 직접적선거원칙에 의하여 비밀투표로 선거된 대의원들로 구성한다.

제90조 최고인민회의임기는 5년으로 한다. 최고인민회의 새 선거는 최고인민회의 임기가 끝나기 전에 최고인민회의 상임위원회의 결정에 따라 진행한다. 불가피한 사정으로 선거를 하지 못할 경우에는 선거를 할 때까지 그 임기를 연장한다.

제91조 최고인민회의는 다음과 같은 권한을 가진다.

1. 헌법을 수정, 보충한다.
2. 부문법을 제정 또는 수정, 보충한다.
3. 최고인민회의 휴회중에 최고인민회의 상임위원회가 채택한 중요부문법을 승인한다.
4. 국가의 대내외정책의 기본원칙을 세운다.
5. 조선민주주의인민공화국 국방위원회 제1위원장을 선거 또는 소환한다.
6. 최고인민회의 상임위원회 위원장을 선거 또는 소환한다.

7. 조선민주주의인민공화국 국방위원회 제1위원장의 제의에 의하여 국방위원회 부위원장, 위원들을 선거 또는 소환한다.
8. 최고인민회의 상임위원회 부위원장, 명예부위원장, 서기장, 위원들을 선거 또는 소환한다.
9. 내각총리를 선거 또는 소환한다.
10. 내각총리의 제의에 의하여 내각 부총리, 위원장, 상, 그밖의 내각성원들을 임명한다.
11. 최고검찰소 소장을 임명 또는 해임한다.
12. 최고재판소 소장을 선거 또는 소환한다.
13. 최고인민회의 부문위원회 위원장, 부위원장, 위원들을 선거 또는 소환한다.
14. 국가의 인민경제발전계획과 그 실행정형에 관한 보고를 심의하고 승인한다.
15. 국가예산과 그 집행정형에 관한 보고를 심의하고 승인한다.
16. 필요에 따라 내각과 중앙기관들의 사업정형을 보고받고 대책을 세운다.
17. 최고인민회의에 제기되는 조약의 비준, 폐기를 결정한다.

제92조 최고인민회의는 정기회의와 림시회의를 가진다. 정기회의는 1년에 1~2차 최고인민회의 상임위원회가 소집한다. 림시회의는 최고인민회의 상임위원회가 필요하다고 인정할 때 또는 대의원전원의 3분의 1이상의 요청이 있을 때에 소집한다.

제93조 최고인민회의는 대의원전원의 3분의 2이상이 참석하여야 성립된다.

제94조 최고인민회의는 의장과 부의장을 선거한다. 의장은 회의를 사회한다.

제95조 최고인민회의에서 토의할 의안은 조선민주주의인민공화국 국방위원회 제1위원장, 국방위원회, 최고인민회의 상임위원회, 내각과 최고인민회의 부문위원회가 제출한다. 대의원들도 의안을 제출할수 있다.

제96조 최고인민회의 매기 제1차회의는 대의원자격심사위원회를 선거하고 그 위원회가 제출한 보고에 근거하여 대의원자격을 확인하는 결정을 채택한다.

제97조 최고인민회의는 법령과 결정을 낸다. 최고인민회의가 내는 법령과 결정은 거수가결의 방법으로 그 회의에 참석한 대의원의 반수이상이 찬성하여야 채택된다. 헌법은 최고인민회의 대의원전원의 3분의 2이상이 찬성하여야 수정, 보충된다.

제98조 최고인민회의는 법제위원회, 예산위원회 같은 부문위원회를 둔다. 최고인민회의 부문위원회는 위원장, 부위원장, 위원들로 구성한다. 최고인민회의 부문위원회는 최고인민회의사업을 도와 국가의 정책안과 법안을 작성하거나 심의하며 그 집행을 위한 대책을 세운다. 최고인민회의 부문위원회는 최고인민회의 사업을 도와 국가의 정책안과 법안을 작성하거나 심의하며 그 집행을 위한 대책을 세운다. 최고인민회의 부문위원회는 최고인민회의 휴회중에 최고인민회의 상임위원회의 지도밑에 사업한다.

제99조 최고인민회의 대의원은 불가침권을 보장받는다. 최고인민회의 대의원은 현행범인 경우를 제외하고는 최고인민회의, 그 휴회중에 최고인민회의 상임위원회의 승인없이 체포하거나 형사처벌을 할수 없다.

제2절 조선민주주의인민공화국 국방위원회

제1위원장

제100조 조선민주주의 조선민주주의인민공화국의 최고령도자이다.

제101조 조선민주주의인민공화국 국방위원회 제1위원장의 임기는 최고인민회의임기와 같다.

제102조 조선민주주의인민공화국 국방위원회 제1위원장은 조선민주주의인민공화국 전반적무력의 최고사령관으로 되며 국가의 일체 무력을 지휘통솔한다.

제103조 조선민주주의인민공화국 국방위원회 제1위원장은 다음과 같은 임무와 권한을 가진다. 인민공화국 국방위원회 제1위원장은

1. 국가의 전반사업을 지도한다.
2. 국방위원회사업을 직접 지도한다.
3. 국방부문의 중요간부를 임명 또는 해임한다.
4. 다른 나라와 맺은 중요조약을 비준 또는 폐기한다.
5. 특사권을 행사한다.
6. 나라의 비상사태와 전시상태, 동원령을 선포한다.

제104조 조선민주주의인민공화국 국방위원회 제1위원장은 명령을 낸다.

제105조 조선민주주의인민공화국 국방위원회 제1위원장은 자기 사업에 대하여 최고인민회의앞에 책임진다.

제3절 국방위원회

제106조 국방위원회는 국가주권의 최고국방지도기관이다.

제107조 국방위원회는 제1위원장, 부위원장, 부위원장, 위원들로 구성한다.

제108조 국방위원회임기는 최고인민회의 임기와 같다.

제109조 국방위원회는 다음과 같은 임무와 권한을 가진다.

1. 선군혁명로선을 관철하기 위한 국가의 중요정책을 세운다.
2. 국가의 전반적무력과 국방건설사업을 지도한다.
3. 조선민주주의인민공화국 국방위원회 제1위원장 명령, 국방위원회 결정, 지시집행정형을 감독하고 대책을 세운다.
4. 조선민주주의인민공화국 국방위원회 제1위원장 명령, 국방위원회 결정, 지시에 어긋나는 국가기관의 결정, 지시를 폐지한다.
5. 국방부문의 중앙기관을 내오거나 없앤다.
6. 군사칭호를 제정하며 장령이상의 군사칭호를 수여한다.

제110조 국방위원회는 결정, 지시를 낸다.

제111조 국방위원회는 자기 사업에 대하여 최고인민회의앞에 책임진다.

제4절 최고인민회의 상임위원회

제112조 최고인민회의 상임위원회는 최고인민회의 휴회중의 최고주권기관이다.

제113조 최고인민회의 상임위원회는 위원장, 부위원장, 서기장, 위원들로 구성한다.

제114조 최고인민회의 상임위원회는 약간명의 명예부위원장을 둘수 있다. 최고인민회의 상임위원회 명예부위원장은 최고인민회의 대의원가운데서 오랜 기간 국가건설사업에 참가하여 특출한 기여를 한 일군이 될수 있다.

제115조 최고인민회의 상임위원회임기는 최고인민회의 임기와 같다. 최고인민회의 상임

위원회는 최고인민회의 임기가 끝난 후에도 새 상임위원회가 선거될 때까지 자기 임무를 계속 수행한다.

제116조 최고인민회의 상임위원회는 다음과 같은 임무와 권한을 가진다.

1. 최고인민회의를 소집한다.
2. 최고인민회의 휴회중에 제기된 새로운 부문법안과 규정안, 현행부문법과 규정의 수정, 보충안을 심의채택하며 채택실시하는 중요부문법을 다음번 최고인민회의의 승인을 받는다.
3. 불가피한 사정으로 최고인민회의 휴회기간에 제기되는 국가의 인민경제발전계획, 국가예산과 그 조절안을 심의하고 승인한다.
4. 헌법과 현행부문법, 규정을 해석한다.
5. 국가기관들의 법준수집행을 감독하고 대책을 세운다.
6. 헌법, 최고인민회의 법령, 결정, 조선민주주의인민공화국 국방위원회 제1위원장 명령, 국방위원회 결정, 지시, 최고인민회의 상임위원회 정령, 결정, 지시에 어긋나는 국가기관의 결정, 지시를 폐지하며 지방인민회의의 그릇된 결정집행을 정지시킨다.
7. 최고인민회의 대의원선거를 위한 사업을 하며 지방인민회의 대의원선거사업을 조직한다.
8. 최고인민회의 대의원들과의 사업을 한다.
9. 최고인민회의 부문위원회와의 사업을 한다.
10. 내각 위원회, 성을 내오거나 없앤다.
11. 최고인민회의 휴회중에 내각총리의 제의에 의하여 부총리, 위원장, 상, 그밖의 내각성원들을 임명 또는 해임한다.
12. 최고인민회의 상임위원회 부문위원회 성원들을 임명 또는 해임한다.
13. 최고재판소 판사, 인민참심원을 선거 또는 소환한다.
14. 다른 나라와 맺은 조약을 비준 또는 폐기한다.
15. 다른 나라에 주재하는 외교대표의 임명 또는 소환을 결정하고 발표한다.
16. 훈장과 메달, 명예칭호, 외교직급을 제정하며 훈장과 메달, 명예칭호를 수여한다.
17. 대사권을 행사한다.
18. 행정단위와 행정구역을 내오거나 고친다.
19. 다른 나라 국회, 국제의회기구들과의 사업을 비롯한 대외사업을 한다.

제117조 최고인민회의 상임위원회 위원장은 상임위원회사업을 조직지도한다. 최고인민회의 상임위원회 위원장은 국가를 대표하며 다른 나라 사신의 신임장, 소환장을 접수한다.

제118조 최고인민회의 상임위원회는 전원회의와 상무회의를 가진다. 전원회의는 위원전원으로 구성하며 상무회의는 위원장, 부위원장, 서기장들로 구성한다.

제119조 최고인민회의 상임위원회 전원회의는 상임위원회의 임무와 권한을 실현하는데서 나서는 중요한 문제들을 토의결정한다. 상무회의는 전원회의에서 위임한 문제들을 토의결정한다.

제120조 최고인민회의 상임위원회는 정령과 결정, 지시를 낸다.

제121조 최고인민회의 상임위원회는 자기 사업을 돕는 부문위원회를 둘수 있다.

제122조 최고인민회의 상임위원회는 자기 사업에 대하여 최고인민회의앞에 책임진다.

제5절 내각

제123조 내각은 최고주권의 행정적집행기관

이며 전반적국가관리기관이다.

제124조 내각은 총리, 부총리, 위원장, 상과 그밖에 필요한 성원들로 구성한다. 내각의 임기는 최고인민회의 임기와 같다.

제125조 내각은 다음과 같은 임무와 권한을 가진다.

1. 국가의 정책을 집행하기 위한 대책을 세운다.
2. 헌법과 부문법에 기초하여 국가관리와 관련한 규정을 제정 또는 수정, 보충한다.
3. 내각의 위원회, 성, 내각직속기관, 지방인민위원회의 사업을 지도한다.
4. 내각직속기관, 중요행정경제기관, 기업소를 내오거나 없애며 국가관리기구를 개선하기 위한 대책을 세운다.
5. 국가의 인민경제발전계획을 작성하며 그 실행대책을 세운다.
6. 국가예산을 편성하며 그 집행대책을 세운다.
7. 공업, 농업, 건설, 운수, 체신, 상업, 무역, 국토관리, 도시경영, 교육, 과학, 문화, 보건, 체육, 로동행정, 환경보호, 관광, 그밖의 여러 부문의 사업을 조직집행한다.
8. 화폐와 은행제도를 공고히 하기 위한 대책을 세운다.
9. 국가관리질서를 세우기 위한 검열, 통제사업을 한다.
10. 사회질서유지, 국가 및 사회협동단체의 소유와 리익의 보호, 공민의 권리보장을 위한 대책을 세운다.
11. 다른 나라와 조약을 맺으며 대외사업을 한다.
12. 내각 결정, 지시에 어긋나는 행정경제기관의 결정, 지시를 폐지한다.

제126조 내각총리는 내각사업을 조직지도한다. 내각총리는 조선민주주의인민공화국 정부를 대표한다.

제127조 내각은 전원회의와 상무회의를 가진다. 내각전원회의는 내각성원전원으로 구성하며 상무회의는 총리, 부총리와 그밖에 총리가 임명하는 내각성원들로 구성한다.

제128조 내각전원회의는 행정경제사업에서 나서는 새롭고 중요한 문제들을 토의결정한다. 상무회의는 내각전원회의에서 위임한 문제들을 토의결정한다.

제129조 내각은 결정과 지시를 낸다.

제130조 내각은 자기 사업을 돕는 비상설부문위원회를 둘수 있다.

제131조 내각은 자기 사업에 대하여 최고인민회의와 그 휴회중에 최고인민회의 상임위원회앞에 책임진다.

제132조 새로 선거된 내각총리는 내각성원들을 대표하여 최고인민회의에서 선서를 한다.

제133조 내각 위원회, 성은 내각의 부문별집행기관이며 중앙의 부문별관리기관이다.

제134조 내각 위원회, 성은 내각의 지도밑에 해당 부문의 사업을 통일적으로 장악하고 지도관리한다.

제135조 내각 위원회, 성은 위원회회의와 간부회의를 운영한다. 위원회, 성 위원회회의와 간부회의에서는 내각 결정, 지시집행대책과 그밖의 중요한 문제들을 토의결정한다.

제136조 내각 위원회, 성은 지시를 낸다.

제6절 지방인민회의

제137조 도(직할시), 시(구역), 군인민회의는

지방주권기관이다.

제138조 지방인민회의는 일반적, 평등적, 직접적선거원칙에 의하여 비밀투표로 선거된 대의원들로 구성한다.

제139조 도(직할시), 시(구역), 군인민회의임기는 4년으로 한다. 지방인민회의 새 선거는 지방인민회의임기가 끝나기 전에 해당 지방인민위원회의 결정에 따라 진행한다. 불가피한 사정으로 선거를 하지 못할 경우에는 선거를 할 때까지 그 임기를 연장한다.

제140조 지방인민회의는 다음과 같은 임무와 권한을 가진다.

1. 지방의 인민경제발전계획과 그 실행정형에 대한 보고를 심의하고 승인한다.
2. 지방예산과 그 집행에 대한 보고를 심의하고 승인한다.
3. 해당 지역에서 국가의 법을 집행하기 위한 대책을 세운다.
4. 해당 인민위원회 위원장, 부위원장, 사무장, 위원들을 선거 또는 소환한다.
5. 해당 재판소의 판사, 인민참심원을 선거 또는 소환한다.
6. 해당 인민위원회와 하급인민회의, 인민위원회의 그릇된 결정, 지시를 폐지한다.

제141조 지방인민회의는 정기회의와 림시회의를 가진다. 정기회의는 1년에 1~2차 해당 인민위원회가 소집한다. 림시회의는 해당 인민위원회가 필요하다고 인정할 때 또는 대의원전원의 3분의 1이상의 요청이 있을 때 소집한다.

제142조 지방인민회의는 대의원전원의 3분의 2이상이 참석하여야 성립된다.

제143조 지방인민회의는 의장을 선거한다. 의장은 회의를 사회한다.

제144조 지방인민회의는 결정을 낸다.

제7절 지방인민위원회

제145조 도(직할시), 시(구역), 군인민위원회는 해당 인민회의 휴회중의 지방주권기관이며 해당 지방주권의 행정적집행기관이다.

제146조 지방인민위원회는 위원장, 부위원장, 사무장, 위원들로 구성한다. 지방인민위원회 임기는 해당 인민회의 임기와 같다.

제147조 지방인민위원회는 다음과 같은 임무와 권한을 가진다.

1. 인민회의를 소집한다.
2. 인민회의 대의원선거를 위한 사업을 한다.
3. 인민회의 대의원들과의 사업을 한다.
4. 해당 지방인민회의, 상급인민위원회 결정, 지시와 최고인민회의 법령, 결정, 조선민주주의인민공화국 국방위원회 제1위원장 명령, 국방위원회 결정, 지시, 최고인민회의 상임위원회 정령, 결정, 지시, 내각과 내각위원회, 성의 결정, 지시를 집행한다.
5. 해당 지방의 모든 행정사업을 조직집행한다.
6. 지방의 인민경제발전계획을 작성하며 그 실행대책을 세운다.
7. 지방예산을 편성하며 그 집행대책을 세운다.
8. 해당 지방의 사회질서유지, 국가 및 사회협동단체의 소유와 리익의 보호, 공민의 권리보장을 위한 대책을 세운다.
9. 해당 지방에서 국가관리질서를 세우기 위한 검열, 통제사업을 한다.
10. 하급인민위원회사업을 지도한다.
11. 하급인민위원회의 그릇된 결정, 지시를 폐지하며 하급인민회의의 그릇된 결정의

집행을 정지시킨다.

제148조 지방인민위원회는 전원회의와 상무회의를 가진다. 지방인민위원회 전원회의는 위원전원으로 구성하며 상무회의는 위원장, 부위원장, 사무장들로 구성한다.

제149조 지방인민위원회 전원회의는 자기의 임무와 권한을 실현하는데서 나서는 중요한 문제들을 토의결정한다. 상무회의는 전원회의가 위임한 문제들을 토의결정한다.

제150조 지방인민위원회는 결정과 지시를 낸다.

제151조 지방인민위원회는 자기 사업을 돕는 비상설부문위원회를 둘수 있다.

제152조 지방인민위원회는 자기 사업에 대하여 해당 인민회의앞에 책임진다. 지방인민위원회는 상급인민위원회와 내각, 최고인민회의 상임위원회에 복종한다.

제8절 검찰소와 재판소

제153조 검찰사업은 최고검찰소, 도(직할시), 시(구역), 군검찰소와 특별검찰소가 한다.

제154조 최고검찰소 소장의 임기는 최고인민회의 임기와 같다.

제155조 검사는 최고검찰소가 임명 또는 해임한다.

제156조 검찰소는 다음과 같은 임무를 수행한다.

1. 기관, 기업소, 단체와 공민들이 국가의 법을 정확히 지키는가를 감시한다.
2. 국가기관의 결정, 지시가 헌법, 최고인민회의 법령, 결정, 조선민주주의인민공화국 국방위원회 제1위원장 명령, 국방위원회 결정, 지시, 최고인민회의 상임위원회 정령, 결정, 지시, 내각 결정, 지시에 어긋나지 않는가를 감시한다.
3. 범죄자를 비롯한 법위반자를 적발하고 법적책임을 추궁하는것을 통하여 조선민주주의인민공화국의 주권과 사회주의제도, 국가와 사회협동단체재산, 인민의 헌법적권리와 생명재산을 보호한다.

제157조 검찰사업은 최고검찰소가 통일적으로 지도하며 모든 검찰소는 상급검찰소와 최고검찰소에 복종한다.

제158조 최고검찰소는 자기 사업에 대하여 최고인민회의와 그 휴회중에 최고인민회의 상임위원회앞에 책임진다.

제159조 재판은 최고재판소, 도(직할시)재판소, 시(구역), 군인민재판소와 특별재판소가 한다. 판결은 조선민주주의인민공화국의 이름으로 선고한다.

제160조 최고재판소 소장의 임기는 최고인민회의 임기와 같다. 최고재판소, 도(직할시)재판소, 시(구역), 군인민재판소의 판사, 인민참심원의 임기는 해당 인민회의임기와 같다.

제161조 특별재판소의 소장과 판사는 최고재판소가 임명 또는 해임한다. 특별재판소의 인민참심원은 해당 군무자회의 또는 종업원회의에서 선거한다.

제162조 재판소는 다음과 같은 임무를 수행한다.

1. 재판활동을 통하여 조선민주주의인민공화국의 주권과 사회주의제도, 국가와 사회협동단체재산, 인민의 헌법적권리와 생명재산을 보호한다.
2. 모든 기관, 기업소, 단체와 공민들이 국가

의 법을 정확히 지키고 계급적원쑤들과 온갖 법위반자들을 반대하여 적극 투쟁하도록 한다.

3. 재산에 대한 판결, 판정을 집행하며 공증사업을 한다.

제163조 재판은 판사 1명과 인민참심원 2명으로 구성된 재판소가 한다. 특별한 경우에는 판사 3명으로 구성하여 할수 있다.

제164조 재판은 공개하며 피소자의 변호권을 보장한다. 법이 정한데 따라 재판을 공개하지 않을수 있다.

제165조 재판은 조선말로 한다. 다른 나라 사람들은 재판에서 자기 나라 말을 할수 있다.

제166조 재판소는 재판에서 독자적이며 재판활동을 법에 의거하여 수행한다.

제167조 최고재판소는 조선민주주의인민공화국의 최고재판기관이다. 최고재판소는 모든 재판소의 재판사업을 감독한다.

제168조 최고재판소는 자기 사업에 대하여 최고인민회의와 그 휴회중에 최고인민회의 상임위원회앞에 책임진다.

제7장 국장, 국기, 국가, 수도

제169조 조선민주주의인민공화국의 국장은 ≪조선민주주의인민공화국≫이라고 쓴 붉은 띠로 땋아올려 감은 벼이삭의 타원형테두리안에 웅장한 수력발전소가 있고 그우에 혁명의 성산 백두산과 찬연히 빛나는 붉은 오각별이 있다.

제170조 조선민주주의인민공화국의 국기는 기발의 가운데에 넓은 붉은 폭이 있고 그 아래우에 가는 흰폭이 있으며 그 다음에 푸른 폭이 있고 붉은 폭의 기대달린쪽 흰 동그라미안에 붉은 오각별이 있다. 기발의 세로와 가로의 비는 1 : 2이다.

제171조 조선민주주의인민공화국의 국가는 ≪애국가≫이다.

제172조 조선민주주의인민공화국의 수도는 평양이다.

조선민주주의인민공화국 사회주의헌법(2016년 헌법)

주체105(2016)년 6월 29일
최고인민회의 제13기 제4차 회의에서 수정보충

서 문

조선민주주의인민공화국은 위대한 김일성동지와 김정일동지의 사상과 령도를 구현한 주체의 사회주의조국이다.

위대한 김일성동지는 조선민주주의인민공화국의 창건자이시며 사회주의조선의 시조이시다.

김일성동지께서는 영생불멸의 주체사상을 창시하시고 그 기치 밑에 항일혁명투쟁을 조직령도하시여 영광스러운 혁명전통을 마련하시고 조국광복의 력사적 위업을 이룩하시였으며 정치, 경제, 문화, 군사분야에서 자주독립국가건설의 튼튼한 토대를 닦은데 기초하여 조선민주주의인민공화국을 창건하시였다.

김일성동지께서는 주체적인 혁명로선을 내놓으시고 여러 단계의 사회혁명과 건설사업을 현명하게 령도하시여 공화국을 인민대중 중심의 사회주의나라로, 자주, 자립, 자위의 사회주의국가로 강화발전시키시였다.

김일성동지께서는 국가건설과 국가활동의 근본원칙을 밝히시고 가장 우월한 국가사회제도와 정치방식, 사회관리체계와 관리방법을 확립하시였으며 사회주의조국의 부강번영과 주체혁명위업의 계승완성을 위한 확고한 토대를 마련하시였다.

위대한 김정일동지는 김일성동지의 사상과 위업을 받들어 우리 공화국을 김일성동지의 국가로 강화발전시키시고 민족의 존엄과 국력을 최상의 경지에 올려세우신 절세의 애국자, 사회주의조선의 수호자이시다.

김정일동지께서는 김일성동지께서 창시하신 영생불멸의 주체사상, 선군사상을 전면적으로 심화발전시키시고 자주시대의 지도사상으로 빛내이시였으며 주체의 혁명전통을 견결히 옹호고수하시고 순결하게 계승발전시키시여 조선혁명의 명맥을 굳건히 이어놓으시였다.

김정일동지께서는 세계사회주의체계의 붕괴와 제국주의 련합세력의 악랄한 반공화국 압살공세속에서 선군정치로 김일성동지의 고귀한 유산인 사회주의전취물을 영예롭게 수호하시고 우리 조국을 불패의 정치사상강국, 핵보유국, 무적의 군사강국으로 전변시키시였으며 강성국가건설의 휘황한 대통로를 열어놓으시였다.

김일성동지와 김정일동지께서는 ≪이민위천≫을 좌우명으로 삼으시여 언제나 인민들과 함께 계시고 인민을 위하여 한평생을 바치시였으며 숭고한 인덕정치로 인민들을 보살피시고 이끄시여 온 사회를 일심단결된 하나의 대가정으로 전변시키시였다.

위대한 김일성동지와 김정일동지는 민족의 태양이시며 조국통일의 구성이시다.

김일성동지와 김정일동지께서는 나라의 통일을 민족지상의 과업으로 내세우시고 그 실현을 위하여 온갖 로고와 심혈을 다 바치시였다.

김일성동지와 김정일동지께서는 공화국을 조국통일의 강유력한 보루로 다지시는 한편 조국통일의 근본원칙과 방도를 제시하시고 조국통일운동을 전민족적인 운동으로 발전시키시여 온 민족의 단합된 힘으로 조국통일위업을 성취하기 위한 길을 열어놓으시였다.

위대한 김일성동지와 김정일동지께서는 조선민주주의인민공화국의 대외정책의 기본리념을 밝히시고 그에 기초하여 나라의 대외관계를 확대발전시키시였으며 공화국의 국제적권위를 높이 떨치게 하시였다.

김일성동지와 김정일동지는 세계정치의 원로로서 자주의 새 시대를 개척하시고 사회주의운동과 쁠럭불가담운동의 강화발전을 위하여, 세계평화와 인민들사이의 친선을 위하여 정력적으로 활동하시였으며 인류의 자주위업에 불멸의 공헌을 하시였다.

김일성동지와 김정일동지는 사상리론과 령도예술의 천재이시고 백전백승의 강철의 령장이시였으며 위대한 혁명가, 정치가이시고 위대한 인간이시였다.

김일성동지와 김정일동지의 위대한 사상과 령도업적은 조선혁명의 만년재보이고 조선민주주의인민공화국의 륭성번영을 위한 기본담보이며 김일성동지와 김정일동지께서 생전의 모습으로 계시는 금수산태양궁전은 수령영생의 대기념비이며 전체 조선민족의 존엄의 상징이고 영원한 성지이다.

조선민주주의인민공화국과 조선인민은 위대한 김일성동지와 김정일동지를 주체조선의 영원한 수령으로 높이 모시고 조선로동당의 령도밑에 김일성동지와 김정일동지의 사상과 업적을 옹호고수하고 계승발전시켜 주체혁명위업을 끝까지 완성하여나갈것이다.

조선민주주의인민공화국 사회주의헌법은 위대한 김일성동지와 김정일동지의 주체적인 국가건설사상과 국가건설업적을 법화한 김일성-김정일헌법이다.

제1장 정치

제1조 조선민주주의인민공화국은 전체 조선인민의 리익을 대표하는 자주적인 사회주의국가이다.

제2조 조선민주주의인민공화국은 제국주의침략자들을 반대하며 조국의 광복과 인민의 자유와 행복을 실현하기 위한 영광스러운 혁명투쟁에서 이룩한 빛나는 전통을 이어받은 혁명적인 국가이다.

제3조 조선민주주의인민공화국은 사람중심의 세계관이며 인민대중의 자주성을 실현하기 위한 혁명사상인 주체사상, 선군사상을 자기 활동의 지도적지침으로 삼는다.

제4조 조선민주주의인민공화국의 주권은 로동자, 농민, 군인, 근로인테리를 비롯한 근로인민에게 있다.

근로인민은 자기의 대표기관인 최고인민회의와 지방 각급 인민회의를 통하여 주권을 행사한다.

제5조 조선민주주의인민공화국에서 모든 국가기관들은 민주주의중앙집권제원칙에 의하여 조직되고 운영된다.

제6조 군인민회의로부터 최고인민회의에 이르기까지의 각급 주권기관은 일반적, 평등적, 직접적원칙에 의하여 비밀투표로 선거한다.

제7조 각급 주권기관의 대의원은 선거자들과 밀접한 련계를 가지며 자기 사업에 대하여 선거자들앞에 책임진다.

선거자들은 자기가 선거한 대의원이 신임을 잃은 경우에 언제든지 소환할수 있다.

제8조 조선민주주의인민공화국의 사회제도는 근로인민대중이 모든것의 주인으로 되고있으며 사회의 모든것이 근로인민대중을 위하여 복무하는 사람중심의 사회제도이다.

국가는 착취와 압박에서 해방되여 국가와 사회의 주인으로 된 로동자, 농민, 군인, 근로인테리를 비롯한 근로인민의 리익을 옹호하며 인권을 존중하고 보호한다.

제9조 조선민주주의인민공화국은 북반부에서 인민정권을 강화하고 사상, 기술, 문화의 3대 혁명을 힘있게 벌려 사회주의의 완전한 승리를 이룩하며 자주, 평화통일, 민족대단결의 원칙에서 조국통일을 실현하기 위하여 투쟁한다.

제10조 조선민주주의인민공화국은 로동계급이 령도하는 로농동맹에 기초한 전체 인민의 정치사상적통일에 의거한다.
국가는 사상혁명을 강화하여 사회의 모든 성원들을 혁명화, 로동계급화하며 온 사회를 동지적으로 결합된 하나의 집단으로 만든다.

제11조 조선민주주의인민공화국은 조선로동당의 령도밑에 모든 활동을 진행한다.

제12조 국가는 계급로선을 견지하며 인민민주주의독재를 강화하여 내외적대분자들의 파괴책동으로부터 인민주권과 사회주의제도를 굳건히 보위한다.

제13조 국가는 군중로선을 구현하며 모든 사업에서 우가 아래를 도와주고 대중속에 들어가 문제해결의 방도를 찾으며 정치사업, 사람과의 사업을 앞세워 대중의 자각적열성을 불러일으키는 청산리정신, 청산리방법을 관철한다.

제14조 국가는 3대혁명붉은기쟁취운동을 비롯한 대중운동을 힘있게 벌려 사회주의건설을 최대한으로 다그친다.

제15조 조선민주주의인민공화국은 해외에 있는 조선동포들의 민주주의적민족권리와 국제법에서 공인된 합법적권리와 리익을 옹호한다.

제16조 조선민주주의인민공화국은 자기 령역안에 있는 다른 나라 사람의 합법적권리와 리익을 보장한다.

제17조 자주, 평화, 친선은 조선민주주의인민공화국의 대외정책의 기본리념이며 대외활동원칙이다.
국가는 우리나라를 우호적으로 대하는 모든 나라들과 완전한 평등과 자주성, 호상존중과 내정불간섭, 호혜의 원칙에서 국가적 또는 정치, 경제, 문화적관계를 맺는다.
국가는 자주성을 옹호하는 세계인민들과 단결하며 온갖 형태의 침략과 내정간섭을 반대하고 나라의 자주권과 민족적, 계급적해방을 실현하기 위한 모든 나라 인민들의 투쟁을 적극 지지성원한다.

제18조 조선민주주의인민공화국의 법은 근로인민의 의사와 리익의 반영이며 국가관리의 기본무기이다.
법에 대한 존중과 엄격한 준수집행은 모든 기관, 기업소, 단체와 공민에게 있어서 의무적이다.
국가는 사회주의법률제도를 완비하고 사회주의법무생활을 강화한다.

제2장 경 제

제19조 조선민주주의인민공화국은 사회주의적생산관계와 자립적민족경제의 토대에 의거한다.

제20조 조선민주주의인민공화국에서 생산수단은 국가와 사회협동단체가 소유한다.

제21조 국가소유는 전체 인민의 소유이다.
국가소유권의 대상에는 제한이 없다.
나라의 모든 자연부원, 철도, 항공운수, 체신기관과 중요공장, 기업소, 항만, 은행은 국가만이 소유한다.

국가는 나라의 경제발전에서 주도적역할을 하는 국가소유를 우선적으로 보호하며 장성시킨다.

제22조 사회협동단체소유는 해당 단체에 들어있는 근로자들의 집단적소유이다.
토지, 농기계, 배, 중소공장, 기업소 같은것은 사회협동단체가 소유할수 있다.
국가는 사회협동단체소유를 보호한다.

제23조 국가는 농민들의 사상의식과 기술문화수준을 높이고 협동적소유에 대한 전인민적소유의 지도적역할을 높이는 방향에서 두 소유를 유기적으로 결합시키며 협동경리에 대한 지도와 관리를 개선하여 사회주의적협동경리제도를 공고발전시키며 협동단체에 들어있는 전체 성원들의 자원적의사에 따라 협동단체소유를 점차 전인민적소유로 전환시킨다.

제24조 개인소유는 공민들의 개인적이며 소비적인 목적을 위한 소유이다.
개인소유는 로동에 의한 사회주의분배와 국가와 사회의 추가적혜택으로 이루어진다.
터밭경리를 비롯한 개인부업경리에서 나오는 생산물과 그밖의 합법적인 경리활동을 통하여 얻은 수입도 개인소유에 속한다.
국가는 개인소유를 보호하며 그에 대한 상속권을 법적으로 보장한다.

제25조 조선민주주의인민공화국은 인민들의 물질문화생활을 끊임없이 높이는것을 자기 활동의 최고원칙으로 삼는다.
세금이 없어진 우리 나라에서 늘어나는 사회의 물질적부는 전적으로 근로자들의 복리증진에 돌려진다.
국가는 모든 근로자들에게 먹고 입고 쓰고 살수 있는 온갖 조건을 마련하여준다.

제26조 조선민주주의인민공화국에 마련된 자립적민족경제는 인민의 행복한 사회주의생활과 조국의 륭성번영을 위한 튼튼한 밑천이다.
국가는 사회주의자립적민족경제건설로선을 틀어쥐고 인민경제의 주체화, 현대화, 과학화를 다그쳐 인민경제를 고도로 발전된 주체적인 경제로 만들며 완전한 사회주의사회에 맞는 물질기술적토대를 쌓기 위하여 투쟁한다.

제27조 기술혁명은 사회주의경제를 발전시키기 위한 기본고리이다.
국가는 언제나 기술발전문제를 첫자리에 놓고 모든 경제활동을 진행하며 과학기술발전과 인민경제의 기술개조를 다그치고 대중적기술혁신운동을 힘있게 벌려 근로자들을 어렵고 힘든 로동에서 해방하며 육체로동과 정신로동의 차이를 줄여나간다.

제28조 국가는 도시와 농촌의 차이, 로동계급과 농민의 계급적차이를 없애기 위하여 농촌기술혁명을 다그쳐 농업을 공업화, 현대화하며 군의 역할을 높이고 농촌에 대한 지도와 방조를 강화한다.
국가는 협동농장의 생산시설과 농촌문화주택을 국가부담으로 건설하여준다.

제29조 사회주의는 근로대중의 창조적로동에 의하여 건설된다.
조선민주주의인민공화국에서 로동은 착취와 압박에서 해방된 근로자들의 자주적이며 창조적인 로동이다.
국가는 실업을 모르는 우리 근로자들의 로동이 보다 즐거운것으로, 사회와 집단과 자신을 위하여 자각적열성과 창발성을 내여 일하는 보람찬것으로 되게 한다.

제30조 근로자들의 하루로동시간은 8시간이다.
국가는 로동의 힘든 정도와 특수한 조건에 따라 하루로동시간을 이보다 짧게 정한다.
국가는 로동조직을 잘하고 로동규률을 강화하

여 로동시간을 완전히 리용하도록 한다.

제31조 조선민주주의인민공화국에서 공민이 로동하는 나이는 16살부터이다.

국가는 로동하는 나이에 이르지 못한 소년들의 로동을 금지한다.

제32조 국가는 사회주의경제에 대한 지도와 관리에서 정치적지도와 경제기술적지도, 국가의 통일적지도와 매개 단위의 창발성, 유일적 지휘와 민주주의, 정치도덕적자극과 물질적자극을 옳게 결합시키는 원칙을 확고히 견지한다.

제33조 국가는 생산자대중의 집체적힘에 의거하여 경제를 과학적으로, 합리적으로 관리운영하는 사회주의경제관리형태인 대안의 사업체계와 농촌경리를 기업적방법으로 지도하는 농업지도체계에 의하여 경제를 지도관리한다.
국가는 경제관리에서 대안의 사업체계의 요구에 맞게 독립채산제를 실시하며 원가, 가격, 수익성 같은 경제적공간을 옳게 리용하도록 한다.

제34조 조선민주주의인민공화국의 인민경제는 계획경제이다.
국가는 사회주의경제발전법칙에 따라 축적과 소비의 균형을 옳게 잡으며 경제건설을 다그치고 인민생활을 끊임없이 높이며 국방력을 강화할수 있도록 인민경제발전계획을 세우고 실행한다.
국가는 계획의 일원화, 세부화를 실현하여 생산장성의 높은 속도와 인민경제의 균형적발전을 보장한다.

제35조 조선민주주의인민공화국은 인민경제발전계획에 따르는 국가예산을 편성하여 집행한다.
국가는 모든 부문에서 증산과 절약투쟁을 강화하고 재정통제를 엄격히 실시하여 국가축적을 체계적으로 늘이며 사회주의적소유를 확대발전시킨다.

제36조 조선민주주의인민공화국에서 대외무역은 국가기관, 기업소, 사회협동단체가 한다.
국가는 완전한 평등과 호혜의 원칙에서 대외무역을 발전시킨다.

제37조 국가는 우리 나라 기관, 기업소, 단체와 다른 나라 법인 또는 개인들과의 기업합영과 합작, 특수경제지대에서의 여러가지 기업창설운영을 장려한다.

제38조 국가는 자립적민족경제를 보호하기 위하여 관세정책을 실시한다.

제3장 문 화

제39조 조선민주주의인민공화국에서 개화발전하고있는 사회주의적문화는 근로자들의 창조적능력을 높이며 건전한 문화정서적수요를 충족시키는데 이바지한다.

제40조 조선민주주의인민공화국은 문화혁명을 철저히 수행하여 모든 사람들을 자연과 사회에 대한 깊은 지식과 높은 문화기술수준을 가진 사회주의건설자로 만들며 온 사회를 인테리화한다.

제41조 조선민주주의인민공화국은 사회주의 근로자들을 위하여 복무하는 참다운 인민적이며 혁명적인 문화를 건설한다.
국가는 사회주의적민족문화건설에서 제국주의의 문화적침투와 복고주의적경향을 반대하며 민족문화유산을 보호하고 사회주의현실에 맞게 계승발전시킨다.

제42조 국가는 모든 분야에서 낡은 사회의 생활양식을 없애고 새로운 사회주의적생활양

식을 전면적으로 확립한다.

제43조 국가는 사회주의교육학의 원리를 구현하여 후대들을 사회와 인민을 위하여 투쟁하는 견결한 혁명가로, 지덕체를 갖춘 주체형의 새 인간으로 키운다.

제44조 국가는 인민교육사업과 민족간부양성사업을 다른 모든 사업에 앞세우며 일반교육과 기술교육, 교육과 생산로동을 밀접히 결합시킨다.

제45조 국가는 1년동안의 학교전의무교육을 포함한 전반적 12년제 의무교육을 현대과학기술발전추세와 사회주의건설의 현실적요구에 맞게 높은 수준에서 발전시킨다.

제46조 국가는 학업을 전문으로 하는 교육체계와 일하면서 공부하는 여러가지 형태의 교육체계를 발전시키며 기술교육과 사회과학, 기초과학교육의 과학리론수준을 높여 유능한 기술자, 전문가들을 키워낸다.

제47조 국가는 모든 학생들을 무료로 공부시키며 대학과 전문학교학생들에게는 장학금을 준다.

제48조 국가는 사회교육을 강화하며 모든 근로자들이 학습할수 있는 온갖 조건을 보장한다.

제49조 국가는 학령전어린이들을 탁아소와 유치원에서 국가와 사회의 부담으로 키워준다.

제50조 국가는 과학연구사업에서 주체를 세우며 선진과학기술을 적극 받아들이고 새로운 과학기술분야를 개척하여 나라의 과학기술을 세계적수준에 올려세운다.

제51조 국가는 과학기술발전계획을 바로세우고 철저히 수행하는 규률을 세우며 과학자, 기술자들과 생산자들의 창조적협조를 강화하도록 한다.

제52조 국가는 민족적형식에 사회주의적내용을 담은 주체적이며 혁명적인 문학예술을 발전시킨다.
국가는 창작가, 예술인들이 사상예술성이 높은 작품을 많이 창작하며 광범한 대중이 문예활동에 널리 참가하도록 한다.

제53조 국가는 정신적으로, 육체적으로 끊임없이 발전하려는 사람들의 요구에 맞게 현대적인 문화시설들을 충분히 갖추어주어 모든 근로자들이 사회주의적문화정서생활을 마음껏 누리도록 한다.

제54조 국가는 우리 말을 온갖 형태의 민족어말살정책으로부터 지켜내며 그것을 현대의 요구에 맞게 발전시킨다.

제55조 국가는 체육을 대중화, 생활화하여 전체 인민을 로동과 국방에 튼튼히 준비시키며 우리 나라 실정과 현대체육기술발전추세에 맞게 체육기술을 발전시킨다.

제56조 국가는 전반적무상치료제를 공고발전시키며 의사담당구역제와 예방의학제도를 강화하여 사람들의 생명을 보호하며 근로자들의 건강을 증진시킨다.

제57조 국가는 생산에 앞서 환경보호대책을 세우며 자연환경을 보존, 조성하고 환경오염을 방지하여 인민들에게 문화위생적인 생활환경과 로동조건을 마련하여준다.

제4장 국 방

제58조 조선민주주의인민공화국은 전인민적, 전국가적방위체계에 의거한다.

제59조 조선민주주의인민공화국 무장력의 사

명은 선군혁명로선을 관철하여 혁명의 수뇌부를 보위하고 근로인민의 리익을 옹호하며 외래침략으로부터 사회주의제도와 혁명의 전취물, 조국의 자유와 독립, 평화를 지키는데 있다.

제60조 국가는 군대와 인민을 정치사 상적으로 무장시키는 기초우에서 전군간부화, 전군현대화, 전민무장화, 전국요새화를 기본내용으로 하는 자위적군사로선을 관철한다.

제61조 국가는 군대안에서 혁명적령군체계와 군풍을 확립하고 군사규률과 군중규률을 강화하며 관병일치, 군정배합, 군민일치의 고상한 전통적미풍을 높이 발양하도록 한다.

제5장 공민의 기본권리와 의무

제62조 조선민주주의인민공화국 공민이 되는 조건은 국적에 관한 법으로 규정한다.
공민은 거주지에 관계없이 조선민주주의인민공화국의 보호를 받는다.

제63조 조선민주주의인민공화국에서 공민의 권리와 의무는 ≪하나는 전체를 위하여, 전체는 하나를 위하여≫라는 집단주의원칙에 기초한다.

제64조 국가는 모든 공민에게 참다운 민주주의적권리와 자유, 행복한 물질문화생활을 실질적으로 보장한다.
조선민주주의인민공화국에서 공민의 권리와 자유는 사회주의제도의 공고발전과 함께 더욱 확대된다.

제65조 공민은 국가사회생활의 모든 분야에서 누구나 다같은 권리를 가진다.

제66조 17살이상의 모든 공민은 성별, 민족별, 직업, 거주기간, 재산과 지식정도, 당별, 정견, 신앙에 관계없이 선거할 권리와 선거받을 권리를 가진다.
군대에 복무하는 공민도 선거할 권리와 선거받을 권리를 가진다.
재판소의 판결에 의하여 선거할 권리를 빼앗긴자, 정신병자는 선거할 권리와 선거받을 권리를 가지지 못한다.

제67조 공민은 언론, 출판, 집회, 시위와 결사의 자유를 가진다.
국가는 민주주의적정당, 사회단체의 자유로운 활동조건을 보장한다.

제68조 공민은 신앙의 자유를 가진다. 이 권리는 종교건물을 짓거나 종교의식 같은것을 허용하는것으로 보장된다.
종교를 외세를 끌어들이거나 국가사회질서를 해치는데 리용할수 없다.

제69조 공민은 신소와 청원을 할수 있다.
국가는 신소와 청원을 법이 정한데 따라 공정하게 심의처리하도록 한다.

제70조 공민은 로동에 대한 권리를 가진다.
로동능력있는 모든 공민은 희망과 재능에 따라 직업을 선택하며 안정된 일자리와 로동조건을 보장받는다.
공민은 능력에 따라 일하며 로동의 량과 질에 따라 분배를 받는다.

제71조 공민은 휴식에 대한 권리를 가진다. 이 권리는 로동시간제, 공휴일제, 유급휴가제, 국가비용에 의한 정휴양제, 계속 늘어나는 여러가지 문화시설들에 의하여 보장된다.

제72조 공민은 무상으로 치료받을 권리를 가지며 나이많거나 병 또는 불구로 로동능력을 잃은 사람, 돌볼 사람이 없는 늙은이와 어린이는 물질적방조를 받을 권리를 가진다. 이

권리는 무상치료제, 계속 늘어나는 병원, 료양소를 비롯한 의료시설, 국가사회보험과 사회보장제에 의하여 보장된다.

제73조 공민은 교육을 받을 권리를 가진다. 이 권리는 선진적인 교육제도와 국가의 인민적인 교육시책에 의하여 보장된다.

제74조 공민은 과학과 문학예술활동의 자유를 가진다.
국가는 발명가와 창의고안자에게 배려를 돌린다.
저작권과 발명권, 특허권은 법적으로 보호한다.

제75조 공민은 거주, 려행의 자유를 가진다.

제76조 혁명투사, 혁명렬사가족, 애국렬사가족, 인민군후방가족, 영예군인은 국가와 사회의 특별한 보호를 받는다.

제77조 녀자는 남자와 똑같은 사회적지위와 권리를 가진다.
국가는 산전산후휴가의 보장, 여러 어린이를 가진 어머니를 위한 로동시간의 단축, 산원, 탁아소와 유치원망의 확장, 그밖의 시책을 통하여 어머니와 어린이를 특별히 보호한다.
국가는 녀성들이 사회에 진출할 온갖 조건을 지어준다.

제78조 결혼과 가정은 국가의 보호를 받는다.
국가는 사회의 기층생활단위인 가정을 공고히 하는데 깊은 관심을 돌린다.

제79조 공민은 인신과 주택의 불가침, 서신의 비밀을 보장받는다.
법에 근거하지 않고는 공민을 구속하거나 체포할수 없으며 살림집을 수색할수 없다.

제80조 조선민주주의인민공화국은 평화와 민주주의, 민족적독립과 사회주의를 위하여, 과학, 문화활동의 자유를 위하여 투쟁하다가 망명하여온 다른 나라 사람을 보호한다.

제81조 공민은 인민의 정치사상적통일과 단결을 견결히 수호하여야 한다.
공민은 조직과 집단을 귀중히 여기며 사회와 인민을 위하여 몸바쳐 일하는 기풍을 높이 발휘하여야 한다.

제82조 공민은 국가의 법과 사회주의적생활규범을 지키며 조선민주주의인민공화국의 공민된 영예와 존엄을 고수하여야 한다.

제83조 로동은 공민의 신성한 의무이며 영예이다.
공민은 로동에 자각적으로 성실히 참가하며 로동규률과 로동시간을 엄격히 지켜야 한다.

제84조 공민은 국가재산과 사회협동단체재산을 아끼고 사랑하며 온갖 탐오랑비현상을 반대하여 투쟁하며 나라살림살이를 주인답게 알뜰히 하여야 한다.
국가와 사회협동단체재산은 신성불가침이다.

제85조 공민은 언제나 혁명적경각성을 높이며 국가의 안전을 위하여 몸바쳐 투쟁하여야 한다.

제86조 조국보위는 공민의 최대의 의무이며 영예이다.
공민은 조국을 보위하여야 하며 법이 정한데 따라 군대에 복무하여야 한다.

제6장 국가기구

제1절 최고인민회의

제87조 최고인민회의는 조선민주주의인민공화국의 최고주권기관이다.

제88조 최고인민회의는 립법권을 행사한다.
최고인민회의 휴회중에는 최고인민회의 상임위원회도 립법권을 행사할수 있다.

제89조 최고인민회의는 일반적, 평등적, 직접적선거원칙에 의하여 비밀투표로 선거된 대의원들로 구성한다.

제90조 최고인민회의 임기는 5년으로 한다.
최고인민회의 새 선거는 최고인민회의 임기가 끝나기 전에 최고인민회의 상임위원회의 결정에 따라 진행한다.
불가피한 사정으로 선거를 하지 못할 경우에는 선거를 할 때까지 그 임기를 연장한다.

제91조 최고인민회의는 다음과 같은 권한을 가진다.

1. 헌법을 수정, 보충한다.
2. 부문법을 제정 또는 수정, 보충한다.
3. 최고인민회의 휴회중에 최고인민회의 상임위원회가 채택한 중요부문법을 승인한다.
4. 국가의 대내외정책의 기본원칙을 세운다.
5. 조선민주주의인민공화국 국무위원회 위원장을 선거 또는 소환한다.
6. 최고인민회의 상임위원회 위원장을 선거 또는 소환한다.
7. 조선민주주의인민공화국 국무위원회 위원장의 제의에 의하여 국무위원회 부위원장, 위원들을 선거 또는 소환한다.
8. 최고인민회의 상임위원회 부위원장, 명예부위원장, 서기장, 위원들을 선거 또는 소환한다.
9. 내각총리를 선거 또는 소환한다.
10. 내각총리의 제의에 의하여 내각 부총리, 위원장, 상, 그밖의 내각성원들을 임명한다.
11. 중앙검찰소 소장을 임명 또는 해임한다.
12. 중앙재판소 소장을 선거 또는 소환한다.
13. 최고인민회의 부문위원회 위원장, 부위원장, 위원들을 선거 또는 소환한다.
14. 국가의 인민경제발전계획과 그 실행정형에 관한 보고를 심의하고 승인한다.
15. 국가예산과 그 집행정형에 관한 보고를 심의하고 승인한다.
16. 필요에 따라 내각과 중앙기관들의 사업정형을 보고받고 대책을 세운다.
17. 최고인민회의에 제기되는 조약의 비준, 페기를 결정한다.

제92조 최고인민회의는 정기회의와 림시회의를 가진다.
정기회의는 1년에 1~2차 최고인민회의 상임위원회가 소집한다.
림시회의는 최고인민회의 상임위원회가 필요하다고 인정할 때 또는 대의원전원의 3분의 1이상의 요청이 있을 때에 소집한다.

제93조 최고인민회의는 대의원전원의 3분의 2이상이 참석하여야 성립된다.

제94조 최고인민회의는 의장과 부의장을 선거한다.
의장은 회의를 사회한다.

제95조 최고인민회의에서 토의할 의안은 조선민주주의인민공화국 국무위원회 위원장, 국무위원회, 최고인민회의 상임위원회, 내각과 최고인민회의 부문위원회가 제출한다.
대의원들도 의안을 제출할수 있다.

제96조 최고인민회의 매기 제1차회의는 대의원자격심사위원회를 선거하고 그 위원회가 제출한 보고에 근거하여 대의원자격을 확인하는 결정을 채택한다.

제97조 최고인민회의는 법령과 결정을 낸다.
최고인민회의가 내는 법령과 결정은 거수가결의 방법으로 그 회의에 참석한 대의원의 반수이상이 찬성하여야 채택된다.
헌법은 최고인민회의 대의원전원의 3분의 2이상이 찬성하여야 수정, 보충된다.

제98조 최고인민회의는 법제위원회, 예산위원회 같은 부문위원회를 둔다.
최고인민회의 부문위원회는 위원장, 부위원장, 위원들로 구성한다.
최고인민회의 부문위원회는 최고인민회의사업을 도와 국가의 정책안과 법안을 작성하거나 심의하며 그 집행을 위한 대책을 세운다.
최고인민회의 부문위원회는 최고인민회의 휴회중에 최고인민회의 상임위원회의 지도밑에 사업한다.

제99조 최고인민회의 대의원은 불가침권을 보장받는다.
최고인민회의 대의원은 현행범인 경우를 제외하고는 최고인민회의, 그 휴회중에 최고인민회의 상임위원회의 승인없이 체포하거나 형사처벌을 할수 없다.

제2절 조선민주주의인민공화국 국무위원회 위원장

제100조 조선민주주의인민공화국 국무위원회 위원장은 조선민주주의인민공화국의 최고령도자이다.

제101조 조선민주주의인민공화국 국무위원회 위원장의 임기는 최고인민회의 임기와 같다.

제102조 조선민주주의인민공화국 국무위원회 위원장은 조선민주주의인민공화국 전반적 무력의 최고사령관으로 되며 국가의 일체 무력을 지휘통솔한다.

제103조 조선민주주의인민공화국 국무위원회 위원장은 다음과 같은 임무와 권한을 가진다.

1. 국가의 전반사업을 지도한다.
2. 국무위원회사업을 직접 지도한다.
3. 국가의 중요간부를 임명 또는 해임한다.
4. 다른 나라와 맺은 중요조약을 비준 또는 폐기한다.
5. 특사권을 행사한다.
6. 나라의 비상사태와 전시상태, 동원령을 선포한다.
7. 전시에 국가방위위원회를 조직지도한다.

제104조 조선민주주의인민공화국 국무위원회 위원장은 명령을 낸다.

제105조 조선민주주의인민공화국 국무위원회 위원장은 자기 사업에 대하여 최고인민회의앞에 책임진다.

제3절 국무위원회

제106조 국무위원회는 국가주권의 최고정책적지도기관이다.

제107조 국무위원회는 위원장, 부위원장, 위원들로 구성한다.

제108조 국무위원회 임기는 최고인민회의 임기와 같다.

제109조 국무위원회는 다음과 같은 임무와 권한을 가진다.

1. 국방건설사업을 비롯한 국가의 중요정책을 토의결정한다.
2. 조선민주주의인민공화국 국무위원회 위원장 명령, 국무위원회 결정, 지시집행정형을 감독하고 대책을 세운다.
3. 조선민주주의인민공화국 국무위원회 위원장 명령, 국무위원회 결정, 지시에 어긋나는 국가기관의 결정, 지시를 폐지한다.

제110조 국무위원회는 결정, 지시를 낸다.

제111조 국무위원회는 자기 사업에 대하여

최고인민회의앞에 책임진다.

제4절 최고인민회의 상임위원회

제112조 최고인민회의 상임위원회는 최고인민회의 휴회중의 최고주권기관이다.

제113조 최고인민회의 상임위원회는 위원장, 부위원장, 서기장, 위원들로 구성한다.

제114조 최고인민회의 상임위원회는 약간명의 명예부위원장을 둘수 있다.
최고인민회의 상임위원회 명예부위원장은 최고인민회의 대의원가운데서 오랜 기간 국가건설사업에 참가하여 특출한 기여를 한 일군이 될수 있다.

제115조 최고인민회의 상임위원회 임기는 최고인민회의 임기와 같다.
최고인민회의 상임위원회는 최고인민회의 임기가 끝난 후에도 새 상임위원회가 선거될 때까지 자기 임무를 계속 수행한다.

제116조 최고인민회의 상임위원회는 다음과 같은 임무와 권한을 가진다.

1. 최고인민회의를 소집한다.
2. 최고인민회의 휴회중에 제기된 새로운 부문법안과 규정안, 현행부문법과 규정의 수정, 보충안을 심의채택하며 채택실시하는 중요부문법을 다음번 최고인민회의의 승인을 받는다.
3. 불가피한 사정으로 최고인민회의 휴회기간에 제기되는 국가의 인민경제발전계획, 국가예산과 그 조절안을 심의하고 승인한다.
4. 헌법과 현행부문법, 규정을 해석한다.
5. 국가기관들의 법준수집행을 감독하고 대책을 세운다.
6. 헌법, 최고인민회의 법령, 결정, 조선민주주의인민공화국 국무위원회 위원장 명령, 국무위원회 결정, 지시, 최고인민회의 상임위원회 정령, 결정, 지시에 어긋나는 국가기관의 결정, 지시를 폐지하며 지방인민회의의 그릇된 결정집행을 정지시킨다.
7. 최고인민회의 대의원선거를 위한 사업을 하며 지방인민회의 대의원선거사업을 조직한다.
8. 최고인민회의 대의원들과의 사업을 한다.
9. 최고인민회의 부문위원회와의 사업을 한다.
10. 내각 위원회, 성을 내오거나 없앤다.
11. 최고인민회의 휴회중에 내각총리의 제의에 의하여 부총리, 위원장, 상, 그밖의 내각성원들을 임명 또는 해임한다.
12. 최고인민회의 상임위원회 부문위원회 성원들을 임명 또는 해임한다.
13. 최고재판소 판사, 인민참심원을 선거 또는 소환한다.
14. 다른 나라와 맺은 조약을 비준 또는 폐기한다.
15. 다른 나라에 주재하는 외교대표의 임명 또는 소환을 결정하고 발표한다.
16. 훈장과 메달, 명예칭호, 외교직급을 제정하며 훈장과 메달, 명예칭호를 수여한다.
17. 대사권을 행사한다.
18. 행정단위와 행정구역을 내오거나 고친다.
19. 다른 나라 국회, 국제의회기구들과의 사업을 비롯한 대외사업을 한다.

제117조 최고인민회의 상임위원회 위원장은 상임위원회사업을 조직지도한다.
최고인민회의 상임위원회 위원장은 국가를 대표하며 다른 나라 사신의 신임장, 소환장을 접수한다.

제118조 최고인민회의 상임위원회는 전원회의와 상무회의를 가진다.
전원회의는 위원전원으로 구성하며 상무회의는 위원장, 부위원장, 서기장들로 구성한다.

제119조 최고인민회의 상임위원회 전원회의는 상임위원회의 임무와 권한을 실현하는데서 나서는 중요한 문제들을 토의결정한다.
상무회의는 전원회의에서 위임한 문제들을 토의결정한다.

제120조 최고인민회의 상임위원회는 정령과 결정, 지시를 낸다.

제121조 최고인민회의 상임위원회는 자기 사업을 돕는 부문위원회를 둘수 있다.

제122조 최고인민회의 상임위원회는 자기 사업에 대하여 최고인민회의앞에 책임진다.

제5절 내 각

제123조 내각은 국가주권의 행정적집행기관이며 전반적국가관리기관이다.

제124조 내각은 총리, 부총리, 위원장, 상과 그밖에 필요한 성원들로 구성한다.
내각의 임기는 최고인민회의 임기와 같다.

제125조 내각은 다음과 같은 임무와 권한을 가진다.

1. 국가의 정책을 집행하기 위한 대책을 세운다.
2. 헌법과 부문법에 기초하여 국가관리와 관련한 규정을 제정 또는 수정, 보충한다.
3. 내각의 위원회, 성, 내각직속기관, 지방인민위원회의 사업을 지도한다.
4. 내각직속기관, 중요행정경제기관, 기업소를 내오거나 없애며 국가관리기구를 개선하기 위한 대책을 세운다.
5. 국가의 인민경제발전계획을 작성하며 그 실행대책을 세운다.
6. 국가예산을 편성하며 그 집행대책을 세운다.
7. 공업, 농업, 건설, 운수, 체신, 상업, 무역, 국토관리, 도시경영, 교육, 과학, 문화, 보건, 체육, 로동행정, 환경보호, 관광, 그밖의 여러 부문의 사업을 조직집행한다.
8. 화폐와 은행제도를 공고히 하기 위한 대책을 세운다.
9. 국가관리질서를 세우기 위한 검열, 통제사업을 한다.
10. 사회질서유지, 국가 및 사회협동단체의 소유와 리익의 보호, 공민의 권리보장을 위한 대책을 세운다.
11. 다른 나라와 조약을 맺으며 대외사업을 한다.
12. 내각 결정, 지시에 어긋나는 행정경제기관의 결정, 지시를 폐지한다.

제126조 내각총리는 내각사업을 조직지도한다.
내각총리는 조선민주주의인민공화국 정부를 대표한다.

제127조 내각은 전원회의와 상무회의를 가진다.
내각전원회의는 내각성원전원으로 구성하며 상무회의는 총리, 부총리와 그밖에 총리가 임명하는 내각성원들로 구성한다.

제128조 내각전원회의는 행정경제사업에서 나서는 새롭고 중요한 문제들을 토의결정한다.
상무회의는 내각전원회의에서 위임한 문제들을 토의결정한다.

제129조 내각은 결정과 지시를 낸다.

제130조 내각은 자기 사업을 돕는 비상설부문위원회를 둘수 있다.

제131조 내각은 자기 사업에 대하여 최고인민회의와 그 휴회중에 최고인민회의 상임위원회앞에 책임진다.

제132조 새로 선거된 내각총리는 내각성원들을 대표하여 최고인민회의에서 선서를 한다.

제133조 내각 위원회, 성은 내각의 부문별집행기관이며 중앙의 부문별관리기관이다.

제134조 내각 위원회, 성은 내각의 지도밑에 해당 부문의 사업을 통일적으로 장악하고 지도관리한다.

제135조 내각 위원회, 성은 위원회회의와 간부회의를 운영한다.
위원회, 성 위원회회의와 간부회의에서는 내각 결정, 지시집행대책과 그밖의 중요한 문제들을 토의결정한다.

제136조 내각 위원회, 성은 지시를 낸다.

제6절 지방인민회의

제137조 도(직할시), 시(구역), 군인민회의는 지방주권기관이다.

제138조 지방인민회의는 일반적, 평등적, 직접적선거원칙에 의하여 비밀투표로 선거된 대의원들로 구성한다.

제139조 도(직할시), 시(구역), 군인민회의 임기는 4년으로 한다.
지방인민회의 새 선거는 지방인민회의 임기가 끝나기 전에 해당 지방인민위원회의 결정에 따라 진행한다.
불가피한 사정으로 선거를 하지 못할 경우에는 선거를 할 때까지 그 임기를 연장한다.

제140조 지방인민회의는 다음과 같은 임무와 권한을 가진다.

1. 지방의 인민경제발전계획과 그 실행정형에 대한 보고를 심의하고 승인한다.
2. 지방예산과 그 집행에 대한 보고를 심의하고 승인한다.
3. 해당 지역에서 국가의 법을 집행하기 위한 대책을 세운다.
4. 해당 인민위원회 위원장, 부위원장, 사무장, 위원들을 선거 또는 소환한다.
5. 해당 재판소의 판사, 인민참심원을 선거 또는 소환한다.
6. 해당 인민위원회와 하급인민회의, 인민위원회의 그릇된 결정, 지시를 페지한다.

제141조 지방인민회의는 정기회의와 림시회의를 가진다.
정기회의는 1년에 1~2차 해당 인민위원회가 소집한다.
림시회의는 해당 인민위원회가 필요하다고 인정할 때 또는 대의원전원의 3분의 1이상의 요청이 있을 때 소집한다.

제142조 지방인민회의는 대의원전원의 3분의 2이상이 참석하여야 성립된다.

제143조 지방인민회의는 의장을 선거한다.
의장은 회의를 사회한다.

제144조 지방인민회의는 결정을 낸다.

제7절 지방인민위원회

제145조 도(직할시), 시(구역), 군인민위원회는 해당 인민회의 휴회중의 지방주권기관이며 해당 지방주권의 행정적집행기관이다.

제146조 지방인민위원회는 위원장, 부위원장, 사무장, 위원들로 구성한다.
지방인민위원회 임기는 해당 인민회의 임기와 같다.

제147조 지방인민위원회는 다음과 같은 임무와 권한을 가진다.

1. 인민회의를 소집한다.
2. 인민회의 대의원선거를 위한 사업을 한다.
3. 인민회의 대의원들과의 사업을 한다.
4. 해당 지방인민회의, 상급인민위원회 결정, 지시와 최고인민회의 법령, 결정, 조선민주주의인민공화국 국무위원회 위원장 명령, 국무위원회 결정, 지시, 최고인민회의

상임위원회 정령, 결정, 지시, 내각과 내각 위원회, 성의 결정, 지시를 집행한다.
5. 해당 지방의 모든 행정사업을 조직집행한다.
6. 지방의 인민경제발전계획을 작성하며 그 실행대책을 세운다.
7. 지방예산을 편성하며 그 집행대책을 세운다.
8. 해당 지방의 사회질서유지, 국가 및 사회협동단체의 소유와 리익의 보호, 공민의 권리보장을 위한 대책을 세운다.
9. 해당 지방에서 국가관리질서를 세우기 위한 검열, 통제사업을 한다.
10. 하급인민위원회사업을 지도한다.
11. 하급인민위원회의 그릇된 결정, 지시를 폐지하며 하급인민회의의 그릇된 결정의 집행을 정지시킨다.

제148조 지방인민위원회는 전원회의와 상무회의를 가진다.
지방인민위원회 전원회의는 위원전원으로 구성하며 상무회의는 위원장, 부위원장, 사무장들로 구성한다.

제149조 지방인민위원회 전원회의는 자기의 임무와 권한을 실현하는데서 나서는 중요한 문제들을 토의결정한다.
상무회의는 전원회의가 위임한 문제들을 토의결정한다.

제150조 지방인민위원회는 결정과 지시를 낸다.

제151조 지방인민위원회는 자기 사업을 돕는 비상설부문위원회를 둘수 있다.

제152조 지방인민위원회는 자기 사업에 대하여 해당 인민회의앞에 책임진다.
지방인민위원회는 상급인민위원회와 내각, 최고인민회의 상임위원회에 복종한다.

제8절 검찰소와 재판소

제153조 검찰사업은 중앙검찰소, 도(직할시), 시(구역), 군검찰소와 특별검찰소가 한다.

제154조 중앙검찰소 소장의 임기는 최고인민회의 임기와 같다.

제155조 검사는 중앙검찰소가 임명 또는 해임한다.

제156조 검찰소는 다음과 같은 임무를 수행한다.

1. 기관, 기업소, 단체와 공민들이 국가의 법을 정확히 지키는가를 감시한다.
2. 국가기관의 결정, 지시가 헌법, 최고인민회의 법령, 결정, 조선민주주의인민공화국 국무위원회 위원장 명령, 국무위원회 결정, 지시, 최고인민회의 상임위원회 정령, 결정, 지시, 내각 결정, 지시에 어긋나지 않는가를 감시한다.
3. 범죄자를 비롯한 법위반자를 적발하고 법적책임을 추궁하는것을 통하여 조선민주주의인민공화국의 주권과 사회주의제도, 국가와 사회협동단체재산, 인민의 헌법적권리와 생명재산을 보호한다.

제157조 검찰사업은 중앙검찰소가 통일적으로 지도하며 모든 검찰소는 상급검찰소와 최고검찰소에 복종한다.

제158조 중앙검찰소는 자기 사업에 대하여 최고인민회의와 그 휴회중에 최고인민회의 상임위원회앞에 책임진다.

제159조 재판은 중앙재판소, 도(직할시)재판소, 시(구역), 군인민재판소와 특별재판소가 한다.
판결은 조선민주주의인민공화국의 이름으로 선고한다.

제160조 중앙재판소 소장의 임기는 최고인민

회의 임기와 같다.
중앙재판소, 도(직할시)재판소, 시(구역), 군인민재판소의 판사, 인민참심원의 임기는 해당 인민회의 임기와 같다.

제161조 특별재판소의 소장과 판사는 중앙재판소가 임명 또는 해임한다.
특별재판소의 인민참심원은 해당 군무자회의 또는 종업원회의에서 선거한다.

제162조 재판소는 다음과 같은 임무를 수행한다.

1. 재판활동을 통하여 조선민주주의인민공화국의 주권과 사회주의제도, 국가와 사회협동단체재산, 인민의 헌법적권리와 생명재산을 보호한다.
2. 모든 기관, 기업소, 단체와 공민들이 국가의 법을 정확히 지키고 계급적원쑤들과 온갖 법위반자들을 반대하여 적극 투쟁하도록 한다.
3. 재산에 대한 판결, 판정을 집행하며 공증사업을 한다.

제163조 재판은 판사 1명과 인민참심원 2명으로 구성된 재판소가 한다. 특별한 경우에는 판사 3명으로 구성하여 할수 있다.

제164조 재판은 공개하며 피소자의 변호권을 보장한다.
법이 정한데 따라 재판을 공개하지 않을수 있다.

제165조 재판은 조선말로 한다. 다른 나라 사람들은 재판에서 자기 나라 말을 할수 있다.

제166조 재판소는 재판에서 독자적이며 재판활동을 법에 의거하여 수행한다.

제167조 중앙재판소는 조선민주주의인민공화국의 최고재판기관이다.
중앙재판소는 모든 재판소의 재판사업을 감독한다.

제168조 중앙재판소는 자기 사업에 대하여 최고인민회의와 그 휴회중에 최고인민회의 상임위원회앞에 책임진다.

제7장 국장, 국기, 국가, 수도

제169조 조선민주주의인민공화국의 국장은 ≪조선민주주의인민공화국≫이라고 쓴 붉은 띠로 땋아올려감은 벼이삭의 타원형테두리안에 웅장한 수력발전소가 있고 그우에 혁명의 성산 백두산과 찬연히 빛나는 붉은 오각별이 있다.

제170조 조선민주주의인민공화국의 국기는 기발의 가운데에 넓은 붉은 폭이 있고 그 아래우에 가는 흰폭이 있으며 그 다음에 푸른 폭이 있고 붉은 폭의 기대달린쪽 흰 동그라미안에 붉은 오각별이 있다.
기발의 세로와 가로의 비는 1:2이다.

제171조 조선민주주의인민공화국의 국가는 ≪애국가≫이다.

제172조 조선민주주의인민공화국의 수도는 평양이다.

跋文

이런 책이 있으면 좋을 것 같다는 생각을 하며 언젠가 꼭 출판해야겠다고 다짐 것이 벌써 15년 전의 일이다. 대학원에 막 입학했을 때 리포트를 작성하거나 학위논문을 쓰는 과정에서, 외국 헌법을 찾는 것은 너무나 큰일이었다. 당시에는 번역문을 찾는 것은 꿈도 꾸지 못했던 것 같다. 지금은 인터넷을 조금 뒤져보면 여기저기 많은 번역문들이 존재한다. 그러나 안타까운 것이 특정언어를 우리말로 번역하다보니 굉장히 부자연스럽다는 것이다. 그래서 결국 스스로 원문을 번역하게 만드는 것이 우리가 처한 현실이다.

그래서 본서는 문장이 부담스럽지 않고 자연스러우며 매끄럽게 읽히도록 노력했다. 또한 매끄럽게 읽히는 번역문에서 만족하지 않고, 각국의 헌법전의 해설을 덧붙여 당해 헌법전이 보다 정확하게 이해되도록 노력했다.

이를 통해, 헌법을 공부하는 연구자들에게 조금이나마 도움이 되기를 희망한다.

끝으로, 나를 위해 항상 기도하시는 부모님, 나를 학문의 길로 이끌어 주시고 학문에 정진할 수 있도록 지도해주시는 존경하는 김학성 교수님과 京都大學의 曽我部真裕 교수님, 그리고 항상 진심어린 충고와 응원의 메시지로 용기 주는 양소영 박사님, 배기환 변호사, 친구 정혜에게 감사의 인사를 전하고 싶다.

2017. 10.
강원대학교 연구실에서
茶檠 朴容淑

세계 각국의 헌법전

2018년 1월 25일 1판 1쇄 인쇄
2018년 1월 30일 1판 1쇄 발행

저 자 ◎ **김 학 성 · 박 용 숙**
발행자 ◎ **조 승 식**
발행처 ◎ (주) 도서출판 **북스힐**
서울시 강북구 한천로153길 17
등 록 ◎ 제 22-457 호

(02) 994-0071(代)

(02) 994-0073

bookshill@bookshill.com
www.bookshill.com

값 30,000원

잘못된 책은 교환해 드립니다.

ISBN 979-11-5971-106-0